NomosPraxis

Hagen Schneider
Diplom-Rechtspfleger, Magdeburg

Gerichtskosten nach dem GNotKG

Praxiswissen | Berechnungsbeispiele

2. Auflage

Nomos

Die Deutsche Nationalbibliothek verzeichnet diese Publikation in der Deutschen Nationalbibliografie; detaillierte bibliografische Daten sind im Internet über http://dnb.d-nb.de abrufbar.

ISBN 978-3-8487-2879-4

2. Auflage 2016

Vorwort

Seit Inkrafttreten des Gerichts- und Notarkostengesetzes im August 2013 hat das Gerichtskostenrecht in der freiwilligen Gerichtsbarkeit eine Reihe von bedeutsamen Neuerungen und Veränderungen erfahren. Mit dem Gesetz zum Internationalen Erbrecht wurden neue Gebührentatbestände für das Europäische Nachlasszeugnis eingeführt. In den Grundbuchangelegenheiten hat der Gesetzgeber ebenfalls neue Gebührentatbestände, vor allem zu den Gesamtrechten, geschaffen. Wesentliche Änderungen erfolgten auch im Bereich der Betreuungsangelegenheiten durch die Einführung neuer Regelungen zur Eilbetreuung. Zudem konnten durch die zwischenzeitlich ergangene Rechtsprechung Streitfragen geklärt werden, gleichzeitig haben sich aber auch weitere Problemfelder aufgetan, die die Praxis beschäftigen.

Dies und die überaus freundliche Aufnahme, die die erste Auflage des Werkes gefunden hat, sind Anlass der 2. Auflage. Das Werk wurde durchgängig überarbeitet, inhaltlich vertieft und auf den neuesten Stand von Rechtsprechung und Gesetzgebung gebracht.

Die Darstellung ist gleich geblieben: Das Buch ist in vier Teile mit insgesamt 23 Einzelkapiteln gegliedert: Teil 1 beschreibt den sachlichen und zeitlichen Anwendungsbereich des GNotKG. Der für die Abrechnungspraxis besonders relevante Teil 2 stellt die Grundlagen des Kostenansatzes dar. Dort werden vor allem die Praxisthemen Fälligkeit und Verjährung, Vorschussanforderung, Kostenhaftung und das Kostenansatzverfahren samt Rechtsbehelfe behandelt. Die Berechnung des Geschäftswerts und das Wertfestsetzungsverfahren bilden den Inhalt von Teil 3.

Die einzelnen Verfahren der freiwilligen Gerichtsbarkeit werden schließlich in Teil 4 erläutert. Dies erfolgt praxisgerecht nach Themenbereichen, indem alle maßgeblichen Gebührentatbestände und die Regelungen des Kostenansatzes für das jeweilige Verfahren im Sachzusammenhang behandelt werden. Das ermöglicht dem Leser, die für die jeweilige Kostenberechnung relevanten Vorschriften rasch zu erfassen.

In dieser Ausrichtung versteht sich das Werk als fundiertes Arbeitsbuch und Nachschlagewerk. Systematisch vermittelt es das praktische Grundlagenwissen, ohne große Vorkenntnisse vorauszusetzen. Zahlreiche Fall- und Abrechnungsbeispiele veranschaulichen die Abrechnungspraxis. Mit dieser Blickrichtung wendet sich das Werk an alle, die mit den Vorschriften des GNotKG über die Gerichtskosten befasst sind, also neben den Kostenbeamten auch an Richter, Rechtspfleger, Rechtsanwälte, Rechtsanwaltsfachangestellte und Notare. Ideal ist das Buch auch für Dezernatswechsler.

Das Werk befindet sich auf aktuellem Stand Januar 2016.

Trotz gewissenhafter und sorgfältiger Arbeit lassen sich Ungenauigkeiten nicht immer vermeiden. Alle Leser sind deshalb herzlichst gebeten, das Buch durch Anregungen, Hinweise und Kritik zu unterstützen (hagen.schneider.magdeburg@gmx.de).

Magdeburg, im Januar 2016 *Hagen Schneider*

Inhaltsübersicht

Inhaltsverzeichnis

Teil 3: Geschäftswert

Teil 4: Die einzelnen Gebühren- und Auslagentatbestände

Abkürzungsverzeichnis

2. KostRMoG	Zweites Gesetz zur Modernisierung des Kostenrechts (2. Kostenrechtsmodernisierungsgesetz)
aA	anderer Ansicht
ABl.	Amtsblatt
abl.	ablehnend
Abs.	Absatz
abw.	abweichend
aF	alte Fassung
AG	Aktiengesellschaft; Amtsgericht
AGS	Anwaltsgebühren spezial (Zeitschrift)
AktG	Aktiengesetz
AktO-oG	Aktenordnung für die Gerichte der ordentlichen Gerichtsbarkeit und die Staatsanwaltschaften
Alt.	Alternative
Anm.	Anmerkung
AnwBl	Anwaltsblatt
AO	Abgabenordnung
Art.	Artikel
AsylVfG	Asylverfahrensgesetz
Aufl.	Auflage
BauGB	Baugesetzbuch
BayObLG	Bayerisches Oberstes Landesgericht
BayVGH	Bayerischer Verwaltungsgerichtshof
BBergG	Bundesberggesetz
BerHG	Beratungshilfegesetz
Beschl.	Beschluss
BeurkG	Beurkundungsgesetz
BFH	Bundesfinanzhof
BGB	Bürgerliches Gesetzbuch
BGBl.	Bundesgesetzblatt
BGH	Bundesgerichtshof
BGHZ	Entscheidungen des Bundesgerichtshofs in Zivilsachen
BinSchG	Binnenschifffahrtsgesetz
BNotO	Bundesnotarordnung
BörsG	Börsengesetz
BPatG	Bundespatentgericht
BRAK-Mitt.	BRAK-Mitteilungen, hrsg. von der Bundesrechtsanwaltskammer
BRAO	Bundesrechtsanwaltsordnung
BR-Drucks.	Bundesrats-Drucksache
BT-Drucks.	Bundestags-Drucksache
BVerfG	Bundesverfassungsgericht
BVerwG	Bundesverwaltungsgericht
bzw.	beziehungsweise
DB-GvKostG	Durchführungsbestimmungen zum Gerichtsvollzieherkostengesetz

DB-PKH	Durchführungsbestimmungen zur Prozess- und Verfahrenskostenhilfe sowie zur Stundung der Kosten des Insolvenzverfahrens
DGVZ	Deutsche Gerichtsvollzieherzeitung
eAO	einstweilige Anordnung
EBAO	Einforderungs- und Beitreibungsanordnung
EG	Europäische Gemeinschaft
EGBGB	Einführungsgesetz zum Bürgerlichen Gesetzbuch
EGGVG	Einführungsgesetz zum Gerichtsverfassungsgesetz
EGHGB	Einführungsgesetz zum Handelsgesetzbuch
EGZPO	Einführungsgesetz zur Zivilprozessordnung
EnWG	Energiewirtschaftsgesetz
ErbbauRG	Erbbaurechtsgesetz
ErwSüAG	Erwachsenenschutzübereinkommens-Ausführungsgesetz
EStG	Einkommensteuergesetz
EuGH	Gerichtshof der Europäischen Gemeinschaften
EuRAG	Gesetz über die Tätigkeit europäischer Rechtsanwälte in Deutschland
EWIV-AG	Gesetz zur Ausführung der EWG-Verordnung über die Europäische wirtschaftliche Interessenvereinigung
f, ff	folgende, fortfolgende
FamFG	Gesetz über das Verfahren in Familiensachen und in den Angelegenheiten der freiwilligen Gerichtsbarkeit
FamG	Familiengericht
FamGKG	Gesetz über Gerichtskosten in Familiensachen
FG	Finanzgericht; Freiwillige Gerichtsbarkeit
FGG	Gesetz betreffend die Angelegenheiten der freiwilligen Gerichtsbarkeit
FGG-RG	Gesetz zur Reform des Verfahrens in Familiensachen und in den Angelegenheiten der freiwilligen Gerichtsbarkeit
FGO	Finanzgerichtsordnung
FlurbG	Flurbereinigungsgesetz
GBMaßnG	Grundbuchmaßnahmegesetz
GBO	Grundbuchordnung
GBVfg	Grundbuchverfügung
GebrMG	Gebrauchsmustergesetz
gem.	gemäß
GenG	Genossenschaftsgesetz
GeschmMG	Geschmacksmustergesetz
GG	Grundgesetz
GKG	Gerichtskostengesetz
GmbH	Gesellschaft mit beschränkter Haftung
GNotKG	Gesetz über Kosten der freiwilligen Gerichtsbarkeit für Gerichte und Notare (Gerichts- und Notarkostengesetz)
GräbG	Gräbergesetz
GrdstVG	Grundstücksverkehrsgesetz
GV	Gebührenverzeichnis
GVG	Gerichtsverfassungsgesetz

GvKostG	Gerichtsvollzieherkostengesetz
GVO	Grundstücksverkehrsordnung
GWB	Gesetz gegen Wettbewerbsbeschränkungen
HalblSchG	Halbleiterschutzgesetz
HGB	Handelsgesetzbuch
HK	Handkommentar
hM	herrschende Meinung
HöfeO	Höfeordnung
HöfeVfO	Verfahrensordnung für Höfesachen
HRegGebV	Handelsregistergebührenverordnung
Hs.	Halbsatz
HypKrlosErklG	Gesetz über die Kraftloserklärung von Hypotheken-, Grundschuld- und Rentenschuldbriefen in besonderen Fällen
idR	in der Regel
InsO	Insolvenzordnung
InsVV	Insolvenzrechtliche Vergütungsverordnung
IntErbRVG	Internationales Erbrechtsverfahrensgesetz
InvG	Investmentgesetz
IRG	Gesetz über die internationale Rechtshilfe in Strafsachen
iSd	im Sinne der/des
IStGH-Gesetz	Gesetz über die Zusammenarbeit mit dem Internationalen Strafgerichtshof
iSv	im Sinne von
iVm	in Verbindung mit
JBeitrO	Justizbeitreibungsordnung
JG	Justizgesetz
JGebBefrG	Justizgebührenbefreiungsgesetz
JGG	Jugendgerichtsgesetz
JKG	Justizkostengesetz
JurBüro	Juristisches Büro (Zeitschrift)
JVEG	Justizvergütungs- und -entschädigungsgesetz
JVKostG	Gesetz über Kosten in Angelegenheiten der Justizverwaltung (Justizverwaltungskostengesetz)
KapMuG	Kapitalanleger-Musterverfahrensgesetz
KastrG	Kastrationsgesetz
KG	Kammergericht
KGR	Schnelldienst zur Zivilrechtsprechung des Kammergerichts (KG Report)
KonsularG	Konsulargesetz
KostO	Kostenordnung
KostRsp.	Kostenrechtsprechung, Nachschlagewerk wichtiger Kostenentscheidungen aus der Zivil-, Straf-, Arbeits-, Sozial-, Verwaltungs- und Finanzgerichtsbarkeit mit kritischen Anmerkungen, bearbeitet von Lappe/von Eicken/Noll/Herget und N. Schneider
KostVfG	Kostenverfügung
KV	Kostenverzeichnis
KWG	Kreditwesengesetz

LAG	Lastenausgleichsgesetz
LandbeschG	Landbeschaffungsgesetz
LG	Landgericht
LJKG	Landesjustizkostengesetz
LK	Leipziger Gerichts- & Notarkosten-Kommentar (GNotKG), bearbeitet von Renner/Otto/Heinze, 2013
LPachtVG	Landpachtverkehrsgesetz
LSA	Land Sachsen-Anhalt
LuftFzgG	Gesetz über Rechte an Luftfahrzeugen
LwAnpG	Gesetz über die strukturelle Anpassung der Landwirtschaft an die soziale und ökologische Marktwirtschaft in der Deutschen Demokratischen Republik (Landwirtschaftsanpassungsgesetz)
LwVfG	Gesetz über das gerichtliche Verfahren in Landwirtschaftssachen (Landwirtschaftsverfahrensgesetz)
MarkenG	Markengesetz
MDR	Monatsschrift für Deutsches Recht
Mio.	Million
MitbestG	Mitbestimmungsgesetz
mwN	mit weiteren Nachweisen
NamÄndG	Gesetz über die Änderung von Familiennamen und Vornamen
NdsRpfl	Niedersächsische Rechtspflege (Zeitschrift)
NEhelG	Gesetz über die rechtliche Stellung der nichtehelichen Kinder
NJ	Neue Justiz (Zeitschrift)
NJW	Neue Juristische Wochenschrift
NJW-RR	NJW-Rechtsprechungs-Report Zivilrecht
NK-GK	NomosKommentar Gesamtes Kostenrecht, hrsg. von Schneider/Volpert/Fölsch (1. Aufl. 2013)
NotBZ	Zeitschrift für die notarielle Beratungs- und Beurkundungspraxis
Nr.	Nummer/Nummern
o.Ä.	oder Ähnliches
OHG	offene Handelsgesellschaft
OLG	Oberlandesgericht
OLGR	Schnelldienst zur Zivilrechtsprechung der Oberlandesgerichte (OLG-Report)
OVG	Oberverwaltungsgericht
OWiG	Gesetz über Ordnungswidrigkeiten
PachtkredG	Pachtkreditgesetz
PartGG	Partnerschaftsgesellschaftsgesetz
PatG	Patentgesetz
PfandBG	Pfandbriefgesetz
PKH	Prozesskostenhilfe
PostUmwG	Postumwandlungsgesetz
PrKG	Preisklauselgesetz
PStG	Personenstandsgesetz

PsychKG	Gesetz über Hilfen und Schutzmaßnahmen bei psychischen Krankheiten
PublG	Gesetz über die Rechnungslegung von bestimmten Unternehmen und Konzernen (Publizitätsgesetz)
RdL	Recht der Landwirtschaft (Zeitschrift)
Rn	Randnummer
Rpfleger	Der Deutsche Rechtspfleger (Zeitschrift)
RPflG	Rechtspflegergesetz
Rspr	Rechtsprechung
RVG	Rechtsanwaltsvergütungsgesetz
S.	Satz; Seite
SachenRBerG	Sachenrechtsbereinigungsgesetz
SchiffsRegO	Schiffsregisterordnung
SchVG	Gesetz über Schuldverschreibungen aus Gesamtemissionen (Schuldverschreibungsgesetz)
SE	Societas Europaea (Europäische Gemeinschaft)
SEAG	Gesetz zur Ausführung der Verordnung (EG) Nr. 2157/2001 des Rates vom 8. Oktober 2001 über das Statut der Europäischen Gesellschaft (SE) (SE-Ausführungsgesetz)
SG	Sozialgericht
SGB	Sozialgesetzbuch
SGG	Sozialgerichtsgesetz
SortSchG	Sortenschutzgesetz
SpruchG	Spruchverfahrensgesetz
StGB	Strafgesetzbuch
StPO	Strafprozessordnung
StrRehaG	Strafrechtliches Rehabilitierungsgesetz
StVollzG	Strafvollzugsgesetz
StVZO	Straßenverkehrs-Zulassungs-Ordnung
SVertO	Schifffahrtsrechtliche Verteilungsordnung
ThUG	Gesetz zur Therapierung und Unterbringung psychisch gestörter Gewalttäter (Therapieunterbringungsgesetz)
TSG	Gesetz über die Änderung der Vornamen und die Feststellung der Geschlechtszugehörigkeit in besonderen Fällen (Transsexuellengesetz)
UG	Unternehmergesellschaft (haftungsbeschränkt)
UmwG	Umwandlungsgesetz
UrhG	Urheberrechtsgesetz
v.H.	vom Hundert
VAG	Versicherungsaufsichtsgesetz
Var.	Variante
VergütungsAV	Allgemeine Verfügung über die Festsetzung der aus der Staatskasse zu gewährenden Vergütung der Rechtsanwältinnen, Rechtsanwälte, Patentanwältinnen, Patentanwälte, Rechtsbeistände, Steuerberaterinnen und Steuerberater
VerkFlBerG	Verkehrsflächenbereinigungsgesetz
VersAusglG	Versorgungsausgleichsgesetz
VerschG	Verschollenheitsgesetz

VersR	Versicherungsrecht (Zeitschrift)
VG	Verwaltungsgericht
VGH	Verwaltungsgerichtshof; Verfassungsgerichtshof
vgl.	vergleiche
VKH	Verfahrenskostenhilfe
Vorbem.	Vorbemerkung
VSchDG	EG-Verbraucherschutzdurchsetzungsgesetz
VV	Vergütungsverzeichnis
VVG	Versicherungsvertragsgesetz
VwGO	Verwaltungsgerichtsordnung
VwV Reise-entschädigung	Verwaltungsvorschrift über die Gewährung von Reiseentschädigungen
VwVfG	Verwaltungsverfahrensgesetz
WpHG	Gesetz über den Wertpapierhandel
WpÜG	Wertpapiererwerbs- und Übernahmegesetz
zB	zum Beispiel
ZEV	Zeitschrift für Erbrecht und Vermögensnachfolge
zfs	Zeitschrift für Schadensrecht
Ziff.	Ziffer
ZPO	Zivilprozessordnung
ZRHO	Rechtshilfeordnung für Zivilsachen
zT	zum Teil
ZTR-GebS	Testamentsregister-Gebührensatzung der Bundesnotarkammer
ZusBest.	Zusatzbestimmung(en)
zust.	zustimmend
ZVG	Zwangsversteigerungsgesetz
zzgl.	zuzüglich

Literaturverzeichnis

Assenmacher/Mathias, Kostenordnung, Alphabetischer Kommentar, 16. Aufl. 2008

Baumbach/Lauterbach/Albers/Hartmann, ZPO, Kommentar, 74. Aufl. 2016 (zit.: Baumbach/*Hartmann*)

Binz/Dörndorfer/Petzold/Zimmermann, GKG, FamGKG, JVEG, Kommentar, 3. Aufl. 2014

Bormann/Diehn/Sommerfeldt, GNotKG, Kommentar, 2. Aufl. 2016

Bumiller/Harders/Schwamb, FamFG, Kommentar, 11. Aufl. 2015

Dörndorfer, Der Streitwert für Anfänger, 5. Aufl. 2009

Fackelmann, Notarkosten nach dem neuen GNotKG – Einführung, Berechnungsbeispiele, Synopse, 2013

Fackelmann/Heinemann (Hrsg.), GNotKG – Gerichts- und Notarkostengesetz, Handkommentar, 2013

Gerold/Schmidt, RVG, Kommentar, 22. Aufl. 2015

Gustavus, Handelsregister-Anmeldungen – Wegweiser mit Übersichten und Rechtsprechungs-Leitsätzen zum Registerrecht, 8. Aufl. 2013

Hartmann, Kostengesetze, Kommentar, 45. Aufl. 2015

Jansen (Hrsg.), FGG, Gesetz über die Angelegenheiten der freiwilligen Gerichtsbarkeit, Großkommentar, 3. Aufl. 2006

Keidel, FamFG, Kommentar, 18. Aufl. 2014

Korintenberg, GNotKG, Kommentar, 19. Aufl. 2015

Mayer/Kroiß (Hrsg.), RVG Handkommentar, 6. Aufl. 2013 (zit.: HK-RVG/*Bearbeiter*)

Meyer, GKG/FamGKG 2012, Kommentar, 14. Aufl. 2014

Münchener Kommentar zur Zivilprozessordnung, 4. Aufl. 2012 f (zit.: MüKo-ZPO/*Bearbeiter*)

Musielak/Voit (Hrsg.), ZPO, Kommentar, 12. Aufl. 2015

Oestreich/Hellstab/Trenkle, Gerichtskostengesetz/FamGKG, Kommentar, Loseblatt, Stand: 103. Ergänzungslieferung, Stand: Juni 2015

Renner/Otto/Heinze, Leipziger Gerichts- & Notarkosten-Kommentar (GNotKG), 2013 (zit.: LK-GNotKG/*Bearbeiter*)

Rittmann-Wenz, Deutsches Gerichtskostengesetz aus dem Nachlaß Gerhard Löwenthal, 1923

Rohs/Wedewer, Kostenordnung, Kommentar, Loseblatt, 112. Ergänzungslieferung 2012, Stand: Dezember 2012

Schellhorn/Hohm/Schneider (Hrsg.), Kommentar zum SGB XII, 19. Aufl. 2015

Schneider, H., JVEG Justizvergütungs- und -entschädigungsgesetz, Kommentar, 2. Aufl. 2014

Schneider/Herget, Streitwert-Kommentar für Zivilprozess und FamFG-Verfahren, 14. Aufl. 2015

Schneider/Volpert/Fölsch (Hrsg.), Gesamtes Kostenrecht, NomosKommentar, 2013 (zit.: NK-GK/*Bearbeiter*)

Schneider/Volpert/Fölsch (Hrsg.), FamGKG, Handkommentar, 2. Aufl. 2013 (zit.: HK-FamGKG/*Bearbeiter*)

von König, Zivilprozess- und Kostenrecht, 2008

Zöller, ZPO, Kommentar, 31. Aufl. 2016

Teil 1
Anwendbarkeit des GNotKG

§ 1 Geltungsbereich des GNotKG

I. Überblick über die Gerichtskostengesetze

1 Die Berechnung der Gerichtskosten darf nur nach dem für das Verfahren anzuwendende Kostengesetz erfolgen. Dabei sind im Einzelnen folgende Gesetze zu beachten:

Übersicht: Geltungsbereich der Gerichtskostengesetze 2

Gesetz	Geltungsbereich
Gerichts- und Notarkostengesetz (GNotKG)	Geltungsbereich (§ 1 GNotKG): ■ Angelegenheiten der freiwilligen Gerichtsbarkeit (ohne Familiensachen), u.a.: – Nachlasssachen – Grundbuchsachen – Betreuungssachen – Registersachen ■ Notarkosten
Gerichtskostengesetz (GKG)	Geltungsbereich (§ 1 GKG) insbesondere: ■ Verfahren nach der ZPO ■ Strafsachen, Bußgeldsachen ■ Sozialgerichtssachen ■ Arbeitsgerichtssachen ■ Verwaltungsgerichtssachen ■ Finanzgerichtssachen
Gesetz über Gerichtskosten in Familiensachen (FamGKG)	Geltungsbereich (§ 1 FamGKG): ■ Familiensachen (§ 111 FamFG) ■ Verfahren nach § 107 FamFG
Justizverwaltungskostengesetz (JVKostG)	Geltungsbereich (§ 1 JVKostG): ■ Justizverwaltungssachen[1] ■ Rechtshilfeverkehr nach dem IRG ■ Zusammenarbeit mit dem Internationalen Strafgerichtshof nach dem IStGH-Gesetz

3 Darüber hinaus bestehen in zahlreichen anderen Bundes- und Landesgesetzen Vorschriften, die für den Kostenansatz von Bedeutung sind, weil sie insbesondere Haftungs-, Wertberechnungs- oder Kostenbefreiungsregelungen enthalten (zB § 247 AktG, § 83 b AsylVfG, § 182 InsO, § 4 Abs. 8 JVEG, § 51 Abs. 1 PStG, § 11 Abs. 2 RVG und § 64 SGB X).

4 Zu beachten sind bei der Anwendung der Kostengesetze auch die hierzu erlassenen **Durchführungsbestimmungen** (s. § 8 Rn 2 f).

1 Zu beachten sind hier auch die Landesjustizkostengesetze.

II. Geltungsbereich des GNotKG

1. Verfahren der freiwilligen Gerichtsbarkeit

5 Der Geltungsbereich ist in § 1 GNotKG geregelt. Danach gilt das Gesetz in Verfahren der freiwilligen Gerichtsbarkeit; dazu gehören auch die in § 1 Abs. 2 GNotKG genannten Verfahren. Der **Anwendungsbereich des GNotKG** umfasst somit

- Betreuungs- und Unterbringungssachen (§§ 271, 312 FamFG)
- Nachlasssachen (§§ 342 ff FamFG)
- Registersachen (§ 374 FamFG)
  - Handelsregistersachen
  - Genossenschaftsregistersachen
  - Partnerschaftsregistersachen
  - Vereinsregistersachen
  - Güterrechtsregistersachen
- unternehmensrechtliche Verfahren (§ 375 FamFG) nach
  - § 146 Abs. 2, §§ 147, 157 Abs. 2, § 166 Abs. 3, § 233 Abs. 3, § 318 Abs. 3–5 HGB
  - § 11 BinSchG, § 595 Abs. 2 HGB auch iVm § 78 BinSchG
  - §§ 403 ff FamFG
  - § 33 Abs. 3, §§ 35, 73 Abs. 1, §§ 85, 103 Abs. 3, §§ 104, 122 Abs. 3, § 147 Abs. 2, § 183 a Abs. 3, § 265 Abs. 3, 4, § 270 Abs. 3, § 273 Abs. 2–4, § 290 Abs. 4 AktG
  - Art. 55 Abs. 3 der Verordnung (EG) Nr. 2157/2001 über das Statut der Europäischen Gesellschaft (SE)
  - § 29 Abs. 3, § 30 Abs. 1, 2, 4, § 45 SE-Ausführungsgesetz
  - § 26 Abs. 1 und 4, § 206 S. 2, 3 UmwG
  - § 66 Abs. 2, 3, 5, § 71 Abs. 3, § 74 Abs. 2, 3 GmbHG
  - § 45 Abs. 3, § 64 b, § 83 Abs. 3, 4, 5, § 93 GenG
  - Art. 54 Abs. 2 der Verordnung (EG) Nr. 1435/2003 über das Statut der Europäischen Genossenschaft (SCE)
  - § 2 Abs. 3, § 12 Abs. 3 PublG
  - § 11 Abs. 3 MitbestG
  - § 2 c Abs. 2 S. 2–7, § 22 o, § 36 Abs. 3 S. 2, § 28 Abs. 2, § 38 Abs. 2 S. 2, § 45 a Abs. 2 S. 1, 3, 4, 6 KWG
  - § 2 a Abs. 4 S. 2, 3 Investmentgesetz
  - § 19 Abs. 2 S. 1–6, § 204 Abs. 2 VAG, § 28 Abs. 2 S. 1–5 Finanzkonglomerate-Aufsichtsgesetz
  - § 6 Abs. 4 S. 4–7 BörsG
  - § 10 PartGG iVm § 146 Abs. 2, §§ 147, 157 Abs. 2 HGB
  - § 9 Abs. 2, 3 S. 2, § 18 Abs. 2 S. 2, 3 SchVG
- Grundbuchsachen
- Schiffs- und Schiffsbauregistersachen
- Angelegenheiten des Registers für Pfandrechte an Luftfahrzeugen
- Freiheitsentziehungssachen (§ 415 FamFG)

- Verfahren in weiteren Angelegenheiten der freiwilligen Gerichtsbarkeit (§ 410 FamFG)
  - Abgabe von eidesstattlichen Versicherungen nach §§ 259, 260, 2028, 2057 BGB
  - Sachverständigenverfahren nach §§ 1034, 1067, 1075, 1377 Abs. 2, § 2122 BGB, §§ 610, 611 HGB
  - Sachverständigenverfahren nach §§ 84 Abs. 2, 189 VVG
  - Bestellung von Verwahrern nach §§ 432, 1217, 1281, 2039 BGB
  - Entscheidung über eine abweichende Art des Pfandverkaufs (§ 1246 BGB)
  - Ersetzung der Zustimmung des Grundstückseigentümers nach § 7 Abs. 3 ErbbauRG
  - Bewilligung der öffentlichen Zustellung einer Willenserklärung und die Bewilligung der Kraftloserklärung von Vollmachten (§ 132 Abs. 2, § 176 Abs. 2 BGB)
  - Verteilungsverfahren nach §§ 65, 119 BauGB, § 74 Nr. 3, § 75 FlurbG, § 94 BBergG, § 55 Bundesleistungsgesetz, § 54 Landbeschaffungsgesetz, § 8 Verordnung über das Verfahren zur Festsetzung von Entschädigung und Härteausgleich nach dem Energiesicherungsgesetz
- Aufgebotssachen (§ 433 FamFG)
- Verfahren nach §§ 98, 99, 132, 142, 145, 258, 260, 293 c, 315 AktG
- Verfahren nach § 51 b GmbHG, § 26 SE-Ausführungsgesetz, § 10 UmwG
- Verfahren nach dem SpruchG wegen
  - des Ausgleichs für außenstehende Aktionäre und der Abfindung solcher Aktionäre bei Beherrschungs- und Gewinnabführungsverträgen (§§ 304, 305 AktG)
  - der Abfindung von ausgeschiedenen Aktionären bei der Eingliederung von Aktiengesellschaften (§ 320 b AktG)
  - der Barabfindung von Minderheitsaktionären, deren Aktien durch Beschluss der Hauptversammlung auf den Hauptaktionär übertragen worden sind (§§ 327 a–327 f AktG)
  - der Zuzahlung an Anteilsinhaber oder der Barabfindung von Anteilsinhabern anlässlich der Umwandlung von Rechtsträgern (§§ 15, 34, 122 h, 122 i, 176–181, 184, 186, 196, 212 UmwG)
  - der Zuzahlung an Anteilsinhaber oder der Barabfindung von Anteilsinhabern bei der Gründung oder Sitzverlegung einer SE (§§ 6, 7, 9, 11, 12 SE-Ausführungsgesetz)
  - der Zuzahlung an Mitglieder bei der Gründung einer Europäischen Genossenschaft (§ 7 SCE-Ausführungsgesetz)
- Verfahren nach §§ 39 a, 39 b WpÜG, § 8 Abs. 3 S. 4 MitbestG
- Verfahren nach der HöfeVfO und dem PachtkredG
- Verfahren nach dem VerschG, TSG und PStG
- Verfahren über Anordnungen über die Zulässigkeit der Verwendung von Verkehrsdaten nach § 140 b Abs. 9 PatG, § 24 b Abs. 9 GebrMG, auch iVm § 9 Abs. 2 HalblSchG, § 19 Abs. 9 MarkenG, § 101 Abs. 9 UrhG, § 46 Abs. 9 DesignG, § 37 b Abs. 9 SortSchG
- Verfahren nach §§ 23–29 EGGVG und § 138 Abs. 2 UrhG
- gerichtliche Verfahren nach § 335 Abs. 4 HGB.

6 **Nicht** in den Geltungsbereich des GNotKG fallen jedoch die **Familiensachen**, auch wenn es sich um solche der freiwilligen Gerichtsbarkeit handelt (§ 1 Abs. 3 GNotKG); es gilt hierfür ausschließlich das **FamGKG**.

2. Vollstreckungshandlungen

7 Im Bereich der Vollstreckung findet das GNotKG nur Anwendung, wenn es sich um eine Vollstreckung nach den §§ 86 ff FamFG handelt (Vorbem. 1.8 KV). Wird die Handlung hingegen durch das Vollstreckungsgericht vorgenommen, gilt das GKG. Das GNotKG gilt jedoch, wenn das Grundbuchamt Eintragungen (zB Arrest- oder Sicherungshypothek) vornimmt.

3. Beschwerdeverfahren

8 Das GNotKG findet auch Anwendung, wenn es sich um eine Beschwerde handelt, die im Zusammenhang mit einem in § 1 Abs. 1, 2 GNotKG genannten Verfahren der freiwilligen Gerichtsbarkeit steht (§ 1 Abs. 4 GNotKG), so etwa Beschwerden wegen der Ablehnung von Gerichtspersonen oder der Verhängung von Ordnungsmitteln (§ 181 GVG) und Beschwerden nach § 33 RVG.

III. Kostenerstattungsansprüche

9 Das GNotKG regelt nur das Verhältnis zwischen Staatskasse und Kostenschuldner. Für die in dem Verfahren regelmäßig anfallenden außergerichtlichen Kosten, wie zB Anwalts- und Beteiligtenkosten, wird die Erstattung durch die Verfahrensordnungen bestimmt.

10 In Verfahren der freiwilligen Gerichtsbarkeit gelten die **§§ 80 ff FamFG**, wenn für einzelne Verfahren keine Spezialregelungen bestehen (s. Rn 12 ff). Die Kostenentscheidung ist in der Endentscheidung zu treffen (§ 82 FamFG). Trifft das Gericht eine Entscheidung über die Kosten, umfasst diese wegen § 80 S. 1 FamFG sowohl die Gerichtskosten (Gebühren und Auslagen) als auch die zur Durchführung des Verfahrens notwendigen Aufwendungen der Beteiligten.

11 Es kann auch angeordnet werden, dass von der Erhebung der Kosten – gemeint sind die Gerichtskosten – ganz oder teilweise abgesehen wird (§ 81 Abs. 1 S. 2 FamFG). Eine solche Entscheidung ist in allen Verfahren nach dem FamFG statthaft. Sie ist durch das Gericht (Richter, Rechtspfleger) durch Beschluss zu treffen.

12 **Besondere Kostenregelungen** gelten insbesondere für:
- den Abschluss eines Vergleichs (§ 83 Abs. 1 FamFG),
- die Rücknahme oder Erledigung des Verfahrens (§ 83 Abs. 2 FamFG),
- erfolglos eingelegte Rechtsmittel (§ 84 FamFG),
- Betreuungssachen (§ 307 FamFG),
- Unterbringungssachen (§ 337 FamFG),
- Freiheitsentziehungssachen (§ 430 FamFG),
- Zwangsmittelverfahren (§ 35 Abs. 3 S. 2 FamFG),
- Kosten in Vollstreckungsverfahren nach den §§ 86 ff FamFG (§ 87 Abs. 5 FamFG),
- Verfahren wegen Ordnungsmitteln oder unmittelbaren Zwangs (§ 92 Abs. 2 FamFG),

- Kostenauferlegungsverbot für den Verfahrenspfleger (§§ 276 Abs. 7, 317 Abs. 7, 419 Abs. 5 FamFG),
- Zwangsgeldverfahren in Registersachen (§ 389 Abs. 2 FamFG),
- Widersprüche in Löschungs- und Aufhebungsverfahren (§§ 393 Abs. 4, 399 Abs. 2 FamFG).

In Verfahren über die Einziehung oder Kraftloserklärung eines **Erbscheins** besteht 13 wegen § 353 Abs. 1 FamFG die Verpflichtung, von Amts wegen über die Kosten des Verfahrens zu entscheiden. Gleiches gilt auch für Verfahren wegen der Erteilung von **Zeugnissen** nach §§ 1507, 2368 BGB, §§ 36, 37 GBO und §§ 42, 74 der Schiffsregisterordnung (§ 354 FamFG) sowie für die Änderung oder den Widerruf eines **Europäischen Nachlasszeugnisses** (§ 38 S. 3 IntErbRVG).

Neben den Kostenregelungen des FamFG bleiben bestehende bundesrechtliche Vor- 14 schriften in anderen Bundesgesetzen unberührt (§ 81 Abs. 5 FamFG), vgl. zB § 45 LwVfG und § 34 VerschG.

Die Titulierung der Verfahrenskosten erfolgt aufgrund § 85 FamFG im Kostenfestset- 15 zungsverfahren nach §§ 103 ff ZPO.

§ 2 Übergangsrecht

I. Änderungen des GNotKG (§ 134 GNotKG)

1. Allgemeine Regelungen

1 Für **Änderungen des GNotKG** nach dessen Inkrafttreten gelten die Übergangsregelungen des § 134 GNotKG, die jedoch nur für die **Gerichtskosten** (Gebühren und Auslagen) Anwendung finden. Im Verhältnis zwischen KostO und GNotKG gilt ausschließlich § 136 GNotKG (s. dazu Rn 10 ff). Gemäß § 134 Abs. 1 GNotKG ist das bisherige Recht noch anzuwenden, wenn

- ein Antragsverfahren vor dem Inkrafttreten der Änderung anhängig wurde (Abs. 1 S. 1 Alt. 1),
- ein Amtsverfahren vor dem Inkrafttreten der Änderung eingeleitet wurde (Abs. 1 S. 1 Alt. 2),
- ein Rechtsmittel vor dem Inkrafttreten der Änderung eingelegt wurde (Abs. 1 S. 2),
- in Verfahren, in denen Jahresgebühren erhoben werden, die Kosten vor dem Inkrafttreten der Änderung fällig geworden sind (Abs. 1 S. 4).

2 § 134 Abs. 1 S. 1, 2 GNotKG gilt auch, wenn Vorschriften geändert werden, auf die das GNotKG verweist, zB HRegGebV, § 1836 c BGB (§ 134 Abs. 1 S. 3 GNotKG). Für die **Notarkosten** gilt § 134 Abs. 2 GNotKG.

3 Handelt es sich um Verfahrensgebühren, ist jeder Instanzenzug gesondert zu betrachten. Für **Rechtsmittelverfahren** findet deshalb schon das geänderte Recht Anwendung, wenn es nach dem Inkrafttreten der Gesetzesänderung eingeleitet wurde, auch wenn der untere Instanzenzug bereits vorher anhängig oder eingeleitet wurde (§ 134 Abs. 1 S. 2 GNotKG). Zum Übergangsrecht für die Rechtsbehelfe nach dem GNotKG s. Rn 9.

2. Grundbuchsachen

4 Es ist der Eingang des Eintragungsantrags maßgeblich, nicht das Eintragungsdatum.

3. Betreuungssachen

5 Zu den Übergangsregelungen aufgrund der Einführung von Gebühren für Eilbetreuungen s. § 13 Rn 78.

4. Verfahrenskostenhilfe

6 Wird zunächst nur die VKH-Bewilligung beantragt und erfolgt die Antragstellung in der Hauptsache unter der Bedingung der Bewilligung von VKH, liegt noch keine Verfahrenseinleitung iSd § 134 Abs. 1 GNotKG vor. Maßgeblich ist hier die Entscheidung über den VKH-Antrag und die nach Bewilligung erfolgte Einleitung des Hauptverfahrens. Die hierzu zu Art. 111 Abs. 1 S. 1 FGG-RG ergangene Rechtsprechung[1] kann wegen des sinngleichen Regelungsinhalts auch zu § 134 GNotKG angewendet werden.

1 BGH FamRZ 2012, 783; OLG Celle NJW 2010, 1612; OLG Düsseldorf FamRZ 2010, 325.

5. Abänderungs- oder Aufhebungsverfahren

Da es sich bei solchen Verfahren nach § 57 Abs. 2 GNotKG um besondere Kostenrechtszüge handelt, ist der Tag der Einleitung oder Antragstellung im Abänderungs- oder Aufhebungsverfahren maßgeblich. Wird dieses nach dem Inkrafttreten der Gesetzesänderung anhängig oder eingeleitet, gilt für das Abänderungs- oder Aufhebungsverfahren neues Recht, auch wenn für das ursprüngliche Verfahren noch bisheriges Recht gilt. 7

6. Einstweilige Anordnungen

Im Verhältnis zum Hauptsacheverfahren handelt es sich wegen § 51 Abs. 3 FamFG stets um einen eigenen Kostenrechtszug. Wird die Hauptsache nach dem Inkrafttreten der Gesetzesänderung anhängig oder eingeleitet, gilt neues Recht, unabhängig davon, ob für das einstweilige Anordnungsverfahren noch bisheriges Recht gilt. 8

7. Rechtsbehelfe nach dem GNotKG

§ 134 Abs. 1 S. 2 GNotKG erfasst nur die Rechtsbehelfe in der Hauptsache (s. Rn 3), nicht aber die Rechtsbehelfe nach dem GNotKG.[2] Für die Erinnerung und Beschwerden nach §§ 81 ff GNotKG ist deshalb darauf abzustellen, wann das erstinstanzliche Verfahren anhängig bzw. eingeleitet wurde. Eine danach erfolgte Änderung der §§ 81 ff GNotKG bleibt unbeachtlich. 9

II. Inkrafttreten des GNotKG (§ 136 GNotKG)[3]

1. Allgemeine Regelungen

Die Übergangsregelungen aus Anlass des **Inkrafttretens des GNotKG** sind in § 136 GNotKG enthalten. Das GNotKG trat am 1.8.2013 in Kraft.[4] Nach § 136 Abs. 1 GNotKG ist die KostO weiterhin anzuwenden, wenn 10

- ein Amtsverfahren vor dem 1.8.2013 eingeleitet wurde (Nr. 1 Hs. 1 Alt. 2);
- in einem Antragsverfahren der Antrag vor dem 1.8.2013 gestellt wurde (Nr. 1 Hs. 1 Alt. 1);
- das Rechtsmittelverfahren vor dem 1.8.2013 eingeleitet wurde (Nr. 2).

2. Grundbuch- und Registersachen

In Grundbuchsachen ist auf den Eingang des jeweiligen Eintragungsantrags bei Gericht abzustellen,[5] da die Gebühren hier für jede Eintragung gesondert entstehen (§ 55 Abs. 2 GNotKG). Gleiches gilt für Eintragungen in das Vereins-, Güterrechts-, Schiffs- und Schiffsbauregister sowie für Eintragungen in das Register für Pfandrechte an Luftfahrzeugen. 11

3. Nachlasspflegschaften

Handelt es sich um eine Nachlasspflegschaft, die noch vor dem 1.8.2013 eingeleitet wurde, sind Gerichtskosten nur nach der KostO zu erheben, auch wenn die Pfleg- 12

---

2 Bormann/Diehn/Sommerfeldt/*Pfeiffer*, GNotKG, § 136 Rn 5; Korintenberg/*Otto*, GNotKG, § 134 Rn 2; OLG Koblenz JurBüro 2009, 267 (zu § 72 GKG); KG FamRZ 2011, 754 (zu § 63 FamGKG).
3 Siehe hierzu ausführlich die Ausführungen in der Vorauflage (§ 2 Rn 1–10).
4 Art. 50 des 2. KostRMoG (BGBl. I S. 2586, 2712). Zugleich wurde die KostO mit Wirkung zum 31.7.2013 aufgehoben (Art. 45 des 2. KostRMoG, BGBl. I S. 2586, 2711).
5 OLG Köln JurBüro 2014, 202; OLG Dresden NotBz 2013, 476; OLG Bamberg JurBüro 2014, 84.

schaft nach dem 1.8.2013 angeordnet bleibt (§ 136 Abs. 1 Nr. 1 GNotKG), so dass dann keinesfalls Jahresgebühren nach Nr. 12311 KV anzusetzen sind.

4. Rechtsmittelverfahren

13 Für die Rechtsmittelverfahren gilt § 136 Abs. 1 Nr. 2 GNotKG. Danach ist die KostO weiterhin anzuwenden in gerichtlichen Verfahren über ein Rechtsmittel, das vor dem 1.8.2013 eingelegt worden ist (s. aber Rn 15). Die Rechtsmittelverfahren sind daher unabhängig von der Einleitung des erstinstanzlichen Verfahrens zu behandeln, so dass für die verschiedenen Instanzenzüge unterschiedliches Kostenrecht zur Anwendung kommen kann.

14 **Beispiel:** In einer Aufgebotssache wird der Antrag am 10.5.2012 gestellt. Am 1.10.2013 ergeht Endentscheidung, gegen die am 10.10.2013 Beschwerde eingelegt wird.
Für das erstinstanzliche Verfahren gilt noch die KostO, da der Antrag vor dem 1.8.2013 gestellt wurde. Für das Beschwerdeverfahren ist das GNotKG anzuwenden, weil das Rechtsmittel nach dem 1.8.2013 eingelegt wurde.

5. Rechtsbehelfe nach dem GNotKG

15 Für die **Rechtsbehelfe gegen den Kostenansatz oder die Wertfestsetzung** gilt noch die KostO, auch wenn Erinnerung oder Beschwerde nach dem 1.8.2013 eingelegt werden, aber das erstinstanzliche Verfahren vor dem 1.8.2013 eingeleitet wurde.[6]

6 Bormann/Diehn/Sommerfeldt/*Pfeiffer*, GNotKG, § 136 Rn 5.

Teil 2
Grundlagen des Kostenansatzes

§ 3 Gebührenstruktur

I. Allgemeines

Gerichtskosten setzen sich zusammen aus Gebühren und Auslagen (§ 1 Abs. 1 GNotKG). Bei den **Gebühren** handelt es sich um steuerähnliche Abgaben, mit der die Tätigkeit des Gerichts abgegolten werden soll. Es gibt verschiedene Gebührenarten (s. Rn 4 ff). Neben den Gebühren können teilweise auch die vom Gericht aufgewendeten baren Beträge als **Auslagen** eingezogen werden. Zwischen Gebühren und Auslagen ist insbesondere bei bestehenden Kostenbefreiungen zu unterscheiden (s. ausf. § 7 Rn 12). 1

Beispiel: In einem Verfahren zur Festsetzung der Vergütung (§ 11 RVG) erlässt das Gericht den Festsetzungsbeschluss. In dem Verfahren sind insgesamt drei förmliche Zustellungen angefallen. 2
Das Verfahren ist zwar gebührenfrei (§ 11 Abs. 2 S. 4 RVG), jedoch nicht kostenfrei, so dass die entstandenen Auslagen (Zustellungskosten, Nr. 31002 KV) iHv 3 x 3,50 € einzuziehen sind. Insoweit kann auch Abhängigmachung nach § 14 Abs. 1 GNotKG angeordnet werden.

Gebühren und Auslagen dürfen nur in dem von den Kostengesetzen bestimmten Umfang eingezogen werden. Soweit ein Gebühren- oder Auslagentatbestand im Kostenverzeichnis fehlt, bleibt das Geschäft gebühren- bzw. kostenfrei (**Analogieverbot**). Im GNotKG sind die Kostentatbestände abschließend im Kostenverzeichnis (Anlage 1 zu § 3 Abs. 2 GNotKG) geregelt (§ 1 Abs. 1 GNotKG). 3

II. Gebührenarten

Hinsichtlich der Gebührenerhebung ist zwischen verschiedenen Gebührenarten zu unterscheiden. 4

1. Verfahrensgebühren

Mit der Verfahrensgebühr werden sämtliche gerichtliche Handlungen und Maßnahmen des jeweiligen Rechtsgeschäfts abgedeckt. 5

2. Aktgebühren

Aktgebühren, auch Handlungsgebühren genannt, setzen stets eine bestimmte gerichtliche Entscheidung oder eine andere gerichtliche Handlung voraus, die als Gebührentatbestand in der Kostenvorschrift genannt ist. 6

3. Jahresgebühren

Jahresgebühren entstehen in Verfahren, die für einen längeren Zeitpunkt angeordnet werden können (zB Dauerbetreuungen, Nr. 11101 KV), weil hier die Erhebung einmaliger Verfahrens- oder Aktgebühren unsachgemäß wäre. Jahresgebühren werden für jedes Kalenderjahr, in dem das Verfahren angeordnet ist, erhoben. Sie decken sämtliche gerichtliche Handlungen und Maßnahmen ab. 7

4. Höhe der Gebühren

8 Auch für die Berechnung der Gebührenhöhe ist zwischen verschiedenen Gebührenarten zu unterscheiden.

a) Festgebühren

9 Bei Festgebühren ist die Höhe der Gebühr durch das jeweilige Gesetz eindeutig mit einem bestimmten Geldbetrag bestimmt (zB Nr. 15213 KV: „200,00 €"). Der Geldbetrag ist für alle Verfahren gleich, unabhängig vom Umfang des Geschäfts.

b) Wertgebühren

10 Für die Berechnung der Höhe einer Wertgebühr (zB Nr. 12210 KV) bildet der Geschäftswert die Grundlage. Aus der Kostenvorschrift ergibt sich lediglich der Gebührensatz (zB Nr. 12210 KV: „1,0"), während der genaue Betrag aus der dem Gesetz anliegenden Anlage 2 zu § 34 Abs. 3 GNotKG[1] zu entnehmen ist.

c) Rahmengebühren

11 Die Höhe einer Rahmengebühr ist in dem Kostengesetz jeweils durch eine Mindest- und Höchstgebühr abgegrenzt. Rahmengebühren sind im GNotKG für die Gerichtskosten nicht enthalten. Sie können aber in Justizverwaltungssachen entstehen. Soweit im JVKostG Rahmengebühren vorgesehen sind, bestimmt der die Sachentscheidung zu treffende Sachbearbeiter die genaue Gebührenhöhe (§ 46 KostVfg).

III. Ermittlung der Gebührenhöhe

12 Die Höhe der Gebühren bestimmt sich aus dem **Kostenverzeichnis** (Anlage 1 zu § 3 Abs. 2 GNotKG). Dabei ist zwischen Wertgebühren und Festgebühren zu unterscheiden. Bei den Festgebühren ergibt sich die konkrete Gebührenhöhe unmittelbar aus dem Gesetz, während bei den Wertgebühren nur der Gebührensatz (zB „1,0") im Kostenverzeichnis bestimmt ist. Hier muss die konkrete Gebührenhöhe deshalb nach der Gebührentabelle (§ 34 Abs. 1, Anlage 2 zu § 34 Abs. 3 GNotKG) ermittelt werden. Die ermittelte Gebührenhöhe wird auf den nächstliegenden Cent auf- oder abgerundet. 0,5 Cent werden aufgerundet (§ 34 Abs. 4 GNotKG). Die Mindestgebühr beträgt 15 € (§ 34 Abs. 5 GNotKG) (s. Rn 25 f). Teilweise sind unabhängig vom konkreten Gebührenbetrag auch Höchstgebührenbeträge bestimmt (zB Nr. 12211 KV: „1,0 – höchstens 800,00 €").

13 Dabei ist zu unterscheiden zwischen Tabelle A und Tabelle B. Welche der beiden Tabellen für das einzelne Geschäft Anwendung findet, regelt das Kostenverzeichnis. Dort ist in der Überschrift der rechten Spalte angegeben, welche der beiden Tabellen jeweils anzuwenden ist. Die Gerichtsgebühren bestimmen sich überwiegend nach der Tabelle A (s. Rn 14) und nur in zwei Bereichen nach der Tabelle B (s. Rn 15).

14 Die **Tabelle A** findet insbesondere Anwendung für:

- Betreuungssachen
- betreuungsgerichtliche Zuweisungssachen
- Verfahren wegen der Sicherung des Nachlasses
- die Entgegennahme von Erklärungen in Nachlasssachen
- Testamentsvollstreckersachen

1 Abgedruckt hier im Buch (S. 467 ff).

- Stundung des Pflichtteilsanspruchs
- Registersachen
- unternehmensrechtliche Verfahren
- Aufgebotssachen
- Freiheitsentziehungssachen
- Verfahren in weiteren Angelegenheiten der freiwilligen Gerichtsbarkeit (§ 410 FamFG)
  - Abgabe von eidesstattlichen Versicherungen nach §§ 259, 260, 2028, 2057 BGB
  - Sachverständigenverfahren nach §§ 1034, 1067, 1075, 1377 Abs. 2, 2122 BGB, §§ 610, 611 HGB
  - Sachverständigenverfahren nach §§ 84 Abs. 2, 189 VVG
  - Bestellung von Verwahrern nach §§ 432, 1217, 1281, 2039 BGB
  - Entscheidung über eine abweichende Art des Pfandverkaufs (§ 1246 BGB)
  - Ersetzung der Zustimmung des Grundstückseigentümers nach § 7 Abs. 3 ErbbauRG
  - Bewilligung der öffentlichen Zustellung einer Willenserklärung und die Bewilligung der Kraftloserklärung von Vollmachten (§§ 132 Abs. 2, 176 Abs. 2 BGB)
  - Verteilungsverfahren nach §§ 65, 119 BauGB, §§ 74 Nr. 3, 75 FlurbG, § 94 BBergG, § 55 Bundesleistungsgesetz, § 54 Landbeschaffungsgesetz, § 8 Verordnung über das Verfahren zur Festsetzung von Entschädigung und Härteausgleich nach dem Energiesicherungsgesetz
- Verfahren nach §§ 98, 99, 132, 142, 145, 258, 260, 293 c, 315 AktG
- Verfahren nach § 51 b GmbHG, § 26 SE-Ausführungsgesetz, § 10 UmwG
- Verfahren nach dem SpruchG wegen
  - des Ausgleichs für außenstehende Aktionäre und der Abfindung solcher Aktionäre bei Beherrschungs- und Gewinnabführungsverträgen (§§ 304, 305 AktG)
  - der Abfindung von ausgeschiedenen Aktionären bei der Eingliederung von Aktiengesellschaften (§ 320 b AktG)
  - der Barabfindung von Minderheitsaktionären, deren Aktien durch Beschluss der Hauptversammlung auf den Hauptaktionär übertragen worden sind (§§ 327 a–327 f AktG)
  - der Zuzahlung an Anteilsinhaber oder der Barabfindung von Anteilsinhabern anlässlich der Umwandlung von Rechtsträgern (§§ 15, 34, 122 h, 122 i, 176–181, 184, 186, 196, 212 UmwG)
  - der Zuzahlung an Anteilsinhaber oder der Barabfindung von Anteilsinhabern bei der Gründung oder Sitzverlegung einer SE (§§ 6, 7, 9, 11, 12 SE-Ausführungsgesetz)
  - der Zuzahlung an Mitglieder bei der Gründung einer Europäischen Genossenschaft (§ 7 SCE-Ausführungsgesetz)
- Verfahren nach §§ 39 a, 39 b WpÜG und nach § 8 Abs. 3 S. 4 MitbestG
- Verfahren nach der HöfeVfO und dem PachtkredG
- Verfahren nach dem VerschG, TSG und PStG
- Verfahren über Anordnungen über die Zulässigkeit der Verwendung von Verkehrsdaten nach § 140 b Abs. 9 PatG, § 24 b Abs. 9 GebrMG, auch iVm § 9

Abs. 2 HalblSchG, § 19 Abs. 9 MarkenG, § 101 Abs. 9 UrhG, § 46 Abs. 9 DesignG, § 37 b Abs. 9 SortSchG
- Verfahren nach §§ 23–29 EGGVG und § 138 Abs. 2 UrhG
- Beschwerden nach § 335 a Abs. 1 HGB, Rechtsbeschwerden nach § 335 a Abs. 4 HGB.

15 Die **Tabelle B** gilt hingegen insbesondere für:
- Verwahrung und Eröffnung von Testamenten und Erbverträgen
- Erbscheinsverfahren (einschl. Erteilung des Europäischen Nachlasszeugnisses)
- Grundbuchsachen
- Schiffs- und Schiffsbauregistersachen
- Angelegenheiten des Registers für Pfandrechte an Luftfahrzeugen.

16 **Beispiel 1:** In einer erstinstanzlichen Aufgebotssache beträgt der Geschäftswert 15.000 €. Es ist eine wertabhängige Gebühr nach Nr. 15212 KV zu erheben, der Gebührensatz beträgt 0,5 (Anlage 1 zu § 3 Abs. 2 GNotKG). Die konkrete Höhe ist aus der Anlage 2 zu § 34 Abs. 3 GNotKG zu entnehmen. Es gilt **Tabelle A**, so dass der konkrete Gebührenbetrag 146,50 € beträgt.

17 **Beispiel 2:** In einer erstinstanzlichen Nachlasssache wegen der Einziehung eines Erbscheins beträgt der Geschäftswert 15.000 €. Es ist eine wertabhängige Gebühr nach Nr. 12215 KV zu erheben, der Gebührensatz beträgt 0,5 (Anlage 1 zu § 3 Abs. 2 GNotKG). Die konkrete Höhe ist aus der Anlage 2 zu § 34 Abs. 3 GNotKG zu entnehmen. Es gilt **Tabelle B**, so dass der konkrete Gebührenbetrag 45,50 € beträgt.

IV. Geschäftswerte über 3 Mio. €

18 Aus der Anlage 2 zu § 34 Abs. 3 GNotKG lässt sich die Gebührenhöhe lediglich bis zu einem Geschäftswert von 3 Mio. € ermitteln. Wird dieser Wert überschritten, ist der Gebührenbetrag wie folgt zu ermitteln:

19 **Bei Anwendung der Tabelle A:** Beträgt der Wert mehr als 3 Mio. €, aber weniger als 5 Mio. €, sind von dem Geschäftswert 3.000.000 € abzuziehen. Der verbleibende Betrag ist auf volle 50.000er aufzurunden. Er ist sodann durch 50.000 zu dividieren und mit 180 zu multiplizieren. Dem Ergebnis sind 12.536 € hinzufügen. Der so ermittelte Betrag stellt jeweils eine 1,0fache Gebühr dar.

20 **Beispiel:** Der Geschäftswert beträgt 4.530.000 €. Die 0,5-Verfahrensgebühr nach Nr. 15212 KV ist wie folgt zu ermitteln:

1.	4.530.000 € abzgl. 3.000.000 € =	1.530.000,00 €
2.	Aufrundung auf	1.550.000,00 €
3.	1.550.000 € : 50.000 € =	31
4.	31 x 180 € =	5.580,00 €
5.	Grundbetrag hinzuaddieren (5.580 € + 12.536 € =)	18.116,00 €
6.	Gebühr nach Nr. 15212 KV (18.116 € x 0,5 =)	9.058,00 €

21 Übersteigt der Geschäftswert 5 Mio. €, sind die Werte entsprechend der Tabelle in § 34 Abs. 2 GNotKG auszutauschen.

22 **Bei Anwendung der Tabelle B:** Beträgt der Wert mehr als 3 Mio. €, aber weniger als 5 Mio. €, sind von dem Geschäftswert 3.000.000 € abzuziehen. Der verbleibende Betrag ist auf volle 50.000er aufzurunden. Er ist sodann durch 50.000 zu dividieren

und mit 80 zu multiplizieren. Dem Ergebnis sind 4.935 € hinzufügen. Der so ermittelte Betrag stellt jeweils eine 1,0fache Gebühr dar.

Beispiel: Der Geschäftswert beträgt 4.530.000 €. Die 1,3-Verfahrensgebühr nach Nr. 14120 KV ist wie folgt zu ermitteln: 23

1.	4.530.000 € abzgl. 3.000.000 € =	1.530.000,00 €
2.	Aufrundung auf	1.550.000,00 €
3.	1.550.000 € : 50.000 € =	31
4.	31 x 80 € =	2.480,00 €
5.	Grundbetrag hinzuaddieren (2.480 € + 4.935 € =)	7.415,00 €
6.	Gebühr nach Nr. 14120 KV (7415 € x 1,3 =)	9.639,50 €

Übersteigt der Geschäftswert 5 Mio. €, sind die Werte entsprechend der Tabelle in § 34 Abs. 2 GNotKG auszutauschen. 24

V. Mindestgebühr

Die Höhe einer wertabhängigen Gebühr beträgt stets **mindestens 15 €** (§ 34 Abs. 5 GNotKG). Die Regelung gilt für alle wertabhängigen Gebühren, also auch für die Vergleichsgebühr nach Nr. 17005 KV. Es kommt dabei auf die einzelne Gebühr und nicht auf die Gesamtsummer aller zu erhebenden Gebühren an.[2] Schulden mehrere Schuldner die Gebühr nach Bruchteilen, ist nur auf den Gesamtbetrag der Gebühr abzustellen.[3] 25

Beispiel: In dem Verfahren wird ein Vergleich geschlossen. Der Mehrwert für den Vergleich beträgt 600 €. 26

Für den Vergleich ist an Gebühren zu erheben:

0,25-Vergleichsgebühr, Nr. 17005 KV (Wert: 600 €, Tabelle A)	15,00 €

Die genau ermittelte Gebührenhöhe der Vergleichsgebühr beträgt 13,25 € (53,00 € x 0,25), wegen der Regelung des § 34 Abs. 5 GNotKG ist jedoch eine Mindestgebühr von 15,00 € anzusetzen.

VI. Einmalige Erhebung der Gebühren

1. Verfahrens- und Aktgebühren

a) Grundsatz

Verfahrensgebühren dürfen für jeden Rechtszug nur einmal erhoben werden (§ 55 Abs. 1 GNotKG). Der Begriff des **Rechtszugs** iSd § 55 Abs. 1 GNotKG deckt sich nicht mit dem verfahrensrechtlichen Begriff im FamFG oder in anderen Verfahrensvorschriften, so dass als eigenständiger Rechtszug iSd GNotKG jeder Verfahrensabschnitt zu verstehen ist, der besondere Kosten verursacht.[4] 27

Handelt es sich um eine Aktgebühr, die für die Vornahme einer gerichtlichen Handlung oder Entscheidung entsteht, darf auch sie für jeden Teil des Verfahrensgegenstands nur einmal erhoben werden (§ 55 Abs. 1 GNotKG). 28

---

2 HK-GNotKG/*Fackelmann*, § 34 Rn 26.
3 HK-GNotKG/*Fackelmann*, § 34 Rn 26.
4 Zöller/*Geimer*, § 119 ZPO Rn 1.

b) Verschiedene Kostenrechtszüge

29 Handelt es sich um verschiedene Rechtszüge, sind die Gebühren gesondert zu erheben. Eigenständige Rechtszüge iSd § 55 Abs. 1 GNotKG liegen insbesondere in folgenden Fällen vor:

- Rechtsmittel- und Rechtsbehelfsverfahren,
- Verfahren über die VKH-Bewilligung nach § 118 ZPO iVm § 76 FamFG und dem Hauptverfahren,
- jedes Verfahren auf Erlass oder Abänderung einer einstweiligen Anordnung (wegen des Verbots der doppelten Gebührenerhebung vgl. aber Vorbem. 1.6 KV),
- jedes Verfahren auf Erlass einer einstweiligen Anordnung im Verhältnis zum Hauptsacheverfahren,
- Wiedereinsetzungsverfahren (§ 48 Abs. 2 FamFG),
- Vergütungsfestsetzungsverfahren (§ 11 RVG),
- Durchführung von Vollstreckungshandlungen,
- Verhängung von Zwangsmitteln (§ 35 FamFG),
- Erteilung einer weiteren Vollstreckungsklausel (§ 733 ZPO),
- Anordnung von Ordnungsmitteln nach §§ 89 ff FamFG.

30 Wird ein Antrag nach wirksamer Rücknahme eines vorherigen Antrags **erneut** gestellt, handelt es sich gleichfalls um einen neuen Kostenrechtszug.[5]

31 Als besonderer Rechtszug gelten wegen § 57 Abs. 2 GNotKG auch die Verfahren über eine **Abänderung oder Aufhebung von Entscheidungen**, soweit im Kostenverzeichnis nicht ausdrücklich etwas anderes bestimmt ist. Hierunter fallen zB die Verfahren nach § 48 Abs. 1 FamFG, § 6 TSG oder § 30 VerschG. Gesonderte Gebühren entstehen daher für Verfahren wegen der Aufhebung einer Entscheidung über die Freiheitsentziehung (§ 426 FamFG). Auch die Änderung oder Löschung einer Eintragung im **Grundbuch** oder Register stellt im Regelfall einen besonderen Kostenrechtszug dar.

32 Die Verfahren wegen der **Aufhebung oder Abänderung einer einstweiligen Anordnung** (§ 54 FamFG) sind zwar besondere Verfahren, jedoch werden hierfür gleichwohl keine gesonderten Gebühren erhoben (Vorbem. 1.6 KV).

33 Die Verfahren wegen der **Verlängerung einer angeordneten Maßnahme**, zB §§ 329, 425 FamFG bei Unterbringung oder Freiheitsentziehung, stellen hingegen keinen besonderen Rechtszug dar.

c) Derselbe Kostenrechtszug

34 Zu demselben Kostenrechtszug iSd § 55 Abs. 1 GNotKG gehören hingegen insbesondere:

- Kostenfestsetzungsverfahren (§§ 103 ff ZPO); nicht aber das Verfahren nach § 11 RVG,
- Ergänzung von Entscheidungen (§ 43 FamFG),
- Berichtigung von Entscheidungen (§ 42 FamFG),
- Fortsetzung nach Ruhen oder Unterbrechung des Verfahrens,

---

5 *Meyer*, § 35 GKG Rn 5.

- das Verfahren nach erfolgter Zurückverweisung (§ 57 Abs. 1 GNotKG) (s. Rn 37 f),[6]
- die Fortsetzung des Verfahrens nach Aussetzung (§ 21 FamFG) oder Ruhen.[7]

2. Grundbuch- und Registersachen

Handelt es sich um eine Gebühr, die erhoben wird für die Eintragung in das 35

- Grundbuch,
- Vereinsregister,
- Güterrechtsregister,
- Schiffs- oder Schiffsbauregister oder
- Register für Pfandrechte an Luftfahrzeugen,

wird die Gebühr für jede Eintragung gesondert erhoben, wenn im Kostenverzeichnis nichts anderes bestimmt ist (§ 55 Abs. 2 GNotKG).

Dabei sind als solche **Spezialregelungen** insbesondere zu beachten die Regelungen der 36 Anm. Abs. 2 zu Nr. 13101 KV oder für die Grundbuchsachen die Vorbem. 1.4 Abs. 3, 5 KV.

VII. Zurückverweisung

1. Besonderer Kostenrechtszug

Hat das Beschwerde- oder Rechtsbeschwerdegericht die Sache unter Aufhebung der 37 angefochtenen Entscheidung an ein Gericht des unteren Rechtszugs zurückverwiesen (§§ 69 Abs. 1 S. 2, 3, 74 Abs. 6 FamFG), bilden das ursprüngliche Verfahren und das Verfahren nach Zurückverweisung einen einheitlichen Kostenrechtszug, so dass die Gerichtsgebühren nur einmal zu erheben sind (§ 57 Abs. 1 GNotKG).

Beispiel: In einer Aufgebotssache ergeht Endentscheidung, der Geschäftswert beträgt 38 8.000 €. Gegen den Beschluss wird Beschwerde eingelegt. Das Beschwerdegericht hebt die angefochtene Endentscheidung auf und verweist die Sache zurück an das Amtsgericht. Dort ergeht später erneut Endentscheidung.
Für das ursprüngliche Verfahren und das Verfahren nach Zurückverweisung ist lediglich zu erheben:

0,5-Verfahrensgebühr, Nr. 15212 KV (Wert: 8.000 €, Tabelle A)	101,50 €

2. Rechtsmittelverfahren

Das Rechtsmittelverfahren, in dem die Zurückverweisung erfolgt ist, bleibt kosten- 39 rechtlich eine eigenständige Instanz, so dass besondere Gerichtsgebühren entstehen. Das Rechtsmittelgericht muss daher eine Anordnung nach § 21 GNotKG treffen, wenn es den Ansatz der Gerichtskosten für das Rechtsmittelverfahren verhindern will. Eine solche Anordnung der Nichterhebung wird wohl zwingend in Betracht kommen, wenn die Aufhebung der Entscheidung erfolgt ist, weil das untere Gericht gegen eine klare gesetzliche Norm verstoßen hat und insbesondere einen offen zutage tretenden Verfahrensfehler begangen hat[8] oder eine (wiederholte) Zurückweisung wegen wesentlicher Mängel erfolgt ist.[9]

6 HK-GNotKG/*Fackelmann*, § 55 Rn 8.
7 Korintenberg/*Thamke*, GNotKG, § 55 Rn 18.
8 BGH NJW-RR 2003, 1294.
9 OLG Düsseldorf MDR 1995, 212; KG JurBüro 1997, 654.

40 **Beispiel:** In einer Aufgebotssache ergeht Endentscheidung, der Geschäftswert beträgt 10.000 €. Gegen den Beschluss wird Beschwerde eingelegt. Das Beschwerdegericht hebt die angefochtene Endentscheidung auf und verweist die Sache zurück an das Amtsgericht. Eine Anordnung der Nichterhebung von Gerichtskosten für das Beschwerdeverfahren erfolgt nicht. In der ersten Instanz ergeht später erneut Endentscheidung.

Für das ursprüngliche Verfahren und das Verfahren nach Zurückverweisung ist lediglich zu erheben:

0,5-Verfahrensgebühr, Nr. 15212 KV (Wert: 10.000 €, Tabelle A)	120,50 €

Zusätzlich ist für das Beschwerdeverfahren folgende Gebühr zu erheben, weil eine Entscheidung nach § 21 GNotKG nicht ergangen ist:

1,0-Verfahrensgebühr, Nr. 15223 KV (Wert: 10.000 €, Tabelle A)	241,00 €

3. Anwaltsgebühren

41 Hinsichtlich der Anwaltsgebühren ist das Verfahren nach der Zurückverweisung jedoch als neuer Rechtszug zu behandeln (§ 21 Abs. 1 RVG), so dass die Anwaltsgebühren erneut entstehen. Allerdings ist wegen der Verfahrensgebühr die Anrechnungsvorschrift der Vorbem. 3 Abs. 6 VV-RVG zu beachten.

VIII. Verweisung, Abgabe

42 Wird das Verfahren an ein anderes Gericht **verwiesen**, gilt § 5 Abs. 1 GNotKG. Danach ist das frühere Verfahren als Teil des Verfahrens vor dem übernehmenden Gericht zu behandeln. Die Regelung gilt insbesondere in den Fällen der §§ 3, 343 FamFG und §§ 17 ff GVG.

43 Wegen § 5 Abs. 1 S. 2 GNotKG gilt Gleiches auch bei der **Abgabe** des Verfahrens, insbesondere nach §§ 4, 273, 314 FamFG.[10]

10 BT-Drucks. 16/6308, S. 301.

§ 4 Fälligkeit und Verjährung

I. Allgemeines

1 **Fälligkeit** bezeichnet den Zeitpunkt, von dem ab die Staatskasse berechtigt ist, die entstandenen Kosten einzuziehen. Die Fälligkeit der Gerichtskosten wird durch §§ 8 und 9 GNotKG geregelt. Kosten sind gem. § 15 Abs. 1 KostVfg nach Eintritt der Fälligkeit anzusetzen, soweit nichts anderes bestimmt oder zugelassen ist. Für den rechtzeitigen Kosteneinzug ist nach § 2 Abs. 1 KostVfg der Kostenbeamte verantwortlich.

2 Hinsichtlich der Fälligkeit von Gebühren ist im GNotKG zwischen **Jahresgebühren** (§ 8 GNotKG) und den **übrigen Gebühren** (§ 9 GNotKG) zu unterscheiden. Eine weitere Unterscheidung zwischen Verfahrens- und Aktgebühren erfolgt nicht.

II. Fälligkeit der Jahresgebühren (§ 8 GNotKG)

3 Für die Jahresgebühren bestimmt sich die Fälligkeit nach § 8 S. 1 GNotKG. Sie tritt danach erstmals bei Anordnung der Betreuung oder Pflegschaft und später jeweils zu Beginn des Kalenderjahres ein. Auf das Betreuungs- oder Pflegschaftsjahr kommt es nicht an, so dass für die späteren Jahresgebühren stets darauf abzustellen ist, ob die Betreuung oder Pflegschaft am 1.1. des Jahres noch bestand. In solchen Fällen ist die Jahresgebühr auch dann in voller Höhe anzusetzen, wenn die Betreuung oder Pflegschaft nicht mehr das volle Kalenderjahr besteht.

4 Im Einzelnen erfasst § 8 S. 1 GNotKG die Jahresgebühren der Nr. 11101, 11102, 11104 KV für Dauerbetreuungen und Dauerpflegschaften sowie die Jahresgebühr der Nr. 12311 KV für Dauernachlasspflegschaften oder Nachlass- oder Gesamtgutsverwaltung. Nicht erfasst sind die Verfahrensgebühren, die für Einzelbetreuungen oder Einzelpflegschaften erhoben werden. § 8 S. 1 GNotKG gilt nur für die dort genannten Jahresgebühren, so dass die Vorschrift keine Anwendung auf die Rechtsmittelverfahren findet.

5 **Beispiel:** Es ist Dauerbetreuung auch wegen des Vermögens angeordnet. Die Betreuung endet wegen Todes des Betroffenen am 15.4.2016.
Für das Kalenderjahr 2016 ist die Jahresgebühr der Nr. 11101 KV in voller Höhe anzusetzen, weil die Betreuung zum Fälligkeitszeitpunkt am 1.1.2016 noch bestand. Eine anteilige Reduzierung der Gebühr findet nicht statt.

6 Mit Beendigung der Betreuung oder Pflegschaft endet die Gebührenpflicht, so dass es auf den Beschluss über die Beendigung oder den kraft Gesetzes eingetretenen Beendigungszeitpunkt ankommt. Danach noch durch das Gericht durchgeführte Schluss- oder Abwicklungstätigkeiten sind unerheblich.

7 **Beispiel:** Es ist Dauerbetreuung auch wegen des Vermögens angeordnet. Die Betreuung endet wegen Todes des Betroffenen am 15.4.2015. Die Erstellung und die Prüfung des Schlussberichts verzögern sich und erfolgen erst im April 2016.
Für das Kalenderjahr 2015 ist die Jahresgebühr der Nr. 11101 KV in voller Höhe anzusetzen, weil die Betreuung zum Fälligkeitszeitpunkt am 1.1.2015 noch bestand. Eine anteilige Reduzierung der Gebühr findet nicht statt. Da die Gebührenpflicht mit der Beendigung der Betreuung endet, kann für das Kalenderjahr 2016 keine Jahresgebühr mehr erhoben werden.

8 Die Fälligkeit für **Auslagen** (Nr. 31000 ff KV), die in Dauerbetreuungs- oder -pflegschaften oder in Dauernachlasspflegschaften sowie Nachlass- oder Gesamtgutsver-

waltungen entstehen, wird durch § 8 S. 2 GNotKG geregelt. Die Fälligkeit tritt danach sofort nach Entstehung der Auslagen, also mit Zahlung durch das Gericht ein.

III. Fälligkeit der übrigen Gebühren (§ 9 GNotKG)

1. Eintritt der Fälligkeit

9 Für die nicht von § 8 GNotKG erfassten Kosten bestimmt sich die Fälligkeit nach § 9 Abs. 1 GNotKG. Sie gilt sowohl für die Verfahrens- als auch die Aktgebühren. Zu den Auslagen in den nicht von § 8 GNotKG erfassten Verfahren s. Rn 26 ff.

10 Fälligkeit tritt nach § 9 Abs. 1 GNotKG ein, wenn

- eine unbedingte Entscheidung über die Kosten ergangen ist (Nr. 1),
- das Verfahren oder der Rechtszug durch Vergleich oder Zurücknahme beendet ist (Nr. 2),
- das Verfahren sechs Monate ruht oder sechs Monate nicht betrieben worden ist (Nr. 3),
- das Verfahren sechs Monate unterbrochen oder sechs Monate ausgesetzt war (Nr. 4) oder
- das Verfahren durch anderweitige Erledigung beendet ist (Nr. 5).

2. Die einzelnen Fälligkeitstatbestände

a) Kostenentscheidung

11 Mit Erlass der unbedingten Kostenentscheidung ist Fälligkeit der Gebühren eingetreten (§ 9 Abs. 1 Nr. 1 Alt. 1 GNotKG). Die Rechtskraft muss nicht abgewartet, jedoch muss die Kostenentscheidung verlesen oder schriftlich bekannt gegeben worden sein.[1] Ist die unbedingte Kostenentscheidung nur für Teilbereiche ergangen, tritt Fälligkeit nur wegen der von ihr erfassten Verfahrensteile ein.[2]

b) Vergleich und Antragsrücknahme

12 Der Abschluss eines gerichtlichen Vergleichs lässt die Fälligkeit eintreten (§ 9 Abs. 1 Nr. 2 GNotKG), auch wenn er nach § 278 Abs. 6 ZPO iVm § 36 Abs. 3 FamFG zustande gekommen ist. Für den außergerichtlichen Vergleich gilt dies jedoch nur, wenn der Vergleich, nicht auch zwingend sein Inhalt,[3] dem Gericht mitgeteilt wurde. Handelt es sich um einen Widerrufsvergleich, ist der Ablauf der Widerrufsfrist abzuwarten.[4]

13 In Antragsverfahren löst auch die Antragsrücknahme (§ 9 Abs. 1 Nr. 2 Alt. 2 GNotKG), die jedoch auch verfahrensrechtlich wirksam geworden sein muss, die Fälligkeit aus. Die Rücknahme kann bis zum Erlass der Endentscheidung ohne Zustimmung der übrigen Beteiligten erfolgen (§ 22 Abs. 1 FamFG). Die Fälligkeit tritt mit Eingang der Rücknahmeerklärung bei Gericht oder ihrer Abgabe vor Gericht ein.

c) Ruhen, Nichtbetrieb, Aussetzung, Unterbrechung

14 Fälligkeit tritt auch ein, wenn das Verfahren sechs Monate ruht oder nicht betrieben wird (§ 9 Abs. 1 Nr. 3 GNotKG). Gleiches gilt, wenn das Verfahren sechs Monate un-

1 HK-GNotKG/*Hering*, § 9 Rn 7.
2 Korintenberg/*Klüsener*, GNotKG, § 9 Rn 4; *Meyer*, § 9 GKG Rn 4.
3 Korintenberg/*Klüsener*, GNotKG, § 9 Rn 6.
4 HK-GNotKG/*Hering*, § 9 Rn 11; Korintenberg/*Klüsener*, GNotKG, § 9 Rn 7.

terbrochen oder ausgesetzt war (§ 9 Abs. 1 Nr. 4 GNotKG). Die Sechsmonatsfrist beginnt im Falle der Aussetzung erst mit Eintritt der Aussetzungswirkung, also mit Verkündung oder Mitteilung des Beschlusses.[5] Wird das Verfahren später weiterbetrieben oder fortgesetzt, entfällt die eingetretene Fälligkeit nicht.[6]

d) Anderweitige Erledigung

aa) Grundsatz

Nach § 9 Abs. 1 Nr. 5 GNotKG tritt Fälligkeit zudem ein, wenn ein Tatbestand nach § 9 Abs. 1 Nr. 1–4 GNotKG nicht vorliegt, das Verfahren aber durch anderweitige Erledigung beendet ist. Hierzu gehört etwa eine Hauptsachenerledigung ohne Erlass einer Kostenentscheidung. 15

bb) Grundbuch- und Registersachen

Gebühren für die Eintragung werden fällig, wenn die Eintragung in das Grundbuch oder Register erfolgt ist. In Grundbuchsachen bedarf es hierzu auch der wirksamen Unterschrift nach § 44 GBO (§ 75 GBVfg).[7] Auf die Benachrichtigung über die Eintragung kommt es nicht an, sie ist für die Fälligkeit unbeachtlich. 16

Wird der Eintragungsantrag zurückgewiesen, ist der Erlass dieser Entscheidung maßgeblich (§ 9 Abs. 1 Nr. 2 GNotKG); Gleiches gilt, wenn der Rechtspfleger eine Kostenentscheidung erlässt. In den Fällen der Rücknahme des Eintragungsantrags kommt es auf den Eingang der Rücknahme bei Gericht an (§ 9 Abs. 1 Nr. 2 GNotKG). 17

Gilt die Eintragungsgebühr mehrere Eintragungen ab, wie etwa in den Fällen der Vorbem. 1.4 Abs. 3 KV, kommt es auf die Bewirkung der letzten Eintragung an. Gleiches gilt für die Eintragung, Veränderung oder Löschung von Gesamtrechten nach Nr. 14122, 14131, 14141, 14221, 14231, 14241 KV. 18

cc) Nachlasssachen

Ergeht in der Nachlasssache eine Kostenentscheidung, tritt Fälligkeit mit ihrem Erlass ein. Ergeht eine solche Entscheidung nicht, kommt es auf die Beendigung des Verfahrens an. Bei der Erteilung eines Erbscheins ohne Kostenentscheidung wird die Gebühr erst mit Herausgabe der Ausfertigung an den Antragsteller fällig. Die Gebühr für die Eröffnung einer letztwilligen Verfügung wird fällig, wenn die Benachrichtigungen nach § 348 Abs. 3 FamFG versandt werden. Bei der Annahme von letztwilligen Verfügungen kommt es auf die Absendung der Verwahrungsnachrichten an. 19

3. Mehrere Gebühren

Entstehen für das Verfahren verschiedene Gebühren, ist der Eintritt der Fälligkeit für jede Gebühr gesondert zu prüfen. Wird in Nachlasssachen die Erteilung eines **Erbscheins** beantragt und zuvor noch die **eidesstattliche Versicherung** geleistet (§ 352 Abs. 3 FamFG), entstehen zwei verschiedene Gebühren. Hinsichtlich der Abgabe der eidesstattlichen Versicherung tritt Fälligkeit ein mit Abschluss der Beurkundung, während es für die Erteilung des Erbscheins auf die Herausgabe der Ausfertigung ankommt. 20

---

5 Zöller/*Greger*, § 246 ZPO Rn 7.
6 Korintenberg/*Klüsener*, GNotKG, § 9 Rn 20; NK-GK/*Hering*, GNotKG, § 9 Rn 15.
7 OLG Zweibrücken Rpfleger 2000, 267.

21 **Beispiel:** Beantragt wird am 15.10.2016 die Erteilung eines Erbscheins. Der Antragsteller leistet zugleich vor dem Nachlassgericht eine eidesstattliche Versicherung. Wegen rechtlicher Schwierigkeiten erfolgen die Erteilung des Erbscheins und die Übersendung der Ausfertigung erst am 21.11.2016. Der Geschäftswert beträgt 80.000 €.

Entstanden sind folgende Gerichtsgebühren:

1.	1,0-Verfahrensgebühr für das Erbscheinsverfahren, Nr. 12210 KV (Wert: 80.000 €, Tabelle B)	219,00 €
2.	1,0-Gebühr für die Abnahme der eidesstattlichen Versicherung, Nr. 23300 KV (Wert: 80.000 €, Tabelle B)	219,00 €
Gesamt		438,00 €

Die Gebühr der Nr. 23300 KV ist mit dem Abschluss der Beurkundung der eidesstattlichen Versicherung am 15.10.2016 fällig geworden, die Gebühr der Nr. 12210 KV hingegen erst am 21.11.2016 mit der Absendung der Ausfertigung des Erbscheins.

4. Verfahrenskostenhilfe

22 Wird der Antrag in der Hauptsache von der Bewilligung von VKH abhängig gemacht, liegt ein bedingter Antrag vor, so dass zunächst nur ein VKH-Bewilligungsverfahren (§ 118 ZPO iVm § 76 Abs. 1 FamFG) in Gang gesetzt wird. Dieses Verfahren ist gebührenfrei. Wird in diesen Fällen die VKH-Bewilligung abgelehnt und der bedingte Antrag zurückgenommen, sind Gerichtsgebühren nicht entstanden, auch wenn das Kostenverzeichnis solche für die Antragsrücknahme in der Hauptsache vorsieht. Auslagen können hingegen auch im VKH-Prüfungsverfahren entstehen; für sie haftet der Antragsteller, wenn der VKH-Antrag zurückgewiesen oder zurückgenommen wird (§ 26 Abs. 4 GNotKG).

23 Gebührenfrei bleibt das Verfahren jedoch nur, wenn sich die bedingte Antragstellung zweifelsfrei oder zumindest stillschweigend ergibt.[8] Ist hingegen ein bedingter Antrag nicht gestellt (zB „Nach erfolgter VKH-Bewilligung beantrage ich …"), werden das Haupt- und das VKH-Bewilligungsverfahren parallel in Gang gesetzt. Wird dann die Bewilligung von VKH abgelehnt und der unbedingt gestellte Antrag in der Hauptsache daraufhin zurückgenommen, sind Gebühren anzusetzen, soweit sie für die Rücknahme des Antrags vorgesehen sind.

24 **Beispiel 1:** In einer Verschollenheitssache wird die Bewilligung von VKH beantragt und der Antrag von der Bewilligung abhängig gemacht. Nach Ablehnung der VKH-Bewilligung wird der bedingte Antrag zurückgenommen.

Da nur ein bedingter Antrag vorliegt, wurde nur das VKH-Bewilligungsverfahren durchgeführt. Gebühren sind nicht entstanden, so dass nur etwaige Auslagen vom Antragsteller einzuziehen sind (§ 26 Abs. 4 GNotKG).

25 **Beispiel 2:** In einer Verschollenheitssache wird der Antrag gestellt und die Bewilligung von VKH beantragt. Der Antrag in der Hauptsache wird nicht von der VKH-Bewilligung abhängig gemacht. Nach Ablehnung der VKH-Bewilligung wird der unbedingte Antrag zurückgenommen.

Da ein unbedingter Antrag vorliegt, sind sowohl das VKH-Bewilligungsverfahren als auch das Hauptverfahren eingeleitet.

Die Verfahrensgebühr ist daher mit Eingang des unbedingten Hauptantrags entstanden. Mit der Rücknahme des Antrags ist eine Ermäßigung nach Nr. 15211 KV und die Fälligkeit

8 OLG Zweibrücken NJW-RR 2001, 1653.

dieser Gebühr eingetreten (§ 9 Abs. 1 Nr. 2 GNotKG). Die Gebühr und etwaige Auslagen sind daher vom Antragsteller einzuziehen (§ 22 Abs. 1 GNotKG).

IV. Fälligkeit der Auslagen

1. Allgemeiner Fälligkeitszeitpunkt

Die Fälligkeit der gerichtlichen Auslagen nach Nr. 31001, 31002, 31004–31016 KV 26
bestimmt sich in allen Verfahren, in denen keine Jahresgebühren entstehen, nach § 9 Abs. 1 GNotKG. Sie tritt danach erst ein, wenn

- eine unbedingte Entscheidung über die Kosten ergangen ist (Nr. 1),
- das Verfahren oder der Rechtszug durch Vergleich oder Zurücknahme beendet ist (Nr. 2),
- das Verfahren sechs Monate ruht oder sechs Monate nicht betrieben worden ist (Nr. 3),
- das Verfahren sechs Monate unterbrochen oder sechs Monate ausgesetzt war (Nr. 4) oder
- das Verfahren durch anderweitige Erledigung beendet ist (Nr. 5).

Unberührt bleibt die Erhebung von Auslagenvorschüssen und die Ausübung des Zu- 27
rückbehaltungsrechts (§§ 11, 14 GNotKG).

2. Dauerbetreuungen und Dauerpflegschaften, Nachlasspflegschaften

In diesen Fällen gilt – abweichend von § 9 Abs. 1 GNotKG (s. Rn 26 f) – nur § 8 S. 2 28
GNotKG. Die Auslagen werden somit sofort nach ihrer Entstehung fällig, dh mit Zahlung aus der Staatskasse. § 8 S. 2 GNotKG gilt jedoch nur für die erstinstanzlichen Verfahren, in Rechtsmittelverfahren gilt § 9 Abs. 1 GNotKG.

3. Besondere Auslagen

Abweichend von § 9 Abs. 1 GNotKG werden die Auslagen für die Dokumentenpau- 29
schale (Nr. 31000 KV) und die Pauschale für die Versendung oder die elektronische Übermittlung von Akten (Nr. 31003 KV) sofort nach ihrer Entstehung fällig (§ 9 Abs. 2 GNotKG). Maßgeblich ist daher die Fertigung der Dokumente bzw. der Zeitpunkt der Aktenversendung.

4. Kosteneinzug

Nach § 15 Abs. 2 KostVfg sind die Auslagen regelmäßig erst bei Beendigung des 30
Rechtszugs anzusetzen, wenn kein Verlust für die Staatskasse zu befürchten ist. Gleiches gilt für die Abrechnung der zu ihrer Deckung erhobenen Vorschüsse. Sind im weiteren Verfahrensverlauf jedoch weitere Gebühren fällig und einzuziehen, sind auch die durch Vorschüsse nicht gedeckten Auslagen anzusetzen. In der Literatur herrscht jedoch die Auffassung vor, dass erhobene Auslagenvorschüsse entgegen § 15 Abs. 2 KostVfg bereits nach Abschluss der gerichtlichen Handlung abzurechnen seien.[9] Im Übrigen gilt § 15 Abs. 2 KostVfg nicht, wenn es sich um Auslagen handelt, die in Verfahren vor einer ausländischen Behörde entstanden sind, oder wenn es sich um Auslagen handelt, die einer an der Sache nicht beteiligten Person zur Last fallen (§ 15 Abs. 3 KostVfg).

9 Binz/Dörndorfer/*Zimmermann*, GKG, § 17 Rn 20; HK-FamGKG/*Volpert*, § 16 Rn 22; *Meyer*, GKG, § 17 Rn 38; NK-GK/*Volpert*, GKG, § 17 Rn 22; *Oestreich/Hellstab/Trenkle*, § 16 FamGKG Rn 16.

V. Verjährung von Kosten (§ 6 GNotKG)

1. Verjährungsfristen

31 § 6 GNotKG regelt die Verjährung von Gerichtskosten. Dabei ist zwischen der Verjährung von Ansprüchen auf Zahlung von Gerichtskosten einerseits (§ 6 Abs. 1 GNotKG) und von Ansprüchen auf Rückzahlung von Kosten andererseits (§ 6 Abs. 2 GNotKG) zu unterscheiden.

a) Verjährungsfrist von Ansprüchen auf Zahlung von Gerichtskosten

32 Ansprüche auf Zahlung von Gerichtskosten verjähren in vier Jahren. Die Verjährungsfrist beginnt mit Ablauf des Kalenderjahres, in dem das Verfahren durch rechtskräftige Entscheidung über die Kosten, durch Vergleich oder in sonstiger Weise[10] beendet ist (§ 6 Abs. 1 S. 1 GNotKG). Das Weglegen der Akten wegen sechsmonatigen Nichtbetriebs stellt noch keine Beendigung dar und lässt die Verjährungsfrist nicht beginnen.[11] In Dauerbetreuungen, Dauerpflegschaften und Dauernachlasspflegschaften sowie Nachlass- oder Gesamtgutsverwaltungen beginnt die Verjährungsfrist für die Jahresgebühren (Nr. 11101, 11102, 11104, 12311 KV) am Tag vor dem Eintritt ihrer Fälligkeit und hinsichtlich der Auslagen mit deren Fälligkeit (§ 6 Abs. 1 S. 2 GNotKG). Eine **Verzinsung** findet nicht statt (§ 6 Abs. 4 GNotKG).

33 **Beispiel:** In einer Grundbuchsache erfolgt die Eintragung am 15.3.2016. – Die Verjährungsfrist beginnt am 1.1.2017, sie endet am 31.12.2020. Die Verjährung des Anspruchs der Justizkasse auf Zahlung tritt am 1.1.2021 ein.

b) Verjährungsfrist von Ansprüchen auf Rückzahlung von Kosten

34 Die Verjährung von Ansprüchen auf Rückzahlung von Kosten tritt vier Jahre nach Ablauf des Kalenderjahres ein, in dem die Zahlung erfolgt ist (§ 6 Abs. 2 S. 1 GNotKG). Die Frist beginnt jedoch nicht vor dem jeweiligen in § 6 Abs. 1 GNotKG bezeichneten Zeitpunkt zu laufen (§ 6 Abs. 2 S. 2 GNotKG).

35 Zudem wird die Verjährung wie durch Klageerhebung gehemmt, wenn ein Rechtsbehelf mit dem Ziel der Rückzahlung eingelegt wird (§ 6 Abs. 2 S. 3 GNotKG). Kommt Verjährung nach § 6 Abs. 2 GNotKG in Betracht, ist § 31 KostVfg zu beachten (s. Rn 38). Eine **Verzinsung** von zurückzuzahlenden Gerichtskosten findet nicht statt (§ 6 Abs. 4 GNotKG).

36 **Beispiel:** In einer Grundbuchsache werden am 17.11.2015 Kosten eingezahlt. Die Zahlungen übersteigen die Kostenschuld, so dass ein Anspruch auf Rückzahlung besteht. Das Verfahren wird durch Eintragung beendet, die am 13.2.2016 erfolgt. – Die Verjährungsfrist beginnt am 1.1.2017, sie endet am 31.12.2020. Die Verjährung tritt am 1.1.2021 ein.

2. Keine Berücksichtigung der Verjährung von Amts wegen

37 Die Verjährung wird **nicht von Amts wegen** berücksichtigt (§ 6 Abs. 3 S. 1 Hs. 2 GNotKG), vielmehr muss der Kostenschuldner mit der Erinnerung nach § 81 GNotKG die Verjährungseinrede erheben. Kosten sind deshalb auch dann anzuset-

---

10 Eine Beendigung durch sonstige Weise liegt zB vor, wenn das Verfahren wegen Antragsrücknahme oder Erledigung der Hauptsache beendet wird. Auch der Nichtbetrieb lässt das Verfahren beenden, wenn die Akten nach Ablauf von sechs Monaten weggelegt werden (OLG Schleswig JurBüro 1994, 680), wobei jedoch in den Fällen der Bewilligung von VKH auch Nr. 3.3.2 DB-PKH zu beachten ist.

11 OLG Köln JurBüro 2015, 37; OLG Nürnberg JurBüro 1981, 1230.

zen, wenn dem Kostenbeamten die Verjährung bekannt ist. Davon zu unterscheiden ist das Verbot der Nachforderung bei unrichtigem Kostenansatz (§ 20 GNotKG), das von Amts wegen zu beachten ist (s. Rn 48 ff).

Handelt es sich jedoch um einen Anspruch auf Rückzahlung von Kosten, hat der Kostenbeamte, wenn Verjährung eingetreten ist, die Akten dem Vertreter der Staatskasse vorzulegen, der von der Verjährungseinrede absehen kann (§ 31 KostVfg). Soll Verjährungseinrede erhoben werden, ist die Einwilligung des vorgesetzten Präsidenten erforderlich. 38

3. Anwendung der Vorschriften des BGB

a) Maßgebliche Vorschriften

Die Verjährungsregelungen der §§ 194 ff BGB finden Anwendung, soweit das GNotKG keine abweichenden Regelungen enthält (§ 6 Abs. 3 S. 1 Hs. 1 GNotKG).[12] Die Verjährung der Ansprüche kann daher gehemmt sein oder die Frist neu zu laufen beginnen. 39

b) Hemmung der Verjährung

Eine Hemmung der Ansprüche kommt in den Fällen der §§ 203 ff BGB in Betracht. Die Hemmung bewirkt, dass der Zeitraum, in welchem die Verjährung gehemmt ist, in die Verjährungsfrist nicht eingerechnet wird (§ 209 BGB). 40

c) Neubeginn der Verjährung

Ein Neubeginn der Verjährung kommt in den Fällen des § 212 BGB in Betracht, insbesondere bei Teilleistungen, Anerkenntnis der Kostenforderung oder Vollstreckungsmaßnahmen nach der JBeitrO, auch bei Verstoß gegen § 5 Abs. 2 JBeitrO.[13] 41

Ein Neubeginn tritt gem. § 6 Abs. 3 S. 2 Hs. 1 Alt. 1 GNotKG auch dann ein, wenn dem Kostenschuldner eine Zahlungsaufforderung übersandt wird,[14] jedoch kann der Neubeginn hier nur einmal eintreten.[15] Auch die **Mitteilung einer Stundung** führt zu einem Neubeginn (§ 6 Abs. 3 S. 2 Hs. 1 Alt. 2 GNotKG). 42

Ist die **Anschrift** des Kostenschuldners **unbekannt**, so genügt die Zustellung der Zahlungsaufforderung durch Aufgabe zur Post gem. § 15 Abs. 2 FamFG, § 184 ZPO iVm § 15 Abs. 2 FamFG an die letzte bekannte Anschrift des Schuldners (§ 6 Abs. 3 S. 2 Hs. 2 GNotKG). 43

4. Mehrere Kostenschuldner

Sind mehrere Kostenschuldner vorhanden, läuft die Verjährungsfrist für jeden von ihnen gesondert. Besteht eine gesamtschuldnerische Haftung, wirken wegen § 425 BGB Umstände, die zu einer Hemmung oder einem Neubeginn führen, nur gegen denjenigen Kostenschuldner, in dessen Person sie eingetreten sind.[16] 44

---

12 Abweichende Regelungen stellen insbesondere die besonderen Verjährungsfristen des § 6 Abs. 1, 2 GNotKG dar.

13 OLG Saarbrücken, Beschl. v. 18.3.2010 – 9 WF 25/10, juris.

14 Maßgeblich ist nur, dass der Zugang vor Ablauf der Verjährungsfrist erfolgt, OLG Koblenz Rpfleger 1984, 434.

15 Das gilt auch für Zahlungsaufforderungen nach § 5 Abs. 2 JBeitrO, LG Oldenburg NdsRpfl 2008, 143.

16 OLG Schleswig JurBüro 1994, 680.

45 Neben den Fällen, dass mehrere Beteiligte als Antragsteller oder Antragsgegner auftreten, besteht eine gesamtschuldnerische Haftung auch hinsichtlich des Erst- und Zweitschuldners (§ 33 Abs. 1 GNotKG). Die Verjährungsfrist des Zweitschuldners beginnt jedoch erst dann zu laufen, wenn die Voraussetzungen für seine Inanspruchnahme erstmals vorliegen.[17] Das ist durch den Kostenbeamten zu prüfen, wenn die Verjährungseinrede erhoben wird.[18]

5. Kleinbeträge

46 Hemmung oder Neubeginn der Verjährung tritt wegen § 6 Abs. 3 S. 3 GNotKG nicht ein, wenn die Kostenforderung **weniger als 25 €** beträgt. Maßgeblich ist der Gesamtbetrag oder verbleibende Restbetrag.[19] Wird die Kleinbetragsgrenze erst durch Teilzahlung unterschritten, tritt Neubeginn der Verjährung ein.[20]

6. Rechtsbehelfe des Kostenschuldners

47 Der Kostenschuldner kann mit der Erinnerung oder Beschwerde (§ 81 GNotKG) die Einrede der Verjährung erheben, wenn die angesetzten Kosten bereits verjährt sind.[21] Soweit es sich um Maßnahmen der Gerichtskasse handelt, kann die Verjährungseinrede nach § 8 JBeitrO geltend gemacht werden.

VI. Nachforderung von Gerichtskosten wegen unrichtigen Ansatzes (§ 20 GNotKG)

1. Voraussetzungen

48 Wegen eines unrichtigen Ansatzes dürfen Gerichtskosten nur innerhalb der in § 20 GNotKG benannten Fristen nachgefordert werden. Der Eintritt des **Nachforderungsverbots** ist an folgende Voraussetzungen geknüpft, die zusammen vorliegen müssen:

- Es ist wegen desselben Verfahrens bereits ein vorbehaltloser Kostenansatz erfolgt;
- der vorbehaltlose Kostenansatz konnte durch den Zahlungspflichtigen als endgültig angesehen werden (Schlusskostenrechnung);
- der Kostenansatz stellt sich nachträglich als unrichtig heraus;
- die Nachforderung ist nach Ablauf der Fristen des § 20 GNotKG erfolgt;
- Zahlungspflichtiger für den unrichtigen Kostenansatz und die Nachforderung ist dieselbe Person.

49 Die Nachforderungsfrist ist streng von der Verjährungsfrist des § 6 GNotKG zu unterscheiden. Liegen die Voraussetzungen des § 20 GNotKG vor, kann sich der Zahlungspflichtige auch dann auf das Nachforderungsverbot berufen, wenn noch keine Verjährung eingetreten war. § 20 GNotKG gilt für sämtliche Gerichtskosten (Gebühren und Auslagen).

50 Das Nachforderungsverbot ist **von Amts wegen** zu beachten. Die Nichtbeachtung kann nach § 81 GNotKG mit der Erinnerung angegriffen werden.

51 Wird der Kostenansatz aufgrund einer Erinnerungsentscheidung nach § 81 GNotKG abgeändert, gilt § 20 GNotKG nicht,[22] so dass noch eine Nachforderung erfolgen kann. In dem Erinnerungsverfahren kann aber eine Änderung des Kostenansatzes

---

17 OLG Naumburg AGS 2011, 497; OLG Stuttgart JurBüro 2001, 597.
18 OLG Celle JurBüro 2012, 538.
19 HK-GNotKG/*Fackelmann*, § 6 Rn 40.
20 HK-GNotKG/*Fackelmann*, § 6 Rn 40; aA Korintenberg/*Klüsener*, GNotKG, § 6 Rn 23.
21 Ein Antrag nach Art. 30 a EGGVG ist nicht zulässig, LG Stendal JurBüro 2005, 371.
22 Korintenberg/*Hellstab*, GNotKG, § 20 Rn 18; HK-FamGKG/*Volpert*, § 19 Rn 5; *Meyer*, § 20 GKG Rn 2.

zum Nachteil des Kostenschuldners nicht mehr erfolgen, wenn die Erinnerung seitens der Staatskasse nach Ablauf der Nachforderungsfrist des § 20 Abs. 1 GNotKG eingelegt wurde, da andernfalls der Vertrauensschutz untergraben wäre, so dass das Gericht bei seiner Entscheidung prüfen muss, ob die Fristen des § 20 GNotKG abgelaufen waren.[23]

2. Begriff der Nachforderung

Der Begriff der Nachforderung ist weit zu fassen. Eine Nachforderung umfasst deshalb nicht nur zusätzliche Forderungen, sondern alle Kostenforderungen, die anstelle einer unberechtigten oder fallengelassenen Forderung im Nachhinein geltend gemacht werden.[24] Darunter fällt auch die erneute Anforderung von Kosten, die bereits mit einer früher aufgehobenen Kostenrechnung geltend gemacht sind. Eine Nachforderung liegt zudem vor, wenn bislang nicht geltend gemachte Forderungen an die Stelle einer ungerechtfertigten oder nicht mehr erhobenen Kostenforderung treten, da der Schutzgedanke des § 20 GNotKG nicht allein auf den Endbetrag der Kostenrechnung abstellt.[25] Wurde nach § 10 KostVfg vom Kostenansatz gänzlich abgesehen, liegt in der späteren Anforderung keine Nachforderung; anders aber, wenn nur teilweise ohne Vorbehalt vom Kostenansatz abgesehen wurde.[26] 52

3. Zahlungspflichtiger

Eine Nachforderung liegt nur vor, wenn der nachgeforderte Betrag von demselben Kostenschuldner angefordert wird,[27] es muss **Personenidentität** vorliegen. Wird der Betrag von einem anderen Kostenschuldner angefordert, greift § 20 GNotKG nicht. Das gilt jedoch nicht, wenn ein Kostenschuldner nach § 27 Nr. 3 GNotKG kraft Gesetzes für die Kosten eines anderen haftet.[28] 53

Besteht eine gesamtschuldnerische Haftung (§ 32 Abs. 1 GNotKG), ist das Nachforderungsverbot für jeden von ihnen gesondert zu beachten. Waren die Kosten zunächst nur von einem Gesamtschuldner angefordert, liegt keine Nachforderung vor, wenn die Kosten nach Fristablauf gegen andere Gesamtschuldner geltend gemacht werden. Sie können nur die Einrede der Verjährung erheben (§ 6 GNotKG). Ist jedoch bereits eine Inanspruchnahme nach Kopfteilen erfolgt (§ 8 Abs. 4 KostVfg), ist gem. § 24 Abs. 2, § 25 Abs. 2 KostVfg in jede Kostenrechnung hinsichtlich der auf die anderen Gesamtschuldner entfallenden Kopfteile ein Nachforderungsvorbehalt aufzunehmen. Fehlt ein solcher Vermerk, tritt nach Ablauf der Fristen des § 20 Abs. 1 GNotKG das Nachforderungsverbot ein.[29] 54

Das Nachforderungsverbot erfasst nicht den Eintritt weiterer Haftungsgründe,[30] so dass auch Erst- und Zweitschuldner getrennt zu betrachten sind. Die Inanspruchnahme des Zweitschuldners löst deshalb kein Nachforderungsverbot aus. 55

23 *Meyer*, § 20 GKG Rn 15; aA Korintenberg/*Hellstab*, GNotKG, § 20 Rn 19.
24 OLG Düsseldorf MDR 1991, 80.
25 OLG Düsseldorf MDR 1991, 80.
26 Korintenberg/*Hellstab*, GNotKG, § 20 Rn 6.
27 OLG Bamberg JurBüro 1962, 583.
28 Korintenberg/*Hellstab*, GNotKG, § 20 Rn 13; HK-FamGKG/*Volpert*, § 19 Rn 30; *Meyer*, § 20 GKG Rn 5; *Oestreich/Hellstab/Trenkle*, § 19 FamGKG Rn 7.
29 OLG Hamm NJW 1959, 689.
30 OLG Celle JurBüro 1982, 1861.

4. Nachforderungsfrist

a) Jahresfrist bei Schlusskostenrechnung

56 Eine Nachforderung wegen unrichtigen Ansatzes ist nur zulässig, wenn der berichtigte Ansatz vor Ablauf des nächsten Kalenderjahres nach Absendung der den Rechtszug abschließenden Kostenrechnung (Schlusskostenrechnung) erfolgt ist (§ 20 Abs. 1 S. 1 Hs. 1 GNotKG). Schlusskostenrechnung ist die den Rechtszug abschließende Kostenrechnung, die erst aufgestellt werden kann, wenn der Rechtszug tatsächlich beendet und auch Fälligkeit der Kosten eingetreten ist. Eine Vorschusskostenrechnung kann daher ein Nachforderungsverbot nicht auslösen, jedoch muss für den Kostenschuldner erkenntlich sein, dass es sich um einen Vorschuss handelt.

b) Verfahren mit Jahresgebühren

57 Fallen in erstinstanzlichen Verfahren wegen Dauerbetreuung, Dauerpflegschaft oder Dauernachlasspflegschaft sowie Nachlass- und Gesamtgutsverwaltung Jahresgebühren (Nr. 11101, 11102, 11104, 12311 KV) an, kann die Nachforderung bis zum Ablauf des nächsten Kalenderjahres nach Mitteilung der Jahresrechnung erfolgen (§ 20 Abs. 1 S. 1 Hs. 2 GNotKG).

c) Einlegung von Rechtsbehelfen

58 Ist innerhalb der Frist des § 20 Abs. 1 GNotKG (s. Rn 56 f) ein Rechtsbehelf wegen des Hauptgegenstands oder wegen der Kosten eingelegt oder ist dem Zahlungspflichtigen mitgeteilt worden, dass ein Wertermittlungsverfahren eingeleitet ist, ist die Nachforderung bis zum Ablauf des nächsten Kalenderjahres nach Beendigung dieser Verfahren möglich (§ 20 Abs. 2 GNotKG).

d) Wertfestsetzungsverfahren

59 Wurde der Wert gerichtlich festgesetzt, genügt es, wenn der berichtigte Kostenansatz dem Zahlungspflichtigen drei Monate nach der letzten Wertfestsetzung mitgeteilt worden ist (§ 20 Abs. 3 GNotKG).

5. Ausnahmen vom Nachforderungsverbot

a) Ausnahmetatbestände

60 Nach § 20 Abs. 1 S. 2 GNotKG kann die Nachforderung auch nach Ablauf der Fristen des § 20 Abs. 1 S. 1 GNotKG erfolgen, wenn

- die Nachforderung erfolgt, weil der Kostenschuldner vorsätzlich oder grob fahrlässig falsche Angaben gemacht hat (§ 20 Abs. 1 S. 2 Alt. 1 GNotKG); oder
- der ursprüngliche Kostenansatz unter einem Vorbehalt stand (§ 20 Abs. 1 S. 2 Alt. 2 GNotKG).

b) Nachforderungsvorbehalt

61 Der Kostenansatz darf wegen der Ausnahmeregelung des § 20 Abs. 1 S. 2 Alt. 2 GNotKG nicht unter Vorbehalt erfolgt sein. Es muss sich daher um eine endgültige Kostenrechnung handeln, die keinen Vorbehaltsvermerk enthalten darf. Eine Vorschusskostenrechnung kann daher ein Nachforderungsverbot nicht auslösen, jedoch muss für den Kostenschuldner erkenntlich sein, dass es sich um einen Vorschuss handelt.

Der Nachforderungsvorbehalt ist so zu fassen, dass für den Kostenschuldner eindeutig erkennbar wird, dass es sich um eine vorläufige Kostenrechnung handelt oder mit Zahlung weiterer Kosten zu rechnen ist. Nach § 24 Abs. 5 KostVfg sind die weiteren Kosten ihrer Art und Höhe nach zu bezeichnen. Ist ein genauer Betrag nicht bekannt, genügt die Bezeichnung der Kosten, denn eine genaue Bezifferung ist nur erforderlich, wenn die Kosten der Staatskasse bereits bekannt sind oder sich ihre Höhe ohne weiteres genau ermitteln lässt. Allgemeine Hinweise wie „Einziehung weiterer Kosten vorbehalten!“ oder „Sie haften noch für weitere Beträge!“ erfüllen die Anforderungen des § 20 Abs. 1 S. 2 GNotKG nicht.[31] 62

31 *Oestreich/Hellstab/Trenkle*, § 20 GKG Rn 5.

§ 5 Vorschusspflichten

I. Allgemeines

1. Begriffe

1 Zur Sicherung der Staatskasse sehen die Kostengesetze und Verfahrensordnungen die Leistung von Vorschüssen und Vorauszahlungen vor. Um einen **Vorschuss** handelt es sich, wenn die angeforderten Kosten noch nicht fällig sind, während mit der **Vorauszahlung** bereits fällige Kosten angefordert werden. Das GNotKG sieht aufgrund der Fälligkeitsregelungen der §§ 8 ff GNotKG deshalb nur die Zahlung von Vorschüssen und die Möglichkeit vor, die Vornahme der gerichtlichen Handlung von der vorherigen Kostenzahlung abhängig zu machen, ferner kann ein **Zurückbehaltungsrecht** (s. Rn 50 ff) ausgeübt werden.

2. Umfang der Zahlungspflicht

2 Vorschusspflicht besteht nur insoweit, wie GNotKG, FamFG oder ZPO eine solche vorsehen. Darüber hinaus können Vorschüsse oder Vorauszahlungen nicht verlangt werden (§ 12 GNotKG).

II. Gesetzliche Regelungen zur Vorschuss- und Vorauszahlungspflicht

1. Regelungen nach dem GNotKG

3 Das GNotKG sieht für die Gerichtskosten folgende Vorschusspflichten vor:

- **§ 13 GNotKG:** In Antragsverfahren, in denen Antragshaftung (§ 22 Abs. 1 GNotKG) besteht, kann die gerichtliche Handlung von der vorherigen Zahlung der Verfahrens- oder Aktgebühr abhängig gemacht werden (§ 13 S. 1 GNotKG); in Grundbuch- und Nachlasssachen gilt § 13 S. 2 GNotKG, der Einschränkungen vorsieht (s. dazu Rn 10 ff).
- **§ 14 Abs. 1 GNotKG:** Bei der Vornahme von gerichtlichen Handlungen, die nur auf Antrag vorzunehmen sind und mit der Entstehung von Auslagen verbunden sind, hat der Antragsteller einen Auslagenvorschuss zu zahlen. Dabei soll die Vornahme der Handlung von der Vorschusszahlung abhängig gemacht werden (§ 14 Abs. 1 S. 2 GNotKG). In Grundbuch- und Nachlasssachen gilt § 13 S. 2 GNotKG entsprechend (§ 14 Abs. 1 S. 2 Hs. 2 GNotKG) (s. Rn 10 ff).
- **§ 14 Abs. 2 GNotKG:** Die Herstellung und Überlassung von Dokumenten sowie die Versendung bzw. Übermittlung von Akten kann von der vorherigen Zahlung eines Auslagenvorschusses abhängig gemacht werden.
- **§ 14 Abs. 3 GNotKG:** Für die Vornahme einer Handlung, die mit gerichtlichen Auslagen verbunden ist, kann ein Auslagenvorschuss verlangt werden (§ 14 Abs. 3 S. 1 GNotKG). In gerichtlichen Verfahren nach dem SpruchG ist ein solcher Vorschuss zwingend anzufordern (§ 14 Abs. 3 S. 2 GNotKG).
- **§ 11 GNotKG:** Das Gericht kann die Herausgabe von Urkunden, Ausfertigungen, Ausdrucken oder Kopien nach billigem Ermessen zurückbehalten, bis die in dem Verfahren entstandenen Kosten bezahlt sind (§ 11 S. 1 GNotKG).

2. Regelungen nach dem FamFG

4 Das FamFG enthält keine eigenständigen Regelungen über Vorschuss oder Vorauszahlung. Das Gericht kann jedoch in Verfahren der freiwilligen Gerichtsbarkeit eine

förmliche Beweisaufnahme nach den Regelungen der ZPO durchführen (§ 30 Abs. 1 FamFG), so dass auch die §§ 379, 402, 411 ZPO Anwendung finden.

3. Regelungen nach der ZPO

Nach § 379 ZPO kann ein Auslagenvorschuss für die Heranziehung von Zeugen verlangt werden. Gleiches gilt für die Ladung von Sachverständigen (§ 402 ZPO) oder für die Einholung eines schriftlichen Gutachtens (§ 411 ZPO). Entsprechende Anwendung findet § 379 ZPO für die Hinzuziehung von Dolmetschern oder Übersetzern wegen fremdsprachlicher Zeugenaussagen,[1] jedoch bleibt hier die Regelung des § 185 GVG unberührt. Im Bereich der freiwilligen Gerichtsbarkeit ist die Anwendung der §§ 379, 402, 411 ZPO allerdings insoweit ausgeschlossen, als der Amtsermittlungsgrundsatz gilt (§ 26 FamFG) und die gerichtliche Tätigkeit von Amts wegen erfolgt. 5

4. Regelungen des JVEG

Für die Heranziehung von Sachverständigen, Dolmetschern und Übersetzern ist zusätzlich § 13 JVEG zu beachten. Danach kann für die vorgenannten Personen, abweichend von der gesetzlichen Vergütung der §§ 8 ff JVEG, eine besondere Vergütung vereinbart werden. Ist eine solche Vergütung vereinbart, darf die Zahlung durch das Gericht erst erfolgen, wenn zuvor ein zur Deckung der gesamten Vergütung ausreichender Vorschuss gezahlt ist. 6

Auch ein Beteiligter, dem VKH bewilligt ist, kann einer abweichenden Vergütung zustimmen; jedoch hat er abweichend von § 122 Abs. 1 Nr. 1 ZPO iVm § 76 Abs. 1 FamFG trotz VKH-Bewilligung einen Auslagenvorschuss zu leisten, wenn er auch ohne Rücksicht auf die VKH zur vorschussweisen Zahlung verpflichtet wäre (§ 13 Abs. 3 S. 2 JVEG). Der Auslagenvorschuss kann aber nur in der Höhe erhoben werden, wie die vereinbarte Vergütung die gesetzliche Vergütung übersteigt. Der Zahlbetrag ist durch unanfechtbaren Beschluss festzusetzen (§ 13 Abs. 3 S. 3 JVEG). Einer Zahlung durch den VKH-Beteiligten bedarf es jedoch nicht, wenn die Vereinbarung über die abweichende Vergütung für die Rechtsverfolgung notwendig ist, der VKH-Beteiligte zur Zahlung außerstande ist und das Gericht der Erklärung des VKH-Beteiligten zustimmt (§ 13 Abs. 4 JVEG). 7

III. Abhängigmachung von der Gebührenzahlung

1. Grundsatz

In gerichtlichen Verfahren, in denen Antragshaftung nach § 22 Abs. 1 GNotKG besteht, kann das Gericht die Durchführung oder Vornahme der gerichtlichen Handlung von der vorherigen Zahlung der Gebühren abhängig machen (§ 13 S. 1 GNotKG). Der Kostenbeamte kann die Abhängigmachung nicht anordnen, er hat vor Vorschussanforderung deshalb die Entscheidung des Richters oder Rechtspflegers einzuholen (§ 20 Abs. 3 KostVfg). 8

Abhängigmachung kann nicht angeordnet werden, wenn das Verfahren von Amts wegen eingeleitet wird, weil dann ein Antragsschuldner nicht vorhanden ist. Gleiches gilt in Verfahren, die alternativ von Amts wegen oder auf Antrag eingeleitet werden, 9

1 Zöller/*Greger*, § 379 ZPO Rn 2.

weil § 22 Abs. 1 GNotKG nur Verfahren erfasst, die „nur“ durch Antrag eingeleitet werden. Im Übrigen greift § 13 S. 1 GNotKG nicht ein, wenn in einem Antragsverfahren wegen der Sonderregelungen der §§ 23, 24 GNotKG keine Antragshaftung besteht.

9a Hat das Gericht Abhängigmachung angeordnet, ruht das Verfahren bis zur Zahlung, so dass auch regelmäßig keine Zurückweisung des Antrags erfolgen kann.[2] Das gilt auch für Eintragungen im Handels- und Güterregister.[3] In Grundbuchsachen verbietet sich regelmäßig ein Ruhen des Verfahrens, so dass hier der Antrag wegen Nichtzahlung zurückgewiesen werden kann.[4] Wird der Vorschuss hier erst in der Beschwerdeinstanz (§ 71 GBO) gezahlt, kommt eine Zurückweisung aber nicht mehr in Betracht.[5]

2. Grundbuch- und Nachlasssachen

10 In Grundbuch- und Nachlasssachen kann Abhängigmachung von der Gebührenzahlung nur angeordnet werden, wenn dies im Einzelfall zur Sicherung des Eingangs der Gebühr erforderlich erscheint (§ 13 S. 2 GNotKG). Damit soll klargestellt sein, dass die Abhängigmachung in diesen Verfahren, trotz ihrer Ausgestaltung als Antragsverfahren, zum absoluten Ausnahmefall werden soll.[6] Zur Folge der Nichtzahlung in Grundbuchsachen s. Rn 9 a.

11 Ein **besonderes Sicherungsinteresse** wird dann anzunehmen sein, wenn dem Gericht Tatsachen bekannt sind, die gegen eine Zahlungsfähigkeit oder Zahlungswilligkeit des Kostenschuldners sprechen.[7] Dabei genügt es, dass dies aus anderen Akten bekannt ist.[8] Allein auf die Höhe der entstehenden Gebühren kann jedoch nicht abgestellt werden.[9] Das Gericht muss deshalb in dem Beschluss (Zwischenverfügung) über die Anordnung der Abhängigmachung kurz begründen,[10] weshalb gerade in dem vorliegenden Einzelfall ein besonderes Sicherungsinteresse besteht. Ist die Zahlung in Grundbuchsachen an eine Frist geknüpft (§ 18 GBO), muss der Beschluss, aber auch eine etwaige Kostennachricht förmlich zugestellt werden (§ 26 Abs. 7 S. 1 KostVfg).

12 Da sich die Fälligkeit der Gerichtsgebühren in Grundbuch- und Nachlasssachen nach § 9 Abs. 1 GNotKG bestimmt, sie also nicht bereits mit Antragseingang bei Gericht eintritt, ist auch eine Anforderung der Gebühren durch Sollstellung unstatthaft.

13 Die Regelung des § 13 S. 2 GNotKG gilt für **Auslagenvorschüsse** nach § 14 Abs. 1 GNotKG entsprechend (§ 14 Abs. 1 S. 2 Hs. 2 GNotKG) (s. Rn 21).

14 Eine Abhängigmachung von der Kostenzahlung ist auch ausgeschlossen, wenn die Berichtigung des Grundbuchs oder die Eintragung eines Widerspruchs beantragt wird (§ 16 Nr. 5 GNotKG).

---

2 Korintenberg/*Klüsener*, GNotKG, § 13 Rn 21.
3 OLG Frankfurt Rpfleger 1993, 26; LG Kleve NJW-RR 1996, 939.
4 OLG Hamm Rpfleger 2000, 267; LG Düsseldorf Rpfleger 1986, 175; Korintenberg/*Klüsener*, GNotKG, § 13 Rn 22; NK-GK/*Büringer*, GNotKG, § 14 Rn 11.
5 LG Chemnitz Rpfleger 2005, 422.
6 BT-Drucks. 17/11471 (neu), S. 156 zu § 13 GNotKG.
7 Bormann/Diehn/Sommerfeldt/*Diehn*, GNotKG, § 13 Rn 6.
8 OLG Düsseldorf JurBüro 2010, 602 – abzulehnen aber, soweit auch auf die Höhe der Kosten abgestellt wird.
9 So auch Bormann/Diehn/Sommerfeldt/*Diehn*, GNotKG, § 13 Rn 6.
10 LG München II MittBayNot 1999, 185.

3. Rechtsmittelverfahren

Für Beschwerde- und Rechtsbeschwerdeverfahren kann Abhängigmachung nach § 13 GNotKG nicht angeordnet werden,[11] da die Antragshaftung des Rechtsmittelführers in den Fällen des § 25 Abs. 1 GNotKG nachträglich erlischt. 15

Wegen der Fälligkeitsregelung des § 9 Abs. 1 GNotKG können die Gebühren nach Eingang der Rechtsmittelschrift auch nicht durch Sollstellung vom Rechtsmittelführer angefordert werden. Unberührt bleibt aber § 14 GNotKG für Auslagenvorschüsse. 16

4. Einstweilige Anordnungen

Verfahren auf Erlass einer einstweiligen Anordnung werden nicht von §§ 13, 14 Abs. 1 GNotKG erfasst. 17

5. Wiederaufnahmeverfahren

In Verfahren nach §§ 578 ff ZPO iVm § 48 Abs. 2 FamFG kann keine Abhängigmachung nach § 13 S. 1 GNotKG angeordnet werden, da es sich um Rechtsbehelfe besonderer Art handelt.[12] 18

IV. Auslagenvorschüsse

1. Allgemeines

Für Auslagen regeln §§ 14, 17 GNotKG die Vorschusszahlung. Danach ist zu unterscheiden zwischen Vorschüssen für 19

- Handlungen, die auf Antrag vorzunehmen sind (§ 14 Abs. 1 GNotKG);
- Handlungen, die von Amts wegen durchzuführen sind (§ 14 Abs. 3 GNotKG);
- die Dokumenten- und Aktenversendungspauschale (§ 14 Abs. 2 GNotKG).

2. Antragshandlungen

a) Abhängigmachung

Wird die auslagenverursachende Handlung aufgrund eines Antrags eines Beteiligten vorgenommen, soll der Antragsteller einen Auslagenvorschuss leisten (§ 14 Abs. 1 S. 1 GNotKG). Es muss sich um gerichtliche Auslagen nach den Nr. 31000 ff GNotKG handeln. Das Gericht soll zudem die Vornahme dieser Handlung von der vorherigen Zahlung abhängig machen (§ 14 Abs. 1 S. 2 GNotKG). Über die Abhängigmachung entscheidet der Richter oder Rechtspfleger (§ 20 Abs. 3 KostVfg), nicht aber der Kostenbeamte, denn dieser muss in den Fällen des § 14 Abs. 1 GNotKG vor Anforderung eines Auslagenvorschusses die Entscheidung des Gerichts einholen (§ 20 Abs. 3 KostVfg). Im Übrigen ist auch § 20 Abs. 5, 6 KostVfg zu beachten. 20

In **Grundbuch- und Nachlasssachen** kann auch die Abhängigmachung hinsichtlich der Zahlung von Auslagenvorschüssen nur angeordnet werden, wenn dies im Einzelfall zur Sicherung des Eingangs der Gebühr erforderlich erscheint (§ 14 Abs. 1 S. 2 Hs. 2 iVm § 13 S. 2 GNotKG) (vgl. Rn 11). 21

---

11 So auch Korintenberg/*Klüsener*, GNotKG, § 13 Rn 12; aA NK-GK/*Bühringer*, GNotKG, § 13 Rn 7.

12 HK-FamGKG/*Fölsch*, Vor Hauptabschnitt 4 KV Rn 24; *Meyer*, § 12 GKG Rn 6; aA HK-FamGKG/*Volpert*, § 14 Rn 102 ff.

22 In **Freiheitsentziehungssachen** kann Abhängigmachung nach § 14 Abs. 1 GNotKG nicht angeordnet werden (§ 14 Abs. 4 GNotKG). Gleiches gilt für sonstige Haftkosten (Nr. 31010, 31011 KV).

b) Vorschusspflichtiger

23 Vorschusspflichtig ist der Antragsteller der konkreten gerichtlichen Handlung, was nicht immer der Antragsschuldner iSd § 22 Abs. 1 GNotKG sein muss. Im Übrigen ist die Beteiligtenstellung unerheblich.[13] Auch auf die Beweislast kommt es nicht an.[14] Ist der Antrag von mehreren Beteiligten gestellt, haften diese der Staatskasse gesamtschuldnerisch (§ 32 Abs. 1 GNotKG, § 8 Abs. 4 KostVfg).[15]

c) Handlungen des Gerichts

24 Der Begriff „Antrag" ist weit auszulegen, so dass jede formlose oder stillschweigende Bitte darunter fällt.[16] Eine Vorschusspflicht besteht daher insbesondere für

- die Einnahme des Augenscheins durch das Gericht,
- die Durchführung von Terminen außerhalb der Geschäftsstelle,
- Beteiligtenvernehmungen,
- Zustellungen in das Ausland,
- öffentliche Zustellungen,
- verfahrensleitende Anordnungen.

25 Hat das Gericht die Maßnahmen jedoch von Amts wegen vorzunehmen, wobei auch der in Verfahren der freiwilligen Gerichtsbarkeit geltende Amtsermittlungsgrundsatz (§ 26 FamFG) zu beachten ist, gilt § 14 Abs. 1 GNotKG nicht, sondern § 14 Abs. 3 GNotKG.

26 Die Anordnung einer Haft darf gem. § 14 Abs. 4 GNotKG nicht von der vorherigen Zahlung eines Auslagenvorschusses abhängig gemacht werden.

27 Im Kostenfestsetzungsverfahren (§§ 103 ff ZPO iVm § 85 FamFG) ist ein Auslagenvorschuss nach § 14 Abs. 1 GNotKG nur zu erheben, wenn tatsächlich weitere Zustellungskosten entstehen, wobei in Verfahren, in denen wertabhängige Gebühren zu erheben sind, die Freigrenze der Anm. zu Nr. 31002 KV überschritten werden muss.

Für das Festsetzungsverfahren nach § 11 RVG, das nicht der ersten Instanz zugeordnet werden kann und einen eigenständigen Rechtszug iSd § 55 Abs. 1 GNotKG darstellt, fallen hingegen stets Zustellungskosten an, die auch unabhängig von der Anzahl der angefallenen Zustellungen stets von der ersten Zustellung an in voller Höhe einzuziehen sind. Die Freigrenze der Anm. zu Nr. 31002 KV gilt hier nicht, da das Festsetzungsverfahren gebührenfrei ist. Das Gericht kann auch hier die Entscheidung von der vorherigen Vorschusszahlung nach § 14 Abs. 1 GNotKG abhängig machen.[17]

d) Rechtsbehelf

28 Gegen die Anordnung der Abhängigmachung findet die Beschwerde nach § 82 Abs. 1 GNotKG statt.

---

13 *Hartmann*, KostG, § 17 GKG Rn 10.
14 HK-FamGKG/*Volpert*, § 16 Rn 16; NK-GK/*H. Schneider*, FamGKG, § 16 Rn 9 f; *Meyer*, § 17 GKG Rn 10.
15 OLG Zweibrücken Rpfleger 1989, 81.
16 NK-GK/*H. Schneider*, FamGKG, § 16 Rn 4.
17 OLG Köln AGS 2000, 208.

e) Rechtshilfeersuchen

Für Handlungen im Rahmen der Rechtshilfe gilt § 81 Abs. 1 ZRHO als besondere Vorschrift, wonach die Anordnung der Abhängigmachung von der Kostenzahlung zulässig ist. Sieht das Gericht von der Vorschusserhebung oder der Anordnung der Abhängigmachung ab, ist spätestens bei Absendung des Ersuchens ein ausreichender Vorschuss anzufordern (§ 81 Abs. 2 ZRHO). 29

3. Handlungen von Amts wegen

a) Keine Abhängigmachung

Entstehen für eine von Amts wegen vorzunehmende Handlung Auslagen, kann das Gericht nach § 14 Abs. 3 GNotKG einen Auslagenvorschuss anfordern. Die Vornahme der Handlung darf aber nicht von der vorherigen Zahlung abhängig gemacht werden. 30

b) Gerichtliche Handlungen

Zu den von Amts wegen vorzunehmenden Handlungen gehören beispielsweise: 31

- Anordnung der Urkundenvorlegung (§ 142 ZPO),
- Anordnung der Aktenübermittlung (§ 143 ZPO),
- Inaugenscheinnahme, Sachverständigenbegutachtung bei Dritten (§ 144 ZPO),
- Anhörungen des Betroffenen oder von sonstigen Beteiligten (§§ 278, 279, 319, 320, 420 FamFG) in Betreuungs-, Unterbringungs- und Freiheitsentziehungssachen,
- Einholung von Gutachten nach § 4 Abs. 3, § 9 Abs. 3 TSG,
- Berichtigung von Beschlüssen (§ 42 Abs. 1 FamFG).

Im Übrigen besteht in den Verfahren der freiwilligen Gerichtsbarkeit eine Amtsermittlungspflicht (§ 26 FamFG), so dass auch die deshalb vorgenommenen Geschäfte nur von § 14 Abs. 3 GNotKG, nicht aber von § 14 Abs. 1 GNotKG erfasst sein können. 32

c) Auslagenschuldner

Eine gesetzliche Regelung, wer für den Auslagenvorschuss nach § 14 Abs. 3 GNotKG in Anspruch zu nehmen ist, besteht nicht. Der Auslagenschuldner ist daher nach billigem Ermessen zu bestimmen,[18] jedoch kann nicht stets von vornherein der Antragsschuldner (§ 22 Abs. 1 GNotKG) in Anspruch genommen werden. Nach Rechtsprechung und Literatur kommt eine Anforderung u.a. von demjenigen in Betracht, dem die Handlung nützt[19] oder der beweispflichtig gewesen wäre.[20] In Betracht kommt auch eine hälftige Inanspruchnahme beider Beteiligten.[21] 33

d) Kostenanforderung

Der Kostenbeamte ordnet den Auslagenvorschuss selbständig an (§ 20 Abs. 2 S. 1 KostVfg), wenn der Auslagenbetrag mehr als 25 € beträgt oder ein Verlust für die Staatskasse zu befürchten ist (§ 20 Abs. 5 KostVfg). Ist Auslagenschuldner eine Gemeinde, ein Gemeindeverband oder eine sonstige Körperschaft öffentlichen Rechts, 34

18 OLG Köln, Beschl. v. 6.10.2010 – 17 W 168/10; Korintenberg/*Klüsener*, GNotKG, § 14 Rn 38.
19 *Meyer*, § 17 GKG Rn 28.
20 OLG Bamberg JurBüro 1979, 879.
21 Binz/Dörndorfer/*Zimmermann*, § 17 GKG Rn 17.

unterbleibt eine Vorschussanforderung (§ 20 Abs. 6 KostVfg). Da keine Abhängigmachung besteht, sind die Vorschüsse mittels Sollstellung anzufordern. Eine Anforderung durch den Kostenbeamten kann aber auch bei Ausübung des pflichtgemäßen Ermessens nur von einem Beteiligten erfolgen, der nach §§ 22 ff GNotKG für die Gerichtskosten haftet.[22]

35 Die Anforderung nach § 20 Abs. 2 KostVfg steht im **pflichtgemäßen Ermessen** des Kostenbeamten,[23] so dass im Hinblick auf die Kostensicherung regelmäßig – unter Beachtung von § 16 GNotKG, § 20 Abs. 5, 6 KostVfg – eine Anforderung zu erfolgen hat. Einer vorherigen Entscheidung des Richters oder Rechtspflegers bedarf es in den Fällen des § 14 Abs. 3 GNotKG nicht. Hat dieser aber bereits eine Anordnung getroffen, etwa dass keine Vorschusszahlung erfolgen soll, **bindet** diese Entscheidung auch den Kostenbeamten.[24]

e) Rechtsbehelfe

36 Gegen die Anforderung eines Vorschusses durch den Kostenbeamten ist die Erinnerung nach § 81 GNotKG statthaft. Hat das Gericht entgegen § 14 Abs. 3 GNotKG eine Abhängigmachung angeordnet, ist die Beschwerde nach § 82 Abs. 1 GNotKG gegeben.

4. Dokumenten- und Aktenversendungspauschale

a) Abhängigmachung

37 Die Herstellung und Überlassung von Dokumenten auf Antrag sowie die Versendung von Akten können von der vorherigen Zahlung eines die Auslagen deckenden Vorschusses abhängig gemacht werden (§ 14 Abs. 2 GNotKG).

38 Wegen der Dokumentenpauschale kann auch das Zurückbehaltungsrecht (§ 11 GNotKG) ausgeübt werden (s. Rn 50 ff).

b) Höhe des Vorschusses

39 Die Höhe des Vorschusses ist nach den Nr. 31000, 31003 KV zu berechnen.

c) Zahlungspflichtiger

40 Für die Dokumentenpauschale bestimmt sich die Haftung nach den allgemeinen Regelungen der §§ 22 ff GNotKG, so dass der allgemeine Kostenschuldner haftet. Daneben haftet auch derjenige, der die Erteilung der Ausfertigungen, Kopien oder Ausdrucke beantragt hat (§ 26 Abs. 1 S. 1 GNotKG).

41 Für die Aktenversendungspauschale haftet nur der Beteiligte, der die Versendung der Akte beantragt hat (§ 26 Abs. 2 GNotKG) (s. § 6 Rn 33).

d) Rechtsbehelfe

42 Statthaft ist die Erinnerung nach § 81 GNotKG, und zwar sowohl für die Vorschussanforderung als auch wegen der Ausübung des Zurückbehaltungsrechts. § 82 GNotKG findet keine Anwendung (vgl. § 82 Abs. 2 GNotKG).

---

22 Korintenberg/*Klüsener*, GNotKG, § 14 Rn 38.
23 OLG Stuttgart Rpfleger 1981, 163; HK-FamGKG/*Volpert*, § 16 Rn 44.
24 OLG Stuttgart Rpfleger 1981, 163.

5. Fortdauer der Vorschusspflicht

Ergibt sich aus den §§ 12 ff GNotKG eine Verpflichtung zur Vorschusszahlung, bleibt diese auch dann bestehen, wenn zwischenzeitlich ein Entscheidungs- oder Übernahmeschuldner nach § 27 Nr. 1, 2 GNotKG, der für diese Kosten haftet, hinzugetreten ist (§ 17 S. 1 GNotKG). 43

Beispiel: In einem Verfahren nach dem Transsexuellengesetz (TSG) holt das Gericht gem. § 4 Abs. 3 TSG zwei Sachverständigengutachten ein. Da die Gutachten von Amts wegen einzuholen sind, kann ein Vorschuss nach § 14 Abs. 3 GNotKG von dem Antragsteller angefordert werden. Lediglich die Abhängigmachung ist unzulässig. 44
Der Antragsteller zahlt einen Vorschuss von 4.000 € (§ 14 Abs. 3 GNotKG). Tatsächlich erhalten die Sachverständigen eine Vergütung aus der Landeskasse iHv 4.300 €.
Der Antragsteller ist auch noch nach Auszahlung der Vergütung an den Sachverständigen verpflichtet, den nicht durch den Vorschuss gedeckten Kostenbetrag von 300 € an die Landeskasse zu zahlen.
Der Kostenbeamte hat daher den Betrag von 300 € von dem Antragsteller mittels Sollstellung anzufordern (§ 14 Abs. 3, § 17 GNotKG).

§ 17 GNotKG gilt für Gebühren- und Auslagenvorschüsse.[25] Sind die angeforderten Vorschüsse gezahlt und verbraucht, erfolgt auch keine Rückerstattung aus der Staatskasse, wenn zwischenzeitlich ein Kostenschuldner nach § 27 GNotKG hinzutritt. Es kann aber ein Erstattungsanspruch für denjenigen bestehen, der den Gebühren- oder Auslagenvorschuss geleistet hat (§§ 80 ff FamFG). Der Erstattungsanspruch ist jedoch im Kostenfestsetzungsverfahren nach §§ 103 ff ZPO iVm § 85 FamFG geltend zu machen.[26] Eine Rückerstattung der Gerichtskosten durch die Landeskasse erfolgt nur ausnahmsweise in den Fällen des § 2 Abs. 3 GNotKG und des § 33 Abs. 2, 3 GNotKG. 45

§ 33 Abs. 1 GNotKG findet entsprechende Anwendung (§ 17 S. 2 GNotKG), so dass der Vorschusspflichtige zum Zweitschuldner wird, während Entscheidungs- oder Übernahmeschuldner als Erstschuldner haften. Reichen die geleisteten Vorschüsse zur Deckung der Kosten nicht aus, kann der Vorschusspflichtige daher erst in Anspruch genommen werden, wenn die Voraussetzungen des § 33 Abs. 1 GNotKG vorliegen. 46

6. Verrechnung der Auslagenvorschüsse

a) Grundsatz

Die nach § 14 GNotKG geleisteten Vorschüsse sind zunächst auf solche Auslagen zu verrechnen, für die sie geleistet wurden.[27] Das gilt auch dann, wenn in demselben Verfahren durch den Auslagenschuldner noch weitere Kosten zu zahlen sind. 47

b) Verrechnung auf andere Kosten

Ist der Auslagenvorschuss nicht vollständig verbraucht, ist eine Verrechnung auf andere Kosten des Verfahrens zulässig, wenn sie von demselben Kostenschuldner geschuldet werden. Besteht für solche Kosten nur eine Zweitschuldnerhaftung, müssen jedoch erst die Voraussetzungen des § 33 Abs. 1 GNotKG vorliegen.[28] Auf Kosten, 48

25 Binz/Dörndorfer/*Zimmermann*, § 18 GKG Rn 1.
26 HK-GNotKG/*Büringer*, § 17 Rn 18.
27 OLG Köln JurBüro 1982, 584.
28 HK-GNotKG/*Büringer*, § 17 Rn 16; Korintenberg/*Hellstab*, GNotKG, § 17 Rn 4.

für die nur ein anderer Beteiligter, aber nicht der Auslagenschuldner haftet, ist eine Verrechnung nicht möglich.

c) Zeitpunkt der Abrechnung

49 Entgegen § 15 Abs. 2 KostVfg geht die Literatur zu Recht davon aus, dass die Abrechnung des Auslagenvorschusses bereits nach Beendigung der kostenpflichtigen Handlung und nicht erst nach Beendigung des Rechtszugs vorzunehmen ist.[29] Eine Zurückhaltung für noch nicht fällige oder zukünftige Kosten ist nicht zulässig.[30] Die Rückzahlung richtet sich nach § 29 KostVfg.

V. Zurückbehaltungsrecht

1. Anwendungsbereich

50 § 11 GNotKG sieht die Ausübung des Zurückbehaltungsrechts vor. Danach können bis zur Zahlung der in der Angelegenheit entstandenen Gerichtskosten zurückbehalten werden (§ 11 S. 1 GNotKG):

- Urkunden,
- Ausfertigungen,
- Ausdrucke und Kopien,
- gerichtliche Unterlagen.

51 Zurückbehalten werden können nicht nur Urkunden, die aus Anlass des Geschäfts bei Gericht eingereicht werden, sondern auch solche, die das Gericht aus Anlass des Geschäfts erst angefertigt hat (zB Grundbuch- oder Registerauszüge, Erbscheine oder andere Zeugnisse).[31]

2. Ermessensentscheidung

52 Über die Ausübung des Zurückbehaltungsrechts ist nach **billigem Ermessen** zu entscheiden (§ 11 S. 1 GNotKG). Die Entscheidung trifft der Kostenbeamte (§ 23 Abs. 1 S. 2 KostVfg).

53 Im Rahmen der Ermessensentscheidung kann von der Ausübung des Zurückbehaltungsrechts abgesehen werden, wenn

- der Eingang der Kosten mit Sicherheit zu erwarten ist;
- glaubhaft gemacht wird, dass eine Verzögerung der Herausgabe einem Beteiligten einen nicht oder nur schwer zu ersetzenden Schaden bringen würde und nicht anzunehmen ist, dass die Kosten nicht entzogen (nicht gezahlt) werden sollen;
- das Schriftstück nicht vom Kostenschuldner, sondern von einem Dritten eingereicht ist, dem gegenüber die Zurückbehaltung eine unbillige Härte darstellen würde.
- Ist eine Gemeinde, ein Gemeindeverband oder eine sonstige Körperschaft des öffentlichen Rechts Kostenschuldner, soll das Zurückbehaltungsrecht nicht ausgeübt werden (§ 20 Abs. 6 KostVfg).

54 Wird das Zurückbehaltungsrecht ausgeübt, sind die Kosten sobald wie möglich anzusetzen. Steht der endgültige Betrag noch nicht fest, sind die Kosten vorbehaltlich spä-

---

29 Binz/Dörndorfer/*Zimmermann*, § 17 GKG Rn 20; *Meyer*, § 17 GKG Rn 38; *Oestreich/Hellstab/Trenkle*, § 17 GKG Rn 13.
30 *Meyer*, JurBüro 2002, 240.
31 BT-Drucks. 17/11471 (neu), S. 156 zu § 11 GNotKG.

terer Berichtigung anzusetzen (§ 23 Abs. 2 KostVfg). Die Ausübung des Zurückbehaltungsrechts ist in der Kostenrechnung mit kurzer Begründung zu vermerken (§ 24 Abs. 6 KostVfg); der Vermerk sollte in die Reinschrift der Kostenrechnung übertragen werden (§ 25 Abs. 2 KostVfg).

Ist ein anderer als der Kostenschuldner zum Empfang des Schriftstücks berechtigt – 55
was in der Urschrift der Kostenrechnung zu vermerken ist (§ 24 Abs. 6 KostVfg) –, hat der Kostenbeamte ihn von der Ausübung des Zurückbehaltungsrechts zu benachrichtigen (§ 23 Abs. 3 KostVfg).

Die zurückbehaltenen Schriftstücke sind dem Empfangsberechtigten herauszugeben, 56
wenn die Kostenzahlung erfolgt ist oder die Entscheidung des Kostenbeamten über die Zurückbehaltung durch gerichtliche Entscheidung aufgehoben wird (§ 23 Abs. 6 KostVfg).

3. Rechtsbehelfe

Gegen die Entscheidung des Kostenbeamten nach § 14 Abs. 2 GNotKG findet die Er- 57
innerung nach § 81 GNotKG statt (§ 82 Abs. 2 GNotKG). Gleiches gilt bei der Ausübung des Zurückbehaltungsrechts (§ 81 Abs. 1 S. 1 GNotKG).

VI. Anforderung der Vorschüsse

1. Keine Abhängigmachung

Ist die Amtshandlung nicht von der Zahlung des Kostenvorschusses abhängig, ordnet 58
der Kostenbeamte die Erhebung des Vorschusses selbständig an (§ 20 Abs. 2 KostVfg), wenn die Auslagen mehr als 25 € betragen oder ein Verlust für die Staatskasse zu befürchten ist (§ 20 Abs. 5 KostVfg).

Erfasst sind dabei die Fälle des § 14 Abs. 3 GNotKG und die Auslagenvorschüsse 59
nach § 14 Abs. 1 S. 1 GNotKG, wenn in Antragsverfahren keine Abhängigmachung angeordnet wird. Der Vorgang ist jedoch dem Gericht (Richter, Rechtspfleger) vorzulegen, wenn ersichtlich ist, dass eine Erledigung ohne vorherige Kostenzahlung angestrebt wird.

Da die Vornahme der Handlung nicht von der Kostenzahlung abhängt, ist der Ausla- 60
genvorschuss durch Sollstellung anzufordern. Gegen die Entscheidung des Kostenbeamten findet die Erinnerung (§ 81 GNotKG) statt.

In den Fällen des § 14 Abs. 2, 3 GNotKG ist ein Vorschuss nicht zu erheben oder das 61
Zurückbehaltungsrecht nicht auszuüben, wenn Kostenschuldner eine Gemeinde, ein Gemeindeverband oder eine Körperschaft des öffentlichen Rechts ist (§ 20 Abs. 6 KostVfg).

2. Abhängigmachung

Ordnet das Gericht in den Fällen der § 13 S. 1 und § 14 Abs. 1 GNotKG die Abhän- 62
gigmachung an, ist der Vorschuss durch Kostennachricht anzufordern (§ 26 Abs. 1 KostVfg).

Beruht die Abhängigmachung nur auf einer Vorschrift des GNotKG, findet die Be- 63
schwerde nach § 82 Abs. 1 GNotKG statt.

3. Dokumenten- und Aktenversendungspauschale

64 Über die Abhängigmachung der Herstellung und Überlassung von Dokumenten oder der Versendung bzw. Übermittlung von Akten von der vorherigen Kostenzahlung entscheidet der Kostenbeamte nach billigem Ermessen. Gegen die Entscheidung des Kostenbeamten findet die Erinnerung (§ 81 GNotKG) statt (§ 82 Abs. 2 GNotKG).

65 In den Fällen des § 14 Abs. 2 GNotKG ist ein Vorschuss nicht zu erheben, wenn Kostenschuldner eine Gemeinde, ein Gemeindeverband oder eine Körperschaft des öffentlichen Rechts ist (§ 20 Abs. 6 KostVfg).

VII. Ausnahmen von der Vorschusspflicht

1. Allgemeines

66 Hinsichtlich der Vorschusspflicht bestehen zahlreiche Ausnahmen, die sich aus dem GNotKG selbst oder aus anderen Gesetzen ergeben können. Sie betreffen Gebühren und/oder Auslagen.

2. Verfahrenskostenhilfe

a) Befreiungen des armen Beteiligten

67 Ist VKH bewilligt, können die rückständigen oder entstehenden Gerichtskosten nur nach den vom Gericht getroffenen Bestimmungen eingezogen werden (§ 122 Abs. 1 Nr. 1 Buchst. a ZPO iVm § 76 Abs. 1 FamFG). Daraus folgt, dass ein Kosteneinzug gänzlich ausscheidet, wenn die VKH-Bewilligung ohne Zahlungsbestimmungen erfolgt ist, andernfalls erfolgt ein Einzug im Umfang der angeordneten Ratenzahlung oder der Anordnung einmaliger Zahlungen aus dem Vermögen.

68 Die Leistung von Vorschusszahlungen und die Anordnung einer Abhängigmachung von der Kostenzahlung sind daher unzulässig. § 16 Nr. 1 GNotKG schreibt diesen Grundsatz nochmals ausdrücklich fest, so dass auch eine Abhängigmachung nach §§ 13, 14 GNotKG ausdrücklich ausgeschlossen ist.

b) Befreiungen für den Gegner

69 Die Regelung des § 122 Abs. 1 ZPO iVm § 76 Abs. 1 FamFG gilt nur für den Beteiligten, dem VKH bewilligt ist. Die Wirkung tritt kraft Gesetzes ein. Ist dem Antragsteller oder dem Beschwerdeführer VKH ohne Zahlungsbestimmungen bewilligt, ist auch der Antragsgegner einstweilen von der Zahlung der rückständigen oder entstehenden Gerichtskosten befreit (§ 122 Abs. 2 ZPO iVm § 76 Abs. 1 FamFG). Die Befreiung erstreckt sich sowohl auf die Vorschüsse oder Abhängigmachung der Gebühren (§ 13 GNotKG) als auch auf Auslagenvorschüsse (§ 14 GNotKG) und Vorschüsse nach §§ 379, 402 ZPO.

70 Ist dem Antragsteller jedoch VKH mit der Anordnung von Ratenzahlung oder der Zahlung eines einmaligen Betrags aus dem Vermögen bewilligt, gilt die Vergünstigung des § 122 Abs. 2 ZPO nicht.

c) Einzug der Kosten vom Gegner

71 Ein Einzug der Gerichtskosten von dem Gegner des armen Beteiligten ist erst möglich, wenn dieser rechtskräftig in die Kosten verurteilt wurde (§ 125 Abs. 1 ZPO iVm § 76 Abs. 1 FamFG; Nr. 3.3.2 und 4.8 DB-PKH). Wird die Kostenentscheidung spä-

ter aufgehoben, kann sie nicht mehr als Grundlage für einen Kosteneinzug herangezogen werden.

Kosten, von dessen Zahlung der Gegner nach § 122 Abs. 2 ZPO iVm § 76 Abs. 1 FamFG nur einstweilen befreit war, können auch eingezogen werden, wenn das Verfahren ohne rechtskräftige Kostenentscheidung endet (§ 125 Abs. 2 ZPO iVm § 76 Abs. 1 FamFG). Eine sonstige Beendigung liegt zB vor, wenn das Verfahren durch Vergleich ohne Kostenregelung, durch Ruhen, Unterbrechung oder Nichtbetrieb beendet ist. In den Fällen des Nichtbetriebs ist Nr. 3.3.2 DB-PKH zu beachten. 72

§ 125 Abs. 2 ZPO iVm § 76 Abs. 1 FamFG erfasst nur solche Kosten, für die eine Kostenhaftung des Gegners nach §§ 22 ff GNotKG besteht. Liegt eine solche Haftung nicht vor, kann ein Einzug nur unter den Voraussetzungen des § 125 Abs. 1 ZPO iVm § 76 Abs. 1 FamFG erfolgen. 73

Ein Einzug nach § 125 Abs. 2 ZPO iVm § 76 Abs. 1 FamFG ist daher insbesondere statthaft wegen 74

- Verfahrensgebühren, für die der Gegner auch als Antragsschuldner (§ 22 Abs. 1 GNotKG) haftet, zB bei Antragserweiterungen, wechselseitigen Rechtsmitteln oder Anschlussrechtsmitteln;
- der Vergleichsgebühr (Nr. 17005 KV) (wegen § 22 Abs. 2 GNotKG stets in voller Höhe);
- Dokumentenpauschalen (Nr. 31000 KV), für die eine Haftung nach § 26 Abs. 1 GNotKG besteht;
- der Aktenversendungspauschale (Nr. 31003 KV), für die eine Haftung nach § 26 Abs. 2 GNotKG besteht;
- Auslagen, wenn den Gegner eine Zahlungspflicht nach § 14 GNotKG trifft, da es sich wegen § 17 GNotKG um eine endgültige Zahlungspflicht handelt.

d) Bewilligung von Teil-Verfahrenskostenhilfe

Die Wirkungen des § 122 ZPO iVm § 76 Abs. 1 FamFG treten nur in dem Umfang ein, wie eine Bewilligung von VKH erfolgt ist. Der Umfang der Bewilligung bestimmt sich nach § 119 ZPO iVm § 76 Abs. 1 FamFG, wonach die VKH-Bewilligung für jeden Rechtszug gesondert erfolgt. Gemeint ist der kostenrechtliche, nicht der verfahrensrechtliche Instanzenbegriff.[32] 75

Die Gerichtsgebühren berechnen sich bei Teil-VKH aus der Differenz der Gebühren nach dem Gesamtwert und den Gebühren nach dem Wert der VKH-Bewilligung.[33] Hinsichtlich der nicht von der VKH erfassten Verfahrensteile besteht weiterhin eine Vorschusspflicht nach den §§ 13, 14, 17 GNotKG. 76

Bei den Auslagen ist zu unterscheiden: Lassen sie sich problemlos dem von der VKH erfassten Verfahrensteil zuordnen, sind sie von §§ 122, 125 ZPO iVm § 76 Abs. 1 FamFG gänzlich erfasst. Ist eine Zuordnung nicht möglich oder betreffen sie beide Verfahrensteile, erfolgt die Zuordnung anteilsmäßig nach dem Geschäftswert.[34] 77

Beispiel: In einem Verfahren nach § 51 b GmbHG beträgt der Geschäftswert 25.000 €. Für einen Teil von 10.000 € wird dem Antragsteller VKH ohne Zahlungsbestimmung bewilligt. Hinsichtlich des übrigen Teils von 15.000 € wird VKH versagt. 78

32 Zöller/*Geimer*, § 119 ZPO Rn 1; wegen des Umfangs vgl. im Einzelnen Zöller/*Geimer*, § 119 ZPO Rn 2 ff.
33 OLG München MDR 1997, 298.
34 OLG Schleswig MDR 2006, 175.

Es liegt somit bei einem Gesamtwert von 25.000 € die Bewilligung von Teil-VKH für einen Wert von 10.000 € vor.
Wegen des nicht von der VKH erfassten Verfahrensteils kann die gerichtliche Handlung von der Zahlung des Gebührenvorschuss nach § 13 GNotKG abhängig gemacht werden.
Der Vorschuss ist wie folgt zu berechnen:

2,0-Verfahrensgebühr, Nr. 13500 KV (Wert: 25.000 €, Tabelle A)	742,00 €
Wegen der erfolgten teilweisen VKH-Bewilligung aber abzuziehen:	
2,0-Verfahrensgebühr, Nr. 13500 KV (Wert: 10.000 €, Tabelle A)	482,00 €
Noch im Wege der Vorauszahlung anzufordern sind	260,00 €

Der Betrag ist von dem Antragsteller anzufordern (§ 22 Abs. 1 GNotKG).

e) Nachträgliche VKH-Bewilligung

79 Erfolgt die Bewilligung von VKH ohne Zahlungsbestimmungen erst nach der Zahlung von Gerichtskosten, ist eine Rückzahlung nur anzuordnen, wenn die Kosten nach dem Zeitpunkt des Wirksamwerdens der VKH-Bewilligung eingezahlt sind (Nr. 3.2 DB-PKH). Die Bewilligung wirkt dabei auf den Zeitpunkt der Antragstellung zurück.[35] Ist zeitgleich mit dem Antrag auf VKH-Bewilligung eine Zahlung erfolgt, muss deshalb nach erfolgter Bewilligung die Rückzahlung der bereits gezahlten Kosten erfolgen.[36] Waren Kosten durch Sollstellung angefordert, hat der Kostenbeamte die Löschung zu veranlassen, wenn die Kosten noch nicht bezahlt waren (Nr. 3.2 Abs. 1 DB-PKH).

80 **Beispiel 1:** Der Antrag wird am 10.11.2016 bei Gericht eingereicht. Der Antragsteller zahlt am selben Tag einen Gebührenvorschuss ein (§ 13 GNotKG).
Am 10.12.2016 wird Antrag auf VKH-Bewilligung gestellt. Das Gericht bewilligt die VKH am 15.12.2016.
Eine Rückzahlung der am 10.11.2016 eingezahlten Gerichtskosten unterbleibt, weil sie vor dem Wirksamwerden der VKH-Bewilligung (10.12.2016) gezahlt worden sind.

81 **Beispiel 2:** Der Antrag wird am 10.11.2016 bei Gericht eingereicht. Zeitgleich geht der Antrag auf VKH-Bewilligung bei Gericht ein. Der Antragsteller leistet trotzdem sogleich mit der Antragstellung einen Gebührenvorschuss iHv 140 €.
Das Gericht bewilligt am 10.12.2016 VKH ohne Zahlungsbestimmungen.
Die vom Antragsteller geleistete Zahlung iHv 140 € ist an diesen zurückzuzahlen.

82 Ist VKH mit Zahlungsbestimmungen bewilligt, erfolgt keine Rückzahlung der vor VKH-Bewilligung gezahlten Gerichtskosten. Sie sollen erst bei der Prüfung über die vorläufige Zahlungseinstellung nach § 120 Abs. 3 ZPO iVm § 76 Abs. 1 FamFG berücksichtigt werden (Nr. 4.3 DB-PKH). Sind Kosten durch Sollstellung angefordert, ist diese jedoch zu löschen, wenn die Kosten noch nicht bezahlt waren (Nr. 4.2 DB-PKH). Nach wirksamer VKH-Bewilligung geleistete Zahlungen sind auf die VKH-Raten (§ 120 Abs. 1 ZPO) anzurechnen (Nr. 4.3 DB-PKH).

3. Kosten- oder Gebührenfreiheit

83 Steht dem Antragsteller Gebührenfreiheit zu, besteht keine Vorschusspflicht hinsichtlich der Gebühren (§ 16 Nr. 2 GNotKG). Unerheblich ist, ob die Befreiung auf § 2

35 OLG Bamberg FamRZ 2008, 1963; OLG Stuttgart Rpfleger 2003, 200.
36 OLG Stuttgart Rpfleger 2003, 200.

Abs. 1 GNotKG oder auf anderen bundes- oder landesrechtlichen Regelungen beruht (§ 2 Abs. 2 GNotKG).

Auf die gerichtlichen Auslagen erstreckt sich die Befreiung nicht. Der gebührenbefreite Beteiligte hat daher auch für Auslagen Vorschüsse nach §§ 14, 17 GNotKG zu leisten, jedoch ist in den Fällen des § 14 Abs. 2, 3 GNotKG die Regelung des § 22 Abs. 6 KostVfg zu beachten. 84

Genießt der Antragsteller Kostenfreiheit, können weder für Gebühren noch für Auslagen Voraus- oder Vorschusszahlungen angefordert werden. Das gilt auch für Vorschüsse nach § 13 JVEG.[37] 85

Steht die Kosten- oder Gebührenfreiheit nur einem von mehreren Beteiligten zu, berührt dies die Vorschusspflicht der anderen Beteiligten nicht. Bei mehreren Antragstellern, von denen nicht alle eine solche Befreiung genießen, greift § 16 Nr. 2 GNotKG nur insoweit ein, als der befreite Zahlungspflichtige zur Zahlung verpflichtet gewesen wäre. 86

4. Kostenübernahme durch Notar

Eine Abhängigmachung nach § 13 S. 1 GNotKG oder § 14 Abs. 1 S. 2 GNotKG ist nicht statthaft, wenn der Notar erklärt hat, dass er die Kosten des Antragstellers persönlich übernimmt (§ 16 Nr. 3 GNotKG). Der Notar wird durch die Erklärung zum Übernahmeschuldner nach § 27 Nr. 2 GNotKG, zB bei den Vermerken, dass für die Kosten verbürgt wird oder dass für die Kosten aufgekommen wird.[38] Es muss eine schriftliche Erklärung vorliegen. Eine bloße „Gutsagung“ oder „**Starksagung**“ als Bürgschaft oder der Hinweis, dass die Kosten vom Notar angefordert werden sollen, genügt jedoch nicht.[39] Das gilt wegen § 13 S. 2 GNotKG insbesondere in Grundbuch- und Nachlasssachen, so dass hier ein Starksagen lediglich einen bürgerlich-rechtlichen Anspruch schafft.[40] 87

5. Befreiungen nach § 16 Nr. 4 GNotKG (Härteregelung)

a) Anwendungsbereich

Um auch in anderen Fällen **unbillige Härten** zu vermeiden, ordnet § 16 Nr. 4 GNotKG eine Befreiung von den Vorschusspflichten oder einer Abhängigmachung nach §§ 13 ff GNotKG auch dann an, wenn die beabsichtigte Rechtsverfolgung weder aussichtslos noch mutwillig erscheint und glaubhaft gemacht wird, dass dem Antragsteller die alsbaldige Zahlung der Kosten mit Rücksicht auf seine Vermögenslage oder aus sonstigen Gründen Schwierigkeiten bereiten würde oder eine Verzögerung dem Antragsteller einen nicht oder nur schwer zu ersetzenden Schaden bringen würde. 88

Die Regelung des § 16 Nr. 4 GNotKG erstreckt sich sowohl auf Gebühren als auch auf Auslagen, da anders als in § 15 FamGKG nicht auf die bloße Regelung für die Abhängigmachung von der Gebührenzahlung verwiesen wird. 89

37 KG JurBüro 2007, 95.
38 Korintenberg/*Hellstab*, GNotKG, § 27 Rn 17.
39 Korintenberg/*Hellstab*, GNotKG, § 27 Rn 17.
40 OLG Düsseldorf JurBüro 2010, 602.

b) Glaubhaftmachung

90 Die vorgetragenen Tatsachen sind glaubhaft zu machen. Es gilt § 294 ZPO, so dass insbesondere die Urkundenvorlage oder Zeugenaussage in Betracht kommt. In den Fällen des § 16 Nr. 4 Buchst. b GNotKG genügt zur Glaubhaftmachung die Erklärung des bevollmächtigten Rechtsanwalts.

c) Zahlungsunfähigkeit

91 Soweit es wegen § 16 Nr. 4 GNotKG auf die Zahlungsunfähigkeit ankommt, darf sie nur vorübergehend sein; auf eine dauernde Zahlungsunfähigkeit ist die Regelung nicht anzuwenden.[41]

d) Mutwilligkeit

92 Eine Befreiung nach § 16 Nr. 4 GNotKG kann nur erfolgen, wenn die beabsichtigte Rechtsverfolgung Aussicht auf Erfolg besitzt und nicht mutwillig erfolgt. Es bietet sich eine Anlehnung an die zu § 114 ZPO ergangene Literatur und Rechtsprechung an. Von einer Mutwilligkeit ist daher insbesondere dann auszugehen, wenn ein verständiger und nicht hilfsbedürftiger Beteiligter seine Rechte nicht in gleicher Weise verfolgen würde[42] oder unlautere Motive maßgebend sind.[43]

e) Entscheidung des Gerichts

93 Die Befreiung nach § 16 Nr. 4 GNotKG tritt nicht kraft Gesetzes ein, sondern es bedarf regelmäßig eines Antrags. Über den Antrag entscheidet das Gericht durch Beschluss,[44] nicht aber der Kostenbeamte. Rechtliches Gehör (Art. 103 Abs. 1 GG) braucht dem Gegner nicht gewährt zu werden.[45]

f) Rechtsbehelfe

94 Wurde der Antrag zurückgewiesen, findet die Beschwerde nach § 82 Abs. 1 GNotKG statt.

6. Befreiung aus sonstigen Gründen

95 Eine Abhängigmachung von der Kostenzahlung darf nach § 16 Nr. 5 GNotKG auch dann nicht angeordnet werden, wenn dies aus einem anderen als in § 16 Nr. 1–4 GNotKG genannten Grund nicht angebracht erscheint.

96 Im Hinblick auf die dort genannten Verfahren zur Berichtigung des Grundbuchs oder der Eintragung eines Widerspruchs ist die Abhängigmachung ohnehin schon nach § 13 S. 2 GNotKG eingeschränkt. In Registersachen soll von der Abhängigmachung abgesehen werden, wenn die Anmeldung vom Gericht erzwungen werden kann, denn der Glaube an die Richtigkeit der Register hat Vorrang gegenüber dem Beitreibungsinteresse der Staatskasse.[46]

97 § 16 Nr. 5 GNotKG greift auch ein, wenn die Abhängigmachung die Rechte anderer Beteiligter beeinträchtigen würde.

---

41 OLG München FamRZ 2003, 240.
42 Zöller/*Geimer*, § 114 ZPO Rn 31.
43 *Meyer*, § 14 GKG Rn 11.
44 *Meyer*, § 14 GKG Rn 13; aA Binz/Dörndorfer/*Zimmermann*, § 14 GKG Rn 8, der die bloße, mit einem Hinweis auf die Befreiungsvorschrift versehene Zustellungsverfügung des Gerichts ausreichen lässt.
45 Binz/Dörndorfer/*Zimmermann*, § 14 GKG Rn 8.
46 Korintenberg/*Hey'l*, GNotKG, § 16 Rn 9.

§ 6 Kostenhaftung

I. Allgemeines

1. Haftung gegenüber der Staatskasse

Hinsichtlich der Kostenhaftung ist zwischen dem Verhältnis von Staatskasse und Kostenschuldner einerseits und den zwischen den Beteiligten untereinander bestehenden Ansprüchen andererseits zu unterscheiden. Die Haftung gegenüber der Staatskasse wird ausschließlich durch die §§ 22 ff GNotKG bestimmt, die regeln, wer als Kostenschuldner für die Gerichtskosten (Gebühren und Auslagen) in Anspruch genommen werden kann. 1

2. Verfahrensrechtliche Kostenerstattungsansprüche

Die Regelungen der §§ 22 ff GNotKG lassen jedoch verfahrensrechtliche Kostenerstattungsansprüche unberührt, die nur in dem Verfahren geltend gemacht werden können, in dem sie erwachsen.[1] Dabei handelt es sich um einen privatrechtlichen Anspruch, der mit dem Erlass der Kostengrundentscheidung fällig wird.[2] Der Umfang der Kostenpflicht ergibt sich aus § 80 FamFG. Danach hat derjenige, dem das Gericht die Kosten des Verfahrens auferlegt hat, auch die zur Durchführung des Verfahrens notwendigen Aufwendungen der Beteiligten zu tragen. Diese Kostentragungspflicht umfasst neben der Erstattung der aufgewendeten Gerichtskosten auch die notwendigen außergerichtlichen Kosten (Beteiligten- und Rechtsanwaltskosten). Die §§ 80 ff FamFG regeln jedoch nur das Verhältnis zwischen den Beteiligten untereinander, während das Verhältnis von Kostenschuldner und Staatskasse allein durch die §§ 22 ff GNotKG bestimmt wird. Neben §§ 80 ff FamFG sind weitere Sonderregelungen zu beachten (s. § 1 Rn 12). Die Ermittlung und Feststellung von Personen, die nur dem Kostenschuldner gegenüber zur Erstattung der Kosten verpflichtet sind, ist nicht Sache des Kostenbeamten (§ 7 Abs. 3 KostVfg). 2

II. Feststellung des Kostenschuldners

Die Feststellung des Kostenschuldners erfolgt als Teil des Kostenansatzes durch den Kostenbeamten (§ 4 Abs. 1 KostVfg). Dieser hat auch den Umfang der Haftung und, wenn mehrere Kostenschuldner vorhanden sind, die Reihenfolge ihrer Inanspruchnahme festzustellen (§ 7 Abs. 1, 2 KostVfg). 3

Sämtliche Kostenschuldner sind unter Angabe von Name, Anschrift und ggf. Geschäftszeichen in der Urschrift der Kostenrechnung zu bezeichnen (§ 24 Abs. 1 KostVfg). Die Haftung als Gesamtschuldner ist in der Kostenrechnung besonders anzugeben (§ 24 Abs. 2 KostVfg). 4

Tritt ein weiterer Kostenschuldner hinzu, hat der Kostenbeamte zu prüfen, ob die angesetzten Kosten bereits gezahlt sind (§ 30 Abs. 1 KostVfg). Ist eine Zahlung noch nicht erfolgt, muss die Kostenrechnung berichtigt werden. Gleiches gilt, wenn die Haftung eines Gesamtschuldners nachträglich ganz oder teilweise erlischt (§ 30 Abs. 2 KostVfg). 5

---

1 Zöller/*Herget*, Vor § 91 ZPO Rn 10 mwN.
2 *von König*, Zivilprozess- und Kostenrecht, 2008, Rn 595.

III. Antragshaftung

1. Allgemeines

6 In Verfahren, die nur auf Antrag eingeleitet werden, haftet derjenige als Antragsschuldner für die Gerichtskosten, der das Verfahren beantragt hat (§ 22 Abs. 1 GNotKG). Dabei ist auf den jeweiligen Rechtszug abzustellen (s. Rn 40 ff).

7 Sind mehrere Antragsteller vorhanden, haften sie der Staatskasse gegenüber als Gesamtschuldner (§ 32 Abs. 1 GNotKG). Ob sie nach Kopfteilen in Anspruch genommen oder der gesamte Betrag von einem von ihnen gefordert wird, entscheidet der Kostenbeamte nach pflichtgemäßem Ermessen (§ 8 Abs. 4 S. 1 KostVfg). Dabei sind die in § 8 Abs. 4 S. 2 KostVfg genannten Kriterien zu beachten, zB wer die Kostenpflicht endgültig trägt, der Verwaltungsaufwand oder ob die Kostenschuldner in einem Haushalt leben.

8 Die Antraghaftung entfällt nicht, wenn weitere Kostenschuldner hinzutreten. Es besteht vielmehr eine gesamtschuldnerische Haftung (§ 32 Abs. 1 GNotKG). Auswirkungen können sich aber wegen § 33 Abs. 1 GNotKG und § 8 Abs. 1 KostVfg im Hinblick auf die Reihenfolge der Inanspruchnahme ergeben, weil danach der Antragsschuldner im Verhältnis zum Entscheidungs- oder Übernahmeschuldner zum Zweitschuldner wird (s. Rn 91 ff).

2. Geltungsbereich

9 § 22 Abs. 1 GNotKG findet nur Anwendung, wenn es sich um ein reines Antragsverfahren handelt. Eine Antragshaftung besteht daher nicht in Amtsverfahren und auch nicht, wenn das Verfahren alternativ sowohl von Amts wegen als auch auf Antrag hin in Gang gesetzt werden kann, da § 22 Abs. 1 GNotKG ausschließlich solche Verfahren erfasst, die „nur" auf Antrag eingeleitet werden.

3. Ausnahmen von der Antragshaftung

10 §§ 23–26 GNotKG schaffen für bestimmte Antragsverfahren Ausnahmevorschriften von der Antragshaftung, die der allgemeinen Regelung des § 22 Abs. 1 GNotKG vorgehen. Im Einzelnen sind betroffen:

a) Betreuungssachen, betreuungsgerichtliche Zuweisungssachen, Freiheitsentziehungssachen

11 In den von Nr. 11101–11105 KV erfassten Verfahren schuldet der Betroffene die Kosten, wenn es zur Anordnung der Betreuung oder Pflegschaft kommt (§ 23 Nr. 1 GNotKG), andernfalls verbleibt nur die Haftung nach § 27 Nr. 1, 2 GNotKG.[3]

12 Handelt es sich um eine Pflegschaft für gesammeltes Vermögen, ist Kostenschuldner der Pfleger, jedoch nur mit dem gesammelten Vermögen (§ 23 Nr. 2 GNotKG).

13 In Freiheitsentziehungssachen haften für die Gerichtskosten nur der Betroffene sowie im Rahmen ihrer gesetzlichen Unterhaltspflicht die zu seinem Unterhalt Verpflichteten, wenn die Kosten nicht der Verwaltungsbehörde auferlegt sind (§ 23 Nr. 15 GNotKG).

3 BT-Drucks. 17/11471 (neu), S. 161 zu § 23 GNotKG.

b) Nachlasssachen

§ 24 GNotKG bestimmt, dass für die Gerichtskosten in bestimmten Nachlasssachen nur die Erben haften. In den von § 24 GNotKG erfassten Verfahren haften deshalb nur die Erben, und zwar nach den §§ 1967 ff BGB über die Nachlassverbindlichkeiten. Andere Beteiligte haften für die Kosten in diesen Fällen nicht, jedoch kann das Gericht etwas anderes bestimmen, so dass dann der Entscheidungsschuldner (§ 27 Nr. 1 GNotKG) den Schuldner nach § 24 GNotKG verdrängt. 14

Erfasst sind im Einzelnen die Gerichtskosten in Verfahren 15
- über die Eröffnung einer Verfügung von Todes wegen;
- über die Nachlasssicherung;
- über eine Nachlasspflegschaft nach § 1961 BGB, wenn diese angeordnet wird;
- über die Errichtung eines Nachlassinventars;
- über eine Nachlassverwaltung, wenn diese angeordnet wird;
- über die Pflegschaft für einen Nacherben;
- über die Ernennung oder Entlassung eines Testamentsvollstreckers;
- über die Entgegennahme von Erklärungen über die Bestimmung der Person des Testamentsvollstreckers sowie über die Annahme, Ablehnung oder Kündigung des Amtes als Testamentsvollstrecker; sowie
- zur Ermittlung der Erben.

Siehe hierzu ausführlich § 14 Rn 394 ff.

Die Gebühr der Nr. 12410 KV für die Entgegennahme von Forderungsanmeldungen im Falle des § 2061 BGB schuldet nur der Miterbe, der die Aufforderung erlassen hat (§ 23 Nr. 3 GNotKG). 16

Gemäß § 23 Nr. 4 GNotKG haftet für die Gerichtsgebühr, die für die Entgegennahme bestimmter Erklärungen entsteht, nur derjenige, der die Erklärung, die Anzeige oder das Nachlassinventar abgegeben hat. Hiervon sind erfasst: 17
- die Erklärung über die Anfechtung eines Testaments oder Erbvertrages (Buchst. a);
- die Anzeige des Vorerben oder des Nacherben über den Eintritt der Nacherbfolge (Buchst. b);
- die Anzeige des Verkäufers oder Käufers einer Erbschaft über den Verkauf, auch in den Fällen des § 2385 BGB (Buchst. c);
- eines Nachlassinventars oder einer Erklärung nach § 2004 BGB (Buchst. d);
- der Erklärung eines Hoferben über die Wahl des Hofes gem. § 9 Abs. 2 S. 1 HöfeO (Buchst. e).

Ist in Teilungssachen eine öffentliche Zustellung auszuführen, schulden die Anteilsberechtigten die Auslagen (§ 26 Abs. 5 GNotKG) als Gesamtschuldner (§ 32 Abs. 1 GNotKG). 18

c) Registersachen

aa) Eintragungen auf Antrag

Erfolgt die Eintragung auf Antrag, haftet der Antragsteller nach § 22 Abs. 1 GNotKG. Ist die Eintragung von Amts wegen durchzuführen oder das Verfahren von Amts wegen einzuleiten, schuldet die Gerichtskosten die Gesellschaft oder der Kaufmann, die Genossenschaft, die Partnerschaft oder der Verein (§ 23 Nr. 7 GNotKG). 19

bb) Entgegennahme, Prüfung und Aufbewahrung von Unterlagen

20 Die Gebühren, die für die Entgegennahme, Prüfung und Aufbewahrung der zum Handels- oder Genossenschaftsregister einzureichenden Unterlagen entstehen, schuldet nur das Unternehmen, für das die Unterlagen eingereicht werden (§ 23 Nr. 8 GNotKG). Daneben besteht keine Kostenhaftung für diejenige Person, die als gesetzlicher Vertreter eines solchen Unternehmens die Unterlagen einreicht. Die Regelung erfasst im Einzelnen die Gebühren der Nr. 5000–5007 GV-HRegGebV.[4]

cc) Verhandlung über eine Dispache

21 In Verfahren zum Zweck der Verhandlung über eine Dispache (§§ 405, 406 FamFG) schulden die Gerichtskosten die Verfahrensbeteiligten, wenn das Verfahren mit der Bestätigung der Dispache endet (§ 23 Nr. 9 GNotKG). Mehrere Beteiligte haften gem. § 32 Abs. 1 GNotKG als Gesamtschuldner; für ihre Inanspruchnahme gilt § 8 Abs. 4 KostVfg. Für die Verfahren nach §§ 403, 404 FamFG gilt die Regelung des § 23 Nr. 9 GNotKG nicht,[5] sondern es gelten die §§ 22, 27 GNotKG.

dd) Zusammensetzung des Aufsichtsrats

22 Handelt es sich um Verfahren über die gerichtliche Entscheidung über die Zusammensetzung des Aufsichtsrats (§§ 98, 99 AktG), haftet die Gesellschaft für die Gerichtskosten (§ 23 Nr. 10 GNotKG). Das gilt jedoch nicht, soweit das Gericht die Kosten dem Antragsteller auferlegt hat. Die Regelung des § 23 Nr. 10 GNotKG beschränkt sich nicht auf Aktiengesellschaften, sondern erfasst alle Verfahren, die sich nach §§ 98, 99 AktG richten.[6]

ee) Verfahren nach dem SpruchG

23 In Verfahren nach dem SpruchG haftet für die Gerichtskosten stets der Antragsgegner (§ 23 Nr. 14 GNotKG). Hat das Gericht die Kosten dem Antragsteller auferlegt, tritt dieser als Entscheidungsschuldner hinzu. Die Haftung des Antragsgegners nach § 23 Nr. 14 GNotKG bleibt davon unberührt, was aus dem Wortlaut „auch diese“ folgt. Für noch offene Gerichtskosten ist jedoch zuerst der Antragsteller als Entscheidungs- und Erstschuldner in Anspruch zu nehmen (§ 33 Abs. 1 GNotKG).

d) Grundbuchsachen

24 Für die Kosten haftet der Antragsteller (§ 22 Abs. 1 GNotKG), daneben haften Entscheidungs- und Übernahmeschuldner (§ 27 Nr. 1, 2 GNotKG).

25 Erfolgt die Eintragung eines Eigentümers von Amts wegen im Wege der Grundbuchberichtigung (§ 82 a GBO), haftet für die Kosten, einschließlich der Gebühr nach Nr. 14111 KV, der Eigentümer (§ 23 Nr. 11 GNotKG).

26 Für Eintragungen und Löschungen, die gem. § 18 Abs. 2, § 53 GBO von Amts wegen erfolgen, gilt die Regelung nicht und ist auch nicht analog anwendbar. Gebühren entstehen in diesen Fällen nicht (Vorbem. 1.4 Abs. 2 Nr. 1 KV), jedoch können Auslagen entstehen. Hierfür haftet nur derjenige, den das Gericht als Kostenschuldner bestimmt; fehlt eine solche Entscheidung, ist ein Kostenschuldner nicht vorhanden.

---

4 HK-GNotKG/*Friedrich*, § 23 Rn 23.
5 HK-GNotKG/*Friedrich*, § 23 Rn 25.
6 BT-Drucks. 17/11471 (neu), S. 161 zu § 23 Nr. 10 GNotKG.

Für die Eintragung des Erstehers als Eigentümer haftet nur dieser (§ 23 Nr. 12 GNotKG). Ist eine Sicherungshypothek für Forderungen gegen den Ersteher einzutragen, haften für die Kosten der Gläubiger und der Ersteher (§ 23 Nr. 13 GNotKG) als Gesamtschuldner (§ 32 Abs. 1 GNotKG). 27

e) Einstweilige Anordnung

Der Erlass einer einstweiligen Anordnung erfolgt nur auf Antrag, wenn auch das Hauptsacheverfahren nur auf Antrag einzuleiten ist (§ 51 Abs. 1 S. 1 FamFG). Handelt es sich um reine Antragsverfahren, besteht Antragshaftung (§ 22 Abs. 1 GNotKG), jedoch sind auch hier die Ausnahmeregelungen der §§ 23 ff GNotKG zu beachten. 28

f) Rechtsmittelverfahren

§§ 23, 24 GNotKG gelten nicht in Rechtsmittelverfahren (§ 25 Abs. 3 GNotKG), so dass auch in den von diesen Regelungen erfassten Verfahren zunächst der Rechtsmittelführer als Antragsschuldner (§ 22 Abs. 1 GNotKG) haftet. Die Antragshaftung erlischt jedoch, wenn das Rechtsmittel ganz oder teilweise mit Erfolg eingelegt worden ist und das Gericht keine Kostenentscheidung getroffen hat oder die Kosten nicht von einem anderen Beteiligten übernommen worden sind (§ 25 Abs. 1 GNotKG). 29

Richtet sich eine Beschwerde, Rechtsbeschwerde oder eine Anhörungsrüge gegen eine Entscheidung des Betreuungsgerichts und ist sie von dem Betreuten, dem Pflegling oder im Interesse dieser Personen eingelegt, haftet für die Gerichtskosten nur derjenige, dem das Gericht die Kosten auferlegt hat (§ 25 Abs. 2 GNotKG). 30

g) Bestimmte Auslagen

Für bestimmte Auslagen schafft § 26 GNotKG besondere Haftungsregelungen. 31

aa) Dokumentenpauschale

Für die Dokumentenpauschale (Nr. 31000 KV) haftet der allgemeine Kostenschuldner. Jedoch tritt derjenige als Schuldner hinzu, der die Erteilung der Ausfertigungen, Kopien oder Ausdrucke beantragt hat (§ 26 Abs. 1 S. 1 GNotKG: „ferner“). 32

Für eine schuldhafte Dokumentenpauschale, die entsteht, weil es ein Beteiligter unterlassen hat, die erforderliche Zahl von Mehrfertigungen beizufügen, schuldet nur dieser Beteiligte die Dokumentenpauschale (§ 26 Abs. 1 S. 2 GNotKG). Da in Verfahren der freiwilligen Gerichtsbarkeit keine Verpflichtung besteht, Schriftstücke in Mehrfertigungen bei Gericht einzureichen, kommt dieser Regelung nur in Kostenfestsetzungsverfahren eine Bedeutung zu (§ 103 Abs. 2 S. 2 ZPO iVm § 85 FamFG).

bb) Aktenversendung

Die Kosten für die Aktenversendung (Nr. 31003 KV) schuldet nur, wer die Versendung der Akte beantragt hat (§ 26 Abs. 2 GNotKG). In Verfahren der freiwilligen Gerichtsbarkeit ist Schuldner der Pauschale nur der Beteiligte selbst, nicht ein eventueller Verfahrensbevollmächtigter, auch wenn dieser die Akten für seinen Mandanten anfordert.[7] 33

7 OLG Düsseldorf JurBüro 2008, 472; LG Bayreuth JurBüro 1997, 433; HK-GNotKG/*Friedrich*, § 26 Rn 14, da der Antrag des Verfahrensbevollmächtigten regelmäßig als im Namen des Vertretenen gestellt anzusehen ist.

cc) VKH-Prüfungsverfahren

34 Das Verfahren auf Bewilligung von VKH (§ 118 ZPO iVm § 76 Abs. 1 FamFG) ist gerichtsgebührenfrei, jedoch können Auslagen (Nr. 31000 ff KV) entstehen. Für die Auslagen haftet nach § 26 Abs. 4 GNotKG nur der Antragsteller, wenn der Antrag zurückgenommen oder vom Gericht abgelehnt (Nr. 1) oder in den Verfahren auf Bewilligung grenzüberschreitender PKH die Übermittlung des Antrags von der Übermittlungsstelle oder das Ersuchen um PKH von der Empfangsstelle abgelehnt (Nr. 2) wird.

4. Antrag

35 Als Antrag iSd § 22 Abs. 1 GNotKG ist jede Verfahrenshandlung zu verstehen, die das Verfahren in Gang setzt.[8] Hierzu gehören insbesondere verfahrenseinleitende Antrags- (§ 23 FamFG) oder Rechtsmittelschriften. Unerheblich ist, ob der Antrag schriftlich gestellt oder zu Protokoll der Geschäftsstelle erklärt wird. Auf eine zulässige oder ordnungsgemäße Antragstellung kommt es nicht an.[9] Allerdings löst ein ohne Unterschrift eingereichter Antrag die Gebühren nicht aus. Die zu Nr. 1210 KV-GKG ergangene Rechtsprechung[10] ist entsprechend anwendbar, da §§ 253, 130 ZPO wie auch § 23 FamFG hinsichtlich der Unterschrift von „soll" sprechen.

5. Haftende Personen

a) Antragsteller

36 Antragsteller iSd § 22 Abs. 1 GNotKG ist derjenige Beteiligte, der das Verfahren durch seinen Antrag einleitet. Sind weitere Personen nach den Vorschriften des FamFG an dem Verfahren zu beteiligen (zB §§ 7 Abs. 2, 274, 315, 345, 412, 418 FamFG), sind sie Antragsschuldner, soweit sie beteiligt werden und eigene Anträge stellen, welche Kosten auslösen. Ist die Beteiligung von Amts wegen erfolgt, besteht keine Antragshaftung.

b) Beteiligte kraft Amtes

37 Beteiligte kraft Amtes (zB Insolvenzverwalter oder Testamentsvollstrecker) können Antragsschuldner sein. Sie haften jedoch nicht persönlich, sondern nur mit dem verwalteten Vermögen.[11]

c) Vertreter

38 Ein gesetzlicher Vertreter haftet nicht als Antragsschuldner, wenn der Antrag für den von ihm Vertretenen gestellt wird. Hierzu gehören Eltern, Vormünder, Pfleger oder Betreuer.

39 Handelt es sich um einen gewillkürten Vertreter, so wirken seine Handlungen gegen den Vertretenen. Antragsschuldner ist deshalb nicht der Vertreter, sondern der vertretene Beteiligte selbst. Da die einem Anwalt erteilte Vollmacht nicht mit Beendigung der ersten Instanz erlischt,[12] wird der Vertretene auch Antragsschuldner für ein gegen

---

8 *Meyer*, § 22 GKG Rn 2.

9 Korintenberg/*Hellstab*, GNotKG, § 22 Rn 6; *Oestreich/Hellstab/Trenkle*, § 22 GKG Rn 2; *Meyer*, § 22 GKG Rn 3.

10 OLG Stuttgart MDR 2011, 635.

11 HK-GNotKG/*Friedrich*, § 22 Rn 7; Korintenberg/*Hellstab*, GNotKG, § 22 Rn 8.

12 Zöller/*Vollkommer*, § 81 ZPO Rn 2.

seinen Willen eingelegtes Rechtsmittel, wenn er dieses wegen Kenntnis vom rechtshängigen Verfahren hätte verhindern können.[13]

6. Rechtszug

a) Begriff

Die Antragshaftung ist für jeden Rechtszug gesondert zu bestimmen. § 22 Abs. 1 GNotKG stellt jedoch nicht auf den verfahrensrechtlichen, sondern auf den kostenrechtlichen Rechtszugsbegriff iSd § 55 Abs. 1 GNotKG ab. Als eigenständiger Rechtszug ist daher jeder Verfahrensabschnitt zu verstehen, der besondere Kosten verursacht.[14] 40

Handelt es sich um Eintragungen in das Grundbuch, Vereinsregister, Güterrechtsregister, Schiffs- und Schiffsbauregister oder in das Register für Pfandrechte an Luftfahrzeugen, ist auf die einzelne Eintragung abzustellen (§ 55 Abs. 2 GNotKG). 41

Als eigenständiger Rechtszug iSd § 55 Abs. 1 GNotKG gelten daher insbesondere: 42

- Rechtsmittel- und Rechtsbehelfsverfahren,
- das Verfahren über die VKH-Bewilligung nach § 118 ZPO und das Hauptverfahren,
- jedes einstweilige Anordnungsverfahren im Verhältnis zum Hauptsacheverfahren,
- jedes Verfahren auf Erlass oder Abänderung einer einstweiligen Anordnung,
- Vergütungsfestsetzungsverfahren (§ 11 RVG),
- die Durchführung von Vollstreckungshandlungen.

Die Trennung oder Verbindung von Verfahren lässt die ursprünglich bestehende Antragshaftung unberührt. 43

b) Gegenseitige Rechtsmittel

Bei der Einlegung von gegenseitigen Rechtsmitteln haftet jeder Rechtsmittelführer für die durch seine Anträge ausgelösten Kosten als Antragsschuldner. Soweit die Rechtsmittel denselben Gegenstand betreffen, besteht gesamtschuldnerische Haftung. 44

c) Abänderungsverfahren

Verfahren über die Abänderung oder Aufhebung einer Entscheidung gelten gem. § 57 Abs. 2 GNotKG als besonderer Rechtszug. Das gilt nicht, wenn im Kostenverzeichnis etwas anderes bestimmt ist, wie etwa in Vorbem. 1.6 KV für die Verfahren über den Erlass einer einstweiligen Anordnung und über deren Aufhebung oder Änderung. 45

d) Zurückverweisung

Im Falle der Zurückverweisung an das Gericht eines unteren Rechtszugs bilden das weitere und das frühere Verfahren einen einheitlichen Rechtszug (§ 57 Abs. 1 GNotKG), so dass die Antragshaftung des Antragstellers des ursprünglichen Verfahrens auch die Kosten nach der Zurückverweisung erfasst. 46

7. Umfang der Antragshaftung

Der Antragsteller haftet für sämtliche Gerichtskosten, die in dem Rechtszug entstehen. Die Haftung umfasst sämtliche Gebühren und Auslagen, auch wenn die Kosten 47

13 BGH MDR 1997, 198.
14 Zöller/*Geimer*, § 119 ZPO Rn 1.

in kontradiktorischen Verfahren für vom Gegner durchgeführte Verteidigungsmaßnahmen entstehen,[15] ohne dass es auf die Beweislast ankommt.[16] Auch die vom Gericht veranlassten Maßnahmen (§ 26 FamFG) werden von der Antragshaftung umfasst.[17]

48 Die Antragshaftung des § 22 Abs. 1 GNotKG umfasst aber nicht folgende Kosten:
- Dokumentenpauschale, wenn sie nur deshalb entstanden ist, weil es der Antragsgegner unterlassen hat, die erforderliche Anzahl von Abschriften bei Gericht einzureichen (§ 26 Abs. 1 S. 2 GNotKG, Nr. 31000 KV);
- Pauschale für die Aktenversendung (§ 26 Abs. 2 GNotKG, Nr. 31003 KV).

49 Eine Haftung nach § 22 Abs. 1 GNotKG besteht zudem nicht für die nach § 59 RVG auf die Staatskasse übergegangenen Ansprüche,[18] denn diese behalten trotz des Übergangs ihren Charakter als außergerichtliche Kosten.[19]

50 Der Antragsschuldner haftet jedoch für die an mittellose Beteiligte gezahlten Beträge, die nach Nr. 31008 Nr. 2 KV einzuziehen sind.[20] § 33 Abs. 2 S. 2 GNotKG ist zu beachten.

51 Auch für die wegen der Säumnis oder Weigerung eines Zeugen oder Sachverständigen entstandenen Gerichtskosten (vgl. §§ 380, 390, 409 ZPO iVm § 30 Abs. 1 FamFG) haftet der Antragsteller als Antragsschuldner.[21]

8. Kosten- und Gebührenfreiheit

52 Genießt der Antragsteller Kostenfreiheit, besteht eine Antragshaftung nicht. Liegt nur Gebührenfreiheit vor, erstreckt sich die Haftung nach § 22 Abs. 1 GNotKG nur auf die Auslagen. Sind mehrere Antragsschuldner vorhanden, von denen nur einer befreit ist, verringert sich die Antragshaftung der übrigen Antragsteller um den auf den befreiten Beteiligten entfallenden Kostenanteil.

53 Besteht eine Kosten- oder Gebührenfreiheit nur für den Antragsgegner, bleibt dies für die Antragshaftung des Antragstellers ohne Einfluss. Soweit dem befreiten Gegner aber die Kosten auferlegt werden oder er diese übernimmt, wird auch der nichtbefreite Antragsteller von seiner Antragshaftung befreit. Bereits gezahlt Kosten sind zurückzuzahlen (§ 2 Abs. 3 GNotKG); auch eine Inanspruchnahme als Zweitschuldner scheidet aus.[22] In Grundbuch- und Registersachen ist § 2 Abs. 5 GNotKG zu beachten (s. § 7 Rn 32 ff).

IV. Weitere Kostenschuldner

1. Allgemeines

54 Aus § 27 GNotKG ergeben sich weitere Fälle der Kostenhaftung. Im Einzelnen haften für die Gerichtskosten auch
- der Entscheidungsschuldner (§ 27 Nr. 1 GNotKG),
- der Übernahmeschuldner (§ 27 Nr. 2 GNotKG),

15 *Oestreich/Hellstab/Trenkle*, § 22 GKG Rn 10; *Meyer*, § 22 GKG Rn 16.
16 *Meyer*, § 22 GKG Rn 16.
17 Bormann/Diehn/Sommerfeldt/*Sommerfeldt*, GNotKG, § 22 Rn 12.
18 OLG Oldenburg JurBüro 1987, 1834.
19 OLG Bremen JurBüro 1990, 749.
20 OLG München JurBüro 1972, 804.
21 *Oestreich/Hellstab/Trenkle*, § 22 GKG Rn 11.
22 OLG Brandenburg OLG-NL 2002, 69.

- derjenige, der kraft Gesetzes für die Kostenschuld eines anderen haftet (§ 27 Nr. 3 GNotKG),
- der Vollstreckungsschuldner (§ 27 Nr. 4 GNotKG).

Eine solche Haftung lässt eine aufgrund anderer Vorschriften bestehende Haftung unberührt, da ein Kostenschuldner nach § 27 GNotKG lediglich zu anderen Kostenschuldnern hinzutritt. Ein Beteiligter kann daher auch aufgrund verschiedener Vorschriften für dieselben Kosten haften. 55

Kostenschuldner nach § 27 Nr. 1 und 2 GNotKG sind als Erstschuldner vorrangig in Anspruch zu nehmen (§ 33 Abs. 1 S. 1 GNotKG) (s. dazu Rn 91 ff). 56

2. Entscheidungsschuldner

a) Allgemeines

Nach § 27 Nr. 1 GNotKG haftet derjenige für die Kosten, dem sie durch gerichtliche Entscheidung auferlegt worden sind. Die Entscheidung über die Kosten hat in der Endentscheidung zu ergehen (§ 82 FamFG). Mit den Kosten kann der Beteiligte ganz oder teilweise belastet werden, die Kostenbelastung kann sich auch auf einzelne Verfahrensabschnitte beschränken. Bei einer Verteilung der Kosten nach Quoten beschränkt sich die Haftung auf die anteiligen Kosten. 57

Das Gericht kann die Kosten auch einem Dritten auferlegen (§ 81 Abs. 4 FamFG), der dann gleichfalls nach § 27 Nr. 1 GNotKG in Anspruch zu nehmen ist. Dabei können auch Behörden Kosten auferlegt werden, so dass auch sie Kostenschuldner nach § 27 Nr. 1 GNotKG werden können, jedoch sind bundes- oder landesrechtliche Vorschriften über die Kostenbefreiung zu beachten (§ 2 Abs. 1, 2 GNotKG). 58

Einem Verfahrenspfleger sind keine Kosten aufzuerlegen (§§ 276 Abs. 7, 317 Abs. 7, 419 Abs. 5 S. 2 FamFG). Etwas anderes gilt aber dann, wenn der Verfahrenspfleger Rechtsmittel nur im eigenen Interesse einlegt, zB wegen seiner Vergütung. 59

b) Wirksamkeit und Rechtskraft der Kostenentscheidung

Die Kostenentscheidung muss wirksam geworden sein (§§ 40, 287, 324, 352 e, 409, 422, 439 FamFG), so dass es auf die Rechtskraft der Kostenentscheidung nicht ankommt, wenn sie nicht Wirksamkeitsvoraussetzung nach dem FamFG ist.[23] Ist dem Gegner jedoch VKH bewilligt, muss die Rechtskraft abgewartet werden (§ 125 ZPO iVm § 76 Abs. 1 FamFG). 60

Eine Unterbrechung des Verfahrens bleibt auf die Inanspruchnahme des Entscheidungsschuldners ohne Einfluss.[24] 61

c) Umfang der Haftung

Die Haftung nach § 27 Nr. 1 GNotKG umfasst, soweit die Kostenentscheidung reicht, sämtliche Gerichtskosten. Erfasst sind grundsätzlich alle Gebühren und Auslagen des Verfahrens. Ausgenommen sind aber Auslagen nach Nr. 31000 KV (Dokumentenpauschale), wenn hierfür ausschließlich ein Beteiligter nach § 26 Abs. 1 S. 2 GNotKG haftet, sowie Auslagen nach Nr. 31003 KV (Aktenversendungspauschale), da hier nach § 26 Abs. 2 GNotKG eine besondere Haftungsregelung gilt. 62

---

23 Die in der Vorauflage (1. Aufl. 2013, a.a.O.) vertretene Auffassung wird aufgegeben; so auch: HK-GNotKG/*Friedrich*, § 27 Rn 7; Korintenberg/*Hellstab*, GNotKG, § 27 Rn 8.

24 OLG Koblenz Rpfleger 1987, 338; OLG Stuttgart MDR 1991, 1097.

d) Erlöschen der Haftung

aa) Allgemeines

63 Die auf § 27 Nr. 1 GNotKG beruhende Kostenhaftung erlischt, soweit die Kostenentscheidung durch eine andere gerichtliche Entscheidung aufgehoben oder abgeändert wird (§ 28 S. 1 GNotKG). Erfasst ist nur die Entscheidungshaftung, eine aufgrund anderer Vorschriften bestehende Haftung (zB §§ 14, 17, 22 GNotKG) bleibt unberührt. Der unrichtig gewordene Kostenansatz ist von Amts wegen zu berichtigen (§ 28 Abs. 1 KostVfg). Der Kostenbeamte hat die Rückzahlung der Kosten bzw. die Löschung des Kostensolls zu veranlassen (§ 29 Abs. 3 S. 1 KostVfg).

64 **Beispiel:** In einer Nachlasssache A ./. B wegen der Kraftloserklärung eines Erbscheins legt das Nachlassgericht dem B die Kosten auf.
B haftet folglich als Entscheidungsschuldner (§ 27 Nr. 1 GNotKG).
In der Beschwerdeinstanz wird die erstinstanzliche Endentscheidung aufgehoben. Die Kosten des Verfahrens hat A zu tragen.
Die Entscheidungshaftung des B für die erste Instanz ist erloschen (§ 28 S. 1 GNotKG). Soweit er aufgrund dieser Haftung für erstinstanzliche Kosten in Anspruch genommen wurde, ist der Kostenansatz zu berichtigen (§ 28 Abs. 1 KostVfg). Geleistete Kosten sind zurückzuzahlen, da für B eine Haftung nur aufgrund der aufgehobenen Entscheidung bestand (§ 28 S. 2 GNotKG, § 29 Abs. 3 KostVfg).

bb) Rückzahlung

65 Soweit die Inanspruchnahme ausschließlich auf § 27 Nr. 1 GNotKG beruht, ist die Staatskasse zur Rückzahlung der gezahlten Kosten verpflichtet, wenn die Haftung nach § 28 S. 1 GNotKG erlischt. Haftet der Entscheidungsschuldner aber auch aufgrund anderer Vorschriften (zB §§ 14, 22 GNotKG), ist insoweit keine Rückzahlung anzuordnen.

cc) Antragsrücknahme

66 Wird der Antrag zurückgenommen, wird eine bereits ergangene, aber noch nicht rechtskräftig gewordene Endentscheidung wirkungslos (§ 22 Abs. 2 S. 1 FamFG). Die Wirkung tritt kraft Gesetzes ein, jedoch kann sie das Gericht auf Antrag in einem Beschluss aussprechen. Die Entscheidungshaftung erlischt allerdings bereits mit Wirksamwerden der Antragsrücknahme, ohne dass es eines solchen Beschlusses bedarf.[25]

dd) Vergleich

67 Ein abgeschlossener Vergleich hingegen berührt die Kostenhaftung gegenüber der Staatskasse nicht. Er kann daher die einmal nach § 27 Nr. 1 GNotKG entstandene Haftung nicht beseitigen.[26] Das gilt unabhängig davon, ob es sich um einen außergerichtlichen oder einen gerichtlichen Vergleich, einschließlich der nach § 278 Abs. 6 ZPO iVm § 36 Abs. 3 FamFG zustande gekommenen Vergleiche, handelt. Auch ein in höherer Instanz geschlossener Vergleich beseitigt gleichfalls nicht die Entscheidungshaftung für einen unteren Rechtszug.[27]

68 Nach § 28 S. 1 GNotKG beseitigt ein geschlossener Vergleich nicht eine bestehende Entscheidungshaftung, weil diese nur erlischt, soweit die Entscheidung durch eine an-

25 OLG Düsseldorf Rpfleger 1974, 234.
26 BGH NJW-RR 2001, 285; OLG Naumburg JurBüro 2008, 325.
27 LG Osnabrück JurBüro 1993, 483.

dere gerichtliche Entscheidung aufgehoben oder abgeändert wird. § 28 GNotKG betrifft jedoch nur das Verhältnis des Kostenschuldners zur Staatskasse. Ein materieller Kostenerstattungsanspruch, der aufgrund einer in einem Vergleich getroffenen Vereinbarung über die Kosten besteht, bleibt unberührt, so dass im Kostenfestsetzungsverfahren (§§ 103 ff ZPO iVm § 85 FamFG) die in dem Vergleich getroffene Kostenregelung zugrunde zu legen ist.

ee) Verfahrenskostenhilfe und Kostenbefreiung

Ist wegen § 125 Abs. 1 ZPO iVm § 76 Abs. 1 FamFG für den Kosteneinzug der Eintritt der Rechtskraft der Kostenentscheidung abzuwarten, weil dem Gegner VKH bewilligt war, ist entgegen § 28 S. 1 GNotKG nur die in dem Vergleich getroffene Kostenregelung der Beteiligten maßgeblich.[28] Gleiches gilt, wenn der Entscheidungsschuldner eine Kosten- oder Gebührenfreiheit genießt.[29] 69

3. Übernahmeschuldner

a) Allgemeines

Für die Gerichtskosten haftet auch derjenige, der sie durch eine vor Gericht abgegebene oder in einer dem Gericht mitgeteilten Erklärung übernimmt (§ 27 Nr. 2 GNotKG). Durch die Übernahme wird die Haftung eines anderen Kostenschuldners nicht berührt. Der Übernahmeschuldner ist jedoch als Erstschuldner vorrangig in Anspruch zu nehmen (§ 33 Abs. 1 S. 1 GNotKG) (s. Rn 91 ff). Die Übernahmeerklärung kann sich auf sämtliche Kosten oder nur auf einen Teil der Kosten beziehen und ist auslegungsfähig.[30] 70

b) Wesen der Übernahmeerklärung

Die Übernahmeerklärung stellt eine Verfahrenshandlung dar, die nach dem Eingang bei Gericht nicht widerrufen oder wegen Irrtums oder Täuschung angefochten werden kann.[31] Eine ohne Wissen oder gegen den Willen des Übernehmers zum Gericht gelangte Erklärung begründet keine Haftung.[32] Ist die Übernahmeerklärung in einem gerichtlichen Vergleich erklärt, muss der Vergleich wirksam geworden sein. Wird der Vergleich nachträglich abgeändert, bleibt die einmal geschaffene Haftung gegenüber der Staatskasse unberührt. 71

c) Beteiligte und Dritte

Übernahmeschuldner können die Beteiligten, aber auch unbeteiligte Dritte sein.[33] Zur Kostenübernahme von Notaren s. § 5 Rn 87. Die dortigen Grundsätze gelten auch für Verfahrensbevollmächtigte. 72

d) Vergleich

Ist bei einem ohne Kostenregelung abgeschlossenen Vergleich nach § 83 Abs. 1 S. 1 FamFG davon auszugehen, dass die Beteiligten für die Gerichtskosten hälftig haften, 73

28 OLG Nürnberg NJW 1960, 636; OLG Braunschweig OLGR Braunschweig 2001, 46; OLG Brandenburg FamRZ 2011, 1323.
29 OLG Brandenburg NJ 2008, 317.
30 Korintenberg/*Hellstab*, GNotKG, § 27 Rn 15.
31 HK-GNotKG/*Friedrich*, § 27 Rn 27.
32 HK-GNotKG/*Friedrich*, § 27 Rn 18.
33 HK-GNotKG/*Friedrich*, § 27 Rn 13.

so sind sämtliche Beteiligte als Übernahmeschuldner nach § 27 Nr. 2 GNotKG anzusehen. Die Regelung greift aber nicht, wenn das Gericht nach Vergleichsabschluss noch eine Kostenentscheidung trifft.

4. Haftung für einen anderen kraft Gesetzes

a) Allgemeines

74 Besteht kraft Gesetzes eine Haftung für die Kostenschuld eines anderen, haftet der Verpflichtete auch der Staatskasse gegenüber (§ 27 Nr. 3 GNotKG). Die Haftung kann ihre Grundlage im bürgerlichen oder im öffentlichen Recht haben, muss aber aufgrund gesetzlicher Vorschriften bestehen.[34] Bei der Ermittlung der Kostenschuldner hat der Kostenbeamte eine nach § 27 Nr. 3 GNotKG bestehende Haftung zu berücksichtigen (§ 7 Abs. 1 KostVfg).

b) Umfang der Haftung

75 Die Haftung nach § 27 Nr. 3 GNotKG besteht nur in dem Umfang, wie auch der ursächliche Kostenschuldner haften würde. War dieser nach § 122 ZPO iVm § 76 Abs. 1 FamFG von der Kostenzahlung befreit, gilt das auch für den Kostenschuldner nach § 27 Nr. 3 GNotKG.[35]

c) Einzelfälle

aa) Eltern

76 Eltern haften nicht kraft Gesetzes für die Gerichtskosten ihrer Kinder. Auch eine im Innenverhältnis bestehende Verpflichtung im Rahmen der Unterhaltspflicht führt keine Haftung nach § 27 Nr. 3 GNotKG herbei. In Freiheitsentziehungssachen ist jedoch § 23 Nr. 15 GNotKG zu beachten.

bb) Erben

77 Der Erbe haftet nach § 1967 BGB für die Nachlassverbindlichkeiten, mehrere Erben haften als Gesamtschuldner (§ 2058 BGB). Die Beschränkung der Erbenhaftung kann nur nach den §§ 767, 769 und 770 ZPO geltend gemacht werden (§ 8 Abs. 2 JBeitrO).

78 Nimmt der Erbe das Verfahren auf, haftet er nicht für die bis dahin entstandenen Kosten, wenn und soweit diese von den Wirkungen des § 122 ZPO iVm § 76 Abs. 1 FamFG erfasst waren, weil dem Erblasser VKH bewilligt war. Für die nach dem Erbfall anfallenden Gerichtskosten besteht aber eine Haftung des Erben nach § 22 Abs. 1 GNotKG, wenn der Erbe das Verfahren fortsetzt. Der Erbe haftet in diesen Fällen nicht nur für die nach der Aufnahme des Verfahrens entstandenen Auslagen, sondern auch für die gerichtliche Verfahrensgebühr, da diese für jede Verfahrenshandlung erneut entsteht.

79 War dem Erblasser VKH ohne Zahlungsbestimmungen bewilligt, können die bis zu dessen Tod entstandenen Gerichtskosten nicht von dem Erben eingezogen werden.[36] Ist die Zahlung von Raten oder einmaligen Beträgen angeordnet gewesen, haftet der Erbe im Rahmen dieser Anordnungen für die Kosten.

---

34 *Meyer*, § 29 GKG Rn 23.
35 KG JurBüro 1986, 894.
36 KG JurBüro 1986, 894.

cc) Gütergemeinschaft

80 Der das Gesamtgut allein verwaltende Ehegatte haftet auch für die Gerichtskosten des anderen Ehegatten, wenn es sich um Gesamtgutsschulden handelt (§ 1437 Abs. 2 BGB). Das Rechtsgeschäft muss jedoch durch den Gesamtgutsverwalter oder mit dessen Zustimmung erfolgt sein. Im Übrigen tritt die Haftung auch in den Fällen der §§ 1429–1433 BGB ein. Eine Haftung des Gesamtguts besteht auch dann, wenn die Endentscheidung diesem gegenüber nicht wirksam ist (§§ 1438 Abs. 2, 1460 Abs. 2 BGB).

dd) Zugewinngemeinschaft

81 Im Fall der Zugewinngemeinschaft besteht keine Haftung kraft Gesetzes, denn die Eheleute verwalten ihr Vermögen getrennt (§ 1364 BGB). Eine im Innenverhältnis bestehende Verpflichtung, im Rahmen der Unterhaltspflicht für Gerichtskosten aufzukommen (zB nach § 1360 a BGB), oder eine vertragliche Vereinbarung berührt nicht das Verhältnis zur Staatskasse.

5. Vollstreckungsschuldner

a) Allgemeines

82 Für Gerichtskosten wegen Maßnahmen der Vollstreckung haftet auch derjenige, der zur Zahlung der Vollstreckungskosten verpflichtet ist (§ 27 Nr. 4 GNotKG). Eine nach anderen Vorschriften bestehende Haftung bleibt unberührt, denn es tritt nur ein weiterer Schuldner hinzu.

83 Die Regelung des § 27 Nr. 4 GNotKG ist anwendbar, wenn es sich um Gebühren nach Nr. 18000–18004 KV (Teil 1 Hauptabschnitt 8 KV „Vollstreckung“) handelt.

84 Handelt es sich um Vollstreckungsmaßnahmen des Vollstreckungsgerichts, gelten die Regelungen des GNotKG nicht (Vorbem. 1.8 S. 2 KV), sondern die Vorschriften des GKG, so dass der Schuldner als Vollstreckungsschuldner nach § 29 Nr. 4 GKG haftet.

b) Zahlungspflicht

85 Die Verpflichtung zur Kostenzahlung ergibt sich aus § 788 Abs. 1 S. 1 ZPO. Danach fallen die Kosten der Zwangsvollstreckung dem Schuldner zur Last, soweit sie notwendig waren. Der Vollstreckungsschuldner haftet nur dann, wenn die Kosten Maßnahmen betreffen, die gegen ihn gerichtet waren. Liegt eine gesamtschuldnerische Verurteilung zugrunde, besteht eine Haftung nicht, wenn die Gerichtskosten wegen einer Vollstreckung gegen einen anderen Gesamtschuldner entstanden sind.[37]

c) Notwendige Vollstreckungskosten

86 Für nicht notwendige Vollstreckungskosten kann der Schuldner nicht nach § 27 Nr. 4 GNotKG in Anspruch genommen werden. Eine Notwendigkeit ist zu verneinen, wenn die Aussichtslosigkeit der Vollstreckung von vornherein bekannt war.[38] Die Feststellung der Notwendigkeit ist Teil des Kostenansatzes,[39] sie kann mit der Erinnerung nach § 81 GNotKG angegriffen werden.

---

37 LG Lübeck JurBüro 1992, 58.
38 *Meyer*, § 29 GKG Rn 39.
39 Korintenberg/*Hellstab*, GNotKG, § 27 Rn 51.

d) Zurücknahme des Vollstreckungsantrags

87 Wird der Vollstreckungsantrag zurückgenommen, haftet der Schuldner für die Gerichtskosten, wenn die Zurücknahme aufgrund erbrachter Leistung erfolgt oder sich die Aussichtslosigkeit der Maßnahme nach Antragstellung herausgestellt hat.[40]

e) Aufhebung des Titels

88 Wird der Vollstreckungstitel aufgehoben, sind dem Schuldner die Kosten der Zwangsvollstreckung zu erstatten (§ 788 Abs. 3 ZPO). In diesen Fällen hat auch die Staatskasse durch den Schuldner geleistete Zahlungen zu erstatten.[41]

V. Mehrere Kostenschuldner

1. Gesamtschuldnerische Haftung

89 Mehrere Kostenschuldner haften der Staatskasse als Gesamtschuldner (§ 32 Abs. 1 GNotKG). Eine gesamtschuldnerische Haftung besteht aber nur, wenn die verschiedenen Schuldner für dieselben Kosten derselben Instanz haften.[42] Als Gesamtschuldner haften beispielsweise der Antrags- und der Entscheidungsschuldner.

90 Für die gesamtschuldnerische Haftung gelten §§ 421 ff BGB. Jeder Kostenschuldner ist danach zur Zahlung der vollen Kostenforderung verpflichtet, jedoch darf die Staatskasse als Gläubigerin den Betrag insgesamt nur einmal fordern (§ 421 S. 1 BGB). Die beliebige Inanspruchnahme der Kostenschuldner wird durch § 33 Abs. 1 GNotKG und § 7 Abs. 2, § 8 KostVfg eingeschränkt (s. Rn 91 ff). Hat einer der Gesamtschuldner Zahlungen an die Gerichtskasse geleistet, wirkt die Erfüllung auch für die übrigen Kostenschuldner (§ 422 Abs. 1 S. 1 BGB).

2. Erst- und Zweitschuldner

a) Begriff

91 Erstschuldner sind der Entscheidungs- oder der Übernahmeschuldner (§ 27 Nr. 1, 2 GNotKG), so dass zunächst diese für noch nicht bezahlte Gerichtskosten in Anspruch zu nehmen sind (§ 33 Abs. 1 GNotKG). Erst- und Zweitschuldner sind als solche in der Urschrift der Kostenrechnung zu bezeichnen (§ 24 Abs. 2 S. 4 KostVfg).

b) Inanspruchnahme des Zweitschuldners

92 Vor der Inanspruchnahme des Zweitschuldners hat der Kostenbeamte zu prüfen, ob die Voraussetzungen hierfür vorliegen. Es genügt deshalb nicht, dass die Gerichtskasse ohne weitere tatsächliche Angaben mitteilt, die Vollstreckung sei oder war aussichtslos.[43] Die Inanspruchnahme ist erst zulässig, wenn eine Zwangsvollstreckung in das Vermögen des Erstschuldners aussichtslos geblieben ist oder eine solche aussichtslos erscheint (§ 33 Abs. 1 S. 1 GNotKG, § 8 Abs. 1 KostVfg). Es genügt ein gewisser Wahrscheinlichkeitsgehalt.[44] Es kommt nur auf die Vollstreckung in bewegliches Vermögen an. Ein erfolgloser Vollstreckungsversuch genügt. § 33 Abs. 1

---

40 *Meyer*, § 29 GKG Rn 39.
41 Binz/Dörndorfer/*Dörndorfer*, § 29 GKG Rn 10; Korintenberg/*Hellstab*, GNotKG, § 27 Rn 52; *Meyer*, § 29 GKG Rn 40 (wenn die Maßnahme von vornherein unzulässig oder unbegründet war).
42 *Meyer*, § 31 GKG Rn 2.
43 OLG Celle AGS 2014, 133.
44 OLG Oldenburg JurBüro 2013, 648.

GNotKG ist auch im Verhältnis zu einem Vorschusspflichtigen anzuwenden (§ 17 S. 2 GNotKG).

Als aussichtslos ist die Vollstreckung auch dann anzusehen, wenn über das Vermögen 93
des Erstschuldners das Insolvenzverfahren eröffnet ist[45] oder die Eröffnung mangels Masse abgelehnt wird;[46] anders aber, wenn die Gerichtskosten Masseschulden (§§ 53, 55 InsO) sind, mit deren Begleichung gerechnet werden kann.[47] Die bloße Abgabe der Vermögensauskunft (§ 802 c ZPO) genügt nicht, da sie keinen erfolglosen Vollstreckungsversuch voraussetzt.[48] Wird der Zweitschuldner vor dem Erstschuldner in Anspruch genommen, sind die Gründe hierfür kurz in der Kostenrechnung anzugeben (§ 24 Abs. 2 S. 5 KostVfg).

Eine Aussichtslosigkeit wird durch § 8 Abs. 1 S. 2 KostVfg auch unterstellt, wenn der 94
Erstschuldner unbekannten Wohnsitzes ist. Gleiches gilt, wenn sich der Wohnsitz im Ausland befindet und hier vollstreckt werden müsste. In diesem Fall ist der Erstschuldner vor Inanspruchnahme des Zweitschuldners gleichwohl mindestens einmal zur Kostenzahlung aufzufordern.[49]

Beispiel: In dem Antragsverfahren A ./. B hat A für die Gerichtsgebühr eine Vorschusszah- 95
lung (§ 13 GNotKG) geleistet. Später wird auf Antrag des A eine Beweisaufnahme durchgeführt, für die weitere Kosten iHv 200 € entstehen (Nr. 31005 KV). Die Anforderung von Vorschüssen nach § 14 GNotKG unterbleibt.

Dem B werden die Kosten des Verfahrens auferlegt.

A haftet für die Gerichtskosten als Antrags- bzw. Veranlassungsschuldner (§§ 14 Abs. 1, 22 Abs. 1 GNotKG), B haftet als Entscheidungsschuldner (§ 27 Nr. 1 GNotKG). Beide haften zudem als Gesamtschuldner (§ 32 Abs. 1 GNotKG).

Die noch offenen Gerichtskosten iHv 200 € sind zunächst von B anzufordern, denn er ist Erstschuldner (§ 33 Abs. 1 GNotKG). Erst wenn die Einziehung erfolglos bleibt, also Vollstreckungsmaßnahmen gegen B aussichtslos bleiben oder von vornherein aussichtslos erscheinen würden, liegen die Voraussetzungen für eine Inanspruchnahme des A als Zweitschuldner vor.

c) Inanspruchnahme bei VKH-Bewilligung für den Zweitschuldner

Die Bewilligung von VKH für den Erstschuldner lässt die Vollstreckung gleichfalls 96
aussichtslos erscheinen.[50] Der Zweitschuldner kann hier aber nur unter den Voraussetzungen des § 33 Abs. 2, 3 GNotKG in Anspruch genommen werden (s. Rn 101 ff). Ist einem Zweitschuldner VKH mit Zahlungsbestimmungen bewilligt, kann er unter den Voraussetzungen des § 33 Abs. 1 GNotKG als solcher in Anspruch genommen werden. Liegen diese Voraussetzungen vor, sind die Akten nach der Kostenberechnung dem Rechtspfleger vorzulegen (Nr. 4.9 DB-PKH). Dieser hat die Kosten in den Ratenplan aufzunehmen oder die Wiederaufnahme einer eingestellten Ratenzahlung zu prüfen.[51]

---

45 LG Koblenz JurBüro 2006, 651.
46 Korintenberg/*Gläser*, GNotKG, § 33 Rn 10.
47 HK-GNotKG/*Hering*, § 33 Rn 12; NK-GK/*Volpert*, GKG, § 31 Rn 43.
48 NK-GK/*Volpert*, GKG, § 31 Rn 36.
49 OLG Köln MDR 2005, 1079; OLG Düsseldorf JurBüro 1994, 111.
50 OLG Oldenburg JurBüro 2013, 648; LG Münster JurBüro 1991, 1507.
51 OLG Brandenburg FamRZ 2004, 384.

d) Gezahlte Kosten

97 Auf die bereits gezahlten Kosten hat die Regelung des § 33 Abs. 1 GNotKG keine Wirkungen, denn das Gebot der vorrangigen Inanspruchnahme des Erstschuldners gilt nur für noch nicht gezahlte Gerichtskosten.[52] Bereits gezahlte Kosten sind auf die Kostenschuld des Erstschuldners zu verrechnen. Waren die Kosten durch Sollstellung angefordert, hat der Kostenbeamte aber zu prüfen, ob diese bereits ausgeglichen ist. Eine gegen den Zweitschuldner ergangene Sollstellung, die noch offen steht, ist zu löschen, wenn Erst- oder Übernahmeschuldner hinzutreten (§ 30 Abs. 1 KostVfg).

98 **Beispiel:** In dem Antragsverfahren A ./. B hat A für die Gerichtsgebühr eine Vorschusszahlung von 300 € (§ 13 GNotKG) geleistet. Das Verfahren wird durch Endentscheidung beendet. Die Kosten des Verfahrens hat B zu tragen.

Für die Gerichtskosten haften A und B als Gesamtschuldner (§ 32 Abs. 1 GNotKG), und zwar A als Antragsschuldner (§ 22 Abs. 1 GNotKG) und B als Entscheidungsschuldner (§ 27 Nr. 1 GNotKG).

Die von A geleistete Vorschusszahlung ist auf die Kostenschuld des B zu verrechnen. Eine Rückzahlung erfolgt nicht, da § 33 Abs. 1 GNotKG nur für noch nicht gezahlte Kosten gilt. Die Kostenschuld gegenüber der Staatskasse ist daher gedeckt.

Dem A steht wegen der von ihm geleisteten Gerichtskosten allerdings ein verfahrensrechtlicher Kostenerstattungsanspruch iHv 300 € gegen B zu (§§ 80, 81 FamFG), der im Rahmen des Kostenfestsetzungsverfahrens (§§ 103 ff ZPO iVm § 85 FamFG) geltend zu machen ist.

3. Sonstige gesamtschuldnerische Haftung

99 Die Reihenfolge der Inanspruchnahme nach § 33 Abs. 1 GNotKG gilt jedoch nur, wenn Erst- und Zweitschuldner vorhanden sind. In allen anderen Fällen einer gesamtschuldnerischen Haftung hat der Kostenbeamte nach pflichtgemäßem Ermessen zu bestimmen, ob der Kostenbetrag von einem Kostenschuldner ganz oder von mehreren nach Kopfteilen angefordert werden soll (§ 8 Abs. 4 KostVfg). Wird nach Kopfteilen angefordert, ist in die Kostenrechnung ein Vorbehalt über die Möglichkeit der weiteren Inanspruchnahme aufzunehmen, der unbedingt in die Reinschrift zu übertragen ist (§ 24 Abs. 2, § 25 Abs. 2 KostVfg).

100 Für die Frage, ob nach **Kopfteilen** anzufordern ist, ist nach § 8 Abs. 4 S. 2 KostVfg insbesondere zu berücksichtigen:

- welcher Kostenschuldner die Kosten im Verhältnis zu den übrigen Kostenschuldnern endgültig zu tragen hat,
- welcher Verwaltungsaufwand bei Inanspruchnahme nach Kopfteilen entsteht,
- ob bei einer Verteilung nach Kopfteilen Kleinbeträge oder unter der Vollstreckungsgrenze liegende Beträge anzufordern wären,
- ob die Kostenschuldner in Haushaltsgemeinschaft leben,
- ob anzunehmen ist, dass einer der Gesamtschuldner nicht zur Zahlung oder nur zu Teilzahlungen in der Lage ist.

52 OLG Koblenz Rpfleger 1980, 444.

4. Bewilligung von Verfahrenskostenhilfe und Reiseentschädigungen

a) Keine Geltendmachung der Haftung

Die Haftung eines anderen Kostenschuldners darf nicht geltend gemacht werden, soweit dem Entscheidungsschuldner VKH bewilligt worden ist (§ 33 Abs. 2 S. 1 Hs. 1 GNotKG). Es ist dabei unerheblich, ob die VKH-Bewilligung mit oder ohne Zahlungsbestimmung erfolgt ist.[53] Mit dieser Regelung wird sichergestellt, dass die nach § 122 Abs. 1 ZPO iVm § 76 Abs. 1 FamFG bestehende Wirkung der VKH nicht durch das Kostenfestsetzungsverfahrens untergraben wird.[54] 101

b) Rückzahlungspflicht

Die Regelung des § 33 Abs. 2 GNotKG verbietet sowohl die Inanspruchnahme wegen bereits gezahlter als auch wegen noch nicht gezahlter Gerichtskosten. Ein vom Antragsteller geleisteter Vorschuss kann in den Fällen des § 33 Abs. 2 GNotKG nicht auf die Kostenschuld des Gegners verrechnet werden, wenn dieser aufgrund § 27 Nr. 1 GNotKG für die Kosten haftet; zu § 27 Nr. 2 GNotKG s. Rn 104 ff. Die Vorschrift des § 33 Abs. 2 S. 1 Hs. 2 GNotKG ordnet daher die Rückzahlung der Gerichtskosten an. Eine Festsetzung von Gerichtskosten im Kostenfestsetzungsverfahren ist gegen den VKH-Beteiligten nicht zulässig.[55] Die Rückzahlung ist aber nach § 33 Abs. 2 S. 1 Hs. 2 aE GNotKG ausgeschlossen, soweit es sich um Zahlungen nach § 13 Abs. 1, 3 JVEG handelt und der VKH-Beteiligte der besonderen Vergütung zugestimmt hat (Nr. 3.2, 4.4 DB-PKH). 102

Beispiel: In dem Antragsverfahren A ./. B hat A für die Gerichtsgebühr eine Vorschusszahlung iHv 300 € (§ 13 GNotKG) geleistet. Dem B wird VKH ohne Ratenzahlung bewilligt. Das Verfahren wird durch Endentscheidung beendet. Die Kosten des Verfahrens hat B zu tragen. 103
Da dem B VKH bewilligt ist und B als Entscheidungsschuldner haftet, darf A nicht als Zweitschuldner in Anspruch genommen werden (§ 33 Abs. 2 S. 1 GNotKG). Da B alleiniger Entscheidungsschuldner ist, muss der von A geleistete Vorschuss an A zurückgezahlt werden (§ 33 Abs. 2 S. 1 GNotKG). Entsprechendes gilt in den Fällen der Übernahmehaftung, wenn ein Fall des § 33 Abs. 3 GNotKG vorliegt.

c) Übernahmeschuldner

Das Verbot der Inanspruchnahme gilt auch in bestimmten Fällen der Übernahmehaftung. Nach § 33 Abs. 3 GNotKG gilt § 33 Abs. 2 GNotKG entsprechend, wenn der Kostenschuldner nach § 27 Nr. 2 GNotKG haftet und 104

- der Kostenschuldner die Kosten in einem vor Gericht abgeschlossenen oder durch Schriftsatz gegenüber dem Gericht angenommenen Vergleich übernommen hat (Nr. 1),
- der Vergleich einschließlich der Verteilung der Kosten von dem Gericht vorgeschlagen worden ist (Nr. 2) und
- das Gericht in seinem Vergleichsvorschlag ausdrücklich festgestellt hat, dass die Kostenregelung der sonst zu erwartenden Kostenentscheidung entspricht (Nr. 3).

53 OLG Dresden MDR 2001, 1073.

54 BVerfG NJW 1999, 3186. Diese Entscheidung hat zur Schaffung des § 31 Abs. 3 GKG geführt, der redaktionell angepasst dem jetzigen § 33 Abs. 2 GNotKG entspricht.

55 OLG Naumburg JurBüro 2002, 149.

Diese Feststellung muss zwingend in dem Vorschlag enthalten sein und kann nicht nachgeholt werden.[56]

105 **Beispiel:** In dem Antragsverfahren A ./. B hat A für die Gerichtsgebühr eine Vorschusszahlung iHv 300 € (§ 13 GNotKG) geleistet. Dem B wird VKH bewilligt. Das Verfahren wird durch vor Gericht abgeschlossenem Vergleich beendet. In dem Vergleich vereinbaren A und B, die Gerichtskosten hälftig zu übernehmen. Der Vergleich wurde vom Gericht vorgeschlagen, das in seinem Vergleichsvorschlag zugleich feststellt, dass die Kostenregelung der sonst zu erwartenden Kostenentscheidung entspricht.
Die endgültigen Gerichtskosten betragen 200 €. Davon tragen A und B jeweils 100 €. Der von A geleistete Vorschuss kann nur auf die Kostenschuld des A verrechnet werden, der überschüssige Betrag von 100 € ist zurückzuzahlen. Eine Verrechnung auf die Kostenschuld des B ist wegen § 33 Abs. 2, 3 GNotKG nicht zulässig.

106 In allen übrigen Fällen der Übernahmehaftung gilt § 33 Abs. 2, 3 GNotKG nicht, so dass kein Anspruch auf Rückzahlung geleisteter Vorschusszahlungen besteht. Vielmehr sind solche Zahlungen auf die Kostenschuld des VKH-Beteiligten zu verrechnen. Eine Festsetzung der Gerichtskosten gegen den VKH-Beteiligten im Kostenfestsetzungsverfahren ist dann statthaft, soweit dieser die Kosten in dem Vergleich übernommen hat.[57] Auf die nach § 59 RVG übergegangenen Ansprüche können die vom Antragsschuldner geleisteten Zahlungen jedoch nicht verrechnet werden, da insoweit keine Antragshaftung nach § 22 Abs. 1 GNotKG besteht.[58]

107 **Beispiel:** In dem Antragsverfahren A ./. B hat A für die Gerichtsgebühr eine Vorschusszahlung iHv 300 € (§ 13 GNotKG) geleistet. Dem B wird VKH bewilligt. Das Verfahren wird durch vor Gericht abgeschlossenem Vergleich beendet, ohne dass ein gerichtlicher Vergleichsvorschlag vorlag. In dem Vergleich vereinbaren A und B, die Gerichtskosten hälftig zu übernehmen.
Die endgültigen Gerichtskosten betragen 200 €. Davon tragen A und B jeweils 100 €. Der von A geleistete Vorschuss kann auch auf die Kostenschuld des B verrechnet werden, da der Vergleich nicht den Anforderungen des § 33 Abs. 3 GNotKG entspricht.

d) Reiseentschädigungen

108 Wurde dem Entscheidungsschuldner eine Reiseentschädigung für die Reise zum Ort einer Verhandlung, Anhörung oder Untersuchung sowie für die Rückreise gewährt, die nach Nr. 31008 Nr. 2 KV wieder einzuziehen ist, kann die Haftung eines anderen Kostenschuldners insoweit nicht geltend gemacht werden (§ 33 Abs. 2 S. 2 GNotKG).

VI. Auswirkungen bei Bewilligung von Verfahrenskostenhilfe

109 Die Bewilligung von VKH hat auf die Kostenhaftung keinen Einfluss. Für den Einzug der Gerichtskosten ergeben sich jedoch wegen §§ 122, 125 ZPO iVm § 76 Abs. 1 FamFG Einschränkungen (s. dazu ausf. § 5 Rn 67 ff).

56 OLG Bamberg FamRZ 2015, 525.
57 BGH NJW 2004, 366.
58 OLG Oldenburg JurBüro 1987, 1834.

§ 7 Kosten- und Gebührenfreiheit

I. Begriffe

1. Kosten- und Gebührenfreiheit

Eine bestehende Kosten- oder Gebührenfreiheit lässt die entstehenden Kosten unberührt, befreit den Kostenschuldner jedoch im Umfang der Befreiung von der Kostenzahlung. Eine Kosten- oder Gebührenbefreiung ist stets **von Amts wegen** zu beachten. 1

Kostenfreiheit umfasst Gebühren und Auslagen, so dass für sämtliche Gerichtskosten eine Zahlungsbefreiung besteht. **Gebührenfreiheit** umfasst hingegen nur die Zahlung der Gebühren; hinsichtlich der Auslagen (Nr. 31000 ff KV) besteht folglich eine Zahlungspflicht. 2

2. Sachliche und persönliche Befreiung

Weiter ist zu unterscheiden zwischen persönlicher und sachlicher Befreiung. Während bei der **persönlichen** Befreiung die Wirkung nur einer bestimmten natürlichen oder juristischen Person bzw. einem bestimmten Personenkreis zusteht, ist bei einer **sachlichen** Befreiung das vorzunehmende Geschäft unabhängig von der Person kosten- oder gebührenfrei. 3

II. Gesetzliche Regelungen

1. Bund und Länder

§ 2 Abs. 1 GNotKG gewährt Bund und Ländern sowie den nach ihren Haushaltsplänen verwalteten öffentlichen Anstalten und Kassen persönliche Kostenfreiheit. Letztere können eine Befreiung aber nur dann in Anspruch nehmen, wenn ihre Einnahmen und Ausgaben vollständig im Bundes- oder Landeshaushalt ausgewiesen sind.[1] Die persönliche Kostenbefreiung wird durch § 2 Abs. 4 GNotKG eingeschränkt (s. Rn 20). 4

2. Sonstiges Bundes- und Landesrecht

Sonstige bundes- oder landesrechtliche Vorschriften bleiben gem. § 2 Abs. 2 GNotKG ausdrücklich unberührt. Eine Kosten- oder Gebührenfreiheit kann sich daher auch aus anderen Gesetzen ergeben, insbesondere aus den Landesjustizkostengesetzen. 5

Befreiungen nach anderen Bundesgesetzen sind beispielsweise vorgesehen nach: 6

- Art. 12 § 24 Abs. 2 Gesetz über die rechtliche Stellung der nichtehelichen Kinder (NEhelG),
- § 181 Abs. 3 S. 1 Bundesentschädigungsgesetz (BEG),
- § 2 Abs. 4 DDR-Schuldbuchbereinigungsgesetz,
- § 8 DtA-Vermögensübertragungsgesetz,[2]
- § 11 Abs. 1 Gräbergesetz (GräbG),
- § 33 Abs. 2 S. 3 Grundstücksverkehrsgesetz (GrdstVG),
- § 317 Abs. 5 Lastenausgleichsgesetz (LAG),
- § 51 Abs. 1 S. 2 Personenstandsgesetz (PStG),
- § 10 Abs. 2 Postumwandlungsgesetz (PostUmwG),

1 BGH MDR 1982, 399.

2 Gesetz zur Übertragung des Vermögens der Deutschen Ausgleichsbank auf die Kreditanstalt für Wiederaufbau vom 15.8.2003 (BGBl. I S. 1657).

- § 64 SGB X,
- § 19 Therapieunterbringungsgesetz (ThUG),
- § 12 S. 2 Verkehrsflächenbereinigungsgesetz (VerkFlBerG).

7 Darüber hinaus wird durch zahlreiche Landesgesetze eine Befreiung geregelt, deren Umfang voneinander abweicht. In den einzelnen Bundesländern existieren folgende Vorschriften über die Gebührenbefreiung:

- **Baden-Württemberg:** § 7 Landesjustizkostengesetz (LJKG)
- **Bayern:** –
- **Berlin:** § 1 Justizgebührenbefreiungsgesetz
- **Brandenburg:** §§ 6, 7 Justizkostengesetz für das Land Brandenburg (JKGBbg)
- **Bremen:** § 8 Bremisches Justizkostengesetz
- **Hamburg:** § 11 Landesjustizkostengesetz
- **Hessen:** §§ 6 ff Hessisches Justizkostengesetz
- **Mecklenburg-Vorpommern:** § 7 Landesjustizkostengesetz (LJKG)
- **Niedersachsen:** § 108 Niedersächsisches Justizgesetz (NJG)
- **Nordrhein-Westfalen:** § 122 Justizgesetz Nordrhein-Westfalen (JustG NRW)
- **Rheinland-Pfalz:** § 1 Justizgebührenbefreiungsgesetz (JGebBefrG)
- **Saarland:** § 4 Landesjustizkostengesetz
- **Sachsen:** –
- **Sachsen-Anhalt:** § 7 Justizkostengesetz (JKostG LSA)
- **Schleswig-Holstein:** § 1 Gesetz über Gebührenfreiheit, Stundung und Erlass der Kosten im Bereich der Gerichtsbarkeiten
- **Thüringen:** § 6 Thüringer Justizkostengesetz (ThürJKG).

8 Eine nach Landesrecht bestehende Befreiung gilt nur vor den Gerichten des jeweiligen Landes. Vor Gerichten anderer Länder gilt sie nur, wenn Gegenseitigkeit verbürgt ist. Vor Bundesgerichten gelten landesrechtliche Befreiungen nicht,[3] umgekehrt gilt aber eine nach Bundesrecht bestehende Befreiung auch vor sämtlichen Gerichten der Länder.

3. Beurkundungen

9 Nach Vorbem. 2 Abs. 3 KV sind die nach § 62 Abs. 1 BeurkG durch die Amtsgerichte aufzunehmenden Beurkundungen gebührenfrei vorzunehmen. Darunter fallen im Einzelnen die Beurkundung wegen

- Vaterschaftsanerkennung,
- Zahlung von Kindesunterhalt,
- Zahlung von Unterhalt nach § 1615 l BGB.

III. Wirkungen der Kosten- und Gebührenfreiheit

1. Allgemeines

10 Die bestehende Kosten- oder Gebührenfreiheit hat auf die Entstehung der Kosten keinen Einfluss, sie sind lediglich nicht zu erheben (§ 2 Abs. 3 S. 1 GNotKG). Lediglich in Grundbuch- und Registersachen wird eine Minderung der Gerichtskosten angeordnet, wenn von mehreren Gesamtschuldnern nur einzelnen Kosten- oder Gebührenfreiheit zusteht (§ 2 Abs. 5 GNotKG) (s. Rn 32 ff).

---

3 BGH NJW-RR 1998, 1222.

Kosten- und Gebührenfreiheit sind von Amts wegen zu beachten. Eine Abhängigmachung gerichtlicher Handlungen von der Kostenzahlung ist im Rahmen der bestehenden Befreiung nicht statthaft (§ 16 Nr. 2 GNotKG). 11

Soweit Kostenfreiheit besteht, bleiben sämtliche Kosten (Gebühren und Auslagen) unerhoben, so dass auch die gerichtlichen Auslagen der Nr. 31000–31016 KV erfasst sind. Besteht nur Gebührenfreiheit, bleiben die Gebühren unerhoben, während sämtliche Auslagen in Ansatz zu bringen sind. 12

2. Außergerichtliche Kosten

Auf die Erstattung der außergerichtlichen Kosten haben Kosten- oder Gebührenfreiheit keinen Einfluss. Zu ihnen gehören auch die nach § 59 RVG auf die Staatskasse übergegangenen Ansprüche, weil auch die Einziehungsregelung des § 59 Abs. 2 S. 1 RVG nichts an ihrem Charakter als außergerichtliche Kosten ändert. Sie sind daher auch von einem kosten- oder gebührenbefreiten Beteiligten einzuziehen. Erfasst von einer Kostenfreiheit sind jedoch Auslagen nach Nr. 31007 KV. 13

3. Verschiedene Instanzen

Besteht sachliche oder persönliche Kosten- bzw. Gebührenfreiheit, gilt diese für sämtliche Instanzen.[4] 14

4. Mehrere Beteiligte

Sind in dem Verfahren mehrere Beteiligte vorhanden, von denen nur einzelne Kosten- oder Gebührenfreiheit genießen, so bleibt nur der auf diese Person entfallende Kostenanteil unerhoben. Auch die Rückzahlung der Kosten nach § 2 Abs. 3 GNotKG ist auf diesen Anteil beschränkt. In Grundbuch- und Registersachen gilt § 2 Abs. 5 GNotKG (s. Rn 32 ff). 15

Für die Höhe des nicht zu erhebenden Kostenanteils ist auf eine im Innenverhältnis bestehende Ausgleichspflicht des Befreiten abzustellen.[5] Ist der nichtbefreite Beteiligte im Innenverhältnis völlig von den Kosten freigestellt, können auch die (vollständigen) Gerichtskosten von diesem nicht erhoben werden.[6] Es muss sich aber um einen gesetzlichen Ausgleichsanspruch handeln, ein lediglich vertraglicher Freistellungsanspruch, der über den gesetzlichen hinausgeht, hat auf den Kostenansatz keine Auswirkungen.[7] Die Kostenübernahmeverpflichtung muss zudem unstreitig sein.[8] 16

Sind mehrere Antragsteller vorhanden, ist der auf den Befreiten entfallende Kostenanteil auch im Rahmen einer Vorschussanforderung nach §§ 13, 14 GNotKG nicht anzufordern, was aus § 16 Nr. 2 GNotKG folgt. 17

Beispiel: In dem Verfahren treten A, B und C als Beteiligte auf. Eine Kostenfreiheit steht lediglich B zu. In der Kostenentscheidung werden die Kosten B und C zu gleichen Teilen auferlegt. 18
A hat einen Gebührenvorschuss iHv 482 € gezahlt. Gerichtskosten sind in dieser Höhe auch entstanden.

4 *Meyer*, § 2 GKG Rn 10; aA *Oestreich/Hellstab/Trenkle*, § 2 GKG Rn 7.
5 OLG Düsseldorf JurBüro 1983, 405 m. zust. Anm. *Mümmler*.
6 OLG Köln MDR 1978, 678.
7 OLG Oldenburg JurBüro 1993, 482.
8 *Meyer*, § 2 GKG Rn 36 mwN.

Die Gerichtskosten betragen	482,00 €
davon tragen B und C jeweils	241,00 €

Der auf den befreiten B entfallende Kostenanteil von 241 € bleibt wegen der bestehenden persönlichen Kostenfreiheit nach § 2 GNotKG unerhoben. Einzuziehen sind daher lediglich 241 € von C.

Der von A gezahlte Vorschuss ist nur iHv 241 € auf die Kostenschuld des C zu verrechnen. Eine Verrechnung auf die Kostenschuld des B ist unstatthaft, denn A könnte andernfalls die verrechneten Vorschüsse im Wege der Kostenfestsetzung gegen B geltend machen und die Kostenbefreiung wäre ausgehöhlt. An A sind deshalb 241 € zurückzuerstatten (§ 2 Abs. 3 S. 1 GNotKG).

5. Zweitschuldnerhaftung

19 Eine Kosten- oder Gebührenfreiheit ist auch hinsichtlich der Zweitschuldnerhaftung zu beachten. Ein befreiter Beteiligter kann auch nicht als Zweitschuldner in Anspruch genommen werden, jedoch kann umgekehrt auch ein nichtbefreiter Beteiligter nicht für die Kosten eines befreiten Beteiligten herangezogen werden.[9] Besteht auf Antragsteller- oder Antragsgegnerseite eine Personenmehrheit, bleibt der auf den befreiten Beteiligten entfallende Kostenanteil unerhoben; maßgeblich ist dabei die im Innenverhältnis bestehende Ausgleichspflicht.

IV. Einschränkung der persönlichen Kosten- oder Gebührenfreiheit

20 § 2 Abs. 4 GNotKG schränkt die persönliche Kosten- oder Gebührenfreiheit (s. Rn 1 ff) insoweit ein, als ihre Inanspruchnahme nicht ausgeschlossen ist, wenn der befreite Kostenschuldner haftet aufgrund

- § 27 Nr. 3 GNotKG (Haftung kraft Gesetzes für einen anderen) (s. § 6 Rn 74 ff);
- § 24 GNotKG (ausschließliche Haftung der Erben für bestimmte Nachlasssachen) (s. § 6 Rn 14 ff, § 14 Rn 394 ff).

21 Einzuziehen sind in den vorgenannten Fällen sowohl Gebühren als auch Auslagen.

22 Über die in § 2 Abs. 4 GNotKG genannten Haftungsgründe hinaus ist die Regelung nicht anwendbar, da es sich um eine abschließende Aufzählung handelt. So gilt § 2 Abs. 4 GNotKG nicht für den Übernahmeschuldner,[10] jedoch sehen einige landesrechtliche Regelungen für die auf Landesgesetze beruhende Befreiung vor, dass die Gebührenfreiheit nicht von der Verpflichtung zur Zahlung von Beträgen entbindet, zu denen sich der Befreite Dritten gegenüber vertragsmäßig verpflichtet hat.[11]

V. Rechtsbehelfe

23 Eine bestehende Kosten- oder Gebührenfreiheit kann mit der Erinnerung nach § 81 GNotKG geltend gemacht werden. Die Erinnerung kann auch dann noch eingelegt werden, wenn die Gerichtskosten bereits gezahlt wurden.[12]

9 OLG Brandenburg OLG-NL 2002, 69.
10 HK-GNotKG/*Fackelmann*, § 2 Rn 76.
11 Vgl. § 7 Abs. 2 JKGBbg; § 7 Abs. 5 LJKostG LSA.
12 LG Berlin JurBüro 1983, 503.

VI. Rückzahlung von Kosten

1. Rückzahlungsanspruch

Sind die Kosten einem befreiten Beteiligten auferlegt, sind bereits gezahlte Kosten zurückzuerstatten (§ 2 Abs. 3 S. 1 GNotKG). Eine Rückzahlungspflicht besteht jedoch nur insoweit, wie eine Kostenfreiheit besteht, so dass im Falle einer Gebührenfreiheit die für Auslagen geleisteten Zahlungen nicht zu erstatten sind. Ein Rückerstattungsanspruch wegen der Gerichtskosten besteht auch dann, wenn dem nichtbefreiten Beteiligten VKH mit Zahlungsbestimmungen bewilligt ist. Der Rückzahlungsanspruch entsteht bereits mit **Erlass der gerichtlichen Entscheidung** und hängt weder von der Rechtskraft ab noch ist er bis zur Rechtskraft aufschiebend bedingt.[13] 24

Sind die Kosten dem Befreiten nur anteilig auferlegt, beschränkt sich auch die Rückzahlung auf diesen Anteil. 25

Beispiel 1: In dem Verfahren, an dem A und B beteiligt sind, steht dem B Kostenfreiheit zu. A hat einen Vorschuss nach § 13 GNotKG iHv 476 € geleistet. In der Endentscheidung werden dem kostenbefreiten B die Verfahrenskosten auferlegt. 26
Die eingezahlten Gerichtskosten des A sind nach § 2 Abs. 3 GNotKG in voller Höhe an diesen zurückzuzahlen. Eine Erstattung im Kostenfestsetzungsverfahren (§§ 103 ff ZPO) ist nicht statthaft.

Beispiel 2: Wie Beispiel 1. In der Endentscheidung werden die Kosten zu 1/3 dem A und zu 2/3 dem kostenbefreiten B auferlegt. 27
Eine Rückzahlung der geleisteten Gerichtskosten ist nunmehr nur anteilig vorzunehmen, da auch der nichtbefreite A für 1/3 der Gerichtskosten haftet. Die Rückzahlung ist daher nur in folgender Höhe vorzunehmen:

Die Gerichtskosten betragen insgesamt	476,00 €
davon hat der nichtbefreite A 1/3 zu tragen	158,67 €
als Vorauszahlung bereits geleistet	476,00 €
Zu viel gezahlt	317,33 €

Der überschüssige Betrag von 317,33 € ist gem. § 2 Abs. 3 GNotKG an A zurückzuzahlen. Eine Verrechnung auf die von B zu tragenden Gerichtskosten ist nicht statthaft.

Beispiel 3: Wie Beispiel 1. In der Endentscheidung werden die Kosten zu 1/3 dem A und zu 2/3 dem kostenbefreiten B auferlegt. In dem Verfahren wurde ein Sachverständigengutachten eingeholt, welches zusätzliche Kosten verursacht hat; ein Auslagenvorschuss wurde nicht geleistet. 28
Es sind folgende Gerichtskosten entstanden:

Gebühren	476,00 €
Sachverständigenvergütung	1.200,00 €
Gesamt	1.676,00 €
davon hat der nichtbefreite A 1/3 zu tragen	558,67 €
als Vorauszahlung bereits geleistet	476,00 €
Noch zu zahlen	82,67 €

Der Betrag ist von A mittels Sollstellung anzufordern. Eine Rückzahlung findet nicht statt, da kein überschüssiger Betrag vorhanden ist. Ein Einzug der auf B entfallenden Kostenschuld unterbleibt gem. § 2 Abs. 3 GNotKG.

13 KG NzBau 2013, 643.

29 **Beispiel 4:** Wie Beispiel 1. A und B sind Erben und haften für die Gerichtskosten nach § 24 GNotKG. In der Endentscheidung werden die Kosten zu 1/3 dem A und zu 2/3 dem kostenbefreiten B auferlegt.

Die Gerichtskosten betragen insgesamt	476,00 €
davon hat der nichtbefreite A 1/3 zu tragen	158,67 €
als Vorauszahlung bereits geleistet	476,00 €
Zu viel gezahlt	317,33 €

Eine Rückerstattung an A findet nicht statt, da B wegen § 2 Abs. 4 GNotKG trotz seiner persönlichen Befreiung in Anspruch genommen werden kann, weil er nach § 24 GNotKG als Erbe haftet. Der von A geleistete Vorschuss kann auf B verrechnet und im Kostenfestsetzungsverfahren geltend gemacht werden.

2. Kostenübernahme

a) Rückzahlungspflicht

30 Die Rückzahlungspflicht nach § 2 Abs. 3 S. 1 GNotKG setzt keine gerichtliche Kostenentscheidung voraus, so dass sie auch in den Fällen der Kostenübernahme besteht (§ 2 Abs. 3 S. 2 GNotKG). Das gilt selbst dann, wenn mit dem Vergleich eine noch nicht rechtskräftige Entscheidung abgeändert wird.[14] Hat der befreite Beteiligte erst in einer Rechtsmittelinstanz die Kosten übernommen, besteht Rückzahlungspflicht auch für die Kosten der unteren Instanzen, wenn die Übernahme auch solche Kosten umfasst. Ein Rückzahlungsanspruch besteht auch, wenn eine außergerichtliche Kostenübernahme erfolgt ist. Sie ist jedoch bei Gericht einzureichen und muss vor Rechtskraft der Kostenentscheidung erklärt sein.

31 Keine Befreiung von der Zahlung der Gerichtskosten besteht jedoch, wenn ein nichtbefreiter Beteiligter die Kosten eines befreiten Beteiligten übernimmt,[15] so dass § 2 Abs. 3 GNotKG nicht eingreift.

b) Grundbuch- und Registersachen

32 Für die Grundbuch- und Registersachen ordnet § 2 Abs. 5 GNotKG an, dass in den Fällen, in denen von mehreren Gesamtschuldnern nur einzelnen Kosten- oder Gebührenfreiheit zusteht, sich der Gesamtbetrag der Gerichtskosten um den Betrag reduziert, den der befreite Beteiligte dem Nichtbeteiligten aufgrund gesetzlicher Vorschriften zu erstatten hat. Abweichende schuldrechtliche Vereinbarungen bleiben unberücksichtigt. Übernimmt daher ein Befreiter die Kosten eines Nichtbefreiten, so kommt dem Nichtbefreiten die Befreiung nicht zugute und beide haften für die Gerichtskosten als Gesamtschuldner.[16] Der Befreite hat deshalb dann Kosten zu tragen, wenn seine Kostenhaftung auf einer Übernahme beruht und diese von der Regelung abweicht, die gelten würde, wenn zwischen ihm und dem anderen Kostenschuldner keine Vereinbarung getroffen worden wäre. Soweit der Befreite jedoch als Antragsteller allein für die Kosten haftet, bleibt § 2 Abs. 5 GNotKG hingegen ohne Bedeutung, da dann die Kostenbefreiung in jedem Fall eingreift.[17]

33 Es muss sich um eine gesetzliche Vorschrift handeln, wobei umstritten ist, ob nur zwingende oder auch dispositive Vorschriften erfasst sind. Dem Sinn und Zweck des

14 OLG Brandenburg NJ 2008, 317.
15 *Oestreich/Hellstab/Trenkle*, § 2 GKG Rn 25.
16 Bormann/Diehn/Sommerfeldt/*Neie*, GNotKG, § 2 Rn 40.
17 BT-Drucks. 17/11471 (neu), S. 155 zu § 2 GNotKG.

§ 2 Abs. 5 GNotKG nach, der eine Aushöhlung bestehender Kosten- oder Gebührenfreiheit dadurch verhindern soll, dass der befreite Beteiligte nicht etwaigen Ausgleichsansprüchen anderer Beteiligter ausgesetzt sein darf,[18] muss die Regelung auch auf die dispositiven Vorschriften ausgedehnt werden. Da der Gesetzgeber in solchen Fällen auch den Abschluss entsprechender Vereinbarungen erlaubt, stellen diese auch keine arglistigen Versuche dar, die Staatskasse zu schädigen. Zudem war dem Gesetzgeber bekannt, dass zwingende und dispositive Regelungen bestehen, gleichwohl hat er keine Differenzierung vorgenommen, so dass im Ergebnis auch die dispositiven gesetzlichen Regelungen von § 2 Abs. 5 GNotKG erfasst sind,[19] zB auch § 426 Abs. 1 BGB.

Die Vorschrift muss die Kostentragungspflicht unmittelbar regeln. Ergibt sich die Kostenpflicht nur mittelbar wie bei Schadens- oder Entschädigungsansprüchen, gilt § 2 Abs. 5 GNotKG nicht.[20] 34

Im Einzelnen werden insbesondere erfasst: 35

- **§ 448 Abs. 2 BGB.** Danach hat der Käufer eines Grundstücks die Kosten der Beurkundung des Kaufvertrages und der Auflassung sowie die Kosten der Eintragung ins Grundbuch und der zu der Eintragung erforderlichen Erklärungen zu tragen.
- **§ 480 BGB.** Die Vorschriften über den Kaufvertrag gelten auch für den Tausch, so dass auch die Kostenfolgen des § 448 Abs. 1, 2 BGB anzuwenden sind.
- **§ 453 Abs. 2 BGB.** Der Verkäufer eines Rechts trägt die Kosten für Begründung und Übertragung des Rechts.
- **§ 426 Abs. 1 BGB.**[21] Danach sind Gesamtschuldner im Innenverhältnis zu gleichen Anteilen verpflichtet, soweit nicht ein anderes bestimmt ist. Der Kostenbetrag ist folglich um den auf den befreiten Beteiligten entfallenden Kopfteil zu reduzieren.
- **§ 788 ZPO.**[22] Die Kosten der Zwangsvollstreckung fallen dem Schuldner zur Last, soweit sie notwendig waren. Nicht erfasst ist hingegen der Schadensersatzanspruch nach § 717 Abs. 2 ZPO.

§ 2 Abs. 5 GNotKG gilt nur in Grundbuch- und Registersachen nach § 374 FamFG (Genossenschafts-, Güterrechts-, Handels-, Partnerschafts- und Vereinsregister). Für andere Verfahren gilt die Vorschrift nicht; jedoch sind hier wegen der Rückzahlungspflicht, die § 2 Abs. 3 GNotKG anordnet, wenn einem befreiten Beteiligten Kosten auferlegt werden oder dieser Kosten übernimmt, gleichfalls die auf den Befreiten entfallenden Gerichtskosten nicht zu erheben (s. Rn 24 ff). 36

Beispiel 1: Der Eigentümer verkauft sein Grundstück an die Stadt Magdeburg, die gem. § 7 Abs. 1 JKostG LSA gebührenbefreit ist. 37
Die Kosten für die Eintragung ins Grundbuch hat die Käuferin zu tragen (§ 448 Abs. 2 BGB). Insoweit steht dem Verkäufer ein gesetzlicher Kostenerstattungsanspruch zu.

---

18 HK-GNotKG/*Fackelmann*, § 2 Rn 77.
19 Bormann/Diehn/Sommerfeldt/*Neie*, GNotKG, § 2 Rn 38; HK-GNotKG/*Fackelmann*, § 2 Rn 78.
20 OLG Brandenburg OLGR 2006, 153; Bormann/Diehn/Sommerfeldt/*Neie*, GNotKG, § 2 Rn 39.
21 Bormann/Diehn/Sommerfeldt/*Neie*, GNotKG, § 2 Rn 38; HK-GNotKG/*Fackelmann*, § 2 Rn 78; Korintenberg/*Otto*, GNotKG, § 2 Rn 45.
22 HK-GNotKG/*Fackelmann*, § 2 Rn 78; Korintenberg/*Otto*, GNotKG, § 2 Rn 47.

Die nach Nr. 14110 KV zu erhebende Eintragungsgebühr reduziert sich gem. § 2 Abs. 5 GNotKG auf Null. Entstandene Auslagen (Nr. 31000 ff KV) können jedoch angesetzt werden, da die Stadt Magdeburg nur gebühren-, nicht aber kostenbefreit ist.

38 **Beispiel 2:** Der Eigentümer verkauft sein Grundstück an die Stadt Magdeburg, die gem. § 7 Abs. 1 JKostG LSA gebührenbefreit ist, und an zwei weitere Käufer zu je 1/3. Der Geschäftswert beträgt 350.000 €.
Die Kosten für die Eintragung ins Grundbuch haben die Käufer zu tragen (§ 448 Abs. 2 BGB). Insoweit steht dem Verkäufer ein gesetzlicher Kostenerstattungsanspruch zu. Der auf die befreite Beteiligte entfallende Anteil beträgt 1/3, so dass die Eintragungsgebühr der Nr. 14110 KV wegen § 2 Abs. 5 GNotKG um 1/3 zu reduzieren ist:
Gebühr für die Eintragung, Nr. 14110 KV (Wert: 350.000 €, Tabelle B) 685,00 €
Davon entfallen auf die befreite Beteiligte 1/3 = 228,33 €. Die Gebühr ist gem. § 2 Abs. 5 GNotKG um diesen Betrag zu reduzieren, so dass sie noch 456,67 € beträgt. Der Betrag ist von den beiden nichtbefreiten Käufern zu gleichen Anteilen einzufordern.

39 **Beispiel 3:** Die Stadt Magdeburg, die gem. § 7 Abs. 1 JKostG LSA gebührenbefreit ist, verkauft ein Grundstück an einen Käufer, dem weder Gebühren- noch Kostenfreiheit zusteht. Die Kosten für die Eintragung ins Grundbuch hat der nichtbefreite Käufer zu tragen (§ 448 Abs. 2 BGB). Eine Reduzierung der Eintragungsgebühr findet nicht statt, da die befreite Verkäuferin dem nichtbefreiten Käufer keine Kosten zu erstatten hat.

40 **Beispiel 4:** Wie Beispiel 3, jedoch übernimmt die Stadt Magdeburg die vollständigen Kosten.
Eine Reduzierung der Eintragungsgebühr findet nicht statt, denn die von § 448 Abs. 2 BGB abweichende Kostenvereinbarung bleibt für § 2 Abs. 5 GNotKG unbeachtlich.
Die Gebühr kann nach Landesrecht auch von der Stadt Magdeburg eingezogen werden, da § 7 Abs. 5 JKostG LSA regelt, dass die Gebührenfreiheit nicht von der Verpflichtung zur Zahlung von Beträgen entbindet, zu denen sich die Befreite Dritten gegenüber vertragsmäßig verpflichtet hat.

3. Erstattung

41 Die Erstattung der Gerichtskosten nach § 2 Abs. 3 GNotKG ist von Amts wegen zu veranlassen,[23] eines besonderen Antrags bedarf es nicht. Die Rechtskraft der Kostenentscheidung braucht nicht abgewartet zu werden.[24] Ein Vergleich mit einer Kostenübernahme muss jedoch wirksam geworden sein. Durch den Kostenbeamten ist gem. § 29 Abs. 3 KostVfg die Rückzahlung oder Löschung des Kostensolls zu veranlassen.

4. Kostenfestsetzung

42 Im Kostenfestsetzungsverfahren (§§ 103 ff ZPO iVm § 85 FamFG) ist eine Festsetzung von Gerichtskosten gegen den kostenbefreiten Gegner nicht statthaft.[25] Es besteht gegenüber diesem Beteiligten kein Erstattungsanspruch, sondern nur ein Rückerstattungsanspruch gem. § 2 Abs. 3, 5 GNotKG gegenüber der Staatskasse.[26]

43 Treten mehrere Personen als Antragsteller oder Antragsgegner auf, ist eine Kostenfestsetzung ausgeschlossen, soweit der befreite Beteiligte den nichtbefreiten Beteilig-

23 *Meyer*, § 2 GKG Rn 34.
24 KG NzBau 2013, 643.
25 OLG Düsseldorf JurBüro 1983, 405.
26 Zöller/*Herget*, § 104 ZPO Rn 21, Stichwort „Gerichtskostenfreiheit“.

ten im Innenverhältnis von Kosten freizustellen hat.[27] Der Einwand, dass eine Kostenbefreiung besteht, kann im Kostenfestsetzungsverfahren vorgebracht werden; es ist jedoch im Erinnerungsverfahren nach § 81 GNotKG darüber zu entscheiden.[28]

5. Entscheidungen nach § 81 Abs. 1 S. 2 FamFG

Hat das Gericht angeordnet, dass Gerichtskosten ganz oder teilweise unerhoben bleiben (§ 81 Abs. 1 S. 2 FamFG), gilt § 2 Abs. 3 GNotKG entsprechend. Sind bereits Gebühren- oder Auslagenvorschüsse geleistet (§§ 13, 14 GNotKG), sind die eingezahlten Kosten zurückzuzahlen. Ein Erstattungsanspruch gegen die anderen kostenpflichtigen Beteiligten besteht nicht, soweit die Nichterhebung angeordnet ist, so dass eine Festsetzung nach §§ 103 ff ZPO iVm § 85 FamFG gleichfalls ausscheidet. 44

6. Verzinsung

Die zurückzuzahlenden Gerichtskosten werden gem. § 6 Abs. 4 GNotKG nicht verzinst. 45

VII. Stundung und Erlass

1. Allgemeines

Nicht von § 2 GNotKG erfasst sind die Fälle von Stundung, Niederschlagung und Erlass der Gerichtskosten, denn es handelt sich hierbei um Justizverwaltungssachen. Die maßgeblichen Regelungen ergeben sich aus dem Landesrecht, wobei sich Ausführungsbestimmungen, auch zur Zuständigkeit, zumeist aus den Verwaltungsvorschriften, zB zu den Landeshaushaltsordnungen, ergeben. 46

2. Stundung

Bei der Stundung wird die Fälligkeit des Anspruchs hinausgeschoben. Sie ist nur auf Antrag zu gewähren. Es ist eine Stundungsfrist festzulegen und die Bewilligung gleichzeitig nur unter dem Vorbehalt des jederzeitigen Widerrufs zu gewähren. 47

Im Regelfall soll die Stundung nur gewährt werden, wenn die sofortige Einziehung eine erhebliche Härte für den Schuldner bedeuten würde, von der insbesondere auszugehen ist, wenn er sich aufgrund seiner ungünstigen wirtschaftlichen Verhältnisse vorübergehend in ernsthaften Zahlungsschwierigkeiten befindet oder er durch die sofortige Einziehung in solche geraten würde. 48

Die Landesbestimmungen sehen zumeist die Anordnung einer Verzinsung vor. 49

3. Niederschlagung

Die Niederschlagung ist eine **verwaltungsinterne Maßnahme**, durch die von der Weiterverfolgung des Anspruchs abgesehen wird, ohne dass der Anspruch erlischt oder eine weitere Rechtsverfolgung ausgeschlossen wird. Eines Antrags bedarf es nicht. 50

Eine Mitteilung an den Anspruchsgegner über die Niederschlagung ist nicht erforderlich. Wird aber gleichwohl eine solche gefertigt, ist unbedingt darauf hinzuweisen, dass das Recht vorbehalten ist, den Anspruch später erneut geltend zu machen. 51

---

27 Zöller/*Herget*, § 104 ZPO Rn 21, Stichwort „Gerichtskostenfreiheit".
28 OLG Naumburg 22.10.2001 – 13 W 235/01.

52 Es ist zwischen **befristeter** und **unbefristeter** Niederschlagung zu unterscheiden. Erstere kommt in Betracht, wenn die Einziehung vorübergehend keinen Erfolg verspricht. Die wirtschaftlichen Verhältnisse oder das Vorliegen der sonstigen Gründe sind in angemessenen Zeitabständen zu überprüfen, wobei jedoch die Verjährungsfristen beachtet werden müssen. Eine unbefristete Niederschlagung setzt voraus, dass die Einziehung dauerhaft ohne Erfolg bleiben wird.

4. Erlass

53 Mit dem Erlass wird auf den fälligen Anspruch verzichtet, so dass dieser gem. § 397 BGB erlischt. Die haushaltsrechtlichen Vorschriften sehen deshalb vor, dass ein Erlass nur zu erfolgen hat, wenn eine Stundung nicht in Betracht kommt. Im Regelfall bedarf es für den Erlass eines Antrags des Kostenschuldners.

§ 8 Kostenansatzverfahren

I. Allgemeines

Der Kostenansatz besteht in der Aufstellung der Kostenrechnung (§ 4 Abs. 1 KostVfg). Es handelt sich um einen **Justizverwaltungsakt,**[1] der im Verwaltungswege oder aufgrund gerichtlicher Entscheidung zu berichtigen ist. 1

Für den Kostenansatz sind die gesetzlichen Regelungen, insbesondere des GNotKG, aber auch zahlreiche Verwaltungsbestimmungen zu beachten, zu denen u.a. die **KostVfg**, die **DB-PKH** oder die Bestimmungen über die Verwendung von Gerichtskostenstemplern gehören. 2

Das Gericht (Richter, Rechtspfleger) ist an die Verwaltungsvorschriften nicht gebunden, da sie keinen Gesetzesrang besitzen.[2] Ihre Aufstellung und regelmäßige Anwendung bewirkt aber gleichwohl eine Selbstbindung der Verwaltung, die ihr Ermessen einschränkt und sie verpflichtet, im Einzelfall die Vorschriften zu befolgen. Ein Abweichen von den Verwaltungsvorschriften kann daher einen Ermessensfehler darstellen und zur Rechtswidrigkeit des Kostenansatzes führen.[3] Nur dann, wenn die Verwaltungsvorschrift den gesetzlichen Regelungen, welche durch sie näher geregelt werden sollen, nicht gerecht wird, kann sie keine Bindungswirkung entfalten.[4] 3

II. Zuständigkeit

1. Sachliche und örtliche Zuständigkeit

a) Allgemeines

Die sachliche und örtliche Zuständigkeit wird durch § 18 GNotKG bestimmt, der durch §§ 5, 6 KostVfg ergänzt wird. Danach gilt folgender Grundsatz: 4

- Die erstinstanzlichen Kosten werden bei dem Gericht angesetzt, bei welchem das Verfahren im ersten Rechtszug anhängig ist oder zuletzt anhängig war (§ 18 Abs. 1 S. 1 Nr. 1 GNotKG).
- Die Kosten des Rechtsmittelverfahrens werden bei dem Rechtsmittelgericht angesetzt (§ 18 Abs. 1 S. 1 Nr. 2 GNotKG).

Bei diesen Zuständigkeitsregelungen bleibt es auch, wenn es sich um Kosten handelt, die vor einem ersuchten Gericht entstanden sind (§ 18 Abs. 1 S. 2 GNotKG). 5

b) Rechtsmittelkosten

Besondere Regelungen für die Rechtsmittelkosten sieht die KostVfg nicht mehr vor. In den meisten Ländern hat deshalb das Rechtsmittelgericht die Reinschrift der Kostenrechnung zu fertigen und zu übersenden. Die Beantwortung einer Zweitschuldneranfrage für Rechtsmittelkosten obliegt aber dem Rechtsmittelgericht, wenn eine Zweitschuldnerhaftung besteht (§ 27 Abs. 2 S. 3 KostVfg). 6

Handelt es sich um Gerichtskosten des Bundesgerichtshofes, erfolgt die Übersendung der Reinschrift stets durch den dortigen Kostenbeamten, dem auch die Löschung oder Rückzahlung von Kosten obliegt. 7

---

1 OLG Saarbrücken Rpfleger 2001, 461.
2 OLG Koblenz MDR 2005, 1079.
3 OLG Koblenz Rpfleger 1988, 384; KG MDR 2002, 1276.
4 OLG Brandenburg NJW 2007, 1470.

8 Für den Einzug von VKH-Zahlungen für vor dem Bundesgerichtshof anhängige Rechtsmittelverfahren gelten Nr. 4.5.1, 4.5.2 und 5.3 DB-PKH.

c) Sonderzuständigkeiten

9 § 18 Abs. 2–5 GNotKG ordnet für bestimmte Kosten eine besondere örtliche Zuständigkeit an. Das betrifft im Einzelnen:

10 Die Kosten für die **Eröffnung von Verfügungen von Todes wegen** und für die **Beurkundung der Erbausschlagung oder der Anfechtung der Erbausschlagung** (Nr. 12101, 21201 KV) werden auch dann von dem nach § 343 FamFG zuständigen Nachlassgericht erhoben, wenn die Eröffnung bei einem anderen Gericht stattgefunden hat (§ 18 Abs. 2 GNotKG). Gemäß § 5 Abs. 6 S. 2 Nr. 2 KostVfg sind auch die Kosten für die **Abnahme einer eidesstattlichen Versicherung zwecks Erwirkung des Erbscheins** beim Nachlassgericht anzusetzen. Tritt das Landwirtschaftsgericht an die Stelle des Nachlassgerichts, wird auch die Gebühr für die Abnahme einer eidesstattlichen Versicherung zwecks Erwirkung des Erbscheins beim Landwirtschaftsgericht angesetzt (§ 5 Abs. 6 S. 5 KostVfg).

11 Soll ein **Gesamtrecht bei mehreren Grundbuchämtern** eingetragen werden oder ist die Veränderung oder Löschung eines solchen Rechts einzutragen, sind die nach Nr. 14122, 14131, 14141 KV erhöhten Eintragungsgebühren bei dem Gericht anzusetzen, bei dem der Antrag zuerst eingegangen ist (§ 18 Abs. 3 S. 1 GNotKG). Entsprechendes gilt für die Eintragung, Veränderung oder Löschung eines Gesamtrechts bei mehreren Registergerichten (Schiffs- und Schiffsbauregister) hinsichtlich der Gebühren der Nr. 14221, 14231, 14241 KV (§ 18 Abs. 3 S. 2 GNotKG).

12 Die Kosten für die Eintragung in das Schiffsregister bei **Verlegung des Heimathafens oder des Heimatorts** werden nur von dem Gericht des neuen Heimathafens oder Heimatorts angesetzt (§ 18 Abs. 4 GNotKG).

13 Für die nach Nr. 31000, 31003 KV zu erhebende **Dokumenten- und Aktenversendungspauschale** ordnet § 18 Abs. 5 GNotKG an, dass sie bei der Stelle anzusetzen sind, bei der sie entstanden sind.

d) Abgaben und Verweisungen

14 Ist das Verfahren an ein anderes Gericht desselben oder eines anderen Bundeslandes verwiesen, ist die Vereinbarung über den Ausgleich von Kosten zu beachten (§ 6 Abs. 1 KostVfg). Danach sind die vor der Verweisung fällig gewordenen Gebühren und Auslagen bei dem verweisenden Gericht anzusetzen und einzuziehen. Nach der Verweisung fällig gewordene Kosten werden stets von dem übernehmenden Gericht angesetzt und eingezogen. Das übernehmende Gericht ist auch zuständig für die nach der Verweisung anzuordnende Rückzahlung von Gerichtskosten, selbst wenn die Kosten noch bei dem verweisenden Gericht eingezogen worden sind. Nach § 59 RVG übergegangene Beträge werden von dem Gericht eingezogen, an welches das Verfahren verwiesen wurde (§ 6 Abs. 2 KostVfg).

15 Die Bundesländer haben gegenseitig auf die Erstattung der Gerichtskosten und der nach § 59 RVG übergegangenen Ansprüche verzichtet.

e) Verfahrenskostenhilfe

16 Die grundsätzliche Zuständigkeit für die Festsetzung der an den beigeordneten VKH-Anwalt zu zahlenden Vergütung ergibt sich aus § 55 Abs. 1, 2 RVG. Die Auszah-

lungsanordnung ist durch den Urkundsbeamten der Geschäftsstelle des erstinstanzlichen Gerichts zu erteilen (Nr. 1.3.1 VergütungsAV).[5] Ist die Vergütung aber aus der Bundeskasse zu zahlen, weil die Tätigkeit vor dem Bundesgerichtshof erfolgt ist, hat der Urkundsbeamte des erstinstanzlichen Gerichts dem Bundesgerichtshof ein Exemplar der Festsetzung zu übersenden, damit die Auszahlung durch den Bundesgerichtshof veranlasst werden kann.

Ist das Verfahren abgegeben oder verwiesen, gelten § 6 Abs. 1 KostVfg sowie die 17
Ländervereinbarung über den Ausgleich von Kosten. Danach hat der Urkundsbeamte des übernehmenden Gerichts die Festsetzung vorzunehmen und die Auszahlung zu veranlassen. War der Vergütungsanspruch aber bereits vor der Aktenversendung fällig und auch der Festsetzungsantrag vor der Abgabe oder Verweisung bei dem verweisenden Gericht eingegangen, hat noch der Urkundsbeamte des verweisenden Gerichts die Festsetzung vorzunehmen.

2. Funktionelle Zuständigkeit

Die Tätigkeiten des Kostenbeamten werden von den Beamten des gehobenen und 18
mittleren Dienstes oder vergleichbaren Beschäftigten wahrgenommen (§ 1 KostVfg). In den Ländern sind darüber hinaus in den Geschäftsordnungsvorschriften Regelungen ergangen, die im Einzelnen die noch bestehenden Vorbehalte für den gehobenen Dienst regeln, zB für die meisten Geschäfte in Grundbuchsachen.

III. Zeitpunkt des Kostenansatzes

Für den rechtzeitigen Kostenansatz ist der Kostenbeamte verantwortlich (§ 2 Abs. 1 19
KostVfg). Die Gerichtskosten sind gem. § 15 Abs. 1 KostVfg anzusetzen, sobald sie fällig werden. Kostenvorschüsse sind zu berechnen, sobald sie zu leisten sind. Die maßgeblichen Regelungen sind für die Gerichtskosten in §§ 8, 9, 12 ff GNotKG enthalten.

Für Dauerbetreuungen, Dauerpflegschaften und Nachlasspflegschaften sowie für 20
Nachlass- und Gesamtgutsverwaltung gilt, soweit Jahresgebühren entstehen, die Regelung des § 8 GNotKG. Daneben ist in Dauerbetreuungen und Dauerpflegschaften § 16 Abschn. II KostVfg zu beachten, wonach der Kostenansatz im Zeitpunkt der Prüfung der jährlichen Rechnungslegung erfolgen kann, wenn kein Verlust für die Staatskasse zu befürchten ist.

Sind Akten aufgrund eines Rechtsmittels oder aus anderen Gründen zu versenden, 21
soll der Kostenansatz einschließlich notwendiger Rückzahlung oder Sollstellung vor der Aktenübersendung erfolgen.[6]

Für die Erhebung der Auslagen gilt § 15 Abs. 2, 3 KostVfg. Die Auslagen sind danach 22
erst bei Beendigung des Rechtszugs anzusetzen, wenn kein Verlust für die Staatskasse zu befürchten ist oder eine Ausnahme nach § 15 Abs. 3 KostVfg vorliegt.

5 Bundeseinheitliche Verwaltungsvorschrift, die durch die Landesjustizverwaltungen für die einzelnen Länder in Kraft gesetzt wurde (Allgemeine Verfügung über die Festsetzung der aus der Staatskasse zu gewährenden Vergütung der Rechtsanwältinnen, Rechtsanwälte, Patentanwältinnen, Patentanwälte, Rechtsbeistände, Steuerberaterinnen und Steuerberater).

6 Vgl. die in den Ländern erlassenen Verwaltungsvorschriften über die Beschleunigung des Kostenansatzes.

IV. Der Kostenbeamte

1. Rechtsstellung des Kostenbeamten

23 Der Kostenbeamte wird als Teil der Justizverwaltung tätig, denn der Kostenansatz ist Justizverwaltungsakt.[7] Er ist weisungsgebunden und muss den Kostenansatz auf Anordnung im Verwaltungswege berichtigen (§ 18 Abs. 6 GNotKG, § 36 KostVfg) (s. Rn 49). Die ordnungsgemäße Erledigung seiner Aufgaben wird durch die Vorstände der Justizbehörden überwacht (§ 34 Abs. 1 KostVfg). Durch die Kostenprüfungsbeamten, zu denen nach § 35 KostVfg die Bezirksrevisoren und die weiter bestellten Prüfungsbeamten gehören, hat regelmäßig eine besondere Prüfung des Kostenansatzes zu erfolgen (§ 39 KostVfg). Der Prüfungsumfang und das Prüfungsverfahren ergeben sich aus §§ 41 ff KostVfg.

2. Aufgaben des Kostenbeamten

24 Zu den Aufgaben des Kostenbeamten gehört der rechtzeitige und vollständige Ansatz der Kosten, was auch die Ermittlung der Kostenschuldner und die Reihenfolge ihrer Inanspruchnahme einschließt (§ 7 KostVfg). Für seine Ermittlungen stehen dem Kostenbeamten alle Mittel zur Verfügung, die bei Amtsermittlungen zulässig sind.[8] Auch die Behandlung von Ersuchen und Mitteilungen der Kasse obliegt dem Kostenbeamten (§ 27 KostVfg), wie auch die Auszahlung von durchlaufenden Geldern (§ 32 Abs. 1 KostVfg). Der Kostenbeamte hat dem Vertreter der Staatskasse zudem alle beschwerdefähigen Entscheidungen mitzuteilen (§ 38 Abs. 2 S. 1 KostVfg).

3. Vorlage der Akten

25 Die Arbeit des Kostenbeamten wird durch die **aktenführende Stelle**, in der Regel die Serviceeinheit, unterstützt. Sie ist für die rechtzeitige Aktenvorlage an den Kostenbeamten verantwortlich (§ 3 Abs. 1 S. 1, 2 KostVfg). Eine Aktenvorlage an den Kostenbeamten hat danach insbesondere zu erfolgen, wenn

- eine den Rechtszug abschließende gerichtliche Entscheidung ergangen ist,
- die Akten aus einem Rechtsmittelzug zurückkommen,
- Zweifel bestehen, ob Kosten oder Vorschüsse zu berechnen sind.

26 Im Übrigen hat Aktenvorlage zu erfolgen, wenn Kosten eingezahlt werden und die Zahlung nicht einen von dem Kostenbeamten angeforderten Vorschuss betrifft oder wenn eine Nachricht von der Gerichtskasse über die Löschung des Kostensolls eingeht, um das nach § 27 Abs. 4 KostVfg Notwendige zu veranlassen. Im Übrigen sieht Teil A Nr. 2.4 iVm Teil B Nr. 1.1 DB-PKH die Aktenvorlage an den Kostenbeamten vor, wenn

- das Gericht Verfahrenskostenhilfe bewilligt hat,
- die Entscheidung über die Verfahrenskostenhilfe geändert worden ist,
- das Rechtsmittelgericht andere Zahlungen als das Gericht der Vorinstanz bestimmt hat,
- das Gericht die Entscheidung über die zu leistenden Zahlungen geändert oder die Bewilligung der Verfahrenskostenhilfe aufgehoben hat,
- 47 Monatsraten eingegangen sind.

---

7 BVerfG NJW 1970, 853.
8 *Rittmann-Wenz*, Gerichtskostengesetz, 19. Aufl. 1943, § 4 Rn 1.

Um die Arbeit des Kostenbeamten zu unterstützen, hat die aktenführende Stelle auf dem Aktenumschlag die Blätter zu bezeichnen, 27

- auf denen sich Abdrucke von Gerichtskostenstemplern oder Aktenausdrucke nach § 696 Abs. 2 ZPO mit Gerichtskostenrechnungen befinden,
- aus denen sich ergibt, dass Vorschüsse zum Soll gestellt oder ohne vorherige Sollstellung gezahlt sind,
- auf denen sich Kostenrechnungen, Zahlungsanzeigen oder Nachrichten der Gerichtskasse über die Löschung des Kostensolls befinden,
- auf denen sich Vermerke über Kleinbeträge gemäß den Kleinbetragsregelungen befinden.

Weiter sind die zu erhebenden Auslagen in einer ins Auge fallenden Weise zu vermerken, wenn nicht eine Berechnung zu den Akten gelangt (§ 3 Abs. 2 KostVfg). Die Bewilligung von VKH ist gem. Nr. 1.4 Teil B DB-PKH auf dem Aktenumschlag zu vermerken. 28

V. Kostenrechnung

1. Allgemeines

Die Kostenrechnung ist für **jede Instanz gesondert** aufzustellen.[9] Es ist zu unterscheiden zwischen der Urschrift (§ 24 KostVfg) und der Reinschrift der Kostenrechnung (§ 25 KostVfg). 29

In Betreuungs-, Pflegschafts- und Nachlasssachen sind sämtliche Kostenrechnungen sowie Beanstandungen der Kostenprüfungsbeamten und Zahlungsanzeigen vor dem ersten Aktenblatt einzuheften und für das Paginieren römische Ziffern zu verwenden (§ 3 Abs. 3 S. 1, 4 KostVfg). Wie vorstehend kann auch in anderen Angelegenheiten verfahren werden, wenn dies zweckmäßig erscheint, insbesondere bei umfangreichen Akten (§ 3 Abs. 3 S. 2 KostVfg). 30

2. Inhalt

Der Inhalt der **Urschrift** der Kostenrechnung ergibt sich aus § 24 KostVfg. Insbesondere sind aufgrund des Zitiergebots die angewendeten Kosten- und Wertvorschriften anzugeben. Die Urschrift ist unter Angabe von Ort, Tag und Amtsbezeichnung zu unterschreiben (§ 24 Abs. 9 KostVfg). Der festgestellte Kostenschuldner, auch ein Zweitschuldner oder weitere Gesamtschuldner, ist mit Namen und Anschrift anzugeben. 31

Ist die Kostenschuld nicht beglichen, hat der Kostenbeamte ihre Anforderung nach § 25 KostVfg (Sollstellung) oder § 26 KostVfg (Kostennachricht) zu veranlassen (§ 4 Abs. 2 KostVfg). Der Einzug ohne Sollstellung (Kostennachricht) erfolgt nach § 26 Abs. 1 KostVfg, wenn es sich um eine Vorschusszahlung handelt, von der eine Amtshandlung abhängt (§§ 13, 14 Abs. 1 S. 2, Abs. 2 GNotKG). 32

Ist Sollstellung angeordnet, muss dem Kostenschuldner die Reinschrift der Kostenrechnung übersandt werden. In ihr sind alle den Kostenschuldner betreffenden Inhalte (zB angewendete Vorschriften, Kostenbeträge) aufzunehmen, ferner eine Zahlungsaufforderung und Rechtsbehelfsbelehrung (§ 25 Abs. 2 S. 1 KostVfg). Anzugeben 33

9 *Meyer*, § 19 GKG Rn 12.

sind auch der Zahlungsempfänger mit Anschrift, Bankverbindung sowie das Zuordnungsmerkmal der Sollstellung, wie zB Kassenzeichen (§ 25 Abs. 2 S. 2 KostVfg).

34 Die **Schlusskostenrechnung** ist unverzüglich zu übersenden (§ 26 Abs. 9 KostVfg).

3. Absehen von der Übersendung der Schlusskostenrechnung

35 Die Übersendung einer Schlusskostenrechnung unterbleibt, wenn dem Kostenschuldner bereits eine Vorschusskostenrechnung übersandt war und sich vorläufiger und endgültiger Kostenbetrag decken (§ 26 Abs. 9 KostVfg). Von der Aufstellung der Urschrift (§ 24 KostVfg) oder der Abrechnung der Vorschusszahlung (§ 15 Abs. 2 KostVfg) befreit die Vorschrift aber nicht.

VI. Absehen vom Kostenansatz

1. Allgemeines

36 Vom Ansatz der Kosten ist in folgenden Fällen abzusehen:

- **§ 33 Abs. 2, 3 GNotKG:** Danach darf die Haftung eines anderen Kostenschuldners nicht geltend gemacht werden, wenn einem Kostenschuldner, der als Entscheidungsschuldner (§ 27 Nr. 1 GNotKG) haftet, VKH bewilligt ist; Entsprechendes gilt in bestimmten Fällen der Übernahmehaftung (§ 27 Nr. 2 GNotKG).
- **Nr. 3.1 DB-PKH:** Danach ist die Urschrift der Kostenrechnung (§ 24 KostVfg) nicht aufzustellen, wenn dem Kostenschuldner VKH ohne Zahlungsbestimmungen bewilligt ist.
- **§ 10 KostVfg:** bei dauerndem Unvermögen des Kostenschuldners.

37 Eine Nichterhebung von Kosten kommt auch nach § 21 GNotKG in Betracht, wenn es sich um Gerichtskosten handelt, die bei richtiger Sachbehandlung durch das Gericht nicht entstanden wären (s. dazu ausf. Rn 50 ff).

38 Der Kosteneinzug kann auch unterbleiben, wenn nur **Kleinbeträge** einzuziehen sind. Die in den Ländern ergangenen Verwaltungsvorschriften sind zu beachten (§ 4 Abs. 5 KostVfg). Aus ihnen ergibt sich auch die genaue Höhe des Kleinbetrags.

2. Dauerndes Unvermögen (§ 10 KostVfg)

a) Voraussetzungen

39 Nach § 10 Abs. 1 S. 1 KostVfg kann der Kostenbeamte vom Kostenansatz absehen, wenn das dauernde Unvermögen des Kostenschuldners offenkundig oder aus anderen Akten bekannt ist. Auch der dauernde Aufenthalt an einem Ort, der für eine Beitreibung keinen Erfolg verspricht, kann den Kostenabstand rechtfertigen. Jedoch reicht insbesondere ein bloßer Auslands- oder Gefängnisaufenthalt nicht aus. Die Möglichkeit, dass der Kostenschuldner zu einem späteren Zeitpunkt einmal in die Lage kommen könnte, die Kosten ganz oder teilweise zu zahlen, schließt einen Kostenabstand nicht aus (§ 10 Abs. 1 S. 2 KostVfg).

b) Entscheidung und Aktenvermerk

40 Die Entscheidung trifft der Kostenbeamte, der auch selbständig zu prüfen hat, ob ein Unvermögen tatsächlich vorliegt. Die im VKH-Verfahren eingereichten Unterlagen können Anhaltspunkte für einen Kostenabstand geben, entbinden aber nicht von der eigenständigen Prüfung durch den Kostenbeamten (§ 10 Abs. 3 KostVfg).

In den Akten ist durch den Kostenbeamten unter Angabe der Gründe zu vermerken, dass vom Kostenansatz abgesehen wurde (§ 10 Abs. 4 KostVfg). 41

c) Späterer Kostenansatz

Die Kosten sind anzusetzen, wenn später Anhaltspunkte bekannt werden, wonach eine Einziehung nunmehr Erfolg haben würde (§ 10 Abs. 5 KostVfg). Zum Nachforderungsverbot des § 20 GNotKG s. § 4 Rn 52. 42

VII. Zahlung der Gerichtskosten

1. Gerichtskostenstempler

Die Zahlung von Gerichtskosten kann durch Gerichtskostenstempler erfolgen (vgl. aber Rn 44 f). Die Verwendung eines Gerichtskostenstemplers ist nur nach vorheriger Genehmigung der Genehmigungsbehörde zulässig. Mit ihm können Kosten in Verfahren der ordentlichen und der freiwilligen Gerichtsbarkeit sowie in Justizverwaltungsangelegenheiten bezahlt werden. In diesen Verfahren können auch Gerichtskostenstempler eines anderen Bundeslandes verwendet werden; auf einen Ausgleich haben die Länder verzichtet.[10] Für die nach der EBAO einzuziehenden Gelder (zB Ordnungs- und Zwangsgelder nach §§ 33, 35 FamFG) dürfen Gerichtskostenstempler anderer Länder jedoch nicht verwendet werden. 43

Ist wegen der Kosten bereits Sollstellung erfolgt, dürfen Gerichtskostenstempler nicht verwendet werden. Eine Verwendung kann aber ausnahmsweise zugelassen werden, wenn sich der Kostenschuldner nicht ständig und bewusst darüber hinwegsetzt. 44

Der Gerichtskostenstempler ist nicht als Zahlung anzuerkennen, wenn die Höhe des entrichteten Betrags nicht oder nicht zweifelsfrei ermittelt werden kann. Gleiches gilt, wenn der Abdruck bereits auf einem anderen Schriftstück angebracht war, denn jedes Ausschneiden oder Ablösen von Stemplerabdrücken ist unzulässig. Ist eine Zahlung nicht anerkannt, kann Antrag auf Erstattung der Kosten bei der Leitung des Amtsgerichts gestellt werden, an dessen Zahlstelle der Benutzer des Kostenstemplers die Vorauszahlung geleistet hat. 45

2. Gerichtskostenmarken

Der Verkauf von Kostenmarken ist in allen Ländern eingestellt. Kostenmarken dürfen nicht mehr verwendet werden. Im Land Nordrhein-Westfalen sind jedoch der Verkauf und die Verwendung von elektronischen Kostenmarken zulässig.[11] Die Kostenmarken sind derzeit nur in Nordrhein-Westfalen gültig.[12] 46

VIII. Berichtigung des Kostenansatzes

1. Amtstätigkeit

Ein unrichtiger Kostenansatz ist durch den Kostenbeamten von Amts wegen zu berichtigen (§ 28 Abs. 1 KostVfg). Eines besonderen Antrags bedarf es also nicht, so 47

---

10 Vgl. die zum 1.4.1995 in Kraft getretene „Vereinbarung über die freizügige Verwendung von Gerichtskostenmarken und Gerichtskostenstemplern". Für die Zahlung von Geldstrafen, Geldbußen und sonstigen nach der EBAO einzuziehenden Ansprüche können Kostenmarken oder Gerichtskostenstemplerabdrücke anderer Länder jedoch nicht verwendet werden.

11 AV d. JM vom 21.4.2010 – 5251 – Z. 12 (JMBl. NRW S. 133).

12 Vgl. Justizportal des Bundes und der Länder: http://www.justiz.de/kostenmarke/index.php.

dass ggf. auch eine Rückzahlung von Amts wegen zu veranlassen ist. Eine Berichtigung hat auch zu erfolgen, wenn sich die Höhe der Kosten ändert (§ 29 KostVfg), sich die Kostenhaftung durch das Hinzutreten weiterer Kostenschuldner bzw. die Reihenfolge ihrer Inanspruchnahme ändert (§ 30 KostVfg) oder die Festsetzung von Zahlungen nach dem JVEG oder RVG abgeändert wird.[13]

48 Soweit aufgrund der Berichtigung des Kostenansatzes Kosten nachzufordern sind, muss die Nachforderungsfrist des § 20 GNotKG beachtet werden (s. dazu § 4 Rn 48 ff).

2. Berichtigung des Kostenansatzes im Verwaltungswege

49 Eine Berichtigung des Kostenansatzes kann nach § 18 Abs. 6 GNotKG auch im Verwaltungswege angeordnet werden, ohne dass es hierfür einer gerichtlichen Entscheidung nach den §§ 81 ff GNotKG bedarf. Die Anordnung erfolgt im Dienstaufsichtswege (§ 28 Abs. 2 S. 1 KostVfg). Zuständig sind die Vorstände der Justizbehörden und die Kostenprüfungsbeamten (§ 36 S. 1 KostVfg). Eine solche Anordnung kann jedoch nur ergehen, solange noch nicht gerichtlich über den Kostenansatz entschieden wurde.

IX. Nichterhebung von Kosten wegen unrichtiger Sachbehandlung (§ 21 GNotKG)

1. Allgemeines

50 Kosten, die durch eine unrichtige Sachbehandlung entstanden sind, werden nicht erhoben (§ 21 Abs. 1 S. 1 GNotKG). Die Norm sieht eine Nichterhebung vor für

- Kosten, die bei richtiger Sachbehandlung durch das Gericht nicht entstanden wären;
- Auslagen wegen einer von Amts wegen veranlassten Verlegung eines Termins oder Vertagung einer Verhandlung;
- Kosten für die Abweisung oder Zurücknahme eines Antrags, wenn der Antrag auf einer unverschuldeten Unkenntnis des Beteiligten beruht.

51 Der Erlass oder die Stundung von Gerichtskosten ist kein Fall des § 21 GNotKG, jedoch ist vor Anordnung von Erlass, Stundung oder Niederschlagung zu prüfen, ob eine Entscheidung nach § 21 GNotKG in Betracht kommt.[14] Zur Stundung s. § 7 Rn 47 ff, zur Niederschlagung s. § 7 Rn 50 ff und zum Erlass s. § 7 Rn 53.

2. Anwendungsbereich

52 § 21 GNotKG bezieht sich nur auf die Gerichtskosten. Die Norm umfasst sämtliche Gebühren- und Auslagentatbestände des GNotKG, nicht aber die außergerichtlichen Kosten der Beteiligten, die nicht unerhoben bleiben können.[15] Zu Letzteren gehören auch die nach § 59 RVG auf die Staatskasse übergegangenen Beträge.[16] Auch die an einen Pfleger oder Betreuer gezahlten Vergütungen oder Aufwandsentschädigungen werden nicht von § 21 GNotKG erfasst.[17] Handelt es sich um Gerichtsvollzieherkosten, greift § 21 GNotKG insoweit ein, als eine unrichtige Beauftragung durch das Gericht erfolgt ist und die Kosten nach Nr. 31013 KV einzuziehen sind. Hat der Ge-

---

13 *Meyer*, § 19 GKG Rn 16.
14 *Meyer*, § 21 GKG Rn 22.
15 OLG Thüringen JurBüro 1999, 435; *Meyer*, § 21 GKG Rn 2.
16 Korintenberg/*Tiedtke*, GNotKG, § 21 Rn 117.
17 OLG Naumburg FamRZ 1994, 1335.

richtsvollzieher durch eine unrichtige Sachbehandlung Kosten verursacht, gilt ausschließlich § 7 GvKostG.

3. Unrichtige Sachbehandlung

a) Begriff

Nicht jeder Fehler des Gerichts rechtfertigt eine Nichterhebung der Kosten, denn eine unrichtige Sachbehandlung liegt nur vor, wenn das Gericht gegen eindeutige gesetzliche Normen verstößt und der Verstoß offen zutage tritt oder ein offensichtliches Versehen des Gerichts vorliegt.[18] Auch ein offensichtlicher schwerer Verfahrensfehler genügt,[19] nicht aber schon leichte Verfahrensfehler.[20] 53

Im Hinblick auf die sachliche Unabhängigkeit des Gerichts liegt eine unrichtige Sachbehandlung erst dann vor, wenn der Richter oder Rechtspfleger Maßnahmen oder Entscheidungen trifft, die seinen breiten Handlungs-, Bewertungs- und Entscheidungsspielraum überschreiten.[21] Auf Einzelfälle soll hier wegen ihrer Kasuistik nicht eingegangen werden.[22] 54

b) Keine Sachprüfung

Im Rahmen des § 21 GNotKG kann eine getroffene Sachentscheidung nicht auf ihre sachliche Richtigkeit oder Zweckmäßigkeit überprüft werden,[23] so dass auch eine abweichende Beurteilung der Rechtsauffassung keine Nichterhebung rechtfertigt.[24] 55

c) Gerichtliche Handlungen

Die unrichtige Sachbehandlung muss durch einen Angehörigen der staatlichen Rechtspflege erfolgt sein.[25] Hierzu gehören Richter, Rechtspfleger, Beamte und Angestellte des mittleren und einfachen Dienstes sowie Arbeiter. Nicht erfasst ist der gerichtlich bestellte Sachverständige[26] oder ein Verfahrenspfleger. Das Verfahren muss zudem bei dem Gericht bereits anhängig sein.[27] 56

d) Mehrkosten

§ 21 GNotKG findet nur Anwendung, wenn durch die unrichtige Sachbehandlung zusätzliche Kosten entstanden sind. Die unrichtige Behandlung der Sache muss ursächlich für die Mehrkosten gewesen sein. Wären die Gerichtskosten auch bei einer richtigen Sachbehandlung entstanden, kommt eine Nichterhebung nicht in Betracht.[28] Etwas anderes gilt aber, wenn ein Beteiligter nur aufgrund einer unrichtigen Sachbehandlung Kostenschuldner geworden ist.[29] 57

---

18 OLG Koblenz MDR 2004, 831; OLG Brandenburg FamRZ 2007, 162.
19 BGH MDR 2005, 956.
20 NK-GK/*Thiel*, GKG, § 21 Rn 10.
21 Binz/Dörndorfer/*Petzold*, § 21 GKG Rn 5.
22 Vgl. hierzu die Übersichten bei HK-GNotKG/*Macht*, § 21 Rn 21 ff und Korintenberg/*Tiedtke*, GNotKG, § 21 Rn 46 ff.
23 OLG München MDR 1998, 1437.
24 OLG Karlsruhe NJW-RR 2008, 807.
25 OLG Hamm AnwBl 2003, 252.
26 OLG Frankfurt FamRZ 1999, 1437.
27 OLG Düsseldorf MDR 1997, 402.
28 OLG Nürnberg JurBüro 1989, 1562.
29 *Meyer*, § 21 GKG Rn 9.

4. Termine und Verhandlungen

a) Voraussetzungen

58 Ist ein Termin verlegt oder eine Verhandlung vertagt, bleiben die Gerichtskosten unerhoben, wenn die Verlegung oder Vertagung von Amts wegen erfolgt ist (§ 21 Abs. 1 S. 2 GNotKG). Die Regelung findet jedoch nur Anwendung, wenn die Gründe hierfür ausschließlich bei dem Gericht liegen.[30] Wird sowohl auf Antrag eines Beteiligten als auch von Amts wegen verlegt oder vertagt, bleiben die Kosten unerhoben, wenn das Gericht die Verlegung oder Vertagung unabhängig von dem Antrag vorgenommen hätte.[31]

b) Umfang der Kosten

59 Zu den erfassten Gerichtskosten, die nach § 21 Abs. 1 S. 2 GNotKG unerhoben bleiben sollen, zählen insbesondere:

- Auslagen für Telegramme (Nr. 31001 KV),
- Zustellungskosten (Nr. 31002 KV),
- Vergütungen für Sachverständige oder Dolmetscher sowie Entschädigungen für Zeugen oder Dritte (Nr. 31005 KV),
- Kosten einer öffentlichen Bekanntmachung (Nr. 31004 KV),
- Ladungskosten, wenn die Ladung im Wege der Rechtshilfe erfolgt ist (Nr. 31014 KV),
- an mittellose Beteiligte für die Reise gezahlte Beträge oder Kosten für die Beförderung von Personen (Nr. 31008 KV).

60 Gerichtsgebühren sind nicht erfasst, da solche für eine Verhandlung oder einen Termin nicht entstehen.

61 Auf die außergerichtlich entstandenen Kosten, wie zB anwaltliche Terminsgebühren oder Reisekosten, sowie Beteiligtenkosten (§ 91 Abs. 1 S. 2 ZPO iVm § 80 S. 2 FamFG) findet § 21 GNotKG keine Anwendung.

5. Unkenntnis

62 Wird ein Antrag abgewiesen oder zurückgenommen, kann das Gericht die Nichterhebung der entstandenen Gerichtskosten anordnen (§ 21 Abs. 1 S. 3 GNotKG). Es handelt sich um eine Ermessensentscheidung des Gerichts, bei der auch der Bildungsgrad des Antragstellers berücksichtigt werden kann.[32]

63 Voraussetzung für die Anordnung der Nichterhebung nach § 21 Abs. 1 S. 3 GNotKG ist stets, dass die Abweisung oder Zurücknahme aufgrund unverschuldeter Unkenntnis der tatsächlichen oder rechtlichen Verhältnisse erfolgt ist. Der Antragsteller muss das ihm Zumutbare zur Aufklärung der Sach- und Rechtslage getan haben. Eine falsche Rechtsmittelbelehrung (§ 39 FamFG) kann unverschuldete Unkenntnis herbeiführen, nicht aber bloße mangelhafte Rechtskenntnisse, weil dann der Rat eines Anwalts eingeholt werden kann.[33]

64 Ist ein Beteiligter anwaltlich vertreten, muss auch der Anwalt in unverschuldeter Unkenntnis gehandelt haben (§ 85 Abs. 2 ZPO iVm § 11 S. 5 FamFG).[34]

---

30 *Meyer*, § 21 GKG Rn 11.
31 *Hartmann*, KostG, § 21 GKG Rn 45.
32 BFH AGS 2007, 52.
33 *Meyer*, § 21 GKG Rn 11 f.
34 Binz/Dörndorfer/*Petzold*, § 21 GKG Rn 10.

6. Gerichtliche Entscheidung

a) Allgemeines

Über die Nichterhebung entscheidet das Gericht (§ 21 Abs. 2 S. 1 GNotKG), also der mit dem Verfahren befasste Richter oder Rechtspfleger. Hat der Rechtspfleger jedoch zuvor als Kostenbeamter den Kostenansatz aufgestellt, ist er von der Entscheidung ausgeschlossen;[35] an seine Stelle tritt sein Vertreter. Die gerichtliche Entscheidung hat auf Antrag oder von Amts wegen zu erfolgen. Sie erfolgt durch Beschluss, der einer Begründung bedarf.[36] 65

Der Kostenbeamte darf grundsätzlich nicht entscheiden. Er ist jedoch nach § 11 S. 1 KostVfg befugt, folgende Auslagen außer Ansatz zu lassen: 66

- Auslagen, die durch eine von Amts wegen veranlasste Verlegung eines Termins oder Vertagung einer Verhandlung entstanden sind;
- Auslagen wegen einer vom Gericht fehlerhaft ausgeführten Zustellung (zB doppelte Zustellung, fehlerhafte Adressierung);
- Auslagen, die entstanden sind, weil eine angeordnete Abladung (zB von Zeugen, Sachverständigen, Dolmetschern) nicht oder nicht rechtzeitig ausgeführt worden ist.

Die Akten sind dem Gericht mit der Anregung einer Entscheidung vorzulegen, wenn rechtliche oder tatsächliche Schwierigkeiten vorliegen (§ 11 S. 2 KostVfg). Die Entscheidung des Kostenbeamten nach § 11 S. 1 KostVfg bindet das Gericht nicht (§ 11 S. 3 KostVfg).

b) Sachliche und örtliche Zuständigkeit

Zuständig ist das Gericht, bei welchem die Kosten anzusetzen sind. Handelt es sich um erstinstanzliche Kosten, ist das Gericht zur Entscheidung berufen, bei dem die Sache zuletzt anhängig gewesen ist. 67

Über die Nichterhebung von Kosten eines Rechtsmittelverfahrens entscheidet das Rechtsmittelgericht. Dieses ist aber nicht befugt, über die Nichterhebung der erstinstanzlichen Kosten zu entscheiden.[37] 68

c) Verfahren

Das Gericht hat die Nichterhebung von Amts wegen zu prüfen.[38] Hat ein Beteiligter einen entsprechenden Antrag gestellt, ist er als Erinnerung nach § 81 GNotKG zu behandeln.[39] Ein Antrag kann auch gestellt werden, bevor eine Aufforderung zur Kostenzahlung ergeht, jedoch muss ein Rechtsschutzbedürfnis vorliegen.[40] Eine Abhilfebefugnis steht dem Kostenbeamten entgegen § 28 Abs. 2 KostVfg nicht zu, weil er nicht zur Entscheidung berufen ist. Nur in den Fällen des § 11 S. 1 KostVfg ist er abhilfebefugt. 69

Eine Frist besteht nicht, der Antrag kann deshalb auch noch nach Zahlung der Kosten gestellt werden.[41] 70

---

35 BayObLG Rpfleger 1993, 484.
36 NK-GK/*H. Schneider*, FamGKG, § 20 Rn 84.
37 BGH NJW 2000, 3788.
38 BGH MDR 2015, 350.
39 BGH NJW-RR 2003, 1294.
40 *Meyer*, § 21 GKG Rn 15.
41 Korintenberg/*Tiedtke*, GNotKG, § 21 Rn 124.

71 Vor der Entscheidung ist den Betroffenen rechtliches Gehör zu gewähren.[42] Hierzu zählen sämtliche Kostenschuldner und die Staatskasse.

d) Beschwerde

72 Die gerichtliche Entscheidung kann mit der Beschwerde nach § 81 Abs. 2 GNotKG angegriffen werden. Sie ist nur statthaft, wenn der Beschwerdewert 200 € übersteigt oder das Gericht die Beschwerde wegen der grundsätzlichen Bedeutung zugelassen hat (zum Beschwerdeverfahren s. ausf. § 9 Rn 43 ff). Die Entscheidung nach § 21 GNotKG kann auch dann isoliert angefochten werden, wenn sie in der Endentscheidung nach § 38 Abs. 1 FamFG ausgesprochen wurde.[43]

73 Beschwerdeberechtigt ist jeder Beteiligte, der für die Gerichtskosten gem. §§ 22 ff GNotKG in Anspruch genommen werden kann, also auch ein Zweitschuldner. Der Vertreter der Staatskasse ist gleichfalls beschwerdeberechtigt.[44]

74 Das Beschwerdeverfahren ist gebührenfrei (§ 81 Abs. 8 S. 1 GNotKG). Auslagen sind bei begründeten Beschwerden nicht zu erheben (Vorbem. 3.1 Abs. 1 KV).

7. Anordnung im Verwaltungswege

75 Die Nichterhebung wegen unrichtiger Sachbehandlung kann auch im Verwaltungswege angeordnet werden (§ 21 Abs. 2 S. 2 GNotKG). Sie ist nur zulässig, solange noch keine gerichtliche Entscheidung nach § 21 Abs. 1, § 81 GNotKG ergangen ist.

76 Zuständig für die Entscheidung sind die Gerichtspräsidenten (§ 37 S. 1 KostVfg). Eine im Verwaltungswege erfolgte Anordnung kann nur im Verwaltungswege geändert werden (§ 21 Abs. 2 S. 3 GNotKG). Wurde die Anordnung der Nichterhebung durch die Verwaltung abgelehnt, ist über Beschwerden im Aufsichtswege zu entscheiden (§ 37 S. 2 KostVfg).

8. Wirkung der Anordnung

77 Ist die Nichterhebung der Kosten durch das Gericht oder im Verwaltungswege angeordnet, hat dies zur Folge, dass die Kosten im Rahmen der Anordnung nicht erhoben werden dürfen. Bereits gezahlte Kosten sind zurückzuzahlen. Die Entscheidung wirkt für alle Kostenschuldner.

X. Rechtsbehelfsbelehrung (§ 7 a GNotKG)

78 Nach § 7 a GNotKG ist mit einer Rechtsbehelfsbelehrung u.a. zu versehen
- jede Kostenrechnung,
- jede anfechtbare Entscheidung.

79 In der Rechtsbehelfsbelehrung ist zu belehren über
- den statthaften Rechtsbehelf,
- die Stelle, bei der der Rechtsbehelf einzulegen ist,
- den Sitz der Stelle, bei der der Rechtsbehelf einzulegen ist,
- über die einzuhaltende Form und Frist.

80 Wird eine Rechtsbelehrung entgegen § 7 a GNotKG nicht angebracht, wird die Entscheidung oder der Justizverwaltungsakt (Kostenrechnung) nicht unwirksam. Ist der

42 *Hartmann*, KostG, § 21 GKG Rn 57.
43 OLG Düsseldorf JurBüro 1995, 45.
44 OLG Jena JurBüro 1999, 435.

Rechtsbehelf jedoch befristet – was nur für die Beschwerde gegen die Festsetzung des Geschäftswerts (§ 83 Abs. 1 S. 3 GNotKG) und die Beschwerde gegen die Entscheidung über den Antrag auf Wiedereinsetzung (§ 83 Abs. 2 S. 5 GNotKG) zutrifft –, wird die Frist für die Einlegung des Rechtsbehelfs zwar auch bei Fehlen oder bei falscher Rechtsbehelfsbelehrung in Gang gesetzt, jedoch kann ein Antrag auf Wiedereinsetzung gestellt werden. Dabei ist ein Verschulden des Beteiligten zu verneinen, wenn die Rechtsbehelfsbelehrung unterblieben oder fehlerhaft ist (§ 83 Abs. 2 S. 2 GNotKG).

Die Kostenrechnung oder die Entscheidung kann nach § 42 FamFG berichtigt werden. 81

Auch bei einer Kostenanforderung ohne Sollstellung ist diese mit einer Rechtsbehelfsbelehrung zu versehen (§ 26 Abs. 1 S. 3 KostVfg). 82

Zu den statthaften Rechtsbehelfen gegen den Kostenansatz s. die Ausführungen in § 9 dieses Buches. 83

§ 9 Rechtsbehelfe gegen den Kostenansatz

I. Allgemeines

1 Das GNotKG sieht in den §§ 81–84 GNotKG eigenständige Rechtsbehelfe vor, mit denen der Kostenansatz und die nach dem GNotKG ergangenen Entscheidungen angegriffen werden können. Die Regelungen gehen den allgemeinen Verfahrensbestimmungen des FamFG oder anderer Gesetze vor (§ 1 Abs. 6 GNotKG).

2 Im Einzelnen sieht das GNotKG folgende Rechtsbehelfe vor:

Gegenstand	Rechtsbehelf
Kostenansatz	▪ Erinnerung (§ 81 Abs. 1 GNotKG) ▪ Beschwerde gegen die Erinnerungsentscheidung (§ 81 Abs. 2 GNotKG) ▪ weitere Beschwerde, wenn das Landgericht als Beschwerdegericht entschieden hat (§ 81 Abs. 4 GNotKG) ▪ Anordnung im Verwaltungswege zulässig (§§ 18 Abs. 6, 21 Abs. 2 GNotKG)
Geschäftswert	▪ Beschwerde (§ 83 GNotKG)
Vorschusszahlungen	▪ Beschwerde (§ 82 Abs. 1 GNotKG), wenn die Anordnung der Abhängigmachung aufgrund einer Vorschrift des GNotKG und durch das Gericht erfolgt ▪ Erinnerung und Beschwerde (§ 82 Abs. 2 iVm § 81 Abs. 1 GNotKG), wenn die Anforderung selbständig durch den Kostenbeamten oder die Geschäftsstelle erfolgt ist oder ein Fall des § 14 Abs. 2 GNotKG vorliegt ▪ Erinnerung und Beschwerde (§ 81 GNotKG) bei Ausübung des Zurückbehaltungsrechts
Rechtliches Gehör	▪ Erinnerung und Beschwerde (§§ 81–83 GNotKG) ▪ ist ein solcher Rechtsbehelf nicht gegeben: Anhörungsrüge (§ 84 GNotKG)

3 Daneben sehen die Verfahrensordnungen und andere Kostengesetze weitere Rechtsbehelfe vor. Hat der Rechtsanwalt die Wertfestsetzung nach § 33 RVG betrieben, ist die befristete Beschwerde nach § 33 Abs. 3 RVG einzulegen.

4 Hinsichtlich der Versagung oder Bewilligung von VKH ist die sofortige Beschwerde statthaft (§ 127 Abs. 2–4 ZPO iVm § 76 Abs. 2 FamFG).

5 In dem Kostenfestsetzungsverfahren ist sofortige Beschwerde nach § 104 Abs. 3 ZPO einzulegen (§ 85 FamFG).

6 Bestehen Zahlungsansprüche aufgrund anderer Kostengesetze, sind die dort vorgesehenen Rechtsbehelfe einzulegen, wenn ein Anspruchsberechtigter gegen die Festsetzung solcher Zahlungen vorgehen will (vgl. § 4 JVEG, § 56 RVG, § 277 Abs. 1 FamFG). Die Rechtsbehelfe des GNotKG gelten hier nur, wenn ein Kostenschuldner nach §§ 22 ff GNotKG den Kostenansatz und dabei insbesondere seine Inanspruchnahme für solche Zahlungen oder deren Höhe angreift, weil dieser an den Festsetzungsverfahren zB nach JVEG oder RVG nicht beteiligt ist.

II. Erinnerung gegen den Kostenansatz

1. Allgemeines

Gegen den Kostenansatz ist die Erinnerung zulässig (§ 81 Abs. 1 S. 1 GNotKG). Der ordentliche Rechtsweg kann wegen des Charakters der Gerichtskosten als öffentliche Abgabe nicht beschritten werden.[1] Die Erinnerung kann nur erhoben werden, wenn ein Kostenansatz überhaupt vorliegt, so dass die bloße Aufstellung eines Entwurfs der Kostenrechnung[2] oder eine Ankündigung nicht genügt.[3] 7

Soweit für einzelne Gegenstände des Kostenansatzes besondere Rechtsbehelfe vorgesehen sind (§§ 82, 83 GNotKG), sind diese einzulegen. 8

2. Erinnerungsführer

a) Kostenschuldner

Erinnerungsberechtigt ist grundsätzlich jeder, der nach den §§ 22 ff GNotKG für die Gerichtskosten haftet. Der Kostenansatz muss als Verwaltungsakt jedoch Außenwirkung erlangt haben, so dass dem Erinnerungsführer die Kostenrechnung bereits übersandt und er zur Zahlung der Kosten aufgefordert worden sein muss.[4] Auch ein noch nicht in Anspruch genommener Gesamtschuldner ist noch nicht erinnerungsberechtigt.[5] 9

Ein Zweitschuldner ist grundsätzlich erinnerungsberechtigt, jedoch muss auch er bereits zur Zahlung aufgefordert worden sein,[6] so dass es auf den bloßen Eintritt der Voraussetzungen des § 33 Abs. 1 GNotKG nicht ankommt. 10

b) Staatskasse

Die Staatskasse ist erinnerungsberechtigt, selbst dann, wenn eine Kostenrechnung noch nicht an den Kostenschuldner versandt ist.[7] Sie soll aber nur dann Erinnerung einlegen, wenn wegen der grundsätzlichen Bedeutung der Sache keine Anordnung im Verwaltungswege getroffen werden soll (§ 38 Abs. 1 KostVfg). Der Kostenprüfungsbeamte hat in seiner Niederschrift über die Prüfung auch solche Fälle zu vermerken, in denen eine Erinnerung angezeigt erscheint (§ 44 Abs. 2 S. 2 KostVfg). 11

Durch den Vertreter der Landekasse kann auch zugunsten des Kostenschuldners Erinnerung eingelegt werden.[8] 12

Die Vertretung der Landeskasse wird durch die Vertretungsregelungen der Länder bestimmt, sie erfolgt danach regelmäßig durch die Bezirksrevisoren. Soll die Einrede der Verjährung erhoben werden, ist § 31 KostVfg zu beachten. Danach hat der Bezirksrevisor für die Erhebung der Verjährungseinrede die Einwilligung des unmittelbar vorgesetzten Präsidenten einzuholen, wenn der Anspruch auf Erstattung der Kosten bereits verjährt ist. 13

1 *Oestreich/Hellstab/Trenkle*, § 66 GKG Rn 28 mwN.
2 Binz/Dörndorfer/*Zimmermann*, § 66 GKG Rn 16.
3 OLG Karlsruhe Justiz 1980, 419.
4 OLG Schleswig JurBüro 1981, 403; KG NJW-RR 2003, 1723.
5 OLG Schleswig JurBüro 1981, 403; OLG Düsseldorf Rpfleger 1985, 255; aA OLG München MDR 1990, 62.
6 KG NJW-RR 2003, 1723; *Oestreich/Hellstab/Trenkle*, § 66 GKG Rn 30; aA Binz/Dörndorfer/*Zimmermann*, § 66 GKG Rn 17.
7 KG JurBüro 2004, 325.
8 KG JurBüro 1977, 1587.

c) Dritte

14 Einem Dritten steht ein Erinnerungsrecht nicht zu, wenn er zwar zur Kostenzahlung herangezogen, aber nicht als Kostenschuldner benannt wird. Er hat seine Einwendungen nach § 8 Abs. 1 JBeitrO vorzubringen.[9] Ist der irrtümlich in Anspruch genommene Dritte aber als Kostenschuldner benannt, kann er auch nach § 81 GNotKG vorgehen.

15 Beteiligte, die einem anderen nach §§ 81 ff FamFG zur Kostenerstattung verpflichtet sind, besitzen kein Erinnerungsrecht.

3. Beschwer

16 Der Erinnerungsführer muss beschwert sein. Die Beschwer kann sich auf Teile des Kostenansatzes beschränken. Eine Beschwer liegt vor, wenn der aufgestellte Kostenansatz fehlerhaft ist und aufgrund dieses Fehlers höhere oder niedrigere Kosten entstehen. Auch Rechenfehler können zu einer Beschwer führen, allerdings nur dann, wenn das Gesamtergebnis der Kostenrechnung dadurch unrichtig wird.

4. Frist, Form, Begründung

17 Die Erinnerung ist nicht fristgebunden. Sie kann auch noch nach bereits erfolgter Zahlung oder Rückzahlung bzw. Löschung der Kosten eingelegt werden. Die Erinnerung kann aber verwirkt sein,[10] jedoch müssen hierfür zu dem Zeitablauf weitere Gründe hinzutreten.

18 Die Erinnerung ist schriftlich einzureichen oder zu Protokoll der Geschäftsstelle zu erklären (§ 81 Abs. 5 S. 1 GNotKG). Eine anwaltliche Mitwirkung ist nicht erforderlich, was auch gilt, wenn für das Verfahren Rechtsanwaltszwang besteht (§ 81 Abs. 5 S. 1 iVm § 1 Abs. 6 GNotKG). Wird aber eine Bevollmächtigung vorgenommen, gelten §§ 10, 11 FamFG (§ 81 Abs. 5 S. 2 GNotKG).

19 Eine Falschbezeichnung ist unzulässig, so dass ein Schreiben auch dann als Erinnerung auszulegen ist, wenn sich aus ihm ergibt, dass der Kostenansatz angegriffen wird.

20 Die Erinnerung ist bei dem Gericht einzulegen, dessen Kostenansatz angefochten wird. War das Verfahren im ersten Rechtszug bei mehreren Gerichten anhängig, ist das Gericht, bei dem das Verfahren zuletzt anhängig war, auch zuständig, wenn die Kosten bei einem anderen Gericht angesetzt waren (§ 81 Abs. 1 S. 2 GNotKG).

21 § 129 a ZPO gilt entsprechend (§ 81 Abs. 5 S. 1 Hs. 2 GNotKG), so dass die Erklärung zu Protokoll der Geschäftsstelle eines jedes Amtsgerichts erklärt werden kann. Die Geschäftsstelle hat das Protokoll unverzüglich weiterzuleiten.

22 Einer Begründung bedarf die Erinnerung nicht, jedoch ist sie zweckmäßig.

5. Gegenstand der Erinnerung

a) Allgemeines

23 Mit der Erinnerung kann nur eine Verletzung des Kostenrechts geltend gemacht werden.[11] Einwendungen, die ihre Grundlage nicht im Kostenrecht haben, sind unzuläs-

9 *Meyer*, § 66 GKG Rn 11; *Oestreich/Hellstab/Trenkle*, § 66 GKG Rn 37.
10 Korintenberg/*Fackelmann*, GNotKG, § 81 Rn 38.
11 BGH JurBüro 2008, 43.

sig. Insbesondere kann die zugrunde liegende Sachentscheidung, einschließlich der Entscheidung über die Kostentragung, nicht angegriffen werden. Diese kann nur mit den Rechtsbehelfen und Rechtsmitteln des FamFG angefochten werden.

b) Kostenansatz

Gegenstand der Erinnerung ist deshalb nur der Kostenansatz (§ 18 GNotKG) selbst. 24
Es kann daher insbesondere eingewendet werden:

- die falsche Berechnung der Kosten ihrer Höhe nach;
- die Unrichtigkeit der angesetzten Gebühren und Auslagen;
- die Nichtbeachtung der Fälligkeitsregelungen;
- die Nichtbeachtung des Nachforderungsverbots (§ 20 GNotKG);
- die Verjährung der Kosten;
- die Feststellung der Kostenschuldner und die Reihenfolge ihrer Inanspruchnahme;
- dass die Voraussetzungen des § 33 Abs. 1 GNotKG für die Inanspruchnahme des Zweitschuldners nicht vorgelegen haben;[12]
- dass eine unrichtige Sachbehandlung (§ 21 GNotKG) vorliegt;
- dass Gebühren- oder Kostenfreiheit besteht;
- dass Kosten wegen § 122 Abs. 1 ZPO iVm § 76 Abs. 1 FamFG nicht einzuziehen sind;
- die Nichterstattung oder Verrechnung einer geleisteten Vorschusszahlung.

Zu beachten ist auch § 8 Abs. 1 JBeitrO. Danach sind alle Einwendungen, welche den 25
beizutreibenden Anspruch selbst, die Haftung für den Anspruch und die Duldung der Vollstreckung betreffen, mit der Erinnerung nach § 81 GNotKG geltend zu machen. Hingegen sind Einwendungen aufgrund der §§ 781–784, 786 ZPO im Klagewege nach §§ 767, 769, 770 ZPO geltend zu machen (§ 8 Abs. 2 JBeitrO). Sie können deshalb nicht im Verfahren nach § 81 GNotKG vorgetragen werden.[13]

c) Geschäftswert

Beanstandet werden kann auch, dass ein falscher Geschäftswert zugrunde gelegt wur- 26
de. Mit der Erinnerung kann dies jedoch nur solange gerügt werden, als noch keine Wertfestsetzung durch das Gericht (§ 79 GNotKG) erfolgt ist. Nach gerichtlicher Wertfestsetzung kann nur noch Beschwerde nach § 83 GNotKG eingelegt werden.

d) Übergegangene Ansprüche

Sind nach § 59 RVG auf die Staatskasse übergegangene Ansprüche eingezogen, kann 27
mit der Erinnerung eingewendet werden, dass die gezahlte Vergütung zu hoch gewesen ist und Gebühren oder Auslagen zu Unrecht festgesetzt worden sind.[14] Das Verfahren über die Erinnerung und Beschwerde richtet sich nach § 81 GNotKG (§ 59 Abs. 2 S. 1 RVG).

e) Aufrechnung

Im Erinnerungsverfahren kann der Kostenschuldner auch mit einer Gegenforderung 28
aufrechnen. Die Aufrechnung ist nach § 8 Abs. 1 S. 2 JBeitrO jedoch nur zulässig, wenn die Gegenforderung anerkannt oder rechtskräftig festgestellt ist.[15]

---

12 LG Stendal JurBüro 2005, 317.
13 OLG München JurBüro 1994, 112 (für die beschränkte Erbenhaftung).
14 BGH MDR 1978, 214.
15 BGH RVGreport 2009, 37.

f) Zahlungen nach dem JVEG

29 Sind nach dem JVEG zu zahlende Beträge gem. Nr. 31005 KV angesetzt, kann der Kostenschuldner ihre Höhe nur mit der Erinnerung nach § 81 GNotKG anfechten, denn die Beteiligten des Hauptverfahrens sind an dem Festsetzungsverfahren nach § 4 JVEG nicht beteiligt.[16]

30 Die nach § 4 JVEG erfolgte Festsetzung der Entschädigung oder Vergütung wirkt nicht zu Lasten des Kostenschuldners (§ 4 Abs. 9 JVEG),[17] so dass eine Erinnerung nach § 81 GNotKG auch noch nach erfolgter Zahlung oder Festsetzung von Entschädigung oder Vergütung zulässig ist.[18] In dem Erinnerungsverfahren können sowohl Höhe als auch Anspruchsgrundlage selbst geprüft werden.[19]

31 Wendet der nach §§ 80 ff FamFG erstattungspflichtige Beteiligte im Kostenfestsetzungsverfahren ein, die Vergütung des gerichtlich bestellten Sachverständigen sei zu hoch gewesen, ist gleichfalls mit der Erinnerung oder Beschwerde nach § 81 GNotKG vorzugehen.[20] Die Entscheidung ist für das Kostenfestsetzungsverfahren bindend.[21]

6. Verfahren

a) Abhilferecht

32 Nach Eingang der Erinnerung hat der Kostenbeamte zu prüfen, ob er von seinem Abhilferecht Gebrauch macht und den Kostenansatz berichtigt (§ 28 Abs. 2 S. 1 KostVfg). Ein Abhilferecht besteht jedoch nicht, wenn die Kosten aufgrund einer Beanstandung des Prüfungsbeamten angesetzt waren, denn dann sind die Akten diesem stets vorzulegen (§ 28 Abs. 2 S. 2 KostVfg). Wird eine unrichtige Sachbehandlung (§ 21 GNotKG) eingewendet, besteht gleichfalls kein Abhilferecht, wenn nicht von § 11 S. 1 KostVfg erfasste Auslagen betroffen sind (s. § 8 Rn 66).

b) Vorlage an den Prüfungsbeamten

33 Soweit der Kostenbeamte der Erinnerung nicht oder nicht vollständig abhelfen will, hat er die Akten dem Prüfungsbeamten vorzulegen (§ 28 Abs. 2 S. 2 KostVfg). Nach Vorlage kann der Prüfungsbeamte gem. § 38 Abs. 2 S. 2 KostVfg anordnen, dass

- der Kostenansatz im Verwaltungswege zu berichtigen ist, soweit noch keine gerichtliche Entscheidung nach §§ 21 Abs. 2, 81 ff GNotKG ergangen ist;
- die Akten unverzüglich dem zuständigen Gericht zur Entscheidung über die Erinnerung vorzulegen sind;
- für die Staatskasse gleichfalls Erinnerung eingelegt wird.

c) Entscheidung des Gerichts

34 Werden die Akten dem Gericht vorgelegt, entscheidet dieses durch Beschluss über die Erinnerung. Mit der Erinnerungsentscheidung kann das Gericht den Kostenansatz selbst berichtigen. Weist es den Kostenbeamten an, die Rechnung zu berichtigen, hat das Gericht auch anzugeben, wie der Kostenansatz richtig aufzustellen ist.[22]

---

16 OLG Frankfurt MDR 1985, 152; vgl. auch *H. Schneider*, JVEG, § 4 Rn 12 f.
17 Zu den Auswirkungen auf das Kostenansatzverfahren s. ausführlicher *H. Schneider*, JVEG, § 4 Rn 53 f.
18 OLG Düsseldorf JurBüro 1996, 43.
19 OLG Koblenz FamRZ 2006, 634.
20 OLG Koblenz JurBüro 1985, 135.
21 OLG Naumburg JurBüro 2001, 374.
22 *Oestreich/Hellstab/Trenkle*, § 66 GKG Rn 67.

d) Rechtliches Gehör

Vor einer Entscheidung hat das Gericht sowohl dem Kostenschuldner als auch dem Vertreter der Staatskasse rechtliches Gehör zu gewähren (Art. 103 Abs. 1 GG). Bei einer Nichtgewährung findet unter den Voraussetzungen des § 84 GNotKG die Anhörungsrüge statt. 35

e) Verschlechterungsverbot

Hat der Kostenschuldner selbst Erinnerung eingelegt, kann der Kostenansatz nicht zu seinem Nachteil geändert werden.[23] Unberührt davon bleibt aber das Erinnerungsrecht der Staatskasse. 36

7. Keine aufschiebende Wirkung

Die Erinnerung besitzt keine aufschiebende Wirkung (§ 81 Abs. 7 S. 1 GNotKG). Sie befreit daher nicht von der Zahlung der Kosten. Auch Vollstreckungsmaßnahmen der Kasse sind nicht unzulässig; allerdings kann die Kasse solche Maßnahmen einstweilen einstellen oder aufheben, bis über die Einwendungen endgültig entschieden ist (§ 9 Abs. 1 JBeitrO). 37

Das Gericht kann die aufschiebende Wirkung für den Gesamt- oder einen Teilbetrag anordnen (§ 81 Abs. 7 S. 2 GNotKG). Die Entscheidung ergeht auf Antrag oder von Amts wegen. Zuständig ist das Gericht, welches über die Erinnerung zu entscheiden hat. 38

Es handelt sich um eine Ermessensentscheidung des Gerichts.[24] Die Anordnung setzt voraus, dass dem Kostenschuldner andernfalls unersetzbare Nachteile drohen oder die vorläufige Begleichung der Kostenrechnung aus einem sonstigen Grunde unzumutbar erscheint.[25] Die bloße Auffassung, dass die Kostenrechnung fehlerhaft ist, genügt nicht. 39

Ein Rechtsbehelf ist gegen die Versagung der Anordnung nicht gegeben.[26] 40

8. Kosten

Das Erinnerungsverfahren ist gebührenfrei (§ 81 Abs. 8 S. 1 GNotKG). Auslagen (Nr. 31000 ff KV) sind jedoch von dem Erinnerungsführer zu erheben, wenn die Erinnerung unbegründet oder unzulässig ist. Hat die Erinnerung Erfolg, bleiben die Auslagen in analoger Anwendung der Vorbem. 3.1 Abs. 1 KV unerhoben. 41

Außergerichtliche Kosten werden nicht erstattet (§ 81 Abs. 8 S. 2 GNotKG), sie können auch im Falle der Begründetheit der Erinnerung nicht der Staatskasse auferlegt werden. 42

23 HK-GNotKG/*Jäckel*, § 81 Rn 20; Korintenberg/*Fackelmann*, GNotKG, § 81 Rn 98.
24 OLG München MDR 1985, 333.
25 OLG Köln MDR 2011, 564.
26 OLG München MDR 1985, 333.

III. Beschwerde gegen die Erinnerungsentscheidung

1. Statthaftigkeit

a) Allgemeines

43 Gegen die gerichtliche Entscheidung über die Erinnerung findet die Beschwerde statt (§ 81 Abs. 2 S. 1 GNotKG). Sie ist nur statthaft, wenn

- der Beschwerdewert 200 € übersteigt (§ 81 Abs. 2 S. 1 GNotKG) oder
- die Zulassung der Beschwerde erfolgt ist (§ 81 Abs. 2 S. 2 GNotKG).

44 Entscheidungen des Oberlandesgerichts über eine Erinnerung oder Beschwerde sind unanfechtbar (§ 81 Abs. 3 S. 3 GNotKG). Gleiches gilt für eine Entscheidung des Bundesgerichtshofes über eine Erinnerung gegen den dortigen Kostenansatz.

b) Beschwerdewert

45 Der Beschwerdewert muss 200 € übersteigen, dh mindestens 200,01 € betragen (§ 81 Abs. 2 S. 1 GNotKG). Er berechnet sich aus der Differenz zwischen dem aufgrund der angegriffenen Entscheidung zu zahlenden Kostenbetrag und dem angestrebten Zahlbetrag. Liegen mehrere Beschwerden von verschiedenen Beteiligten vor (zB Staatskasse und Kostenschuldner), ist für jede Beschwerde gesondert zu prüfen, ob der Beschwerdewert erreicht ist. Ist der Beschwerdewert einmal erreicht, kann die Beschwerde auch durch eine Teilabhilfe nicht mehr unzulässig werden.[27]

c) Zulassung der Beschwerde

46 Die Beschwerde ist auch statthaft, wenn sie durch das Gericht zugelassen wird (§ 81 Abs. 2 S. 2 GNotKG). Die Zulassung kann nur in der Entscheidung über die Erinnerung erfolgen, eine nachträgliche Zulassung ist ausgeschlossen.[28] Das Beschwerdegericht ist an die Zulassung gebunden (§ 81 Abs. 3 S. 4 Hs. 1 GNotKG).

47 Eine Zulassung der Beschwerde kann erfolgen, wenn der zur Entscheidung stehenden Frage eine grundsätzliche Bedeutung zukommt (§ 81 Abs. 2 S. 2 GNotKG). Die Nichtzulassung kann nicht angefochten werden (§ 81 Abs. 3 S. 4 Hs. 2 GNotKG).

d) Rechtspfleger

48 Hat der Rechtspfleger über die Erinnerung entschieden, ist die befristete Erinnerung (§ 11 Abs. 2 RPflG) statthaft, wenn weder der Beschwerdewert erreicht noch eine Zulassung erfolgt ist.

2. Frist, Form

49 Die Beschwerde ist nicht fristgebunden. Sie ist gem. § 81 Abs. 5 S. 4 GNotKG bei dem Gericht einzulegen, dessen Erinnerungsentscheidung angefochten wird. Die Einlegung hat schriftlich oder durch Erklärung zu Protokoll der Geschäftsstelle zu erfolgen. Einer anwaltlichen Vertretung bedarf es auch in Anwaltsverfahren nicht (s. Rn 18).

---

27 BT-Drucks. 15/1971, S. 157 zu § 66 Abs. 3 S. 1 GKG; HK-GNotKG/*Jäckel*, § 81 Rn 31.

28 Bormann/Diehn/Sommerfeldt/*Sommerfeldt*, GNotKG, § 81 Rn 23; aA Korintenberg/*Fackelmann*, GNotKG, § 81 Rn 133, wonach die Zulassung als Abhilfe bei eingelegter Beschwerde möglich sein soll; ablehnend wohl auch HK-GNotKG/*Jäckel*, § 81 Rn 21.

3. Entscheidung

a) Abhilferecht

Das Gericht hat der Beschwerde abzuhelfen, wenn es sie für zulässig und begründet hält (§ 81 Abs. 3 S. 1 Hs. 1 GNotKG). Erfolgt keine oder nur eine teilweise Abhilfe, sind die Akten unverzüglich dem Beschwerdegericht vorzulegen (§ 81 Abs. 3 S. 1 Hs. 2 GNotKG). 50

b) Beschwerdegericht

Beschwerdegericht ist das nächsthöhere Gericht (§ 81 Abs. 3 S. 2 GNotKG), in Betreuungs- und Freiheitsentziehungssachen das Landgericht. Für die übrigen Verfahren der freiwilligen Gerichtsbarkeit, die von § 119 Abs. 1 Nr. 1 Buchst. b GVG erfasst werden, ist Beschwerdegericht das Oberlandesgericht (§ 81 Abs. 3 S. 2 Hs. 2 GNotKG). 51

c) Entscheidung

Das Beschwerdegericht entscheidet durch den Einzelrichter, auch wenn die angefochtene Entscheidung von einem Einzelrichter oder einem Rechtspfleger erlassen wurde (§ 81 Abs. 6 S. 1 GNotKG). Der Einzelrichter überträgt das Verfahren dem Gericht in der vom GVG vorgesehenen Besetzung, wenn die Sache besondere Schwierigkeiten tatsächlicher oder rechtlicher Art aufweist oder die Rechtssache grundsätzliche Bedeutung hat (§ 81 Abs. 6 S. 2 GNotKG); auf eine solche Übertragung oder Unterlassung kann ein Rechtsmittel jedoch nicht gestützt werden (§ 81 Abs. 6 S. 4 GNotKG). Ehrenamtliche Richter werden nicht beteiligt (§ 81 Abs. 6 S. 3 GNotKG). Es gilt das Verschlechterungsverbot.[29] 52

d) Rechtliches Gehör

Auch im Beschwerdeverfahren ist den Beteiligten, dh dem in Anspruch genommenen Kostenschuldner und der Staatskasse, vor der Entscheidung rechtliches Gehör zu gewähren (Art. 103 Abs. 1 GG). Bei Nichtgewährung findet die Anhörungsrüge (§ 84 GNotKG) statt. 53

4. Beschwerdeberechtigte

Beschwerdeberechtigt sind der Kostenschuldner und die Staatskasse, soweit sie durch die angegriffene Entscheidung beschwert sind. 54

5. Keine aufschiebende Wirkung

Die Beschwerde hat keine aufschiebende Wirkung (§ 81 Abs. 7 S. 1 GNotKG); auf die Ausführungen in Rn 37 ff wird verwiesen. 55

6. Kosten

Das Beschwerdeverfahren ist nach § 81 Abs. 8 S. 1 GNotKG gebührenfrei. Ist die Beschwerde jedoch generell unstatthaft, ist eine Festgebühr nach Nr. 19116 KV zu erheben.[30] Das Gericht kann aber anordnen, dass eine solche Gebühr nicht zu erheben ist (Anm. zu Nr. 19116 KV). 56

---

29 Korintenberg/*Fackelmann*, GNotKG, § 81 Rn 162.

30 BGH NJW 2014, 1597; OLG Koblenz NJW-RR 2000, 1239; Korintenberg/*Fackelmann*, GNotKG, § 81 Rn 163.

57 Eine Auslagenfreiheit besteht nicht. Auslagen bleiben aber unerhoben, wenn die Beschwerde begründet ist (Vorbem. 3.1 Abs. 1 KV). In anderen Fällen sind die Auslagen von dem Beschwerdeführer (§ 22 Abs. 1 GNotKG) einzuziehen.

58 Außergerichtliche Kosten werden nicht erstattet (§ 81 Abs. 8 S. 2 GNotKG). Sie sind auch dann nicht durch die Staatskasse zu tragen, wenn die Beschwerde begründet war.[31]

IV. Weitere Beschwerde gegen die Beschwerdeentscheidung

1. Statthaftigkeit

59 Gegen die Entscheidung über die Beschwerde findet die weitere Beschwerde statt. Sie ist nur statthaft (§ 81 Abs. 4 S. 1 GNotKG), wenn

- das Landgericht als Beschwerdegericht entschieden hat und
- die weitere Beschwerde wegen der grundsätzlichen Bedeutung der zur Entscheidung stehenden Frage zugelassen wurde.

60 Die Zulassung muss in dem Beschluss des Landgerichts über die Beschwerdeentscheidung erfolgen. Die Zulassung bindet das Gericht. Eine Nichtzulassung kann nicht angefochten werden (§ 81 Abs. 4 S. 4 iVm Abs. 3 S. 4 GNotKG).

61 Im Übrigen kann die weitere Beschwerde nur darauf gestützt werden, dass die Beschwerdeentscheidung auf einer Rechtsverletzung beruht. §§ 546, 547 ZPO gelten entsprechend (§ 81 Abs. 4 S. 2 Hs. 2 GNotKG).

2. Beschwerdegericht

62 Über die weitere Beschwerde entscheidet das Oberlandesgericht (§ 81 Abs. 4 S. 3 GNotKG).

3. Abhilferecht

63 Das Landgericht kann der weiteren Beschwerde abhelfen, soweit es sie für zulässig und begründet erachtet (§ 81 Abs. 4 S. 4 iVm Abs. 3 S. 1 GNotKG).

4. Frist, Form; keine aufschiebende Wirkung

64 Zur Frist und Form der Einlegung der weiteren Beschwerde gelten die Ausführungen zur Beschwerde (s. Rn 49).

Eine aufschiebende Wirkung besitzt auch die weitere Beschwerde nicht, jedoch kann sie auf Antrag oder von Amts wegen angeordnet werden (§ 81 Abs. 7 GNotKG) (s. Rn 37 ff).

5. Kosten

65 Das Verfahren ist gebührenfrei, Kosten werden nicht erstattet (§ 81 Abs. 8 GNotKG) (s. Rn 56 ff).

---

31 OLG Nürnberg JurBüro 1973, 355.

V. Beschwerde gegen die Anordnung einer Vorauszahlung

1. Statthaftigkeit

a) Handlungen nach dem GNotKG

Hat das Gericht eine gerichtliche Handlung von einer Vorschusszahlung abhängig gemacht, kann gegen die Anordnung der Abhängigmachung Beschwerde nach § 82 Abs. 1 GNotKG eingelegt werden. Die Anordnung muss auf einer Vorschrift des GNotKG beruhen, vgl. § 13 S. 1 und § 14 Abs. 1 S. 2 GNotKG. Beruht die Anordnung auf einer verfahrensrechtlichen Bestimmung (zB § 379 ZPO iVm § 30 Abs. 1 FamFG), greift § 82 Abs. 1 GNotKG nicht ein. 66

b) Gerichtliche Tätigkeit

Es muss eine gerichtliche Entscheidung durch den Richter oder Rechtspfleger über die Anordnung der Abhängigmachung vorliegen. Ein förmlicher Beschluss ist nicht erforderlich, denn auch eine Verfügung des Gerichts, durch welche eine gerichtliche Handlung von der vorherigen Kostenzahlung abhängig gemacht wird, kann mit der Beschwerde nach § 82 Abs. 1 GNotKG angefochten werden.[32] 67

War der Vorschuss durch den Kostenbeamten oder die Geschäftsstelle selbständig angefordert (§ 20 Abs. 2, § 26 Abs. 1 KostVfg), ist § 81 GNotKG einschlägig. Für die Abhängigmachung nach § 14 Abs. 2 GNotKG hinsichtlich der Dokumenten- oder Aktenversendungspauschale ordnet § 82 Abs. 2 GNotKG ausdrücklich an, dass gleichfalls mit der Erinnerung und Beschwerde nach § 81 GNotKG vorzugehen ist. § 81 GNotKG gilt auch, wenn die Ausübung des Zurückbehaltungsrechts angegriffen werden soll. 68

c) Beschwerdewert

Ein Beschwerdewert braucht nicht erreicht zu werden, denn § 81 Abs. 2 GNotKG gilt nicht. 69

2. Gegenstand des Verfahrens

Mit der Beschwerde kann sowohl die Anordnung der Abhängigmachung als auch die Höhe der angeforderten Kostenzahlung angefochten werden. § 82 Abs. 1 GNotKG gilt auch, wenn das Gericht einen Antrag nach § 16 Nr. 4 GNotKG ablehnt.[33] 70

3. Beschwerdeberechtigte

Beschwerdeberechtigt ist nur derjenige, dem das Gericht die Zahlung auferlegt hat. Der Gegner ist nicht beschwert. 71

4. Beschwerdeverfahren

Für das Beschwerdeverfahren gilt § 81 Abs. 3–5 S. 1, 4, Abs. 6, 8 GNotKG entsprechend (§ 82 Abs. 1 S. 2 GNotKG). Es gilt daher Folgendes: 72

- Dem Gericht steht ein Abhilferecht zu.
- Wird nicht oder nur teilweise abgeholfen, hat unverzügliche Aktenvorlage an das Beschwerdegericht (s. Rn 51) zu erfolgen.

---

32 OLG Brandenburg MDR 1998, 1119.
33 HK-GNotKG/*Jäckel*, § 82 Rn 11; Korintenberg/*Fackelmann*, GNotKG, § 82 Rn 14.

- Die Beschwerde ist schriftlich einzureichen oder zu Protokoll der Geschäftsstelle zu erklären; einer anwaltlichen Vertretung bedarf es nicht (s. Rn 18, 49).
- Adressat ist das die Abhängigmachung anordnende Gericht.
- Das Beschwerdegericht entscheidet durch den Einzelrichter; eine Übertragung auf das Gericht in der Besetzung nach dem GVG ist möglich (s. Rn 52).

73 Beschwerdegericht ist in Freiheitsentziehungs- und Betreuungssachen das Landgericht, in den übrigen Verfahren der freiwilligen Gerichtsbarkeit das Oberlandesgericht. Die Entscheidung des Oberlandesgerichts ist unanfechtbar. Gegen die Entscheidung des Landgerichts findet hingegen die weitere Beschwerde statt, wenn die Voraussetzungen des § 81 Abs. 4 S. 1 GNotKG erfüllt sind.

74 Das Beschwerdeverfahren nach § 82 GNotKG ist gebührenfrei, eine Kostenerstattung findet nicht statt (§ 82 Abs. 1 S. 2 iVm § 81 Abs. 8 GNotKG).

VI. Anhörungsrüge

1. Statthaftigkeit

75 Die Anhörungsrüge ist nach § 84 Abs. 1 GNotKG statthaft, wenn

- der Rügeführer beschwert ist,
- ein Rechtsmittel oder Rechtsbehelf gegen die Entscheidung nicht oder nicht mehr gegeben ist *und*
- das rechtliche Gehör in entscheidungserheblicher Weise verletzt wurde.

76 Es müssen alle drei Voraussetzungen kumulativ erfüllt sein.

77 Die Rüge kann nur auf die Verletzung des Anspruchs auf rechtliches Gehör (Art. 103 Abs. 1 GG) gestützt werden. Die rechtliche Beurteilung durch das Gericht ist nicht Gegenstand des Verfahrens.[34]

2. Subsidiarität

78 Es handelt sich um einen Rechtsbehelf subsidiärer Art,[35] der nur dann erhoben werden kann, wenn reguläre Rechtsbehelfe oder Rechtsmittel gegen die angegriffene Entscheidung nicht oder nicht mehr gegeben sind. Bevor die Anhörungsrüge erhoben wird, sind daher zunächst die Rechtsbehelfe der §§ 81–83 GNotKG auszuschöpfen.

79 Eine Anhörungsrüge ist danach insbesondere statthaft, wenn eine Beschwerde nicht statthaft ist, weil der Beschwerdewert nicht erreicht wird und auch keine Zulassung erfolgt ist; bei Rechtspflegerentscheidungen greift aber zunächst noch die Erinnerung (§ 11 Abs. 2 RPflG). Im Übrigen auch dann, wenn es sich um eine generell nicht anfechtbare Entscheidung des Oberlandesgerichts handelt. Ist die Festsetzung des Geschäftswerts nach Fristablauf nicht mehr zulässig (§ 83 Abs. 1 S. 3 GNotKG), kann gleichfalls Anhörungsrüge erhoben werden.

3. Verletzung in entscheidungserheblicher Weise

80 Die Verletzung des rechtlichen Gehörs muss entscheidungserheblich gewesen sein. Davon ist immer auszugehen, wenn nicht ausgeschlossen werden kann, dass das Gericht ohne die Verletzung des Anspruchs auf rechtliches Gehör zu einer anderen Ent-

---

34 BGH FamRZ 2007, 1463.

35 *Schneider*, JurBüro 2005, 513; *Meyer*, § 69 a GKG Rn 1.

scheidung gelangt wäre.[36] Das Gericht hat diese Zulässigkeitsvoraussetzung von Amts wegen zu prüfen.

4. Anhörungsrügeverfahren

a) Frist, Form

Die Anhörungsrüge muss innerhalb einer **Notfrist** von zwei Wochen nach Erlangung der Kenntnis von der Verletzung des rechtlichen Gehörs erhoben werden (§ 84 Abs. 2 S. 1 GNotKG). Nach Ablauf eines Jahres seit Bekanntmachung der angegriffenen Entscheidung kann Anhörungsrüge, unabhängig vom Eintritt der Kenntnis, nicht mehr erhoben werden (§ 84 Abs. 2 S. 2 GNotKG). 81

§ 81 Abs. 5 S. 1, 2 GNotKG gilt entsprechend (§ 84 Abs. 2 S. 4 GNotKG), so dass die Anhörungsrüge schriftlich einzureichen oder zu Protokoll der Geschäftsstelle zu erklären ist. § 129 a ZPO gilt entsprechend. In der Rügeschrift ist die angefochtene Entscheidung zu bezeichnen und die entscheidungserhebliche Verletzung des rechtlichen Gehörs darzulegen (§ 84 Abs. 2 S. 5 GNotKG). Einer anwaltlichen Mitwirkung bedarf es auch dann nicht, wenn für das Verfahren Anwaltszwang besteht (§ 84 Abs. 2 S. 4 iVm § 81 Abs. 5 S. 1 GNotKG). 82

b) Rechtliches Gehör

Rechtliches Gehör ist den übrigen Beteiligten, einschließlich der Staatskasse, nur zu gewähren, soweit dies erforderlich erscheint (§ 84 Abs. 3 GNotKG). 83

c) Entscheidung

Das Gericht entscheidet durch Beschluss, der gem. § 84 Abs. 4 S. 5 GNotKG kurz begründet werden soll. Es hat von Amts wegen zu prüfen, ob die Rüge statthaft ist und ob sie in der gesetzlichen Form und Frist erhoben ist. 84

Eine unbegründete Anhörungsrüge ist zurückzuweisen. Mangelt es an den Zulässigkeitsvoraussetzungen, hat das Gericht die Rüge als unzulässig zu verwerfen. 85

5. Fortsetzung des Verfahrens

Ist die Anhörungsrüge begründet, hat ihr das Gericht abzuhelfen, indem es das Erinnerungs- oder Beschwerdeverfahren fortführt, soweit es aufgrund der Rüge geboten ist (§ 84 Abs. 5 GNotKG). 86

Einer förmlichen Entscheidung über die Fortsetzung bedarf es nicht.[37] 87

Wird das Verfahren aufgrund der Anhörungsrüge fortgesetzt, gilt das Verschlechterungsverbot nicht,[38] da das Verfahren nur in die Ausgangsentscheidung zurückversetzt wird.[39] Im Übrigen kann die Anhörungsrüge beschränkt werden, um eine nachteilige Entscheidung zu verhindern. 88

---

36 BT-Drucks. 15/3706, S. 16.
37 MüKo-ZPO/*Musielak*, § 321 a Rn 16.
38 MüKo-ZPO/*Musielak*, § 321 a Rn 16; Zöller/*Vollkommer*, § 321 a ZPO Rn 18.
39 OLG Frankfurt NJW 2004, 165.

§ 10 Übergegangene Ansprüche (§ 59 RVG)

I. Allgemeines

1. Übergang der Ansprüche auf die Staatskasse

1 Der im Wege der VKH beigeordnete Rechtsanwalt besitzt gegenüber der Staatskasse einen Anspruch auf Zahlung seiner Vergütung (§ 45 Abs. 1 RVG). Gleiches gilt für einen sonst gerichtlich bestellten oder beigeordneten Anwalt (§ 45 Abs. 3 S. 1 RVG), wie zB die in Unterbringungssachen oder in Verfahren nach dem ThUG erfolgten Beiordnungen. Nicht von § 45 RVG erfasst sind aber die Vergütungsansprüche der Verfahrenspfleger, die sich nach § 277 FamFG richten.

2 Die Vergütungsansprüche des beigeordneten Anwalts gegen den Beteiligten oder einen ersatzpflichtigen Gegner gehen mit der Befriedigung des Rechtsanwalts durch die Staatskasse auf diese über (§ 59 Abs. 1 S. 1 RVG). Jedoch kann der Übergang nicht zum Nachteil des Rechtsanwalts geltend gemacht werden (§ 59 Abs. 1 S. 2 RVG).

2. Kostenentscheidung

3 Ein Einzug der nach § 59 RVG übergegangenen Ansprüche setzt stets eine rechtskräftige Kostengrundentscheidung voraus. Endet das Verfahren ohne eine solche, etwa bei Antragsrücknahme, kommt ein Einzug nach § 59 RVG nicht in Betracht.[1] Nach hM ist die Staatskasse, vertreten durch den Bezirksrevisor, nicht befugt, einen Antrag auf Erlass einer Kostenentscheidung zu stellen.[2]

4 Die Beteiligten können sich bis zur Rechtskraft der Kostenentscheidung in einem Vergleich über die Verfahrenskosten einigen. Ist der Vergleich wirksam zustande gekommen, kann er einen Übergang nach § 59 RVG verhindern,[3] wenn er nicht mit dem Ziel geschlossen wurde, die Staatskasse zu schädigen und sie arglistig von ihrem Beitreibungsrecht nach § 59 RVG auszuschließen.

II. Feststellung und Berechnung des Übergangs

5 Im Rahmen der Kostenfestsetzung (§§ 103 ff ZPO iVm § 85 FamFG) hat der Rechtspfleger zu prüfen, ob bereits eine VKH-Vergütung aus der Staatskasse gezahlt wurde und diese auf den im Kostenfestsetzungsbeschluss festgestellten Erstattungsanspruch anzurechnen ist (Nr. 2.3.1 VergütungsAV). In dem Kostenfestsetzungsbeschluss ist auch festzustellen, ob ein Anspruch nach § 59 RVG auf die Staatskasse übergegangen ist. Die Höhe ist in dem Beschluss zu vermerken. Zahlt der erstattungspflichtige Gegner bei der Vollstreckung des Kostenfestsetzungsbeschlusses freiwillig auch die darin bezeichneten übergegangenen Ansprüche nach § 59 RVG, hat der Gerichtsvollzieher sie anzunehmen und an die Kasse abzuführen (Nr. 2.3.5 VergütungsAV). War nur noch ein Teil der Ansprüche offen, ist nur noch der Restbetrag einzuziehen und durch den Gerichtsvollzieher Mitteilung zu den Gerichtsakten zu machen. Der Urkundsbeamte der Geschäftsstelle hat bei bereits erfolgter Sollstellung die Kasse zu unterrichten.

---

1 OLG Düsseldorf Rpfleger 1999, 132; OLG Brandenburg FamRZ 1996, 683.
2 BGH MDR 1998, 1248; OLG Köln FamRZ 1998, 1037; OLG Nürnberg JurBüro 1989, 803.
3 OLG Bamberg JurBüro 1988, 1676.

Sind dem Gegner die Kosten des Verfahrens allein auferlegt, gehen die an den beigeordneten VKH-Anwalt gezahlten Beträge in voller Höhe auf die Landeskasse über. 6

Beispiel: In dem Verfahren sind A und B beteiligt. Dem A wird VKH bewilligt und ein Anwalt beigeordnet. Der beigeordnete Anwalt erhält aus der Landeskasse eine Vergütung iHv 818,13 €. Das Verfahren endet durch begründete Endentscheidung. Die Kosten des Verfahrens werden dem B auferlegt. 7

Die gezahlte Vergütung geht in voller Höhe auf die Landeskasse über (§ 59 RVG).

Neben den Gerichtskosten ist von dem B mit der Schlusskostenrechnung auch die an den beigeordneten Anwalt des A gezahlte Vergütung (§ 59 RVG) von 818,13 € einzuziehen.

Sind die Kosten nach **Quoten** verteilt, ist für die Ermittlung der übergegangenen Ansprüche zunächst eine Kostenausgleichung nach § 106 ZPO iVm § 85 FamFG vorzunehmen. Dabei sind die Wahlanwaltsgebühren und nicht die VKH-Vergütung des § 49 RVG zu berücksichtigen. Auch die Gerichtskosten bleiben unberücksichtigt, da sie stets getrennt auszugleichen sind. Haben die Beteiligten einen Ausgleich nicht beantragt, hat der Urkundsbeamte des gehobenen Dienstes die Vergütungen und den übergegangenen Anspruch selbständig zu ermitteln.[4] Die Beträge sind auch dann nach Aktenlage zu ermitteln, wenn eine Mitwirkung der Rechtsanwälte nicht erreicht werden kann (Nr. 2.4.1 VergütungsAV). 8

Beispiel 1: In dem Verfahren sind A und B beteiligt. Dem A wird VKH bewilligt und ein Anwalt beigeordnet. Der beigeordnete Anwalt erhält aus der Landeskasse eine Vergütung iHv 788,38 €. Das Verfahren endet durch begründete Endentscheidung. Der Geschäftswert beträgt 5.000 €. 9

Die Kosten des Verfahrens tragen A zu 1/3 und B zu 2/3.

Im Rahmen der Kostenausgleichung (§ 106 ZPO) ist der auf die Landeskasse übergegangene Betrag zu ermitteln.

I. Es findet zunächst die Ausgleichung nach § 106 ZPO statt:

Wahlanwaltskosten des A	925,23 €
Wahlanwaltskosten des B	925,23 €
Gesamt	1.850,46 €
davon trägt B 2/3	1.233,64 €
seine eigenen Kosten betragen	925,23 €
Von B sind an A somit zu erstatten	308,41 €

II. Nunmehr ist der Übergang nach § 59 RVG zu berechnen:

Wahlanwaltsvergütung des Anwalts von A beträgt	925,23 €
davon bereits aus der Landeskasse erhalten	– 788,38 €
Der Anwalt des A erhält noch	136,85 €

Von dem Erstattungsbetrag iHv 308,41 € sind zunächst die 136,85 € abzuziehen, da zunächst der beigeordnete Anwalt zu befriedigen ist. Der Restbetrag von 171,56 € geht auf die Landeskasse über (§ 59 RVG) und ist von B mittels Sollstellung einzuziehen.

Beispiel 2: In dem Verfahren sind A und B beteiligt. Dem A wird VKH bewilligt und ein Anwalt beigeordnet. Der beigeordnete Anwalt erhält aus der Landeskasse eine Vergütung iHv 937,13 €. Das Verfahren endet durch begründete Endentscheidung. Der Geschäftswert beträgt 10.000 €. 10

Die Kosten des Verfahrens tragen A zu 1/3 und B zu 2/3.

4 Gerold/Schmidt/*Müller-Rabe*, RVG, § 59 Rn 29.

Im Rahmen der Kostenausgleichung (§ 106 ZPO) ist der auf die Landeskasse übergegangene Betrag zu ermitteln.

I. Es findet zunächst die Ausgleichung nach § 106 ZPO statt:

Wahlanwaltskosten des A	1.683,85 €
Wahlanwaltskosten des B	1.683,85 €
Gesamt	3.367,70 €
davon trägt B 2/3	2.245,13 €
seine eigenen Kosten betragen	– 1.683,85 €
Von B sind an A somit zu erstatten	561,28 €

II. Nunmehr ist der Übergang nach § 59 RVG zu berechnen:

Wahlanwaltsvergütung des Anwalts von A beträgt	1.683,85 €
davon bereits aus der Landeskasse erhalten	– 937,13 €
Der Anwalt des A erhält noch	746,72 €

Der Erstattungsbetrag von 561,28 € reicht nicht aus, um diese Ansprüche zu befriedigen. Da der Übergang nach § 59 Abs. 1 S. 2 RVG nicht zum Nachteil des beigeordneten Anwalts geltend gemacht werden darf, ist aus dem Erstattungsbetrag zunächst der Anwalt des A zu befriedigen. Ein Übergang nach § 59 RVG findet folglich nicht statt, so dass die Landeskasse solche Ansprüche nicht von B anfordern darf.

III. Einzug der Ansprüche

1. Maßgebliche Vorschriften

11 Für den Einzug gelten gem. § 59 Abs. 2 S. 1 RVG die Vorschriften für den Einzug der Gerichtskosten. Bei den übergegangenen Ansprüchen handelt es sich jedoch trotz dieser Regelung weiterhin um außergerichtliche Kosten!

12 Bei dem Einzug der Ansprüche ist § 122 Abs. 1 Nr. 1 Buchst. b ZPO iVm § 76 Abs. 1 FamFG zu beachten, so dass sie von dem VKH-Beteiligten nur im Rahmen etwaiger angeordneter Zahlungsbestimmungen eingezogen werden können (vgl. aber Rn 16). Ist dem VKH-Beteiligten VKH ohne Zahlungsbestimmungen bewilligt, scheidet ein Einzug aus. Im Übrigen sind auch die Nr. 3.3.2 S. 1 und Nr. 4.8 DB-PKH zu beachten, so dass die übergegangenen Ansprüche von dem Gegner erst eingezogen werden können, wenn dieser rechtskräftig in die Verfahrenskosten verurteilt ist oder sie durch eine vor Gericht abgegebene oder dem Gericht mitgeteilte Erklärung übernommen hat.

2. Einziehung durch Sollstellung

13 Die übergegangenen Ansprüche sind durch Sollstellung von dem Gegner einzufordern, denn die JBeitrO findet Anwendung (§ 1 Abs. 1 Nr. 10 JBeitrO iVm § 59 Abs. 2 S. 1 RVG). Die übergegangenen Ansprüche sind daher in die Schlusskostenrechnung aufzunehmen (Nr. 7.1 DB-PKH). Ist eine weitere Vergütung (§ 50 RVG) beantragt, hat sich der Urkundsbeamte der Geschäftsstelle vor der Festsetzung zu vergewissern, dass auch die übergegangenen Ansprüche in die Schlusskostenrechnung aufgenommen und bezahlt sind (Nr. 2.5.1.3 VergütungsAV).

14 War dem Beteiligten VKH mit Zahlungsbestimmungen bewilligt, soll die vorläufige Einstellung der Zahlungen angeordnet werden, wenn ein Erstattungsanspruch gegen den Gegner besteht (§ 120 Abs. 3 ZPO iVm § 76 Abs. 1 FamFG). Geht danach eine Zweitschuldneranfrage ein, hat der Kostenbeamte eine bestehende Zweitschuldnerhaftung des VKH-Beteiligten zu prüfen und die Akten sodann dem Rechtspfleger vor-

zulegen, der über die Wiederaufnahme der Zahlungen entscheidet (Nr. 2.5.8, 4.9, 8.1 DB-PKH). Eine Wiederaufnahme der Ratenzahlung ist auch anzuordnen, wenn die nach § 59 RVG übergegangenen Ansprüche von dem Gegner des VKH-Beteiligten nicht eingezogen werden können.[5]

Beispiel: In einem unternehmensrechtlichen Verfahren wird dem Antragsteller VKH mit Zahlungsbestimmungen (Ratenzahlung von 70 €) bewilligt. Der beigeordnete Anwalt erhält aus der Landeskasse eine Vergütung von 937,13 €. Das Verfahren endet durch begründete Endentscheidung. Die Kosten des Verfahrens werden dem Antragsgegner auferlegt, der Geschäftswert beträgt 10.000 €. 15

Bei Beendigung des Verfahrens waren durch den Antragsteller bereits 10 VKH-Raten á 70 € gezahlt.

Von dem Antragsgegner sind mit der Schlusskostenrechnung einzuziehen:

1.	2,0-Verfahrensgebühr, Nr. 13500 KV (Wert: 10.000 €, Tabelle A)	482,00 €
2.	An den beigeordneten Anwalt des Antragstellers gezahlte Vergütung (§ 59 RVG)	937,13 €
Gesamt		1.419,13 €
anzurechnende VKH-Raten des Antragstellers		– 700,00 €
Noch zu zahlen sind		719,13 €

Die Kosten werden nach Rechtskraft von dem Antragsgegner mittels Sollstellung eingezogen (§ 125 Abs. 1 ZPO iVm § 76 Abs. 1 FamFG, Nr. 4.8 DB-PKH). Zugleich wird die vorläufige Einstellung der Ratenzahlung angeordnet (§ 120 Abs. 3 Nr. 1 ZPO iVm § 76 Abs. 1 FamFG).

Später teilt die Landeskasse mit, dass die Kosten von dem Antragsgegner nicht eingezogen werden konnten.

Die Akten sind dem Kostenbeamten vorzulegen. Dieser hat zu prüfen, ob der Antragsteller für die Gerichtskosten als Zweitschuldner ganz oder teilweise haftet (Nr. 4.9 DB-PKH). Dies ist hinsichtlich der Gerichtsgebühren der Fall (§ 22 Abs. 1 GNotKG). Für die nach § 59 RVG übergegangenen Ansprüche besteht zwar keine Haftung nach § 22 GNotKG, jedoch haftet der Antragsteller gleichwohl für die Kosten seines beigeordneten Anwalts. Die Akten sind deshalb dem Rechtspfleger vorzulegen (Nr. 2.5.8 DB-PKH), der prüft, ob eine Wiederaufnahme der Zahlungen angeordnet werden kann (Nr. 8.1 DB-PKH).

Nach Anordnung der Wiederaufnahme der Ratenzahlungen sind von dem Antragsteller die verbleibenden 719,13 € im Rahmen der angeordneten Raten einzuziehen.

Ist beiden Beteiligten VKH bewilligt, ist strittig, ob ein nach § 59 RVG übergegangener Anspruch auch gegen den anderen VKH-Beteiligten geltend gemacht werden kann. Die bejahende Ansicht stützt sich dabei auf § 123 ZPO, wonach die VKH-Bewilligung keinen Einfluss darauf hat, die dem Gegner entstandenen Kosten zu erstatten. Auch soll sich die Regelung des § 122 Abs. 1 Nr. 1 Buchst. b ZPO nicht auf die übergegangenen Ansprüche des gegnerischen VKH-Anwalts erstrecken.[6] Dem wird entgegengehalten, dass schon der Wortlaut des § 122 Abs. 1 Nr. 1 Buchst. b ZPO beide Auslegungen zulässt und auch der Sinn der VKH, den wirtschaftlich unvermögenden Beteiligten nicht an der Durchsetzung seiner individuellen Rechtspositionen zu hindern, tangiert wird.[7] Aufgrund der Regelung des § 123 ZPO ist jedoch der ersten Meinung der Vorzug zu gegeben, da die VKH ausdrücklich nicht vor den Kosten des 16

5 BGH NJW-RR 1991, 827.

6 BGH MDR 1997, 887; OLG Celle MDR 2014, 923; OLG Dresden FamRZ 2010, 583; OLG Zweibrücken MDR 2008, 1245; OLG Nürnberg NJW-RR 2002, 863; OLG Oldenburg JurBüro 1991, 1373; aA OLG München FamRZ 2014, 1880; OLG Karlsruhe JurBüro 1999, 370.

7 OLG München MDR 2001, 596; *Fischer*, JurBüro 1998, 622.

Gegners schützen soll und der VKH-Beteiligte auch keinen besonderen Nutzen daraus ziehen soll, dass auch dem Gegner VKH bewilligt ist. Im Übrigen ist auch nicht einzusehen, dass ein VKH-Beteiligter, dessen Gegner keine VKH bewilligt wurde, schlechter gestellt wird als ein VKH-Beteiligter, dessen Gegner VKH bewilligt ist. Die übergegangenen Ansprüche sind deshalb einzuziehen, jedoch ist vor einem Kosteneinzug auch § 10 KostVfg zu prüfen.

17 § 122 Abs. 1 Nr. 1 Buchst. b ZPO erfasst aber in jedem Fall die übergegangenen Ansprüche des eigenen VKH-Anwalts, so dass hier ein Einzug unterbleibt, wenn keine Zahlungsbestimmungen angeordnet sind.

18 **Beispiel 1:** In einem unternehmensrechtlichen Verfahren sind A und B beteiligt. Dem A wird VKH ohne Zahlungsbestimmungen bewilligt und ein Anwalt beigeordnet. Der beigeordnete Anwalt erhält aus der Landeskasse eine Vergütung iHv 788,38 €. Das Verfahren endet durch begründete Endentscheidung. Der Geschäftswert beträgt 5.000 €. Die Kosten des Verfahrens werden A auferlegt.

Von A sind zu zahlen:

1. 2,0-Verfahrensgebühr, Nr. 13500 KV (Wert: 5.000 €, Tabelle A)	292,00 €
2. An den beigeordneten Anwalt des A gezahlte Vergütung (§ 59 RVG)	788,38 €
Gesamt	1.080,38 €

Ein Einzug von A unterbleibt (§ 122 Abs. 1 Nr. 1 Buchst. a, b ZPO iVm § 76 Abs. 1 FamFG) ebenso wie die Aufstellung einer Kostenrechnung überhaupt (Nr. 3.1 DB-PKH).

19 **Beispiel 2:** Wie Beispiel 1, jedoch wird dem Antragsteller VKH mit Zahlungsbestimmungen (Ratenzahlung iHv 30 €) bewilligt. Bei Verfahrensabschluss sind bereits 10 Raten á 30 € gezahlt.

Vom Antragsteller sind zu zahlen:

1. 2,0-Verfahrensgebühr, Nr. 13500 KV (Wert: 5.000 €, Tabelle A)	292,00 €
2. An den beigeordneten Anwalt des A gezahlte Vergütung (§ 59 RVG)	788,38 €
3. Differenzvergütung (§ 50 RVG)	136,85 €
Gesamt	1.217,23 €
anzurechnende Ratenzahlungen	– 300,00 €
Noch zu zahlen sind	917,23 €

Der Betrag ist von A im Rahmen der Ratenzahlung einzuziehen. Ihm ist eine Abschrift der Kostenrechnung mit Nachforderungsvorbehalt zu übersenden (Nr. 7.3 DB-PKH). Die Akten sind dem Rechtspfleger vorzulegen, der den Ratenplan zu erstellen und eine Wiedervorlagefrist für die Anordnung der vorläufigen Zahlungseinstellung zu bestimmen hat (Nr. 8.2 DB-PKH).

3. Einzug bei Streitgenossen

20 Fälle einer Streitgenossenschaft sind in den Verfahren der freiwilligen Gerichtsbarkeit nicht vorgesehen. Es soll gleichwohl kurz darauf eingegangen werden. Sind Streitgenossen des VKH-Beteiligten betroffen, hat der Urkundsbeamte diese aufzufordern, den auf sie entfallenden Anteil an der aus der Staatskasse gezahlten Vergütung zu zahlen (Nr. 2.4.2 VergütungsAV). Die Zahlungsaufforderung kann aber nicht auf § 59 RVG gestützt werden, so dass auch dann keine Sollstellung erfolgen darf, wenn nicht freiwillig gezahlt wird (Nr. 2.4.3 VergütungsAV). In diesen Fällen sind die Akten dem unmittelbar vorgesetzten Präsidenten vorzulegen, der ggf. die Klageerhebung zu veranlassen hat.

IV. Zuständigkeit

Angesetzt werden die Ansprüche bei dem Gericht des ersten Rechtszugs (§ 59 Abs. 2 S. 2 RVG). Ist der Anspruch aber auf die Bundeskasse übergegangen, erfolgt der Ansatz beim Bundesgerichtshof (§ 59 Abs. 2 S. 3 RVG). 21

V. Rechtsbehelfe

Gegen den Ansatz der übergegangenen Ansprüche findet die Erinnerung statt. Für das Erinnerungsverfahren gilt § 81 GNotKG entsprechend (§ 59 Abs. 2 S. 1 RVG). Der Kostenschuldner kann nur einwenden, dass die an den beigeordneten Anwalt gezahlte Vergütung zu hoch gewesen ist.[8] Insbesondere kann nicht eingewendet werden, dass die VKH-Bewilligung oder die Beiordnung des Rechtsanwalts zu Unrecht erfolgt sei. 22

VI. Abgrenzung zu anderen Vorschriften des Kostenverzeichnisses

Neben der Einzugsregelung des § 59 Abs. 2 RVG sind die Regelungen des Kostenverzeichnisses zu beachten. Dort wird geregelt, dass bestimmte, durch die Staatskasse an Rechtsanwälte geleistete Zahlungen zu den Gerichtskosten gehören und sie als gerichtliche Auslagen von dem Kostenschuldner einzuziehen sind. Im Einzelnen sind zu beachten: 23

- **Nr. 31007 KV** für Zahlungen an Rechtsanwälte, soweit nicht nach § 59 RVG übergegangene Ansprüche betroffen sind, zB die beigeordneten Rechtsanwälte in Unterbringungs- und Freiheitsentziehungssachen und in Verfahren nach dem ThUG;
- **Nr. 31012 KV** für die an einen Vertrauensanwalt (§ 3 Abs. 3 KonsularG) gezahlten Vergütungen;
- **Nr. 31015 KV** für die an Verfahrenspfleger geleistete Zahlungen, auch wenn es sich um Rechtsanwälte handelt.

In den vorgenannten Fällen bedarf es daher nicht der Berechnung und Feststellung eines Übergangs auf die Staatskasse, vielmehr sind die Zahlungen in voller Höhe von dem Kostenschuldner einzuziehen. 24

Besondere Einzugsbestimmungen sind jedoch zu beachten, so zB für die an Verfahrenspfleger geleistete Zahlungen (Anm. zu Nr. 31015 KV). 25

8 BGH MDR 1978, 214.

Teil 3
Geschäftswert

§ 11 Berechnung des Geschäftswerts

I. Allgemeines

1 Dem Wert kommen verschiedene Bedeutungen zu, es ist daher auch zwischen den verschiedenen Wertarten zu unterscheiden:[1]

- **Gebührenwert:** Er dient als Grundlage der Berechnung der Gerichtsgebühren. Die Berechnung erfolgt nach §§ 35 ff, 59 ff GNotKG, die auch auf die Rechtsanwaltsgebühren anzuwenden sind, wenn der Anwalt in einem gerichtlichen Verfahren tätig wird (§ 23 Abs. 1 S. 1 RVG).[2]
- **Zuständigkeitswert:** Nach ihm bestimmt sich die sachliche Zuständigkeit (vgl. §§ 23 Nr. 1 und 71 Abs. 1 GVG). In den Verfahren der freiwilligen Gerichtsbarkeit spielt er keine Rolle, da die Verfahren – unabhängig vom Wert – den Amtsgerichten zugewiesen sind (§ 23 a Abs. 1, 2 GVG).
- **Rechtsmittelwert:** Er ist maßgeblich, wenn die Zulässigkeit eines Rechtsmittels von dem Erreichen eines bestimmten Beschwerdewerts abhängig ist (vgl. § 61 Abs. 1 FamFG). Ist ein solcher Wert festgesetzt, ist er auch für die Gebührenberechnung maßgeblich, soweit er nicht von den §§ 35 ff GNotKG abweicht (§ 78 GNotKG).

II. Maßgeblicher Zeitpunkt der Wertberechnung

1. Allgemeines

2 Der für die Wertberechnung maßgebliche Zeitpunkt ergibt sich aus § 59 GNotKG. Danach ist zwischen Antragsverfahren und Amtsverfahren zu unterscheiden.

2. Antragsverfahren

3 Für die Wertberechnung ist in den auf Antrag einzuleitenden Verfahren der Zeitpunkt der ersten Antragstellung in dem jeweiligen Rechtszug maßgebend (§ 59 S. 1 GNotKG).

Zu den Antragsverfahren gehören insbesondere:

- Betreuungssachen (§ 1896 Abs. 1 BGB); sie sind aber auch als Amtsverfahren möglich;
- Ersetzung der Zustimmung des Grundstückseigentümers (§ 7 Abs. 3 ErbbauRG);
- Anträge auf Berichtigung oder Anweisung durch das Gericht (§§ 48, 49 PStG);
- Verfahren nach §§ 16, 33 a, 39 VerschG;
- Nachlasssachen, mit Ausnahme der Verfahren über die Einziehung oder Kraftloserklärung von Erbscheinen, die auch von Amts wegen vorzunehmen sind;
- Einträge in das Grundbuch oder ein Register, soweit das Gericht nicht von Amts wegen tätig werden muss;
- unternehmensrechtliche Verfahren (§ 375 FamFG);
- Freiheitsentziehungssachen (§ 417 Abs. 1 FamFG);

1 Vgl. ausf. *Dörndorfer*, Der Streitwert für Anfänger, 5. Aufl. 2009, Rn 6 ff.
2 AnwK-RVG/*Mock*, § 23 Rn 39.

- Aufgebotsverfahren (§ 434 Abs. 1 FamFG),
- einstweilige Anordnungen, soweit die Hauptsache auf Antrag einzuleiten ist (§ 51 Abs. 1 FamFG).

4 Maßgeblich ist der die jeweilige Instanz einleitende Antragsschriftsatz, dh der verfahrenseinleitende Antrag nach § 23 FamFG. Es kommt auf dessen Eingang bei dem Gericht an. Im Verlaufe des Verfahrens eintretende wertmindernde oder werterhöhende Umstände bleiben unberücksichtigt, so zB Kursänderungen[3] oder Wertverluste bei Grundstücken. Auch bei einer Verfahrensverbindung (§ 20 FamFG) kommt es nicht auf den Zeitpunkt der Verbindung, sondern auf den Eingang der jeweiligen Anträge an. § 59 S. 1 GNotKG gilt für Antragsverfahren nicht, wenn etwas anderes bestimmt ist, zB für Verfahren nach dem SpruchG die Regelung in § 74 S. 2 GNotKG, wonach der Tag nach Ablauf der Antragsfrist maßgeblich ist.[4]

5 Soweit eine abweichende Wertfestsetzung wegen besonderer Umstände vorgesehen ist (zB § 51 Abs. 3, § 52 Abs. 6, § 67 Abs. 3 GNotKG), ist hierfür nicht auf den bloßen Zeitpunkt der Antragstellung abzustellen.[5]

6 Werden Anträge später erweitert, ist für die Antragserweiterung nur der Zeitpunkt ihrer Antragstellung maßgebend, weil § 59 S. 1 GNotKG auf den „jeweiligen Verfahrensgegenstand" abstellt. § 59 S. 1 GNotKG greift jedoch nur ein, soweit sich der Wert des Gegenstands ändert. Tritt eine Veränderung des Verfahrensgegenstands selbst ein, zB durch nachträgliche Teilrücknahme oder durch den Austausch von Verfahrensgegenständen, ist die Regelung nicht einschlägig.[6] Die Teilrücknahme bleibt auf die bereits entstandenen Gebühren ohne Einfluss.

3. Amtsverfahren

7 Für Verfahren, die von Amts wegen eingeleitet werden, ist für die Wertberechnung der Zeitpunkt des Eintritts der Fälligkeit entscheidend (§ 59 S. 2 GNotKG). Die Fälligkeit bestimmt sich nach § 9 Abs. 1 GNotKG, so dass zumeist das Ende des Verfahrens der maßgebliche Zeitpunkt ist.

8 Da es auf den Verfahrensbeginn nicht ankommt, sind im Verlauf des Amtsverfahrens eintretende wertmindernde oder werterhöhende Umstände bei der endgültigen Wertfestsetzung zu berücksichtigen.

4. Alternativverfahren

9 Ist ein Verfahren alternativ als Antrags- oder Amtsverfahren ausgestaltet (zB § 1896 BGB), kommt es auf die tatsächliche Einleitung an, da § 59 S. 2 GNotKG im Gegensatz zu § 22 Abs. 1 GNotKG nicht „nur" auf Antrag einzuleitende Verfahren umfasst.

---

3 BGH NJW-RR 1998, 1452.

4 Korintenberg/*Fackelmann*, GNotKG, § 59 Rn 3.

5 HK-FamGKG/N. *Schneider*, § 34 Rn 26, wonach insbesondere bzgl. des Umfangs § 34 S. 2 FamGKG analog anzuwenden ist.

6 *Dörndorfer*, Der Streitwert für Anfänger, Rn 42.

III. Wertberechnung bei mehreren Gegenständen

1. Grundsatz der Wertaddition

Zu unterscheiden ist bei der Geltendmachung verschiedener Gegenstände zwischen 10

- **objektiver Antragshäufung,** bei welcher verschiedene Ansprüche nebeneinander geltend gemacht werden, und
- **subjektiver Antragshäufung,** bei der mehrere Personen als Antragsteller oder Antragsgegner auftreten.

Liegt eine objektive Antragshäufung vor, sind die Werte für verschiedene Verfahrensgegenstände, die in demselben Verfahren und Rechtszug geltend gemacht werden, zusammenzurechnen (§ 35 Abs. 1 GNotKG). 11

2. Ausnahmen von der Wertaddition

Eine Ausnahme von der Wertaddition sieht das GNotKG zB vor 12

- bei der Genehmigung von mehreren Erklärungen, die denselben Gegenstand betreffen (§ 60 Abs. 2 GNotKG);
- für Nebenforderungen (§ 37 GNotKG).

IV. Nebenforderungen und Wertberechnung

1. Grundsatz

Nebenforderungen bleiben bei der Wertberechnung unberücksichtigt (§ 37 Abs. 1 GNotKG). Danach ist nur der Wert des Hauptgegenstands des Verfahrens maßgeblich, wenn neben ihm auch 13

- Früchte (§ 99 BGB),
- Nutzungen (§ 100 BGB),
- Zinsen oder
- Kosten

als Nebenforderung geltend gemacht werden.

Die Aufzählung in § 37 Abs. 1 GNotKG ist abschließend, so dass Nebenforderungen anderer Art für den Geschäftswert zu berücksichtigen sind.[7] § 37 Abs. 1 GNotKG greift zudem nur dann ein, wenn die Nebenforderung in einem rechtlichen Abhängigkeitsverhältnis zum Hauptgegenstand steht und daher von dieser abhängig ist.[8] 14

2. Konstellationen des § 37 GNotKG

Eine Berücksichtigung bei der Wertberechnung kann den in § 37 Abs. 1 GNotKG genannten Nebenforderungen (s. Rn 13) aber zukommen, wenn sie ohne den Hauptgegenstand zum Verfahrensgegenstand gemacht werden. § 37 GNotKG unterscheidet drei Varianten bei der Geltendmachung von Nebenforderungen: 15

- **Variante 1:** Die Nebenforderung wird neben dem Hauptgegenstand in demselben Verfahren anhängig gemacht: Es gilt § 37 Abs. 1 GNotKG, so dass sich die Nebenforderung nicht werterhöhend auswirkt.
- **Variante 2:** Die Nebenforderung wird ohne den Hauptgegenstand anhängig gemacht oder es ist ein nachträglicher (auch teilweiser) Wegfall des Hauptanspruchs eingetreten: Es gilt § 37 Abs. 2 GNotKG, so dass sich der Geschäftswert nach den

---

7 Binz/Dörndorfer/*Dörndorfer*, § 43 GKG Rn 3; *Meyer*, § 43 GKG Rn 4.
8 *Meyer*, § 43 GKG Rn 3.

Nebenforderungen bestimmt, soweit diese nicht den Wert des Hauptgegenstands überschreiten.

- **Variante 3:** Es sind weder Hauptgegenstand noch Nebenforderungen anhängig: Es gilt § 37 Abs. 3 GNotKG, so dass die Kosten des Verfahrens wertbestimmend sind, soweit diese nicht den Wert des Hauptgegenstands übersteigen.

16 Ist der Hauptgegenstand erst im Verfahrensverlauf weggefallen, berechnet sich der Geschäftswert ab diesem Zeitpunkt nach den Nebenforderungen. Auf die Verfahrensgebühr bleibt die Wertänderung ohne Einfluss. Der geänderte Wert ist aber für solche Gebühren maßgebend, die erst nach dem wertändernden Ereignis entstehen. Das gilt hauptsächlich für die Rechtsanwaltsgebühren (zB Terminsgebühr), für die § 37 GNotKG wegen § 23 Abs. 1 RVG gleichfalls gilt.

3. Nebenforderungen

a) Zinsen

17 Erfasst sind gesetzliche und vertragliche Zinsen.[9] Auch kapitalisierte Zinsen sind Nebenforderung, wenn sie neben dem Hauptgegenstand geltend gemacht werden.[10] Ist ein Teil des Hauptgegenstands bereits erledigt, sind die für den erledigten Teil geltend gemachten Zinsen bei der Wertberechnung zu berücksichtigen, da es insoweit an einer Anhängigkeit der Hauptforderung fehlt.[11] Auch wenn über den gesamten Hauptgegenstand durch Teilentscheidung entschieden ist, werden die Zinsen zur Hauptforderung.[12] Bei Bereicherungsansprüchen sind Zinsen und Nutzungen nur dann Nebenkosten, wenn sie Gegenstand eines einheitlichen Gesamtanspruchs sind.[13]

b) Kosten

aa) Grundsatz

18 Bei den Kosten ist zu unterscheiden:

19 **Vorgerichtliche Kosten:** Es gilt § 37 Abs. 1, 2 GNotKG. Hierzu gehören alle Kosten, die der Antragsteller zur vorgerichtlichen Rechtsverfolgung aufgewendet hat.[14] Im Einzelnen werden erfasst: vorgerichtliche Mahnkosten,[15] Inkassokosten,[16] Kosten eines Vorprozesses,[17] Kosten für Privatgutachten.[18] Sie werden bei dem Wert nur berücksichtigt, wenn sie ohne den Hauptgegenstand betroffen sind.

20 **Kosten des anhängigen Verfahrens:** Es gilt § 37 Abs. 3 GNotKG. Erfasst sind die Kosten des Verfahrens. Hierunter fallen die Gerichtskosten und die außergerichtlichen Kosten aller Beteiligten (Anwalts- und Beteiligtenkosten), die zur Führung des Verfahrens aufgewendet wurden (vgl. § 80 FamFG). Sie werden bei dem Wert nur berücksichtigt, wenn sie ohne den Hauptgegenstand betroffen sind.

---

9 BGH NJW 1998, 2060.
10 OLG Schleswig AGS 1999, 43.
11 BGH NJW 1994, 1869.
12 *Oestreich/Hellstab/Trenkle*, Streitwert, Stichwort „Zinsen".
13 BGH NJW-RR 2000, 1015.
14 *Dörndorfer*, Der Streitwert für Anfänger, Rn 82.
15 OLG Bamberg JurBüro 1985, 589.
16 OLG Köln BB 1974, 1414.
17 Hamburg OLGR Hamburg 2008, 183.
18 Binz/Dörndorfer/*Dörndorfer*, § 43 GKG Rn 2.

bb) Anwaltliche Geschäftsgebühr

Vorprozessual aufgewendete Kosten zur Durchsetzung des im laufenden Verfahren geltend gemachten Hauptanspruchs wirken nicht werterhöhend. Das gilt unabhängig davon, ob diese Kosten der Hauptforderung hinzugerechnet werden oder neben der im Verfahren geltend gemachten Hauptforderung Gegenstand eines eigenen Antrags sind.[19] Auch bei der vorprozessualen anwaltlichen Geschäftsgebühr handelt es sich daher um eine Nebenforderung, die nicht werterhöhend wirkt.[20] 21

cc) Erledigung der Hauptsache

Ist die Hauptsache erledigt und nur noch über die Kosten zu entscheiden, gilt § 37 Abs. 3 GNotKG. Liegt eine übereinstimmende Erklärung vor, bemisst sich der Wert nur noch nach den gerichtlichen und außergerichtlichen Kosten der Beteiligten, wobei der Wert des Hauptgegenstands nicht überschritten werden darf. Bei der einseitigen Erledigungserklärung ist nach hM ab dem Zeitpunkt der Erledigungserklärung nur noch der Wert der bis dahin entstandenen Kosten maßgebend.[21] Bei der Werterмittlung sind die bis dahin angefallenen Gerichts- und Anwaltskosten aller Beteiligten, einschließlich der Beteiligtenkosten, einzubeziehen.[22] Ist VKH bewilligt worden, sind die Anwaltsgebühren gleichwohl nach den Regelsätzen des § 13 Abs. 1 RVG zu ermitteln. 22

Für die zu treffende Kostenentscheidung gilt nicht § 91 a ZPO, sondern es ist nach §§ 80 ff FamFG zu entscheiden. Für die Kostenverteilung gilt wegen § 83 Abs. 2 FamFG die Regelung des § 81 FamFG, da als sonstige Verfahrensbeendigung auch die Erledigung der Hauptsache gilt.[23] 23

Beispiel: In einem Verfahren wegen der Stundung von Pflichtteilsansprüchen iHv 400.000 € erklären die Beteiligten, dass man sich geeinigt habe und deshalb eine gerichtliche Entscheidung nicht mehr zu ergehen braucht. Die Erklärungen gehen am 20.9. bei Gericht ein. Wegen der Stundung wurde mündlich verhandelt. Das Gericht hat ein Sachverständigengutachten eingeholt, für das eine Vergütung von 900 € gezahlt wurde. Da die Hauptsache erledigt ist, ergeht nur noch eine Kostenentscheidung. 24
In dem Verfahren sind bis zum Wegfall der Hauptsache folgende Kosten entstanden:

I. Gerichtskosten (Geschäftswert: 40.000 €)[24]		
1.	Verfahrensgebühr, Nr. 12520 KV (Tabelle A)	952,00 €
2.	Sachverständigenvergütung, Nr. 31005 KV	900,00 €
Gesamt		1.852,00 €
II. Anwaltskosten (Gegenstandswert: 40.000 €)		
1.	Verfahrensgebühr, Nr. 3100 VV-RVG	1.316,90 €
2.	Terminsgebühr, Nr. 3104 VV-RVG	1.215,60 €
3.	Auslagenpauschale, Nr. 7002 VV-RVG	20,00 €
4.	Umsatzsteuer, Nr. 7008 VV-RVG	484,98 €
Kosten eines Anwalts		3.037,48 €

19 BGH NJW 2007, 389.
20 BGH NJW-RR 2008, 374; OLG München JurBüro 2007, 545; OLG Frankfurt AGS 2006, 251.
21 BGH NJW-RR 1996, 1210; KG JurBüro 2006, 201; OLG Nürnberg JurBüro 2006, 478; aA OLG Schleswig SchlHA 2006, 176; OLG Brandenburg AGS 2001, 205.
22 OLG Frankfurt AGS 2001.
23 Keidel/*Giers*, FamFG, § 83 Rn 11 ff.
24 Für die Stundung ist der Geschäftswert regelmäßig nach einem Bruchteil des Pflichtteilsanspruchs von 10 % zu bestimmen (vgl. § 14 Rn 331).

Da jedoch beide Beteiligte einen Anwalt beauftragt haben, sind die Rechtsanwaltskosten beider Anwälte, dh 6.074,96 € (2 x 3.037,48 €), zu berücksichtigen.

Die gesamten Kosten des anhängigen Verfahrens betragen (1.852,00 € Gerichts- und 6.074,96 € Anwaltskosten =)	7.926,96 €
Der Geschäftswert ist danach wie folgt festzusetzen:	
bis zum 19.9. =	40.000,00 €
ab dem 20.9. =	7.926,96 €

V. Wertberechnung in Rechtsmittelverfahren

1. Grundsätze

25 Für die Wertberechnung in Rechtsmittelverfahren gilt § 61 GNotKG. Danach gelten folgende Grundsätze:

1. Der Geschäftswert bestimmt sich nach den Anträgen des Rechtsmittelführers (§ 61 Abs. 1 S. 1 GNotKG).
2. Ist ein solcher Antrag nicht gestellt, ist die Beschwer maßgebend (§ 61 Abs. 1 S. 2 GNotKG).
3. Der Wert ist durch den Wert des Verfahrensgegenstands des ersten Rechtszugs begrenzt, wenn keine Gegenstandserweiterung erfolgt (§ 61 Abs. 2 GNotKG).

2. Antrag

a) Allgemeines

26 Maßgeblich ist der vom Beschwerde- oder Rechtsbeschwerdeführer gestellte Antrag (§ 61 Abs. 1 S. 1 GNotKG), auch wenn dieser unzulässig oder unbegründet ist. Ist der Antrag unklar gestellt, muss er mit Hilfe der Begründung ausgelegt werden.[25] Für die Bewertung ist gem. § 59 S. 1 GNotKG auf den Zeitpunkt der ersten Antragstellung in dem Rechtsmittelverfahren abzustellen. Eine im Verlauf des Rechtsmittelverfahrens eintretende Wertänderung bleibt daher unbeachtlich.[26]

b) Nebenforderungen

27 Für Nebenforderungen gilt § 37 GNotKG, so dass sie für die Wertberechnung unbeachtlich bleiben. Zinsen bleiben auch dann Nebenforderung, wenn sie nur in einem Anschlussrechtsmittel geltend gemacht werden.[27]

c) Scheinanträge

28 § 61 Abs. 1 S. 1 GNotKG greift nicht ein, wenn

- der gestellte Antrag offensichtlich nicht auf die Durchführung des Rechtsmittels gerichtet ist;[28]
- er lediglich einer Kostenersparnis dienen soll;[29]
- aus dem reduzierten Antrag ersichtlich ist, dass es nicht mehr um eine Sachentscheidung des Gerichts geht.[30]

---

25 Binz/Dörndorfer/*Dörndorfer*, § 47 GKG Rn 2.
26 OLG Hamburg JurBüro 1981, 1546.
27 Schneider/Herget/N. *Schneider*, Streitwert-Kommentar, „Rechtsmittel“ Rn 4768.
28 BGH NJW 1978, 1263.
29 BGH WM 1991, 1142; OLG Saarbrücken MDR 2000, 1157.
30 BGH NJW-RR 1998, 355.

29 Ist ein solcher Scheinantrag gestellt, ist dieser deshalb nicht für die Wertberechnung maßgeblich; es ist vielmehr auf den Wert der Beschwer abzustellen. Hinzutreten muss jedoch ein rechtsmissbräuchliches Handeln. Ein Missbrauch liegt insbesondere vor, wenn sachliche Gründe für die Antragsbeschränkung fehlen[31] oder der Anfechtungsbetrag genau auf den Zulässigkeitswert des § 61 Abs. 1 FamFG beschränkt wird und die Rücknahme sofort nach Antragstellung erfolgt.[32] Das Gericht muss im Einzelfall prüfen, ob ein Scheinantrag vorliegt und hat die Beteiligten dazu anzuhören.[33]

3. Beschwer

30 Endet das Rechtsmittelverfahren, ohne dass konkrete Anträge durch den Rechtsmittelführer gestellt werden, ist für die Wertberechnung die Beschwer maßgebend (§ 61 Abs. 1 S. 2 GNotKG). Gleiches gilt, wenn innerhalb der vom Gesetz vorgesehenen Frist zur Begründung des Rechtsmittels kein solcher Antrag gestellt wird. Eine gesetzliche Frist zur Begründung besteht für die Rechtsbeschwerde. Die Frist beträgt einen Monat, sie beginnt mit der schriftlichen Bekanntgabe des angefochtenen Beschlusses (§ 71 Abs. 2 FamFG).

31 Wird ein Rechtsmittel versehentlich durch einen nicht beschwerten Beteiligten eingelegt, sollen sich die Gebühren nach der geringsten Gebührenstufe des § 34 Abs. 2 GNotKG bestimmen,[34] so dass der Geschäftswert auf bis zu 500 € festzusetzen ist. Wird das Rechtsmittel nur eingelegt, weil dem Beteiligten eine im Tenor unrichtige Entscheidung übersandt wurde, liegt eine unrichtige Sachbehandlung (§ 21 GNotKG) vor.[35]

32 Stellt sich erst im Laufe des Rechtsmittelverfahrens heraus, dass der Zulässigkeitswert nicht erreicht ist und erfolgt daraufhin Rechtsmittelrücknahme, ist der tatsächliche Wert festzusetzen,[36] nicht nur der bloße Wert der Beschwer.

4. Wertbegrenzung

33 Der Wert für das Rechtsmittelverfahren ist durch den Geschäftswert des ersten Rechtszugs begrenzt (§ 61 Abs. 2 S. 1 GNotKG). Liegt jedoch eine Gegenstandserweiterung vor, gilt die Wertbegrenzung nicht (§ 61 Abs. 2 S. 2 GNotKG).

5. Sprungrechtsbeschwerde

34 Für das Verfahren auf Zulassung der Sprungrechtsbeschwerde bestimmt sich der Wert nach dem für das Rechtsmittelverfahren maßgeblichen Wert (§ 61 Abs. 3 GNotKG). Es gelten daher die allgemeinen Grundsätze (s. Rn 25). Abzustellen ist auf den gestellten Zulassungsantrag oder auf die Beschwer, wenn keine Anträge angekündigt sind.[37]

---

31 OLG Hamm OLGR Hamm 1993, 252.
32 OLG München JurBüro 1992, 252.
33 *Meyer*, § 47 GKG Rn 4.
34 *Meyer*, § 47 GKG Rn 5; Schneider/Herget/N. *Schneider*, Streitwert-Kommentar, „Rechtsmittel" Rn 4764.
35 OLG Köln JurBüro 1972, 243.
36 OLG Bamberg JurBüro 1986, 1220.
37 Binz/Dörndorfer/*Dörndorfer*, § 47 GKG Rn 6; *Meyer*, § 47 GKG Rn 10, jeweils mwN.

VI. Genehmigung oder Ersetzung einer Erklärung

35 Ist in einer vermögensrechtlichen Angelegenheit die Genehmigung oder Ersetzung einer Erklärung oder die Genehmigung eines Rechtsgeschäfts Verfahrensgegenstand, bestimmt sich der Wert nach § 60 GNotKG. Maßgeblich ist der Wert des zugrunde liegenden Geschäfts. Für die Bewertung des Geschäfts sind wiederum die Grundsätze der §§ 46 ff GNotKG anzuwenden. § 60 GNotKG gilt auch für die Genehmigung eines Übergabevertrages nach § 17 HöfeO.[38]

36 Der Geschäftswert darf dabei 1 Mio. € nicht überschreiten (§ 60 Abs. 3 GNotKG).

37 Betreffen mehrere Erklärungen denselben Gegenstand, sind sie als ein Verfahrensgegenstand zu bewerten (§ 60 Abs. 2 GNotKG). Das gilt insbesondere für die gleichzeitige Genehmigung von Verpflichtungs- und Erfüllungsgeschäft (zB Kaufvertrag und Auflassung, Schulderklärung und Verpflichtung zur Bestellung der Grundpfandrechte).

VII. Bewertung von Gegenständen

1. Sachen

38 Der Wert einer Sache ist nach ihrem Verkehrswert zu bestimmen (§ 46 Abs. 1 GNotKG). Der Gesetzgeber hat hierfür eine Legaldefinition eingeführt. Danach bestimmt sich der **Verkehrswert** nach dem Preis, der im gewöhnlichen Geschäftsverkehr nach der Beschaffenheit der Sache unter Berücksichtigung aller den Preis beeinflussenden Umstände bei einer Veräußerung zu erzielen wäre. Zum Kaufpreis s. Rn 40 ff.

39 Im Einzelnen wird die Bewertung bei den Ausführungen der jeweiligen Verfahren dargestellt. Siehe daher für die Bewertung von

- Grundstücken (§ 46 GNotKG): § 16 Rn 53 f;
- grundstücksgleichen Rechten (§ 49 GNotKG): § 16 Rn 56 f;
- forst- und landwirtschaftlichem Vermögen (§ 48 GNotKG): § 16 Rn 72 ff;
- Wohnungs- und Teileigentum (§ 42 GNotKG): § 16 Rn 86 f.

2. Kaufpreis

40 Für den **Kauf einer Sache** ist auf den Kaufpreis abzustellen (§ 47 S. 1 GNotKG). Maßgeblich ist dabei der Nennbetrag des Kaufpreises ohne Rücksicht auf Fälligkeit und Verzinsung.[39] Wird ein unter Bedingungen oder Auflagen reduzierter Kaufpreis vereinbart, so ist für den Geschäftswert der eigentliche, für den Nichteintritt der Bedingung vereinbarte, nicht aber der reduzierte Kaufpreis maßgeblich, weil nur dieser dem tatsächlichen Wert der Sache entspricht.[40] Wird der Kaufpreis ganz oder teilweise verrentet, gilt § 52 Abs. 4 GNotKG, so dass der danach kapitalisierte Wert maßgeblich ist.[41]

41 Dem Kaufpreis ist der Wert der vorbehaltenen Nutzungen und der vom Käufer übernommenen oder ihm sonst infolge der Veräußerung obliegenden Leistungen hinzuzurechnen (§ 47 S. 2 GNotKG). Aufgrund der vielseitigen Rechtsprechung hat der Gesetzgeber Wertregelungen für solche Gegenstände in das GNotKG eingeführt. Nach

38 BT-Drucks. 17/11471 (neu), S. 173.
39 OLG Hamm MDR 1994, 624.
40 LG Hannover JurBüro 2003, 211.
41 HK-GNotKG/*Fackelmann*, § 47 Rn 14; Korintenberg/*Tiedtke*, GNotKG, § 47 Rn 15.

§ 50 GNotKG, der auch für die nach § 47 S. 2 GNotKG hinzuzurechnenden schuldrechtlichen Verpflichtungen gilt,[42] sind zu bewerten:

- Verfügungsverbote und Verfügungsbeschränkungen: mit 10 % des Verkehrswerts der Sache oder des Werts des Rechts (§ 50 Nr. 1 GNotKG);
- Verpflichtungen zur eingeschränkten Nutzung einer Sache (zB die Verpflichtung, ein Gebäude nur selbst zu bewohnen): mit 20 % des Verkehrswerts des Grundstücks (§ 50 Nr. 2 GNotKG);
- Bauverpflichtungen: mit 20 % des Verkehrswerts des unbebauten Grundstücks, wenn Wohngebäude betroffen sind, und mit 20 % der voraussichtlichen Herstellungskosten, wenn es sich um ein gewerblich genutztes Bauwerk handelt (§ 50 Nr. 3 GNotKG);
- Investitionsverpflichtungen, soweit es sich nicht um Bauverpflichtungen handelt: mit 20 % der Investitionssumme (§ 50 Nr. 4 GNotKG).

Die bei einem Grundstücksverkauf anfallende **Umsatzsteuer** ist seit der Änderung des 42 Umsatzsteuergesetzes durch das Haushaltsbegleitgesetz 2004 nicht mehr Teil des Kaufpreises, wenn keine abweichende Vereinbarung getroffen wird.[43]

Übernimmt der Käufer zugunsten des Verkäufers die Zahlung der **Maklerprovision** 43 als weitere Leistung, ist die Courtage bei der Ermittlung des Geschäftswerts dem Kaufpreis hinzuzurechnen.[44]

Ist der nach § 47 S. 1, 2 GNotKG ermittelte Wert geringer als der Verkehrswert, ist 44 für den Geschäftswert gleichwohl der Verkehrswert zugrunde zu legen (§ 47 S. 3 GNotKG).

3. Bewertung von Rechten, Verfügungsbeschränkungen

Die Bewertung von Rechten richtet sich nach den §§ 50 ff GNotKG. Dabei sind für 45 die Gerichtsgebühren am bedeutendsten die **Nutzungs- und Leistungsrechte** (zB **Nießbrauch, Dienstbarkeiten, Reallasten**), für die § 52 GNotKG gilt (s. § 16 Rn 119 ff), sowie die **Grundpfandrechte**, die nach § 53 GNotKG zu bewerten sind (s. § 16 Rn 91 f, 98, 160).

Für **Verfügungsbeschränkungen** (zB nach §§ 1010, 1365, 1369 BGB) sind 30 % des 46 von der Beschränkung betroffenen Gegenstands anzusetzen (§ 51 Abs. 2 GNotKG). Ist der Wert nach den besonderen Umständen des Einzelfalls unbillig, kann ein höherer oder niedrigerer Wert festgesetzt werden (§ 51 Abs. 3 GNotKG). Da Gerichtsgebühren für die Eintragung von Verfügungsbeschränkungen nicht entstehen bzw. für solche nach § 1010 BGB eine Festgebühr (Nr. 14160 KV) entsteht, kommt der Regelung für die Gerichtskosten keine Bedeutung zu.

4. Sonstige Sicherheiten

Für **Pfandrechte** an beweglichen Sachen und an Rechten (§§ 1204 Abs. 1, 1273 47 Abs. 1 BGB) bestimmt sich der Wert nach dem Forderungsbetrag (§ 53 Abs. 2 GNotKG). Besitzt der zur Sicherung dienende Gegenstand jedoch einen geringeren Wert, ist nur dieser maßgeblich.

---

42 BT-Drucks. 17/11471 (neu), S. 170 zu § 50 GNotKG.
43 BGH MDR 2011, 350; OLG Düsseldorf Rpfleger 2008, 600.
44 LG Aurich NdsRpfl 2010, 279.

48 Für **sonstige Sicherstellungen** einer Forderung ist gleichfalls auf den Betrag der Forderung abzustellen, wenn nicht der als Pfand oder zur Sicherung dienende Gegenstand einen geringeren Wert besitzt. Erfasst sind insbesondere die **Bürgschaft, Sicherungsübereignung, Garantieversprechen und die Schuldübernahme.**[45]

5. Gesellschaftsanteile

49 Der Wert für Anteile von Kapitalgesellschaften und von Kommanditbeteiligungen bestimmt sich nach dem Eigenkapital iSd § 266 Abs. 3 HGB, das auf den jeweiligen Anteil oder die Beteiligung entfällt, wenn ansonsten keine Anhaltspunkte für einen höheren Wert vorhanden sind (§ 54 S. 1 GNotKG). Sind Grundstücke, Gebäude, grundstücksgleiche Rechte, Schiffe oder Schiffsbauwerke vorhanden, sind diese zu berücksichtigen und nach §§ 46 ff GNotKG zu bewerten (§ 54 S. 2 GNotKG).

50 Im Einzelnen sind daher zu berücksichtigen:[46]
- das gezeichnete Kapital,
- die Kapitalrücklage,
- Gewinnrücklagen (hierzu zählen: gesetzliche Rücklagen, Rücklagen für eigene Anteile an einem herrschenden oder mehrheitlich beteiligten Unternehmen, satzungsmäßige Rücklagen, andere Gewinnrücklagen),
- Gewinnvortrag/Verlustvortrag,
- Jahresüberschuss/Jahresfehlbetrag.

51 Handelt es sich um eine Gesellschaft, die überwiegend vermögensverwaltend tätig ist (zB Immobilienverwaltungs-, Objekt-, Holding-, Besitz- oder sonstige Beteiligungsgesellschaft), ist § 54 S. 1, 2 GNotKG nicht anzuwenden, so dass der auf den jeweiligen Anteil oder die Beteiligung entfallende Wert des Vermögens der Gesellschaft maßgeblich ist (§ 54 S. 3 GNotKG).

VIII. Auffangregelung des § 36 GNotKG

52 Soweit sich aus den §§ 35 ff GNotKG der Wert nicht ermitteln lässt, gilt die **Auffangbestimmung des § 36 GNotKG.** Danach ist der Wert nach billigem Ermessen zu bestimmen (§ 36 Abs. 1, 2 GNotKG). Es ist zwischen vermögensrechtlichen (§ 36 Abs. 1 GNotKG) und nichtvermögensrechtlichen Angelegenheiten (§ 36 Abs. 2 GNotKG) zu unterscheiden. In nichtvermögensrechtlichen Angelegenheiten beträgt der Höchstwert 1 Mio. € (§ 36 Abs. 2 GNotKG).

53 Bestehen keine genügenden Anhaltspunkte für eine Bestimmung des Werts, ist von einem Geschäftswert von 5.000 € auszugehen (§ 36 Abs. 3 GNotKG), der nicht nach oben oder unten korrigiert werden kann.[47] Bevor auf den Auffangwert zurückgegriffen wird, hat das Gericht zunächst zu prüfen, ob Anhaltspunkte nach § 36 Abs. 1, 2 GNotKG vorhanden sind.

---

45 HK-GNotKG/*Leiß*, § 53 Rn 25 ff; Korintenberg/*Schwarz*, GNotKG, § 54 Rn 18.
46 BT-Drucks. 17/11471 (neu), S. 172 zu § 54 GNotKG.
47 NK-GK/*Heinemann*, GNotKG, § 36 Rn 40.

IX. Überblick: Wertvorschriften

Auf die für die Wertberechnung in gerichtlichen Verfahren maßgeblichen Wertvorschriften wird im Einzelnen ausführlich bei den Erläuterungen der jeweiligen Verfahren eingegangen. Im Nachfolgenden sollen daher nur kurz die anzuwendenden Wertvorschriften angeführt werden: 54

Verfahrensgegenstand	Wertvorschriften
Betreuungssachen (nur Einzelbetreuungen und -pflegschaften)	§ 63 GNotKG
Einstweilige Anordnungen	§ 62 GNotKG
Genehmigung oder Ersetzung von Erklärungen/Genehmigungen	§ 60 GNotKG
Begründung, Aufhebung, Löschen von Wohnungs- und Teileigentum, Wohnungs- und Teilerbbaurechten	§ 42 GNotKG
Erbbaurechtsbestellung	§ 43 GNotKG
Einbeziehung oder Entlassung aus der Mithaft eines Grundpfandrechts	§ 44 GNotKG
Rangänderungen, Vormerkungen	§ 45 GNotKG
Dienstbarkeiten, Reallasten	§ 52 GNotKG
Grundpfandrechte	§ 53 GNotKG
Landwirtschaftssachen (bestimmte Verfahren)	§ 76 GNotKG
Erbscheinsverfahren, Erteilung von sonstigen Zeugnissen, Testamentsvollstreckerzeugnissen	§§ 40, 41 GNotKG
Nachlasspflegschaften, Gesamtgutsverwaltung	§ 64 GNotKG
Ernennung und Entlassung von Testamentsvollstreckern	§ 65 GNotKG
Rechtsmittelverfahren	§ 61 GNotKG
Unternehmensrechtliche Verfahren	§§ 67, 68, 72–75 GNotKG
Vereins- und Stiftungssachen	§ 67 Abs. 1 Nr. 3, Abs. 3 GNotKG

§ 12 Wertfestsetzungsverfahren

I. Angabe des Werts

1. Verpflichtung des Antragstellers

1 Nach § 77 S. 1 GNotKG ist bei jedem Antrag durch den Antragsteller sogleich der Wert anzugeben, wenn dieser nicht aus einer bestimmten Geldsumme besteht und auch kein Festwert bestimmt ist. Ergibt sich der Wert aus einem früheren Antrag, kann die Angabe unterbleiben. Das Gericht kann auch die Angabe eines Teilwerts verlangen. Eine Erzwingung der Wertangabe ist nicht möglich.[1]

2. Form

2 Die Wertangabe ist schriftlich einzureichen oder zu Protokoll der Geschäftsstelle zu erklären.

3. Berichtigung

3 An die Wertangabe sind weder das Gericht noch die Beteiligten gebunden. Sie kann jederzeit berichtigt werden (§ 77 S. 2 GNotKG).

4. Kostenansatz

4 Ist eine Wertfestsetzung noch nicht erfolgt, sind bei der Anforderung von Vorschusszahlungen die Wertangaben des Antragstellers zugrunde zu legen, wenn diese nicht offensichtlich falsch sind (§ 26 Abs. 2 KostVfg).

II. Gerichtliche Wertfestsetzung

1. Voraussetzungen

5 § 79 GNotKG regelt das Verfahren zur Festsetzung des Geschäftswerts. Das GNotKG kennt – anders als das GKG oder FamGKG – keine vorläufige Wertfestsetzung, sondern nur eine **endgültige Wertfestsetzung**, die zu erfolgen hat, wenn das gesamte Verfahren durch Entscheidung oder anderweitige Erledigung beendet ist (§ 79 Abs. 1 S. 1 GNotKG). Es kann sich um jede Art von Endentscheidungen handeln. Eine anderweitige Erledigung liegt insbesondere vor bei Antragsrücknahme, Vergleichsabschluss, Aussetzung des Verfahrens oder übereinstimmender Erledigungserklärung. Die Wirksamkeit oder Rechtskraft der Entscheidung braucht nicht abgewartet zu werden.

6 Eine endgültige Festsetzung kommt nur in Betracht, wenn das Verfahren bei Gericht anhängig war oder wenn über nichtrechtshängige Ansprüche ein Vergleich geschlossen wurde.[2]

2. Fehlende Notwendigkeit für eine Festsetzung

7 Einer Wertfestsetzung von Amts wegen bedarf es nicht, wenn

- der Geschäftswert eine bestimmte Geldsumme in Euro ist, vgl. §§ 67, 75 GNotKG (§ 79 Abs. 1 S. 2 Nr. 1 GNotKG);
- zumindest für den Regelfall ein fester Wert bestimmt ist (§ 79 Abs. 1 S. 2 Nr. 2 GNotKG); oder

1 Binz/Dörndorfer/*Dörndorfer*, § 61 GKG Rn 4.
2 OLG Hamm JurBüro 1980, 238.

- sich der Geschäftswert nach den Vorschriften des GNotKG unmittelbar aus einer öffentlichen Urkunde ergibt (§ 79 Abs. 1 S. 2 Nr. 3 GNotKG).

Darüber hinaus ist eine Wertfestsetzung nicht notwendig, wenn das Verfahren gebührenfrei ist oder Festgebühren zu erheben sind.[3]

In den Fällen des § 79 Abs. 1 S. 2 Nr. 3 GNotKG muss sich der Wert nach einer Vorschrift des GNotKG berechnen und es müssen sich die hierfür maßgeblichen Grundlagen aus der öffentlichen Urkunde ergeben. Hierzu gehören etwa die Eintragung von Grundpfandrechten, da sich der Wert nach dem Nennbetrag des Rechts bestimmt (§ 53 Abs. 1 GNotKG), der wiederum aus der Urkunde des Notars ersichtlich ist. Aus diesem Grund sind auch andere Geschäfte des Grundbuchamts erfasst. Ein weiterer Anwendungsfall liegt vor, wenn der Nachlasswert zugrunde zu legen ist (vgl. § 40 GNotKG). 8

In den von § 79 Abs. 1 S. 2 GNotKG erfassten Fällen (s. Rn 7) erfolgt eine Wertfestsetzung durch das Gericht nur, wenn ein Zahlungspflichtiger oder die Staatskasse dies beantragt oder wenn das Gericht eine Festsetzung für angemessen hält (§ 79 Abs. 1 S. 3 GNotKG). 9

3. Entscheidung

a) Festsetzung von Amts wegen

Die Wertfestsetzung erfolgt in den Fällen des § 79 Abs. 1 S. 1 GNotKG stets von Amts wegen. Eines Antrags bedarf es nicht, weil dem Gericht kein Ermessen zusteht, wenn die Voraussetzungen des § 79 Abs. 1 S. 1 GNotKG vorliegen. Nur in den von § 79 Abs. 1 S. 2 GNotKG erfassten Fällen (s. Rn 7) erfolgt die Wertfestsetzung von Amts wegen lediglich dann, wenn sie das Gericht für angemessen hält (§ 79 Abs. 1 S. 3 GNotKG). Im Beschwerdeverfahren bedarf es einer Festsetzung nach § 79 GNotKG nicht, wenn das Beschwerdegericht eine Festsetzung nach § 78 GNotKG vorgenommen hat, die bindet (s. Rn 58 ff). 10

b) Beschluss

Die Festsetzung erfolgt durch Beschluss, der auch in der Endentscheidung ergehen kann.[4] In dem Beschluss muss der Wert zweifelsfrei unter Angabe der Wertvorschriften angegeben sein. Ist der Wert für einzelne Wertabschnitte unterschiedlich hoch, hat ihn das Gericht gesondert für die einzelnen Abschnitte anzugeben. 11

c) Begründung

Die Entscheidung über die Wertfestsetzung ist grundsätzlich zu begründen.[5] Sie ist daher insbesondere dann geboten, wenn sich die Beweggründe des Gerichts nicht ohne Weiteres aus dem Gesetz, den Akten, dem Streitstoff oder einer gefestigten Rechtsprechung ergeben. 12

Wird gegen die Festsetzung Beschwerde (§ 83 GNotKG) eingelegt, ist die Begründung spätestens in der Nichtabhilfeentscheidung nachzuholen.[6] Eine fehlende Begründung 13

3 *Meyer*, § 63 GKG Rn 11.
4 OLG Koblenz WPM 1984, 1581.
5 Schneider/Herget/*N. Schneider*, Streitwert-Kommentar, „Verfahrensrecht“ Rn 181.
6 OLG Bamberg JurBüro 1985, 1849; OLG Frankfurt AnwBl 1990, 99.

sowohl im Festsetzungs- als auch im Abhilfebeschluss kann zur Aufhebung und Zurückverweisung führen.[7]

4. Rechtliches Gehör

14 Vor der endgültigen Wertfestsetzung ist den Beteiligten rechtliches Gehör (Art. 103 Abs. 1 GG) zu gewähren.[8] Ist der Antrag durch den Anwalt gestellt, sind gleichwohl Mandant und die übrigen Beteiligten anzuhören, da ein Interessenkonflikt zwischen ihnen bestehen kann.[9]

5. Zuständigkeit

a) Sachliche Zuständigkeit

15 Zuständig ist das Gericht, bei dem das Verfahren anhängig gewesen ist. Es kann nur den Wert für den Rechtszug festsetzen, mit dem es auch befasst war.

16 Das erstinstanzliche Gericht kann nicht den Wert für ein Rechtsmittelverfahren festsetzen. Ist aber eine Beschwerde nicht an das Beschwerdegericht gelangt, ist das Ausgangsgericht für die Wertfestsetzung zuständig.[10] Auch das Rechtsmittelgericht kann nicht erstmalig den Wert für ein Verfahren eines unteren Rechtszugs festsetzen,[11] jedoch in den Fällen des § 79 Abs. 2 Nr. 2 GNotKG eine bereits erfolgte Festsetzung abändern (s. Rn 22 f).[12]

b) Funktionelle Zuständigkeit

17 Die Wertfestsetzung erfolgt durch das Gericht (Richter). In den übertragenen Verfahren obliegt dem Rechtspfleger die Festsetzung. Hat dieser jedoch zuvor als Kostenbeamter den Kostenansatz aufgestellt, ist er von der Wertfestsetzung ausgeschlossen; an seine Stelle tritt der Vertreter, nicht der Richter.[13] Der Kostenbeamte oder der Urkundsbeamte der Geschäftsstelle bei der Festsetzung der VKH-Vergütung ist zur Festsetzung nicht berechtigt, er hat den Geschäftswert ggf. selbständig zu ermitteln. Er kann eine Wertfestsetzung aber anregen, das Gericht ist hierauf allerdings nicht zur Entscheidung verpflichtet.

6. Bindungswirkung

18 Der nach § 79 Abs. 1 GNotKG festgesetzte Wert wirkt für und gegen alle Verfahrensbeteiligten.[14] Er ist bindend für den Kostenansatz, das Kostenfestsetzungsverfahren (§§ 103 ff ZPO iVm § 85 FamFG) und die Festsetzung der VKH-Vergütung (§ 55 RVG).[15]

19 Auch eine unrichtige Wertfestsetzung bindet.[16] Den Beteiligten bleibt dann nur, Beschwerde nach § 83 GNotKG einzulegen oder eine Berichtigung nach § 42 FamFG zu beantragen.

---

7 OLG Köln JurBüro 1991, 1689.
8 LG Mosbach MDR 1985, 593.
9 OLG Koblenz JurBüro 2002, 310.
10 OLG Karlsruhe OLGR Karlsruhe 2001, 461.
11 HK-FamGKG/*Stollenwerk*, § 55 Rn 12.
12 *Meyer*, § 63 GKG Rn 16.
13 OLG München NJW-RR 2015, 316.
14 *Meyer*, § 63 GKG Rn 21.
15 OLG Bamberg FamRZ 2004, 46.
16 Zöller/*Herget*, § 104 ZPO Rn 21, Stichwort „Streitwert".

III. Änderung der Wertfestsetzung

1. Amtspflicht

Die Wertfestsetzung kann durch das Gericht abgeändert werden (§ 79 Abs. 2 GNotKG). Es muss von Amts wegen tätig werden, wenn es feststellt, dass die Festsetzung unrichtig war. Die Änderung kann auch von einem Beteiligten oder durch die Staatskasse angeregt werden. 20

2. Zuständigkeit

Zur Abänderung sind nach § 79 Abs. 2 GNotKG befugt: 21

- das Gericht, das den Geschäftswert festgesetzt hat (§ 79 Abs. 2 S. 1 Nr. 1 GNotKG), oder
- in bestimmten Fällen das Rechtsmittelgericht (§ 79 Abs. 2 S. 1 Nr. 2 GNotKG).

Das Rechtsmittelgericht darf den Wert nur abändern, wenn das Verfahren in der Rechtsmittelinstanz schwebt wegen 22

- der Hauptsache,
- des festgesetzten Werts (§ 83 GNotKG),
- des Kostenansatzverfahrens (§ 81 Abs. 2, 4 GNotKG) oder
- der Kostenfestsetzsetzung (§§ 103 ff ZPO iVm § 85 FamFG).

Das Rechtsmittel muss zulässig sein, andernfalls wird keine Abänderungsbefugnis begründet.[17] Das Recht zur Abhilfe besteht im Übrigen nur solange, wie das Rechtsmittelverfahren noch nicht abgeschlossen ist.[18] Die Rücknahme eines Rechtsmittels in der Hauptsache steht nicht entgegen, solange noch kein Beschluss ergangen ist, in dem die Wirkungen der Rücknahme ausgesprochen werden.[19] 23

3. Frist

Die Abänderung kann nur innerhalb von sechs Monaten nach Eintritt der Rechtskraft in der Hauptsache oder nach der anderweitigen Erledigung des Verfahrens erfolgen (§ 79 Abs. 2 S. 2 GNotKG). 24

Für die Berechnung der Frist gelten §§ 221 ff ZPO.[20] Es kommt auf die Rechtskraft der Hauptsache an, nicht auf etwaige Nebenverfahren. Ist eine einstweilige Anordnung betroffen, kommt es schon im Hinblick auf ihre verfahrensrechtliche Eigenständigkeit (§ 51 Abs. 3 S. 1 FamFG) nicht auf die Beendigung der Hauptsache an. 25

4. Entscheidung

Die Abänderung erfolgt durch Beschluss. Ist bereits eine Kostenfestsetzung erfolgt, bedarf der Beschluss über die Änderung der Wertfestsetzung wegen der Frist des § 107 Abs. 2 ZPO iVm § 85 FamFG der förmlichen Zustellung. Vorzulegen ist die Entscheidung auch dem Kostenbeamten, der einen unrichtig gewordenen Kostenansatz von Amts wegen zu berichtigen hat (§ 28 Abs. 1, Abs. 2 S. 1 KostVfg). Im Falle der Bewilligung von VKH mit Zahlungsbestimmungen hat auch Vorlage an den Rechtspfleger zu erfolgen, der ggf. den Ratenplan oder die zur vorläufigen Einstellung der Ratenzahlung bestimmte Frist abändern muss (Nr. 2.5.4 DB-PKH). 26

---

17 OLG Stuttgart Justiz 1986, 413.
18 BGH MDR 1989, 899.
19 OLG Stuttgart NJW 2015, 421.
20 Binz/Dörndorfer/*Dörndorfer*, § 63 GKG Rn 11; *Meyer*, § 63 GKG Rn 34.

5. Folgen für die Kostenentscheidung

27 Die nachträgliche Änderung der Wertfestsetzung ist auch statthaft, wenn dadurch eine getroffene Kostenentscheidung unrichtig wird. Gegen die Kostenentscheidung kann dann fristgerecht Beschwerde nach §§ 58 ff FamFG eingelegt werden, wenn die Zulässigkeitsvoraussetzungen vorliegen. Strittig ist hingegen, ob eine Berichtigung nach § 42 FamFG in Betracht kommt. Zuletzt hat der BGH eine analoge Anwendung abgelehnt,[21] da sie nicht vorgesehen sei und zudem zu einer nicht gewollten isolierten Anfechtung der Kostenentscheidung führen würde. Dieser Auffassung wurde jedoch zu Recht die Zweckmäßigkeit einer solchen Anwendung gegenübergestellt.[22]

IV. Geschäftswertbeschwerde

1. Statthaftigkeit

28 Die Festsetzung des Geschäftswerts nach § 79 Abs. 1 GNotKG kann mit der Beschwerde nach § 83 Abs. 1 GNotKG angegriffen werden.

29 Hat der Kostenbeamte den Geschäftswert selbständig ermittelt, ist Erinnerung (§ 81 GNotKG) einzulegen, die in eine Geschäftswertbeschwerde umgedeutet werden kann.[23] Wurde der Wert durch den Rechtspfleger im Kostenfestsetzungsverfahren ermittelt, ist eine sofortige Beschwerde (§ 104 Abs. 3 S. 1 ZPO iVm § 85 FamFG), die sich gegen den Wert richtet, in einen Antrag auf Wertfestsetzung (§ 79 Abs. 1 GNotKG) umzudeuten und zugleich als Abänderungsantrag nach § 107 Abs. 1 ZPO iVm § 85 FamFG zu behandeln.[24]

30 Bei offensichtlichen Unrichtigkeiten gilt § 42 FamFG. Die Berichtigung ist auch noch nach Ablauf der in § 79 Abs. 2 S. 2 GNotKG bestimmten Frist möglich.[25]

2. Zulässigkeitsvoraussetzungen

a) Allgemeines

31 Die Geschäftswertbeschwerde ist zulässig, wenn
- der Beschwerdeführer beschwert ist,
- der Beschwerdewert 200 € übersteigt oder
- die Beschwerde zugelassen wurde sowie
- die Beschwerdefrist gewahrt ist.

b) Beschwer

32 Der Beschwerdeführer muss durch die Wertfestsetzung beschwert sein. Eine Beschwer kann bei den Beteiligten, Kostenschuldnern, der Staatskasse und den beteiligten Anwälten vorliegen. Die Beschwer fehlt einem Beteiligten jedoch, wenn er die Heraufsetzung des Werts begehrt,[26] ebenso bei einem Anwalt, der eine Herabsetzung beantragt.[27]

---

21 BGH MDR 2008, 1292; OLG Köln FamRZ 2007, 163; OLG Stuttgart NJW 2015, 421.
22 Binz/Dörndorfer/*Dörndorfer*, § 63 GKG Rn 12; *Meyer*, § 63 GKG Rn 38; Zöller/*Vollkommer*, § 319 ZPO Rn 18; so auch OLG Düsseldorf MDR 2001, 1074; OLG Hamm MDR 2001, 1186.
23 OLG Oldenburg JurBüro 1992, 169.
24 OLG Bamberg JurBüro 1985, 1848; OLG Düsseldorf JurBüro 1988, 1176.
25 KG FPR 1996, 314.
26 OLG Koblenz JurBüro 2002, 310; OLG Brandenburg MDR 2005, 47.
27 OLG Köln JMBl NW 2004, 82.

c) Beschwerdewert

aa) Berechnung des Beschwerdewerts

Der Wert des Beschwerdegegenstands muss 200 € übersteigen (§ 83 Abs. 1 S. 1 GNotKG). Er errechnet sich aus dem Unterschiedsbetrag der Kosten, die sich jeweils aus dem festgesetzten und dem begehrten Wert ergeben.[28] Dabei sind die Gerichtskosten und, wenn eine anwaltliche Vertretung erfolgt ist, auch die Anwaltskosten einzubeziehen. Eine Umsatzsteuer ist zu berücksichtigen, wenn sie tatsächlich angefallen ist.[29] Nicht maßgeblich ist hingegen die bloße Differenz des Geschäftswerts.[30] 33

Beispiel 1: In einer Aufgebotssache werden die Kosten des Verfahrens dem Beteiligten A auferlegt. Der Geschäftswert wird auf 30.000 € festgesetzt. Hier gegen legt A Beschwerde ein und beantragt, den Wert auf 9.000 € festzusetzen. 34
Kein Beteiligter war anwaltlich vertreten. Maßgeblich für die Berechnung sind daher nur die Gerichtskosten.

Gerichtskosten

1.	0,5-Verfahrensgebühr, Nr. 15212 KV (Wert: 30.000 €, Tabelle A)	203,00 €
2.	0,5-Verfahrensgebühr, Nr. 15212 KV (Wert: 9.000 €, Tabelle A)	– 111,00 €
Differenz		92,00 €

Der Beschwerdewert beträgt 92,00 €, so dass die Beschwerde mangels Zulassung unzulässig ist. Hat der Rechtspfleger die Wertfestsetzung vorgenommen, findet jedoch die Erinnerung nach § 11 Abs. 2 RPflG statt.

Beispiel 2: Wie Beispiel 1, jedoch war A anwaltlich vertreten. 35
Für die Berechnung des Beschwerdewerts sind nunmehr sämtliche Gerichts- und Anwaltskosten maßgeblich.

I. Gerichtskosten

1.	0,5-Verfahrensgebühr, Nr. 15212 KV (Wert: 30.000 €, Tabelle A)	203,00 €
2.	0,5-Verfahrensgebühr, Nr. 15212 KV (Wert: 9.000 €, Tabelle A)	– 111,00 €
Differenz		92,00 €

II. Anwaltskosten

Nach dem festgesetzten Geschäftswert von 30.000 €:

1.	1,0-Verfahrensgebühr, Nr. 3324 VV-RVG	863,00 €
2.	0,5-Terminsgebühr, Nr. 3332 VV-RVG	431,50 €
3.	Auslagenpauschale, Nr. 7002 VV-RVG	20,00 €
4.	Umsatzsteuer, Nr. 7008 VV-RVG	249,76 €
Gesamt		1.564,26 €

Nach dem beantragten Geschäftswert von 9.000 €:

1.	1,0-Verfahrensgebühr, Nr. 3324 VV-RVG	507,00 €
2.	0,5-Terminsgebühr, Nr. 3332 VV-RVG	253,50 €
3.	Auslagenpauschale, Nr. 7002 VV-RVG	20,00 €
4.	Umsatzsteuer, Nr. 7008 VV-RVG	148,30 €
Gesamt		928,80 €
Differenz		635,46 €

---

28 OVG Hamburg AnwBl 1981, 501.
29 LG Stade AnwBl 1982, 428.
30 OLG Karlsruhe JurBüro 2005, 542.

Der Beschwerdewert beträgt somit 727,46 € (92,00 € Differenz der Gerichtskosten zzgl. 635,46 € Differenz der Anwaltskosten). Die Beschwerde ist daher zulässig, wenn sie auch fristgemäß eingereicht wird.
Ist in dem Verfahren ein weiterer Beteiligter vorhanden, der ebenfalls anwaltlich vertreten ist, muss der Differenzbetrag der Anwaltskosten verdoppelt werden, da B seine eigenen Anwaltskosten, aber auch die Anwaltskosten des weiteren Beteiligten zu tragen hätte. Der Beschwerdewert würde demnach 1.362,92 € (92 € zzgl. 2 x 635,46 €) betragen.

bb) Mehrere Beschwerdeführer

36 Haben verschiedene Personen die Beschwerde eingelegt, ist der Beschwerdewert für jeden Beschwerdeführer gesondert zu ermitteln.

cc) Teilabhilfe

37 Hat das Gericht der Beschwerde teilweise abgeholfen, kommt es nur noch auf den verbleibenden Beschwerdewert an, so dass die Beschwerde unzulässig werden kann. In diesem Fall hat aber gleichwohl Vorlage an das Beschwerdegericht zu erfolgen, da nur dieses die unzulässige Beschwerde verwerfen kann.[31]

d) Zulassungsbeschwerde

38 Die Beschwerde findet unabhängig vom Erreichen des Beschwerdewerts statt, wenn das Gericht sie zugelassen hat, weil der streitigen Frage eine grundsätzliche Bedeutung zukommt (§ 83 Abs. 1 S. 2 GNotKG). Die Zulassung kann nur in dem Beschluss ausgesprochen werden, mit dem die Wertfestsetzung nach § 79 Abs. 1 GNotKG erfolgt. Die Zulassung kann nicht nachgeholt werden.[32] Hat der Rechtspfleger den Wert festgesetzt, muss er über die Zulassung entscheiden.

39 Das Beschwerdegericht ist an die Zulassung gebunden. Die Nichtzulassung ist unanfechtbar (§ 83 Abs. 1 S. 5 iVm § 81 Abs. 3 S. 4 GNotKG).

3. Beschwerdeverfahren

a) Frist

40 Es gilt § 79 Abs. 2 S. 2 GNotKG (§ 83 Abs. 1 S. 3 GNotKG). Die Beschwerde ist deshalb innerhalb von sechs Monaten nach Rechtskraft der Hauptsacheentscheidung oder sonstigen Erledigung des Verfahrens einzulegen. War die Beschwerde fristgerecht eingelegt, kann die Entscheidung über die Wertfestsetzung auch noch nach Fristablauf geändert werden.[33]

41 Ist die angegriffene Wertfestsetzung später als einen Monat vor Ablauf der Sechsmonatsfrist erfolgt, kann die Beschwerde noch innerhalb eines Monats nach Zustellung oder formloser Bekanntgabe des Festsetzungsbeschlusses eingelegt werden (§ 83 Abs. 1 S. 3 GNotKG). Im Falle der formlosen Mitteilung gilt der Beschluss am dritten Tage nach der Aufgabe zur Post als bekannt gemacht (§ 83 Abs. 1 S. 4 GNotKG).

b) Form

42 Die Beschwerde ist schriftlich oder durch Erklärung zu Protokoll der Geschäftsstelle bei dem Gericht einzulegen, welches den angegriffenen Beschluss erlassen hat (§ 83

31 Binz/Dörndorfer/*Zimmermann*, § 68 GKG Rn 9.
32 Binz/Dörndorfer/*Zimmermann*, § 68 GKG Rn 11; aA Korintenberg/*Fackelmann*, GNotKG, § 83 Rn 22.
33 OLG Celle NdsRpfl 1981, 231.

Abs. 1 S. 5 iVm § 81 Abs. 5 S. 1, 4 GNotKG). § 129 a ZPO gilt entsprechend, so dass die Erklärung vor der Geschäftsstelle jedes Amtsgerichts erklärt werden kann. Einer anwaltlichen Vertretung bedarf es auch in Anwaltsverfahren nicht (§ 83 Abs. 1 S. 5 iVm § 81 Abs. 5 S. 1 GNotKG).

c) Abhilfe

Das Gericht, das die Wertfestsetzung vorgenommen hat, hat der Beschwerde abzuhelfen, wenn es sie für zulässig und begründet hält, andernfalls hat es die Akten unverzüglich dem Beschwerdegericht vorzulegen (§ 83 Abs. 1 S. 5 iVm § 81 Abs. 3 S. 1 GNotKG). 43

d) Beschwerdegericht

Beschwerdegericht ist das nächsthöhere Gericht (§ 83 Abs. 1 S. 5 iVm § 81 Abs. 3 S. 2 Hs. 1 GNotKG), in Betreuungs- und Freiheitsentziehungssachen das Landgericht. Für die übrigen Verfahren der freiwilligen Gerichtsbarkeit, die von § 119 Abs. 1 Nr. 1 Buchst. b GVG erfasst werden, ist Beschwerdegericht das Oberlandesgericht (§ 83 Abs. 1 S. 5 iVm § 81 Abs. 3 S. 2 Hs. 2 GNotKG). 44

e) Entscheidung

Bei dem Beschwerdegericht entscheidet der Einzelrichter, der die Sache in bestimmten Fällen dem nach den Regelungen des GVG besetzten Gericht zu übertragen hat (§ 83 Abs. 1 S. 5 iVm § 81 Abs. 6 S. 2 GNotKG). Die Entscheidung ergeht durch Beschluss. Das Verschlechterungsverbot gilt nicht.[34] 45

f) Rechtliches Gehör

Vor der Entscheidung ist den Beteiligten und auch der Staatskasse rechtliches Gehör zu gewähren (Art. 103 Abs. 1 GG). Der Beteiligte ist auch dann anzuhören, wenn der Anwalt im eigenen Namen Beschwerde eingelegt hat.[35] 46

g) Zustellung

Wird der Geschäftswert abgeändert, muss die Entscheidung des Beschwerdegerichts förmlich zugestellt werden, wenn bereits eine Kostenfestsetzung (§§ 103 ff ZPO iVm § 85 FamFG) erfolgt war. Ist die Zustellung oder Verkündung unterblieben, wird die Frist des § 107 Abs. 2 ZPO iVm § 85 FamFG nicht in Lauf gesetzt.[36] 47

4. Weitere Beschwerde

Gegen die Entscheidung des Beschwerdegerichts findet die weitere Beschwerde nur statt, wenn das Landgericht als Beschwerdegericht entschieden und dieses die weitere Beschwerde wegen der grundsätzlichen Bedeutung der zur Entscheidung anstehenden Frage zugelassen hat (§ 83 Abs. 1 S. 5 iVm § 81 Abs. 4 S. 1 GNotKG). Die weitere Beschwerde kann nur auf eine Rechtsverletzung gestützt werden, wobei §§ 546, 547 ZPO entsprechend gelten (§ 83 Abs. 1 S. 5 iVm § 81 Abs. 4 S. 2 GNotKG). 48

Über die weitere Beschwerde entscheidet das Oberlandesgericht (§ 83 Abs. 1 S. 5 iVm § 81 Abs. 4 S. 3 GNotKG); dessen Entscheidung ist unanfechtbar. Die weitere Be- 49

34 BayObLG NJW-RR 1996, 485; OLG Zweibrücken ZMR 2001, 227.
35 OLG Bamberg JurBüro 1991, 1692.
36 Zöller/*Herget*, § 107 ZPO Rn 2.

schwerde ist innerhalb eines Monats nach Zustellung der Entscheidung des Beschwerdegerichts einzulegen (§ 83 Abs. 1 S. 6 GNotKG). Die Gegenvorstellung ist zulässig,[37] ebenso die Anhörungsrüge (§ 84 GNotKG).

5. Wiedereinsetzung in den vorigen Stand

a) Zulässigkeit

50 Eine Wiedereinsetzung in den vorigen Stand ist nach § 83 Abs. 2 GNotKG zulässig, wenn der Beschwerdeführer

- schuldlos an der Einhaltung der Frist des § 79 Abs. 2 S. 2 GNotKG gehindert war,
- die Beschwerde binnen zwei Wochen nach Beseitigung des Hindernisses einlegt und seit dem Ablauf der versäumten Beschwerdefrist noch kein Jahr verstrichen ist,
- die Tatsachen, welche die Wiedereinsetzung begründen, glaubhaft macht.

Dabei wird das Fehlen eines Verschuldens vermutet, wenn eine nach § 7 a GNotKG vorgeschriebene Rechtsbehelfsbelehrung (s. § 8 Rn 78 ff) unterblieben oder fehlerhaft ist (§ 83 Abs. 2 S. 2 GNotKG).

b) Verschulden

51 Ob ein Verschulden vorliegt, ist nach § 276 Abs. 2 BGB zu beurteilen.[38] Dabei kommt es auf die von einem ordentlichen Beteiligten geübte Sorgfalt an.[39] Das Verschulden eines Vertreters steht dem des Beschwerdeführers gleich (§ 85 Abs. 2 ZPO iVm § 11 S. 5 FamFG). Nicht anzurechnen ist das Verhalten von Dritten; dazu gehören die Kinder und der Ehegatte[40] sowie anwaltliche Bürokräfte und juristische Hilfskräfte.[41]

c) Antrag und Adressat

52 Die Wiedereinsetzung bedarf eines Antrags, sie wird nicht von Amts wegen gewährt. Der Antrag ist bei dem Gericht einzulegen, dessen Entscheidung angegriffen werden soll, auch wenn hierüber das Beschwerdegericht entscheidet.[42]

d) Glaubhaftmachung

53 Die Tatsachen, welche die Wiedereinsetzung begründen, sind in dem Antrag glaubhaft zu machen (§ 83 Abs. 2 S. 1 GNotKG). Der Beschwerdeführer kann sich dabei aller Beweismittel bedienen (§ 294 Abs. 1 ZPO).

e) Entscheidung

54 Über den Antrag entscheidet das Gericht, das über die Beschwerde nach § 83 Abs. 1 GNotKG zu entscheiden hätte (s. Rn 44).

f) Beschwerde

55 Wird der Antrag auf Wiedereinsetzung zurückgewiesen, findet hiergegen die Beschwerde statt (§ 83 Abs. 2 S. 4 GNotKG). Sie ist fristgebunden und muss binnen

---

37 BGH AGS 2007, 99.
38 Zöller/*Greger*, § 233 ZPO Rn 12.
39 MüKo-ZPO/*Gehrlein*, § 233 Rn 21.
40 Zöller/*Greger*, § 233 ZPO Rn 13.
41 MüKo-ZPO/*Gehrlein*, § 233 Rn 50.
42 HK-FamGKG/N. *Schneider*, § 59 Rn 80 – auf § 83 Abs. 2 GNotKG anwendbar, da inhaltsgleiche Regelung.

zwei Wochen nach Zustellung der Entscheidung über den Wiedereinsetzungsantrag eingelegt werden (§ 83 Abs. 2 S. 5, 6 GNotKG). Im Übrigen ist für das Beschwerdeverfahren § 81 Abs. 3 S. 1–3, Abs. 5 S. 1, 2, 4 und Abs. 6 GNotKG entsprechend anzuwenden (§ 83 Abs. 2 S. 7 GNotKG).

6. Kosten

Beschwerde- und Wiedereinsetzungsverfahren sind gebührenfrei (§ 83 Abs. 3 S. 1 GNotKG). Wegen der Auslagen gilt Vorbem. 3.1 Abs. 1 KV. Für eine generell unzulässige Beschwerde entstehen jedoch Gerichtsgebühren,[43] die nach Nr. 19116 KV zu erheben sind. Kostenschuldner ist der Beschwerdeführer (§ 22 Abs. 1 GNotKG). 56

Außergerichtliche Kosten werden nicht erstattet (§ 83 Abs. 3 S. 2 GNotKG), einer Kostenentscheidung bedarf es daher nicht.[44] Die Kosten können auch im Falle einer begründeten Beschwerde nicht der Staatskasse auferlegt werden. 57

V. Festsetzung des Beschwerdewerts (§ 78 GNotKG)

1. Verfahrensrechtliches

In den Verfahren der freiwilligen Gerichtsbarkeit, die vermögensrechtliche Angelegenheiten betreffen, findet die Beschwerde nur statt, wenn der Wert des Beschwerdegegenstands 600 € übersteigt oder die Zulassung der Beschwerde erfolgt ist (§ 61 Abs. 1 FamFG). Wird eine Kostenentscheidung isoliert angefochten, muss der Beschwerdewert nur erreicht werden, wenn es sich um eine vermögensrechtliche Angelegenheit handelt.[45] Bei der sofortigen Beschwerde gegen einen Kostenfestsetzungsbeschluss muss der Beschwerdewert 200 € übersteigen (§§ 104 Abs. 3, 567 Abs. 2 ZPO iVm § 85 FamFG). Gleiches gilt für Beschwerdeverfahren nach dem GNotKG (§§ 81 Abs. 2, 83 Abs. 1 GNotKG) sowie nach § 4 Abs. 3 JVEG. 58

2. Festsetzung des Beschwerdewerts

Der Beschwerdewert ist für die Prüfung der Zulässigkeit von Amts wegen zu berechnen.[46] Eine förmliche Festsetzung erfolgt gleichwohl nur, wenn hierfür eine Notwendigkeit besteht, etwa weil es in der Entscheidung auf den Beschwerdewert ankommt[47] oder sich dieser von dem Geschäftswert unterscheidet.[48] 59

3. Berechnung des Beschwerdewerts

Der Beschwerdewert ist nach der Beschwer des Beschwerdeführers und dessen Interesse an der Änderung oder Aufhebung der angefochtenen Entscheidung zu bestimmen.[49] Maßgeblicher Zeitpunkt für die Berechnung des Beschwerdewerts ist der Eingang des Rechtsmittels.[50] 60

43 OLG Koblenz NJW-RR 2000, 1239; Korintenberg/*Fackelmann*, GNotKG, § 83 Rn 44.
44 OLG Düsseldorf JurBüro 1988, 1176.
45 Keidel/*Meyer-Holz*, FamFG, § 61 Rn 4.
46 Keidel/*Meyer-Holz*, FamFG, § 61 Rn 10.
47 HK-FamGKG/*Stollenwerk*, § 54 Rn 3.
48 Keidel/*Meyer-Holz*, FamFG, § 61 Rn 19.
49 BGH NJW 1992, 3305; Zöller/*Gummer*/*Heßler*, § 511 ZPO Rn 19.
50 Keidel/*Meyer-Holz*, FamFG, § 61 Rn 16.

4. Bindung für die Gebührenberechnung

61 Hat das Gericht den Wert für die Zulässigkeit der Beschwerde festgesetzt, ist die Festsetzung auch für die Gebührenberechnung maßgebend, soweit die Wertvorschriften des GNotKG nicht von den verfahrensrechtlichen Wertvorschriften abweichen (§ 78 GNotKG); einer Wertfestsetzung nach § 79 Abs. 1 GNotKG bedarf es dann nicht. Bindung tritt jedoch nur ein, wenn es sich um eine wirkliche Entscheidung handelt.[51] Wann eine solche vorliegt, ist strittig. Überwiegend wird die Auffassung vertreten, dass nicht nur eine bloße Entscheidung über die Zulässigkeit genügt, sondern dass das Gericht auch eine Entscheidung zum Wert getroffen[52] oder sich mit den Wertbeträgen zumindest ausdrücklich befasst haben muss.[53] Die bloße Feststellung der Zulässigkeit wegen Erreichens des Beschwerdewerts genügt also nicht.[54]

62 Die Bindungswirkung des § 78 GNotKG gilt nur für das jeweilige Beschwerde- oder Rechtsbeschwerdeverfahren, für die Gebührenberechnung in anderen Rechtszügen greift sie nicht.[55] Bindung besteht zudem nur insoweit, als der Beschwerdewert 600 € bzw. 200 € übersteigen muss.[56]

5. Änderung der Festsetzung

63 Ein Beschluss über die Festsetzung des Beschwerdewerts ist nicht isoliert anfechtbar,[57] auch die Geschäftswertbeschwerde nach § 83 Abs. 1 GNotKG ist nicht statthaft.[58]

VI. Wertschätzung

1. Kostentragungspflicht

64 Ist der Wert durch das Gericht nicht anders zu ermitteln, kann die Durchführung einer Beweisaufnahme angeordnet werden. Über die Kosten der Schätzung ist in dem Wertfestsetzungsbeschluss zwingend zu entscheiden (§ 80 S. 1 GNotKG). Die Kosten können nach § 80 S. 2 GNotKG einem Beteiligten ganz oder teilweise auferlegt werden, wenn dieser die Schätzung erforderlich gemacht hat, weil er

- die nach § 77 GNotKG notwendige Wertangabe unterlassen hat,
- unrichtige Wertangaben gemacht hat,
- den angegebenen Wert unbegründet bestritten hat oder
- eine unbegründete Beschwerde (§ 83 Abs. 1 GNotKG) eingelegt hat.

65 Eine Beweisaufnahme nach § 80 GNotKG ist jedoch unzulässig bei der Ermittlung des Verkehrswerts von Sachen, einschließlich Grundstücken (§ 46 Abs. 4 GNotKG).

66 Es handelt sich um eine Ermessensentscheidung.[59] Eine Kostenauferlegung ist aber nur statthaft, wenn die Schätzung der Wertermittlung diente und der Wert auch nicht

---

51 *Meyer*, § 62 GKG Rn 4.
52 HK-GNotKG/*Otto/Fackelmann*, § 78 Rn 6 ff, wonach auch eine konkludente Wertfestsetzung möglich sein soll; Korintenberg/*Hellstab*, GNotKG, § 78 Rn 4.
53 *Meyer*, § 62 GKG Rn 4.
54 AA aber HK-FamGKG/*Stollenwerk*, § 54 Rn 9, der auch eine konkludente Wertfestsetzung nach § 54 FamGKG für möglich hält, etwa weil das Gericht über die Begründetheit der Beschwerde entscheidet.
55 HK-GNotKG/*Otto/Fackelmann*, § 78 Rn 9; Korintenberg/*Hellstab*, GNotKG, § 78 Rn 8.
56 OLG Köln AGS 2009, 244; OLG Celle NdsRpfl 1998, 86; HK-FamGKG/*Stollenwerk*, § 54 Rn 6.
57 OLG Stuttgart MDR 2007, 145.
58 OLG Koblenz NJW-RR 2004, 1222.
59 Korintenberg/*Hellstab*, GNotKG, § 80 Rn 11.

anderweitig zu ermitteln war. Der mit den Kosten belastete Beteiligte haftet für die Schätzungskosten als Entscheidungsschuldner (§ 27 Nr. 1 GNotKG).

2. Umfang der Kostenpflicht

Zu den Kosten gehören – über den Wortlaut des § 80 S. 1 GNotKG hinaus – neben der an den Sachverständigen gezahlten Vergütung auch die Kosten für andere Beweismittel wie zB Zeugenvernehmungen oder eine Inaugenscheinnahme.[60] Die Höhe des Kosteneinzugs wird dabei durch die Nr. 31000 ff KV begrenzt. 67

3. Rechtsbehelfe

Ein Wertfestsetzungsbeschluss, der zugleich die nach § 80 S. 1 GNotKG notwendige Kostenentscheidung enthält, kann nur zusammen mit dem festgesetzten Wert nach § 83 Abs. 1 GNotKG, aber auch isoliert angegriffen werden.[61] Ein Kostenansatz, der aufgrund einer nach § 80 GNotKG getroffenen Kostenentscheidung erfolgt, ist nach § 81 GNotKG anzugreifen.[62] 68

60 *Meyer*, § 64 GKG Rn 3 f.
61 HK-GNotKG/*Otto/Fackelmann*, § 80 Rn 10; Korintenberg/*Hellstab*, GNotKG, § 80 Rn 14.
62 HK-GNotKG/*Otto/Fackelmann*, § 80 Rn 10; Korintenberg/*Hellstab*, GNotKG, § 80 Rn 15.

Teil 4
Die einzelnen Gebühren- und Auslagentatbestände

§ 13 Betreuungssachen und betreuungsgerichtliche Zuweisungssachen

I. Dauerbetreuungen

1. Grundsatz

Betreuungen nach §§ 1896 ff BGB werden von Teil 1 Hauptabschnitt 1 KV erfasst. Es finden somit die Gebührentatbestände der Nr. 11100–11400 KV Anwendung. Das gilt auch bei Anordnung einer Kontrollbetreuung, bei der es sich im Regelfall um eine Dauerbetreuung handelt.[1] 1

Für die Erhebung der Gerichtsgebühren in den erstinstanzlichen Verfahren ist wie folgt zu unterscheiden: 2

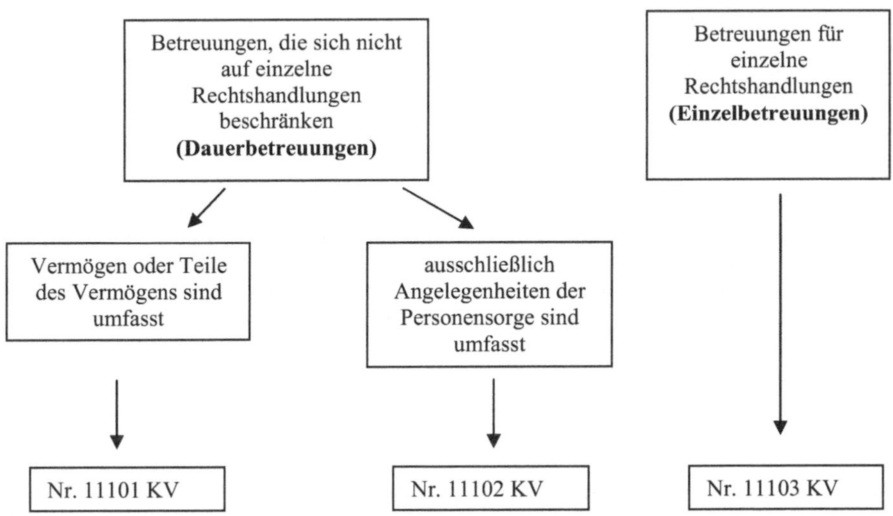

2. Gebühren für Dauerbetreuungen mit vermögensrechtlichen Angelegenheiten

a) Jahresgebühren

Hat die Dauerbetreuung auch das Vermögen oder Teile davon zum Gegenstand, entsteht eine Gebühr nach Nr. 11101 KV. Es handelt sich um eine Jahresgebühr, die für jedes Kalenderjahr, in dem die angeordnete Dauerbetreuung besteht, zu erheben ist. Mit ihr werden sämtliche Handlungen abgegolten, die sich aus der Führung der Dauerbetreuung ergeben. Hierzu gehören neben Anordnung, Auswahl, Bestellung und Aufhebung auch alle sonstigen Überwachungs- und Beratungspflichten des Gerichts sowie notwendige gerichtliche Genehmigungen. 3

1 Vgl. *Schlaak*, Rpfleger 2016, 7.

4 Nicht durch die Jahresgebühren abgegolten werden aber Verfahren wegen der Verhängung von Zwangsmitteln (§ 35 FamFG). Für sie entstehen gesonderte Gebühren nach Nr. 17006 KV.

b) Höhe der Jahresgebühr

5 Die Jahresgebühr der Nr. 11101 KV bestimmt sich nach dem Vermögen des Betroffenen. Sie beträgt 10 € je angefangene 5.000 € des zu berücksichtigenden Vermögens. Zur Vermögensberechnung s. ausf. Rn 130 ff. Bei der Vermögensberechnung sind Freigrenzen zu beachten (s. Rn 131 ff). Die **Mindestgebühr** beträgt 200 €; diese Gebührenhöhe ist also selbst dann anzusetzen, wenn die konkrete Berechnung einen geringeren Betrag ergibt.

6 **Beispiel 1:** Es ist Dauerbetreuung angeordnet. Der Betreute verfügt über ein Reinvermögen von 180.000 €.
Für die Gebührenberechnung maßgeblich sind 155.000 € Vermögen (180.000 € abzgl. 25.000 €). Die Jahresgebühr beträgt demnach 310 € (155.000 € : 5.000 € = 31 x 10 €).

7 **Beispiel 2:** Es ist Dauerbetreuung angeordnet. Der Betreute verfügt über ein Reinvermögen von 35.000 €.
Für die Gebührenberechnung maßgeblich sind 10.000 € Vermögen (35.000 € abzgl. 25.000 €). Die Jahresgebühr beträgt demnach 200 € (10.000 €: 5.000 € = 2 x 10 €, aber Mindestgebühr 200 €).

8 Zu beachten sind Vorbem. 1.1 Abs. 1 KV und Vorbem. 3.1 Abs. 2 S. 1 KV. Danach werden in Betreuungssachen von dem Betroffenen Gebühren und Auslagen nach Nr. 31000 ff KV nur erhoben, wenn das Vermögen des Betroffenen nach Abzug der Verbindlichkeiten mehr als 25.000 € beträgt. Eine Ausnahme besteht für die an den Verfahrenspfleger gezahlten Beträge, die von dem Betroffenen nach Maßgabe des § 1836 c BGB einzuziehen sind (Vorbem. 3.1 Abs. 2 S. 2, Anm. zu Nr. 31015 KV). Die Regelungen der Vorbem. 1.1 Abs. 1 KV und Vorbem. 3.1 Abs. 2 KV gelten für alle Rechtszüge.

9 **Beispiel 3:** Es ist Dauerbetreuung angeordnet. Der Betreute verfügt über ein Reinvermögen von 12.000 €. Ein Verfahrenspfleger wurde nicht bestellt.
Zu berücksichtigendes Vermögen ist nicht vorhanden, da das Vermögen 25.000 € nicht übersteigt. Die entstandenen Gerichtskosten (Gebühren und Auslagen) können von dem Betroffenen nicht eingezogen werden.

10 Sind bei einer Dauerbetreuung nur Teile des Vermögens betroffen, ist die Gebühr nur nach dem Teil des von der Dauerbetreuung erfassten Vermögens zu berechnen (Anm. Abs. 1 S. 2 zu Nr. 11101 KV). Maßgeblich ist der gerichtlich bestimmte Aufgabenkreis. Das gilt auch dann, wenn dem Betreuer der Aufgabenkreis „Vermögenssorge" übertragen ist, jedoch das Gericht einzelne Vermögensteile ausgenommen hat, zB Konten, für die eine Vollmacht erteilt ist und die deshalb nicht von der Betreuung erfasst sind.[2]

2 OLG Hamm Rpfleger 2015, 172.

3. Gebühren für Dauerbetreuungen ohne Vermögensbezug

a) Abgrenzung

Für Dauerbetreuungen, die nicht unmittelbar das Vermögen des Betreuten oder Teile des Vermögens betreffen, gilt Nr. 11102 KV. Der Aufgabenkreis muss sich daher ausschließlich auf die Personenangelegenheiten oder Teile davon beschränken. Soweit sich aus einem solchen Aufgabenkreis für den Betreuer auch Aufgaben ergeben, die vermögensrechtlicher Natur sind, verbleibt es gleichwohl bei Nr. 11102 KV, weil aus dem Wortlaut der Gebührenvorschrift folgt, dass nur eine unmittelbare Befassung mit vermögensrechtlichen Angelegenheiten zur Anwendung von Nr. 11101 KV führt.[3] 11

So ist die Jahresgebühr nach Nr. 11102 KV auch dann anzusetzen, wenn ein Betreuer, der nur mit dem Aufgabenkreis Aufenthaltsbestimmungsrecht bestellt ist, wegen des Heimvertrages und der Heimkosten tätig wird.[4] Gleiches gilt bei dem Aufgabenkreis Gesundheitsfürsorge, wenn wegen der Behandlungskosten ein Vermögensbezug vorhanden ist. 12

Umfasst die Dauerbetreuung sowohl Personen- als auch Vermögensangelegenheiten, ist Nr. 11101 KV anzuwenden, weil diese Norm nicht voraussetzt, dass die Dauerbetreuung ausschließlich für das Vermögen des Betreuten angeordnet wird. 13

Beispiel: Es wird Dauerbetreuung mit den Aufgabenkreisen „Aufenthaltsbestimmungsrecht und Vermögenssorge" angeordnet. 14
Es entsteht eine Jahresgebühr nach Nr. 11101 KV, weil die Dauerbetreuung das Vermögen unmittelbar betrifft. Die Gebühr berechnet sich daher nach dem Vermögen des Betreuten.

b) Höhe der Jahresgebühr

Die Gebühr der Nr. 11102 KV beträgt 300 €. Der Betrag kann nicht überschritten, wohl aber im Rahmen der durchzuführenden Vergleichsberechnung (s. Rn 16 ff) unterschritten werden. 15

c) Höchstgebühr

Der Gebührenbetrag der Nr. 11102 KV darf den Betrag nicht übersteigen, der entstanden wäre, wenn für das Verfahren eine Jahresgebühr nach Nr. 11101 KV angesetzt worden wäre. 16

Es ist deshalb stets eine **Vergleichsberechnung** anzustellen, bei der auf das Vermögen des Betroffenen abzustellen ist. Es gelten dabei die in Anm. Abs. 1 zu Nr. 11101 KV aufgestellten Grundsätze (s. ausf. Rn 130 ff). Der Gebührenbetrag von 300 € ist deshalb erst erreicht, wenn das Vermögen des Betroffenen mindestens 175.000 € beträgt, weil auch im Rahmen der Vergleichsberechnung der Freibetrag von 25.000 € zu berücksichtigen ist. 17

Beispiel 1: Es ist Dauerbetreuung angeordnet, die den Aufgabenkreis „Aufenthaltsbestimmung" umfasst. Der Betreute verfügt über ein Reinvermögen von 150.000 €. 18
Da sich die Dauerbetreuung nicht auf Teile des Vermögens erstreckt, gilt Nr. 11102 KV. Die Jahresgebühr darf jedoch eine nach Nr. 11101 KV zu erhebende Gebühr nicht übersteigen.

---

3 BT-Drucks. 16/3038, S. 53 zu § 92 KostO; zu den einzelnen Aufgabenkreisen vgl. auch *Hille*, Rpfleger 2008, 114.

4 BT-Drucks. 16/6308, S. 53 zu § 92 KostO.

Bei der Erhebung einer solchen Gebühr wäre ein Reinvermögen von 125.000 € zu berücksichtigen (150.000 € abzgl. 25.000 €), so dass die Gebühr nach Nr. 11101 KV 250 € betragen würde (125.000 € : 5.000 € = 25 x 10 €).
Für die Dauerbetreuung ist folglich eine Gebühr nach Nr. 11102 KV iHv 250 € zu erheben.

19 **Beispiel 2:** Es ist Dauerbetreuung angeordnet, die den Wirkungskreis „Aufenthaltsbestimmung" umfasst. Der Betreute verfügt über ein Reinvermögen von 280.000 €.
Da sich die Dauerbetreuung nicht auf Teile des Vermögens erstreckt, gilt Nr. 11102 KV. Die Jahresgebühr darf jedoch eine nach Nr. 11101 KV zu erhebende Gebühr nicht übersteigen.
Bei der Erhebung einer solchen Gebühr wäre ein Reinvermögen von 255.000 € zu berücksichtigen (280.000 € abzgl. 25.000 €), so dass die Gebühr 510 € betragen würde (255.000 € : 5.000 € = 51 x 10 €).
Für die Dauerbetreuung ist folglich eine Gebühr nach Nr. 11102 KV iHv 300 € zu erheben.

d) Mindestgebühr

20 Bei der durchzuführenden Vergleichsberechnung ist zu beachten, dass die Jahresgebühr der Nr. 11101 KV mindestens 200 € beträgt, so dass auch für die Jahresgebühr der Nr. 11102 KV mindestens 200 € anzusetzen sind.[5]

21 **Beispiel:** Es ist Dauerbetreuung angeordnet, die den Aufgabenkreis „Aufenthaltsbestimmung" umfasst. Der Betreute verfügt über ein Reinvermögen von 50.000 €.
Da sich die Dauerbetreuung nicht auf Teile des Vermögens erstreckt, gilt Nr. 11102 KV. Die Jahresgebühr darf jedoch eine nach Nr. 11101 KV zu erhebende Gebühr nicht übersteigen.
Bei der Erhebung einer solchen Gebühr wäre ein Reinvermögen von 25.000 € zu berücksichtigen (50.000 € abzgl. 25.000 €). Danach ergibt sich ein Gebührenbetrag von 50 € (25.000 € : 5.000 € = 5 x 10 €), jedoch ist eine Mindestgebühr von 200 € anzusetzen.
Für die Dauerbetreuung ist folglich eine Gebühr nach Nr. 11102 KV iHv 200 € zu erheben, da die Mindestgebühr auch hier zu berücksichtigen ist.

4. Beendigung der Betreuung

22 Mit Beendigung durch Tod des Betreuten oder Aufhebung (vgl. § 1908 d BGB) endet die Gebührenpflicht für das Dauerbetreuungsverfahren. Spätere Abwicklungstätigkeiten wie zB Schlussbericht oder Rechnungslegung sind unerheblich und lösen die Jahresgebühren der Nr. 11101, 11102 KV nicht mehr aus. Ist wegen Entlassung oder Tod des Betreuers ein solcher kurzzeitig nicht vorhanden, bleibt dies für die Gebührenerhebung unbeachtlich,[6] da es nur auf den Fortbestand der Dauerbetreuung ankommt.

23 **Beispiel:** Es ist Dauerbetreuung angeordnet. Am 28.12.2015 wird die Betreuung aufgehoben. Die Prüfung der Schlussrechnung erfolgt erst 2016.
Die Jahresgebühr ist letztmalig für das Kalenderjahr 2015 zu erheben. Für das Kalenderjahr 2016 dürfen keine Gebühren mehr gefordert werden.

5. Vorläufige Betreuung

24 Zur Bestellung eines vorläufigen Betreuers wird auf die Ausführungen in Rn 67 ff verwiesen.

---

5 So auch HK-GNotKG/*Köhler*, KV Nr. 11102 Rn 10; Korintenberg/*Fackelmann*, GNotKG, Nr. 11102 KV Rn 11.

6 Korintenberg/*Fackelmann*, GNotKG, Nr. 11101 KV Rn 15.

6. Mehrheit von Betreuern

Sind mehrere Betreuer bestellt, ist die Jahresgebühr gleichwohl nur einmal zu erheben. Ist Ergänzungsbetreuung angeordnet, weil der für die Dauerbetreuung bestellte Betreuer an einer Vertretung gehindert ist, entstehen auch für das Ergänzungsbetreuungsverfahren keine gesonderten Gebühren (Anm. zu Nr. 11103 KV). 25

7. Fälligkeit

a) Anordnung der Betreuung

Die Jahresgebühren der Nr. 11101, 11102 KV werden erstmals mit Anordnung der Betreuung fällig (§ 8 S. 1 GNotKG). Die bloße Anregung oder die Kenntniserlangung von der Notwendigkeit einer Betreuungsanordnung durch das Gericht genügen nicht. Auch lassen die betreuungsgerichtlichen Maßnahmen, die auf eine Anordnung der Betreuung gerichtet sind (zB Anhörungen, Beauftragung von Sachverständigen), die Gebühr noch nicht entstehen. Ist für einen Minderjährigen eine **vorsorgliche Betreuerbestellung (§ 1908 a BGB)** erfolgt, entsteht die Jahresgebühr erstmalig mit Eintritt der Volljährigkeit,[7] dh am 18. Geburtstag um 0 Uhr (§ 2 BGB). 26

Für das Kalenderjahr, in dem die erstmalige Anordnung der Dauerbetreuung erfolgt, und für das darauf folgende Kalenderjahr wird nur eine Jahresgebühr erhoben (Anm. Abs. 2 S. 1 zu Nr. 11101 KV, Anm. S. 1 zu Nr. 11102 KV). Zum Übergang einer vorläufigen in eine endgültige Betreuung s. Rn 70 ff. 27

Beispiel: Die Dauerbetreuung wird am 15.6.2015 angeordnet. – Für die Kalenderjahre 2015 und 2016 wird insgesamt nur eine Jahresgebühr erhoben. Die Gebühr ist im Jahr 2015 anzufordern. Im Jahr 2016 ist keine Gebühr anzusetzen, so dass erst wieder ab dem Kalenderjahr 2017 eine Jahresgebühr zu erheben ist. 28

b) Spätere Jahresgebühren

Die späteren Jahresgebühren werden jeweils zu Beginn des Kalenderjahres (1. Januar) fällig (§ 8 S. 1 Hs. 2 GNotKG). Sie entstehen für jedes Kalenderjahr gesondert. Die Jahresgebühr ist für das Kalenderjahr zu erheben, wenn am 1. Januar dieses Jahres die Dauerbetreuung noch angeordnet war. Auf das Betreuungsjahr ist nicht abzustellen. Unerheblich ist auch, ob das Verfahren kurz nach Beginn des Kalenderjahres beendet wird, so dass auch keine anteilsmäßige Kürzung der Jahresgebühren vorzunehmen ist. 29

c) Abweichende Einzugsbestimmungen

Aufgrund der Regelung des § 16 Abschn. II S. 1 KostVfg kann der Einzug der Jahresgebühren – trotz der Fälligkeitsregelung des § 8 S. 1 GNotKG – erst zum Zeitpunkt der Prüfung der jährlichen Rechnungslegung erfolgen, wenn kein Verlust für die Staatskasse zu besorgen ist. 30

Um in diesen Fällen die rechtzeitige Sicherstellung des Kostenansatzes zu gewährleisten, sind die in Betracht kommenden Verfahren in ein entsprechendes Verzeichnis einzutragen (§ 16 Abschn. II S. 2 KostVfg). 31

7 Korintenberg/*Fackelmann*, GNotKG, Nr. 11101 KV Rn 16.

d) Auslagen

32 Hinsichtlich der gerichtlichen Auslagen tritt die Fälligkeit sofort nach ihrer Entstehung, dh mit Zahlung durch das Gericht, ein (§ 8 S. 2 GNotKG).

8. Vorschüsse

33 Bei den Betreuungssachen handelt es sich um Verfahren, die sowohl auf Antrag als auch von Amts wegen eingeleitet werden können (§ 1896 Abs. 1 S. 1 BGB), so dass keine Antragshaftung nach § 22 Abs. 1 GNotKG besteht und die gerichtliche Tätigkeit nicht nach § 13 S. 1 GNotKG von der vorherigen Zahlung der Gebühren abhängig gemacht werden darf.

34 Sind gerichtliche Handlungen jedoch mit der Entstehung von Auslagen verbunden, kann das Gericht einen Vorschuss nach § 14 Abs. 3 GNotKG anfordern, jedoch darf die Durchführung der Handlung nicht von ihrer vorherigen Zahlung abhängig gemacht werden.

9. Auslagen

35 Auslagen sind nach Nr. 31000 ff KV anzusetzen. Erfasst sind auch die an Verfahrenspfleger gezahlten Beträge, jedoch kommt hier ein Einzug von dem Betroffenen selbst nur nach Maßgabe des § 1836 c BGB in Betracht (Anm. zu Nr. 31015 KV) (s. § 23 Rn 177 ff).

36 Die Dokumentenpauschale ist in Dauerbetreuungssachen für jeden Kostenschuldner und jedes Kalenderjahr gesondert zu berechnen (Anm. Abs. 1 S. 1 zu Nr. 31000 KV).

10. Kostenschuldner

37 Die Jahresgebühren der Nr. 11101, 11102 KV und die gerichtlichen Auslagen schuldet der Betroffene (§ 23 Nr. 1 GNotKG). Es handelt sich um eine Kostenhaftung kraft Gesetzes, so dass es keiner gerichtlichen Entscheidung bedarf. Eine Kostenhaftung des Betroffenen besteht dem Wortlaut des § 23 Nr. 1 GNotKG nach nur, wenn ein Betreuer bestellt wird. Endet das Verfahren ohne Anordnung der Betreuung, kommt als Kostenschuldner nur der Entscheidungsschuldner (§ 27 Nr. 1 GNotKG) in Betracht, wenn eine Kostenentscheidung ergeht. Ergeht in Verfahren, die ohne Anordnung der Betreuung enden, keine Kostenentscheidung, ist ein Kostenschuldner nicht vorhanden, da auch eine Antragshaftung nicht besteht (s. dazu Rn 33).

38 Beim Kosteneinzug vom Betroffenen sind Vorbem. 1.1 Abs. 1 KV und Vorbem. 3.1 Abs. 2 KV zu beachten (s. dazu Rn 130 ff). Sollen von dem Betroffenen Beträge, die an den Verfahrenspfleger gezahlt sind, eingezogen werden, ist Anm. zu Nr. 31015 KV zu beachten (s. § 23 Rn 177 ff).

11. Geschäftswert

39 Eine Wertfestsetzung ist für die erstinstanzlichen Verfahren nicht erforderlich, da Jahresgebühren entstehen, die sich nach dem Vermögen des Betroffenen berechnen.

40 In der Beschwerde- und Rechtsbeschwerdeinstanz entstehen jedoch wertabhängige Gebühren. Für die notwendige Wertfestsetzung gilt § 61 Abs. 1 GNotKG, maßgeblich

ist daher der gestellte Antrag des Rechtsmittelführers. Da eine Wertbestimmung für Dauerbetreuungen fehlt, gilt die Auffangvorschrift des § 36 GNotKG.[8]

II. Betreuungen für einzelne Rechtshandlungen (Einzelbetreuung)

1. Abgrenzung zur Dauerbetreuung

Wird ein Betreuer nur für **einzelne Rechtshandlungen** bestellt, liegt eine Einzelbetreuung vor, die gebührenrechtlich von den Dauerbetreuungen abzugrenzen ist. Dabei ist darauf abzustellen, ob bei der Bestellung des Betreuers dessen Aufgabenkreis im Einzelnen bestimmt ist oder ob das Gericht angeordnet hat, dass sich die Wahrnehmung auf einen bestimmten Kreis von Interessen und Aufgaben erstrecken soll.[9] Im letzteren Fall liegt eine Dauerbetreuung vor. Unerheblich ist dabei auch, wie lange die Tätigkeit des Betreuers voraussichtlich dauern wird oder ob sich die Betreuung auf das ganze Vermögen oder nur auf Vermögensteile erstreckt.[10] 41

Als Betreuung für einzelne Rechtshandlungen ist deshalb insbesondere eine **Ergänzungsbetreuung** anzusehen, wenn der Betreuer an der Vertretung des Betreuten bei einem bestimmten Rechtsgeschäft verhindert ist. Gebühren fallen hier wegen der Anm. zu Nr. 11103 KV jedoch regelmäßig nicht an. Erfasst sein können aber Fälle der **Kontrollbetreuung**, wenn sich der Aufgabenkreis auf einzelne Rechtsgeschäfte bezieht und wegen Vorliegens einer Vollmacht keine gebührenpflichtige Betreuung nach Nr. 11101, 11102 KV angeordnet ist. 42

Hat der Betreuer jedoch einen bestimmten Kreis von Angelegenheiten und nicht einzeln bestimmte Angelegenheiten zu erledigen, liegt Dauerbetreuung vor. Das gilt etwa bei einem Wirkungskreis „Gesundheitsfürsorge" oder „Aufenthaltsbestimmung",[11] weil sich die Betreuung dann auf alle nicht einzeln genannten Rechtshandlungen erstreckt, die sich aus dem Kreis der Angelegenheit ergeben können. 43

2. Gebühren im erstinstanzlichen Verfahren

a) Allgemeine Verfahrensgebühr

Für die Einzelbetreuung entsteht eine allgemeine Verfahrensgebühr nach Nr. 11103 KV. Sie deckt sämtliche gerichtliche Handlungen ab. Das gilt auch für die Erteilung von Genehmigungen oder die Ersetzung von Erklärungen bzw. Zustimmungen durch das Betreuungsgericht, da wegen der Anm. Nr. 2 zu Nr. 11100 KV klargestellt wird, dass diese Gebühr nicht neben der Gebühr der Nr. 11103 KV entsteht. 44

Die Verfahrensgebühr der Nr. 11103 KV wird für die Einzelbetreuung nur einmal erhoben (§ 55 Abs. 1 GNotKG), auch wenn die Einzelbetreuung mehrere Jahre dauert. 45

Besondere Gebühren entstehen aber für ein eventuelles Zwangsmittelverfahren nach § 35 FamFG (Nr. 17006 KV). 46

b) Entstehung der Gebühr

Eine Gebührenermäßigung ist nicht vorgesehen, so dass die Gebühr nach Nr. 11103 KV nicht mehr entfallen kann, wenn sie einmal entstanden ist. Da es sich um ein 47

8 LG Frankfurt (Oder) FamRZ 2015, 786.
9 *Assenmacher/Mathias*, „Pflegschaft" Nr. 2; HK-FamGKG/*Volpert*, Nr. 1313 KV Rn 4; BayObLG Rpfleger 1981, 125.
10 BayObLG Rpfleger 1981, 125.
11 BayObLG Rpfleger 1997, 86.

Amtsverfahren handelt, entsteht die Gebühr bereits mit der Verfahrenseinleitung durch das Gericht.

48 Unerheblich ist dabei der Ausgang des Verfahrens, so dass die Gebühr der Nr. 11103 KV auch dann entsteht, wenn das Gericht zu dem Ergebnis kommt, dass es keiner Pflegschaftsanordnung bedarf.[12] In solchen Fällen kann aber zur Vermeidung von Unbilligkeiten eine Anordnung nach § 81 Abs. 1 S. 2 FamFG über die Nichterhebung von Gerichtskosten in Betracht kommen.

c) Berechnung der Gebühr

49 Die Gebühr der Nr. 11103 KV entsteht mit einem 0,5-Gebührensatz. Es gilt Tabelle A (§ 34 GNotKG). Die Gebühr darf jedoch den Gebührenbetrag nicht übersteigen, der entstanden wäre, wenn eine Gebühr nach Nr. 11101 KV anzusetzen gewesen wäre. Mit dieser Regelung soll sichergestellt werden, dass die Gebühren für eine Einzelbetreuung nicht höher sind als für eine Dauerbetreuung. Die Nichtbeachtung kann mit der Erinnerung nach § 81 GNotKG gerügt werden.

Unklar ist jedoch, ob bei der Vergleichsberechnung auf den Geschäftswert der Einzelbetreuung oder auf das Vermögen des Betreuten abzustellen ist. Der Gesetzgeber hatte jedoch mit der Einführung der Vergleichsberechnung zu § 93 KostO Folgendes ausgeführt:[13] *„Damit für Betreuungen und Pflegschaften für einzelne Rechtshandlungen keine höheren Gebühren als bei einer Dauerbetreuung oder -pflegschaft anfallen, soll die Gebühr auf die Höhe einer sich nach dem Vermögen ergebenden Jahresgebühr nach § 92 Abs. 1 Satz 2 bzw. Absatz 2 KostO beschränkt sein. Es ist nicht sachgerecht, wenn die Gebühr für eine Einzelmaßnahme höher sein kann als die Gebühr für eine alles umfassende Fürsorgemaßnahme.“*

Dem folgend wird wohl auch bei der Vergleichsberechnung nach Nr. 11103 KV bei der Berechnung der Gebühr der Nr. 11101 KV auf das **Vermögen des Betroffenen** abzustellen sein und zugleich werden die in Anm. Abs. 1 S. 1 zu Nr. 11101 KV genannten **Vermögensfreibeträge in Abzug** zu bringen sein.

50 **Beispiel:** Es ist Einzelbetreuung angeordnet. Der Geschäftswert wird auf 70.000 € festgesetzt. Das Reinvermögen des Betreuten beträgt 140.000 €.

An Gerichtsgebühren sind entstanden:

0,5-Verfahrensgebühr, Nr. 11103 KV (Wert: 70.000 €, Tabelle A)	393,00 €
Vergleichsberechnung:	
Jahresgebühr, Nr. 11101 KV (115.000 € : 5.000 € = 23 x 10 €)	230,00 €

Die für die Einzelbetreuung zu erhebende Gebühr nach Nr. 11103 KV darf somit nur iHv 230 € angesetzt werden. Bei der Vergleichsberechnung nach Nr. 11103 KV ist auf das Reinvermögen des Betreuten abzustellen, so dass wegen Anm. Abs. 1 S. 1 zu Nr. 11101 KV vom Bruttovermögen (140.000 €) zunächst 25.000 € in Abzug zu bringen sind und ein zu berücksichtigendes Vermögen iHv 115.000 € verbleibt.

d) Nichterhebung von Gebühren wegen bestehender Dauerbetreuung

51 Die Gebühr der Nr. 11103 KV wird nicht erhoben, wenn für den Betroffenen bereits eine Dauerbetreuung besteht, die sich auf denselben Gegenstand bezieht (Anm. zu Nr. 11103 KV). Hiervon sind insbesondere die Fälle von **Ergänzungsbetreuungen** er-

12 BT-Drucks. 17/11471 (neu), S. 195.
13 BT-Drucks. 16/3038, S. 53 zu § 93 KostO.

fasst, die anzuordnen sind, weil der Betreuer rechtlich verhindert ist (§§ 1795, 1908 i Abs. 1 BGB). Diese Betreuungen bleiben gebührenfrei, aber nicht auslagenfrei; allerdings können die Auslagen von dem Betroffenen nur nach Maßgabe der Vorbem. 3.1 Abs. 2 KV eingezogen werden (s. Rn 130 ff).

War die Einzelbetreuung bereits vor Anordnung der Dauerbetreuung angeordnet, 52
bleibt die Gebühr der Nr. 11103 KV bestehen.[14] Es findet auch keine Anrechnung der Gebühr Nr. 11103 KV auf die Gebühren nach Nr. 11101, 11102 KV statt. Das Gericht kann aber eine Nichterhebung der Gerichtskosten nach § 81 Abs. 1 S. 2 FamFG anordnen.

e) Mehrheit von Geschäften

Die Gebühr der Nr. 11103 KV entsteht für jede Einzelbetreuung gesondert. Umfasst 53
der Wirkungskreis des Betreuers mehrere einzelne Rechtsgeschäfte, liegt nur eine Einzelbetreuung vor. Die Gebühr entsteht deshalb nur einmal, jedoch ist sie nach dem zusammengerechneten Wert der einzelnen Angelegenheiten zu berechnen (§ 35 Abs. 1 GNotKG).[15]

Werden mehrere Einzelbetreuungen nacheinander angeordnet, entsteht die Gebühr 54
der Nr. 11103 KV für jedes Verfahren gesondert.[16] Davon zu unterscheiden ist aber die bloße **Erweiterung des Wirkungskreises** des Betreuers, mit welcher kein eigenständiges Betreuungsverfahren auslöst wird. In diesen Fällen ist die Mehrheit von Geschäften über den Geschäftswert zu berücksichtigen.

Auch ein **Wechsel in der Person des Betreuers** bleibt für die Gebührenerhebung uner- 55
heblich.

f) Vorschusszahlungen

Auf die Ausführungen in Rn 33 f wird verwiesen. 56

g) Fälligkeit

Die Fälligkeit der Gebühr der Nr. 11103 KV bestimmt sich nach § 9 Abs. 1 GNotKG; 57
§ 8 GNotKG gilt nicht, da keine Jahresgebühr entsteht. Fälligkeit tritt daher insbesondere ein, wenn eine Kostenentscheidung ergeht (§ 9 Abs. 1 Nr. 1 GNotKG), die Einzelbetreuung aufgehoben wird oder Beendigung kraft Gesetzes eintritt, weil dann eine anderweitige Erledigung iSd § 9 Abs. 1 Nr. 5 GNotKG vorliegt.

3. Vorläufige Betreuung

Zur Bestellung eines vorläufigen Betreuers s. die Ausführungen in Rn 67 ff. 58

4. Gebühren in Rechtsmittelverfahren

Auf die Ausführungen in Rn 173 ff wird verwiesen. 59

---

14 *Assenmacher/Mathias*, „Pflegschaft“ Nr. 6; HK-FamGKG/*Volpert*, Nr. 1313 KV Rn 31.
15 Korintenberg/*Fackelmann*, GNotKG, Nr. 11103 KV Rn 30.
16 Korintenberg/*Fackelmann*, GNotKG, Nr. 11103 KV Rn 33.

5. Kostenschuldner

a) Antragshaftung

60 Eine Antragshaftung besteht nicht, da Einzelbetreuungen auf Antrag oder von Amts wegen einzuleiten sind (§ 1896 Abs. 1 S. 1 BGB) und § 22 Abs. 1 GNotKG nur gilt, wenn das Verfahren „nur“ auf Antrag eingeleitet wird. Etwas anderes gilt aber für ein Rechtsmittelverfahren; s. hierzu ausf. Rn 190 f.

b) Haftung des Betroffenen

61 Für die Gerichtskosten der erstinstanzlichen Einzelbetreuungsverfahren haftet nur der Betroffene (§ 23 Nr. 1 GNotKG), wenn es zur Anordnung der Betreuung kommt[17] und das Gericht die Kosten nicht einem anderen Beteiligten oder einem Dritten auferlegt hat (vgl. § 81 Abs. 4 FamFG), der dann als Entscheidungsschuldner nach § 27 Nr. 1 GNotKG haftet. Die Nichterhebung der Gerichtskosten kann angeordnet werden (§ 81 Abs. 1 S. 2 FamFG). Der Betroffene ist durch Vorbem. 1.1 Abs. 1 KV, Vorbem. 3.1 Abs. 2 KV und Anm. zu Nr. 31015 KV hinreichend geschützt.

6. Geschäftswert

62 Für die Einzelbetreuungen gilt § 63 GNotKG. Der Geschäftswert bestimmt sich nach dem Wert des Gegenstands, auf den sich die Rechtshandlung bezieht. Der Wert darf, da sich die Gebühren nach Tabelle A berechnen, 30 Mio. € nicht übersteigen (§ 35 Abs. 2 GNotKG).

63 Für die konkrete Wertberechnung sind die allgemeinen und besonderen Geschäftswertvorschriften heranzuziehen. Verbindlichkeiten, die auf der Sache oder auf dem Recht lasten, werden nicht abgezogen, wenn nicht etwas anderes bestimmt ist (§ 38 GNotKG). Kann der Wert des Rechtsgeschäfts nicht ermittelt werden, gilt in vermögensrechtlichen Angelegenheiten § 36 Abs. 1 GNotKG, in nichtvermögensrechtlichen Angelegenheiten § 36 Abs. 2 GNotKG.[18] Bestehen danach keine genügenden Anhaltspunkte für die Wertbestimmung, ist der Wert gem. § 36 Abs. 3 GNotKG mit 5.000 € festzusetzen.

64 Steht dem Betroffenen nur eine Mitberechtigung zu, so ist nur der Bruchteil maßgeblich, der dem Anteil des Betroffenen entspricht (§ 63 S. 2 GNotKG). Liegt eine Gesamthandsgemeinschaft vor, ist die Beteiligung des Betroffenen an dem Gesamthandsvermögen maßgeblich (§ 63 S. 3 GNotKG).

65 **Beispiel:** Es soll ein Grundstück veräußert werden. Als Eigentümer sind der Betroffene und ein weiterer Eigentümer in Bruchteilsgemeinschaft zu je 1/2 eingetragen. Der Kaufpreis soll 250.000 € betragen. Es wird Einzelbetreuung angeordnet.
Der Wert der Rechtshandlung ist gem. §§ 63, 46 Abs. 1 GNotKG zu bestimmen. Maßgeblich ist der Kaufpreis von 250.000 €, wegen § 63 S. 2 GNotKG jedoch nur der Anteil des Betroffenen von 1/2, also 125.000 €.
Der Geschäftswert für die Betreuung beträgt 125.000 €.

66 Für die Wertberechnung in Rechtsmittelverfahren gilt § 61 GNotKG.

---

17 BT-Drucks. 17/11471 (neu), S. 161 zu § 23 GNotKG.
18 LG Frankfurt (Oder) FamRZ 2015, 786.

III. Einstweilige Anordnungen in Betreuungen (Eilbetreuungen)

1. Anzuwendende Regelungen

Für ein einstweiliges Anordnungsverfahren (§ 300 FamFG), das mit der Bestellung eines vorläufigen Betreuers endet, gilt Hauptabschnitt 1 Abschnitt 1 KV (Vorbem. 1.1.1 KV), so dass Gebühren nach Nr. 11101–11103 KV entstehen. 67

2. Gebührenhöhe

Wird ein vorläufiger Betreuer bestellt, so fallen die Gebühren der Nr. 11101–11103 KV in voller Höhe an. Eine Ermäßigung findet nicht statt, denn die Gebühren decken nicht das vorausgehende einstweilige Anordnungsverfahren ab, sondern die sich daran anschließende vorläufige Betreuung.[19] 68

3. Verlängerung der vorläufigen Betreuung

Wird die vorläufige Betreuung durch eine weitere einstweilige Anordnung nach § 302 S. 2 FamFG verlängert, fällt hierfür keine gesonderte Gebühr an, da es sich weiterhin um dieselbe Betreuung handelt. 69

4. Übergang einer vorläufigen Betreuung in eine endgültige Dauerbetreuung

Es handelt sich um ein einheitliches Verfahren, wenn eine vorläufige Betreuung in eine endgültige Betreuung übergeht (Anm. Abs. 2 S. 2 zu Nr. 11101 KV, Anm. S. 2 zu Nr. 11102 KV). Die Jahresgebühren können deshalb bei Bestellung des endgültigen Betreuers nicht noch einmal angesetzt werden. Das gilt auch dann, wenn mit der Bestellung des endgültigen Betreuers ein Wechsel in der Person des Betreuers stattfindet.[20] 70

Beispiel: Es wird im Mai 2015 vorläufige Betreuung wegen Aufenthalt angeordnet. Im Oktober 2015 wird dann endgültige Betreuung angeordnet. Das Reinvermögen des Betreuten beträgt 60.000 €. 71
Es entsteht eine Jahresgebühr nach Nr. 11102 KV von 200 € (nach vorgenommener Vergleichsrechnung mit Nr. 11101 KV). Die Jahresgebühr deckt sowohl das vorläufige als auch das endgültige Betreuungsverfahren ab. Eine doppelte Gebührenerhebung unterbleibt.

Auch hinsichtlich Vorbem. Abs. 2 S. 1 zu Nr. 11101 KV, Anm. S. 1 zu Nr. 11102 KV ist von einem einheitlichen Verfahren auszugehen. Für das Kalenderjahr, in dem die Bestellung des vorläufigen Betreuers erfolgt, und für das darauf folgende Kalenderjahr ist die Jahresgebühr nur einmal zu erheben. Schließt sich aber an die vorläufige Betreuung eine endgültige Betreuung an, kann die Regelung nicht noch einmal Anwendung finden, da es sich um ein einheitliches Verfahren handelt. 72

Für die Fälle, dass eine vorläufige Einzelbetreuung in eine endgültige Einzelbetreuung übergeht, sind entsprechende Regelungen nicht getroffen. Die Regelung der Anm. Abs. 2 S. 1 zu Nr. 11101 KV ist dann analog anzuwenden. Wird nicht von einer Regelungslücke ausgegangen, fällt die Gebühr der Nr. 11103 KV gleichwohl nur einmal an, weil die Gebühr für das Eilverfahren wohl noch nicht als fällig iSd § 9 Abs. 1 GNotKG anzusehen ist. Die Gebühr der Nr. 11103 KV entsteht folglich so oder so nur einmal. 73

---

19 BT-Drucks. 18/3068, S. 8 zu Art. 5 Nr. 3 Buchst. b.
20 BT-Drucks. 18/3068, S. 8 zu Art. 5 Nr. 5 Buchst. c.

5. Kostenschuldner

74 Es gilt § 23 Nr. 1 GNotKG, so dass der Betroffene kraft Gesetzes haftet, wenn ein vorläufiger Betreuer bestellt wird. Endet das Verfahren ohne Bestellung eines Betreuers, haftet nur der Entscheidungsschuldners (§ 27 Nr. 1 GNotKG).

6. Rechtsmittelverfahren

75 Für Rechtsmittel wegen der Versagung oder Einrichtung der vorläufigen Betreuung gelten die Nr. 16120, 16122 KV; nicht anzuwenden sind die Nr. 11200 ff KV.[21]

7. Verfahren endet ohne vorläufige Betreuerbestellung

76 Endet das Verfahren ohne Bestellung eines vorläufigen Betreuers, so finden die Nr. 11100 ff KV keine Anwendung, weil Vorbem. 1.1.1 KV nur eingreift, wenn ein vorläufiger Betreuer bestellt worden ist. Es fällt dann eine 0,3-Verfahrensgebühr nach Nr. 16110 KV (Tabelle A) an. Sie setzt voraus, dass für die Hauptsache eine Verfahrensgebühr mit einem Gebührensatz von weniger als 2,0 entsteht. Davon ist in Betreuungsverfahren, die ohne Bestellung eines Betreuers enden, auszugehen, da in diesen Fällen nach dem Willen des Gesetzgebers eine 0,5-Verfahrensgebühr nach Nr. 11100 KV anfallen soll.[22] Damit liegen die Voraussetzungen für eine Anwendung von Nr. 16110 KV auf das Eilverfahren vor. Die Anm. Abs. 2 zu Nr. 16110 KV stellt deshalb ausdrücklich klar, dass die Gebühr nicht entsteht, wenn das Eilverfahren mit der Bestellung eines vorläufigen Betreuers endet, weil dann die Nr. 11101–11103 KV gelten.

77 Der Ansatz einer Gebühr nach Nr. 16110 KV setzt jedoch eine ausdrückliche Kostenentscheidung voraus, denn § 23 Nr. 1 GNotKG gilt nur, wenn ein vorläufiger Betreuer bestellt wird. Es haftet deshalb nur der Entscheidungsschuldner nach § 27 Nr. 1 GNotKG. Von dem Betroffenen können Gebühren nur unter den Voraussetzungen der Vorbem. 1.1 Abs. 1 KV erhoben werden (Vorbem. 1.6.1 KV). Für Auslagen gelten Vorbem. 3.1 Abs. 2, Anm. zu Nr. 31015 KV.

8. Übergangsregelungen

78 § 134 Abs. 1 S. 4 GNotKG ist zu beachten. Danach gilt das bisherige Recht für die Kosten, die vor dem Inkrafttreten einer GNotKG-Gesetzesänderung fällig geworden sind.[23] Da die Fälligkeit der Jahresgebühren der Nr. 11101, 11102 KV gem. § 8 S. 1 GNotKG mit der Anordnung der Betreuung eintritt, sind die Gebühren für ein Eilverfahren, das mit der Bestellung eines vorläufigen Betreuers endet, auch zu erheben, wenn es vor dem 18.12.2014 eingeleitet worden ist, aber die vorläufige Betreuung danach angeordnet wurde. Wurde die vorläufige Betreuung hingegen vor dem 19.12.2014 angeordnet, können Jahresgebühren erst erhoben werden, wenn die endgültige Betreuung angeordnet wird, nicht aber für die Eilbetreuung. Für die vorläufige Einzelbetreuung gilt hingegen § 134 Abs. 1 S. 1 GNotKG.

---

21 BT-Drucks. 18/3068, S. 8 zu Art. 5 Nr. 3 Buchst. b.

22 BT-Drucks. 17/11471 (neu), S. 195 zu Nr. 11100 KV.

23 Die für die Eilbetreuung maßgebenden Änderungen im GNotKG sind gem. Art. 8 Abs. 2 des Gesetzes vom 10.12.2014 (BGBl. I S. 2082, 2084) am 19.12.2014 in Kraft getreten.

IV. Pflegschaften

1. Erfasste Pflegschaftsverfahren

Pflegschaften, die für Volljährige angeordnet werden, gehören nach § 340 Nr. 1 FamFG zu den betreuungsgerichtlichen Zuweisungssachen. Im Einzelnen gehören dazu: 79

- Abwesenheitspflegschaft (§ 1911 BGB),
- Pflegschaft für unbekannte Beteiligte (§ 1913 BGB),
- Pflegschaft für Sammelvermögen (§ 1914 BGB),
- Pflegschaften nach § 17 SachenRBerG.

Besonderheiten bestehen für Verfahrenspflegschaften (s. dazu Rn 125 f). 80

Verfahren wegen der Bestellung von sonstigen Vertretern für Volljährige sind keine Pflegschaftsverfahren; für sie gilt Nr. 11100 KV (s. dazu Rn 127). 81

Nicht erfasst sind auch die Pflegschaften für Minderjährige und die Pflegschaft für eine Leibesfrucht (§ 1912 BGB), da sie den Kindschaftssachen (§ 151 Nr. 5 FamFG) zuzuordnen sind; die Gerichtskosten richten sich somit nach dem FamGKG. 82

2. Abgrenzung zwischen Dauer- und Einzelpflegschaft

Für die Kostenberechnung ist zwischen Dauerpflegschaften und den Pflegschaften für einzelne Rechtshandlungen (Einzelpflegschaften) zu unterscheiden. Für die Unterscheidung ist darauf abzustellen, ob der Wirkungskreis des Pflegers bei dessen Bestellung im Einzelnen bestimmt ist oder ob das Gericht angeordnet hat, dass sich die Wahrnehmung durch den Pfleger auf einen bestimmten Kreis von Interessen und Aufgaben erstrecken soll.[24] Zu den Dauerpflegschaften zählen insbesondere die **Abwesenheitspflegschaften.** 83

3. Dauerpflegschaften

a) Jahresgebühren

In Dauerpflegschaftsverfahren entstehen Jahresgebühren nach Nr. 11104 KV, die sich nach dem Vermögen des Betroffenen berechnen. Ist Gegenstand der Pflegschaft nur ein Teil des Vermögens, ist nur dieser Vermögensteil zu berücksichtigen (Anm. Abs. 1 zu Nr. 11104 KV). 84

Da eine entsprechende Regelung fehlt, ist für die Berechnung der Gebührenhöhe – anders als bei Nr. 11101 KV – kein Vermögensfreibetrag abzuziehen. 85

Die Gebühr beträgt für jedes angefangene Kalenderjahr 10 € für je angefangene 5.000 € des reinen Vermögens, aber mindestens 200 €. 86

Beispiel 1: Es wird Dauerpflegschaft angeordnet. Das Vermögen des Betroffenen beträgt 130.000 €. 87
Für die Gebührenberechnung maßgeblich sind 130.000 € Vermögen, ein Freibetrag ist nicht abzuziehen. Die Jahresgebühr beträgt demnach 260 € (130.000 € : 5.000 € = 26 x 10 €).

Beispiel 2: Es wird Dauerpflegschaft angeordnet. Das Vermögen des Betroffenen beträgt 20.000 €. 88

---

24 *Assenmacher/Mathias*, „Pflegschaft" Nr. 2; HK-FamGKG/*Volpert*, Nr. 1313 KV Rn 4; BayObLG Rpfleger 1981, 125.

Für die Gebührenberechnung maßgeblich sind 20.000 € Vermögen, ein Freibetrag ist nicht abzuziehen. Die Jahresgebühr beträgt demnach 200 € (20.000 € : 5.000 € = 4 x 10 €, aber Mindestgebühr 200 €).

89 Mit der Jahresgebühr werden sämtliche Handlungen des Gerichts, einschließlich notwendiger gerichtlicher Genehmigungen, abgegolten. Gesonderte Gebühren entstehen aber für Zwangsmittelverfahren nach § 35 FamFG (Nr. 17006 KV). Werden im Rahmen der Pflegschaft weitere betreuungsgerichtliche Genehmigungen notwendig, entsteht für diese Verfahren keine gesonderte Verfahrensgebühr nach Nr. 11100 KV (Anm. Nr. 1 zu Nr. 11100 KV).

b) Fälligkeit

90 Die Jahresgebühr wird erstmalig mit der Anordnung der Pflegschaft, die späteren Jahresgebühren jeweils am Beginn des Kalenderjahres, dh am 1.1., fällig (§ 8 S. 1 GNotKG). Die Regelung des § 16 Abschn. II KostVfg ist zu beachten (s. dazu Rn 30 f).

91 Mit der Beendigung der Dauerpflegschaft endet die Gebührenpflicht. Beendigung tritt ein durch Aufhebung (§ 1919 BGB) oder bei Pflegschaften für einzelne Angelegenheiten kraft Gesetzes, wenn die Angelegenheit erledigt ist (§ 1918 Abs. 3 BGB), so dass es dann auch nicht auf einen eventuellen deklaratorischen Beschluss ankommt.

92 Auch in den Fällen der Abwesenheitspflegschaft ist das Verfahren durch Aufhebung zu beenden, auch wenn der Abwesende verstirbt (§ 1921 Abs. 1, 2 BGB). Wird der Abwesende für tot erklärt oder wird seine Todeszeit nach dem VerschG festgestellt, endet die Pflegschaft mit Rechtskraft des Beschlusses über die Todeserklärung oder die Feststellung der Todeszeit (§ 1921 Abs. 3 BGB), so dass es dann auch für die Jahresgebühren auf diesen Zeitpunkt ankommt.

93 Für die Auslagen gilt § 8 S. 2 GNotKG. Auslagen werden bereits mit ihrer Entstehung, dh Zahlung durch das Gericht, fällig.

94 Kommt es nicht zur Anordnung einer Pflegschaft, fällt keine Gebühr nach Nr. 11104 KV an, weil dann der Fälligkeitstatbestand des § 8 S. 1 GNotKG nicht erfüllt ist. Es entsteht jedoch eine Gebühr nach Nr. 11100 KV (s. dazu Rn 149 ff).

c) Erhebung der ersten Jahresgebühr

95 Für das Kalenderjahr, in dem die Anordnung der Dauerpflegschaft erfolgt, und für das darauf folgende Kalenderjahr wird nur eine Jahresgebühr erhoben (Anm. Abs. 2 zu Nr. 11104 KV).

d) Mehrheit von Personen

96 Erstreckt sich die Pflegschaft auf mehrere Betroffene, ist die Jahresgebühr von jedem gesondert zu erheben (Anm. Abs. 3 zu Nr. 11104 KV). Dabei ist zu beachten, dass sich die einzelnen Jahresgebühren dann nur nach dem Vermögen des jeweiligen Fürsorgebedürftigen berechnen.

e) Vorschusszahlungen

97 Eine Abhängigmachung nach § 13 S. 1 GNotKG kann nicht angeordnet werden, da es sich um Amtsverfahren handelt. Sind gerichtliche Handlungen jedoch mit der Entstehung von Auslagen verbunden, kann das Gericht einen Vorschuss nach § 14 Abs. 3

GNotKG erheben. Allerdings darf die Durchführung der Handlung nicht von ihrer vorherigen Zahlung abhängig gemacht werden.

f) Kostenschuldner

Die Jahresgebühr der Nr. 11104 KV schuldet der Betroffene (§ 23 Nr. 1 GNotKG), 98
wenn es zur Anordnung der Pflegschaft kommt. Handelt es sich um eine Pflegschaft für gesammeltes Vermögen (§ 1914 BGB), haftet für die Gerichtskosten der Pfleger; seine Haftung ist aber auf das verwaltete Vermögen beschränkt (§ 23 Nr. 2 GNotKG). Die Haftung nach § 23 GNotKG tritt kraft Gesetzes ein, es bedarf keiner ausdrücklichen Kostenentscheidung. Zu den **Rechtsmittelverfahren** s. ausf. Rn 190 f.

Wird das **Verfahren ohne Anordnung der Pflegschaft beendet**, haftet nur der Ent- 99
scheidungsschuldner (§ 27 Nr. 1 GNotKG), wenn eine Kostenentscheidung ergeht. Ergeht in Verfahren, die ohne Anordnung der Pflegschaft enden, keine Kostenentscheidung, ist ein Kostenschuldner nicht vorhanden, zumal auch eine Antragshaftung nicht besteht, da die Verfahren von Amts wegen einzuleiten sind, so dass § 22 Abs. 1 GNotKG nicht gilt.

Die Regelungen der Vorbem. 1.1 Abs. 1 KV, Vorbem. 3.1 Abs. 2 KV gelten für Pfleg- 100
schaften nicht, so dass die Kosten von dem Betroffenen unabhängig von der Höhe seines Reinvermögens einzuziehen sind. Nur dann, wenn an einen Verfahrenspfleger gezahlte Beträge gegen den Betroffenen anzusetzen sind, ist § 1836 c BGB zu beachten (Anm. zu Nr. 31015 KV) (vgl. ausf. § 23 Rn 117 ff).

4. Pflegschaften für einzelne Rechtshandlungen (Einzelpflegschaften)

a) Verfahrensgebühr

Für Einzelpflegschaften entsteht eine Verfahrensgebühr nach Nr. 11105 KV, mit der 101
sämtliche gerichtliche Handlungen einschließlich der notwendigen gerichtlichen Genehmigungen abgegolten werden. Besondere Gebühren entstehen aber für Zwangsmittelverfahren nach § 35 FamFG (Nr. 17006 KV).

b) Höhe der Gebühr

Die Verfahrensgebühr der Nr. 11105 KV entsteht mit einem 0,5-Gebührensatz. Es gilt 102
Tabelle A (§ 34 GNotKG). Die Gebühr darf jedoch den Gebührenbetrag nicht übersteigen, der entstanden wäre, wenn eine Gebühr nach Nr. 11104 KV anzusetzen gewesen wäre, wobei auch die Mindestgebühr der Nr. 11104 KV von 200 € zu beachten ist. Es ist daher stets eine **Vergleichsberechnung** durchzuführen. Die Nichtbeachtung kann mit der Erinnerung nach § 81 GNotKG gerügt werden.

Beispiel: Es ist Einzelpflegschaft angeordnet. Der Geschäftswert wird auf 130.000 € fest- 103
gesetzt. Auch das von der Pflegschaft erfasste Vermögen beträgt 130.000 €.
An Gerichtsgebühren sind entstanden:

0,5-Verfahrensgebühr, Nr. 11105 KV (Wert: 130.000 €, Tabelle A)	633,00 €
Vergleichsberechnung:	
Jahresgebühr, Nr. 11104 KV (130.000 € : 5.000 € = 26 x 10 €)	260,00 €

Die für die Einzelpflegschaft zu erhebende Gebühr nach Nr. 11105 KV darf somit nur iHv 260 € angesetzt werden.

c) Entstehung der Gebühr

104 Eine Ermäßigung der Gebühr ist nicht vorgesehen, so dass die Gebühr der Nr. 11105 KV nach ihrer erstmaligen Entstehung nicht mehr entfallen kann. Da es sich um ein Amtsverfahren handelt, entsteht die Gebühr bereits mit der Verfahrenseinleitung durch das Gericht; auf die Anordnung der Pflegschaft kommt es nicht an.

105 Unerheblich bleibt auch der Ausgang des Verfahrens. Die Gebühr fällt daher auch dann an, wenn das Gericht zu dem Ergebnis kommt, dass es keiner Pflegschaftsanordnung bedarf.[25] In solchen Fällen kann zur Vermeidung von Unbilligkeiten eine Anordnung nach § 81 Abs. 1 S. 2 FamFG in Betracht kommen.

d) Nichterhebung von Gebühren wegen bestehender Dauerpflegschaft

106 Die Gebühr der Nr. 11105 KV wird nicht erhoben, wenn für den Betroffenen bereits eine Dauerpflegschaft angeordnet ist, die sich auf denselben Gegenstand bezieht (Anm. Abs. 1 zu Nr. 11105 KV). Nicht ausgeschlossen ist aber der Ansatz einer Gebühr nach Nr. 11105 KV neben Gebühren der Nr. 11101, 11102 KV.

107 War die Einzelpflegschaft bereits vor Anordnung der Dauerpflegschaft angeordnet, bleibt die Gebühr Nr. 11105 KV bestehen.[26] Es findet auch keine Anrechnung der Gebühr Nr. 11105 KV auf die Gebühr der Nr. 11104 KV statt. Allerdings kann das Gericht eine Nichterhebung der Gerichtskosten nach § 81 Abs. 1 S. 2 FamFG anordnen.

e) Mehrheit von Geschäften

108 Die Gebühr ist für jede angeordnete Einzelpflegschaft gesondert anzuordnen. Umfasst der Wirkungskreis des Pflegers mehrere einzelne Rechtsgeschäfte, liegt gleichwohl nur eine Einzelpflegschaft vor,[27] so dass die Gebühr nur einmal anzusetzen ist, jedoch nach dem zusammengerechneten Wert der einzelnen Angelegenheiten berechnet werden muss (§ 35 Abs. 1 GNotKG).

109 Werden mehrere Einzelpflegschaften nacheinander angeordnet, entsteht die Gebühr der Nr. 11105 KV für jedes Verfahren gesondert.[28] Davon zu unterscheiden ist aber die bloße **Erweiterung des Wirkungskreises** des Pflegers, mit welcher kein eigenständiges Pflegschaftsverfahren eingeleitet wird.[29] In diesen Fällen entsteht die Gebühr nur einmal nach den zusammengerechneten Werten der Geschäfte.

110 Ein Wechsel in der Person des Pflegers bleibt für die Gebührenerhebung unerheblich.

f) Mehrere Betroffene

111 Wird für dieselbe Angelegenheit für mehrere Betroffene eine Einzelpflegschaft angeordnet, liegt gleichwohl nur ein Pflegschaftsverfahren vor, so dass die Gebühr nur einmal entsteht. Das gilt auch dann, wenn für jeden Betroffenen ein eigener Pfleger bestellt ist.[30] Für jeden Betroffenen ist jedoch ein eigenständiger Geschäftswert nach § 63 GNotKG zu bestimmen. Die Geschäftswerte sind wegen § 35 Abs. 1 GNotKG

25 BT-Drucks. 17/11471 (neu), S. 195.
26 *Assenmacher/Mathias*, „Pflegschaft" Nr. 6; HK-FamGKG/*Volpert*, Nr. 1313 KV Rn 31.
27 Korintenberg/*Fackelmann*, GNotKG, Nr. 11105 KV Rn 30.
28 Korintenberg/*Fackelmann*, GNotKG, Nr. 11105 KV Rn 31.
29 BayObLGZ 1988, Nr. 19.
30 KG MDR 1989, 750.

zusammenzurechnen und die Verfahrensgebühr einheitlich nach dem Gesamtwert zu berechnen. Der Ansatz von Einzelgebühren unterbleibt wegen § 55 Abs. 1 GNotKG.

Die Gebühr der Nr. 11105 KV darf zudem den Gebührenbetrag nicht übersteigen, der beim Ansatz einer Gebühr der Nr. 11104 KV entstanden wäre. Anm. Abs. 2 zu Nr. 11105 KV ordnet jedoch an, dass sich die Höchstgebühr nach der Summe der nach Nr. 11104 KV zu erhebenden Einzelgebühren berechnet. 112

Beispiel: Es wird für A, B und C Einzelpflegschaft wegen der Veräußerung eines Grundstücks angeordnet. Der Verkehrswert des Grundstücks beträgt 400.000 €. Gemäß dem Anteil an der Gemeinschaft beträgt der Anteil von A = 200.000 €, B = 120.000 € und C = 80.000 €. 113
Die Reinvermögen betragen: A = 280.000 €, B = 200.000 € und C = 100.000 €.
An Gerichtsgebühren sind entstanden:
0,5-Verfahrensgebühr, Nr. 11105 KV (Wert: 400.000 €, Tabelle A) 1.499,50 €
Vergleichsberechnung:
Es ist zu beachten, dass die fiktive Gebühr Nr. 11104 KV für jeden Betroffenen gesondert zu berechnen ist. Höchstwert ist die Summe der Einzelgebühren.
Nr. 11104 KV für A (Wert: 280.000 €) = 560,00 € (280.000 : 5.000 x 10 €)
Nr. 11104 KV für B (Wert: 200.000 €) = 400,00 € (200.000 : 5.000 x 10 €)
Nr. 11104 KV für C (Wert: 100.000 €) = 200,00 € (100.000 : 5.000 x 10 €)
Die für die Einzelpflegschaft zu erhebende Gebühr nach Nr. 11105 KV darf somit nur iHv 1.160 € angesetzt werden.

g) Vorschusszahlungen

Eine Abhängigmachung nach § 13 S. 1 GNotKG kann nicht angeordnet werden, da es sich um Amtsverfahren handelt. 114

Sind gerichtliche Handlungen jedoch mit der Entstehung von Auslagen verbunden, kann ein Vorschuss nach § 14 Abs. 3 GNotKG gefordert werden; allerdings kann die Durchführung der Handlung nicht von der vorherigen Zahlung abhängig gemacht werden. 115

h) Fälligkeit

Die Fälligkeit bestimmt sich nach § 9 Abs. 1 GNotKG und nicht nach § 8 S. 1 GNotKG. Fälligkeit tritt daher insbesondere ein, wenn eine Kostenentscheidung ergeht (§ 9 Abs. 1 Nr. 1 GNotKG), die Einzelpflegschaft aufgehoben wird oder ihre Beendigung kraft Gesetzes eintritt, weil dann eine anderweitige Erledigung iSd § 9 Abs. 1 Nr. 5 GNotKG vorliegt. 116

i) Kostenschuldner

Auf die Ausführungen zur Dauerpflegschaft kann verwiesen werden (s. Rn 98 ff). 117

j) Geschäftswert

Der Geschäftswert für Einzelpflegschaften ist nach § 63 GNotKG zu bestimmen, so dass auf den Wert des Gegenstands abzustellen ist, auf den sich die Rechtshandlung bezieht. Der Wert darf 30 Mio. € nicht übersteigen, da die Gebühren nach Tabelle A zu berechnen sind (§ 35 Abs. 2 GNotKG). 118

Für die konkrete Wertberechnung gelten die allgemeinen und besonderen Geschäftswertvorschriften. Verbindlichkeiten, die auf der Sache oder auf dem Recht lasten, 119 werden nicht abgezogen, wenn nicht etwas anderes bestimmt ist (§ 38 GNotKG). Kann der Wert des Rechtsgeschäfts nicht ermittelt werden, gilt in vermögensrechtlichen Angelegenheiten § 36 Abs. 1 GNotKG und in nichtvermögensrechtlichen Angelegenheiten § 36 Abs. 2 GNotKG. Bestehen danach keine genügenden Anhaltspunkte für die Wertbestimmung, ist der Wert gem. § 36 Abs. 3 GNotKG mit 5.000 € festzusetzen.

120 Steht dem Betroffenen nur eine Mitberechtigung zu, ist nur der Bruchteil maßgeblich, der dem Anteil des Betroffenen entspricht (§ 63 S. 2 GNotKG). Liegt Gesamthandsgemeinschaft vor, ist die Beteiligung des Betroffenen an dem Gesamthandsvermögen maßgeblich (§ 63 S. 3 GNotKG) (s. Beispiel Rn 65).

121 Ist Einzelpflegschaft für mehrere Betroffene angeordnet, sind die Werte zusammenzurechnen (§ 35 Abs. 1 GNotKG).

122 **Beispiel:** Eine Erbengemeinschaft, an der A zu 1/2 sowie B und C zu je 1/4 beteiligt sind, möchte sich auseinandersetzen. Es wird Einzelpflegschaft für B und C angeordnet.
Maßgeblich ist der Nachlasswert, der 300.000 € beträgt. Dabei ist für B und C ein Geschäftswert zu bestimmen, der wegen § 63 S. 3 GNotKG ihrem Anteil an der Erbengemeinschaft entspricht, so dass für B und C der Geschäftswert jeweils 75.000 € beträgt.
Wegen § 55 Abs. 1 GNotKG wird die Verfahrensgebühr nur einmal erhoben, allerdings sind aufgrund von § 35 Abs. 1 GNotKG die beiden Geschäftswerte zusammenzurechnen.
Der Geschäftswert für die Pflegschaft beträgt 150.000 €.

123 Für die Wertberechnung in Rechtsmittelverfahren gilt § 61 GNotKG.

5. Sachenrechtsbereinigungsgesetz (SachenRBerG)

124 Pflegschaften nach § 17 Abs. 1 SachenRBerG sind Einzelpflegschaften. Somit gilt die Gebühr der Nr. 11105 KV.

6. Verfahrenspflegschaften

125 Die Bestellung eines Verfahrenspflegers und die Aufhebung der Verfahrenspflegschaft erfolgen gebührenfrei, wenn sie in einem Verfahren erfolgen, für das Kosten nach dem GNotKG erhoben werden (Vorbem. 1 Abs. 3 S. 2 KV). Erfasst sind zB die nach §§ 276, 317, 419 FamFG zu bestellenden Verfahrenspfleger oder die nach § 96 GBO durch das Grundbuchamt anzuordnenden Pflegschaften.

126 Es besteht nur Gebührenfreiheit, so dass entstehende Auslagen einzuziehen sind. Hierzu gehören auch die an den Verfahrenspfleger gezahlten Beträge (Nr. 31015 KV), die jedoch von dem Betroffenen selbst nur nach Maßgabe des § 1836 c BGB eingezogen werden können (Anm. zu Nr. 31015 KV). In einem Verfahren, für das Kosten nach dem GNotKG erhoben werden, sind Bestellung und Aufhebung der Verfahrenspflegschaft Teil des Verfahrens, für den der Verfahrenspfleger bestellt wurde (Vorbem. 1 Abs. 3 S. 1 KV).

127 Erfolgt die Bestellung des Pflegers für ein nicht vom GNotKG erfasstes Verfahren oder soll ein Vertreter nach § 81 Abs. 1 AO, § 207 Abs. 1 BauGB, § 119 FlurbG, § 29 a LandbeschG, § 15 Abs. 1 SGB X oder § 16 Abs. 1 VwVfG bestellt werden, greift die sachliche Gebührenfreiheit nicht ein; es gilt Nr. 11100 KV bei Vertreterbestellung bzw. Nr. 11105 KV bei Pflegschaftsanordnung, da es sich im Regelfall um Pflegschaften für eine einzelne Rechtshandlung handelt.

7. Nachlasspflegschaften

Für Nachlasspflegschaften gelten Nr. 12311, 12312 KV (s. dazu ausf. § 14 Rn 161 ff). 128

8. Rechtsmittelverfahren

Für die Gebühren wird auf Rn 173 ff verwiesen. Zur Kostenhaftung s. Rn 190 f. 129

V. Vermögensberechnung

1. Grundsatz

In Betreuungssachen und betreuungsgerichtlichen Zuweisungssachen ist in zahlreichen Fällen das **Vermögen des Betroffenen** zu berechnen, vgl. dazu: 130

- **Vorbem. 1.1 Abs. 1 KV, Vorbem. 1.6.1 KV, Vorbem. 3.1 Abs. 2 KV:** Die Erhebung von Kosten in Betreuungssachen von dem Betroffenen selbst ist nur zulässig, wenn die dortige Vermögensfreigrenze überschritten wird.
- **Nr. 11101, 11104 KV:** Die Höhe der Jahresgebühr für Dauerbetreuungen mit Vermögensbezug und Dauerpflegschaften berechnet sich nach dem Vermögen des Betroffenen.
- **Nr. 11102, 11103, 11105 KV:** Die Höchstgebühren richten sich im Rahmen einer Vergleichsberechnung nach Jahresgebühren, deren Höhe sich nach dem Vermögen des Betroffenen berechnen.
- **Nr. 31015 KV:** Ein Einzug der an den Verfahrenspfleger gezahlten Beträge von dem Betroffenen selbst ist nur zulässig, wenn die dortige Vermögensfreigrenze überschritten wird.

2. Vermögensgrenze

Gebühren nach Nr. 11100–11400 KV werden in Betreuungssachen von dem Betroffenen nur erhoben, wenn dessen Vermögen nach Abzug von Verbindlichkeiten **mehr als 25.000 €** beträgt (Vorbem. 1.1 Abs. 1 Hs. 1 KV). Dabei wird der in § 90 Abs. 2 Nr. 8 SGB XII genannte Vermögenswert nicht mitgerechnet (Vorbem. 1.1 Abs. 1 Hs. 2 KV). Gleiches gilt für Auslagen nach Nr. 31000–31014, 31016 KV (Vorbem. 3.1 Abs. 2 S. 1 KV). Auslagen nach Nr. 31015 KV können vom Betroffenen nur nach Maßgabe des § 1836 c BGB eingezogen werden (Vorbem. 3.1 Abs. 2 S. 2 KV, Anm. zu Nr. 31015 KV). 131

Die vorgenannten Regelungen gelten für sämtliche Instanzenzüge. Die Regelungen gelten nur für den Betroffenen, für andere Kostenschuldner gelten sie nicht, sie müssen ggf. VKH beantragen. 132

Bei der Berechnung der **Jahresgebühr nach Nr. 11101 KV**, die sich nach dem Vermögen des Betroffenen errechnet, wird dessen Vermögen nur berücksichtigt, soweit es nach Abzug der Verbindlichkeiten mehr als 25.000 € beträgt, wobei der in § 90 Abs. 2 Nr. 8 SGB XII genannte Vermögenswert nicht mitgerechnet wird (Anm. Abs. 1 S. 1 zu Nr. 11101 KV). Für die Berechnung der **Jahresgebühr der Nr. 11104 KV** bei einer Dauerpflegschaft ist das Vermögen hingegen ohne Abzug von Freibeträgen für die Gebührenberechnung heranzuziehen. 133

3. Vermögensbegriff

Vermögen im kostenrechtlichen Sinne ist die Gesamtheit der einer Person zustehenden Güter und Rechte von wirtschaftlichem Wert, wozu vor allem das Eigentum an 134

Grundstücken und beweglichen Sachen, Forderungen und sonstigen Rechten, die geldwert sind, zählen. Hierzu gehören auch Immaterialgüterrechte, sofern es sich nicht um reine Persönlichkeitsrechte oder persönliche Familienrechte handelt.[31] Auf die tatsächliche Verfügbarkeit der einzelnen Vermögensgegenstände kommt es nicht an.[32] Zu bewerten ist auch solches Vermögen, das einer Testamentsvollstreckung unterliegt,[33] auch wenn nur eine (beschränkte) Vorerbschaft vorliegt.[34] Ausgenommen von der Bewertung ist nur das in § 90 Abs. 2 Nr. 8 SGB XII genannte Vermögen (s. dazu ausf. Rn 142 ff).

4. Zeitpunkt der Bewertung

135 Maßgeblicher Zeitpunkt für die Vermögensberechnung ist der Zeitpunkt der Fälligkeit der Jahresgebühr, also die Anordnung der Betreuung oder Pflegschaft.[35] Für die späteren Jahresgebühren ist jeweils der Beginn des Kalenderjahres maßgeblich, so dass es auf den Vermögenswert am 1.1. des jeweiligen Jahres ankommt. Bei Wertpapieren kommt es auf den Tageskurs zu den vorgenannten Fälligkeitszeitpunkten an.

136 Eine im Kalenderjahr eintretende Vermehrung des Vermögens bleibt somit für die Jahresgebühr des betreffenden Kalenderjahres unerheblich. Daran ändert es auch nichts, dass der Einzug wegen § 16 Abschn. II KostVfg später erfolgt ist, da diese Regelung nicht die Fälligkeitsregelung des § 8 GNotKG außer Kraft setzt. Die Höhe der Jahresgebühren ist daher für jedes Kalenderjahr gesondert zu ermitteln, weil jeweils auf einen anderen Bewertungsstichtag abzustellen ist.[36]

137 Erwirbt der Betroffene im Verlaufe der Betreuung oder Pflegschaft Vermögen, bleibt dieses für die bereits fällig gewordenen Jahresgebühren unbeachtlich. Ein Vermögenszuwachs nach Fälligkeit der Jahresgebühr kann somit erst bei der Berechnung der nächsten Jahresgebühr berücksichtigt werden.[37]

5. Absehen von der Wertermittlung

138 Nach § 12 KostVfg kann von einer Wertermittlung abgesehen werden, wenn keine Anhaltspunkte dafür bestehen, dass das Reinvermögen des Betroffenen mehr als 25.000 € beträgt. In diesen Fällen ist die Aufstellung einer förmlichen Kostenrechnung nach § 24 KostVfg entbehrlich. Jedoch sollte der Kostenbeamte in der Akte unter Bezug auf § 12 KostVfg vermerken, weshalb vom Kosteneinzug abgesehen wurde. Wird später bekannt, dass das Reinvermögen den Freibetrag übersteigt, können die Kosten nachträglich angesetzt werden, eine Nachforderung iSd § 20 GNotKG liegt nicht vor, da noch keine Kostenrechnung übersandt wurde. Es kann jedoch Verjährung (§ 6 GNotKG) eintreten, die aber nicht von Amts wegen zu beachten ist, sondern mit der Erinnerung (§ 81 GNotKG) geltend zu machen ist.

6. Anzuwendende Regelungen für die Wertermittlung

139 Für die Wertberechnung sind die besonderen Geschäftswertvorschriften (§§ 40 ff GNotKG) und die Bewertungsvorschriften (§§ 46 ff GNotKG) heranzuziehen. § 38

31 OLG Hamm Rpfleger 1995, 541.
32 OLG Hamm ZErb 2015, 352.
33 OLG Hamm ZErb 2015, 352; OLG Köln, Beschl. v. 14.9.2014 – 2 Wx 66/09, juris.
34 LG Koblenz FamRZ 2006, 138.
35 BayObLG Rpfleger 1991, 525; LG Koblenz FamRZ 2006, 138.
36 BayObLG FamRZ 2004, 1305.
37 LG Koblenz FamRZ 2006, 138.

GNotKG ist jedoch nicht anzuwenden, weil Vorbem. 1.1 Abs. 1 KV, Vorbem. 1.6.1 KV, Vorbem. 3.1 Abs. 2 KV und Anm. Abs. 1 zu Nr. 11101 KV sowie Nr. 11104 KV ausdrücklich nur auf das **Reinvermögen** des Betroffenen abstellen und deshalb einen **Abzug von Verbindlichkeiten** ausdrücklich vorschreiben. Unerheblich ist dabei, um was für Verbindlichkeiten es sich handelt sowie die Gründe ihrer Entstehung. Es findet also keine Prüfung ihrer Notwendigkeit statt. Grundpfandrechte sind zu berücksichtigen, soweit sie valutiert sind.[38] Für die Bewertung des Vermögens ist auch § 48 GNotKG anwendbar.[39]

Für die Wertermittlung gelten daher insbesondere folgende Grundsätze: 140

- Der Wert einer Sache bestimmt sich nach dem Preis, der bei einer gewöhnlichen Veräußerung zu erzielen gewesen wäre (§ 46 Abs. 1 GNotKG).
- Bei Grundbesitz ist der Verkehrswert maßgebend.
- Für Erbbaurechte und Wohnungseigentum gilt § 49 GNotKG.
- Für ein Pfandrecht ist dem Wert der Betrag der Forderung zugrunde zu legen (§ 53 Abs. 2 GNotKG), für Hypotheken und Grundschulden ist der Nennbetrag der Schuld maßgeblich (§ 53 Abs. 1 GNotKG).
- Bei Nutzungs- und Leistungsrechten wie Dienstbarkeiten oder Reallasten gilt § 52 GNotKG.
- Für Anteile an Kapitalgesellschaften und bei Kommanditbeteiligungen gilt § 54 GNotKG.

Die Beweislast trifft die Staatskasse.[40] Werden jedoch trotz mehrfacher Aufforderung 141 des Gerichts **keine Angaben** zum Vermögen des Betroffenen getätigt, muss es **geschätzt** werden.[41] Hat der Betroffene **falsche Angaben** gemacht, sind die Kosten nachzufordern. Das Nachforderungsverbot greift dann wegen § 20 Abs. 1 S. 2 GNotKG nicht. Verjährung kann nach § 6 Abs. 1 GNotKG eintreten, jedoch kann die Verjährungseinrede nach § 242 BGB ausgeschlossen sein.

7. Angemessenes Hausgrundstück

a) Allgemeines

Vorbem. 1.1 Abs. 1 KV, Vorbem. 3.1 Abs. 2 KV sowie Anm. Abs. 1 zu Nr. 11101 KV 142 ordnen an, dass bei der Vermögensberechnung der in § 90 Abs. 2 Nr. 8 SGB XII genannte Vermögenswert nicht mitgerechnet wird. Die Regelung ist abschließend und kann nicht dahin gehend ausgelegt werden, dass auch anderes sozialrechtliches Schonvermögen unangetastet bleiben soll.[42]

b) Erfasster Grundbesitz

Unberücksichtigt bleibt bei der Vermögensberechnung ein angemessenes Hausgrund- 143 stück, welches von dem Betroffenen allein oder zusammen mit Angehörigen ganz oder teilweise bewohnt wird. Es genügt daher nicht, dass das Haus oder die Wohnung nur im Eigentum des Betroffenen steht, wenn es nicht selbst genutzt wird.[43] Erfasst sind neben Einfamilienhäusern auch Eigentumswohnungen, jedoch nicht Mehr-

38 Rohs/Wedewer/*Waldner*, KostO, § 92 Rn 15.
39 BayObLG Rpfleger 1991, 525 (noch zu § 19 Abs. 4 KostO).
40 Korintenberg/*Fackelmann*, GNotKG, Vorbem. 1.1 KV Rn 28.
41 LG Koblenz 28.6.2006 – 2 T 454/06, juris.
42 OLG Hamm Rpfleger 1995, 541.
43 OLG Koblenz FamRZ 2009, 1506.

familienhäuser, auch wenn diese allein von dem Betroffenen belegt sind.[44] Nicht ausreichend ist es, dass das Haus nur gelegentlich genutzt wird, so dass Ferienhäuser bei der Bewertung zu berücksichtigen sind.[45] Nicht erforderlich ist hingegen, dass der Betroffene Angehörige hat, die nach seinem Tod in dem Haus oder der Wohnung leben sollen; insoweit widerspricht eine andere Auslegung von § 90 Abs. 2 Nr. 8 S. 1 SGB XII dem Sinn und Zweck der Norm.[46]

c) Angemessenheit

144 Die Angemessenheit bestimmt sich gem. § 90 Abs. 2 Nr. 8 S. 2 SGB XII nach

- der Zahl der Bewohner,
- dem Wohnbedarf (zB behinderter, blinder oder pflegebedürftiger Menschen),
- der Grundstücks- und Hausgröße,
- dem Zuschnitt und der Ausstattung des Wohngebäudes sowie
- dem Wert des Grundstücks einschließlich des Wohngebäudes.

145 Es kann daher nicht allein auf den Verkehrswert abgestellt werden, weil die Unangemessenheit eines dieser Kriterien nicht automatisch zur Unangemessenheit des Hausgrundstücks führt.[47] Ist das Grundstück nicht angemessen, ist es bei der Wertberechnung nicht mit dem vollen Wert zu berücksichtigen, sondern nur soweit, als es die Angemessenheit überschreitet.

d) Verkehrswert und Wohnfläche

146 Soweit der Wert als Kriterium heranzuziehen ist, muss auf den Verkehrswert abgestellt werden.[48] Teilweise wird von festen Werten, so etwa von 150.000 € bis 200.000 €, ausgegangen. Allerdings lässt sich eine feste und pauschale Wertgrenze mit § 90 Abs. 2 Nr. 8 SGB XII nicht mehr vereinbaren.[49] Es gilt das **Bruttoprinzip**, so dass der maßgebliche Verkehrswert nicht unter Abzug der auf dem Grundstück ruhenden Verbindlichkeiten ermittelt werden darf.[50] Die Verbindlichkeiten sind nur im Rahmen der Prüfung der Verwertbarkeit des Grundstücks zu berücksichtigen oder dann, wenn sie aus rechtlichen oder zwingend wirtschaftlichen Gründen zuerst aus dem Erlös zu tilgen sind.[51]

147 Hinsichtlich der Wohnfläche werden bei einem Vier-Personenhaushalt 120 qm für angemessen gehalten, wobei für jede weitere Person 20 qm hinzuzurechnen sind, während für weniger Personen jeweils 20 qm abzurechnen sind. Herangezogen werden können auch die in den Ländern ergangenen Bestimmungen über die soziale Wohnraumförderung.[52]

---

44 Schellhorn/Hohm/Schneider/*Hohm*, SGB XII, § 90 Rn 72, 74; LAG Hamm AE 2010, 59.
45 OLG Stuttgart OLGR 2006, 366.
46 BGH Rpfleger 2013, 330.
47 BSG NVwZ-RR 2010, 152; Schellhorn/Hohm/Schneider/*Hohm*, SGB XII, § 90 Rn 68.
48 Schellhorn/Hohm/Schneider/*Hohm*, SGB XII, § 90 Rn 81.
49 Schellhorn/Hohm/Schneider/*Hohm*, SGB XII, § 90 Rn 81.
50 Grube/Wahrendorf/*Wahrendorf*, SGB XII, § 90 Rn 20; Schellhorn/Hohm/Schneider/*Hohm*, SGB XII, § 90 Rn 32.
51 Grube/Wahrendorf/*Wahrendorf*, SGB XII, § 90 Rn 20; Schellhorn/Hohm/Schneider/*Hohm*, SGB XII, § 90 Rn 32; Schellhorn/Hohm/Schneider/*Hohm*, SGB XII, § 90 Rn 32.
52 OLG Celle FamRZ 2009, 532; VG Gießen 8.9.2006 – 3 E 1587/05, juris.

e) Kostenansatz

Die Feststellung des Vermögens ist Teil des Kostenansatzes. Für die Wertermittlung ist somit der Kostenbeamte zuständig. Er kann sich für seine Ermittlungen auf sämtliche Akteninhalte stützen und auch Anfragen an die Beteiligten richten. In den Fällen des § 12 KostVfg kann eine Wertermittlung unterbleiben. Gegen die Berechnung des Vermögens kann mit der Erinnerung (§ 81 GNotKG) vorgegangen werden. 148

VI. Übrige Betreuungssachen und betreuungsgerichtliche Zuweisungssachen

1. Erfasste Verfahren

Für die Verfahren vor dem Betreuungsgericht, für die Nr. 11101–11105 KV nicht gelten, findet die Gebühr der Nr. 11100 KV Anwendung. Sie erfasst deshalb auch die betreuungsgerichtlichen Zuweisungssachen nach § 340 FamFG, soweit es sich nicht um Pflegschaften für Volljährige handelt, da hierfür Nr. 11104, 11105 KV gelten (s. Rn 79 ff). In den Anwendungsbereich der Nr. 11100 KV fallen auch die Verfahren wegen der **Bestellung eines sonstigen Vertreters für einen Volljährigen** und sonstige dem Betreuungsgericht zugewiesene Verfahren (§ 340 Nr. 2, 3 FamFG). 149

Nr. 11100 KV findet darüber hinaus Anwendung, wenn eine **Betreuungs- oder Pflegschaftssache ohne Bestellung eines Betreuers oder Pflegers** endet,[53] sowie für Verfahren, in denen aufgrund **Bevollmächtigung oder Patientenverfügung** zwar keine Betreuung angeordnet wird, aber gleichwohl gerichtliche Genehmigungen zu erteilen sind (s. Rn 153 ff). 150

2. Gebühren in erstinstanzlichen Verfahren

a) Verfahrensgebühr

Es entsteht eine pauschale Verfahrensgebühr nach Nr. 11100 KV mit einem 0,5-Gebührensatz. Es gilt Tabelle A (§ 34 GNotKG). Die Gebühr deckt sämtliche gerichtliche Handlungen ab, wenn nichts Besonderes bestimmt ist (zB Nr. 17005, 17006 KV). 151

Eine Ermäßigung der Gebühr ist nicht vorgesehen, so dass sie unabhängig vom Ausgang des Verfahrens entsteht. In Amtsverfahren (zB § 1904 BGB, Vertreterbestellung für Volljährige) entsteht die Gebühr mit der ersten Tätigkeit des Gerichts. In Antragsverfahren ist die Gebühr mit Antragseingang bei Gericht entstanden. Für die **Fälligkeit** der Gebühr der Nr. 11100 KV gilt § 9 Abs. 1 GNotKG. 152

b) Betreuungsgerichtliche Genehmigungen für einen Bevollmächtigten

Nr. 11100 KV gilt auch für Verfahren auf betreuungsgerichtliche Genehmigung außerhalb eines Betreuungsverfahrens, wenn das Gericht Genehmigungen nach § 1904 Abs. 1, 2 BGB zu erteilen hat, weil eine **Patientenverfügung** vorliegt (§ 1901 a BGB) oder ein Bevollmächtigter bestellt ist (§ 1904 Abs. 5 BGB). Wird in dem Genehmigungsverfahren die Bestellung eines Betreuers wegen des von dem Genehmigungsverfahren erfassten Sachverhalts erforderlich, so fällt die Gebühr der Nr. 11100 KV nicht an, wenn das Genehmigungsverfahren mit der Bestellung eines Betreuers endet (Nr. 11100 Anm. Nr. 3 KV); es fallen dann nur die Gebühren der Nr. 11101 KV oder Nr. 11102 KV an. Betreuungsgerichtliche Genehmigungen für einen Bevollmächtigten 153

53 BT-Drucks. 17/11471 (neu), S. 195 zu Nr. 11100 KV.

wegen einer Unterbringung (§ 1906 Abs. 5 BGB) fallen nicht unter Nr. 11100 KV, da es sich um eine gebührenfreie Unterbringungssache handelt (s. Rn 202 ff).

154 Wird die einstweilige Anordnung wegen einer Genehmigung nach § 1904 BGB für einen Bevollmächtigten erforderlich, gilt Nr. 16110 KV (s. § 19 Rn 17). Der Geschäftswert ist nach § 36 Abs. 2, 3 GNotKG unter Beachtung von § 62 GNotKG zu bestimmen.

c) Bestellung eines Vertreters

155 Die Gebühr gilt auch für die Verfahren wegen der Bestellung eines sonstigen Vertreters für einen Volljährigen, so dass Nr. 11100 KV auch gilt für Verfahren nach § 81 Abs. 1 AO, § 207 S. 1 BauGB, § 119 FlurbG, § 29 a LandbeschG, § 15 Abs. 1 SGB X oder § 16 Abs. 1 VwVfG sowie § 1141 Abs. 2 BGB wegen Bestellung eines Vertreters für den Grundstückseigentümer.

d) Verfahren nach dem Erwachsenenschutzübereinkommens-Ausführungsgesetz (ErwSüAG)

156 Nr. 11100 KV gilt auch für die gerichtlichen Verfahren nach § 6 des Erwachsenenschutzübereinkommens-Ausführungsgesetzes (ErwSüAG).[54] Das Verfahren vor dem Bundesministerium für Justiz als Zentrale Behörde ist jedoch Justizverwaltungsverfahren (§ 5 ErwSüAG), so dass das GNotKG für diese Verfahren nicht gilt, sondern das JVKostG. Eine Gebührenpflicht besteht nicht, weil die Gebührenregelung der Nr. 208 KV-JVKostG mangels praktischer Bedeutung nicht übernommen wurde.[55] Auslagen sind nach Nr. 2000 ff KV-JVKostG und im Übrigen wegen Vorbem. 2 KV-JVKostG nach Teil 9 KV-GKG zu erheben.

e) Verfahren nach dem Kastrationsgesetz (KastrG)

157 Verfahren nach § 6 KastrG[56] sind nur dann nach Nr. 11100 KV gebührenpflichtig, wenn der Betroffene nicht unter Betreuung steht (Anm. Nr. 1 zu Nr. 11100 KV).

f) Gebührenfreiheit wegen bestehender Betreuung oder Pflegschaft

158 Die Gebühr entsteht nach der Anm. zu Nr. 11100 KV nicht, wenn

- das Verfahren in den Rahmen einer bestehenden Betreuung oder Pflegschaft fällt (Nr. 1),
- für denselben Gegenstand bereits eine Gebühr nach Nr. 11103 oder 11105 KV entsteht (Nr. 2) oder
- das Verfahren mit der Bestellung eines Betreuers oder der Anordnung einer Pflegschaft endet (Nr. 3).

159 Gebührenfrei, weil von den entsprechenden Jahresgebühren abgegolten, bleiben daher insbesondere folgende Verfahren:

- § 1484 Abs. 2 BGB (Ablehnung der fortgesetzten Gütergemeinschaft durch den Betreuer);
- § 1491 Abs. 3 BGB (Verzicht auf den Anteil am Gesamtgut durch den Betreuer);

54 Gesetz zur Ausführung des Haager Übereinkommens vom 13. Januar 2000 über den internationalen Schutz von Erwachsenen (Erwachsenenschutzübereinkommens-Ausführungsgesetz – ErwSÜAG) vom 17.3.2007 (BGBl. I S. 314; ber. 2009 II S. 39), zuletzt geändert durch Art. 4 des Gesetzes vom 18.2.2013 (BGBl. I S. 266, 267).

55 BT-Drucks. 17/11471 (neu), S. 242 zu Abschnitt 2 KV-JVKostG.

56 Gesetz über die freiwillige Kastration und andere Behandlungsmethoden vom 15.8.1969 (BGBl. I S. 1143), zuletzt geändert durch Art. 85 des Gesetzes vom 17.12.2008 (BGBl. I S. 2586, 2736).

- § 1492 Abs. 3 BGB (Aufhebung der fortgesetzten Gütergemeinschaft durch den Betreuer);
- § 2282 Abs. 2 BGB (Anfechtung des Erbvertrages durch den Betreuer);
- § 2290 Abs. 3 BGB (Aufhebung des Erbvertrages durch den Betreuer);
- § 2347 Abs. 1, 2 BGB (Verzicht auf das gesetzliche Erbrecht durch den Betreuer);
- § 2351 BGB (Aufhebung des Erbverzichts durch den Betreuer);
- § 2352 BGB (Verzicht auf Zuwendungen durch den Betreuer);
- § 1 Abs. 6 HöfeÖ (Abgabe von Erklärungen durch den Betreuer);
- § 6 KastrG (Einwilligung in die Kastration durch den Betreuer);
- § 2 NamÄndG (Antrag auf Änderung des Familiennamens durch den Betreuer);
- § 16 Abs. 3 VerschG (Antrag auf Todeserklärung durch den Betreuer);
- § 181 Abs. 2 ZVG (Antrag auf Teilungsversteigerung durch den Betreuer).

3. Rechtsmittelverfahren

Auf die Ausführungen in Rn 173 ff wird verwiesen. 160

4. Auslagen

Gerichtliche Auslagen sind nach Nr. 31000 ff KV von dem Kostenschuldner einzuziehen. Die Regelung der Vorbem. 3.1 Abs. 2 KV gilt nur für Betreuungssachen, die ohne Betreuerbestellung enden, sowie in sonstigen Betreuungssachen (§ 1904 BGB), nicht aber für die betreuungsgerichtlichen Zuweisungssachen nach § 340 FamFG. Insoweit scheidet auch eine analoge Anwendung aus, da es sich bei Vorbem. 3.1 Abs. 2 KV um eine Ausnahmeregelung handelt, deren Geltungsbereich abschließend benannt ist. 161

Ist ein Verfahrenspfleger bestellt, können diese Auslagen von dem Betroffenen jedoch nur nach Maßgabe des § 1836 c BGB eingezogen werden, da Anm. zu Nr. 31015 KV für sämtliche Verfahren gilt. 162

Da es sich bei den Gebühren der Nr. 11100, 11200–11400 KV um wertabhängige Gebühren handelt, sind Zustellungskosten nur zu erheben sind, soweit in dem jeweiligen Rechtszug mehr als zehn Zustellungen anfallen (Anm. zu Nr. 31002 KV). 163

5. Fälligkeit der Gerichtskosten

Die Fälligkeit der Gebühr der Nr. 11100 KV bestimmt sich nach § 9 Abs. 1 GNotKG. Für die Fälligkeit der Auslagen gilt § 9 Abs. 1 GNotKG, mit Ausnahme der Auslagen nach Nr. 31000, 31003 KV, für die § 9 Abs. 2 GNotKG gilt. 164

6. Kostenschuldner

a) Antragshaftung

Es handelt sich bei den betreuungsgerichtlichen Zuweisungssachen und den Verfahren nach § 1904 Abs. 1, 2, 5 BGB um Amtsverfahren, so dass eine Antragshaftung nach § 22 Abs. 1 GNotKG nicht besteht. Das gilt auch, wenn die Notwendigkeit für die Bestellung eines Vertreters oder einer sonstigen Tätigkeit des Betreuungsgerichts angezeigt wird, weil auch dann nur eine Anregung (§ 24 FamFG), aber kein Antrag (§ 23 FamFG) vorliegt. Zu den Rechtsmittelverfahren s. Rn 190 f. 165

b) Entscheidungshaftung

166 Für die Gerichtskosten haftet in erstinstanzlichen Verfahren derjenige, dem sie durch das Gericht auferlegt worden sind (§ 27 Nr. 1 GNotKG) oder der die Kosten übernommen hat (§ 27 Nr. 2 GNotKG). Die Nichterhebung der Gerichtskosten kann angeordnet werden (§ 81 Abs. 1 S. 2 FamFG).

167 Hat das Gericht dem Betroffenen die Kosten auferlegt, können diese von ihm ohne Beachtung von Vermögensfreigrenzen eingezogen werden, da Vorbem. 1.1 Abs. 1 KV und Vorbem. 3.1 Abs. 2 KV nur für die Betreuungssachen, nicht aber für die betreuungsgerichtlichen Zuweisungssachen gelten. Sind aber von dem Betroffenen die an den Verfahrenspfleger gezahlten Beträge einzuziehen (Nr. 31015 KV), ist § 1836 c BGB zu beachten (Anm. zu Nr. 31015 KV). Die **Genehmigungsverfahren nach § 1904 Abs. 4 BGB** werden zu den betreuungsgerichtlichen Zuweisungssachen nach § 340 Nr. 3 FamFG gezählt,[57] so dass die Freigrenze der Vorbem. 1.1 Abs. 1 KV, Vorbem. 3.1 Abs. 2 KV nicht angewendet werden kann, da sie nur für Betreuungssachen (§ 271 FamFG) gilt.

7. Vorschüsse

a) Gebühren

168 Bei den betreuungsgerichtlichen Zuweisungssachen handelt es sich um Amtsverfahren mit der Folge, dass für die Gebühren kein Vorschuss gefordert und auch keine Abhängigmachung nach § 13 S. 1 GNotKG angeordnet werden darf. Das gilt auch für die Bestellung von Vertretern nach § 81 Abs. 1 AO, § 207 S. 1 BauGB, § 119 FlurbG, § 29 a LandbeschG, § 15 Abs. 1 SGB X, § 16 Abs. 1 VwVfG und die Genehmigungsverfahren nach § 1904 Abs. 1, 2 BGB.

b) Auslagen

169 Sind gerichtliche Handlungen mit der Entstehung von Auslagen verbunden, kann das Gericht, auch wenn die Handlung von Amts wegen vorzunehmen ist, einen Vorschuss nach § 14 Abs. 3 GNotKG erheben, jedoch darf die Durchführung der Handlung nicht von ihrer vorherigen Zahlung abhängig gemacht werden.

170 Für die Dokumenten- und Aktenversendungspauschale gilt § 14 Abs. 2 GNotKG. Hier kann zudem das Zurückbehaltungsrecht (§ 11 GNotKG) ausgeübt werden.

8. Geschäftswert

171 Handelt es sich um die Genehmigung oder Ersetzung einer Erklärung oder Genehmigung eines Rechtsgeschäfts, gilt § 60 GNotKG, wenn eine vermögensrechtliche Angelegenheit betroffen ist.

172 Für die übrigen Betreuungs- und betreuungsgerichtlichen Zuweisungssachen besteht keine konkrete Wertvorschrift, so dass auf die Auffangvorschrift des § 36 GNotKG zurückzugreifen ist. Ist eine vermögensrechtliche Angelegenheit betroffen, gilt § 36 Abs. 1, 3 GNotKG, für nichtvermögensrechtliche Angelegenheiten gilt § 36 Abs. 2, 3 GNotKG.

---

57 Prütting/Helms/*Fröschle*, FamFG, § 271 Rn 8.

VII. Rechtsmittel in Verfahren vor dem Betreuungsgericht

1. Erfasste Verfahren

Die Gebühren für Rechtsmittel in Verfahren vor dem Betreuungsgericht bestimmen sich nach Nr. 11200–11400 KV. Erfasst sind daher Rechtsmittel in Dauer- und Einzelbetreuungen sowie Dauer- und Einzelpflegschaften, und zwar unabhängig davon, ob es zur Bestellung eines Betreuers oder Pflegers gekommen ist. Die Nr. 11200 ff KV gelten zudem für Rechtsmittel in den übrigen von Nr. 11100 KV erfassten Verfahren (s. Rn 149 f). Ausgenommen sind jedoch Beschwerden in Verfahren wegen einer einstweiligen Anordnung; für sie gelten Nr. 16120, 16122 KV (s. § 19 Rn 34 ff).[58] 173

Nr. 11200 ff KV gelten in den vorgenannten Verfahren für die Beschwerde (§§ 58 ff FamFG) oder Rechtsbeschwerde (§§ 70 ff FamFG), wenn sie sich gegen die Endentscheidung in der Hauptsache richten. Für Verfahren über sonstige Beschwerden gilt Nr. 19116 KV und für sonstige Rechtsbeschwerden gelten Nr. 19128, 19129 KV. Für Verfahren über die Erinnerung nach § 11 Abs. 2 RPflG entstehen keine Gerichtsgebühren (§ 11 Abs. 4 RPflG). 174

2. Gebühren in Beschwerdeverfahren

Für die Beschwerdeverfahren nach §§ 58 ff FamFG, die sich auf den Hauptgegenstand beziehen, entsteht eine 1,0-Verfahrensgebühr nach Nr. 11200 KV. Es gilt Tabelle A (§ 34 GNotKG). Die Gebühr entsteht auch, wenn die Beschwerde durch den Betroffenen selbst eingelegt wird. Für Beschwerden gegen Nebenentscheidungen gilt Nr. 19116 KV. 175

Beispiel: Gegen die Bestellung eines Vertreters wird Beschwerde eingelegt. Das Gericht entscheidet durch Endentscheidung. Der Geschäftswert wird mit 5.000 € festgesetzt. 176
An Gerichtsgebühren sind entstanden:
1,0-Verfahrensgebühr, Nr. 11200 KV (Wert: 5.000 €, Tabelle A) 146,00 €

Wird das gesamte Beschwerdeverfahren ohne Endentscheidung beendet, ermäßigt sich die Verfahrensgebühr auf einen 0,5-Gebührensatz (Nr. 11201 KV). Eine Teilbeendigung genügt nicht. Erfasst sind insbesondere die Fälle der Zurücknahme der Beschwerde oder des Antrags, die bis zum Erlass der Endentscheidung erfolgen muss. Wird die Endentscheidung ohne Verlesen der Entscheidungsformel bekannt gegeben, tritt Ermäßigung noch ein, wenn die Zurücknahme bis zum Ablauf des Tages erfolgt, an dem die Endentscheidung der Geschäftsstelle übergeben wird (Anm. Abs. 1 zu Nr. 11201 KV). 177

Endentscheidung ist auch eine bloße Kostenentscheidung, so dass ihr Erlass der Ermäßigung entgegensteht. Anm. Abs. 2 zu Nr. 11201 KV ordnet jedoch an, dass die Ermäßigung gleichwohl eintritt, wenn die Kostenentscheidung einer zuvor mitgeteilten Einigung über die Kostentragung oder einer Kostenübernahmeerklärung folgt. 178

3. Gebühren in Rechtsbeschwerdeverfahren

a) Verfahrensgebühr

Für Rechtsbeschwerdeverfahren entsteht eine Verfahrensgebühr nach Nr. 11300 KV mit einem 1,5-Gebührensatz. Als Pauschgebühr deckt sie sämtliche Handlungen des 179

58 BT-Drucks. 18/3068, S. 8 zu Art. 5 Nr. 3 Buchst. b.

Gerichts ab. Es gilt Tabelle A (§ 34 GNotKG). Die Gebühr entsteht auch, wenn die Rechtsbeschwerde durch den Betroffenen selbst eingelegt wird.

180 **Beispiel:** In einem Verfahren wegen der Bestellung eines Vertreters wird gegen die Beschwerdeentscheidung Rechtsbeschwerde eingelegt. Das Gericht entscheidet durch Endentscheidung. Der Geschäftswert wird mit 5.000 € festgesetzt.
An Gerichtsgebühren sind entstanden:
1,5-Verfahrensgebühr, Nr. 11300 KV (Wert: 5.000 €, Tabelle A) 219,00 €

b) Ermäßigung bei Beendigung vor Eingang der Rechtsbeschwerdebegründung

181 Die Verfahrensgebühr der Nr. 11300 KV ermäßigt sich gem. Nr. 11301 KV auf einen 0,5-Gebührensatz, wenn die Rechtsbeschwerde zurückgenommen wird, bevor die Rechtsbeschwerdebegründungsschrift eingeht. Die Begründung hat gem. § 71 Abs. 2 S. 1 FamFG binnen eines Monats zu erfolgen, jedoch kann das Gericht die Frist auch verlängern (§ 71 Abs. 2 S. 2 FamFG iVm § 551 Abs. 2 S. 5, 6 ZPO). Der Inhalt der Begründung ergibt sich aus § 71 Abs. 3 FamFG, die Beschwerdegründe aus § 72 FamFG. Die Rechtsbeschwerde- und die Begründungsschrift sind den übrigen Beteiligten bekannt zu geben (§ 71 Abs. 4 FamFG).

182 Für die Gebührenermäßigung ist allein der Eingang der Begründungsschrift maßgebend, auf den Fristablauf kommt es nicht an. Erfolgt die Zurücknahme erst nach Eingang der Begründungsschrift, kommt nur noch eine Ermäßigung nach Nr. 11302 KV in Betracht. Durch die Zurücknahme muss sich das gesamte Rechtsbeschwerdeverfahren erledigen, eine Teilrücknahme genügt nicht.

183 Ist bereits eine Endentscheidung ergangen, kann eine Gebührenermäßigung nicht mehr eintreten, auch wenn eine Begründungsschrift innerhalb der Begründungsfrist nicht eingereicht war.

184 **Beispiel:** Es wird Rechtsbeschwerde eingelegt. Eine Begründung erfolgt nicht. Nach Ablauf der Begründungsfrist wird die Rechtsbeschwerde durch Beschluss als unzulässig verworfen (§ 74 Abs. 1 FamFG). Nach Erlass des Beschlusses wird die Rechtsbeschwerde zurückgenommen.
Die Rechtsbeschwerde ist verspätet zurückgenommen. Eine Ermäßigung der Verfahrensgebühr scheidet sowohl nach Nr. 11301 KV als auch nach Nr. 11302 KV aus, weil bereits eine Endentscheidung ergangen ist. Es verbleibt daher bei einer 1,5-Verfahrensgebühr nach Nr. 11300 KV.

c) Ermäßigung bei Zurücknahme nach Eingang der Begründung

185 Ist die Begründungsschrift bereits bei Gericht eingegangen, kann eine Ermäßigung der Verfahrensgebühr der Nr. 11300 KV nur noch nach Nr. 11302 KV auf einen 1,0-Gebührensatz eintreten, wenn die Rechtsbeschwerde oder der Antrag vor Ablauf des Tages zurückgenommen wird, an dem die Endentscheidung der Geschäftsstelle übermittelt wird. Zu den Endentscheidungen gehören auch Beschlüsse nach §§ 74 Abs. 1 und 74 a FamFG oder isolierte Kostenentscheidungen. Da eine der Anm. Abs. 2 zu Nr. 11201 KV vergleichbare Regelung fehlt, ist bei Erlass einer Kostenentscheidung eine Ermäßigung auch dann ausgeschlossen, wenn die Kostenentscheidung einer dem Gericht mitgeteilten Kostenerklärung der Beteiligten folgt.

186 Eine Ermäßigung tritt nur ein, wenn durch die Zurücknahme das gesamte Rechtsbeschwerdeverfahren beendet wird.

Beispiel: Es wird Rechtsbeschwerde eingelegt. Die Begründungsschrift geht wenig später bei dem Gericht ein. Noch vor Erlass einer Endentscheidung wird die Rechtsbeschwerde vollständig zurückgenommen. Der Geschäftswert beträgt 5.000 €. 187
Die Zurücknahme erfolgt vor Erlass der Endentscheidung, aber nach Eingang der Begründungsschrift. An Gerichtsgebühren sind entstanden:
1,0-Verfahrensgebühr, Nr. 11302 KV (Wert: 5.000 €, Tabelle A) 146,00 €

4. Sonstige Beschwerdeverfahren

Für Verfahren über sonstige Beschwerden gilt Nr. 19116 KV und für sonstige Rechtsbeschwerden Nr. 19128, 19129 KV. Erinnerungsverfahren nach § 11 Abs. 2 RPflG sind gerichtsgebührenfrei (§ 11 Abs. 4 RPflG). 188

5. Auslagen

Auslagen sind nach Nr. 31000 ff KV anzusetzen. Zustellungskosten können erst ab der elften Zustellung angesetzt werden, da wertabhängige Gebühr entstehen (Anm. zu Nr. 31002 KV). 189

6. Kostenschuldner

In Rechtsmittelverfahren haftet der Rechtsmittelführer als Antragsteller (§ 22 Abs. 1 GNotKG). Die Antragshaftung erlischt jedoch nachträglich, wenn das Rechtsmittel ganz oder teilweise mit Erfolg eingelegt worden ist und das Gericht nicht über die Kosten entschieden hat oder die Kosten nicht von einem anderen Beteiligten übernommen worden sind (§ 25 Abs. 1 GNotKG). § 23 Nr. 1, 2 GNotKG gilt in Rechtsmittelverfahren nicht (§ 25 Abs. 3 GNotKG). 190

Richtet sich die Beschwerde, Rechtsbeschwerde oder Anhörungsrüge gegen eine Entscheidung des Betreuungsgerichts und ist sie von dem Betreuten, dem Pflegling oder im Interesse dieser Person eingelegt, schuldet die Kosten nur derjenige, dem das Gericht die Kosten auferlegt hat (§ 25 Abs. 2 GNotKG). 191

7. Fälligkeit und Vorschüsse

Die Fälligkeit bestimmt sich nach § 9 GNotKG. § 13 S. 1 GNotKG gilt nicht für Rechtsmittelverfahren, so dass die gerichtliche Tätigkeit trotz bestehender Antragshaftung nicht von der Gebührenzahlung abhängig gemacht werden kann. Für die Auslagen gilt § 14 Abs. 3 S. 1 GNotKG. 192

8. Zulassung der Sprungrechtsbeschwerde

In dem Verfahren auf Zulassung der Sprungrechtsbeschwerde (§ 75 FamFG) entsteht eine Verfahrensgebühr nach Nr. 11400 KV mit einem Gebührensatz von 0,5. Es gilt Tabelle A (§ 34 GNotKG). Die Gebühr entsteht nur, soweit der Antrag abgelehnt wird. 193

Kostenschuldner ist allein derjenige, der den Antrag auf Zulassung gestellt hat (§ 22 Abs. 1 GNotKG). 194

Der Geschäftswert für das Zulassungsverfahren bestimmt sich nach § 61 Abs. 3 GNotKG. 195

Für den Fall der Ablehnung wird die Entscheidung des Amtsgerichts sofort rechtskräftig (§ 75 Abs. 2 S. 2 FamFG iVm § 566 Abs. 6 ZPO), da der Antrag auf Zulas- 196 sung der Sprungrechtsbeschwerde und die Erklärung zur Einwilligung in die Übergehung der Beschwerdeinstanz als Rechtsmittelverzicht auf die Beschwerde gelten (§ 75 Abs. 1 S. 2 FamFG). Wird die Sprungrechtsbeschwerde aber zugelassen, wird das Verfahren als Rechtsbeschwerde fortgesetzt (§ 75 Abs. 2 S. 2 FamFG iVm § 566 Abs. 7 ZPO). Die Frist für die Einreichung der Rechtsbeschwerdebegründungsschrift beginnt mit Zustellung des Zulassungsbeschlusses. Für den Fall der Zulassung entsteht keine Gebühr nach Nr. 11400 KV, jedoch sind für das Rechtsbeschwerdeverfahren Gebühren nach Nr. 11300 ff KV zu erheben.

197 **Beispiel 1:** Der Antrag auf Zulassung der Sprungrechtsbeschwerde wird abgelehnt. Der Geschäftswert wird auf 5.000 € festgesetzt.

Es sind an Gerichtsgebühren entstanden:

0,5-Verfahrensgebühr, Nr. 11400 KV (Wert: 5.000 €, Tabelle A)	73,00 €

198 **Beispiel 2:** Es wird Antrag auf Zulassung der Sprungrechtsbeschwerde gestellt, welche das Rechtsbeschwerdegericht zulässt. Danach wird das Rechtsbeschwerdeverfahren durchgeführt, in dem eine Endentscheidung ergeht. Der Geschäftswert wird auf 5.000 € festgesetzt.

Es sind an Gerichtsgebühren entstanden:

1,5-Verfahrensgebühr, Nr. 11300 KV (Wert: 5.000 €, Tabelle A)	219,00 €

Eine Gebühr nach Nr. 11400 KV entsteht nicht, da die Sprungrechtsbeschwerde zugelassen wurde.

199 Wird der Antrag auf Zulassung nur teilweise abgelehnt, entsteht die Gebühr der Nr. 11400 KV nach dem Wert des Gegenstands, der sich auf die Ablehnung bezieht (§ 56 Abs. 1 GNotKG), während für den übrigen Teil, für den das Rechtsbeschwerdeverfahren durchgeführt wird, Gebühren nach Nr. 11300 ff KV entstehen. § 56 Abs. 3 GNotKG ist zu beachten, so dass die Gebührenwerte der Einzelgebühren nicht den Gebührenwert übersteigen dürfen, der entstanden wäre, wenn die Gebühr mit dem höchsten Gebührensatz nach dem Gesamtwert erhoben worden wäre.

200 **Beispiel 3:** Es wird Antrag auf Zulassung der Sprungrechtsbeschwerde gestellt. Der Gesamtwert beträgt 5.000 €. Hinsichtlich eines Teils von 3.000 € wird der Zulassungsantrag abgelehnt. Wegen des zugelassenen Teils von 2.000 € wird das Rechtsbeschwerdeverfahren durchgeführt, das mit Erlass einer Endentscheidung endet.

Es sind an Gerichtsgebühren entstanden:

1. 0,5-Verfahrensgebühr, Nr. 11400 KV (Wert: 3.000 €, Tabelle A)	54,00 €
2. 1,5-Verfahrensgebühr, Nr. 11300 KV (Wert: 2.000 €, Tabelle A)	133,50 €
Gesamt	187,50 €
Vergleichsberechnung gem. § 56 Abs. 3 GNotKG:	
1,5-Verfahrensgebühr, Nr. 11300 KV (Wert: 5.000 €, Tabelle A)	219,00 €

Es verbleibt bei dem Ansatz der Einzelgebühren.

9. Zurückverweisung

201 Zur Zurückverweisung durch das Rechtsmittelgericht s. § 3 Rn 37 ff.

VIII. Unterbringungssachen

1. Unterbringungssachen nach § 312 FamFG

a) Gebührenfreiheit

Für Unterbringungssachen nach § 312 FamFG werden keine Gerichtsgebühren erhoben. Die Verfahren bleiben **gebührenfrei**, weil es an einem Gebührentatbestand im Kostenverzeichnis fehlt.[59] Auch Teil 1 Hauptabschnitt 1 KV (Nr. 11100 ff KV) gilt nicht, was aus dem Wortlaut der dortigen Überschrift („Betreuungssachen und betreuungsgerichtliche Zuweisungssachen") folgt.[60] 202

Zu den Verfahren in Unterbringungssachen gehören nach § 312 S. 1 Nr. 1–3 FamFG solche wegen 203

- der Genehmigung einer freiheitsentziehenden Unterbringung eines Betreuten (§ 1906 Abs. 1–3 a BGB) oder einer Person, die einen Dritten zu ihrer freiheitsentziehenden Unterbringung bevollmächtigt hat (§ 1906 Abs. 5 BGB);
- der Genehmigung einer freiheitsentziehenden Maßnahme nach § 1906 Abs. 4 BGB;
- einer freiheitsentziehenden Unterbringung eines Volljährigen sowie einer ärztlichen Zwangsmaßnahme an einem Volljährigen nach den Landesgesetzen über die Unterbringung psychisch Kranker.

Die sachliche Gebührenfreiheit gilt für alle Rechtszüge[61] und erfasst auch die Verfahren wegen der Genehmigung für einen Bevollmächtigten (§ 1906 Abs. 5 BGB). Die Befreiung gilt auch, wenn es sich um unstatthafte Rechtsmittel handelt.[62] 204

b) Auslagen

Auslagen sind nach Nr. 31000 ff KV anzusetzen, da eine Kostenfreiheit nicht angeordnet ist. Gleichwohl können vom Betroffenen selbst wegen § 26 Abs. 3 GNotKG nur an den Verfahrenspfleger gezahlte Beträge (Nr. 31015 KV) eingezogen werden (s. Rn 207). Ist ein anderer Beteiligter Kostenschuldner, sind jedoch sämtliche Auslagen von diesem einzuziehen. 205

Beispiel: Beantragt wird die Unterbringung nach einem landesrechtlichen PsychKG. Das Gericht genehmigt die Unterbringung. Dem Betroffenen war ein Verfahrenspfleger bestellt, der eine Vergütung von 500 € aus der Landeskasse erhält. Daneben sind zwei förmliche Zustellungen angefallen. 206
Von dem Betroffenen können gem. § 26 Abs. 3 GNotKG nur eingezogen werden:

An den Verfahrenspfleger gezahlte Beträge, Nr. 31015 KV	500,00 €

Der Kosteneinzug ist von dem Betroffenen nur statthaft, wenn dessen Vermögen die Freigrenzen des § 1836 c BGB übersteigt (Anm. zu Nr. 31015 KV).

c) Kostenschuldner

aa) Kostenhaftung des Betroffenen

Der Betroffene haftet nur für die an den Verfahrenspfleger gezahlten Beträge (Nr. 31015 KV) nach Maßgabe des § 1836 c (Anm. zu Nr. 31015 KV) (s. § 23 207

59 BT-Drucks. 17/11471 (neu), S. 194.
60 BT-Drucks. 17/11471 (neu), S. 194.
61 BGH MDR 2014, 869.
62 BGH MDR 2014, 869.

Rn 117 ff). Für andere Kosten kann der Betroffene nicht in Anspruch genommen werden.

bb) Kostenentscheidung

208 Das Gericht kann nach § 337 Abs. 1 FamFG die Auslagen des Betroffenen in Unterbringungssachen nach § 312 Nr. 1, 2 FamFG ganz oder teilweise der Staatskasse auferlegen, wenn die Maßnahme

- abgelehnt oder
- als ungerechtfertigt aufgehoben oder
- eingeschränkt oder
- das Verfahren ohne eine Entscheidung über die Maßnahme beendet wird.

209 Ist die Unterbringung nach Landesrecht erfolgt (§ 312 S. 1 Nr. 3 FamFG), gilt § 337 Abs. 2 FamFG. Das Gericht kann danach die Auslagen des Betroffenen der Körperschaft auferlegen, der die Verwaltungsbehörde angehört, wenn für diese ein begründeter Anlass für die Antragstellung nicht vorgelegen hat. Eine Anordnung nach § 337 Abs. 2 FamFG ist nicht zu erlassen, wenn dem Antrag der Verwaltungsbehörde entsprochen wird.[63] Im Rahmen der Kostenentscheidung ist es nicht erforderlich, solche Beweiserhebungen nachzuholen, die für eine Überprüfung der Fortdauer der Unterbringung selbst unerlässlich gewesen wären.[64] Ist die Hauptsache erledigt, kommt eine Kostenauferlegung nach § 337 Abs. 2 FamFG nur in Betracht, wenn sich die getroffene Maßnahme nach dem Stand des Verfahrens im Zeitpunkt seiner Erledigung als nicht gerechtfertigt erweist.[65]

210 Eine nach § 337 FamFG getroffene Kostenentscheidung umfasst nur die außergerichtlichen Auslagen, nicht auch automatisch die Gerichtskosten. Sollen diese von dem Beteiligten getragen werden, bedarf es einer Kostenentscheidung nach § 81 FamFG, die auch die Gerichtskosten umfasst (§ 80 S. 1 FamFG). In der Kostenentscheidung sollte dann ausgesprochen werden, dass die Verwaltungsbehörde die „Kosten des Verfahrens“ trägt. Der Ausspruch „Die Verwaltungsbehörde trägt die (außergerichtlichen) Auslagen des Betroffenen“ genügt nicht und erfasst die Gerichtskosten nicht. Hinsichtlich der vom Betroffenen zu tragenden Kosten nach § 26 Abs. 3 GNotKG bedarf es keiner gerichtlichen Entscheidung, da diese Haftung kraft Gesetzes eintritt.

2. Unterbringungen nach dem Therapieunterbringungsgesetz (ThUG)

211 Unterbringungen nach dem Therapieunterbringungsgesetz (ThUG)[66] sind gerichtskostenfrei (§ 19 ThUG), so dass weder Gebühren noch Auslagen eingezogen werden dürfen.

---

63 KG FGPrax 2006, 1301.
64 BayObLG BayObLGR 2004, 290 f.
65 BayObLG FamRZ 2004, 1403.
66 Gesetz zur Therapierung und Unterbringung psychisch gestörter Gewalttäter (Therapieunterbringungsgesetz – ThUG) vom 22.12.2010 (BGBl. I S. 2300, 2305), zuletzt geändert durch Art. 8 des Gesetzes vom 5.12.2012 (BGBl. I S. 2425, 2430).

§ 14 Nachlasssachen

I. Annahme von Verfügungen von Todes wegen

1. Gebühr für die Verwahrung von Verfügungen von Todes wegen

Für die Annahme einer Verfügung von Todes wegen in die besondere amtliche Verwahrung entsteht eine Gebühr nach Nr. 12100 KV. Sie gilt für alle nach § 346 FamFG vorzunehmenden Annahmen, so dass die Verwahrung von eigenhändigen und notariellen Testamenten, Nottestamenten, Erbverträgen oder vor Konsularbeamten errichteten Verfügungen von Todes wegen erfasst sind. 1

Bei der Gebühr Nr. 12100 KV handelt es sich um eine Festgebühr, die stets 75 € beträgt. 2

Beispiel: Bei dem Nachlassgericht wird die amtliche Verwahrung eines Testaments beantragt. 3
An Gerichtsgebühren sind zu erheben:

Gebühr für die Annahme der Verfügung von Todes wegen in die amtliche Verwahrung, Nr. 12100 KV	75,00 €

Die Gebühr deckt sämtliche Tätigkeiten des Gerichts im Rahmen der Annahme ab. Hierzu gehören neben der Eintragung in die Verzeichnisse und das Verwahrungsbuch die Fertigung und der Verschluss des Testamentsumschlags sowie die Erteilung des Hinterlegungsscheins.[1] Abgegolten sind auch die Mitteilungspflichten des Nachlassgerichts nach § 347 FamFG (Anm. zu Nr. 12100 KV). Für die Eintragung in das **Zentrale Testamentsregister** fallen jedoch gesonderte Gebühren nach der Testamentsregister-Gebührensatzung der Bundesnotarkammer (ZTR-GebS) an, die der Erblasser schuldet (§ 2 Abs. 1 ZTR-GebS).[2] 4

2. Entstehung und Fälligkeit

Die Gebühr der Nr. 12100 KV entsteht mit der Annahme der Verfügung von Todes wegen. Zu diesem Zeitpunkt tritt auch die Fälligkeit der Gebühr ein, weil dann Beendigung iSd § 9 Abs. 1 Nr. 5 GNotKG vorliegt. 5

3. Verweigerung der Annahme

Kommt es nicht zur Annahme in die besondere Verwahrung, bleibt das Verfahren gebührenfrei, weil Nr. 12100 KV keine Verfahrens-, sondern eine Aktgebühr ist, deren Entstehungsvoraussetzung die Annahme in die besondere Verwahrung ist. 6

4. Mehrere Verfügungen von Todes wegen

Die Gebühr entsteht für jede Annahme gesondert, wenn mehrere Verfügungen von Todes wegen zu verschiedenen Zeiten in die besondere Verwahrung gegeben werden. Werden jedoch gleichzeitig mehrere Verfügungen von Todes wegen bezüglich desselben Erblassers in Verwahrung gegeben, entsteht die Gebühr nur einmal.[3] Unerheblich bleibt dann auch die Anzahl der erteilten Hinterlegungsscheine.[4] 7

---

1 Korintenberg/*Wilsch*, GNotKG, Nr. 12100 KV Rn 10.
2 Korintenberg/*Wilsch*, GNotKG, Nr. 12100 KV Rn 16. Die ZTR-GebS kann im Internet abgerufen werden unter: http://www.testamentsregister.de/zentrales-testamentsregister/erbrecht/gebs.
3 Korintenberg/*Wilsch*, GNotKG, Nr. 12100 KV Rn 8.
4 Bormann/Diehn/Sommerfeldt/*Sommerfeldt*, GNotKG, Nr. 12100 KV Rn 14; Korintenberg/*Wilsch*, GNotKG, Nr. 12100 KV Rn 10.

8 **Beispiel 1:** Am 30.11.2016 reicht der Testator zwei Schriftstücke ein, die Verfügungen von Todes wegen enthalten. Sie werden angenommen für die besondere Verwahrung.
Die Gebühr der Nr. 12100 KV ist nur einmal entstanden.

9 **Beispiel 2:** Im Jahr 2016 reicht der Testator ein Schriftstück ein, das für die Annahme in die besondere Verwahrung angenommen wird. Zwei Jahre später reicht der Testator erneut ein Schriftstück für die Annahme in die besondere Verwahrung ein.
Die Gebühr der Nr. 12100 KV ist zweimal, dh für jede Annahme gesondert, zu erheben.

5. Gemeinschaftliches Testament

10 Die Verwahrung eines gemeinschaftlichen Testaments löst die Gebühr der Nr. 12100 KV nur einmal aus.[5]

11 Wird das gemeinschaftliche Testament nach dem Tode des Erstversterbenden eröffnet, ist zu unterscheiden:

12 Befand sich das Testament bisher nicht in amtlicher Verwahrung, fällt die Gebühr der Nr. 12100 KV nicht an, wenn das Testament nach der Eröffnung gem. § 27 Abs. 13 S. 2 AktO-oG nur zu den Nachlassakten genommen und dort aufbewahrt wird. Beantragt der überlebende Ehegatte jedoch nach Eröffnung die besondere Verwahrung, fällt die Gebühr der Nr. 12100 KV an.

13 Wurde das Testament besonders verwahrt und wird es nach Eröffnung wegen des Todes des Erstversterbenden wieder in die amtliche Verwahrung zurückgegeben, fällt die Gebühr der Nr. 12100 KV nicht gesondert oder erneut an.

14 **Beispiel 1:** Die Eheleute A und B errichten ein gemeinschaftliches Testament, das nicht in die besondere Verwahrung gegeben wird. Nach dem Tode des A liefert B das Testament bei dem Nachlassgericht ab, wo es eröffnet wird. Der überlebende B beantragt danach, das gemeinschaftliche Testament in die besondere Verwahrung zu nehmen.
An Gerichtsgebühren sind entstanden:

1.	Gebühr für die Eröffnung der Verfügung von Todes wegen, Nr. 12101 KV	100,00 €
2.	Gebühr für die Annahme der Verfügung von Todes wegen in die amtliche Verwahrung, Nr. 12100 KV	75,00 €

15 **Beispiel 2:** Die Eheleute A und B errichten ein gemeinschaftliches Testament, das in die besondere Verwahrung gegeben wird.
An Gerichtsgebühren sind entstanden:
Gebühr für die Annahme der Verfügung von Todes wegen in die amtliche Verwahrung, Nr. 12100 KV — 75,00 €
Nach dem Tode des A wird das Testament gem. § 349 FamFG eröffnet und danach wieder in die amtliche Verwahrung zurückgebracht.
An Gerichtsgebühren sind entstanden:
Gebühr für die Eröffnung der Verfügung von Todes wegen, Nr. 12101 KV — 100,00 €
Eine Verwahrgebühr (Nr. 12100 KV) ist für die Wiederverwahrung nicht noch einmal zu erheben.

---

5 Bormann/Diehn/Sommerfeldt/*Sommerfeldt*, GNotKG, Nr. 12100 KV Rn 10; Korintenberg/*Wilsch*, GNotKG, Nr. 12100 KV Rn 8.

6. Herausgabe an Testator; Abgabe an anderes Nachlassgericht

Für die Rückgabe der Verfügung von Todes wegen an den Testator entstehen keine Gebühren, da Anm. zu Nr. 12100 KV klarstellt, dass die Gebühr auch die Herausgabe abdeckt. Keine Gebühren entstehen auch dann, wenn die Herausgabe nur befristet erfolgt, weil eine Einsichtnahme durch den Testator erfolgen soll. Die anschließende Wiederverwahrung löst die Gebühr daher nicht erneut aus.[6] Gleiches gilt, wenn die Verfügung von Todes wegen an ein anderes Nachlassgericht zur Verwahrung abgegeben wird (§ 344 Abs. 1 S. 2 FamFG).[7] Wird das Testament jedoch aus der amtlichen Verwahrung genommen und dem Testator zurückgegeben, entsteht die Gebühr der Nr. 12100 KV erneut, wenn der Testator das Testament erneut in die amtliche Verwahrung geben will, weil dann keine bloße Einsichtnahme vorliegt. 16

7. Abgelieferte Testamente

Wird eine Verfügung von Todes wegen nach dem Tode des Erblassers an das Nachlassgericht abgeliefert (§§ 2259, 2300 BGB), werden diese nicht in amtliche Verwahrung genommen, sondern bis zur Eröffnung bei den Nachlassakten aufbewahrt (§ 27 Abs. 13 AktO-oG). Eine Gebühr nach Nr. 12100 KV fällt deshalb nicht an. 17

8. Eröffnung einer Verfügung von Todes wegen

Ist die Verfügung von Todes wegen nach § 348 FamFG zu eröffnen, fällt die **Eröffnungsgebühr** der Nr. 12101 KV iHv 100 € gesondert an (s. ausf. Rn 25 ff). 18

9. Rechtsmittel

Wird die Verwahrung abgelehnt, findet die Beschwerde (§§ 58 ff FamFG) statt. Da für das Beschwerde- und Rechtsbeschwerdeverfahren in Hauptabschnitt 1 Abschnitt 1 KV keine Gebührentatbestände enthalten sind und folglich Nr. 12220 ff KV nicht gelten, weil sie nur für die von Abschnitt 2 erfassten Verfahren Anwendung finden, muss auf die Auffangregelungen der Nr. 19116 KV (Beschwerde) bzw. Nr. 19128, 19129 KV (Rechtsbeschwerde) zurückgegriffen werden. Ein Erinnerungsverfahren nach § 11 Abs. 2 RPflG bleibt gebührenfrei (§ 11 Abs. 4 RPflG). 19

Der Wert des Beschwerde- bzw. Rechtsbeschwerdeverfahrens ist nach § 61 Abs. 1 iVm § 36 Abs. 1, 3 GNotKG zu bestimmen. 20

Wird eine Nebenentscheidung angegriffen, gelten Nr. 19116 KV (Beschwerde) bzw. Nr. 19128, 19129 KV (Rechtsbeschwerde). 21

10. Auslagen

Auslagen sind nach Nr. 31000 ff KV einzuziehen. Für die Erteilung des Hinterlegungsscheins und auch die Mitteilungen nach § 347 FamFG ist keine Dokumentenpauschale zu erheben. Anders aber, wenn der Testator eine Abschrift seines Testaments verlangt. 22

11. Kostenschuldner

Für die Kosten haftet der Erblasser als Antragsschuldner (§ 22 Abs. 1 GNotKG), auch wenn die Verfügung von Todes wegen aufgrund gesetzlicher Vorschrift von 23

6 Korintenberg/*Wilsch*, GNotKG, Nr. 12100 KV Rn 13; Rohs/Wedewer/*Waldner*, KostO, § 102 Rn 4.
7 Korintenberg/*Wilsch*, GNotKG, Nr. 12100 KV Rn 11; Rohs/Wedewer/*Waldner*, KostO, § 102 Rn 4.

einem Notar für den Erblasser bei dem Nachlassgericht eingereicht wird. Weitere Kostenschuldner sind nicht vorhanden, jedoch bleibt für besondere Auslagen § 26 GNotKG unberührt.

12. Vorschüsse

24 Obwohl die Annahme nur auf Antrag erfolgt, kann sie nur dann von der vorherigen Zahlung der Gebühr abhängig gemacht werden, wenn dies im Einzelfall zur Sicherung der Kostenzahlung erforderlich scheint (§ 13 S. 2 GNotKG). Für Auslagen gilt § 14 GNotKG, jedoch ist § 14 Abs. 1 S. 2 Hs. 2 GNotKG zu beachten.

II. Eröffnung von Verfügungen von Todes wegen

1. Eröffnungsgebühr

25 Für die Eröffnung einer Verfügung von Todes wegen nach Kenntniserlangung vom Tod des Erblassers (§ 348 FamFG) entsteht die Gebühr nach Nr. 12101 KV. Verfügung von Todes wegen sind alle Formen von Testamenten (§§ 1937, 2064 ff BGB) sowie Erbverträge (§§ 1941, 2274 ff BGB). Gebührenpflichtig ist deshalb auch die Eröffnung eines Schriftstücks des Erblassers, das einen „Nachtrag" mit einem Änderungsvorbehalt zu einem Vor- und Nacherbfolge anordnenden Ehegattentestament enthält.[8] Die Gebühr entsteht ferner, wenn eine Verfügung von Todes wegen nach § 351 S. 2 FamFG eröffnet wird, weil sie sich mehr als 30 Jahre in amtlicher Verwahrung befindet und nicht ermittelt werden kann, dass der Erblasser noch lebt.[9]

26 Es handelt sich um eine Festgebühr, die stets 100 € beträgt. Eine Ermäßigung oder ein Wegfall der Gebühr ist nicht vorgesehen. Einer Wertermittlung bedarf es nicht.

27 **Beispiel:** Nach Eingang der Sterbeurkunde wird durch das Nachlassgericht ein in amtliche Verwahrung gegebenes Testament eröffnet.
An Gerichtsgebühren sind zu erheben:
Gebühr für die Eröffnung der Verfügung von Todes wegen, Nr. 12101 KV 100,00 €

28 Mit der Gebühr werden sämtliche Tätigkeiten des Gerichts, die mit der Eröffnung zusammenhängen, abgegolten. Das gilt neben der Herausnahme aus der amtlichen Verwahrung auch für die Terminsbestimmung, die Ladung der Beteiligten (§ 348 Abs. 2 FamFG), die Fertigung der Niederschrift über die Eröffnung sowie die anschließende offene Verwahrung in der Testamentsakte. Abgegolten ist auch die Bekanntgabe an die Beteiligten (§ 348 Abs. 3 FamFG). Zur Dokumentenpauschale s. Rn 45.

29 Die Eröffnungsgebühr lässt die Entstehung anderer Gebühren, etwa nach Nr. 12210 KV für das Verfahren auf Erteilung eines Erbscheins, unberührt.

2. Entstehung und Fälligkeit

30 Die Gebühr der Nr. 12101 KV entsteht mit Beendigung der gerichtlichen Handlung, also mit Eröffnung der Verfügung von Todes wegen. Die Eröffnung erfolgt dadurch, dass der Rechtspfleger den Umschlag aufschneidet und Kenntnis vom Inhalt nimmt. Erfolgt die Eröffnung in einem bestimmten Termin, kommt es neben dem Öffnen auf die Kenntnisnahme durch das Gericht und die Bekanntgabe im Termin an.[10] Da es

---

8 OLG Düsseldorf Rpfleger 2001, 100.
9 Korintenberg/*Wilsch*, GNotKG, Nr. 12101 KV Rn 28.
10 Korintenberg/*Wilsch*, GNotKG, Nr. 12101 KV Rn 22.

sich nicht um eine Verfahrensgebühr handelt, genügt die Kenntniserlangung des Gerichts vom Tod des Erblassers noch nicht, sondern es ist auf die Eröffnung abzustellen.

Unerheblich für die Entstehung der Gebühr ist der Inhalt der eröffneten Verfügung 31
von Todes wegen. Die Gebühr der Nr. 12101 KV entsteht deshalb auch dann, wenn das Testament bzw. der Erbvertrag unwirksam[11] oder widerrufen ist[12] oder ein Bedachter bereits vorverstorben ist.[13]

Die Fälligkeit bestimmt sich nach § 9 Abs. 1 GNotKG, so dass die Gebühr Nr. 12101 32
KV mit Beendigung der Eröffnung fällig wird, weil dann eine Beendigung des Verfahrens iSd § 9 Abs. 1 Nr. 5 GNotKG vorliegt. Für die Auslagen gilt § 9 Abs. 1, 2 GNotKG.

3. Mehrere Verfügungen von Todes wegen

Werden mehrere Verfügungen von Todes wegen desselben Erblassers bei demselben 33
Gericht gleichzeitig eröffnet, ist die Gebühr gleichwohl nur einmal zu erheben (Anm. zu Nr. 12101 KV). Das Gebührenprivileg gilt deshalb nur, wenn beide Tatbestände (derselbe Erblasser und derselbe Eröffnungszeitpunkt) zusammen vorliegen.

Sind mehrere Testamente des Erblassers bei verschiedenen Gerichten verwahrt und 34
werden diese getrennt eröffnet, fällt die Gebühr mehrfach an.[14] Ebenso, wenn die Eröffnung zwar bei demselben Gericht erfolgt, aber zeitlich hintereinander stattfindet.[15] In diesen Fällen ist die Eröffnungsgebühr für jede eröffnete Verfügung von Todes wegen gesondert zu erheben, wenn nicht für die einzelnen Eröffnungen die Voraussetzungen der Anm. zu Nr. 12101 KV erfüllt sind. In der getrennten Eröffnung vor Verwahrungs- und Nachlassgericht liegt auch noch keine unrichtige Sachbehandlung (§ 21 GNotKG).[16] Auch ist das Nachlassgericht nicht verpflichtet nachzufragen, ob weitere Testamente vorhanden sind.[17] Das gilt selbst dann, wenn in dem eröffneten Testament weitere Verfügungen von Todes wegen erwähnt sind.[18]

Beispiel 1: Beim Amtsgericht Magdeburg – Nachlassgericht – befinden sich für den Erblas- 35
ser zwei Testamente in amtlicher Verwahrung. Nach Eingang der Sterbeurkunde werden beide Testamente eröffnet.
Es ist nur eine Eröffnungsgebühr (Nr. 12101 KV) zu erheben, da die Eröffnung beider Testamente bei demselben Gericht erfolgt und sie gleichzeitig eröffnet wurden.

Beispiel 2: Der Erblasser hat zwei Testamente in amtliche Verwahrung gegeben. Eines ist 36
beim Amtsgericht Köln verwahrt und eines beim Amtsgericht Magdeburg, das zugleich Nachlassgericht ist.
Nach Kenntniserlangung vom Tod des Erblassers eröffnet das Amtsgericht Köln das dort verwahrte Testament und übersendet es an das Nachlassgericht. Bei dem Amtsgericht Magdeburg wird das dort verwahrte Testament eröffnet.

---

11 LG Stuttgart JurBüro 1989, 432.
12 Korintenberg/*Wilsch*, GNotKG, Nr. 12101 KV Rn 23.
13 BayObLG FamRZ 1997, 644.
14 KG FamRZ 2002, 1578; LG Koblenz FamRZ 2006, 439.
15 BayObLG NJWE-FER 2000, 165.
16 LG Koblenz Rpfleger 1996, 174.
17 LG Berlin JurBüro 1984, 1711.
18 LG Wuppertal JurBüro 1982, 1064.

An Gerichtsgebühren sind zu erheben:

1.	Gebühr für die beim AG Köln vorgenommene Eröffnung der Verfügung von Todes wegen, Nr. 12101 KV	100,00 €
2.	Gebühr für die beim AG Magdeburg vorgenommene Eröffnung der Verfügung von Todes wegen, Nr. 12101 KV	100,00 €
Gesamt		200,00 €

Wegen § 18 Abs. 2 S. 1 Nr. 1 GNotKG, § 5 Abs. 6 KostVfg sind beide Gebühren beim AG Magdeburg als Nachlassgericht anzusetzen.

4. Gemeinschaftliches Testament, Erbvertrag

37 Wird ein **gemeinschaftliches Testament** (§§ 2265 ff BGB) nach dem Tod des Erstversterbenden eröffnet und dabei gem. § 349 Abs. 1 FamFG in der Weise eröffnet, dass Verfügungen des überlebenden Ehegatten nicht bekanntgegeben werden, entsteht eine Eröffnungsgebühr nach Nr. 12101 KV. Für die anschließende Wiederverwahrung nach § 349 Abs. 2 FamFG ist jedoch keine Verwahrungsgebühr nach Nr. 12100 KV anzusetzen. Erfolgt nach Versterben des anderen Ehegatten die Eröffnung wegen der anderen Teile des Testaments, so entsteht die Eröffnungsgebühr der Nr. 12101 KV erneut.[19] Gleiches gilt bei der Eröffnung von **Erbverträgen** (§ 349 Abs. 4 FamFG).

38 **Beispiel:** Beim Nachlassgericht wird ein gemeinschaftliches Testament in die Verwahrung gegeben. Im Jahr 2014 verstirbt der Ehemann. Das Testament wird daraufhin in der Form des § 349 FamFG eröffnet und anschließend wieder in amtliche Verwahrung genommen.
Im Jahr 2016 verstirbt auch die überlebende Ehefrau. Das gemeinschaftliche Testament wird sodann wegen der restlichen Teile eröffnet.
Die Eröffnungsgebühr der Nr. 12101 KV ist für jede Eröffnung mit jeweils 100 € in Ansatz zu bringen.

39 Erfolgt die Eröffnung des gesamten gemeinschaftlichen Testaments erstmalig nach dem Tode des letztverstorbenen Ehegatten, so liegen Eröffnungen für verschiedene Erblasser vor, auch wenn nur ein Eröffnungsakt stattgefunden hat, so dass die Gebühr Nr. 12101 KV für jeden Erblasser (Ehegatten) gesondert anzusetzen ist.[20]

5. Zuständigkeit

40 Die Kosten für das erstinstanzliche Eröffnungsverfahren werden stets bei dem Nachlassgericht angesetzt, auch wenn die Eröffnung bei einem anderen Gericht erfolgt ist (§ 18 Abs. 2 S. 1 Nr. 1 GNotKG, § 5 Abs. 6 KostVfg). Die Zuständigkeitsregelung erfasst daher sowohl die Eröffnungsgebühr (Nr. 12101 KV) als auch Auslagen (Nr. 31000 ff KV).

6. Zwang zur Ablieferung von Testamenten

41 Wird wegen Verletzung der Verpflichtung zur Ablieferung eines Testaments Zwangsgeld oder Zwangshaft nach §§ 35, 358 FamFG angeordnet, entstehen gesonderte Gebühren nach Nr. 17006 KV sowie Zustellungskosten für Androhung und Anordnungsbeschluss (Nr. 31002 KV) und eventuelle Kosten für die Zwangshaft (Nr. 31010 KV).

---

19 Korintenberg/*Wilsch*, GNotKG, Nr. 12101 KV Rn 26; Rohs/Wedewer/*Waldner*, KostO, § 103 Rn 10.

20 Aufgabe der in der Vorauflage (1. Aufl. 2013, aaO) vertretenen Auffassung; so auch Bormann/Diehn/Sommerfeldt/*Sommerfeldt*, GNotKG, Nr. 12101 KV Rn 18 f.

7. Rechtsmittel

Wird die Eröffnung abgelehnt, findet dagegen die Beschwerde nach §§ 58 ff FamFG bzw. die Erinnerung nach § 11 Abs. 2 RPflG statt. Für das Beschwerdeverfahren sind in Teil 1 Hauptabschnitt 1 Abschnitt 1 KV keine Gebührentatbestände enthalten; die Nr. 12220 ff KV sind nicht anwendbar, da sie nur für die von Abschnitt 2 erfassten Verfahren gelten. Es gelten daher die Auffangregelungen der Nr. 19116 KV (Beschwerde) bzw. Nr. 19128, 19129 KV (Rechtsbeschwerde). 42

Das Erinnerungsverfahren ist gebührenfrei (§ 11 Abs. 4 RPflG). 43

8. Auslagen

a) Allgemeines

Gerichtliche Auslagen sind nach Nr. 31000–31016 KV einzuziehen. In Rechtsmittelverfahren ist Vorbem. 3.1 Abs. 1 KV zu beachten, wonach die Auslagen, die für eine begründete Beschwerde entstanden sind, nicht erhoben werden, soweit das Beschwerdeverfahren gebührenfrei ist und das Gericht die Kosten auch nicht dem Gegner des Beschwerdeführers auferlegt hat. 44

b) Dokumentenpauschale

Für die Fertigung von Abschriften der eröffneten Verfügung von Todes wegen für die Beteiligten (§ 348 Abs. 3 FamFG) kann neben der Gebühr der Nr. 12101 KV keine gesonderte Dokumentenpauschale (Nr. 31000 KV) gefordert werden. Sie entsteht aber dann, wenn die Abschriften von Dritten erfordert werden oder die Beteiligten weitere Abschriften fordern. 45

c) Zustellungskosten

Da es sich bei der Eröffnungsgebühr der Nr. 12101 KV um eine Festgebühr handelt, sind Zustellungskosten (auch bei Einschreiben gegen Rückschein) von der ersten Zustellung an in voller Höhe in Ansatz zu bringen; die Freigrenze der Anm. zu Nr. 31002 KV gilt nicht. Das gilt auch, wenn sie für die Ladung zum Eröffnungstermin oder wegen der schriftlichen Bekanntgabe (§ 348 Abs. 2, 3 FamFG) entstehen. 46

9. Kostenschuldner

Für die Kosten der Eröffnung haften nur die Erben, und zwar wie für eine Nachlassverbindlichkeit (§ 24 Nr. 1 GNotKG). Weitere Kostenschuldner sind nicht vorhanden, jedoch bleibt § 26 GNotKG für besondere Auslagen unberührt (s. Rn 394 ff). Auch ein persönlich kosten- oder gebührenbefreiter Erbe kann in Anspruch genommen werden (§ 2 Abs. 4 GNotKG) (s. Rn 405 ff). 47

Für die Rechtsmittelverfahren gilt § 24 GNotKG nicht (§ 25 Abs. 3 GNotKG), so dass hier der Rechtsmittelführer als Antragsschuldner haftet (§ 22 Abs. 1 GNotKG). Die Antragshaftung erlischt jedoch, wenn das Rechtsmittel ganz oder teilweise mit Erfolg eingelegt worden ist und das Gericht nicht über die Kosten entschieden hat oder die Kosten nicht von einem anderen Beteiligten übernommen worden sind (§ 25 Abs. 1 GNotKG). Im Übrigen haften die Kostenschuldner des § 27 GNotKG. 48

10. Vorschüsse

49 Die Eröffnung ist von Amts wegen vorzunehmen. § 13 S. 1 GNotKG gilt deshalb nicht, so dass die Eröffnung nicht von der vorherigen Zahlung der Gebühr abhängig gemacht werden kann.

50 Sind gerichtliche Handlungen mit der Entstehung von Auslagen verbunden, kann das Gericht einen Vorschuss nach § 14 Abs. 3 GNotKG erheben, jedoch darf die Durchführung der Handlung nicht von ihrer vorherigen Zahlung abhängig gemacht werden. Als Kostenschuldner kommen die Erben in Betracht (§ 24 Nr. 1 GNotKG).

III. Erbscheinsverfahren

1. Erfasste Verfahren

51 Für Verfahren über den Antrag auf Erteilung von Erbscheinen und anderen Zeugnissen des Nachlassgerichts gilt Teil 1 Hauptabschnitt 2 Abschnitt 2 KV. Danach entstehen im erstinstanzlichen Verfahren Gebühren nach Nr. 12210–12212 KV.

52 Erfasst sind dabei im Einzelnen nach Vorbem. 1.2.2 Abs. 1 KV die Verfahren wegen der Erteilung von

- Erbscheinen,
- Erbscheinen vor dem Landwirtschaftsgericht (Vorbem. 1.2 Abs. 1, Vorbem. 1.5.1 Abs. 1 S. 1 KV),
- Zeugnissen über die Fortsetzung der Gütergemeinschaft (§ 1507 BGB),
- Zeugnissen nach §§ 36 und 37 GBO,
- Zeugnissen nach § 42 SchiffsRegO, auch iVm § 74 SchiffsRegO,
- Zeugnissen nach § 86 des Gesetzes über Rechte an Luftfahrzeugen.

Zum Europäischen Nachlasszeugnis s. Rn 352 ff.

53 Zur Einziehung oder Kraftloserklärung von Erbscheinen oder Zeugnissen des Nachlassgerichts s. Rn 146 ff.

54 Darüber hinaus gelten Nr. 12210–12212 KV auch für die Erbscheinsverfahren vor dem Landwirtschaftsgericht (Vorbem. 1.2 Abs. 1, Vorbem. 1.5.1 Abs. 1 S. 1 KV), dh für die Erteilung und Kraftloserklärung von **Hoffolgezeugnissen** nach der HöfeO. Zum Wert s. Rn 139. Für die Entgegennahme von Erklärungen eines Hoferben über die Wahl des Hofes gilt Nr. 12410 KV (Vorbem. 1.5.1 Abs. 1 S. 1 KV).

55 Für die Erteilung des ersten **Testamentsvollstreckerzeugnisses** gelten Nr. 12210–12212 KV (s. auch Rn 304). Ist ein weiteres Testamentsvollstreckerzeugnis zu erteilen, gelten Nr. 12213, 12214 KV (s. Rn 305 ff).

2. Verfahrensgebühr

56 Bei Nr. 12210 KV handelt es sich um eine 1,0-Verfahrensgebühr. Es gilt Tabelle B (§ 34 GNotKG). Die Gebühr deckt sämtliche Tätigkeiten des Nachlassgerichts im Erbscheinsverfahren ab, jedoch nicht die Beurkundung der eidesstattlichen Versicherung (Anm. Abs. 1 zu Nr. 12210 KV, Vorbem. 1 Abs. 2 KV) (s. Rn 71 ff). Die Art des erteilten Erbscheins (zB **gemeinschaftlicher Erbschein, Teilerbschein, gegenständlich beschränkter Erbschein**) ist unerheblich; zum Sammelerbschein s. aber Rn 70 a.

Beispiel: Beantragt wird die Erteilung eines Erbscheins. Nach Feststellung der erforderlichen Tatsachen wird der Erbschein erteilt. Der maßgebliche Nachlasswert beträgt 80.000 €.

An Gerichtsgebühren sind entstanden:

1,0-Verfahrensgebühr, Nr. 12210 KV (Wert: 80.000 €, Tabelle B)	219,00 €

Mit der Gebühr Nr. 12210 KV ist auch die **öffentliche Aufforderung** nach § 352 d FamFG abgegolten.[21] Die Bekanntmachungskosten sind nach Nr. 31004 KV gesondert anzusetzen. Werden auch **hilfsweise Anträge** gestellt, lösen sie keine gesonderten Gebühren aus, auch wenn ein oder beide Anträge zurückgewiesen werden.[22] 56a

Wird der Antrag **zurückgewiesen**, entsteht eine 0,5-Verfahrensgebühr nach Nr. 12212 KV.[23] 56b

In dem Erbschein anzubringende **Vermerke bei Nacherbfolge** (§ 352 b Abs. 1 FamFG) oder **Ernennung eines Testamentsvollstreckers** (§ 352 b Abs. 2 FamFG) lösen keine gesonderten Gebühren aus.[24] Wird nach Eintritt der Nacherbfolge ein Nacherbenerbschein erteilt, fällt hierfür eine gesonderte Gebühr nach Nr. 12210 KV an.[25] 57

Ein **Beschluss nach § 1964 BGB** (Erbvermutung für den Fiskus durch Feststellung) bleibt gebührenfrei,[26] Auslagen sind nach Nr. 31000 ff KV anzusetzen, für die Kostenhaftung gilt § 24 Nr. 9 GNotKG. Ist dem Fiskus noch ein Erbschein zu erstellen, entsteht eine Gebühr nach Nr. 12210 KV, jedoch sind Kostenbefreiungsregeln (§ 2 GNotKG) zu beachten. Gebührenfrei bleibt auch die auf Landesrecht beruhende **Erbenermittlung außerhalb des Erbscheinsverfahrens,**[27] für die Auslagen (Nr. 31000 ff KV) gilt gleichfalls § 24 Nr. 9 GNotKG. 57a

3. Entstehung und Fälligkeit

Die Gebühr der Nr. 12210 KV entsteht mit Eingang des Antrags auf Erteilung des Erbscheins oder des Zeugnisses. Nach Entstehung kann die Gebühr nicht mehr entfallen, sondern sich nur nach Nr. 12211, 12212 KV ermäßigen. 58

Die Fälligkeit der Gebühren bestimmt sich nach § 9 Abs. 1 GNotKG, so dass es regelmäßig auf die Erteilung des Erbscheins bzw. des Zeugnisses ankommt, weil dann eine Beendigung iSd § 9 Abs. 1 Nr. 5 GNotKG vorliegt. Darüber hinaus löst auch die Antragsrücknahme die Fälligkeit aus (§ 9 Abs. 1 Nr. 2 GNotKG). Im Fall der Zurückweisung wird die Fälligkeit der Gebühr Nr. 12212 KV mit Erlass des Zurückweisungsbeschlusses ausgelöst. 59

Für die Auslagen bestimmt sich die Fälligkeit nach § 9 Abs. 1, 2 GNotKG. 60

4. Gebührenermäßigung

a) Ermäßigung bei Beendigung ohne Endentscheidung

Die Verfahrensgebühr der Nr. 12210 KV ermäßigt sich nach Nr. 12211 KV auf einen 0,3-Gebührensatz. Unabhängig vom Geschäftswert beträgt die Gebühr der Nr. 12211 KV höchstens 200 €. Die Ermäßigung tritt ein, wenn das Erbscheinsverfahren beendet wird, bevor das Nachlassgericht eine Endentscheidung erlässt, zB Beschlüsse wegen der Antragszurückweisung. Dabei stellt Vorbem. 1.2.2 Abs. 3 KV klar, dass End- 61

21 Korintenberg/*Wilsch*, GNotKG, Nr. 12210–12211 KV Rn 9.
22 LK-GNotKG/*Zimmermann*, Nr. 12210 KV Rn 13.
23 BT-Drucks. 17/11471 (neu), S. 197 zu Nr. 12212 KV.
24 HK-GNotKG/*Jäckel*, KV Nr. 12210–12215 Rn 3.
25 HK-GNotKG/*Jäckel*, KV Nr. 12210–12215 Rn 3.
26 Korintenberg/*Wilsch*, GNotKG, Nr. 12210–12211 KV Rn 5; LK-GNotKG/*Zimmermann*, Nr. 12210 KV Rn 33.
27 LK-GNotKG/*Zimmermann*, Nr. 12210 KV Rn 34.

entscheidung auch der Beschluss nach § 352 e Abs. 1 FamFG und die Ausstellung des Europäischen Nachlasszeugnisses ist.

62 Nr. 12211 KV gilt auch, wenn das Verfahren nicht durch Zurücknahme beendet wird, sondern dadurch, dass sämtliche Beteiligte erklären, dass sie das Verfahren beenden wollen (§ 22 Abs. 3 FamFG).[28]

63 Wird der Feststellungsbeschluss (§ 352 e FamFG) oder die sonstige Endentscheidung nicht durch Verlesen der Entscheidungsformel bekannt gegeben, tritt Ermäßigung auch noch ein, wenn der Antrag vor Ablauf des Tages zurückgenommen wird, an dem der Feststellungsbeschluss oder die Endentscheidung der Geschäftsstelle übermittelt wird (Nr. 12211 Nr. 2 KV). Maßgeblich sind der Übergabevermerk nach § 38 Abs. 3 S. 3 FamFG und der Eingang bei Gericht. Nach Erlass des Feststellungsbeschlusses kann nur noch Ermäßigung nach Nr. 12212 KV eintreten (s. Rn 65 ff).

64 **Beispiel:** In dem Erbscheinsverfahren wird am 15.8. Feststellungsbeschluss erlassen. Der Beschluss wird der Geschäftsstelle am 16.8. übergeben. Am 16.8. um 21.00 Uhr geht bei Gericht die Zurücknahme des Erbscheinsantrags ein. Ein Erbschein war noch nicht erteilt.
Anzusetzen ist eine 0,3-Verfahrensgebühr nach Nr. 12211 KV, weil der Feststellungsbeschluss nicht durch Verlesen bekannt gemacht wurde und die Zurücknahme deshalb noch bis zum Ablauf des 16.8. (Tag der Übergabe an die Geschäftsstelle) rechtzeitig erfolgen konnte.

b) Ermäßigung nach Erlass des Feststellungsbeschlusses

65 Ist der Feststellungsbeschluss (§ 352 e FamFG) erlassen und wird der Antrag danach zurückgenommen, kommt nur eine Ermäßigung nach Nr. 12212 KV auf einen 0,5-Gebührensatz in Betracht, wenn das Verfahren ohne Erteilung eines Erbscheins oder sonstigen Zeugnisses oder ohne Ausstellung eines Europäischen Nachlasszeugnisses beendet wird, aber kein Fall der Nr. 12211 KV vorliegt.

66 Unabhängig vom Geschäftswert beträgt die Gebühr Nr. 12212 KV höchstens 400 €.

67 Erfasst sind insbesondere die Fälle, in denen der Erbscheinsantrag nach Erlass eines Feststellungsbeschlusses zurückgenommen wird oder die Zurücknahme erst erfolgt nach Bekanntgabe dieser Entscheidung durch Verlesen der Entscheidungsformel oder bei schriftlicher Bekanntgabe nach Ablauf des Tages, an dem die Entscheidung der Geschäftsstelle übermittelt worden ist.

68 **Beispiel:** In dem Erbscheinsverfahren wird am 15.9. Feststellungsbeschluss erlassen. Er wird den Beteiligten mündlich bekannt gegeben. Am 18.9. wird der Erbscheinsantrag zurückgenommen. Ein Erbschein war noch nicht erteilt.
Anzusetzen ist eine 0,5-Verfahrensgebühr nach Nr. 12212 KV, weil das Verfahren zwar ohne Erteilung eines Erbscheins, aber nach Erlass und mündlicher Bekanntgabe eines Feststellungsbeschlusses beendet wurde.

5. Mehrere Erben und Erblasser

69 Für die Gebührenerhebung ist die Art des erteilten Erbscheins unerheblich. Die Gebühren der Nr. 12210–12212 KV sind daher auch dann nur einmal zu erheben, wenn in dem Erbschein **mehrere Miterben** ausgewiesen werden. Das gilt auch, wenn meh-

28 BT-Drucks. 17/11471 (neu), S. 197 zu Nr. 12211 KV.

rere gleichlautende Anträge gestellt werden,[29] aber auch bei Stellung von gegensätzlichen, sich ausschließenden Anträgen, da nur ein Erbscheinsverfahren vorliegt. Weist das Gericht dann einen Antrag zurück und erteilt den Erbschein nach dem anderen Antrag, entsteht nur eine Gebühr nach Nr. 12210 KV.[30] Das gilt auch bei Rücknahme des Antrags eines Erben, wenn der andere Erbe seinen Antrag aufrechterhält. Eine Gebühr nach Nr. 12211 KV entsteht nicht gesondert, da diese voraussetzt, dass sich das gesamte Erbscheinsverfahren durch Rücknahme beendet.

Erstreckt sich das Erbscheinsverfahren lediglich auf einzelne Miterben, bestimmt sich der maßgebliche Geschäftswert nur nach dem Anteil dieses Miterben (§ 40 Abs. 2 GNotKG). Werden mehrere Teilerbscheine erteilt, entstehen gesonderte Gebühren.[31] 70

Hingegen stellt die Erteilung eines Erbscheins oder Zeugnisses nach **verschiedenen Erblassern** getrennte Verfahren dar, so dass die Gebühren der Nr. 12210 ff KV jeweils gesondert entstehen, auch wenn ein Sammelerbschein erteilt wird.[32] Abzustellen ist dabei auf den Nachlasswert des jeweiligen Erblassers. 70a

6. Eidesstattliche Versicherung

Ist die Abgabe einer eidesstattlichen Versicherung erforderlich (vgl. § 352 Abs. 3 S. 3 FamFG, § 36 Abs. 2 S. 1 IntErbRVG), entstehen für ihre Abnahme durch das Gericht gesonderte Gebühren (Anm. zu Nr. 12210, Vorbem. 1 Abs. 2 KV). 71

Die Gebühren sind nach Teil 2 KV zu erheben (Vorbem. 1 Abs. 2 KV), so dass Nr. 23300 KV Anwendung findet. Es handelt sich um eine 1,0-Gebühr, es gilt Tabelle B (§ 34 GNotKG). Die Gebühr ist neben den Gebühren der Nr. 12210 ff KV anzusetzen (Anm. Abs. 1 zu Nr. 12210 KV). 72

Beispiel: Beantragt wird die Erteilung eines Erbscheins. Zur Erlangung des Erbscheins wird von dem Nachlassgericht die eidesstattliche Versicherung abgenommen. Der Geschäftswert beträgt 60.000 €. 73

1.	1,0-Verfahrensgebühr, Nr. 12210 KV (Wert: 60.000 €, Tabelle B)	192,00 €
2.	1,0-Verfahrensgebühr, Nr. 23300 KV (Wert: 60.000 €, Tabelle B)	192,00 €
Gesamt		384,00 €

Die Gebühr der Nr. 23300 KV ermäßigt sich auf einen 0,3-Gebührensatz (Nr. 23301 KV), wenn das Verfahren zur Abnahme der eidesstattlichen Versicherung vorzeitig beendet wird, dh wenn die Abnahme der eidesstattlichen Versicherung nicht mehr erfolgt.[33] 74

Bei den Gebühren der Nr. 23300, 23301 KV handelt es sich um Verfahrensgebühren, die mit Beendigung der Abnahme der eidesstattlichen Versicherung fällig werden (§ 10 GNotKG). 75

Die Gebühren für die Abnahme der eidesstattlichen Versicherung werden stets beim Nachlassgericht angesetzt (§ 18 Abs. 2 S. 1 Nr. 2 GNotKG, § 5 Abs. 6 KostVfg), auch wenn es die eidesstattliche Versicherung nicht selbst abgenommen hat. Soweit das Landwirtschaftsgericht an die Stelle des Nachlassgerichts tritt, wird auch die Gebühr 76

29 Korintenberg/*Wilsch*, GNotKG, Nr. 12210–12212 KV Rn 10.

30 AA Bormann/Diehn/Sommerfeldt/*Sommerfeldt*, GNotKG, Nr. 12210 KV Rn 50; LK-GNotKG/*Zimmermann*, Nr. 12210 KV Rn 17; offen lassend Korintenberg/*Wilsch*, GNotKG, Nr. 12210 KV Rn 10.

31 Korintenberg/*Wilsch*, GNotKG, Nr. 12210–12212 KV Rn 12.

32 Bormann/Diehn/Sommerfeldt/*Sommerfeldt*, GNotKG, Nr. 12210 KV Rn 51; Korintenberg/*Wilsch*, GNotKG, Nr. 12210–12212 KV Rn 12; LK-GNotKG/*Zimmermann*, Nr. 12210 KV Rn 26.

33 BT-Drucks. 17/11471 (neu), S. 226 zu Abschnitt 3.

für die Abnahme einer eidesstattlichen Versicherung zwecks Erwirkung eines Erbscheins beim Landwirtschaftsgericht angesetzt (§ 5 Abs. 6 S. 5 KostVfg).

7. Gebühren- und kostenfreie Erbscheine

a) Allgemeines

77 Nach § 2 Abs. 2 GNotKG bleiben bundes- oder landesrechtliche Bestimmungen, die vorsehen, dass Erbscheine für bestimmte Zwecke gebühren- oder gänzlich kostenfrei zu erteilen sind, unberührt. **§ 13 KostVfg** ist zu beachten. Danach hat der Kostenbeamte auf Erbscheinen oder ähnlichen Zeugnissen, die zur Verwendung in bestimmten Verfahren gebührenfrei erteilt werden, auf der Urschrift und Ausfertigung den Vermerk „Zum ausschließlichen Gebrauch für das ...-verfahren gebührenfrei erteilt" anzubringen. Auch ist die Ausfertigung der Behörde oder Dienststelle, bei der das Verfahren anhängig ist, mit dem Ersuchen zu übersenden, den Beteiligten weder die Ausfertigung auszuhändigen noch eine Abschrift zu erteilen.

b) Erbscheine nach dem Bundesentschädigungsgesetz (BEG)

77a In Verfahren wegen der Erteilung von Erbscheinen nach dem Bundesentschädigungsgesetz (BEG)[34] werden Kosten (Gebühren und Auslagen) nicht erhoben, mit Ausnahme der Gebühr für die Beurkundung der eidesstattlichen Versicherung (§ 181 Abs. 3 BEG).

c) Erbscheine nach dem Lastenausgleichsgesetz (LAG)

78 Für Erbscheine, die ausschließlich für den Lastenausgleich verwendet werden sollen, wird eine Gebühr nach Nr. 12210 KV nicht erhoben (§ 317 Abs. 5 S. 1 LAG). Ausgenommen ist jedoch die für die Beurkundung der eidesstattlichen Versicherung (§ 352 Abs. 3 S. 3 FamFG) zu erhebende Gebühr der Nr. 23300 f KV (§ 317 Abs. 5 S. 2 LAG). Der Erbschein kann auch in Verfahren verwendet werden, die der Rückgabe, Freigabe oder Entschädigung weggenommener Wirtschaftsgüter dienen (§ 317 Abs. 5 S. 3 LAG).

d) Sozialrechtliche Ansprüche

79 Geschäfte und Verhandlungen, die aus Anlass der Beantragung, Erbringung oder der Erstattung einer Sozialleistung nötig werden, sind kostenfrei, was auch für die nach dem GNotKG zu erhebenden Gerichtskosten gilt (§ 64 Abs. 2 S. 1, 2 SGB X). Erfasst sind daher neben entsprechenden Anträgen von Sozialleistungsträgern auch Anträge von Bürgern, die zB einen Erbschein für die Beantragung einer Sozialleistung benötigen. § 64 Abs. 2 S. 2 GNotKG erfasst zB die Kosten für Erbscheine oder Testamentseröffnungen.

e) Erbscheine wegen Geldverbindlichkeiten des Deutschen Reichs

80 Erbscheine für Rückerstattungsansprüche wegen rückerstattungsrechtlicher Geldverbindlichkeiten des Deutschen Reichs und gleichgestellter Rechtsträger (§ 7 a Abs. 3 S. 1 Bundesrückerstattungsgesetz) sind gebühren- und auslagenfrei zu erteilen, wenn sie für den Rückerstattungsanspruch einschließlich des vorausgegangenen Verfahrens

34 Bundesgesetz zur Entschädigung für Opfer der nationalsozialistischen Verfolgung (Bundesentschädigungsgesetz – BEG) vom 18.9.1953 in der im Bundesgesetzblatt Teil III, Gliederungsnummer 251-1, veröffentlichten bereinigten Fassung.

verwendet werden sollen. Gebührenpflichtig ist jedoch die Beurkundung der eidesstattlichen Versicherung nach § 352 Abs. 3 S. 3 FamFG (§ 7 a Abs. 3 S. 2 Bundesrückerstattungsgesetz).

f) Erbscheine wegen Schuldbuchforderungen gegen die ehemalige DDR

Erbscheine wegen Schuldbuchforderungen gegen die ehemalige DDR sind gebührenfrei zu erteilen (§ 2 Abs. 4 S. 2 DDR-Schuldbuchbereinigungsgesetz). Der Erbschein darf nur für Zwecke der Auszahlung aus Schuldbuchforderungen verwendet werden. § 2 Abs. 4 S. 3 DDR-Schuldbuchbereinigungsgesetz ist zu beachten. 81

8. Beschwerdeverfahren

a) Anzuwendende Regelungen

Für Beschwerden nach §§ 58 ff FamFG gegen Endentscheidungen wegen des Hauptgegenstands gelten Nr. 12220–12222 KV. Erfasst sind insbesondere die Beschwerden gegen Feststellungsbeschlüsse (§ 352 e FamFG) oder Beschlüsse über die Zurückweisung des Antrags. 82

Werden hingegen Nebenentscheidungen mit der Beschwerde angegriffen, gilt Nr. 19116 KV. 83

b) Verfahrensgebühr

Für das Beschwerdeverfahren entsteht eine pauschale 1,0-Verfahrensgebühr nach Nr. 12220 KV, die sämtliche Handlungen des Gerichts abdeckt. Es gilt Tabelle B (§ 34 GNotKG). Die Gebühr beträgt unabhängig vom Geschäftswert höchstens 800 €. 84

Beispiel 1: Wegen der Zurückweisung des Erbscheinsantrags wird Beschwerde eingelegt. Das Gericht entscheidet durch Endentscheidung. Der Geschäftswert beträgt 75.000 €. 85
An Gerichtsgebühren sind entstanden:
1,0-Verfahrensgebühr, Nr. 12220 KV (Wert: 75.000 €, Tabelle B) 219,00 €

Beispiel 2: Wegen der Zurückweisung des Erbscheinsantrags wird Beschwerde eingelegt. Das Gericht entscheidet durch Endentscheidung. Der Geschäftswert beträgt 900.000 €. 86
An Gerichtsgebühren sind entstanden:
1,0-Verfahrensgebühr, Nr. 12220 KV (Wert: 900.000 €, Tabelle B) 800,00 €
Die konkrete Gebührenhöhe beträgt zwar 1.575 €, jedoch beträgt die Gebühr der Nr. 12220 KV höchstens 800 €.

Die Gebühr entsteht mit Eingang der Beschwerde bei dem Gericht. Die Fälligkeit bestimmt sich nach § 9 Abs. 1 GNotKG. Eine Abhängigmachung nach § 13 S. 1 GNotKG kann nicht angeordnet werden, da die Regelung nur für erstinstanzliche Verfahren gilt. Wegen der Fälligkeitsregelung kann die Gebühr nach Beschwerdeeingang auch nicht durch Sollstellung angefordert werden. 87

c) Gebührenermäßigung

aa) Ermäßigung bei Beendigung vor Eingang der Beschwerdebegründung

Wird das gesamte Verfahren vor Eingang der Beschwerdebegründung durch Zurücknahme des Antrags oder der Beschwerde beendet, ermäßigt sich die Verfahrensgebühr Nr. 12220 KV auf einen 0,3-Gebührensatz (Nr. 12221 KV). Es gilt Tabelle B (§ 34 GNotKG). Unabhängig vom Geschäftswert beträgt die Gebühr höchstens 88

200 €. Es muss sich das gesamte Verfahren durch die Zurücknahme erledigen. Eine Teilrücknahme genügt nicht, auch eine Teilermäßigung tritt nicht ein.

89 Eine gesetzliche Begründungsfrist besteht nicht, jedoch kann das Gericht eine solche bestimmen (§ 65 Abs. 2 FamFG). Maßgeblich für die Gebührenermäßigung ist nur der Eingang der Begründungsschrift, auf den Ablauf der richterlichen Frist kommt es nicht an. Der Erlass einer Kostenentscheidung steht der Ermäßigung nicht entgegen.

90 **Beispiel 1:** Am 16.8. wird Beschwerde eingelegt. Sie wird am 21.9. vollständig zurückgenommen. Eine Begründungsschrift ist noch nicht eingegangen, auch eine Endentscheidung war noch nicht ergangen.
Die Zurücknahme ist rechtzeitig vor Eingang der Beschwerdebegründung erfolgt. Die Gebühr der Nr. 12220 KV ermäßigt sich nach Nr. 12221 KV auf einen Gebührensatz von 0,3.

91 **Beispiel 2:** Am 21.8. wird Beschwerde eingelegt. Die Beschwerdebegründung geht am 14.9. bei Gericht ein. Danach wird die Beschwerde vollständig zurückgenommen.
Die Zurücknahme ist nach Eingang der Beschwerdebegründung verspätet erfolgt. Eine Gebührenermäßigung nach Nr. 12221 KV scheidet aus. War noch keine Endentscheidung ergangen, tritt Ermäßigung nach Nr. 12222 KV ein.

bb) Ermäßigung bei Beendigung nach Eingang der Beschwerdebegründung

92 Ist die Beschwerdebegründungsschrift eingegangen, kommt nur noch eine Ermäßigung nach Nr. 12222 KV in Betracht. Die Verfahrensgebühr Nr. 12220 KV ermäßigt sich danach auf einen Gebührensatz von 0,5, wenn das Beschwerdeverfahren ohne Endentscheidung beendet wird. Es gilt Tabelle B (§ 34 GNotKG). Unabhängig vom Geschäftswert beträgt die Gebühr höchstens 400 €.

93 Es muss sich das gesamte Beschwerdeverfahren erledigen, Teilerledigung genügt nicht. Maßgeblich ist der Erlass der Endentscheidung, so dass es auf den Zeitpunkt ihrer Bekanntmachung ankommt. Bei Bekanntgabe ohne Verlesen der Entscheidungsformel tritt Ermäßigung auch ein, wenn die Beendigung bis zum Ablauf des Tages erfolgt, an dem die Endentscheidung der Geschäftsstelle übergeben wurde (Anm. Abs. 1 zu Nr. 12222 KV). Maßgeblich ist der Übergabevermerk nach § 38 Abs. 3 S. 3 GNotKG.

94 **Beispiel:** Am 10.8. wird Beschwerde eingelegt, die Begründungsschrift geht am 15.9. bei Gericht ein. Die Beschwerde wird am 20.9. vollständig zurückgenommen. Eine Endentscheidung war noch nicht ergangen. Der Geschäftswert beträgt 90.000 €.
Es sind an Gerichtsgebühren zu erheben:

0,5-Verfahrensgebühr, Nr. 12222 KV (Wert: 90.000 €, Tabelle B)	123,00 €

95 Endentscheidung ist auch eine bloße Kostenentscheidung, so dass auch sie die Ermäßigung nach Nr. 12222 KV verhindert, wenn die Entscheidung nicht einer zuvor mitgeteilten Kosteneinigung oder Kostenübernahmeerklärung folgt (Anm. Abs. 2 zu Nr. 12222 KV).

9. Rechtsbeschwerdeverfahren

a) Allgemeine Verfahrensgebühr

96 Für Rechtsbeschwerdeverfahren wegen des Hauptgegenstands (§§ 70 ff FamFG) entsteht eine 1,5-Verfahrensgebühr nach Nr. 12230 KV, die sämtliche Handlungen des

Rechtsbeschwerdegerichts abdeckt. Es gilt Tabelle B (§ 34 GNotKG). Unabhängig vom Geschäftswert beträgt die Gebühr höchstens 1.200 €.

Richtet sich die Rechtsbeschwerde gegen eine Nebenentscheidung, gelten Nr. 19128, 19129 KV. 97

b) Gebührenermäßigung

aa) Ermäßigung bei Beendigung vor Eingang der Rechtsbeschwerdebegründung

Die Verfahrensgebühr Nr. 12230 KV ermäßigt sich gem. Nr. 12231 KV auf einen 0,5-Gebührensatz, wenn die Rechtsbeschwerde zurückgenommen wird, bevor die Rechtsbeschwerdebegründung bei Gericht eingeht. Es gilt Tabelle B (§ 34 GNotKG). Die Gebühr beträgt jedoch höchstens 400 €. 98

Die Begründung hat gem. § 71 Abs. 2 S. 1 FamFG binnen eines Monats zu erfolgen, jedoch kann das Gericht die Frist mit Einwilligung des Gegners auch verlängern (§ 71 Abs. 2 S. 3 FamFG iVm § 551 Abs. 2 S. 5 ZPO). Ihr Inhalt ergibt sich aus § 71 Abs. 3 FamFG, die Beschwerdegründe aus § 72 FamFG. Die Rechtsbeschwerde- und die Begründungsschrift sind den übrigen Beteiligten bekannt zu geben (§ 71 Abs. 4 FamFG). 99

Für die Gebührenermäßigung ist allein der Eingang der Begründungsschrift maßgebend, auf den Fristablauf kommt es nicht an. Erfolgt die Zurücknahme erst nach Eingang der Begründungsschrift, kommt nur noch eine Ermäßigung nach Nr. 12232 KV in Betracht. Durch die Zurücknahme muss sich das gesamte Rechtsbeschwerdeverfahren erledigen, Teilrücknahme genügt nicht. 100

Ist bereits eine Endentscheidung ergangen, kann eine Gebührenermäßigung nicht mehr eintreten, auch wenn eine Begründungsschrift innerhalb der Begründungsfrist nicht eingereicht war. In diesen Fällen hat das Gericht die Rechtsbeschwerde als unzulässig zu verwerfen (§ 74 Abs. 1 FamFG). Es bleibt bei Nr. 12230 KV. 101

Beispiel: Es wird Rechtsbeschwerde eingelegt. Eine Begründung erfolgt nicht. Nach Ablauf der Begründungsfrist wird die Rechtsbeschwerde durch Beschluss als unzulässig verworfen (§ 74 Abs. 1 FamFG). Nach Erlass des Beschlusses wird die Rechtsbeschwerde zurückgenommen. 102
Die Rechtsbeschwerde ist verspätet zurückgenommen. Eine Ermäßigung der Verfahrensgebühr scheidet sowohl nach Nr. 12231 KV als auch nach Nr. 12232 KV aus, weil eine Endentscheidung ergangen ist.
Es verbleibt daher bei einer 1,5-Verfahrensgebühr nach Nr. 12230 KV.

bb) Ermäßigung bei Beendigung nach Eingang der Rechtsbeschwerdebegründung

Ist die Begründungsschrift bereits bei Gericht eingegangen, kann eine Ermäßigung der Verfahrensgebühr nur noch nach Nr. 12232 KV erfolgen, wenn die Rechtsbeschwerde oder der Antrag vor Ablauf des Tages zurückgenommen wird, an dem die Endentscheidung der Geschäftsstelle übermittelt wird. Endentscheidungen sind auch Beschlüsse nach §§ 74 Abs. 1, 74 a FamFG. Eine Ermäßigung tritt nur ein, wenn die Zurücknahme das gesamte Rechtsbeschwerdeverfahren beendet. Eine Teilrücknahme führt daher keine Teilermäßigung herbei. 103

Die Verfahrensgebühr ermäßigt sich auf einen 1,0-Gebührensatz. Es gilt Tabelle B (§ 34 GNotKG). Die Gebühr beträgt unabhängig vom Geschäftswert höchstens 800 €. 104

105 **Beispiel:** Es wird Rechtsbeschwerde eingelegt. Die Begründungsschrift geht wenig später bei dem Gericht ein. Noch vor Erlass einer Endentscheidung wird die Rechtsbeschwerde vollständig zurückgenommen. Der Geschäftswert beträgt 90.000 €.
Die Zurücknahme erfolgt vor Erlass der Endentscheidung, aber nach Eingang der Begründungsschrift. An Gerichtsgebühren sind entstanden:
1,0-Verfahrensgebühr, Nr. 12232 KV (Wert: 90.000 €, Tabelle B) 246,00 €

10. Zulassung der Sprungrechtsbeschwerde

106 Im Verfahren auf Zulassung der Sprungrechtsbeschwerde (§ 75 FamFG) gegen die Endentscheidung wegen des Hauptgegenstands entsteht eine 0,5-Verfahrensgebühr nach Nr. 12240 KV. Es gilt Tabelle B (§ 34 GNotKG). Die Gebühr entsteht nur, soweit der Antrag abgelehnt wird. Sie beträgt unabhängig vom Geschäftswert höchstens 400 €.

107 Kostenschuldner ist allein derjenige, der den Antrag auf Zulassung gestellt hat (§ 22 Abs. 1 GNotKG).

108 Der Geschäftswert für das Zulassungsverfahren bestimmt sich nach § 61 Abs. 3 GNotKG.

109 Für den Fall der Ablehnung wird die Entscheidung des Nachlassgerichts sofort rechtskräftig (§ 75 Abs. 2 S. 2 FamFG iVm § 566 Abs. 6 ZPO), da der Antrag auf Zulassung der Sprungrechtsbeschwerde und die Erklärung zur Einwilligung in die Übergehung der Beschwerdeinstanz als Rechtsmittelverzicht auf die Beschwerde gelten (§ 75 Abs. 1 S. 2 FamFG). Wird die Sprungrechtsbeschwerde hingegen zugelassen, wird das Verfahren als Rechtsbeschwerdeverfahren fortgesetzt (§ 75 Abs. 2 S. 2 FamFG iVm § 566 Abs. 7 ZPO). Die Frist für die Einreichung der Rechtsbeschwerdebegründungsschrift beginnt mit Zustellung des Zulassungsbeschlusses. Für den Fall der Zulassung entsteht keine Gebühr nach Nr. 12240 KV, jedoch sind für das Rechtsbeschwerdeverfahren Gebühren nach Nr. 12230 ff KV zu erheben.

110 Wird der Antrag auf Zulassung der Sprungrechtsbeschwerde nur teilweise abgelehnt, entsteht die Gebühr der Nr. 12240 KV nur nach dem Wert des Gegenstands, der sich auf die Ablehnung bezieht (§ 56 Abs. 1 GNotKG), während für den übrigen Teil, für den das Rechtsbeschwerdeverfahren durchgeführt wird, Gebühren nach Nr. 12230 ff KV zu erheben sind. § 56 Abs. 3 GNotKG ist zu beachten.

111 **Beispiel 1:** Der Antrag auf Zulassung der Sprungrechtsbeschwerde wird abgelehnt. Der Geschäftswert wird auf 50.000 € festgesetzt.
Es sind an Gerichtsgebühren entstanden:
0,5-Verfahrensgebühr, Nr. 12240 KV (Wert: 50.000 €, Tabelle B) 82,50 €

112 **Beispiel 2:** Es wird Antrag auf Zulassung der Sprungrechtsbeschwerde gestellt, welche das Rechtsbeschwerdegericht zulässt. Danach wird das Rechtsbeschwerdeverfahren durchgeführt, in dem eine Endentscheidung ergeht. Der Geschäftswert wird auf 50.000 € festgesetzt.
Es sind an Gerichtsgebühren entstanden:
1,5-Verfahrensgebühr, Nr. 12230 KV (Wert: 50.000 €, Tabelle B) 247,50 €
Eine Gebühr nach Nr. 12240 KV entsteht nicht, da die Sprungrechtsbeschwerde zugelassen wurde.

11. Kostenhaftung

a) Erstinstanzliches Verfahren

Nur auf Antrag einzuleiten sind die Verfahren wegen der Erteilung von 113

- Erbscheinen (§ 345 Abs. 1 FamFG),
- Zeugnissen über die Fortsetzung der Gütergemeinschaft nach § 1507 BGB (§ 345 Abs. 2 FamFG),
- Zeugnissen nach §§ 36 und 37 GBO (§ 345 Abs. 2 FamFG),
- Zeugnissen nach § 42 SchiffsRegO, auch iVm § 74 SchiffsRegO (§ 345 Abs. 2 FamFG).

In diesen Verfahren haftet der Antragsteller als Antragsschuldner (§ 22 Abs. 1 GNotKG), daneben die Kostenschuldner der §§ 26, 27 GNotKG. Hingegen gilt § 24 GNotKG nicht, da die obigen Verfahren (Rn 113) dort nicht genannt sind und es sich bei § 24 GNotKG um eine abschließende Aufzählung handelt. 114

b) Rechtsmittelverfahren

Antragshaftung nach § 22 Abs. 1 GNotKG besteht auch in den Rechtsmittelverfahren, jedoch erlischt sie nachträglich, wenn das Rechtsmittel ganz oder teilweise mit Erfolg eingelegt worden ist und auch kein Entscheidungs- oder Übernahmeschuldner vorhanden ist (§ 25 Abs. 1 GNotKG). 115

c) Kosten- oder Gebührenfreiheit

Da die Kosten für das Erbscheinsverfahren nicht von § 24 GNotKG erfasst sind, greift § 2 Abs. 4 GNotKG nicht ein, so dass eine bestehende Kosten- oder Gebührenfreiheit zu beachten ist. 116

12. Auslagen

Auslagen sind nach Nr. 31000 ff KV einzuziehen. 117

Wird eine förmliche Beweisaufnahme erforderlich, sind die nach dem JVEG an Zeugen und Sachverständige gezahlten Beträge nach Nr. 31005 KV einzuziehen. 118

Da es sich um wertabhängige Gebühren handelt, sind die Kosten für Zustellungen (auch Einschreiben gegen Rückschein) erst ab der elften Zustellung anzusetzen (Anm. zu Nr. 31002 KV). 119

13. Vorschüsse

Trotz Antragshaftung (§ 22 Abs. 1 GNotKG; s. Rn 113 f) kann die gerichtliche Tätigkeit im Erbscheinserteilungsverfahren gem. § 13 S. 2 GNotKG nur dann von der vorherigen Zahlung der Gerichtsgebühren abhängig gemacht werden, wenn dies im Einzelfall zur Sicherung des Eingangs der Gebühr erforderlich erscheint (s. § 5 Rn 10 ff). Für Auslagen darf wegen des Amtsermittlungsgrundsatzes keine Abhängigmachung angeordnet werden, jedoch können Auslagenvorschüsse nach § 14 Abs. 3 GNotKG erhoben werden; § 13 S. 2 GNotKG gilt hier nicht. 120

14. Geschäftswert

a) Maßgebliche Vorschriften

121 Der Geschäftswert für die Erteilung von Erbscheinen oder ähnlichen Zeugnissen bestimmt sich nach § 40 GNotKG. Die Regelung gilt im Einzelnen für folgende Verfahren, einschließlich der Rechtsmittelverfahren:[35]

- Abnahme der eidesstattlichen Versicherung zur Erlangung eines Erbscheins (§ 352 Abs. 3 S. 3 FamFG),
- Erteilung eines Erbscheins,
- Einziehung oder Kraftloserklärung eines Erbscheins,
- Erteilung, Einziehung oder Kraftloserklärung eines vom Nachlassgericht ausgestellten Zeugnisses.

122 Maßgeblich ist dabei der Wert des Nachlasses im Zeitpunkt des Erbfalls (§ 40 Abs. 1 S. 1 GNotKG). Vom Erblasser herrührende Verbindlichkeiten sind abzuziehen (§ 40 Abs. 1 S. 2 GNotKG) (s. Rn 128 ff). Zur Bescheinigung der Hoferbfolge s. Rn 139. Unerheblich bleibt das wirtschaftliche Ziel des Antragstellers oder Rechtsmittelführers, auch wenn die Verfahrenskosten außer Verhältnis hierzu stehen.[36]

b) Nachlasswert

123 Es ist der zum Zeitpunkt des Erbfalls vorhandene Nachlass zu ermitteln, einzelne Nachlassgegenstände sind nach den Bewertungsvorschriften der §§ 46 ff GNotKG zu bewerten. § 30 AO steht einer Auskunft des Finanzamts nicht entgegen (§ 40 Abs. 6 GNotKG). Zu berücksichtigen sind nur bewertbare und vererbbare Vermögensgegenstände.[37]

124 Handelt es sich um Sachen einschließlich Grundbesitz, ist der Verkehrswert maßgebend (§ 46 Abs. 1, 3 GNotKG). Erbbaurechte sind mit 80 % vom Wert des belasteten Grundstücks einschließlich darauf errichteter Bauwerke zu bewerten (§ 49 Abs. 2 GNotKG). Für land- und forstwirtschaftlichen Grundbesitz mit Hofstelle gilt § 48 GNotKG auch im Erbscheinsverfahren.[38]

125 **Gesellschaftsanteile** gehören zum Nachlass, jedoch sind Verbindlichkeiten der Gesellschaft abzuziehen.[39] Handelt es sich um Anteile an Kapitalgesellschaften und Kommanditbeteiligungen, sind sie mit dem Wert des Eigenkapitals iSv § 266 Abs. 3 HGB, das auf den jeweiligen Anteil oder die Beteiligung entfällt, zu bewerten (§ 54 GNotKG). Wird der Anteil an einer Personengesellschaft im Wege rechtsgeschäftlicher **Nachfolgeklausel** übertragen, so fällt er nicht in den Nachlass und ist bei der Bewertung nach § 40 GNotKG nicht zu berücksichtigen.[40]

126 **Lebensversicherungen** sind Teil des Nachlasses und zu berücksichtigen, wenn der Erblasser Bezugsberechtigter war. Fließen die Leistungen im Todesfall dem Erben oder einem Dritten unmittelbar zu, sind sie nicht zu berücksichtigen.[41]

127 Maßgeblicher **Zeitpunkt für die Bewertung** ist der Zeitpunkt des Erbfalls, so dass es auf die Beendigung des Erbscheinserteilungsverfahrens nicht ankommt (§ 40 Abs. 1

---

35 OLG Schleswig FGPrax 2015, 93; OLG Karlsruhe, Beschl. v. 27.5.2015 – 11 Wx 123/14, juris.
36 OLG Düsseldorf, Beschl. v. 24.3.2015 – 3 Wx 30/15, juris.
37 Bormann/Diehn/Sommerfeldt/*Pfeiffer*, GNotKG, § 40 Rn 3.
38 BT-Drucks. 17/11471 (neu), S. 165 zu § 40 Abs. 1 GNotKG.
39 Rohs/Wedewer/*Waldner*, KostO, § 107 Rn 28.
40 BayObLG FamRZ 2001, 300.
41 Korintenberg/*Sikora*, GNotKG, § 40 Rn 20.

S. 1 GNotKG). Nach dem Erbfall eintretende Wertänderungen (zB bei Wertpapieren) bleiben deshalb unerheblich,[42] was sowohl für Wertsteigerungen als auch für eine Wertminderung gilt. Bei eingetretener **Nacherbfolge** ist jedoch der Bestand zum Zeitpunkt des Eintritts der Nacherbfolge maßgeblich, um Unbilligkeiten zu vermeiden.[43]

Ist ein **Sammelerbschein** zu erteilen, fallen Gebühren gesondert an, so dass auch der Nachlasswert für jeden Erblasser gesondert zu ermitteln ist. 127a

c) Nachlassverbindlichkeiten

Die vom Erblasser herrührenden Verbindlichkeiten, also solche, die bereits gegenüber dem Erblasser bestanden, sind abzuziehen (§ 40 Abs. 1 S. 2 GNotKG). Sie sind daher gleichfalls zu ermitteln und vom Bruttonachlass abzuziehen. Abzuziehen sind sämtliche Nachlassverbindlichkeiten, wobei sich der Begriff an § 1967 Abs. 2 BGB anlehnt.[44] 128

Es ist daher zwischen **Erblasserschulden** und **Erbfallschulden** zu unterscheiden; nach dem Wortlaut des § 40 Abs. 1 S. 2 GNotKG sind nur Erblasserschulden wertmindernd. Erbfallschulden können deshalb nicht vom Bruttonachlass abgezogen werden. 129

Ein Abzug scheidet deshalb für folgende Verbindlichkeiten aus, da es sich um Erbfallschulden handelt: 130

- **Erbschaftsteuer,**[45]
- **Kosten für das Erbscheinserteilungsverfahren,**[46]
- **Vermächtnisse, Pflichtteile oder Auflagen,**[47]
- **Beerdigungskosten,**[48]
- vermächtnisähnliche Ansprüche wie Voraus (§ 1932 BGB9, Dreißigster (§ 1969 BGB), Ansprüche der Abkömmlinge auf Ausbildungsbeihilfe (§ 1371 Abs. 4 BGB),
- Verbindlichkeiten aus wirksamen Rechtshandlungen des Nachlasspflegers.

Hat der Erblasser im gesetzlichen Güterstand der **Zugewinngemeinschaft** gelebt, erfolgt der Ausgleich des Zugewinns dadurch, dass sich der Erbanteil des überlebenden Ehegatten um ein Viertel erhöht (§ 1371 Abs. 1 BGB). Der Erbanteil ist keine Erblasserschuld und nicht abzuziehen.[49] Bestehen aber schuldrechtliche Ansprüche auf Zugewinnausgleich (§ 1371 Abs. 2, 3, § 1378 BGB), ist die Ausgleichsforderung in Abzug zu bringen.[50] 131

Zu den **abzugsfähigen Erblasserschulden** gehören hingegen:[51] Belastungen, die auf den Nachlassgegenständen lasten (s. Rn 133 f); **Steuerschulden des Erblassers** (zur Erbschaftsteuer s. Rn 130); Kosten einer für den Erblasser angeordneten Betreuung; Bürgschaften; schuldrechtliche Zugewinnausgleichsansprüche (s. Rn 131); Verbind- 132

42 LG Detmold Rpfleger 2010, 449.
43 Bormann/Diehn/Sommerfeldt/*Pfeiffer*, GNotKG, § 40 Rn 3; Korintenberg/*Sikora*, GNotKG, § 40 Rn 31.
44 BT-Drucks. 17/11471 (neu), S. 165 zu § 40 Abs. 1 GNotKG.
45 OLG Schleswig FGPrax 2015, 93.
46 LG Fürth JurBüro 1990, 1188.
47 OLG Schleswig FGPrax 2015, 93; OLG Karlsruhe, Beschl. v. 27.5.2015 – 11 Wx 123/14, juris.
48 Ausdrückliche Aufgabe der in der Vorauflage vertretenen Ansicht; OLG Köln FGPrax 2014, 180; OLG Schleswig FGPrax 2015, 93.
49 *Assenmacher/Mathias*, „Erbschein" Nr. 3.3.2; Korintenberg/*Sikora*, GNotKG, § 40 Rn 25 a; Rohs/Wedewer/*Waldner*, KostO, § 107 Rn 33.
50 Es sind Erblasserschulden: BFH NJW 1993, 2462; Palandt/*Weidlich*, § 1967 BGB Rn 4; aA Korintenberg/*Sikora*, GNotKG, § 40 Rn 25 a.
51 Vgl. Palandt/*Weidlich*, § 1967 BGB Rn 2 ff.

lichkeiten wegen eines vor dem 1.4.1998 vereinbarten oder zuerkannten vorzeitigen Erbausgleichs.

133 Sind Nachlassgegenstände mit Verbindlichkeiten belastet, werden diese abgezogen. Auch bei vererbtem Grundbesitz sind daher die darauf lastenden Verbindlichkeiten abzuziehen.[52]

134 **Grundpfandrechte** sind jedoch nur insoweit zu berücksichtigen, als sie valutiert sind.[53] **Nutzungs- oder Leistungsrechte** sind nach § 52 GNotKG zu bewerten und ein entsprechender Abzug ist vorzunehmen.

d) Miterben

135 Bezieht sich der Erbschein nur auf das Erbrecht eines Miterben, bestimmt sich der Geschäftswert nur noch nach dem Erbteil dieses Miterben (§ 40 Abs. 2 S. 1 GNotKG). Die Regelung greift daher insbesondere ein bei der Erteilung, Einziehung oder Kraftloserklärung von Teilerbscheinen oder gemeinschaftlichen Teilerbscheinen.

136 Der Erbteil des Miterben ist auch dann maßgeblich, wenn der Miterbe einer bereits beurkundeten eidesstattlichen Versicherung beitritt (§ 40 Abs. 2 S. 2 GNotKG).

e) Gegenständlich beschränkter Erbschein

137 Erstrecken sich die Wirkungen eines Erbscheins nur auf einen Teil des Nachlasses, sind für den Wert nur die Nachlassgegenstände heranzuziehen, die von der Erbscheinswirkung erfasst werden (§ 40 Abs. 3 S. 1 GNotKG). So sind bei einem nach § 352 c FamFG erteilten Erbschein nur die im Inland befindlichen Nachlassgegenstände zu bewerten.

138 Nachlassverbindlichkeiten sind dabei nicht abzuziehen (§ 40 Abs. 3 S. 1 Hs. 2 GNotKG). Kann der Kostenschuldner jedoch glaubhaft machen, dass der nach § 40 Abs. 1 GNotKG ermittelte Nachlasswert geringer ist, so ist dieser maßgebend (§ 40 Abs. 3 S. 2 GNotKG).

f) Hoferbfolge

139 Der Wert für die Erteilung des Hoffolgezeugnisses ist der Wert des Hofs (§ 40 Abs. 1 S. 3 GNotKG), der sich nach § 48 GNotKG bestimmt. Die auf dem Hof lastenden Verbindlichkeiten mit Ausnahme der Hypotheken, Grund- und Rentenschulden sind abzuziehen (§ 40 Abs. 1 S. 4 GNotKG). Bei gütergemeinschaftlichem Hof ist der hälftige Hofwert anzusetzen.[54] Ist daneben ein Erbschein über den hoffreien Nachlass zu erteilen, gilt hierfür § 40 Abs. 1 S. 1 GNotKG.[55]

g) Zeugnis über die Fortsetzung der Gütergemeinschaft

140 § 40 Abs. 1–3 GNotKG ist auf das Verfahren über die Erteilung eines Zeugnisses über die Fortsetzung der Gütergemeinschaft entsprechend anzuwenden (§ 40 Abs. 4 GNotKG). An die Stelle des Nachlasswerts tritt dabei der halbe Wert des Gesamtguts der fortgesetzten Gütergemeinschaft.

---

52 Korintenberg/*Sikora*, GNotKG, § 40 Rn 27.
53 *Assenmacher/Mathias*, „Erbschein“ Nr. 3.3.1.
54 Korintenberg/*Sikora*, GNotKG, § 40 Rn 33; NK-GK/*Greipl*, GNotKG, § 40 Rn 8.
55 Korintenberg/*Sikora*, GNotKG, § 40 Rn 32.

h) Sonstige Zeugnisse

In Verfahren wegen der Erteilung, Einziehung oder Kraftloserklärung von Zeugnissen nach 141

- §§ 36 und 37 GBO,
- § 42 der SchiffsRegO, auch iVm § 74 SchiffsRegO,
- § 86 des Gesetzes über Rechte an Luftfahrzeugen

ist der Geschäftswert nach dem Wert der Gegenstände zu bewerten, auf die sich der Nachweis der Rechtsfolge erstreckt (§ 41 GNotKG).

i) Erbschein für besondere Zwecke

Eine Wertprivilegierung von Erbscheinen, die für bestimmte **Grundbuch- oder Behördenangelegenheiten** erteilt werden, besteht nicht, so dass ein geminderter Geschäftswert nicht angesetzt werden kann. Auch § 40 Abs. 3 GNotKG gilt nicht.[56] 142

Die zeitnahe Berichtigung des Grundbuchamts wird allein durch die Anm. Abs. 1 zu Nr. 14110 KV honoriert. Danach ist die Gebühr für die Eintragung von Erben des eingetragenen Eigentümers oder von Erben des Gesellschafters einer Gesellschaft bürgerlichen Rechts nicht zu erheben, wenn der Eintragungsantrag binnen zwei Jahren seit dem Erbfall beim Grundbuchamt eingereicht wird. Dies gilt auch für die Eintragung von Erben infolge einer Erbauseinandersetzung (Anm. Abs. 1 zu Nr. 14110 KV). 143

IV. Einziehung oder Kraftloserklärung von Erbscheinen oder Zeugnissen

1. Erstinstanzliche Verfahren

a) Verfahrensgebühr

Die Verfahren über die Einziehung oder Kraftloserklärung von Erbscheinen und anderen Zeugnissen werden von Teil 1 Hauptabschnitt 2 Abschnitt 2 KV erfasst (Vorbem. 1.2.2 Abs. 1 KV). Im erstinstanzlichen Verfahren entsteht eine pauschale 0,5-Verfahrensgebühr nach Nr. 12215 KV. Es gilt Tabelle B (§ 34 GNotKG). Die Gebühr beträgt unabhängig vom Geschäftswert höchstens 400 €. Der Wert bestimmt sich nach § 40 GNotKG (s. Rn 121 ff). 144

Mit der Gebühr sind sämtliche Handlungen des Nachlassgerichts abgegolten, bei Zwangsmaßnahmen nach § 35 FamFG entstehen jedoch Gebühren nach Nr. 18003 KV. Die Gebühr der Nr. 12215 KV entsteht nur einmal, wenn der Erbschein oder das Zeugnis eingezogen und gleichzeitig oder nacheinander für kraftlos erklärt wird.[57] Für eine **einstweilige Anordnung** entstehen gesonderte Gebühren nach Nr. 16210 KV (s. § 19 Rn 55 ff). 145

Nr. 12215 KV gilt im Einzelnen für die Einziehung oder Kraftloserklärung von 146

- Erbscheinen aller Art,
- Zeugnissen nach § 1507 BGB über die Fortsetzung der Gütergemeinschaft,
- Testamentsvollstreckerzeugnissen,
- Zeugnissen nach §§ 36 und 37 GBO,
- Zeugnissen nach § 42, auch iVm § 74 SchiffsRegO.

56 OLG Hamm Rpfleger 2015, 50.
57 Korintenberg/*Wilsch*, GNotKG, Nr. 12215 KV Rn 18, 25.

147 Keine Anwendung findet Nr. 12215 KV auf Zeugnisse, die nach Beendigung eines Amtes an das Nachlassgericht zurückzugeben sind (zB Bestallung von Nachlasspfleger, Nachlassverwalter).[58] Das gilt auch, wenn ein Testamentsvollstreckerzeugnis wegen Beendigung nach § 2368 S. 2 Hs. 2 BGB kraftlos wird.[59] Gebühren fallen auch nicht an, wenn ein Fortsetzungszeugnis wegen Beendigung der fortgesetzten Gütergemeinschaft kraftlos wird.[60]

148 Im Verhältnis zum Verfahren über die Erteilung des Erbscheins oder des Zeugnisses bildet das Einziehungs- oder Kraftloserklärungsverfahren stets einen **eigenständigen Kostenrechtszug** iSd § 55 Abs. 1 GNotKG. Somit fällt die Gebühr der Nr. 12215 KV stets gesondert **neben** den Gebühren der Nr. 12210–12214 KV an. Auch fällt die Gebühr der Nr. 12215 KV in diesen Fällen nicht nachträglich weg und kann auch nicht angerechnet werden.

b) Entstehung und Fälligkeit

149 Da es sich um ein Amtsverfahren handelt, entsteht die Gebühr mit der ersten Tätigkeit des Nachlassgerichts, die auf die Durchführung des Verfahrens gerichtet ist. Die Fälligkeit der Gebühr bestimmt sich nach § 9 Abs. 1 GNotKG. Sie tritt danach insbesondere dann ein, wenn das Gericht die Kostenentscheidung (§ 353 Abs. 1 FamFG) trifft (§ 9 Abs. 1 Nr. 1 GNotKG).

150 Für die Auslagen gilt § 9 Abs. 1, 2 KV.

2. Nichteheliche Kinder

151 Muss ein Erbschein, der ab dem 29.5.2009 und vor dem 15.4.2011 erteilt wurde, eingezogen werden, weil er durch das Zweite Gesetz zur erbrechtlichen Gleichstellung nichtehelicher Kinder, zur Änderung der Zivilprozessordnung und der Abgabenordnung vom 12.4.2011 (BGBl. I S. 615) unrichtig geworden ist, werden für das Einziehungs- oder Kraftloserklärungsverfahren keine Kosten (Gebühren und Auslagen) erhoben (Art. 12 § 24 Abs. 2 S. 1 NEhelG). Kostenfreiheit besteht auch, wenn ein neuer Erbschein erteilt wird (Art. 12 § 24 Abs. 2 S. 2 NEhelG).

3. Rechtsmittelverfahren

152 Für Beschwerden (§§ 58 ff FamFG) gegen den Hauptgegenstand gelten Nr. 12220–12222 KV (s. Rn 82 ff). Wird eine Nebenentscheidung angegriffen, gilt Nr. 19116 KV (s. § 23 Rn 54 ff).

153 In Rechtsbeschwerdeverfahren wegen des Hauptgegenstands gelten Nr. 12230–12232 KV (s. Rn 96 ff). Bei Nebenentscheidungen gelten Nr. 19128, 19129 KV (s. § 23 Rn 77 ff).

154 Bei Anträgen auf Zulassung der Sprungrechtsbeschwerde gegen die Endentscheidung wegen des Hauptgegenstands gilt Nr. 12240 KV (s. Rn 106 ff). Sind Nebenentscheidungen betroffen, ist Nr. 19130 KV anzuwenden (s. § 23 Rn 81).

---

58 Korintenberg/*Wilsch*, GNotKG, Nr. 12215 KV Rn 4.
59 NK-GK/*Jäckel*, GNotKG, Nr. 12210–12215 KV Rn 16.
60 Korintenberg/*Wilsch*, GNotKG, Nr. 12215 KV Rn 5.

4. Auslagen

Auslagen sind nach Nr. 31000 ff KV einzuziehen, insbesondere Bekanntmachungskosten (Nr. 31004 KV). 155

5. Kostenschuldner

Die Verfahren über die Einziehung oder Kraftloserklärung sind Amtsverfahren, so dass Antragshaftung nach § 22 Abs. 1 GNotKG nicht besteht. 156

Für die Kosten haftet deshalb nur der Entscheidungs- oder Übernahmeschuldner (§ 27 Nr. 1, 2 GNotKG).[61] In den Verfahren hat das Nachlassgericht über die Kosten stets von Amts wegen zu entscheiden (§ 353 Abs. 1 FamFG). Der Inhalt der Kostenentscheidung richtet sich nach § 81 FamFG.[62] Das Gericht kann nach § 81 Abs. 1 S. 2 FamFG auch anordnen, dass von der Erhebung der Gerichtskosten abgesehen wird. 157

In den Rechtsmittelverfahren besteht Antragshaftung nach § 22 Abs. 1 GNotKG, die jedoch erlischt, wenn das Rechtsmittel ganz oder teilweise mit Erfolg eingelegt worden ist und das Gericht nicht über die Kosten entschieden hat oder die Kosten nicht von einem anderen Beteiligten übernommen worden sind (§ 25 Abs. 1 GNotKG). 158

V. Sicherung des Nachlasses

1. Geltungsbereich

Bis zur Annahme der Erbschaft hat das Nachlassgericht im Bedarfsfall für die Sicherheit des Nachlasses zu sorgen (§ 1960 Abs. 1 BGB). Für diese Verfahren, zu denen auch die Nachlasspflegschaften gehören, entstehen Gebühren nach Nr. 12310 ff KV. 159

Für die Gebührenerhebung ist zu unterscheiden zwischen Nachlasspflegschaften und der Nachlass- und Gesamtgutsverwaltung (Nr. 12311, 12312 KV) und den sonstigen Verfahren zur Nachlasssicherung (Nr. 12310 KV). 160

2. Nachlasspflegschaften

a) Geltungsbereich

Die Gebühren der Nr. 12311, 12312 KV erfassen die Nachlasspflegschaften, zu denen im Einzelnen gehören: 161

- die **Sicherungspflegschaft** (§ 1960 BGB),
- die **Klagpflegschaft** (§ 1961 BGB),
- die **Nachlassverwaltung** (§§ 1975 f BGB).

Die **Nachlass- oder Gesamtgutsverwaltung** unterfällt Nr. 12311 KV. Für die **Abwesenheitspflegschaften** bzgl. eines abwesenden Beteiligten in Teilungssachen ist seit der Aufhebung von § 364 FamFG das Betreuungsgericht zuständig, so dass Gebühren nach Nr. 11104, 11105 KV entstehen (s. § 13 Rn 79 ff). 162

b) Dauernachlasspflegschaften

Für die Erhebung der Gerichtsgebühren in erstinstanzlichen Verfahren ist zu unterscheiden zwischen Dauer- und Einzelnachlasspflegschaften. Die Gebühr entsteht auch für eine Nachlass- oder Gesamtgutsverwaltung (s. Rn 201 ff). **Auslagen** sind nach Nr. 31000 ff KV zu erheben. Nicht zu den gerichtlichen Auslagen gehört jedoch die 163

61 BT-Drucks. 17/11471 (neu), S. 197 zu Abschnitt 2.
62 Keidel/*Zimmermann*, FamFG, § 353 Rn 14.

aus der Staatskasse **an den Nachlasspfleger gezahlte Vergütung oder der Aufwendungsersatz** im Falle der Mittellosigkeit des Nachlasses (§ 1 Abs. 2 S. 2 VBVG iVm § 1915 Abs. 1, § 1836 BGB). Die Staatskasse kann deshalb in diesen Fällen nur gegen den Nachlass bzw. die Erben Regress nehmen.

aa) Jahresgebühren

164 Für Dauernachlasspflegschaften entsteht eine Gebühr nach Nr. 12311 KV. Es handelt sich um eine Jahresgebühr, die für jedes Kalenderjahr, in dem die angeordnete Dauernachlasspflegschaft besteht, zu erheben ist. Sie deckt sämtliche Handlungen ab, die sich aus der Führung der Pflegschaft ergeben. Hierzu gehören neben Anordnung, Auswahl, Bestellung und Aufhebung auch alle sonstigen Überwachungs- und Beratungspflichten des Gerichts sowie notwendig werdende gerichtliche Genehmigungen.

165 Nicht durch die Jahresgebühren abgegolten werden Verfahren wegen der Verhängung von Zwangsmitteln (§ 35 FamFG), für die gesonderte Gebühren nach Nr. 17006 KV entstehen.

166 War die Dauernachlasspflegschaft bereits vor dem 1.8.2013 angeordnet, gilt wegen der Umstellung auf Jahresgebühren die Übergangsregelung des § 136 Abs. 1 Nr. 1 GNotKG, so dass Jahresgebühren nach Nr. 12311 KV auch dann nicht zu erheben sind, wenn die Anordnung der Dauernachlasspflegschaft über den 1.8.2013 hinausgeht. In den vor dem 1.8.2013 eingeleiteten Nachlasspflegschaften verbleibt es daher bei der einmaligen Gebührenerhebung nach § 106 KostO.

bb) Höhe der Gebühren

167 Die Jahresgebühr der Nr. 12311 KV bestimmt sich nach dem Nachlasswert und beträgt 10 € je angefangene 5.000 € des zu berücksichtigenden Nachlasswerts. Die Gebühr beträgt jedoch mindestens 200 €, auch wenn die konkrete Berechnung einen geringeren Betrag ergibt.

168 **Beispiel 1:** Es ist Dauernachlasspflegschaft angeordnet. Der gegenständliche Nachlasswert beträgt 300.000 €.
Die Jahresgebühr der Nr. 12311 KV beträgt somit 600 € (300.000 € : 5.000 € = 60 x 10 €).

169 **Beispiel 2:** Es ist Dauernachlasspflegschaft angeordnet. Der gegenständliche Nachlasswert beträgt 70.000 €.
Die Jahresgebühr der Nr. 12311 KV beträgt demnach 200 € (70.000 € : 5.000 € = 14 x 10 € = 140 €, aber Mindestgebühr 200 €).

170 Für die Gebührenberechnung ist stets der gesamte Nachlasswert zugrunde zu legen, wenn sich die Nachlasspflegschaft auf den ganzen Nachlass erstreckt. Freibeträge wie zB in Anm. Abs. 1 zu Nr. 11101 KV vorgesehen, gibt es für Nr. 12311 KV nicht.[63] Nachlassverbindlichkeiten sind nicht abzuziehen (Anm. Abs. 1 S. 2 zu Nr. 12311 KV).

171 Wurde die Nachlasspflegschaft nur für einen Teil des Nachlasses angeordnet, ist nur der Wert dieses Nachlassteils maßgeblich (Anm. Abs. 1 S. 1 zu Nr. 12311 KV).

63 BT-Drucks. 17/11471 (neu), S. 199 zu Nr. 12311 KV.

cc) Beendigung der Dauernachlasspflegschaft

Die Beendigung der Dauernachlasspflegschaft erfolgt durch Aufhebung, die mit der Bekanntgabe des Beschlusses wirksam wird (§ 40 Abs. 1 FamFG). Mit der Aufhebung endet die Gebührenpflicht, so dass spätere Abwicklungstätigkeiten, wie zB Schlussbericht oder Schlussrechnung, unerheblich bleiben und die Jahresgebühr der Nr. 12311 KV nicht mehr auslösen. Ist wegen Entlassung oder Tod des Pflegers ein solcher kurzzeitig nicht vorhanden, bleibt dies für die Gebührenerhebung unbeachtlich, da es nur auf den Fortbestand der Pflegschaft ankommt. 172

dd) Fälligkeit

Die Jahresgebühr der Nr. 12311 KV wird erstmals mit der Anordnung der Pflegschaft fällig (§ 8 S. 1 GNotKG). Die bloße Anregung, Antragstellung oder die Kenntniserlangung von der Notwendigkeit einer solchen Anordnung genügt daher noch nicht. Auch lassen die gerichtlichen Maßnahmen, die auf eine Anordnung der Pflegschaft gerichtet sind (zB Anhörungen, Beauftragung von Sachverständigen), die Gebühr noch nicht entstehen. Wird die Anordnung der Nachlasspflegschaft, der Nachlass- oder Gesamtgutsverwaltung abgelehnt oder ein entsprechender Antrag zurückgenommen, fällt eine Gebühr nach Nr. 12310 KV an, für die sich der Wert nach § 64 GNotKG bestimmt.[64] 173

Für das Kalenderjahr, in dem die erstmalige Anordnung der Dauernachlasspflegschaft erfolgt, und für das darauf folgende Kalenderjahr wird nur eine Jahresgebühr erhoben (Anm. Abs. 2 zu Nr. 12311 KV). 174

Beispiel: Die Dauernachlasspflegschaft wird am 15.6.2015 angeordnet. 175
Für die Kalenderjahre 2015 und 2016 wird insgesamt nur eine Jahresgebühr erhoben. Die Gebühr ist im Jahr 2015 anzufordern. Im Jahr 2016 ist keine Gebühr anzusetzen, so dass erst wieder ab dem Kalenderjahr 2017 eine Jahresgebühr zu erheben ist.

Die späteren Jahresgebühren werden jeweils am 1.1. eines Kalenderjahres fällig (§ 8 S. 1 GNotKG). Da die Jahresgebühren für jedes Kalenderjahr gesondert entstehen, sind sie für jedes Kalenderjahr zu erheben, in dem die Dauernachlasspflegschaft am 1.1. noch angeordnet war. Unerheblich ist, ob das Verfahren kurz nach Beginn des Kalenderjahres beendet wird, so dass auch keine anteilsmäßige Kürzung der Jahresgebühren vorzunehmen ist. Auf das Pflegschaftsjahr ist nicht abzustellen. 176

Hinsichtlich der gerichtlichen Auslagen tritt die Fälligkeit sofort nach ihrer Entstehung, dh mit Zahlung aus der Staatskasse, ein (§ 8 S. 2 GNotKG). 177

Entgegen § 8 S. 1 GNotKG kann die Jahresgebühr bei der Prüfung der jährlichen Rechnungslegung angesetzt werden (§ 16 Abschn. II KostVfg). 178

ee) Kostenschuldner

Für die Jahresgebühr der Nr. 12311 KV haften die Erben nach den Vorschriften des BGB über die Nachlassverbindlichkeiten (§ 24 Nr. 2 GNotKG) (s. Rn 394 ff). Eine besondere Nennung der Nachlasspflegschaft nach § 1960 BGB ist dort nicht erfolgt, jedoch handelt es sich dabei um Verfahren zur Nachlasssicherung, so dass die Regelung eingreift.[65] § 24 Nr. 3 GNotKG gilt nicht, da er nur die Klagpflegschaften nach § 1961 BGB erfasst. 179

---

64 BT-Drucks. 17/11471 (neu), S. 174 zu § 64 GNotKG.
65 BT-Drucks. 17/11471 (neu), S. 161 zu § 24 GNotKG.

180 Das Gericht kann jedoch die Kosten auch einem anderen auferlegen, der dann als Entscheidungsschuldner nach § 27 Nr. 1 GNotKG haftet.

ff) Vorschuss

181 Da Antragshaftung (§ 22 Abs. 1 GNotKG) nicht besteht, kann die gerichtliche Tätigkeit nicht nach § 13 GNotKG von der Gebührenzahlung abhängig gemacht werden. Für die Auslagen gelten §§ 14, 17 GNotKG.

gg) Geschäftswert

182 Für das erstinstanzliche Verfahren bedarf es einer Wertfestsetzung nicht, da Jahresgebühren entstehen, die sich nach dem Nachlasswert berechnen.

183 Für Beschwerde- oder Rechtsbeschwerde fallen Wertgebühren an, so dass es hier einer Festsetzung des Geschäftswerts bedarf. Es kommt auf die Anträge des Rechtsmittelführers an (§ 61 Abs. 1 GNotKG). Für den Wert ist auf den Nachlass oder den Nachlassteil, auf den sich die Pflegschaft bezieht, abzustellen (§ 64 Abs. 1 GNotKG); dieser ist nach den §§ 46 ff GNotKG zu bestimmen. Nachlassverbindlichkeiten werden nicht abgezogen (§ 38 S. 2 GNotKG).

c) Einzelnachlasspflegschaften

aa) Abgrenzung zur Dauernachlasspflegschaft

184 Wird die Nachlasspflegschaft nur für einzelne Rechtshandlungen angeordnet, liegt eine Einzelnachlasspflegschaft vor. Für die Abgrenzung zur Dauernachlasspflegschaft ist darauf abzustellen, ob bei der Bestellung des Nachlasspflegers dessen Aufgabenkreis im Einzelnen bestimmt ist (Einzelnachlasspflegschaft) oder ob durch das Gericht angeordnet ist, dass sich die Wahrnehmung auf einen bestimmten Kreis von Interessen und Aufgaben erstrecken soll (Dauernachlasspflegschaft).[66] Unerheblich ist die Dauer der Tätigkeit oder ob sich die Nachlasspflegschaft auf den gesamten Nachlass oder nur auf Nachlassteile erstreckt. Einzelnachlasspflegschaft ist insbesondere die **Klagpflegschaft** nach § 1961 BGB.

bb) Verfahrensgebühr

185 Für die Einzelnachlasspflegschaft entsteht im erstinstanzlichen Verfahren eine allgemeine Verfahrensgebühr nach Nr. 12312 KV. Sie deckt sämtliche gerichtliche Handlungen ab und wird für die gesamte Einzelnachlasspflegschaft nur einmal erhoben (§ 55 Abs. 1 GNotKG), auch wenn diese mehrere Jahre angeordnet ist.

186 Besondere Gebühren entstehen für ein eventuelles Zwangsmittelverfahren nach § 35 FamFG (Nr. 17006 KV).

cc) Entstehung und Fälligkeit

187 Die Gebühr entsteht mit Eingang des Antrags beim Nachlassgericht. Auf die Anordnung der Pflegschaft kommt es nicht an.

188 Ein Wegfall oder eine Ermäßigung der Gebühr ist nicht vorgesehen. Unerheblich ist daher auch der Ausgang des Verfahrens, so dass die Gebühr auch dann entsteht, wenn das Gericht zu dem Ergebnis kommt, dass es keiner Pflegschaftsanordnung be-

66 *Assenmacher/Mathias*, „Pflegschaft" Nr. 2; HK-FamGKG/*Volpert*, Nr. 1313 KV Rn 4; BayObLG Rpfleger 1981, 125.

darf. In solchen Fällen kann zur Vermeidung von Unbilligkeiten eine Anordnung nach § 81 Abs. 1 S. 2 FamFG in Betracht kommen.

Die Fälligkeit der Gebühr bestimmt sich nach § 9 Abs. 1 GNotKG, denn § 8 GNotKG gilt nicht, da keine Jahresgebühr entsteht. Fälligkeit tritt daher insbesondere ein, wenn eine Kostenentscheidung ergeht (§ 9 Abs. 1 Nr. 1 GNotKG) oder die Einzelnachlasspflegschaft aufgehoben wird, weil dann eine anderweitige Erledigung iSd § 9 Abs. 1 Nr. 5 GNotKG vorliegt. 189

dd) Berechnung der Gebühr

Die Gebühr der Nr. 12312 KV entsteht mit einem 0,5-Gebührensatz. Es gilt Tabelle A (§ 34 GNotKG). Die Gebühr darf jedoch den Gebührenbetrag nicht übersteigen, der entstanden wäre, wenn eine Gebühr nach Nr. 12311 KV anzusetzen gewesen wäre. Dabei ist zu beachten, dass die Gebühr der Nr. 12311 KV mindestens 200 € beträgt, was auch bei der Vergleichsberechnung zu beachten ist.[67] Mit dieser Regelung soll sichergestellt werden, dass die Gebühren für eine Einzelnachlasspflegschaft nicht höher sind als für eine Dauernachlasspflegschaft. Die Nichtbeachtung kann mit der Erinnerung nach § 81 GNotKG gerügt werden. 190

Beispiel: Es ist Einzelnachlasspflegschaft angeordnet. Der maßgebliche Nachlasswert beträgt 250.000 €. 191
An Gerichtsgebühren sind entstanden:

0,5-Verfahrensgebühr, Nr. 12312 KV (Wert: 250.000 €, Tabelle A)	1.052,00 €
Vergleichsberechnung:	
Jahresgebühr, Nr. 12311 KV	
(250.000 € : 5.000 € = 50 x 10 € = 500 €)	500,00 €

Die für die Einzelnachlasspflegschaft zu erhebende Gebühr nach Nr. 12312 KV darf somit nur iHv 500 € angesetzt werden.

ee) Nichterhebung wegen bestehender Dauernachlasspflegschaft

Die Gebühr der Nr. 12312 KV wird nicht erhoben, wenn für den Nachlass oder den betroffenen Nachlassteil bereits eine Dauernachlasspflegschaft angeordnet ist (Anm. zu Nr. 12312 KV). 192

War die Einzelnachlasspflegschaft bereits vor Anordnung der Dauernachlasspflegschaft angeordnet, bleibt die Gebühr der Nr. 12312 KV bestehen. Es findet dann auch keine Anrechnung der Gebühr Nr. 12312 KV auf die Gebühr nach Nr. 12311 KV statt. Das Gericht kann aber eine Nichterhebung der Gerichtskosten nach § 81 Abs. 1 S. 2 FamFG anordnen. 193

ff) Mehrheit von Geschäften

Die Gebühr der Nr. 12312 KV entsteht für jede Einzelnachlasspflegschaft gesondert. Umfasst der Wirkungskreis des Pflegers jedoch mehrere einzelne Rechtsgeschäfte, liegt nur eine Einzelnachlasspflegschaft vor. Die Gebühr entsteht deshalb nur einmal, jedoch ist sie nach dem zusammengerechneten Wert der einzelnen Angelegenheiten zu berechnen (§ 35 Abs. 1 GNotKG). Auch ein Wechsel in der Person des Nachlasspflegers bleibt für die Gebührenerhebung unerheblich. 194

67 So auch Korintenberg/*Wilsch*, GNotKG, Nr. 12312 KV Rn 5.

195 Werden mehrere Einzelnachlasspflegschaften nacheinander angeordnet, entsteht die Gebühr der Nr. 12312 KV für jedes Verfahren gesondert.

gg) Kostenschuldner

196 Für die Kosten der Einzelnachlasspflegschaft nach § 1961 BGB haften die Erben nach den Vorschriften des BGB über die Nachlassverbindlichkeiten (s. Rn 394 ff), wenn es tatsächlich zur Anordnung der Nachlasspflegschaft kommt (§ 24 Nr. 3 GNotKG). Endet das Verfahren ohne Anordnung der Nachlasspflegschaft, greift die Regelung daher nicht ein, so dass es dann bei der Antragshaftung des Antragstellers (§ 22 Abs. 1 GNotKG) oder einer eventuellen Entscheidungshaftung (§ 27 Nr. 1 GNotKG) verbleibt.

197 Wird die Einzelnachlasspflegschaft zur Sicherung des Nachlasses angeordnet, haften gleichfalls die Erben (§ 24 Nr. 2 GNotKG). Ebenso bei einer Pflegschaft für einen Nacherben (§ 24 Nr. 6 GNotKG).

hh) Vorschuss

198 Eine Abhängigmachung nach § 13 GNotKG kann wegen der Haftungsreglungen des § 24 Nr. 2, 3 GNotKG nicht angeordnet werden. Für die Auslagen gelten §§ 14, 17 GNotKG.

ii) Geschäftswert

199 Der Geschäftswert ist nach § 64 GNotKG zu ermitteln. Maßgeblich ist hiernach der Wert des von der Pflegschaft bzw. Nachlass- oder Gesamtgutsverwaltung betroffenen Vermögens. Nachlassverbindlichkeiten sind nicht in Abzug zu bringen (§ 38 S. 2 GNotKG).

200 Wird die Anordnung der Nachlasspflegschaft durch einen Gläubiger beantragt, ist für den Geschäftswert der Betrag der Forderung, höchstens der Wert des von der Verwaltung betroffenen Vermögens nach § 64 Abs. 1 GNotKG, zugrunde zu legen (§ 64 Abs. 2 GNotKG).

3. Nachlass- und Gesamtgutsverwaltung

201 Für die Nachlass- oder Gesamtgutsverwaltung entstehen Jahresgebühren nach Nr. 12311 KV (vgl. ausf. Rn 164 ff). Die Fälligkeit bestimmt sich nach § 8 GNotKG, dabei ist § 16 Abschn. II KostVfg zu beachten (s. Rn 178). Bei der Nachlassverwaltung tritt Beendigung kraft Gesetzes bei Eröffnung des Nachlassinsolvenzverfahrens ein (§ 1988 Abs. 1 BGB), im Übrigen durch Aufhebung. In beiden Fällen endet die Gebührenpflicht. Wird die Anordnung der Nachlass- oder Gesamtgutsverwaltung abgelehnt oder ein entsprechender Antrag zurückgenommen, fällt eine Gebühr nach Nr. 12310 KV an. Der Geschäftswert bestimmt sich nach § 64 GNotKG.[68]

202 Für die Kosten der Nachlassverwaltung haften nur die Erben, wenn es zur Anordnung der Nachlassverwaltung kommt (§ 24 Nr. 5 GNotKG).

203 Für die Kosten der Gesamtgutsverwaltung haftet gem. § 22 Abs. 1 GNotKG der Antragsteller.[69]

68 BT-Drucks. 17/11471 (neu), S. 174 zu § 64 GNotKG.
69 BT-Drucks. 17/11471 (neu), S. 161 zu § 24 GNotKG.

4. Sonstige Verfahren zur Nachlasssicherung

a) Verfahrensgebühr

Für die Verfahren zur Nachlasssicherung, die keine Nachlasspflegschaft sind, entsteht eine pauschale Verfahrensgebühr nach Nr. 12310 KV mit einem 0,5-Gebührensatz. Es gilt Tabelle A (§ 34 GNotKG). Erfasst sind insbesondere Verfahren wegen der **Anlegung von Siegeln, Hinterlegung von Geld, Wertpapieren und Kostbarkeiten** oder die **Aufnahme eines Nachlassverzeichnisses.** Erfasst werden aber, abgesehen von Nachlasspflegschaften, auch alle anderen Maßnahmen, die der Sicherung des Nachlasses dienen, zB **Kontensperrung und -freigabe**, Bewachung von Nachlassgrundstücken oder Maßnahmen zum **Auffinden von Testamenten.**[70] Die Gebühr fällt ferner dann an, wenn ein Antrag auf Anordnung einer Nachlasspflegschaft, Nachlass- oder Gesamtgutsverwaltung abgelehnt wird.[71] 204

Beispiel: Das Nachlassgericht ordnet zur Sicherung des Nachlasses die Siegelung an. Der Geschäftswert beträgt 20.000 €. 205
An Gerichtsgebühren sind zu erheben:

0,5-Verfahrensgebühr, Nr. 12310 KV (Wert: 20.000 €, Tabelle A)	172,50 €

Die Verfahrensgebühr deckt sämtliche Handlungen des Gerichts ab. Gesonderte Gebühren nach Teil 2 des Kostenverzeichnisses, etwa für die Siegelung, sind nicht zu erheben. Für das Hinterlegungsverfahren entstehen jedoch gesonderte Kosten, die sich nach landesrechtlichen Regelungen richten. Sind **mehrere Maßnahmen** zu treffen, entsteht die Gebühr nur einmal, wenn derselbe Nachlass betroffen ist. Zum Wert s. Rn 214 ff. War das Verfahren aber bereits abgeschlossen, entsteht für weitere Maßnahmen eine gesonderte Gebühr.[72] Betreffen die Maßnahmen verschiedene Nachlässe, fällt die Gebühr gesondert an.[73] 206

b) Nichterhebung bei bestehender Nachlasspflegschaft

Fällt die Sicherungsmaßnahme in den Rahmen einer bestehenden Nachlasspflegschaft oder einer Nachlass- oder Gesamtgutsverwaltung, entsteht die Gebühr nicht (Anm. S. 1 zu Nr. 12310 KV). Die Tätigkeit wird dann bereits durch die Gebühren der Nr. 12311, 12312 KV abgegolten. 207

Gleiches gilt, wenn zunächst nur Sicherungsmaßnahmen durchzuführen sind, aber aus diesen Verfahren heraus eine Nachlasspflegschaft bzw. Nachlass- oder Gesamtgutsverwaltung angeordnet wird (Anm. S. 2 zu Nr. 12310 KV). Es sind dann gleichfalls nur Gebühren nach Nr. 12311, 12312 KV zu erheben. 208

Beispiel: Das Gericht ordnet die Siegelung an. Da ein weiteres Sicherungsbedürfnis besteht, wird sodann Dauernachlasspflegschaft angeordnet. 209
Obwohl die Nachlasspflegschaft zum Zeitpunkt der Siegelung noch nicht angeordnet war, kann eine Gebühr nach Nr. 12310 KV nicht erhoben werden, da das Sicherungsverfahren mit der Anordnung einer Nachlasspflegschaft endet. Es ist nur die Jahresgebühr der Nr. 12311 KV zu erheben.

70 Korintenberg/*Wilsch*, GNotKG, Nr. 12310 KV Rn 4.
71 BT-Drucks. 17/11471 (neu), S. 174 zu § 64 GNotKG.
72 Korintenberg/*Wilsch*, GNotKG, Nr. 12310 KV Rn 6.
73 Korintenberg/*Wilsch*, GNotKG, Nr. 12310 KV Rn 6.

c) Kostenhaftung

210 Für die Kosten der Nachlasssicherung haften gem. § 24 Nr. 2 GNotKG die Erben nach den Vorschriften des BGB über die Nachlassverbindlichkeiten (s. Rn 394 ff). Ist der Erbe persönlich kosten- oder gebührenbefreit, steht dies seiner Inanspruchnahme wegen § 2 Abs. 4 GNotKG nicht entgegen (s. Rn 405 ff). Im Übrigen gilt § 27 GNotKG. Für die Rechtsmittelverfahren gilt § 24 GNotKG nicht (§ 25 Abs. 3 GNotKG).

211 Da das Nachlassgericht von Amts wegen tätig wird, ist ein Antragsschuldner nach § 22 Abs. 1 GNotKG im erstinstanzlichen Verfahren nicht vorhanden.

d) Entstehung und Fälligkeit

212 Die Gebühr entsteht mit der ersten Maßnahme des Nachlassgerichts, da es sich um ein Amtsverfahren handelt. Ein Wegfall oder eine Ermäßigung der Gebühr ist nicht vorgesehen, so dass sie unabhängig vom Ausgang des Verfahrens stets mit einem 0,5-Gebührensatz entsteht. Die Fälligkeit der Gebühren bestimmt sich nach § 9 Abs. 1 GNotKG, für die Auslagen gilt § 9 Abs. 1, 2 GNotKG.

e) Vorschuss

213 Eine Abhängigmachung von der Zahlung der Gebühr nach § 13 GNotKG kann nicht verlangt werden, da ein Antragsschuldner nicht vorhanden ist. Für die gerichtlichen Auslagen gelten § 14 Abs. 3, § 17 GNotKG.

f) Geschäftswert

214 Da es an einer konkreten Wertvorschrift für die Nachlasssicherung fehlt, ist für diese vermögensrechtlichen Angelegenheiten § 36 Abs. 1 GNotKG anzuwenden. Dabei ist auf den Wert der zu sichernden Gegenstände abzustellen, der sich wiederum aus den allgemeinen Bewertungsvorschriften der §§ 46 ff GNotKG ergibt; Verbindlichkeiten sind nicht in Abzug zu bringen (§ 38 GNotKG). Kann ein Geschäftswert nach § 36 Abs. 1 GNotKG nicht ermittelt werden, ist der Wert mit 5.000 € festzusetzen (§ 36 Abs. 3 GNotKG).

215 Da Gegenstand des Verfahrens nur die Nachlasssicherung ist, kann jedoch nicht auf den bloßen Gegenstandswert, sondern nur auf einen bloßen Bruchteil abgestellt werden, der dem Interesse an der Sicherung entspricht, wobei 10–20% des Werts des zu sichernden Gegenstands angenommen werden können.[74] Der Geschäftswert darf 30 Mio. € nicht übersteigen (§ 35 Abs. 2 GNotKG).

216 Sind mehrere Gegenstände zu sichern, sind die Werte zusammenzurechnen (§ 35 Abs. 1 GNotKG).

5. Rechtsmittelverfahren

a) Anzuwendende Vorschriften

217 Für die Beschwerden und Rechtsbeschwerden gegen Endentscheidungen wegen des Hauptgegenstands in Verfahren über die Nachlasssicherung, einschließlich der Nachlasspflegschaft sowie der Nachlass- und Gesamtgutsverwaltung, werden Gebühren nach Nr. 12320–12340 KV erhoben.

74 Korintenberg/*Wilsch*, GNotKG, Nr. 12310 KV Rn 11.

b) Beschwerdeverfahren

aa) Allgemeine Verfahrensgebühr

Für das Beschwerdeverfahren (§§ 58 ff FamFG) ist eine Gebühr nach Nr. 12320 KV mit einem 1,0-Gebührensatz zu erheben. Es gilt Tabelle A (§ 34 GNotKG). Dabei handelt es sich um eine pauschale Verfahrensgebühr, die sämtliche gerichtliche Handlungen abdeckt. 218

Beispiel: Gegen den Beschluss über die Ablehnung der Anordnung einer Nachlasspflegschaft nach § 1961 BGB wird Beschwerde eingelegt. Das Gericht entscheidet durch Endentscheidung. Der Geschäftswert beträgt 15.000 €. 219
An Gerichtsgebühren sind entstanden:
1,0-Verfahrensgebühr, Nr. 12320 KV (Wert: 15.000 €, Tabelle A) 293,00 €

bb) Gebührenermäßigung

Die Verfahrensgebühr ermäßigt sich nach Nr. 12321 KV auf einen 0,5-Gebührensatz, wenn das Beschwerdeverfahren ohne Endentscheidung beendet wird. Es muss das gesamte Beschwerdeverfahren erledigt werden, so dass eine Teilerledigung auch keine Teilermäßigung herbeiführt. 220

Wird die Endentscheidung ohne Verlesen der Entscheidungsformel bekannt gemacht, tritt Ermäßigung auch ein, wenn das Verfahren durch Zurücknahme beendet wird und die Zurücknahme vor Ablauf des Tages bei Gericht eingeht, an dem die Endentscheidung der Geschäftsstelle übergeben wird (Anm. Abs. 1 zu Nr. 12321 KV). 221

Beispiel: Gegen den Beschluss über Anordnung einer Nachlasspflegschaft wird Beschwerde eingelegt. Die Beschwerde wird noch vor Erlass einer Endentscheidung vollständig zurückgenommen. Der Geschäftswert beträgt 20.000 €. 222
Es sind an Gerichtsgebühren zu erheben:
0,5-Verfahrensgebühr, Nr. 12321 KV (Wert: 20.000 €, Tabelle A) 172,50 €

Es muss sich um eine Endentscheidung iSd § 38 FamFG handelt. Der Erlass von Nebenentscheidungen schließt somit die Gebührenermäßigung nicht aus. Endentscheidung ist jedoch auch eine isolierte Kostenentscheidung, so dass ihr Erlass die Ermäßigung nach Nr. 12321 KV verhindert. Etwas anderes gilt nur dann, wenn das Gericht einer zuvor mitgeteilten Kosteneinigung oder Kostenübernahmeerklärung folgt (Anm. Abs. 2 zu Nr. 12321 KV). 223

c) Rechtsbeschwerdeverfahren

aa) Allgemeine Verfahrensgebühr

Für Rechtsbeschwerdeverfahren (§§ 70 ff FamFG) entsteht eine 1,5-Verfahrensgebühr nach Nr. 12330 KV, die sämtliche Handlungen des Rechtsbeschwerdegerichts abdeckt. Es gilt Tabelle A (§ 34 GNotKG). 224

Beispiel: Gegen die Beschwerdeentscheidung wird Rechtsbeschwerde eingelegt. Das Gericht entscheidet durch Endentscheidung. Der Geschäftswert beträgt 30.000 €. 225
Es sind an Gerichtsgebühren zu erheben:
1,5-Verfahrensgebühr, Nr. 12330 KV (Wert: 30.000 €, Tabelle A) 609,00 €

bb) Ermäßigung bei Beendigung vor Eingang der Rechtsbeschwerdebegründung

226 Die Verfahrensgebühr ermäßigt sich nach Nr. 12331 KV auf einen 0,5-Gebührensatz bei Rücknahme von Rechtsbeschwerde oder Antrag, bevor die Rechtsbeschwerdebegründung bei Gericht eingeht. Die Begründung hat gem. § 71 Abs. 2 S. 1 FamFG binnen einen Monats zu erfolgen, jedoch kann das Gericht die Frist mit Einwilligung des Gegners auch verlängern (§ 71 Abs. 2 S. 3 FamFG iVm § 551 Abs. 2 S. 5 ZPO).

227 Für die Gebührenermäßigung ist allein der Eingang der Begründungsschrift maßgebend, auf den Fristablauf kommt es nicht an. Erfolgt die Zurücknahme erst nach Eingang der Begründungsschrift, kann eine Ermäßigung nur noch nach Nr. 12332 KV eintreten.

228 Durch die Zurücknahme muss sich das gesamte Rechtsbeschwerdeverfahren erledigen, eine Teilrücknahme genügt nicht.

229 **Beispiel:** Gegen die Beschwerdeentscheidung wird Rechtsbeschwerde eingelegt. Die Beschwerde wird noch vor Eingang der Begründungsschrift vollständig zurückgenommen. Der Geschäftswert beträgt 30.000 €.
Es sind an Gerichtsgebühren zu erheben:
0,5-Verfahrensgebühr, Nr. 12331 KV (Wert: 30.000 €, Tabelle A) 203,00 €

cc) Ermäßigung bei Beendigung nach Eingang der Rechtsbeschwerdebegründung

230 Nach Eingang der Begründungsschrift bei Gericht ermäßigt sich die Verfahrensgebühr auf einen 1,0-Gebührensatz, wenn die Rechtsbeschwerde oder der Antrag zurückgenommen wird vor Ablauf des Tages, an dem die Endentscheidung der Geschäftsstelle übermittelt wird (Nr. 12332 KV). Endentscheidungen sind auch Beschlüsse nach §§ 74 Abs. 1, 74 a FamFG.

231 Ermäßigung tritt nur ein, wenn durch die Zurücknahme das gesamte Rechtsbeschwerdeverfahren beendet wird.

232 **Beispiel:** Es wird Rechtsbeschwerde eingelegt. Die Begründungsschrift geht wenig später bei dem Gericht ein. Noch vor Erlass einer Endentscheidung wird die Rechtsbeschwerde vollständig zurückgenommen. Der Geschäftswert beträgt 25.000 €.
Die Zurücknahme erfolgt vor Erlass der Endentscheidung, aber nach Eingang der Begründungsschrift. An Gerichtsgebühren sind entstanden:
1,0-Verfahrensgebühr, Nr. 12332 KV (Wert: 25.000 €, Tabelle A) 371,00 €

d) Sonstige Beschwerde- und Rechtsbeschwerdeverfahren

233 Für Verfahren über sonstige Beschwerden gilt Nr. 19116 KV (s. § 23 Rn 54 ff). Für die Erinnerung nach § 11 Abs. 2 RPflG entstehen keine Gerichtsgebühren (§ 11 Abs. 4 RPflG). Für ein sonstiges Rechtsbeschwerdeverfahren gelten Nr. 19128, 19129 KV (s. § 23 Rn 77 ff).

e) Zulassung der Sprungrechtsbeschwerde

234 In Verfahren auf Zulassung der Sprungrechtsbeschwerde (§ 75 FamFG) gegen die Endentscheidung über den Hauptgegenstand entsteht eine Verfahrensgebühr nach Nr. 12340 KV mit einem Gebührensatz von 0,5, soweit der Antrag abgelehnt wird. Es gilt Tabelle A (§ 34 GNotKG). Kostenschuldner ist allein derjenige, der den Antrag auf Zulassung gestellt hat (§ 22 Abs. 1 GNotKG).

Der Geschäftswert für das Zulassungsverfahren bestimmt sich nach § 61 Abs. 3 GNotKG. 235

Für den Fall der Ablehnung wird die Entscheidung des Nachlassgerichts sofort rechtskräftig (§ 75 Abs. 2 S. 3 FamFG iVm § 566 Abs. 6 ZPO), da der Antrag auf Zulassung der Sprungrechtsbeschwerde und die Erklärung zur Einwilligung zur Übergehung der Beschwerdeinstanz als Rechtsmittelverzicht auf die Beschwerde gelten (§ 75 Abs. 1 S. 2 FamFG). Wird die Sprungrechtsbeschwerde hingegen zugelassen, wird das Verfahren als Rechtsbeschwerdeverfahren fortgesetzt (§ 75 Abs. 2 S. 2 FamFG iVm § 566 Abs. 7 S. 1 ZPO). Die Frist für die Einreichung der Rechtsbeschwerdebegründungsschrift beginnt mit Zustellung des Zulassungsbeschlusses. Für den Fall der Zulassung entsteht keine Gebühr nach Nr. 12340 KV, allerdings sind für das Rechtsbeschwerdeverfahren Gebühren nach Nr. 12330 ff KV zu erheben. 236

Beispiel: Der Antrag auf Zulassung der Sprungrechtsbeschwerde wird abgelehnt. Der Geschäftswert beträgt 15.000 €. 237
Es sind an Gerichtsgebühren entstanden:
0,5-Verfahrensgebühr, Nr. 12340 KV (Wert: 15.000 €, Tabelle A) 146,50 €

Wird der Antrag auf Zulassung der Sprungrechtsbeschwerde nur teilweise abgelehnt, entsteht die Gebühr der Nr. 12340 KV nach dem Wert des Gegenstands, der sich auf die Ablehnung bezieht (§ 56 Abs. 1 GNotKG), während für den übrigen Teil, für den das Rechtsbeschwerdeverfahren durchgeführt wird, Gebühren nach Nr. 12330 ff KV zu erheben sind. § 56 Abs. 3 GNotKG ist zu beachten. 238

f) Kostenschuldner

In den Rechtsmittelverfahren gilt § 24 GNotKG nicht (§ 25 Abs. 3 GNotKG), so dass zunächst der Rechtsmittelführer als Antragsschuldner haftet (§ 22 Abs. 1 GNotKG). Die Antragshaftung erlischt jedoch, wenn das Rechtsmittel ganz oder teilweise mit Erfolg eingelegt worden ist und das Gericht nicht über die Kosten entschieden hat oder die Kosten nicht von einem anderen Beteiligten übernommen worden sind (§ 25 Abs. 1 GNotKG). 239

VI. Entgegennahme von Erklärungen, Fristbestimmungen, Nachlassinventar

1. Entgegennahme von Erklärungen

a) Gebührenpflichtige Geschäfte

Die Entgegennahme von bestimmten Erklärungen und Anzeigen durch das Nachlassgericht ist gebührenpflichtig. Hierzu gehören nach Anm. Abs. 1 zu Nr. 12410 KV die Entgegennahme 240

- einer Forderungsanmeldung im Fall des § 2061 BGB (Nr. 1);
- einer Erklärung über die Anfechtung eines Testaments oder Erbvertrages (§§ 2081, 2281 Abs. 2 BGB) (Nr. 2);
- einer Anzeige des Vorerben oder des Nacherben über den Eintritt der Nacherbfolge (§ 2146 BGB) (Nr. 3);
- einer Erklärung betreffend die Bestimmung der Person des Testamentsvollstreckers (Nr. 4);
- einer Erklärung über die Ernennung von Mitvollstreckern (§ 2198 Abs. 1 S. 2 und § 2199 Abs. 3 BGB) (Nr. 4);

- einer Erklärung über die Annahme oder Ablehnung des Amtes des Testamentsvollstreckers (§ 2202 BGB) sowie die Kündigung dieses Amtes (§ 2226 BGB) (Nr. 4);
- einer Anzeige des Verkäufers oder Käufers einer Erbschaft über den Verkauf nach § 2384 BGB sowie einer Anzeige in den Fällen des § 2385 BGB (Nr. 5);
- eines Nachlassinventars oder einer Erklärung nach § 2004 BGB (Nr. 6);
- der Erklärung eines Hoferben über die Wahl des Hofes gem. § 9 Abs. 2 S. 1 HöfeO (Nr. 7, Vorbem. 1.5.1 Abs. 1 S. 1 KV).

241 Es entsteht eine Festgebühr nach Nr. 12410 KV von 15 €. Es handelt sich um eine Aktgebühr, die sämtliche Handlungen des Nachlassgerichts abdeckt. Die Gebühr entsteht erst mit der Entgegennahme der Erklärung oder Anzeige durch das Nachlassgericht.

242 **Gebührenfrei** bleibt mangels Gebührentatbestands die Entgegennahme folgender Erklärungen:[75]

- Ablehnung der fortgesetzten Gütergemeinschaft (§ 1484 BGB);
- Verzicht eines anteilsberechtigten Abkömmlings (§ 1491 BGB);
- Aufhebung der fortgesetzten Gütergemeinschaft (§ 1492 BGB);
- Ausschlagung der Erbschaft (§ 1945 BGB);
- Anfechtung der Annahme oder Ausschlagung der Erbschaft (§ 1955 BGB);
- Anfechtung der Versäumung der Ausschlagungsfrist (§§ 1956, 2308 BGB);
- Ausschlagung des Anfalls des Hofs nach § 11 HöfeO (Vorbem. 1.5.1 Abs. 1 S. 2 KV).

243 Wird aber eine solche Erklärung vom Nachlassgericht beurkundet, entsteht hierfür nach Vorbem. 1 Abs. 2 KV die Beurkundungsgebühr Nr. 21201 Nr. 7 KV (s. Rn 245 f).

b) Mehrere Erklärungen

244 Werden mehrere Forderungsanmeldungen, Erklärungen oder Anzeigen entgegengenommen, die unter dieselbe Nummer der Anm. Abs. 1 zu Nr. 12410 KV fallen, entsteht die Gebühr der Nr. 12410 KV nur einmal, wenn die Forderungsanmeldungen, Erklärungen oder Anzeigen gleichzeitig bei dem Nachlassgericht eingehen (Anm. Abs. 2 zu Nr. 12410 KV). Erfolgt der Eingang zeitlich versetzt, ist die Gebühr der Nr. 12410 KV mehrmals anzusetzen, auch wenn dieselbe Nummer betroffen ist. Handelt es sich um die Entgegennahme mehrerer Erklärungen oder Anzeigen, die von verschiedenen Nummern erfasst werden, ist die Gebühr der Nr. 12410 KV mehrmals zu erheben, auch wenn gleichzeitiger Eingang erfolgt.

c) Beurkundung

245 Muss das Nachlassgericht die Erklärung beurkunden (zB Erbausschlagung), entstehen für die Beurkundung gesonderte Gebühren nach Teil 2 KV (Vorbem. 1 Abs. 2 KV). Es entsteht danach eine 0,5-Gebühr nach Nr. 21201 Nr. 7 KV, weil die Erklärungen dem Nachlassgericht gegenüber abzugeben sind. Es gilt Tabelle B (§ 34 GNotKG). Die Gebühr beträgt unabhängig vom Wert mindestens 30 €.

---

75 BT-Drucks. 17/11471 (neu), S. 200 zu Nr. 12410 KV.

Der Geschäftswert ist nach § 103 Abs. 1 GNotKG zu bestimmen. Maßgeblich ist danach der Wert des betroffenen Vermögens zum Zeitpunkt der Beurkundung, wobei Nachlassverbindlichkeiten abzuziehen sind. 246

d) Entstehung und Fälligkeit

Die Gebühr der Nr. 12410 KV entsteht mit der Entgegennahme der Erklärung oder Anzeige durch das Nachlassgericht. Die Fälligkeit der Gebühr bestimmt sich nach § 9 Abs. 1 GNotKG, für die Auslagen gilt § 9 Abs. 1, 2 GNotKG. 247

e) Kostenschuldner

Die Gebühr der Nr. 12410 KV schuldet nach § 23 Nr. 4 GNotKG in den Fällen der Entgegennahme 248

- einer Erklärung über die Anfechtung eines Testaments oder Erbvertrages (Buchst. a),
- einer Anzeige des Vorerben oder des Nacherben über den Eintritt der Nacherbfolge (Buchst. b),
- einer Anzeige des Verkäufers oder Käufers einer Erbschaft über den Verkauf, auch in den Fällen des § 2385 BGB (Buchst. c),
- eines Nachlassinventars oder einer Erklärung nach § 2004 BGB (Buchst. d),
- der Erklärung eines Hoferben über die Wahl des Hofes gem. § 9 Abs. 2 S. 1 HöfeO (Buchst. e)

derjenige, der die Erklärung, die Anzeige oder das Nachlassinventar abgegeben hat.

Für die Entgegennahme von Forderungsanmeldungen im Falle des § 2061 BGB haftet derjenige Miterbe, der die Aufforderung erlassen hat (§ 23 Nr. 3 GNotKG). 249

Für die Entgegennahme von Erklärungen über die Annahme, Ablehnung oder Kündigung des Amtes als Testamentsvollstrecker haften nur die Erben nach den Vorschriften des BGB über die Nachlassverbindlichkeiten (§ 24 Nr. 8 GNotKG) (s. Rn 394 ff). Hat das Gericht eine abweichende Kostenentscheidung getroffen, haftet der Entscheidungsschuldner (§ 27 Nr. 1 GNotKG). 250

2. Fristbestimmungen

a) Gebührenpflichtige Geschäfte

Nach Nr. 12411 Nr. 1–5 KV ist die Bestimmung folgender Fristen durch das Nachlassgericht gebührenpflichtig: 251

- Frist nach den §§ 2151, 2153–2155, 2192, 2193 BGB;
- Inventarfrist (§ 1994 BGB);
- neue Inventarfrist (§§ 1996, 2005 BGB) oder die Verlängerung der Inventarfrist (§ 1995 Abs. 3 BGB);
- Frist zur Bestimmung der Person des Testamentsvollstreckers durch Dritte (§ 2198 Abs. 2 BGB);
- Frist zur Erklärung über die Annahme des Amtes eines Testamentsvollstreckers (§ 2202 Abs. 3 BGB).

Für das Verfahren über die Bestimmung oder Verlängerung der Frist fällt eine Verfahrensgebühr nach Nr. 12411 KV von 25 € an. Die Gebühr entsteht unabhängig vom Ausgang des Verfahrens, da Wegfall oder Ermäßigung nicht vorgesehen ist. Die Ge- 252 bühr ist deshalb auch dann ungekürzt zu erheben, wenn der Antrag zurückgenommen oder zurückgewiesen wird.

253 In den Fällen der §§ 1994, 1995 Abs. 3, 1996, 2005 Abs. 2 BGB entsteht die Gebühr der Nr. 12411 KV neben den Gebühren der Nr. 12410, 12412 KV.

b) Mehrheit von Geschäften

254 Jedes in Nr. 12411 Nr. 1–5 KV genannte Verfahren lässt die Gebühr gesondert entstehen, da es sich stets um verschiedene Angelegenheiten iSd § 55 Abs. 1 GNotKG handelt.

c) Entstehung und Fälligkeit

255 Die Gebühr Nr. 12411 KV entsteht mit Eingang des Antrags auf Bestimmung oder Verlängerung der Frist, jedoch bestimmt sich die Fälligkeit nach § 9 Abs. 1 GNotKG. Sie tritt danach erst mit Erlass einer Kostenentscheidung oder der sonstigen Beendigung des Verfahrens (Zurücknahme, Zurückweisung, Fristbestimmung, Fristverlängerung) ein.

256 Für die Auslagen gilt § 9 Abs. 1, 2 GNotKG.

d) Kostenschuldner

257 Bei den Verfahren der Nr. 12411 KV handelt es sich um reine Antragsverfahren, so dass der Antragsteller als Antragsschuldner haftet (§ 22 Abs. 1 GNotKG). Mehrere Antragsteller haften als Gesamtschuldner (§ 32 Abs. 1 GNotKG). § 8 Abs. 4 KostVfg ist zu beachten.

e) Vorschüsse

258 Nach § 13 S. 2 GNotKG kann trotz Antragshaftung die gerichtliche Handlung nur dann von der Zahlung der Gebühr abhängig gemacht werden, wenn dies im Einzelfall zur Sicherung des Eingangs der Gebühr erforderlich erscheint. Aufgrund der Fälligkeitsregelung des § 9 Abs. 1 GNotKG kann die Gebühr auch nicht nach Antragseingang durch Sollstellung angefordert werden.

259 Hinsichtlich der Auslagenvorschüsse gelten §§ 14, 17 GNotKG.

3. Aufnahme eines Nachlassinventars

a) Allgemeines

260 Die Aufnahme des Nachlassinventars erfolgt gem. § 20 Abs. 1 S. 2 BNotO ausschließlich durch die Notare. Eine Gebührenpflicht besteht aber noch, wenn das Nachlassgericht einen Notar mit der Aufnahme des Inventars beauftragt (s. Rn 263), eine Inventarfrist bestimmt oder verlängert (s. Rn 265) sowie für die Entgegennahme des Inventars (s. Rn 264).

b) Aufnahme durch das Nachlassgericht

261 Soweit für Verfahren wegen der Aufnahme eines Nachlassinventars durch das Nachlassgericht, die vor dem 1.9.2014 anhängig geworden sind,[76] wegen § 134 Abs. 1 S. 1 GNotKG noch altes Recht anzuwenden ist, entstehen Gebühren nach Nr. 23500 ff

76 Inkrafttreten des Gesetzes zur Übertragung von Aufgaben im Bereich der freiwilligen Gerichtsbarkeit auf Notare vom 26.6.2013 (BGBl. I S. 1800), welches durch Art. 44 des 2. KostRMoG geändert wurde und mit Wirkung zum 1.9.2013 in Kraft getreten ist.

KV, wenn das Nachlassgericht das Inventar selbst aufgenommen hat (Vorbem. 1.2.4.1 KV aF). Es fällt eine 2,0-Verfahrensgebühr an (Nr. 23500 KV), die sich bei vorzeitiger Beendigung auf einen 0,5-Gebührensatz (Nr. 23501 KV) ermäßigt. Es gilt Tabelle B (§ 34 GNotKG). Der Geschäftswert bestimmt sich nach § 115 GNotKG aF, so dass es auf den Wert der verzeichneten Gegenstände ankommt. Für die Fälligkeit gilt § 10 GNotKG. Neben der Gebühr Nr. 23500 KV entsteht die Gebühr für die Entgegennahme des Nachlassinventars nach Nr. 12410 Nr. 6 KV gesondert. Für die Gebühren haften die Erben (§ 24 Nr. 4, § 31 Abs. 2 GNotKG).

Muss der Erbe aufgrund eines Antrags eines Nachlassgläubigers die Vollständigkeit des Nachlassinventars eidesstattlich versichern, entsteht, soweit noch altes Recht zur Anwendung kommt, für das Verfahren eine gesonderte 0,5-Verfahrensgebühr der Nr. 15212 Nr. 1 KV, die unabhängig vom Ausgang des Verfahrens anfällt. Es gilt Tabelle A (§ 34 GNotKG). Ein Wegfall oder eine Ermäßigung der Gebühr ist nicht vorgesehen. Neben der Gebühr Nr. 15212 KV entsteht für die Beurkundung der eidesstattlichen Versicherung durch das Gericht eine Gebühr nach Nr. 23300 KV (Vorbem. 1 Abs. 2 KV). 262

c) Übertragung der Aufnahme auf Notar etc. (Nr. 12412 KV)

Für das Verfahren wegen eines Antrags auf Übertragung der Aufnahme des Nachlassinventars durch das Nachlassgericht auf eine Behörde, einen Beamten oder den Notar (§ 2003 BGB) entsteht eine Gebühr nach Nr. 12412 KV. Es handelt sich um eine Festgebühr von 40 €, die unabhängig vom Ausgang des Verfahrens entsteht, da Wegfall oder Ermäßigung nicht vorgesehen ist. 263

d) Entgegennahme des Inventars durch Nachlassgericht

Neben der Gebühr der Nr. 12412 KV fällt für die Entgegennahme des Inventars durch das Nachlassgericht eine Gebühr nach Nr. 12410 Nr. 6 KV an. 264

e) Bestimmung der Inventarfrist

Für das Verfahren über die Bestimmung einer erstmaligen oder neuen Inventarfrist oder die Verlängerung der Inventarfrist (§§ 1994, 1995 Abs. 3, 1996, 2005 Abs. 2 BGB) entsteht eine gesonderte Gebühr nach Nr. 12411 KV (s. Rn 251 ff). 265

Beispiel: Beantragt wird die Bestimmung einer Inventarfrist nach § 1994 BGB; die Frist wird antragsgemäß bestimmt. Der Erbe beantragt später, die Inventarfrist zu verlängern; dem Antrag wird stattgegeben (§ 1995 Abs. 3 BGB). Nach Fristablauf wird das Nachlassinventar bei dem Nachlassgericht eingereicht (§ 1993 BGB). 266

An Gerichtsgebühren sind entstanden:

1.	Fristbestimmung nach § 1994 BGB: Verfahrensgebühr, Nr. 12411 Nr. 2 KV	25,00 €
2.	Fristverlängerung nach § 1995 Abs. 3 BGB: Verfahrensgebühr, Nr. 12411 Nr. 4 KV	25,00 €
3.	Entgegennahme des Inventars nach § 1993 BGB: Verfahrensgebühr, Nr. 12410 Nr. 6 KV	15,00 €
Gesamt		65,00 €

f) Entstehung und Fälligkeit

Die Gebühr der Nr. 12412 KV entsteht mit Antragseingang beim Nachlassgericht. 267

268 Fälligkeit tritt jedoch gem. § 9 Abs. 1 GNotKG erst mit Erlass der Kostenentscheidung oder der sonstigen Verfahrensbeendigung (Zurücknahme, Zurückweisung oder Anordnung der Aufnahme durch die Behörde, den Beamten oder Notar) ein.

269 Für die Auslagen gilt § 9 Abs. 1, 2 GNotKG.

g) Kostenschuldner

270 Für die Kosten des gerichtlichen Verfahrens über die Errichtung eines Nachlassinventars haften nur die Erben, und zwar nach den Vorschriften des BGB über die Nachlassverbindlichkeiten (§ 24 Nr. 4 GNotKG) (s. Rn 394 ff).

4. Rechtsmittel

a) Beschwerdeverfahren

271 Die Beschwerde nach §§ 58 ff FamFG findet statt gegen die Endentscheidung in einem Verfahren zur Bestimmung von Fristen nach §§ 2151, 2153–2155, 2192, 2193 BGB, einer Inventarfrist (§ 1994 BGB), einer neuen Inventarfrist (§§ 1996, 2005 BGB) oder bei Verlängerung der Inventarfrist (§ 1995 Abs. 3 BGB).

272 Die sofortige Beschwerde in entsprechender Anwendung der §§ 567–572 ZPO findet nach § 355 Abs. 1 FamFG statt gegen Beschlüsse über die Fristsetzung zur Bestimmung der Person des Testamentsvollstreckers durch Dritte (§ 2198 Abs. 2 BGB) oder gegen Beschlüsse über die Fristsetzung zur Erklärung über die Annahme des Amtes eines Testamentsvollstreckers (§ 2202 Abs. 3 BGB).

273 Für die Beschwerdeverfahren gilt die Auffangregelung der Nr. 19116 KV, so dass eine Festgebühr von 60 € entsteht, wenn die Beschwerde verworfen oder zurückgewiesen wird. Ist die Beschwerde begründet, bleibt das Beschwerdeverfahren gebührenfrei. Für die Auslagen ist Vorbem. 3.1 Abs. 1 KV zu beachten. Danach werden Auslagen, die durch eine für begründet befundene Beschwerde entstanden sind, nicht erhoben, soweit das Beschwerdeverfahren gebührenfrei ist und das Beschwerdegericht die Kosten auch nicht dem Gegner des Beschwerdeführers auferlegt hat. Wird die Beschwerde nur teilweise verworfen oder zurückgewiesen, kann das Gericht die Gebühr nach billigem Ermessen auf die Hälfte ermäßigen oder bestimmen, dass eine Gebühr nicht zu erheben ist (Anm. zu Nr. 19116 KV).

b) Rechtsbeschwerdeverfahren

274 Für die Rechtsbeschwerdeverfahren gelten Nr. 19128, 19129 KV.

c) Erinnerungsverfahren

275 Ist die Beschwerde nach §§ 58 ff FamFG nicht zulässig, findet die Erinnerung nach § 11 Abs. 2 RPflG statt. Das Erinnerungsverfahren ist gebührenfrei (§ 11 Abs. 4 RPflG). Ist die Erinnerung unbegründet oder erfolgt Zurücknahme, sind die Auslagen nach Nr. 31000 ff KV einzuziehen. Bei begründeter Erinnerung ist Vorbem. 3.1 Abs. 1 KV entsprechend anwendbar.

d) Kostenschuldner

276 Die §§ 23, 24 GNotKG gelten in den Rechtsmittelverfahren nicht (§ 25 Abs. 3 GNotKG).

277 Es haftet deshalb zunächst der Rechtsmittelführer als Antragsschuldner für die Kosten (§ 22 Abs. 1 GNotKG). Dessen Haftung erlischt jedoch, wenn das Rechtsmittel

ganz oder teilweise mit Erfolg eingelegt worden ist und das Gericht nicht über die Kosten entschieden hat oder die Kosten nicht von einem anderen Beteiligten übernommen worden sind (§ 25 Abs. 1 GNotKG).

VII. Testamentsvollstreckung

1. Gebührenpflichtige Geschäfte

Gebührenpflichtig sind wegen des Analogieverbots des § 1 Abs. 1 GNotKG nur die im Kostenverzeichnis ausdrücklich genannten Verfahren, während die eigentliche Führung der Testamentsvollstreckung gerichtskostenfrei bleibt, da das Nachlassgericht die Tätigkeit des Testamentsvollstreckers nicht überwacht. 278

Im Einzelnen sind die gebührenpflichtigen Geschäfte der Testamentsvollstreckung wie folgt verortet: 279

Nr. 12420 ff KV: 280

- Ernennung des Testamentsvollstreckers durch das Nachlassgericht (§ 2200 BGB)
- Entlassung des Testamentsvollstreckers durch das Nachlassgericht (§ 2227 BGB)
- Außerkraftsetzung von Anordnungen des Erblassers durch das Nachlassgericht (§ 2216 Abs. 2 BGB)
- Entscheidung des Nachlassgerichts bei Meinungsverschiedenheiten mehrerer Testamentsvollstrecker (§ 2224 Abs. 1 BGB).

Nr. 12410 ff KV: die Entgegennahme von Erklärungen 281

- des Erblassers über die Bestimmung der Person des Testamentsvollstreckers (§ 2198 Abs. 1 BGB)
- über die Ernennung eines Mitvollstreckers oder Nachfolgers (§ 2199 Abs. 3 BGB)
- über die Annahme oder Ablehnung des Amtes als Testamentsvollstrecker (§ 2202 BGB)
- über die Kündigung des Amtes als Testamentsvollstrecker (§ 2226 BGB).

Nr. 12411 ff KV für die Fristsetzung 282

- zur Bestimmung der Person des Testamentsvollstreckers durch Dritte (§ 2198 Abs. 2 BGB)
- zur Erklärung über die Annahme des Amtes eines Testamentsvollstreckers (§ 2202 Abs. 3 BGB).

Nr. 12210 ff KV für 283

- die Erteilung eines Testamentsvollstreckerzeugnisses (vgl. Vorbem. 1.2.2 Nr. 4 KV); für das erste Zeugnis gilt Nr. 12210 KV, für die Erteilung weiterer Zeugnisse gelten Nr. 12213, 12214 KV (s. Rn 305 ff),
- das Verfahren über die Einziehung oder Kraftloserklärung eines Testamentsvollstreckerzeugnisses (vgl. Nr. 12215 KV) (s. Rn 144 ff).

2. Erstinstanzliche Verfahren nach Nr. 12420 KV

a) Geltungsbereich

Im erstinstanzlichen Verfahren entsteht eine 0,5-Verfahrensgebühr nach Nr. 12420 KV. Es ist Tabelle A (§ 34 GNotKG) anzuwenden. Gebührenpflichtig sind: 284

- Ernennung des Testamentsvollstreckers durch das Nachlassgericht (§ 2200 BGB);
- Entlassung des Testamentsvollstreckers durch das Nachlassgericht (§ 2227 BGB);

- Außerkraftsetzung von Anordnungen des Erblassers durch das Nachlassgericht (§ 2216 Abs. 2 BGB);
- Entscheidung des Nachlassgerichts bei Meinungsverschiedenheiten mehrerer Testamentsvollstrecker (§ 2224 Abs. 1 BGB).

285 Die Gebühr Nr. 12420 KV deckt sämtliche Handlungen des Gerichts ab. Gesonderte Gebühren entstehen nach Vorbem. 1.2.4.2 KV jedoch für die Entgegennahme von bestimmten Erklärungen, für die Nr. 12410 ff KV gilt (s. dazu Rn 240 ff), sowie für die Bestimmung von bestimmten Fristen, für die Nr. 12411 KV gilt (s. dazu Rn 251 ff).

286 Die Gebühr entsteht mit Eingang des Antrags bei dem Nachlassgericht. Die Gebührenhöhe ist unabhängig vom Ausgang des Verfahrens, da eine Ermäßigung oder ein Wegfall der Gebühr nicht vorgesehen ist.

287 **Beispiel 1:** Ein Erbe beantragt die Entlassung des Testamentsvollstreckers. Das Verfahren endet durch Endentscheidung, mit der die Entlassung angeordnet wird. Der Geschäftswert beträgt 40.000 €.
An Gerichtsgebühren sind entstanden:

0,5-Verfahrensgebühr, Nr. 12420 KV (Wert: 40.000 €, Tabelle A)	238,00 €

288 **Beispiel 2:** Wie Beispiel 1, jedoch wird der Antrag vor Erlass der Endentscheidung zurückgenommen. – Es verbleibt bei derselben Gebühr wie in Beispiel 1, da ein Wegfall oder eine Ermäßigung der Gebühr nicht vorgesehen ist.

b) Mehrere Geschäfte

289 Die Gebühr Nr. 12420 KV entsteht für jedes Verfahren der §§ 2200, 2216, 2224, 2227 BGB gesondert. Werden jedoch mehrere Gegenstände in demselben Verfahren geltend gemacht, ist die Gebühr nur einmal nach dem gem. § 35 Abs. 1 GNotKG zusammengerechneten Wert zu erheben.

c) Einstweilige Anordnung

290 Ist wegen der Entlassung des Testamentsvollstreckers im Wege der einstweiligen Anordnung zu entscheiden, entstehen für das Eilverfahren gesonderte Gebühren nach Nr. 16110 ff KV (s. § 19 Rn 10 ff), weil für das Hauptverfahren Tabelle A gilt und der Gebührensatz der für die Hauptsache zu erhebenden Gebühr (Nr. 12420 KV) weniger als 2,0 beträgt.

3. Kostenschuldner

a) Erstinstanzliches Verfahren

291 In den Verfahren über die Ernennung oder Entlassung des Testamentsvollstreckers haften nur die Erben nach den Vorschriften des BGB über Nachlassverbindlichkeiten (§ 24 Nr. 7 GNotKG) (s. Rn 394 ff). Da die Haftung das Verfahren betrifft und nicht wie bei§ 23 Nr. 4 GNotKG eine bestimmte gerichtliche Handlung, haften die Erben auch dann, wenn der Antrag zurückgenommen oder zurückgewiesen wird. Das Gericht kann eine abweichende Kostenentscheidung treffen, so dass dann der Entscheidungsschuldner haftet (§ 27 Nr. 1 GNotKG). Eine Antragshaftung (§ 22 Abs. 1 GNotKG) besteht daher trotz der Ausgestaltung als Antragsverfahren nicht, da § 22 Abs. 1 GNotKG durch die Regelung des § 24 Nr. 7 GNotKG verdrängt wird.

292 Für Verfahren über die Außerkraftsetzung von Anordnungen des Erblassers (§ 2216 Abs. 2 BGB) oder wegen Entscheidungen bei Meinungsverschiedenheiten mehrerer

Testamentsvollstrecker (§ 2224 Abs. 1 BGB) gilt § 24 Nr. 7 GNotKG nicht, so dass hier der Antragsteller als Antragsschuldner (§ 22 Abs. 1 GNotKG) haftet, da es sich um reine Antragsverfahren handelt. Im Übrigen haften die Schuldner des § 27 Nr. 1, 2 GNotKG.

b) Rechtsmittelverfahren

In den Rechtsmittelverfahren gilt § 24 Nr. 7 GNotKG nicht (§ 25 Abs. 3 GNotKG). 293
Da es sich um Antragsverfahren handelt, haftet zunächst der Antragsschuldner (§ 22 Abs. 1 GNotKG) für die Kosten. Die Antragshaftung erlischt jedoch, wenn das Rechtsmittel ganz oder teilweise mit Erfolg eingelegt worden ist und das Gericht nicht über die Kosten entschieden hat oder die Kosten nicht von einem anderen Beteiligten übernommen worden sind (§ 25 Abs. 1 GNotKG). Es haften die Schuldner nach § 27 Nr. 1, 2 GNotKG.

4. Fälligkeit, Vorschüsse

Für die Fälligkeit der Gebühren gilt § 9 Abs. 1 GNotKG, für die Auslagen gilt § 9 294
Abs. 1, 2 GNotKG.

Die gerichtliche Tätigkeit kann in Verfahren wegen der Ernennung oder Entlassung 295
des Testamentsvollstreckers nicht von der vorherigen Zahlung eines Gebührenvorschusses nach § 13 S. 1 GNotKG abhängig gemacht werden, weil gem. § 24 Nr. 7 GNotKG keine Antragshaftung besteht.

Handelt es sich um Verfahren über die Außerkraftsetzung von Anordnungen des Erb- 296
lassers (§ 2216 Abs. 2 BGB) oder über Entscheidungen bei Meinungsverschiedenheiten mehrerer Testamentsvollstrecker (§ 2224 Abs. 1 BGB), gilt § 24 Nr. 7 GNotKG nicht. Allerdings kann Abhängigmachung nur angeordnet werden, wenn dies im Einzelfall zur Sicherung des Eingangs der Gebühr erforderlich erscheint (§ 13 S. 2 GNotKG). Wegen der Fälligkeitsregelung des § 9 Abs. 1 GNotKG darf die Gebühr nach Antrags- oder Rechtsmitteleingang auch nicht durch Sollstellung angefordert werden.

Für die Auslagenvorschüsse gelten §§ 14, 17 GNotKG. 297

5. Geschäftswert

a) Ernennung und Entlassung des Testamentsvollstreckers

Der Geschäftswert bestimmt sich in den Verfahren wegen der Entlassung oder Ernen- 298
nung von Testamentsvollstreckern nach § 65 GNotKG. Danach sind 10 % des Nachlasswerts zum Zeitpunkt des Erbfalls anzusetzen. Nachlassverbindlichkeiten sind nicht abzuziehen. Ist Gegenstand des Verfahrens sowohl die Entlassung des alten als auch die Ernennung eines neuen Testamentsvollstreckers, müssen verschiedene Werte festgesetzt werden, die gem. § 35 Abs. 1 GNotKG zusammenzurechnen sind. Das folgt aus dem Wortlaut des § 65 GNotKG „jeweils 10 Prozent des Werts des Nachlasses", so dass der Gesamtgeschäftswert dann 20 % des Nachlasswerts beträgt.[77]

§ 40 Abs. 2, 3 GNotKG ist entsprechend anzuwenden (§ 65 Hs. 2 GNotKG), so dass 299
für den Geschäftswert nur auf den Anteil eines Miterben oder auf bestimmte Teile

77 BT-Drucks. 17/11471 (neu), S. 174 zu § 65 GNotKG.

des Nachlasses abzustellen ist, wenn sich die Testamentsvollstreckung nur auf den Anteil eines Miterben oder auf bestimmte Nachlassteile erstreckt.

300 In Rechtsmittelverfahren gilt § 61 Abs. 1, 2 GNotKG. Für den konkreten Wert verbleibt es daher bei § 65 GNotKG. Das gilt auch im Entlassungsverfahren,[78] so dass nicht auf die Vergütung des Testamentsvollstreckers abzustellen ist.[79]

301 Für das einstweilige Anordnungsverfahren wegen der Entlassung des Testamentsvollstreckers ist § 62 GNotKG zu beachten, so dass der Wert zu ermäßigen und dabei die Hälfte vom Hauptsachewert heranzuziehen ist. Maßgeblich sind daher nur 5 % des Nachlasswerts zum Zeitpunkt des Erbfalls.

b) Sonstige Verfahren

302 Für Verfahren über die Außerkraftsetzung von Anordnungen des Erblassers (§ 2216 Abs. 2 BGB) oder wegen der Entscheidung bei Meinungsverschiedenheiten mehrerer Testamentsvollstrecker (§ 2224 Abs. 1 BGB) fehlt eine konkrete Wertvorschrift. Da es sich um vermögensrechtliche Angelegenheiten handelt, ist auf die Auffangregelung des § 36 Abs. 1 GNotKG zurückzugreifen. Der Geschäftswert ist danach nach billigem Ermessen zu bestimmen. Dabei ist ein Bruchteil des Werts der Testamentsvollstreckung zugrunde zu legen, so dass nicht 10 % des maßgeblichen Nachlasswerts angesetzt werden können, sondern nur ein Bruchteil davon. Kann ein Wert nicht bestimmt werden, weil konkrete Anhaltspunkte fehlen, ist er gem. § 36 Abs. 3 GNotKG auf 5.000 € festzusetzen.

303 In Rechtsmittelverfahren gilt § 61 Abs. 1, 2 GNotKG.

6. Testamentsvollstreckerzeugnis

304 Für die Erteilung des ersten Testamentsvollstreckerzeugnisses gilt Nr. 12210 KV (s. Rn 56 ff). Auf andere Zeugnisse ist der Gebührentatbestand nicht anwendbar, so dass die Erteilung von Annahmezeugnis, Eingangsbestätigung oder des Zeugnisses über das erloschende Amt gebührenfrei bleibt.[80]

305 Für das Verfahren wegen Erteilung eines weiteren Testamentsvollstreckerzeugnisses bezüglich desselben Nachlasses oder desselben Teils des Nachlasses entsteht eine 0,3-Verfahrensgebühr nach Nr. 12213 KV. Es gilt Tabelle B (§ 34 GNotKG). Erfasst sind die Fälle der Änderung in der Person des Testamentsvollstreckers oder wegen Änderung seiner Befugnisse.[81] Endet das Verfahren ohne Erteilung des weiteren Zeugnisses (zB bei Rücknahme oder Zurückweisung des Antrags), beträgt die Gebühr unabhängig vom Wert höchstens 200 € (Nr. 12214 KV). Neben der Gebühr Nr. 12213 KV entsteht bei Abgabe der eidesstattlichen Versicherung die Beurkundungsgebühr der Nr. 23300 KV nach Tabelle B (§ 34 GNotKG).[82] Ist lediglich eine weitere Abschrift oder Ausfertigung des Testamentsvollstreckerzeugnisses zu erteilen, werden keine Gebühren erhoben,[83] sondern nur die Dokumentenpauschale der Nr. 31000 KV.

306 Der Wert für Verfahren, die ein Zeugnis über die Ernennung eines Testamentsvollstreckers betreffen, beträgt 20 % des Nachlasswerts im Zeitpunkt des Erbfalls, wobei

78 OLG Schleswig NJW-RR 2014, 413.
79 OLG Frankfurt ZEV 2006, 173.
80 Korintenberg/*Wilsch*, GNotKG, Nr. 12213, 12214 KV Rn 7.
81 Korintenberg/*Wilsch*, GNotKG, Nr. 12213, 12214 KV Rn 1.
82 Korintenberg/*Wilsch*, GNotKG, Nr. 12213, 12214 KV Rn 6.
83 Korintenberg/*Wilsch*, GNotKG, Nr. 12213, 12214 KV Rn 4.

Nachlassverbindlichkeiten nicht abgezogen werden (§ 40 Abs. 5 S. 1 GNotKG). Die Regelung gilt auch für die Abnahme der eidesstattlichen Versicherung.[84]

Für Verfahren wegen der Einziehung oder Kraftloserklärung eines Testamentsvollstreckerzeugnisses gilt Nr. 12215 KV (s. Rn 144 ff). Der Wert bestimmt sich nach § 40 Abs. 5 GNotKG (s. Rn 307).[85] 307

VIII. Teilungssachen

1. Anzuwendende Regelungen

Nr. 12510–12512 KV (aF) wurden aufgehoben,[86] da für die Bearbeitung der **Teilungssachen** die **Notare** zuständig sind (§ 23 a Abs. 3 GVG). Die Notargebühren richten sich nach den Nr. 23900–23903 KV. 308

Gegen die Entscheidungen des Notars im Teilungsverfahren finden die allgemeinen Rechtsmittel statt (§ 492 Abs. 1 FamFG). Für die **Rechtsmittelverfahren** gelten Nr. 12530–12550 KV (s. Rn 332 ff). Ist nach den allgemeinen verfahrensrechtlichen Vorschriften ein Rechtsmittel nicht mehr gegeben, findet gegen die Notarentscheidung die Erinnerung statt (§ 492 Abs. 2 S. 1 FamFG). Das Erinnerungsverfahren ist gebührenfrei, da ein entsprechender Gebührentatbestand im Kostenverzeichnis fehlt. 309

In **Zuweisungsverfahren** wegen land- oder forstwirtschaftlicher Betriebe nach dem GrdStVG, für die nach § 1 Nr. 2 LwVfG das Landwirtschaftsgericht zuständig ist, gilt Nr. 15110 KV (s. § 18 Rn 3 ff). In den Fällen des § 33 Abs. 2 S. 3 GrdStVG ist sachliche Kostenfreiheit angeordnet. 310

Für die **Erbteilungsklage** gilt das GKG, da es sich um ein ZPO-Verfahren handelt. Es entstehen Gebühren nach Nr. 1210 ff KV-GKG. 311

2. Geschäftswert

Der ehemalige § 66 S. 1 GNotKG (aF) wurde gleichfalls gestrichen, weil es keine erstinstanzlichen Teilungssachen mehr gibt. Für die Rechtsmittelverfahren ist aber weiterhin eine Wertfestsetzung erforderlich, da Wertgebühren entstehen (s. Rn 309). Maßgeblich sind die Anträge des Rechtsmittelführers (§ 61 Abs. 1 GNotKG). Der konkrete Wert ist nach § 36 Abs. 1 GNotKG nach billigem Ermessen zu bestimmen, wobei auf die Rechtsgedanken des § 118 a GNotKG, der unmittelbar nur für Notare gilt, zurückgegriffen werden kann. Der Auffangwert von 5.000 € (§ 36 Abs. 3 GNotKG) dürfte deshalb wohl nicht in Betracht kommen. 312

Zugrunde gelegt werden kann deshalb der Wert des den Gegenstand der Auseinandersetzung bildenden Nachlasses oder Gesamtguts oder des von der Auseinandersetzung betroffenen Teils davon (§ 118 a S. 1 GNotKG). Sind in dem Verfahren mehrere Vermögensmassen auseinanderzusetzen, sind ihre Werte zusammenzurechnen 313

84 BT-Drucks. 17/11471 (neu), S. 166 zu § 40 GNotKG.

85 BT-Drucks. 17/11471 (neu), S. 166 zu § 40 GNotKG.

86 Infolge des Gesetzes zur Übertragung von Aufgaben im Bereich der freiwilligen Gerichtsbarkeit auf Notare vom 26.6.2013 (BGBl. I S. 1800) wurden die Nr. 12510–12512 KV (aF) unmittelbar nach Inkrafttreten des GNotKG wieder hinfällig und daher mit Wirkung vom 1.9.2013 aufgehoben. An ihrer Stelle wurden die Nr. 23900–23903 KV für die Notargebühren eingefügt (vgl. Art. 44 Nr. 2 Ziff. 9 Buchst. f des 2. KostRMoG vom 23.7.2013 (BGBl. I S. 2586, 2710). – Zu den Nr. 12510–12512 KV (aF) s. die ausführliche Darstellung in der Vorauflage (1. Aufl. 2013, § 14 Rn 304 ff).

(§ 118 a S. 2 GNotKG). Ist in einer Vermögensmasse ein Teil der anderen Vermögensmasse enthalten, ist dieser Teil bei jeder Masse zu berücksichtigen.[87]

314 **Beispiel:** Der Ehemann wird von seiner Ehefrau beerbt. Der Nachlasswert beträgt 50.000 €. Später verstirbt die Ehefrau, die wiederum von ihren beiden Kindern zu je 1/2 beerbt wird. Der Nachlasswert beträgt 90.000 €, wobei die vom vorverstorbenen Ehemann geerbten 50.000 € enthalten sind.
Der Geschäftswert ist mit 140.000 € (= 50.000 € + 90.000 €) anzusetzen.

315 Ist ein Gesamtgut auseinanderzusetzen, kann der betroffene Wert des Gesamtguts zugrunde gelegt werden (§ 118 a S. 1 GNotKG). Sind in dem Verfahren sowohl das Gesamtgut einer Gütergemeinschaft als auch der Nachlass eines Ehegatten oder Lebenspartners auseinanderzusetzen, werden die Werte von Gesamtgut und des übrigen Nachlasses zusammengerechnet (§ 118 a S. 3 GNotKG). Da hier nur ein Auseinandersetzungsverfahren durchgeführt wird, ist auch die Verfahrensgebühr nur einmal nach dem zusammengerechneten Wert zu erheben.

316 **Beispiel:** Der Ehemann verstirbt. Er hat mit seiner Ehefrau in Gütergemeinschaft gelebt. Das Gesamtgut besitzt einen Wert von 80.000 €, wovon der Anteil des Ehemannes 40.000 € beträgt. Der übrige Nachlass des Ehemannes besitzt einen Wert von 30.000 €.
Für die Wertberechnung sind zu berücksichtigen 80.000 € für das Gesamtgut und 30.000 € für den übrigen Nachlass, so dass der Geschäftswert 110.000 € beträgt. Entgegen § 118 a S. 2 GNotKG wird der hälftige Anteil des Ehemannes am Gesamtgut nur einmal bewertet, weil § 118 a S. 3 GNotKG nur auf den „übrigen" Nachlass abstellt.

IX. Stundung des Pflichtteilsanspruchs

1. Erstinstanzliches Verfahren

a) Verfahrensgebühr

317 In Verfahren wegen Stundung des Pflichtteilsanspruchs entsteht eine pauschale 2,0-Verfahrensgebühr nach Nr. 12520 KV, die sämtliche Handlungen des Nachlassgerichts abdeckt. Es gilt Tabelle A (§ 34 GNotKG). Abgegolten ist auch die Protokollierung eines Vergleichs. Eine gesonderte Vergleichsgebühr nach Nr. 17005 KV entsteht nur, wenn auch andere Ansprüche mitverglichen werden. Die Gebühr entsteht bereits mit Eingang des Antrags und kann danach nicht mehr entfallen, sich aber ermäßigen (s. Rn 319 ff). Stellen mehrere Erben den Stundungsantrag, liegt nur ein Verfahren vor, so dass die Gebühr nur einmal entsteht.[88] Anders aber, wenn der Antrag mehrere Pflichtteile umfasst, denn dann liegen verschiedene Verfahren vor und die Gebühr fällt jeweils gesondert an.[89]

318 Es muss sich um eine Zuständigkeit des Nachlassgerichts handeln. Ist hingegen das Prozessgericht zuständig, weil die Pflichtteilsansprüche strittig sind, gilt für die Gerichtskosten das GKG, so dass für das Zivilverfahren Gebühren nach Nr. 1210 ff KV-GKG entstehen.

87 Korintenberg/*Lappe*, KostO, § 116 Rn 40; Rohs/Wedewer/*Waldner*, KostO, § 116 Rn 27 a.
88 Korintenberg/*Wilsch*, GNotKG, Nr. 12520, 12521 KV Rn 5.
89 NK-GK/*Jäckel*, GNotKG, Nr. 12520–12521 KV Rn 3.

b) Gebührenermäßigung

aa) Allgemeines

Die Verfahrensgebühr ermäßigt sich nach Nr. 12521 KV auf einen 0,5-Gebührensatz, wenn ein dort genannter Ermäßigungstatbestand erfüllt ist. Es muss jedoch das gesamte Verfahren beendet werden, so dass eine Teilrücknahme nicht genügt. Eine Ermäßigung tritt aber auch dann ein, wenn das gesamte Verfahren durch mehrere Ermäßigungstatbestände vollumfänglich beendet wird (Anm. Abs. 2 zu Nr. 12521 KV). 319

bb) Beendigung ohne Endentscheidung

Wird das Verfahren ohne Endentscheidung beendet, tritt Gebührenermäßigung ein (Nr. 12521 Nr. 1 KV). Hierunter fällt insbesondere die Erledigung durch rechtzeitige Zurücknahme des Antrags oder der Abschluss eines Vergleichs. Die Regelung der Nr. 12521 Nr. 1 KV erfasst nur Endentscheidungen iSd § 38 FamFG, so dass Nebenentscheidungen eine Gebührenermäßigung nicht verhindern. 320

cc) Zurücknahme des Antrags

Die Zurücknahme des Antrags führt eine Ermäßigung herbei, wenn zum Zeitpunkt des Eingangs der Zurücknahme bei Gericht noch keine Endentscheidung ergangen war. Muss das Gericht noch eine Kostenentscheidung treffen, tritt keine Ermäßigung ein, weil es sich um eine Endentscheidung handelt. Wird die Endentscheidung nicht durch Verlesen bekannt gegeben, tritt Ermäßigung noch ein, wenn der Antrag bis zum Ablauf des Tages zurückgenommen wird, an dem die Endentscheidung der Geschäftsstelle übermittelt wird (Nr. 12521 Nr. 2 KV). 321

dd) Endentscheidung ohne Begründung

Ergeht eine Endentscheidung ohne Begründung, tritt eine Ermäßigung der Gebühr nach Nr. 12521 Nr. 3 KV ein. Die nach § 39 FamFG zwingend aufzunehmende Rechtsbehelfsbelehrung ist keine Begründung und schließt die Ermäßigung nicht aus. Eine Ermäßigung tritt ausnahmsweise auch bei Erlass einer begründeten Endentscheidung ein, wenn die Begründung nur deshalb ergangen ist, weil zu erwarten ist, dass der Beschluss im Ausland geltend gemacht wird (§ 38 Abs. 5 Nr. 4 FamFG). Das gilt auch dann, wenn aus diesem Grund nach § 38 Abs. 6 FamFG eine Begründung nachträglich abgefasst wird (Anm. Abs. 1 zu Nr. 12521 KV). 322

c) Einstweilige Anordnung

Für das Verfahren auf Erlass einer einstweiligen Anordnung wegen der Stundung des Pflichtteils entstehen Verfahrensgebühren nach Nr. 16111, 16112 KV (s. § 19 Rn 24 ff). Es handelt sich stets um einen gesonderten Kostenrechtszug. Kommt es deshalb noch zum Hauptverfahren, entstehen die Gebühren nach Nr. 12520, 12521 KV gesondert. 323

d) Abänderungsverfahren

Bei den Aufhebungs- oder Abänderungsverfahren nach §§ 2331 a Abs. 2 S. 2, 1382 Abs. 6 BGB handelt es sich gem. § 57 Abs. 2 GNotKG um besondere Verfahren, so dass die Gebühren der Nr. 12520 ff KV gesondert entstehen.[90] 324

90 So auch Korintenberg/*Wilsch*, GNotKG, Nr. 12520, 12521 KV Rn 8.

2. Fälligkeit

325 Die Gebühren werden gem. § 9 Abs. 1 GNotKG fällig, wenn eine unbedingte Kostenentscheidung ergeht oder das Verfahren durch Antragsrücknahme oder Vergleich beendet wird. Enthält die Endentscheidung keine Kostenentscheidung, tritt Fälligkeit gleichwohl mit der Bekanntgabe ein, weil dann eine sonstige Verfahrensbeendigung iSd § 9 Abs. 1 Nr. 5 GNotKG vorliegt.

326 Für die Auslagen gilt § 9 Abs. 1, 2 GNotKG.

3. Vorschüsse

327 Die gerichtliche Handlung kann nur dann von der Zahlung eines Gebührenvorschusses abhängig gemacht werden, wenn dies im Einzelfall für die Kostensicherung erforderlich ist (§ 13 S. 2 GNotKG), andernfalls unterbleibt eine Abhängigmachung. Wegen der Fälligkeitsregelung des § 9 Abs. 1 GNotKG (s. Rn 325) kann die Gebühr auch nicht durch Sollstellung angefordert werden.

328 Für die Auslagen gelten §§ 14, 17 GNotKG.

4. Kostenschuldner

329 Bei dem Stundungsverfahren handelt es sich um ein reines Antragsverfahren (§ 2331 a Abs. 2 iVm § 1382 Abs. 2–6 BGB), so dass der Antragsteller als Antragsschuldner haftet (§ 22 Abs. 1 GNotKG). Im Übrigen haften die Kostenschuldner nach § 27 GNotKG. § 24 GNotKG gilt nicht, weil die Stundungsverfahren dort nicht genannt sind.

330 In Rechtsmittelverfahren ist § 25 Abs. 1 GNotKG zu beachten. Es haftet zunächst der Rechtsmittelführer als Antragsschuldner, jedoch erlischt seine Antragshaftung, wenn das Rechtsmittel ganz oder teilweise mit Erfolg eingelegt worden ist und das Gericht nicht über die Kosten entschieden hat oder die Kosten nicht von einem anderen Beteiligten übernommen worden sind.

5. Geschäftswert

331 Eine konkrete Wertvorschrift fehlt, so dass die Auffangregelung des § 36 Abs. 1 GNotKG gilt, da es sich stets um eine vermögensrechtliche Angelegenheit handelt. Der Geschäftswert ist daher nach billigem Ermessen zu bestimmen. Dabei sind sowohl die Höhe des Pflichtteilsanspruchs als auch die Bedeutung der Stundungsregelung zu berücksichtigen,[91] aber auch ein Zinsvorteil oder eine vermiedene Zwischenfinanzierung.[92] Es wird hierfür im Regelfall ein Wert von 10 % des Forderungsbetrags anzunehmen sein.[93]

6. Beschwerdeverfahren

a) Allgemeine Verfahrensgebühr

332 Für Beschwerden nach §§ 58 ff FamFG, die sich gegen die Endentscheidung über den Hauptgegenstand richten, entsteht eine pauschale 3,0-Verfahrensgebühr nach

91 Rohs/Wedewer/*Waldner*, KostO, § 106 a Rn 12.
92 Korintenberg/*Wilsch*, GNotKG, Nr. 12520, 12521 KV Rn 6.
93 Korintenberg/*Wilsch*, GNotKG, Nr. 12520, 12521 KV Rn 6; Rohs/Wedewer/*Waldner*, KostO, § 106 a Rn 12.

Nr. 12530 KV, die sämtliche gerichtliche Handlungen abdeckt. Es gilt Tabelle A (§ 34 GNotKG).

Beispiel: Gegen die Endentscheidung in einer Stundungssache wird Beschwerde eingelegt. Das Gericht entscheidet durch Endentscheidung. Der Geschäftswert beträgt 45.000 €. 333
An Gerichtsgebühren sind entstanden:
3,0-Verfahrensgebühr, Nr. 12530 KV (Wert: 45.000 €, Tabelle A) 1.533,00 €

b) Gebührenermäßigung

Die Verfahrensgebühr ermäßigt sich gem. Nr. 12531 KV auf einen 0,5-Gebührensatz, wenn die Beschwerde oder der Antrag zurückgenommen wird, bevor die Beschwerdebegründung bei Gericht eingegangen ist. Durch die Zurücknahme muss das gesamte Beschwerdeverfahren erledigt werden; eine Teilerledigung führt keine Ermäßigung herbei. 334

Nach Eingang der Beschwerdebegründung ermäßigt sich die Verfahrensgebühr auf einen 1,0-Gebührensatz, wenn das gesamte Verfahren durch Zurücknahme der Beschwerde oder des Antrags ohne Endentscheidung beendet wird (Nr. 12532 KV). Wird die Endentscheidung ohne Verlesen der Entscheidungsformel bekannt gemacht, so tritt eine Ermäßigung auch ein, wenn die Zurücknahme vor Ablauf des Tages bei Gericht eingeht, an dem die Endentscheidung der Geschäftsstelle übergeben wird (Anm. Abs. 1 zu Nr. 12532 KV). 335

Beispiel: Gegen die Endentscheidung in einer Stundungssache wird Beschwerde eingelegt. Die Beschwerde wird nach Eingang der Beschwerdebegründung, aber noch vor Erlass einer Endentscheidung vollständig zurückgenommen. Der Geschäftswert beträgt 30.000 €. 336
Es sind an Gerichtsgebühren zu erheben:
1,0-Verfahrensgebühr, Nr. 12532 KV (Wert: 30.000 €, Tabelle A) 406,00 €

Es muss sich um eine Endentscheidung iSd § 38 FamFG handeln; der Erlass von Nebenentscheidungen schließt somit die Gebührenermäßigung nicht aus. Endentscheidung ist jedoch auch eine isolierte Kostenentscheidung, so dass ihr Erlass die Ermäßigung nach Nr. 12532 KV verhindert. Etwas anderes gilt nur dann, wenn das Gericht einer zuvor mitgeteilten Kosteneinigung oder Kostenübernahmeerklärung folgt (Anm. Abs. 2 zu Nr. 12532 KV). 337

7. Rechtsbeschwerdeverfahren

a) Allgemeine Verfahrensgebühr

Für Rechtsbeschwerdeverfahren (§§ 70 ff FamFG) gegen Endentscheidungen über den Hauptgegenstand entsteht eine pauschale 4,0-Verfahrensgebühr nach Nr. 12540 KV, die sämtliche Handlungen des Rechtsbeschwerdegerichts abdeckt. Es gilt Tabelle A (§ 34 GNotKG). 338

Beispiel: Gegen die Beschwerdeentscheidung in einer Stundungssache wird Rechtsbeschwerde eingelegt. Das Gericht entscheidet durch Endentscheidung. Der Geschäftswert beträgt 50.000 €. 339
Es sind an Gerichtsgebühren zu erheben:
4,0-Verfahrensgebühr, Nr. 12540 KV (Wert: 50.000 €, Tabelle A) 2.184,00 €

b) Gebührenermäßigung

aa) Ermäßigung bei Zurücknahme vor Eingang der Begründung

340 Die Verfahrensgebühr ist gem. Nr. 12541 KV auf einen 1,0-Gebührensatz zu ermäßigen, wenn die Rechtsbeschwerde oder der Antrag zurückgenommen wird, bevor die Rechtsbeschwerdebegründung eingeht. Für die Gebührenermäßigung ist allein der Eingang der Begründungsschrift maßgebend, auf den Fristablauf (§ 71 Abs. 2 FamFG) kommt es nicht an. Erfolgt die Zurücknahme erst nach Eingang der Begründungsschrift, kommt nur noch Ermäßigung nach Nr. 12542 KV in Betracht. Durch die Zurücknahme muss sich das gesamte Rechtsbeschwerdeverfahren erledigen, eine Teilrücknahme genügt nicht und löst auch keine Teilermäßigung aus.

341 Ist bereits eine Endentscheidung ergangen, kann eine Ermäßigung nicht mehr eintreten, auch wenn eine Begründungsschrift innerhalb der Begründungsfrist nicht eingereicht war. In diesen Fällen hat das Gericht die Rechtsbeschwerde als unzulässig zu verwerfen (§ 74 Abs. 1 FamFG).

342 **Beispiel:** Gegen die Beschwerdeentscheidung in einer Stundungssache wird Rechtsbeschwerde eingelegt. Die Beschwerde wird noch vor Eingang der Begründungsschrift vollständig zurückgenommen. Der Geschäftswert beträgt 40.000 €.
Es sind an Gerichtsgebühren zu erheben:
1,0-Verfahrensgebühr, Nr. 12541 KV (Wert: 40.000 €, Tabelle A) 476,00 €

bb) Ermäßigung bei Zurücknahme nach Eingang der Begründung

343 Nach Eingang der Begründungsschrift bei Gericht ermäßigt sich die Verfahrensgebühr auf einen 2,0-Gebührensatz, wenn die Rechtsbeschwerde oder der Antrag noch vor Ablauf des Tages zurückgenommen wird, an dem die Endentscheidung der Geschäftsstelle übermittelt wird. Endentscheidungen sind auch Beschlüsse nach §§ 74 Abs. 1 und 74 a FamFG. Eine Ermäßigung tritt nur ein, wenn durch die Zurücknahme das gesamte Rechtsbeschwerdeverfahren beendet wird.

344 **Beispiel:** Es wird Rechtsbeschwerde eingelegt. Die Begründungsschrift geht wenig später bei dem Gericht ein. Noch vor Erlass einer Endentscheidung wird die Rechtsbeschwerde vollständig zurückgenommen. Der Geschäftswert beträgt 40.000 €.
Die Zurücknahme erfolgt vor Erlass der Endentscheidung, aber nach Eingang der Begründungsschrift. An Gerichtsgebühren sind entstanden:
2,0-Verfahrensgebühr, Nr. 12542 KV (Wert: 40.000 €, Tabelle A) 952,00 €

8. Sonstige Beschwerde- und Rechtsbeschwerdeverfahren

345 Für Verfahren über sonstige Beschwerden entsteht eine Gebühr nach Nr. 19116 KV. Das Erinnerungsverfahren nach § 11 Abs. 2 RPflG ist gerichtsgebührenfrei (§ 11 Abs. 4 RPflG). Für sonstige Rechtsbeschwerdeverfahren gelten Nr. 19128, 19129 KV.

346 Für sofortige Beschwerden nach § 372 FamFG gelten Nr. 19110, 19111 KV (s. § 22 Rn 18 ff) bzw. in Rechtsbeschwerdeverfahren Nr. 19120–19122 KV (s. § 22 Rn 10 ff).

9. Zulassung der Sprungrechtsbeschwerde

347 In dem Verfahren auf Zulassung der Sprungrechtsbeschwerde (§ 75 FamFG) gegen die Endentscheidung wegen des Hauptgegenstands entsteht eine Verfahrensgebühr nach Nr. 12550 KV mit einem 1,0-Gebührensatz, soweit der Antrag abgelehnt wird.

Es gilt Tabelle A (§ 34 GNotKG). Kostenschuldner ist allein derjenige, der den Antrag auf Zulassung gestellt hat.

Der Geschäftswert für das Zulassungsverfahren bestimmt sich nach § 61 Abs. 3 GNotKG. 348

Für den Fall der Ablehnung wird die Entscheidung des Nachlassgerichts sofort rechtskräftig (§ 75 Abs. 2 S. 2 FamFG iVm § 566 Abs. 6 ZPO), da der Antrag auf Zulassung der Sprungrechtsbeschwerde und die Erklärung zur Einwilligung in die Übergehung der Beschwerdeinstanz als Rechtsmittelverzicht auf die Beschwerde gelten (§ 75 Abs. 1 S. 2 FamFG). Wird die Sprungrechtsbeschwerde hingegen zugelassen, wird das Verfahren als Rechtsbeschwerdeverfahren fortgesetzt (§ 75 Abs. 2 S. 2 FamFG iVm § 566 Abs. 7 ZPO). Die Frist für die Einreichung der Rechtsbeschwerdebegründungsschrift beginnt mit Zustellung des Zulassungsbeschlusses. Für den Fall der Zulassung entsteht keine Gebühr nach Nr. 12550 KV, jedoch sind für das Rechtsbeschwerdeverfahren Gebühren nach Nr. 12540 ff KV zu erheben. 349

Beispiel: Der Antrag auf Zulassung der Sprungrechtsbeschwerde in einer Teilungssache wird abgelehnt. Der Geschäftswert beträgt 30.000 €. 350
Es sind an Gerichtsgebühren entstanden:
1,0-Verfahrensgebühr, Nr. 12550 KV (Wert: 30.000 €, Tabelle A) 406,00 €

Wird der Antrag auf Zulassung der Sprungrechtsbeschwerde nur teilweise abgelehnt, entsteht die Gebühr der Nr. 12550 KV nach dem Wert des Gegenstands, der sich auf die Ablehnung bezieht (§ 56 Abs. 1 GNotKG), während für den übrigen Teil, für den das Rechtsbeschwerdeverfahren durchgeführt wird, Gebühren nach Nr. 12540 ff KV zu erheben sind. § 56 Abs. 3 GNotKG ist zu beachten. 351

X. Europäisches Nachlasszeugniss

1. Anzuwendende Regelungen

Vobem. 1.2.2 Abs. 2 S. 1 KV bestimmt, dass Nr. 12210 ff KV auch für die Verfahren über den Antrag auf Ausstellung eines Europäischen Nachlasszeugnisses (§ 36 IntErbRVG) sowie über dessen Änderung oder Widerruf (§ 38 IntErbRVG) gelten. Für die Verfahren über die Aussetzung der Wirkungen des Europäischen Nachlasszeugnisses (§ 33 Nr. 1, 3 IntErbRVG) gilt hingegen Hauptabschnitt 6 Abschnitt 2 KV, somit die Nr. 16210–16224 KV (Vorbem 1.2.2 Abs. 2 S. 2 KV, Vorbem. 1.6.2 KV). 352

2. Antrag auf Ausstellung des Europäischen Nachlasszeugnisses

a) Verfahrensgebühr

Für das Verfahren über den **Antrag auf Ausstellung** eines Europäischen Nachlasszeugnisses entsteht eine Gebühr nach Nr. 12210 KV mit einem 1,0-Gebührensatz. Es gilt Tabelle B (§ 34 GNotKG). Es handelt sich um eine pauschale Verfahrensgebühr, die sämtliche gerichtlichen Handlungen abdeckt. Ausgenommen ist jedoch die Abnahme der eidesstattlichen Versicherung nach § 36 Abs. 2 InterbRVG, für die gesonderte Gebühren entstehen (Anm. Abs. 1 zu Nr. 12210 KV, Vorbem. 1 Abs. 2 KV). Hierfür fällt eine 1,0-Gebühr nach Nr. 23300 KV an; es gilt Tabelle B (§ 34 GNotKG). 353

Beispiel: Beantragt wird die Ausstellung eines Europäischen Nachlasszeugnisses, das antragsgemäß ausgestellt wird. Der Nachlasswert beträgt 100.000 €. 354

Es sind an Gerichtsgebühren entstanden:
1,0-Verfahrensgebühr, Nr. 12210 KV (Wert: 100.000 €, Tabelle B) 273,00 €

355 Bei **Ablehnung des Antrags** auf Ausstellung des Europäischen Nachlasszeugnisses (§ 39 Abs. 1 S. 3 IntErbRVG) fällt eine 0,5-Verfahrensgebühr nach Nr. 12212 KV an. Es gilt Tabelle B (§ 34 GNotKG). Die Gebühr beträgt jedoch unabhängig vom Geschäftswert höchstens 400 €.

b) Ermäßigung der Verfahrensgebühr

356 Die Verfahrensgebühr ermäßigt sich nach Nr. 12211 KV auf einen 0,3-Gebührensatz, wenn das gesamte Verfahren ohne Endentscheidung ergeht. Unabhängig vom Geschäftswert beträgt die Gebühr jedoch höchstens 200 €.

357 Endentscheidung ist wegen Vorbem. 1.2.2 Abs. 3 KV auch das ausgestellte Europäische Nachlasszeugnis. Da ein Feststellungsbeschluss in den Verfahren nicht vorgesehen ist,[94] tritt Ermäßigung deshalb ein, wenn der Antrag vor Ablauf des Tages zurückgenommen wird, an dem das Europäische Nachlasszeugnis oder der Zurückweisungsbeschluss der Geschäftsstelle übermittelt wird. In den seltenen Fällen, dass die Endentscheidung durch Verlesen bekanntgemacht wird, muss die Rücknahme bis zu diesem Zeitpunkt wirksam bei Gericht eingehen.

c) Entstehung und Fälligkeit

358 Die Gebühr entsteht bereits mit Antragseingang bei Gericht. Die Gebühr kann danach nicht mehr entfallen, sondern sich nur noch ermäßigen. Die Fälligkeit bestimmt sich nach § 9 Abs. 1 GNotKG, für die Auslagen gilt § 9 Abs. 1, 2 GNotKG.

d) Kostenschuldner und Vorschüsse

359 Es handelt sich um ein Antragsverfahren, so dass Antragshaftung besteht (§ 22 Abs. 1 GNotKG). Wegen § 13 S. 2 GNotKG darf die gerichtliche Tätigkeit von der vorherigen Gebührenzahlung nur abhängig gemacht werden, wenn dies im Einzelfall zur Sicherung des Kosteneingangs erforderlich ist. Das gilt wegen § 14 Abs. 1 S. 2 Hs. 2 GNotKG auch für die Auslagen. Soweit Auslagen aber aufgrund des Amtsermittlungsgrundsatzes des Nachlassgerichts entstehen (§ 26 FamFG), gilt § 14 Abs. 3 GNotKG.

e) Geschäftswert

360 Es gilt § 40 Abs. 1 GNotKG, da diese Regelung auch für die Ausstellung eines Europäischen Nachlasszeugnisses und der hierfür abzunehmenden eidesstattlichen Versicherung anzuwenden ist (§ 40 Abs. 1 S. 1 Nr. 1, 2 GNotKG). Siehe ausf. Rn 121 ff.

f) Erteilung von Erbschein und Ausstellung des Europäischen Nachlasszeugnisses

361 War bereits ein Erbschein erteilt, für den eine Gebühr nach Nr. 12210 KV angefallen ist, entsteht für die spätere Ausstellung des Europäischen Nachlasszeugnisses eine weitere Gebühr nach Nr. 12210 KV. Die für das Erbscheinsverfahren entstandene Gebühr ist jedoch mit 75 % auf die Gebühr der Nr. 12210 KV für das Verfahren auf Ausstellung des Europäischen Nachlassverfahrens **anzurechnen** (Anm. Abs. 2 S. 1 zu Nr. 12210 KV). Die Anrechnung ist auch vorzunehmen, wenn zuerst ein Europäi-

94 BT-Drucks. 18/4201, S. 50 zu § 50 IntErbRVG.

sches Nachlasszeugnis ausgestellt und später ein Erbschein erteilt wird (Anm. Abs. 2 S. 2 zu Nr. 12210 KV).

Beispiel: Beantragt wird die Erteilung eines Erbscheins, der antragsgemäß erteilt wird. Später wird die Ausstellung eines Europäischen Nachlasszeugnisses über denselben Erblasser beantragt und auch antragsgemäß ausgestellt. Der Geschäftswert beträgt jeweils 110.000 €. 362
Es sind an Gerichtsgebühren entstanden:

I. Erbscheinsverfahren	
1,0-Verfahrensgebühr, Nr. 12210 KV (Wert: 110.000 €, Tabelle B)	273,00 €
II. Verfahren über die Ausstellung des Europäischen Nachlasszeugnisses	
1,0-Verfahrensgebühr, Nr. 12210 KV (Wert: 110.000 €, Tabelle B)	273,00 €
Anzurechnen sind 75 % der im Erbscheinsverfahren entstandenen Verfahrensgebühr Nr. 12210 KV	204,75 €
Zu zahlen sind noch	68,25 €

Die Anrechnung erfolgt nur, wenn es tatsächlich zur Erteilung von Erbschein und Ausstellung des Europäischen Nachlasszeugnisses kommt. Wird die Erteilung bzw. Ausstellung in einem Fall abgelehnt, findet keine Anrechnung statt.[95] 363

Beispiel: Beantragt wird die Erteilung eines Erbscheins, der antragsgemäß erteilt wird. Der Geschäftswert beträgt 130.000 €. Später wird die Ausstellung eines Europäischen Nachlasszeugnisses über denselben Erblasser beantragt. Die Ausstellung wird jedoch abgelehnt. 364
Im Erbscheinsverfahren entsteht eine 1,0-Gebühr nach Nr. 12210 KV. Im Verfahren über den Antrag auf Ausstellung des Europäischen Nachlasszeugnisses entsteht eine 0,5-Gebühr nach Nr. 12212 KV. Eine Anrechnung findet nicht statt.

g) Rechtsmittelverfahren

Für die Beschwerde- und Rechtsbeschwerde (§§ 43, 44 IntErbRVG) gelten nach Vorbem. 1.2.2 Abs. 2 S. 1 KV die Nr. 12220–12222 KV (Beschwerde) und Nr. 12230–12240 KV (Rechtsbeschwerde). Der Geschäftswert bestimmt sich nach §§ 40, 61 GNotKG. Werden nur Nebenentscheiungen angegriffen, gilt Nr. 19116 KV (Beschwerde) bzw. Nr. 19128, 19129 KV (Rechtsbeschwerde). 365

h) Ausstellung des Europäischen Nachlasszeugnisses durch das Beschwerdegericht

Hält das Beschwerdegericht eine Beschwerde gegen die Ablehnung des Europäischen Nachlasszeugnisses für begründet, so stellt es das Europäische Nachlasszeugnis selbst aus oder verweist die Sache zurück (§ 43 Abs. 5 S. 2 IntErbRVG). Hierzu bestimmt Vorbem. 1.2.2.1 KV, dass die Ausstellung des Europäischen Nachlasszeugnisses durch das Beschwerdegericht der Ausstellung durch das Nachlassgericht gleichsteht. Damit wird klargestellt, dass in diesen Fällen die Gebühr der Nr. 12210 KV anstelle der Gebühr Nr. 12212 KV nachträglich anfallen soll.[96] 366

Beispiel: Beantragt wird die Ausstellung eines Europäischen Nachlasszeugnisses. Der Antrag wird abgelehnt. Gegen den ablehnenden Beschluss wird Beschwerde eingelegt. Das 367

95 BT-Drucks. 18/4201, S. 64.
96 BT-Drucks. 18/4201, S. 63.

Beschwerdegericht hält die Beschwerde für begründet und stellt das Europäische Nachlasszeugnis aus. Der Geschäftswert beträgt jeweils 80.000 €.
Es sind an Gerichtsgebühren entstanden:
I. Erstinstanzliches Verfahren
1,0-Verfahrensgebühr, Nr. 12210 KV (Wert: 80.000 €, Tabelle B) 219,00 €
II. Beschwerdeverfahren
1,0-Verfahrensgebühr, Nr. 12220 KV (Wert: 80.000 €, Tabelle B) 219,00 €
Im erstinstanzlichen Verfahren ist wegen Zurückweisung zunächst nur eine 0,5-Gebühr (Nr. 12212 KV) entstanden. Da das Beschwerdegericht das Europäische Nachlasszeugnis ausgestellt hat, ist im erstinstanzlichen Verfahren jedoch nachträglich anstelle der Nr. 12212 KV eine 1,0-Gebühr nach Nr. 12210 KV entstanden, da die Ausstellung des Europäischen Nachlasszeugnisses durch das Beschwerdegericht der Ausstellung durch das Nachlassgericht gleichsteht (Vorbem. 1.2.2.1 KV).

3. Berichtigung des Europäischen Nachlasszeugnisses

368 Das Verfahren nach Art. 71 Abs. 1 EuErbVO, § 33 Nr. 1 IntErbRVG ist gebührenfrei.[97] Auslagen sind jedoch nach Nr. 31000 ff KV anzusetzen. Da die Berichtigung auch von Amts wegen vorzunehmen ist, besteht keine Antragshaftung nach § 22 Abs. 1 GNotKG, da es sich nicht um ein reines Antragsverfahren handelt. Der Kostenansatz der Auslagen setzt somit eine Kostenentscheidung voraus (§ 27 Nr. 1 GNotKG). Im Übrigen bleibt § 26 GNotKG unberührt.

4. Widerruf und Änderung des Europäischen Nachlasszeugnisses

a) Erstinstanzliches Verfahren

369 Ein unrichtiges Europäisches Nachlasszeugnis hat das Gericht auf Antrag zu ändern oder zu widerrufen, wobei der Widerruf auch von Amts wegen zu erfolgen hat (Art. 71 Abs. 2 EuErbVO, § 38 S. 2 IntErbRVG).

370 Für das **Widerrufsverfahren** entsteht eine 0,5-Verfahrensgebühr nach Nr. 12216 KV, die höchstens 400 € beträgt. Es gilt Tabelle B (§ 34 GNotKG).

371 Für das **Änderungsverfahren** entsteht eine 1,0-Verfahrensgebühr nach Nr. 12217 KV. Es gilt Tabelle B (§ 34 GNotKG).

372 Eine Ermäßigung der Gebühren ist nicht vorgesehen. Die Gebühren entstehen bereits mit Antragseingang, im Falle des Widerspruchs, der auch von Amts wegen vorgenommen werden kann (§ 38 S. 2 IntErbRVG), mit der Einleitung des Amtsverfahrens. Die Gebühren fallen deshalb unabhängig vom Ausgang des Verfahrens an. Die Fälligkeit bestimmt sich nach § 9 Abs. 1 GNotKG, für die Auslagen gilt § 9 Abs. 1, 2 GNotKG.

373 **Beispiel:** Beantragt wird die Änderung eines unrichtigen Europäischen Nachlasszeugnisses. Das Zeugnis wird abgeändert und dem Antragsgegner werden die Kosten auferlegt. Der Wert beträgt 60.000 €.
Es sind an Gerichtsgebühren entstanden:
1,0-Verfahrensgebühr, Nr. 12217 KV (Wert: 60.000 €, Tabelle B) 192,00 €

---

97 BT-Drucks. 18/4201, S. 64.

b) Kostenschuldner

Im Änderungsverfahren, das auf Antrag eingeleitet wird, besteht Antragshaftung (§ 22 Abs. 1 GNotKG). Das Widerrufsverfahren ist hingegen Alternativverfahren, da es sowohl auf Antrag als auch von Amts wegen einzuleiten ist (§ 38 S. 2 IntErbRVG). Eine Antragshaftung besteht deshalb nicht, sondern es bedarf einer Kostenentscheidung (§ 27 Nr. 1 GNotKG). Das Gericht hat im Widerrufs- oder Änderungsverfahren von Amts wegen über die Kosten zu entscheiden (§ 38 S. 3 IntErbRVG). 374

c) Vorschüsse

Im Änderungsverfahren kann Abhängigmachung von der Gebührenzahlung im Regelfall wegen § 13 S. 2 GNotKG nicht angeordnet werden. Im Widerrufsverfahren können Gebührenvorschüsse wegen fehlender Antragshaftung überhaupt nicht gefordert werden. Für die Auslagen gilt § 14 GNotKG. 375

d) Geschäftswert

Der Geschäftswert bestimmt sich nach § 40 Abs. 1 S. 1 Nr. 4 GNotKG. Dabei kommt wegen § 40 Abs. 3 GNotKG auch eine Teilgeschäftswertbildung in Betracht.[98] 376

e) Rechtsmittelverfahren

Auf die Ausführungen in Rn 365 kann verwiesen werden. 377

5. Aussetzung der Wirkungen des Europäischen Nachlasszeugnisses

a) Erstinstanzliches Verfahren

Die Wirkungen des Europäischen Nachlasszeugnisses können nach Art. 73 Abs. 1 EuErbVO ausgesetzt werden (vgl. auch § 33 Nr. 3 IntErbRVG). Für Verfahren über die Aussetzung der Wirkungen gilt Hauptabschnitt 6 Abschnitt 2 KV (Vorbem. 1.2.2 Abs. 2 S. 2, Vorbem. 1.6.2 KV). Im erstinstanzlichen Verfahren entsteht daher eine 0,3-Verfahrensgebühr nach Nr. 16210 KV. Es gilt Tabelle B (§ 34 GNotKG). 378

Die Gebühr entsteht bereits mit Antragseingang bei dem Gericht. Sie fällt unabhängig vom Ausgang des Verfahrens an, da ein Wegfall oder eine Ermäßigung nicht vorgesehen ist. 379

Die Kostenschuldner bestimmen sich nach § 22 Abs. 1, § 27 Nr. 1 GNotKG. 380

Beispiel: Beantragt wird die Aussetzung der Wirkungen des Europäischen Nachlasszeugnisses. Das Gericht entscheidet antragsgemäß. Der Nachlasswert beträgt 60.000 €. 381
Es sind an Gerichtsgebühren entstanden:

0,3-Verfahrensgebühr, Nr. 16210 KV (Wert: 30.000 €, Tabelle B)	37,50 €

Wegen § 40 Abs. 1, § 62 GNotKG ist nur der hälftige Nachlasswert zugrunde zu legen.

b) Rechtsmittelverfahren

Für die Rechtsmittelverfahren gelten Nr. 16220, 16222 KV (s. § 19 Rn 70 ff). Bei Anfechtung von Nebenentscheidungen gelten Nr. 19116, 19128, 19129 KV (s. § 22 Rn 54 ff, 77 ff). 382

98 BT-Drucks. 18/4201, S. 64.

c) Geschäftswert

383 Eine ausdrückliche Wertregelung für das Verfahren über die Aussetzung fehlt zwar, jedoch dürfte § 40 Abs. 1 GNotKG anzuwenden sein, da er auch die Abänderungs- und Widerrufsverfahren umfasst (§ 40 Abs. 1 S. 1 Nr. 4 GNotKG). Dabei ist zu beachten, dass wegen § 62 GNotKG, der ausdrücklich auch für die Verfahren über die Aussetzung der Wirkungen gilt, von der Hälfte des für die Hauptsache bestimmten Werts auszugehen ist.

6. Erteilung von beglaubigten Abschriften, Verlängerung der Gültigkeitsfrist

384 Für die Verfahren nach § 33 Nr. 2 IntErbRVG über die Erteilung einer beglaubigten Abschrift eines Europäischen Nachlasszeugnisses oder die Verlängerung der Gültigkeitsfrist einer beglaubigten Abschrift entsteht eine Gebühr nach Nr. 12218 KV. Es handelt sich um eine Festgebühr von 20 €. Eine Dokumentenpauschale wird neben der Gebühr nicht erhoben (Anm. zu Nr. 12218 KV).

385 Für die Gebühr der Nr. 12218 KV haftet der Antragsteller (§ 22 Abs. 1 GNotKG).

386 **Beispiel:** Beantragt wird die Verlängerung einer beglaubigten Abschrift eines Europäischen Nachlasszeugnisses. Das Gericht entscheidet antragsgemäß.
Es sind an Gerichtsgebühren entstanden:
Gebühr für die Fristverlängerung, Nr. 12218 KV 20,00 €

387 Gebührenpflichtig ist nur die Erteilung von beglaubigten Abschriften nach Beendigung des Verfahrens, denn die Erteilung einer beglaubigten Abschrift im Verfahren über die Ausstellung des Europäischen Nachlasszeugnisses selbst ist mit der Gebühr der Nr. 12210 KV abgedeckt und löst die Gebühr der Nr. 12218 KV nicht aus.[99]

388 Die Gebühr ist als Aktgebühr ausgestaltet, so dass sie nur entsteht, wenn tatsächlich eine beglaubigte Abschrift erteilt oder die Gültigkeitsdauer verlängert wird. Wird der Antrag zurückgenommen oder zurückgewiesen, bleibt das Verfahren gebührenfrei.

389 Hat das Gericht in einem solchen Verfahren Anhaltspunkte für die Unrichtigkeit des Europäischen Nachlasszeugnisses, hat es das Zeugnis von Amts wegen zu widerrufen (§ 38 S. 2 IntErbRVG). Dieses Verfahren löst dann die Gebühr der Nr. 12216 KV aus.[100]

7. Verfahren über die Authentizität einer Urkunde

390 Einwände mit Bezug auf die Authentizität einer öffentlichen Urkunde sind bei den Gerichten des Ursprungsmitgliedstaats zu erheben (Art. 59 Abs. 2 EuErbVO). Handelt es sich um eine deutsche gerichtliche Urkunde, entscheidet das Gericht, welches die Urkunde errichtet hat, bei notariellen Urkunden das für den Amtssitz des Notars zuständige Gericht (§ 46 Abs. 1 S. 1, 2 IntErbRVG). Das Verfahren richtet sich nach den Vorschriften des FamFG (§ 46 Abs. 2 IntErbRVG).

391 Für das Verfahren nach § 46 IntErbRVG entsteht eine Festgebühr von 60 € nach Nr. 15215 KV. Sie fällt unabhängig vom Ausgang des Verfahrens an, denn ein Ermäßigungstatbestand ist nicht vorgesehen.

392 Es handelt sich um ein Antragsverfahren, so dass Antragshaftung besteht (§ 22 Abs. 1 GNotKG).

---

99 BT-Drucks. 18/4201, S. 64.
100 BT-Drucks. 18/4201, S. 64.

Für die Beschwerde gilt Nr. 19116 KV (s. § 23 Rn 54 ff), für die Rechtsbeschwerde gelten Nr. 19128, 19129 KV (s. § 23 Rn 77 ff).[101] 393

XI. Haftung der Erben für Gerichtskosten

1. Besondere Haftungsregelung

§ 24 GNotKG ordnet an, dass für bestimmte Verfahren vor dem Nachlassgericht nur die Erben haften. Es handelt sich um eine ausschließliche Haftung, so dass neben den Erben auch keine weiteren Kostenschuldner haften. Auch in Antragsverfahren haftet der Antragsteller deshalb nicht nach § 22 Abs. 1 GNotKG. Hat das Gericht jedoch eine abweichende Kostenentscheidung getroffen, haftet der Entscheidungsschuldner (§ 27 Nr. 1 GNotKG). Unerheblich ist, ob es sich um testamentarische oder gesetzliche Erben handelt. Der durch Zuwendung eines Vermächtnisses Bedachte ist kein Erbe (§ 1939 BGB), hier kann eine Haftung nur bei einer Kostenentscheidung eintreten. Die Erben haften auch dann für eine Testamentseröffnung, wenn die Verfügung von Todes wegen unwirksam war. Wird festgestellt, dass eine Person überhaut nicht Erbe geworden ist, zB weil ein unrichtiger Erbschein erteilt war, ist keine Haftung nach § 24 eingetreten und es besteht keine Grundlage mehr, die bereits eingezogenen Kosten einzubehalten. Die Staatskasse muss zurückzahlen und an die tatsächlichen Erben herantreten. 394

2. Geltungsbereich

Eine ausschließliche Haftung der Erben besteht für die Gerichtskosten in Verfahren 395

- über die Eröffnung einer Verfügung von Todes wegen,
- über die Nachlasssicherung,
- über eine Nachlasspflegschaft nach § 1961 BGB, wenn diese angeordnet wird,
- über die Errichtung eines Nachlassinventars,
- über eine Nachlassverwaltung, wenn diese angeordnet wird,
- über die Pflegschaft für einen Nacherben,
- über die Ernennung oder Entlassung eines Testamentsvollstreckers,
- über die Entgegennahme von Erklärungen über die Annahme, Ablehnung oder Kündigung des Amtes als Testamentsvollstrecker sowie
- zur Ermittlung der Erben nach § 342 Abs. 1 Nr. 4 FamFG.

Über diese Verfahren hinaus ist § 24 GNotKG nicht anwendbar, da es sich um eine abschließende Aufzählung handelt.[102] 396

3. Erfasste Gerichtskosten

Die Haftung der Erben umfasst sämtliche Gerichtskosten, also Gebühren und Auslagen. Im Einzelnen sind folgende Gebühren von § 24 GNotKG erfasst: 397

- Nr. 12101 KV für die Eröffnung einer Verfügung von Todes wegen;
- Nr. 12310 KV für Verfahren zur Sicherung des Nachlasses;
- Nr. 12311, 12312 KV für Nachlasspflegschaften nach § 1960 BGB, einschließlich der Nacherbenpflegschaft; bei Pflegschaften nach § 1961 BGB nur, wenn es zur Anordnung kommt; ferner für die Nachlassverwaltung, wenn diese angeordnet wird;

101 BT-Drucks. 18/4201, S. 65.
102 LG Osnabrück NdsRpfl 1999, 149 (zu § 12 KostO).

- Nr. 12412 KV für die Errichtung eines Nachlassinventars;
- Nr. 12420 KV für die Ernennung oder Entlassung von Testamentsvollstreckern;
- Nr. 12410 Nr. 4 KV für die Entgegennahme von Erklärungen über die Annahme, Ablehnung oder Kündigung des Amtes als Testamentsvollstrecker.

398 In den Verfahren zur Ermittlung der Erben fallen keine Gerichtsgebühren an.[103] Allerdings können Auslagen (Nr. 31000 ff KV) entstehen, für die aufgrund § 24 Nr. 9 GNotKG nur die Erben haften.

4. Umfang der Haftung

399 Die Erben haften wie für Nachlassverbindlichkeiten nach §§ 1967 ff BGB. Hiernach haftet der Erbe zunächst uneingeschränkt mit seinem Vermögen. Die Haftung kann jedoch beschränkt werden nach

- §§ 1970 ff BGB (Aufgebot der Nachlassgläubiger),
- §§ 1975 ff BGB (Nachlassverwaltung oder Nachlassinsolvenz),
- §§ 1990 ff BGB (Dürftigkeitseinrede des Erben).

400 Die Haftungsbeschränkung muss durch die Erben geltend gemacht werden; bis dahin bleibt sie auch für den Kostenansatz unberücksichtigt.

401 Die beschränkte Erbenhaftung kann nicht im Erinnerungsverfahren nach § 81 GNotKG geltend gemacht werden.[104] Da die Einwendungen der beschränkten Erbenhaftung in der Zwangsvollstreckung auf § 781 ZPO beruht, muss sie der Erbe gem. § 8 Abs. 2 JBeitrO im Wege der Vollstreckungsabwehrklage geltend machen (§§ 785, 767 ZPO).[105]

402 Mit der Erinnerung (§ 81 GNotKG) kann jedoch vorgetragen werden, dass der in Anspruch genommene Kostenschuldner überhaupt kein Erbe ist.[106]

403 Mehrere Erben haften als Gesamtschuldner (§§ 2058, 2059 BGB, § 32 Abs. 1 GNotKG). § 8 Abs. 4 KostVfg ist zu beachten. Nach der Teilung des Nachlasses haftet jedoch jeder Miterbe nur für den seinem Erbteil entsprechenden Teil einer Nachlassverbindlichkeit (§ 2060 Abs. 1 BGB).

5. Rechtsmittelverfahren

404 Für Rechtsmittelverfahren gilt § 24 GNotKG nicht (§ 25 Abs. 3 GNotKG), so dass es bei den allgemeinen Haftungsregelungen der §§ 22, 27 GNotKG bleibt. § 25 Abs. 1 GNotKG ist zu beachten. Danach erlischt die Antragshaftung nachträglich, wenn das Rechtsmittel ganz oder teilweise erfolgreich war und das Gericht nicht über die Kosten entschieden hat oder die Kosten nicht von einem anderen Beteiligten übernommen worden sind.

6. Wirkungen auf Gebühren- und Kostenfreiheit

405 Haftet der Erbe nach § 24 GNotKG für die Gerichtskosten, steht seiner Inanspruchnahme nicht entgegen, dass ihm eine persönliche Kosten- oder Gebührenfreiheit zusteht (§ 2 Abs. 4 GNotKG). Eine Inanspruchnahme ist jedoch nur insoweit statthaft, als es sich um Kosten handelt, die von § 24 GNotKG erfasst sind (s. Rn 397 f).

103 BT-Drucks. 17/11471 (neu), S. 161 zu § 24.
104 OLG München JurBüro 1994, 112.
105 OLG München JurBüro 1984, 112.
106 *Oestreich/Hellstab/Trenkle*, § 29 GKG Rn 52.

So ist etwa eine Gemeinde, die nach Landesrecht Gebührenfreiheit genießt, nur von der Zahlung der Gebühr für die Erteilung des Erbscheins befreit, weil diese Kosten nicht von § 24 GNotKG erfasst sind, während sie für die Gebühr für die Testamentseröffnung zahlungspflichtig ist, weil hier eine Erbenhaftung nach § 24 Nr. 1 GNotKG besteht.[107] 406

Beispiel: In einem privatschriftlichen Testament wird die Stadt Magdeburg als Alleinerbin eingesetzt. Nach erfolgter Testamentseröffnung wird die Erteilung eines Erbscheins beantragt. Der Nachlasswert beträgt 70.000 €. 407
In dem Verfahren sind folgende Gerichtsgebühren entstanden:

1.	Gebühr für die Testamentseröffnung, Nr. 12101 KV	100,00 €
2.	1,0-Verfahrensgebühr für das Erbscheinserteilungsverfahren, Nr. 12210 KV (Wert: 70.000 €, Tabelle B)	219,00 €

Die Stadt Magdeburg genießt nach § 7 Abs. 1 JKostG LSA, § 2 Abs. 2 GNotKG Gebührenfreiheit. Für die Kosten der Testamentseröffnung besteht eine Erbenhaftung nach § 24 Nr. 1 GNotKG, so dass die Stadt Magdeburg für die Gebühr der Nr. 12101 KV trotz bestehender Gebührenfreiheit zahlungspflichtig ist (§ 2 Abs. 4 GNotKG). Da eine Erbenhaftung für das Erbscheinserteilungsverfahren nicht besteht, kann sich die Stadt Magdeburg hinsichtlich der Gebühr der Nr. 12210 KV auf ihre Gebührenfreiheit berufen. Sie braucht daher nur die 100 € nach Nr. 12101 KV zu zahlen.

107 OLG Stuttgart Justiz 1990, 95; LG Hannover Rpfleger 1988, 64.

§ 15 Registersachen sowie unternehmensrechtliche und ähnliche Verfahren

I. Allgemeines

1 Für Registersachen sowie unternehmensrechtliche und ähnliche Verfahren (Teil 1 Hauptabschnitt 3 KV) werden Gebühren nach Nr. 13100–13630 KV bzw. der HRegGebV (§ 58 Abs. 1 S. 1 GNotKG) erhoben. Im Einzelnen sind gem. Vorbem. 1.3 Abs. 1 Nr. 1–3 KV erfasst:

- Registersachen (§ 374 FamFG)
  - Handelsregistersachen (s. Rn 4 ff),
  - Genossenschaftsregistersachen (s. Rn 4 ff),
  - Partnerschaftsregistersachen (s. Rn 4 ff),
  - Vereinsregistersachen (s. Rn 44 ff),
  - Güterrechtsregistersachen (s. Rn 59 ff),
- unternehmensrechtliche Verfahren (§ 375 FamFG) (s. Rn 98 ff),
- bestimmte Vereins- und Stiftungssachen (s. Rn 114 ff).

2 Stets **gebührenfrei** vorzunehmen sind in den vorgenannten Verfahren aufgrund von § 58 Abs. 1 S. 2 GNotKG, Vorbem. 1.3 Abs. 2 KV

- die aus Anlass eines Insolvenzverfahrens von Amts wegen vorzunehmenden Eintragungen (Nr. 1),
- die Löschung von Eintragungen nach § 395 FamFG (Nr. 2).

3 Von den nach § 380 FamFG beteiligten berufsständischen Organen sind gleichfalls keine Gebühren zu erheben (Vorbem. 1.3 Abs. 2 Nr. 3 KV).

II. Handelsregistersachen

1. Allgemeines

4 In Handels-, Partnerschafts- oder Genossenschaftsregistersachen ordnet § 58 Abs. 1 S. 1 GNotKG an, dass Gebühren nach der **Handelsregistergebührenverordnung (HRegGebV**; abgedruckt Rn 43) erhoben werden für

- Eintragungen in das Handels-, Partnerschafts- oder Genossenschaftsregister,
- Fälle der Zurücknahme oder Zurückweisung von Anmeldungen zu diesen Registern,
- die Entgegennahme, Prüfung und Aufbewahrung der zum Handels- oder Genossenschaftsregister einzureichenden Unterlagen,
- die Übertragung von Schriftstücken in ein elektronisches Dokument (§ 9 Abs. 2 HGB, Art. 61 Abs. 3 EGHGB).

5 Teil 1 Hauptabschnitt 3 KV gilt daher für solche Registersachen nur dann, wenn nicht ein in § 58 Abs. 1 GNotKG genanntes Verfahren betroffen ist. Hierzu gehören etwa die Zwangs- und Ordnungsgeldverfahren nach den §§ 389–392 FamFG (Nr. 13310 ff KV) sowie die Löschungs- und Auflösungsverfahren nach den §§ 393 ff FamFG (Nr. 13400 KV).

6 Für die **Rechtsmittelverfahren** in einer von § 58 Abs. 1 S. 1 GNotKG erfassten Registersache gilt die HRegGebV nicht, sondern es gelten Nr. 19112–19114 KV für die Beschwerde (s. § 22 Rn 22 ff) bzw. Nr. 19123–19125 KV für die Rechtsbeschwerde (s. § 22 Rn 34 ff).

2. Auslagen

Die HRegGebV regelt nur die zu erhebenden Gebühren, so dass auch in den von der HRegGebV erfassten Verfahren Auslagen nach Nr. 31000 ff KV einzuziehen sind (s. § 23 Rn 1 ff). 7

3. Kostenansatz

Es gelten die §§ 18 ff GNotKG sowie für die Rechtsbehelfsverfahren die §§ 81 ff GNotKG. 8

4. Entstehung und Fälligkeit

Die Gebühren der HRegGebV entstehen erst mit Vornahme der gebührenpflichtigen Handlung, also insbesondere mit der Eintragung in das Register oder in den Fällen der Nr. 5000–5006 GV-HRegGebV mit der Entgegennahme der Unterlagen. Kommt es nicht zur Vornahme der gerichtlichen Handlung, entstehen die nach §§ 3–5 HRegGebV ermäßigten bzw. erhöhten Gebühren mit Eingang der Zurücknahme bei Gericht bzw. mit Erlass der Zurückweisungsentscheidung. 9

Für die Fälligkeit gilt § 9 Abs. 1 Nr. 5 GNotKG, so dass die Gebühren mit Abschluss der Eintragung oder der Entgegennahme fällig werden, weil das Verfahren dann als erledigt iSd Vorschrift anzusehen ist. Fälligkeit tritt auch mit Zurücknahme oder der Bekanntgabe der Zurückweisungsentscheidung ein.[1] 10

Auslagen werden nach § 9 Abs. 1, 2 GNotKG fällig. 11

5. Mehrere Eintragungen

Die Gebühren entstehen für jede Eintragung gesondert, soweit nichts anderes bestimmt ist. So ordnet § 2 Abs. 1 HRegGebV an, dass neben der Gebühr für die Ersteintragung nur gesonderte Gebühren für die Eintragung der Errichtung einer Zweigniederlassung oder einer Prokura erhoben werden. 12

Da Tatsachen einzutragen sind, ist für die Eintragung jeder Tatsache eine gesonderte Gebühr zu erheben (§ 2 Abs. 2 S. 1 HRegGebV). Dabei gelten auch das Eintreten und das Ausscheiden einzutragender Personen jeweils als eine besondere Tatsache (§ 2 Abs. 2 S. 2 HRegGebV). 13

§ 2 Abs. 3 HRegGebV regelt solche Fälle, die trotz der Eintragung mehrerer Tatsachen gebührenrechtlich nur als eine Tatsache zu behandeln sind. Hierzu gehören: 14

- die Anmeldung einer zur Vertretung berechtigten Person und die gleichzeitige Anmeldung ihrer Vertretungsmacht oder deren Ausschlusses;
- die Anmeldung der Verlegung der Hauptniederlassung, des Sitzes oder der Zweigniederlassung und die gleichzeitige Anmeldung der Änderung der inländischen Geschäftsanschrift;
- mehrere Änderungen eines Gesellschaftsvertrages oder einer Satzung, die gleichzeitig angemeldet werden und nicht die Änderung eingetragener Angaben betreffen;
- die Änderung eingetragener Angaben und die dem zugrunde liegende Änderung des Gesellschaftsvertrages oder der Satzung.

1 Korintenberg/*Thamke*, GNotKG, § 58 Anh. Rn 45.

15 Handelt es sich um eine **spätere Anmeldung**, die **mehrere Tatsachen** betrifft, sind für die Eintragung der zweiten und jeden weiteren Tatsache aufgrund derselben Anmeldung geringere Gebühren zu erheben (vgl. Nr. 1503, 2501, 3501 GV-HRegGebV). Als einheitliche Anmeldung sind solche Anmeldungen zu behandeln, die am selben Tag bei dem Registergericht eingehen und dasselbe Unternehmen betreffen (§ 2 Abs. 4 HRegGebV).

16 **Beispiel:** Bei einer KG mit weniger als 50 Gesellschaftern werden am selben Tag die Änderung des Gesellschaftsvertrages sowie das Ausscheiden eines Kommanditisten und der Eintritt eines neuen Kommanditisten angemeldet.
Es handelt sich um dieselbe Anmeldung, weil sie am selben Tag beim Registergericht eingegangen ist und dasselbe Unternehmen betrifft. Betroffen sind drei Tatsachen, so dass drei Gebühren für die Eintragungen zu erheben sind.
Es kann jedoch nicht dreimal die Gebühr der Nr. 1501 GV-HRegGebV angesetzt werden, sondern:

1.	Nr. 1501 GV-HRegGebV für Satzungsänderung	60,00 €
2.	Nr. 1503 GV-HRegGebV für Ausscheiden des Kommanditisten	30,00 €
3.	Nr. 1503 GV-HRegGebV für Eintritt des Kommanditisten	30,00 €
Gesamt		120,00 €

17 Ist eine von mehreren Tatsachen ohne wirtschaftliche Bedeutung, ist sie nicht als erste Tatsache zu behandeln (Anm. zu Nr. 1503, 2501, 3501 GV-HRegGebV), so dass für sie stets Gebühren nach Nr. 1504, 2502, 3502 GV-HRegGebV zu erheben sind.

18 **Beispiel:** Bei einer KG mit weniger als 50 Gesellschaftern werden am selben Tag das Ausscheiden eines Kommanditisten sowie eine Namensänderung eines anderen Kommanditisten wegen Heirat angemeldet.
Es handelt sich um dieselbe Anmeldung, weil sie am selben Tag beim Registergericht eingegangen ist und dasselbe Unternehmen betrifft. Betroffen sind zwei Tatsachen, so dass zwei Gebühren für die Eintragungen zu erheben sind.
Das Ausscheiden des Kommanditisten besitzt wirtschaftliche Bedeutung, nicht aber die Eintragung der Namensänderung.
Es sind anzusetzen:

1.	Nr. 1501 GV-HRegGebV für Ausscheiden des Kommanditisten	60,00 €
2.	Nr. 1504 GV-HRegGebV für Namensänderung	30,00 €
Gesamt		90,00 €

6. Zurücknahme einer Anmeldung

19 Wird die Anmeldung zurückgenommen, sind **120 Prozent** der für die Eintragung bestimmten Gebühr zu erheben, wenn die Zurücknahme vor Eintragung oder Erlass einer Zurückweisungsentscheidung erfolgt (§ 3 Abs. 1 S. 1 HRegGebV); s. aber Rn 23 f.

20 **Beispiel:** Der Antrag auf Eintragung eines Einzelkaufmanns wird zurückgenommen.
Zu erheben ist eine Gebühr nach Nr. 1100 GV-HRegGebV iHv 84 € (= 70 € x 1,2).

21 Ist in den Fällen einer Ersteintragung zur gleichzeitigen Eintragung auch die Errichtung einer Zweigniederlassung oder einer Prokura angemeldet, bleiben die dafür zu erhebenden Gebühren bei der Zurücknahme unberücksichtigt (§ 3 Abs. 1 S. 2 HRegGebV).

Beispiel: Angemeldet werden gleichzeitig die Eintragung eines Einzelkaufmanns und die Prokura. 22
Zu erheben ist eine Gebühr nach Nr. 1100 GV-HRegGebV iHv 84 € (= 70 € x 1,2).
Die für die Eintragung der Prokura gesondert zu erhebende Gebühr (§ 2 Abs. 1, Nr. 4000 GV-HRegGebV) bleibt unberücksichtigt.

Ist eine Zwischenverfügung ergangen (§ 382 Abs. 4 S. 1 FamFG) und erfolgt die Zurücknahme des Antrags spätestens am Tag vor ihrer Unterzeichnung bzw. dem Erlass eines entsprechenden elektronischen Dokuments, sind **75 Prozent** der für die Eintragung bestimmten Gebühr, höchstens jedoch 250 €, zu erheben (§ 3 Abs. 2 S. 1, 2 HRegGebV). Betrifft eine Anmeldung mehrere Tatsachen, betragen die insgesamt zu erhebenden Gebühren insgesamt höchstens 250 € (§ 3 Abs. 2 S. 3 HRegGebV). 23

Beispiel: Angemeldet wird die Eintragung eines Einzelkaufmanns. Noch vor Erlass einer Zwischenverfügung wird der Antrag zurückgenommen. 24
Zu erheben ist eine Gebühr nach Nr. 1100 GV-HRegGebV iHv 52,50 (= 70 € x 0,75).

Zur Teilrücknahme s. die Ausführungen in Rn 29. 25

7. Zurückverweisung einer Anmeldung

Wird eine Anmeldung zurückgewiesen, sind **170 Prozent** der für die Eintragung bestimmten Gebühren zu erheben (§ 4 S. 1 HRegGebV). 26

Beispiel: Der Antrag auf Eintragung eines Einzelkaufmanns wird zurückgewiesen. Der Beschluss wird förmlich zugestellt. 27
Die Gerichtskosten betragen:

1.	Gebühr nach Nr. 1100 GV-HRegGebV (70 € x 1,7)	119,00 €
2.	Zustellungskosten, Nr. 31002 KV	3,50 €
Gesamt		122,50 €

Werden mit der Ersteintragung auch die Errichtung einer Zweigniederlassung oder die Eintragung einer Prokura angemeldet, bleiben die dafür zu erhebenden Gebühren bei der Zurückweisung unberücksichtigt (§ 4 S. 2 HRegGebV). Zur Teilzurückweisung s. die Ausführungen in Rn 29. 28

8. Teilrücknahme oder Teilzurückweisung

Wird die Anmeldung einer sonstigen späteren Eintragung, die mehrere Tatsachen zum Gegenstand hat, teilweise zurückgenommen oder zurückgewiesen, ist für jeden zurückgenommenen oder zurückgewiesenen Teil für die Berechnung nach §§ 3, 4 HRegGebV von den Gebühren der Nr. 1503, 2501, 3501 GV-HRegGebV auszugehen (§ 5 S. 1 HRegGebV). In den Fällen der Zurücknahme bleibt § 3 Abs. 2 HRegGebV unberührt (§ 5 S. 2 HRegGebV), so dass die Gebühren für die Teilzurücknahme insgesamt höchstens 250 € betragen dürfen. 29

Beispiel: Gleichzeitig angemeldet sind eine Satzungsänderung sowie das Ausscheiden und der Eintritt eines Kommanditisten. Die KG hat weniger als 50 Gesellschafter. Der Antrag auf Eintragung der Satzungsänderung wird zurückgewiesen.
Es handelt sich um eine Anmeldung (§ 2 Abs. 4 HRegGebV), so dass für die Eintragung der ersten Tatsache Nr. 1501 GV-HRegGebV greift und für die beiden weiteren Tatsachen jeweils Nr. 1503 GV-HRegGebV.

Aufgrund der Teilrücknahme sind folgende Gebühren zu erheben:

1.	Nr. 1501 GV-HRegGebV für Ausscheiden des Kommanditisten	60,00 €
2.	Nr. 1503 GV-HRegGebV für Eintritt des Kommanditisten	30,00 €
3.	Nr. 1503 GV-HRegGebV für Zurückweisung der Satzungsänderung (30 € x 1,7)	51,00 €

Für die Satzungsänderung ist für die Berechnung der Gebühren von Nr. 1503 GV-HRegGebV auszugehen (§ 5 S. 1 HRegGebV), so dass diese Gebühr, nicht Nr. 1501 GV-HRegGebV, entsprechend § 4 HRegGebV zu erhöhen ist.

9. Insolvenzverfahren und Löschungen

30 Sind Eintragungen aufgrund eines Insolvenzverfahrens von Amts wegen vorzunehmen, bleibt das Geschäft gebührenfrei, ebenso die Löschung von Eintragungen nach § 395 FamFG oder von berufsständischen Organen im Rahmen ihrer Beteiligung nach § 380 FamFG (Vorbem. 1.3 Abs. 2 KV, § 58 Abs. 1 S. 2 GNotKG).

Gebührenfrei ist auch die Eintragung des Erlöschens der Firma, des Namens sowie des Schlusses der Abwicklung oder der Liquidation (siehe dazu näher Vorbem. 1 Abs. 4, Vorbem. 2 Abs. 4, Vorbem. 3 Abs. 4 GV-HRegGebV). Unberührt bleiben danach aber die Gebühren nach Nr. 1400, 1401, 2402, 2403, 3400, 3401 GV-HRegGebV.

10. Kostenschuldner

31 Die Eintragung erfolgt auf Antrag, somit haftet für die Kosten der Antragsteller als Antragsschuldner (§ 22 Abs. 1 GNotKG). Ist die Eintragung ausnahmsweise von Amts wegen vorzunehmen, haftet der Einzelkaufmann bzw. die Gesellschaft, Partnerschaft oder die Genossenschaft (§ 23 Nr. 7 GNotKG). Die Kosten für die Entgegennahme, Prüfung und Aufbewahrung der zum Handels- oder Genossenschaftsregister einzureichenden Unterlagen schuldet nur das Unternehmen, für das die Unterlagen eingereicht werden (§ 23 Nr. 8 GNotKG).

In **Rechtsmittelverfahren** gilt § 23 GNotKG nicht (§ 25 Abs. 3 GNotKG). Es besteht Antragshaftung (§ 22 Abs. 1 GNotKG), die jedoch erlischt, wenn das Rechtsmittel ganz oder teilweise mit Erfolg eingelegt worden ist und das Gericht nicht über die Kosten entschieden hat oder die Kosten nicht von einem anderen Beteiligten übernommen worden sind (§ 25 Abs. 1 GNotKG).

Von **berufsständischen Organen** dürfen im Rahmen ihrer Beteiligung nach § 380 FamFG Gebühren nicht erhoben werden (Vorbem. 1.3 Abs. 2 Nr. 3 KV).

11. Vorschüsse

32 Da Antragshaftung besteht, kann die Eintragung von der vorherigen Zahlung der für die Eintragung vorgesehenen Gebühr abhängig gemacht werden (§ 13 S. 1 GNotKG). Für die Auslagen gilt § 14 Abs. 1, 3 GNotKG.

12. Eintragungen in das Handelsregister

a) Einzelkaufmann

- **Eintragung eines Einzelkaufmanns** 33
  - Nr. 1100 GV-HRegGebV (70 €).
  - Erfolgt die Eintragung aufgrund einer Umwandlung nach dem UmwG, beträgt die Gebühr 150 € (Nr. 1103 GV-HRegGebV).
  - Neben der Gebühr für die Ersteintragung werden gesonderte Gebühren nur für die Eintragung einer Prokura oder einer Zweigniederlassung erhoben (§ 2 Abs. 1 HRegGebV).
- **Prokura (Eintragung, Änderung, Löschung)**
  - Für die Eintragung einer Prokura oder die Änderung oder Löschung einer Prokura gelten Nr. 4000–4002 GV-HRegGebV (Vorbem. 1 Abs. 3 GV-HRegGebV).
- **Verkauf/Übertragung eines Handelsgeschäfts unter Fortführung der Firma**
  - Zu erheben ist eine Gebühr nach Nr. 1100 GV-HRegGebV von 70 € sowie eine Gebühr für das Ausscheiden des bisherigen Inhabers nach Nr. 1500 GV-HRegGebV von 40 €.
- **Verlegung der Hauptniederlassung**
  - Nr. 1300 GV-HRegGebV (60 €).
  - Die Gebühr entsteht jedoch nicht, wenn das bisherige Gericht zuständig bleibt (Vorbem. 1.3 GV-HRegGebV). Ist die Gebühr zu erheben, wird für die Eintragung im Register der bisherigen Hauptniederlassung oder des bisherigen Sitzes keine Gebühr erhoben (Vorbem. 1 Abs. 2 GV-HRegGebV). Im Übrigen bleiben Nr. 1500 ff GV-HRegGebV unberührt, sie entstehen bei Verlegung innerhalb des Bezirks des Registergerichts (Vorbem. 1.3 Hs. 2 GV-HRegGebV).[2]
- **Eintragung der Eröffnung einer Zweigniederlassung**
  - Nr. 1200 GV-HRegGebV (40 €) für die Eintragung der Zweigniederlassung.
  - Nr. 4000 GV-HRegGebV (40 €) für die Eintragung einer Prokura bei der Zweigniederlassung.[3]
  - Für die Verlegung der Zweigniederlassung entsteht eine Gebühr von 40 € (Nr. 1500 GV-HRegGebV); eingetragene Prokuren sind gebührenfrei zu übernehmen.[4]
- **Übergang aufgrund Erbfolge auf einen Alleinerben unter Fortführung der Firma**
  - Nr. 1100 GV-HRegGebV (70 €) für die Eintragung des Erben.
  - Nr. 1500 GV-HRegGebV (40 €) für die Eintragung des Ausscheidens des Erblassers.
  - Nr. 1503 GV-HRegGebV (30 €) für die Eintragung der Änderung der Firma.
- **Übergang aufgrund Erbfolge auf mehrere Erben unter Fortführung der Firma**
  - Nr. 1101 GV-HRegGebV (100 €) für die Eintragung der OHG oder KG mit bis zu drei einzutragenden Gesellschaftern, für jeden weiteren einzutragenden Gesellschafter erhöht sich die Gebühr um 40 € (Nr. 1102 GV-HRegGebV).
  - Nr. 1500 GV-HRegGebV (40 €) für die Eintragung des Ausscheidens des Erblassers.
  - Nr. 1503 GV-HRegGebV (30 €) für die Eintragung der Änderung der Firma.

---

2 Korintenberg/*Thamke*, GNotKG, § 58 Anh. (Teil 1, Abschnitt 3) Rn 5.
3 *Gustavus*, Handelsregister-Anmeldungen, A 14.
4 *Gustavus*, Handelsregister-Anmeldungen, A 16.

- **Eintritt eines Gesellschafters**
  - Nr. 1101 GV-HRegGebV (100 €) für die Eintragung der OHG oder KG mit bis zu drei einzutragenden Gesellschaftern; für jeden weiteren einzutragenden Gesellschafter erhöht sich die Gebühr um 40 € (Nr. 1102 GV-HRegGebV).
- **Erlöschen der Firma**
  - Gebührenfrei nach Vorbem. 1 Abs. 4 GV-HRegGebV. Das gilt auch dann, wenn das Geschäft eingestellt wird.[5]

b) Offene Handelsgesellschaft und Kommanditgesellschaft

34
- **Gründung einer OHG oder KG**
  - Nr. 1101 GV-HRegGebV (100 €) für die Eintragung der OHG oder KG mit bis zu drei einzutragenden Gesellschaftern; für jeden weiteren einzutragenden Gesellschafter erhöht sich die Gebühr um 40 € (Nr. 1102 GV-HRegGebV).
  - Neben der Gebühr für die Ersteintragung werden gesonderte Gebühren nur für die Eintragung einer Prokura oder einer Zweigniederlassung erhoben (§ 2 Abs. 1 HRegGebV).
- **Prokura**
  - Für die Eintragung einer Prokura oder die Änderung oder Löschung einer Prokura gelten Nr. 4000–4002 GV-HRegGebV (Vorbem. 1 Abs. 3 GV-HRegGebV).
- **Firmenänderung**
  - Nr. 1501 GV-HRegGebV (60 €) bei einer Gesellschaft mit bis zu 50 eingetragenen Gesellschaftern; bei einer Gesellschaft mit mehr als 50 eingetragenen Gesellschaftern gilt Nr. 1502 GV-HRegGebV (70 €).
- **Änderung der Vertretungsberechtigung**
  - Nr. 1501 GV-HRegGebV (60 €) bei einer Gesellschaft mit bis zu 50 eingetragenen Gesellschaftern; bei einer Gesellschaft mit mehr als 50 eingetragenen Gesellschaftern gilt Nr. 1502 GV-HRegGebV (70 €).
- **Änderung des Gesellschafsvertrages**
- **Eintritt von weiteren persönlichen Gesellschaftern; Ausscheiden eines Gesellschafters oder Kommanditisten aufgrund Rechtsgeschäfts/Insolvenzeröffnung/Kündigung eines Gläubigers; Kündigung eines Gesellschafters oder Kommanditisten**
  - Nr. 1501–1503 GV-HRegGebV.
  - Betrifft die Eintragung eine Tatsache ohne wirtschaftliche Bedeutung, betragen die Gebühren der Nr. 1501, 1502 GV-HRegGebV nur 30 € (Nr. 1504 GV-HRegGebV). Hierzu gehören nach *Gustavus*[6] etwa Namensänderungen von Gesellschaftern aufgrund Heirat oder die Änderung von Ortsnamen oder Wohnanschriften.
- **Tod eines Gesellschafters**
  - Wird die OHG oder KG aufgrund Gesellschaftsvertrages aufgelöst, fallen Gebühren nach Nr. 1501–1502 GV-HRegGebV für die Eintragung des Ausscheidens sowie für die Eintragung der Liquidation nach Nr. 1503 GV-HRegGebV an. Die spätere Löschung der OHG oder KG wird gebührenfrei eingetragen (Vorbem. 1 Abs. 4 GV-HRegGebV).

---

5 *Gustavus*, Handelsregister-Anmeldungen, A 19.
6 *Gustavus*, Handelsregister-Anmeldungen, A 28.

- Treten alle oder einzelne Erben in die Gesellschaft ein und wird diese fortgesetzt, fallen Gebühren nach Nr. 1501, 1502 GV-HRegGebV für die Eintragung des Ausscheidens des Gesellschafters durch Tod an. Zusätzlich entsteht für die Eintragung jedes eintretenden Erben eine Gebühr nach Nr. 1503 GV-HRegGebV iHv 30 €, denn das Eintreten oder das Ausscheiden einzutragender Personen ist hinsichtlich einer jeden Person eine besondere Tatsache (§ 2 Abs. 2 S. 2 HRegGebV).
- Sollen die Erben als Kommanditisten eintreten, ist für die Firmenänderung eine weitere Gebühr nach Nr. 1503 GV-HRegGebV iHv 30 € zu erheben.[7]

■ **Tod eines Kommanditisten**
- Nr. 1501, 1502 GV-HRegGebV für die Eintragung des Ausscheidens des verstorbenen Kommanditisten und gesondert für die Eintragung jedes eintretenden Erben nach Nr. 1503 GV-HRegGebV.
- Wird die KG aufgrund Gesellschaftsvertrages aufgelöst, fallen Gebühren nach Nr. 1501, 1502 GV-HRegGebV für die Eintragung des Ausscheidens sowie für die Eintragung der Liquidation nach Nr. 1503 GV-HRegGebV an. Die spätere Löschung der KG wird gebührenfrei eingetragen (Vorbem. 1 Abs. 4 GV-HRegGebV).

■ **Übertragung des Kommanditanteils**
- Wird ein Teil des Kommanditanteils auf einen anderen Kommanditisten oder einen neuen persönlich haftenden Gesellschafter übertragen, fallen Gebühren nach Nr. 1501, 1502 GV-HRegGebV für die Eintragung der Herabsetzung des Kommanditanteils und nach Nr. 1503 GV-HRegGebV für die Eintragung der Vergrößerung des Kommanditanteils an.
- Wurde der gesamte Anteil auf einen anderen Kommanditisten übertragen, entstehen Gebühren nach Nr. 1501, 1502 GV-HRegGebV für die Eintragung des Ausscheidens des Kommanditisten und nach Nr. 1503 GV-HRegGebV für die Eintragung der Vergrößerung des Kommanditanteils. Wird der gesamte Kommanditanteil auf einen persönlich haftenden Gesellschafter übertragen, sind nur Gebühren nach Nr. 1501, 1502 GV-HRegGebV für die Eintragung des Ausscheidens zu erheben.

■ **Sitzverlegung**
- Nr. 1301 GV-HRegGebV (80 €) bei einer Gesellschaft mit bis zu drei eingetragenen Gesellschaftern.
- Sind mehr als drei Gesellschafter vorhanden, erhöht sich die Gebühr um 40 € für jeden weiteren Gesellschafter bis einschließlich des 100. eingetragenen Gesellschafters (Nr. 1302 GV-HRegGebV). Ab dem 101. eingetragenen Gesellschafter erhöht sich die Gebühr der Nr. 1301 GV-HRegGebV um 10 € für jeden weiteren eingetragenen Gesellschafter (Nr. 1303 GV-HRegGebV).
- Die Gebühr entsteht jedoch nicht, wenn das bisherige Gericht zuständig bleibt (Vorbem. 1.3 GV-HRegGebV). Ist die Gebühr zu erheben, wird für die Eintragung im Register der bisherigen Hauptniederlassung oder des bisherigen Sitzes keine Gebühr erhoben (Vorbem. 1 Abs. 2 GV-HRegGebV). Erfolgt die Verlegung innerhalb des Bezirks des Registergerichts, gelten Nr. 1501 ff KV (Vorbem. 1.3 Hs. 2 GV-HRegGebV).[8]

---

7 *Gustavus*, Handelsregister-Anmeldungen, A 39.
8 Korintenberg/*Thamke*, GNotKG, § 58 Anh. (Teil 1 Abschnitt 3) Rn 5.

- Bei bloßer Anmeldung oder Änderung der Geschäftsanschrift gilt Nr. 1504 GV-HRegGebV.[9]

- **Zweigniederlassungen**
  - Nr. 1200 GV-HRegGebV (40 €) für die Eintragung der Zweigniederlassung.
  - Für die Verlegung oder Aufhebung der Zweigniederlassung sind Gebühren nach Nr. 1501, 1502 GV-HRegGebV zu erheben.
- **Auflösung der OHG oder KG**
  - Nr. 1501, 1502 GV-HRegGebV.
  - Soll die Gesellschaft nach der Auflösung liquidiert werden, fallen für bestimmte Verfahren, zB wegen der auf Antrag durch das Gericht vorzunehmenden Bestellung oder Ablösung der Liquidatoren, Gebühren nach Nr. 13500, 13504 KV an (s. Rn 98 ff). Ist nach Beendigung der Liquidation die Löschung einzutragen, bleibt diese gebührenfrei (Vorbem. 1 Abs. 4 GV-HRegGebV).
  - Ist eine Wiedereintragung, die veröffentlicht wird, erforderlich, entstehen Gebühren nach Nr. 1501, 1502 GV-HRegGebV.[10] Gleiches gilt, wenn die Gesellschaft unter der alten Firma fortgesetzt wird.
- **Aufnahme von weiteren Kommanditisten**
  - Nr. 1501, 1502 GV-HRegGebV
- **Erhöhung oder Herabsetzung der Kommanditeinlage**
  - Nr. 1501, 1502 GV-HRegGebV
- **Umwandlung von Kommanditist in persönlich haftenden Gesellschafter**
  - Nr. 1501, 1502 GV-HRegGebV
- **Umwandlung OHG in KG**
  - Eine Gebühr wird nur nach Nr. 1501, 1502 GV-HRegGebV für die Eintragung des Eintritts des Kommanditisten erhoben sowie eine Gebühr nach Nr. 1503 GV-HRegGebV für die Firmenänderung.[11]
- **Ausscheiden bis auf einen Gesellschafter**
  - Nr. 1501, 1502 GV-HRegGebV für die Eintragung des Ausscheidens.
  - Nr. 1100 GV-HRegGebV für die Eintragung des Einzelkaufmanns.

c) Partnerschaften

35
- **Eintragung der Partnerschaft**
  - Nr. 1101, 1102 GV-HRegGebV.
  - Neben der Gebühr für die Ersteintragung werden gesonderte Gebühren nur für die Eintragung einer Prokura oder einer Zweigniederlassung erhoben (§ 2 Abs. 1 HRegGebV).
- **Eintritt eines weiteren Partners; Ausscheiden eines Partners aufgrund Rechtsgeschäfts/Todes**
  - Nr. 1501, 1502 GV-HRegGebV.
  - Tritt zugleich ein neuer Partner in die Partnerschaft ein, entsteht zusätzlich eine Gebühr nach Nr. 1503 HRegGebV, wenn die Anmeldung des Eintritts aufgrund derselben Anmeldung erfolgt.

---

9 *Gustavus*, Handelsregister-Anmeldungen, A 27.
10 *Gustavus*, Handelsregister-Anmeldungen, A 56, 25.
11 *Gustavus*, Handelsregister-Anmeldungen, A 30.

- **Auflösung der Partnerschaft**
  - Nr. 1501, 1502 GV-HRegGebV.
  - Soll die Partnerschaft nach der Auflösung liquidiert werden, fallen für bestimmte Verfahren, zB wegen der auf Antrag durch das Gericht vorzunehmenden Bestellung oder Ablösung der Liquidatoren, Gebühren nach Nr. 13500, 13504 KV an (s. Rn 98 ff). Ist nach Beendigung der Liquidation die Löschung einzutragen, bleibt diese gebührenfrei (Vorbem. 1 Abs. 4 GV-HRegGebV).

d) Gesellschaften mit beschränkter Haftung

- **Eintragung einer GmbH oder UG (haftungsbeschränkt)** 36
  - Nr. 2100 GV-HRegGebV (150 €).
  - Wird jedoch mindestens eine Sacheinlage geleistet, beträgt die Gebührt 240 € (Nr. 2101 GV-HRegGebV). Erfolgt die Eintragung aufgrund einer Umwandlung nach dem UmwG, gelten Nr. 2402, 2403 GV-HRegGebV.
  - Keine Gebühr entsteht für die Entgegennahme der Gesellschafterliste.[12]
  - Neben der Gebühr für die Ersteintragung werden gesonderte Gebühren nur für die Eintragung einer Prokura oder einer Zweigniederlassung erhoben (§ 2 Abs. 1 HRegGebV).
- **Änderung des Gesellschaftsvertrages**
  - Nr. 2500 GV-HRegGebV (70 €).
  - Für die Eintragung der Umrechnung von DM auf Euro entsteht eine Gebühr nach Nr. 2502 GV-HRegGebV von 30 €; kommt es auch zu Glättungsmaßnahmen, so entsteht zusätzlich die Gebühr Nr. 2500 GV-HRegGebV, ggf. Nr. 2501 GV-HRegGebV für eine Satzungsänderung.[13]
- **Abschluss oder Beendigung eines Unternehmensvertrages**
  - Nr. 2500 GV-HRegGebV (70 €).
  - Für die Eintragung der Umrechnung von DM auf Euro entsteht eine Gebühr nach Nr. 2502 GV-HRegGebV von 30 €.[14]
- **Bestellung/Abberufung von Geschäftsführern; Änderung der Vertretungsbefugnis von Geschäftsführern**
  - Nr. 2500 GV-HRegGebV (70 €).
  - Werden mehrere Geschäftsführer bestellt, abberufen oder ändert sich die Vertretungsbefugnis mehrerer Geschäftsführer, ist für die Eintragung ab dem zweiten Geschäftsführer je eine Gebühr nach Nr. 2501 GV-HRegGebV von 40 € zu erheben, wenn es sich um dieselbe Anmeldung handelt. Eine solche liegt vor, wenn die Anmeldungen am selben Tag beim Registergericht eingegangen sind und dasselbe Unternehmen betreffen (§ 2 Abs. 4 HRegGebV).
  - Nr. 2500 ff GV-HRegGebV greifen auch, wenn der Geschäftsführer kündigt, sein Amt niederlegt oder verstirbt.[15]
- **Kapitalerhöhungen**
  - Nr. 2500 GV-HRegGebV (70 €).
  - Nr. 5002 GV-HRegGebV (30 €).
  - Ist genehmigtes Kapital nach § 55 a GmbHG betroffen, gelten Nr. 2500, 5002 GV-HRegGebV bzw. bei Sachleistungen Nr. 2401, 5002 GV-HRegGebV. Hin-

12 *Gustavus*, Handelsregister-Anmeldungen, A 91 a.
13 *Gustavus*, Handelsregister-Anmeldungen, A 129.
14 *Gustavus*, Handelsregister-Anmeldungen, A 129.
15 *Gustavus*, Handelsregister-Anmeldungen, A 99.

sichtlich der Entgegennahme der Gesellschafterliste entsteht eine Gebühr nach Nr. 5002 GV-HRegGebV nur für die Komplettliste, nicht auch für die Entgegennahme der Übernahmeliste.[16]

- **Kapitalherabsetzung**
  - Nr. 2500 GV-HRegGebV (70 €).
  - Nr. 5002 GV-HRegGebV (30 €).
- **Sitzverlegung**
  - Nr. 2300 GV-HRegGebV (140 €).
  - Die Gebühr wird jedoch nicht erhoben, wenn das bisherige Gericht zuständig bleibt (Anm. zu Nr. 2300 GV-HRegGebV), jedoch sind bei Verlegung innerhalb des Gerichts Gebühren nach Nr. 2500 f GV-HRegGebV zu erheben. Ist die Sitzverlegung in den Bezirk eines anderen Gerichts erfolgt, ist die Gebühr Nr. 2300 GV-HRegGebV nur bei dem neuen Gericht anzusetzen. Für die Eintragung in das Register des bisherigen Gerichts wird keine Gebühr erhoben (Vorbem. 2 Abs. 2 GV-HRegGebV). Wird nur die Anschrift ohne Sitzverlegung geändert, gilt Nr. 2502 GV-HRegGebV.[17]
  - Bei Verlegung der Hauptniederlassung an den Ort der Zweigniederlassung sind Gebühren nach Nr. 2300, 2500 GV-HRegGebV zu erheben.[18]
- **Zweigniederlassung**
  - Nr. 2200 GV-HRegGebV (120 €) für die Eintragung einer Zweigniederlassung.
  - Für die Eintragung der Verlegung oder Aufhebung einer Zweigniederlassung entstehen Gebühren nach Nr. 2500 GV-HRegGebV (70 €).
- **Auflösung der GmbH**
  - Nr. 2500 GV-HRegGebV (70 €).
  - Wird die GmbH nach der Auflösung liquidiert, fallen für bestimmte Verfahren, zB wegen der auf Antrag durch das Gericht vorzunehmenden Bestellung oder Ablösung der Liquidatoren, Gebühren nach Nr. 13500, 13504 KV an (s. Rn 98 ff). Ist nach Beendigung der Liquidation die Löschung einzutragen, bleibt diese gebührenfrei (Vorbem. 2 Abs. 4 GV-HRegGebV).
  - Soll die GmbH fortgesetzt werden, fallen nach *Gustavus*[19] folgende Gebühren an:
    - Nr. 2500 GV-HRegGebV (70 €) für die Eintragung der Fortsetzung;
    - Nr. 2501 GV-HRegGebV (40 €) für die Eintragung des Geschäftsführers;
    - Nr. 2501 GV-HRegGebV (40 €) für die Abberufung des Liquidators.
- **Löschung der GmbH**
  - Die Eintragung erfolgt gebührenfrei (Vorbem. 2 Abs. 4 GV-HRegGebV).
- **Entgegennahme der Gesellschafterliste**
  - Nr. 5002 GV-HRegGebV (30 €).
- **Entgegennahme der Liste der Mitglieder des Aufsichtsrats**
  - Nr. 5003 GV-HRegGebV (30 €).
- **Prokura**
  - Nr. 4000 ff GV-HRegGebV (Vorbem. 2 Abs. 3 GV-HRegGebV).

---

16 *Gustavus*, Handelsregister-Anmeldungen, A 108 a.
17 OLG Köln MDR 2015, 1250.
18 *Gustavus*, Handelsregister-Anmeldungen, A 112.
19 *Gustavus*, Handelsregister-Anmeldungen, A 120.

e) Aktiengesellschaften

- **Eintragung einer AG** 37
  - Nr. 2102 GV-HRegGebV (300 €)
  - Wird jedoch mindestens eine Sacheinlage geleistet, beträgt die Gebührt 360 € (Nr. 2103 GV-HRegGebV).
  - Die Gebühren entstehen auch für die Eintragung einer Kommanditgesellschaft auf Aktienbasis oder eines Versicherungsvereins auf Gegenseitigkeit.
  - Erfolgt die Eintragung aufgrund des UmwG, gilt Nr. 2105 GV-HRegGebV (660 €), wenn eine AG oder eine Kommanditgesellschaft auf Aktienbasis betroffen ist; bei der Eintragung eines Versicherungsvereins auf Gegenseitigkeit aufgrund des UmwG gilt Nr. 2106 GV-HRegGebV (460 €).
  - Neben der Gebühr für die Ersteintragung werden gesonderte Gebühren nur für die Eintragung einer Prokura oder einer Zweigniederlassung erhoben (§ 2 Abs. 1 HRegGebV).
- **Vorstandsmitglieder**
  - Für die Eintragung der Bestellung, Abberufung, Niederlegung oder der Änderung der Vertretungsbefugnis entsteht eine Gebühr nach Nr. 2500 GV-HRegGebV (70 €). Sind mehrere Vorstandsmitglieder betroffen, entsteht zusätzlich für jede Eintragung eine Gebühr nach Nr. 2501 GV-HRegGebV (40 €), wenn die Eintragung aufgrund derselben Anmeldung erfolgt. Dieselbe Anmeldung liegt vor, wenn die Anmeldungen am selben Tag beim Gericht eingehen (§ 2 Abs. 4 HRegGebV).
  - Bei sonstigen Änderungen, die keine wirtschaftliche Bedeutung besitzen (zB Namensänderung oder Änderung des Wohnorts eines Vorstandsmitglieds), entsteht eine Gebühr nach Nr. 2502 GV-HRegGebV iHv 30 €.
- **Abschluss oder Beendigung eines Unternehmensvertrages**
  - Nr. 2500 GV-HRegGebV (70 €).
- **Kapitalerhöhungen**
  - Nr. 2400 GV-HRegGebV (270 €).
  - Erfolgt die Kapitalerhöhung durch Sachleistung, ist eine Gebühr nach Nr. 2401 GV-HRegGebV (210 €) zu erheben.
  - Nr. 2400, 2401 GV-HRegGebV gelten auch bei Kapitalerhöhungen für bedingte Zwecke nach §§ 192 ff AktG, genehmigtes Kapital (§§ 202 ff AktG) oder Kapitalerhöhungen aus Mitteln der Gesellschaft (§§ 207 ff AktG).
- **Kapitalherabsetzung**
  - Nr. 2400 GV-HRegGebV (270 €).
- **Sitzverlegung**
  - Nr. 2300 GV-HRegGebV (140 €).
  - Die Gebühr wird jedoch nicht erhoben, wenn das bisherige Gericht zuständig bleibt (Anm. zu Nr. 2300 GV-HRegGebV), jedoch sind bei Verlegung innerhalb des Gerichts Gebühren nach Nr. 2500 f GV-HRegGebV zu erheben. Ist die Sitzverlegung in den Bezirk eines anderen Gerichts erfolgt, ist die Gebühr der Nr. 2300 GV-HRegGebV nur bei dem neuen Gericht anzusetzen. Für die Eintragung in das Register des bisherigen Gerichts wird keine Gebühr erhoben (Vorbem. 2 Abs. 2 GV-HRegGebV).

- Bei Verlegung der Hauptniederlassung an den Ort der Zweigniederlassung sind Gebühren nach Nr. 2300, 2500 GV-HRegGebV zu erheben.[20]
- Die Anmeldung der Verlegung der Hauptniederlassung oder des Sitzes und die gleichzeitige Anmeldung der Änderung der inländischen Geschäftsanschrift sind eine Tatsache (§ 2 Abs. 3 Nr. 2 HRegGebV).

- **Zweigniederlassung**
  - Nr. 2200 GV-HRegGebV (120 €) für die Eintragung einer Zweigniederlassung.
  - Für die Eintragung der Verlegung oder Aufhebung einer Zweigniederlassung entstehen Gebühren nach Nr. 2500 GV-HRegGebV (70 €).
  - Die Anmeldung der Verlegung der Zweigniederlassung und die gleichzeitige Anmeldung der Änderung der inländischen Geschäftsanschrift sind eine Tatsache (§ 2 Abs. 3 Nr. 2 HRegGebV).
- **Auflösung der AG**
  - Nr. 2500 GV-HRegGebV (70 €).
  - Wird die AG nach der Auflösung liquidiert, fallen für bestimmte Verfahren, zB wegen der auf Antrag durch das Gericht vorzunehmenden Bestellung oder Ablösung der Liquidatoren, Gebühren nach Nr. 13500, 13504 KV an (s. Rn 98 ff). Ist nach Beendigung der Abwicklung die Löschung einzutragen, bleibt diese gebührenfrei (Vorbem. 2 Abs. 4 GV-HRegGebV).
  - Soll die AG fortgesetzt werden, entsteht eine Gebühr nach Nr. 2500 GV-HRegGebV (70 €) für die Eintragung der Fortsetzung sowie nach Nr. 2501 GV-HRegGebV (40 €) für die Abberufung des Abwicklers.
- **Löschung der AG**
  - Die Eintragung erfolgt gebührenfrei (Vorbem. 2 Abs. 4 GV-HRegGebV).
- **Entgegennahme der Liste über die Mitglieder des Aufsichtsrats**
  - Nr. 5003 GV-HRegGebV (40 €).
- **Entgegennahme der Mitteilung über den alleinigen Aktionär**
  - Nr. 5004 GV-HRegGebV (40 €).
- **Entgegennahme des Protokolls der Jahreshauptversammlung**
  - Nr. 5005 GV-HRegGebV (50 €).
  - Die Gebühr entsteht auch bei Entgegennahme des Protokolls einer außerordentlichen Hauptversammlung.[21]

f) Eintragung von Prokuren

38 Gebühren werden nur nach Nr. 4000–4002 GV-HRegGebV erhoben (Vorbem. 1 Abs. 3, Vorbem. 2 Abs. 3 GV-HRegGebV). Die Gebühr entsteht auch gesondert neben der Gebühr für die Ersteintragung des Einzelkaufmanns, der Gesellschaft, Partnerschaft usw (§ 2 Abs. 1 HRegGebV).

g) Löschungen

39 Nach Vorbem. 1 Abs. 4 GV-HRegGebV bleiben gebührenfrei die Eintragung des Erlöschens der Firma oder des Namens sowie des Schlusses der Abwicklung einer EWIV; Nr. 1400, 1401 GV-HRegGebV bleiben unberührt. Gebührenfrei sind wegen Vorbem. 2 Abs. 4 GV-HRegGebV zudem die Eintragung der Löschung der Gesell-

20 *Gustavus*, Handelsregister-Anmeldungen, A 112.
21 *Gustavus*, Handelsregister-Anmeldungen, A 136.

schaft und des Schlusses der Abwicklung oder der Liquidation; Nr. 2402, 2403 GV-HRegGebV bleiben unberührt. Für das Verfahren wegen eines Widerspruchs gegen eine beabsichtigte Löschung nach §§ 395 ff FamFG gilt Nr. 13400 KV. Sind Personen zu bestellen oder abzuberufen (zB Anwickler, Liquidatoren), gelten Nr. 13500, 13504 KV.

13. Eintragungen in das Genossenschaftsregister

- **Eintragung einer Genossenschaft** 40
  - Nr. 3100 GV-HRegGebV (210 €).
  - Neben der Gebühr für die Ersteintragung werden gesonderte Gebühren nur erhoben für die Eintragung einer Prokura oder einer Zweigniederlassung (§ 2 Abs. 1 HRegGebV).
  - Erfolgt die Ersteintragung aufgrund einer Umwandlung nach dem UmwG, gilt Nr. 3101 GV-HRegGebV (360 €).
- **Neubestellung von Vorstandsmitgliedern**
  - Nr. 3500 GV-HRegGebV (110 €).
- **Beendigung/Änderung der Vertretungsbefugnis von Vorstandsmitgliedern**
  - Nr. 3500 GV-HRegGebV (110 €).
- **Vorläufige Enthebung des Aufsichtsrats**
  - Nr. 3500 GV-HRegGebV (110 €).
- **Änderung des Statuts**
  - Nr. 3500 GV-HRegGebV (110 €).
- **Sitzverlegung**
  - Nr. 3300 GV-HRegGebV (210 €).
  - Die Gebühr wird nicht erhoben, wenn das bisherige Gericht zuständig bleibt (Anm. zu Nr. 3300 GV-HRegGebV); allerdings sind bei Verlegung innerhalb des Gerichts Gebühren nach Nr. 3500 f GV-HRegGebV zu erheben. Ist die Sitzverlegung in den Bezirk eines anderen Gerichts erfolgt, ist die Gebühr der Nr. 3300 GV-HRegGebV nur bei dem neuen Gericht anzusetzen. Für die Eintragung in das Register des bisherigen Gerichts wird keine Gebühr erhoben (Vorbem. 3 Abs. 2 GV-HRegGebV).
- **Zweigniederlassung**
  - Nr. 3200 GV-HRegGebV (60 €) für die Eintragung einer Zweigniederlassung.
  - Für die Eintragung der Verlegung oder Aufhebung einer Zweigniederlassung entstehen Gebühren nach Nr. 3500 GV-HRegGebV (110 €).
- **Löschung der Genossenschaft**
  - Die Eintragung erfolgt gebührenfrei (Vorbem. 3 Abs. 4 GV-HRegGebV). Unberührt bleiben jedoch die Gebühren der Nr. 3400, 3403 GV-HRegGebV (Vorbem. 3 Abs. 4 GV-HRegGebV).
- **Entgegennahme der Bescheinigung des Prüfungsverbands**
  - Nr. 5000 GV-HRegGebV (30 €).
- **Entgegennahme der Bekanntmachung der Eröffnungsbilanz durch Liquidatoren**
  - Nr. 5001 GV-HRegGebV (30 €).
- **Prokura**
  - Nr. 4000 ff GV-HRegGebV (Vorbem. 3 Abs. 3 GV-HRegGebV).

14. Übertragung von Schriftstücken in ein elektronisches Dokument

41 Für die Übertragung von Schriftstücken in ein elektronisches Dokument nach § 9 Abs. 2 HGB (Art. 61 Abs. 3 EGHGB) beträgt die Gebühr für jede angefangene Seite 2 €, mindestens aber 25 € (Nr. 5007 GV-HRegGebV). Die Gebühr wird für die Dokumente jedes Registerblatts gesondert erhoben (Anm. zu Nr. 5007 GV-HRegGebV). Abgegolten ist auch die einmalige elektronische Übermittlung der Dokumente an den Antragsteller.

15. Übergangsvorschriften

42 Für die nach der HRegGebV zu erhebenden Gebühren gilt die Übergangsvorschrift des § 5 a HRegGebV. Danach gilt für Kosten, die vor dem Inkrafttreten einer Änderung der HRegGebV fällig geworden sind, das bisherige Recht. Handelt es sich um Kosten, die nicht von der HRegGebV erfasst sind, zB gerichtliche Auslagen, gelten §§ 134, 136 GNotKG.

Im Hinblick auf die Gebühren für die Entgegennahme bestimmter Unterlagen (Nr. 5000 ff GV-HRegGebV) ist die Übergangsvorschrift des § 6 HRegGebV zu beachten.

16. Text der Handelsregistergebührenverordnung (HRegGebV)

43

Verordnung
über Gebühren in Handels-, Partnerschafts- und Genossenschaftsregistersachen
(Handelsregistergebührenverordnung – HRegGebV)

Vom 30. September 2004 (BGBl. I S. 2562)
zuletzt geändert durch Art. 20 des Gesetzes für die gleichberechtigte Teilhabe von Frauen und Männern an Führungspositionen in der Privatwirtschaft und im öffentlichen Dienst vom 24. April 2015 (BGBl. I S. 642, 661)

§ 1 Gebührenverzeichnis

[1]Für Eintragungen in das Handels-, Partnerschafts- oder Genossenschaftsregister, die Entgegennahme, Prüfung und Aufbewahrung der zum Handels- oder Genossenschaftsregister einzureichenden Unterlagen sowie die Übertragung von Schriftstücken in ein elektronisches Dokument nach § 9 Abs. 2 des Handelsgesetzbuchs und Artikel 61 Abs. 3 des Einführungsgesetzes zum Handelsgesetzbuch werden Gebühren nach dem Gebührenverzeichnis der Anlage zu dieser Verordnung erhoben. [2]Satz 1 gilt nicht für die aus Anlass eines Insolvenzverfahrens von Amts wegen vorzunehmenden Eintragungen und für Löschungen nach § 395 des Gesetzes über das Verfahren in Familiensachen und in den Angelegenheiten der freiwilligen Gerichtsbarkeit.

§ 2 Allgemeine Vorschriften

(1) Neben der Gebühr für die Ersteintragung werden nur Gebühren für die gleichzeitig angemeldete Eintragung der Errichtung einer Zweigniederlassung und für die Eintragung einer Prokura gesondert erhoben.

(2) [1]Betrifft dieselbe spätere Anmeldung mehrere Tatsachen, ist für jede Tatsache die Gebühr gesondert zu erheben. [2]Das Eintreten oder das Ausscheiden einzutragender Personen ist hinsichtlich einer jeden Person eine besondere Tatsache.

(3) Als jeweils dieselbe Tatsache betreffend sind zu behandeln:

1. die Anmeldung einer zur Vertretung berechtigten Person und die gleichzeitige Anmeldung ihrer Vertretungsmacht oder deren Ausschlusses;
2. die Anmeldung der Verlegung
   a) der Hauptniederlassung,
   b) des Sitzes oder
   c) der Zweigniederlassung

   und die gleichzeitige Anmeldung der Änderung der inländischen Geschäftsanschrift;

3. mehrere Änderungen eines Gesellschaftsvertrags oder einer Satzung, die gleichzeitig angemeldet werden und nicht die Änderung eingetragener Angaben betreffen;
4. die Änderung eingetragener Angaben und die dem zugrunde liegende Änderung des Gesellschaftsvertrags oder der Satzung.

(4) Anmeldungen, die am selben Tag beim Registergericht eingegangen sind und dasselbe Unternehmen betreffen, werden als eine Anmeldung behandelt.

§ 2 a Recht der Europäischen Union

Umwandlungen und Verschmelzungen nach dem Recht der Europäischen Union stehen hinsichtlich der Gebühren den Umwandlungen nach dem Umwandlungsgesetz gleich.

§ 3 Zurücknahme

(1) [1]Wird eine Anmeldung zurückgenommen, bevor die Eintragung erfolgt oder die Anmeldung zurückgewiesen worden ist, sind 120 Prozent der für die Eintragung bestimmten Gebühren zu erheben. [2]Bei der Zurücknahme einer angemeldeten Ersteintragung bleiben die Gebühren für die gleichzeitig angemeldete Eintragung der Errichtung einer Zweigniederlassung und für die Eintragung einer Prokura unberücksichtigt.

(2) [1]Erfolgt die Zurücknahme spätestens am Tag bevor eine Entscheidung des Gerichts mit der Bestimmung einer angemessenen Frist zur Beseitigung eines Hindernisses (§ 382 Absatz 4 des Gesetzes über das Verfahren in Familiensachen und in den Angelegenheiten der freiwilligen Gerichtsbarkeit) unterzeichnet wird, beträgt die Gebühr 75 Prozent der für die Eintragung bestimmten Gebühr, höchstens jedoch 250 Euro. [2]Der unterzeichneten Entscheidung steht ein gerichtliches elektronisches Dokument gleich (§ 14 Absatz 3 des Gesetzes über das Verfahren in Familiensachen und in den Angelegenheiten der freiwilligen Gerichtsbarkeit in Verbindung mit § 130 b der Zivilprozessordnung). [3]Betrifft eine Anmeldung mehrere Tatsachen, betragen in den Fällen der Sätze 1 und 2 die auf die zurückgenommenen Teile der Anmeldung entfallenden Gebühren insgesamt höchstens 250 Euro.

§ 4 Zurückweisung

[1]Wird eine Anmeldung zurückgewiesen, sind 170 Prozent der für die Eintragung bestimmten Gebühren zu erheben. [2]Bei der Zurückweisung einer angemeldeten Ersteintragung bleiben die Gebühren für die gleichzeitig angemeldete Eintragung der Errichtung einer Zweigniederlassung und für die Eintragung einer Prokura unberücksichtigt.

§ 5 Zurücknahme oder Zurückweisung in besonderen Fällen

[1]Wird die Anmeldung einer sonstigen späteren Eintragung, die mehrere Tatsachen zum Gegenstand hat, teilweise zurückgenommen oder zurückgewiesen, ist für jeden zurückgenommenen oder zurückgewiesenen Teil von den Gebühren 1503, 2501 und 3501 des Gebührenverzeichnisses auszugehen. [2]§ 3 Absatz 2 bleibt unberührt.

§ 5 a Übergangsvorschrift

Für Kosten, die vor dem Inkrafttreten einer Änderung der Rechtsverordnung fällig geworden sind, gilt das bisherige Recht.

§ 6 Übergangsvorschrift zum Gesetz über elektronische Handelsregister und Genossenschaftsregister sowie das Unternehmensregister

Für die Entgegennahme, Prüfung und Aufbewahrung eines Jahres-, Einzel- oder Konzernabschlusses und der dazu gehörenden Unterlagen für ein vor dem 1. Januar 2006 beginnendes Geschäftsjahr werden die Gebühren 5000 und 5001 des Gebührenverzeichnisses in der vor dem 1. Januar 2007 geltenden Fassung erhoben, auch wenn die Unterlagen erst nach dem 31. Dezember 2006 zum Handelsregister eingereicht werden.

Anlage (zu § 1)

Gebührenverzeichnis

Teil 1
Eintragungen in das Handelsregister Abteilung A und das Partnerschaftsregister

Nr.	Gebührentatbestand	Gebührenbetrag
	Vorbemerkung 1: (1) Für Eintragungen, die juristische Personen (§ 33 HGB) und Europäische wirtschaftliche Interessenvereinigungen betreffen, bestimmen sich die Gebühren nach den für Eintragungen bei Gesellschaften mit bis zu 3 eingetragenen Gesellschaftern geltenden Vorschriften. Hinsichtlich der Gebühren für Eintragungen, die Zweigniederlassungen eines Unternehmens mit Hauptniederlassung oder Sitz im Ausland betreffen, bleibt der Umstand, dass es sich um eine Zweigniederlassung handelt, unberücksichtigt; die allgemein für inländische Unternehmen geltenden Vorschriften sind anzuwenden. (2) Wird die Hauptniederlassung oder der Sitz in den Bezirk eines anderen Gerichts verlegt, wird für die Eintragung im Register der bisherigen Hauptniederlassung oder des bisherigen Sitzes keine Gebühr erhoben. (3) Für Eintragungen, die Prokuren betreffen, sind ausschließlich Gebühren nach Teil 4 zu erheben. (4) Für die Eintragung des Erlöschens der Firma oder des Namens sowie des Schlusses der Abwicklung einer Europäischen wirtschaftlichen Interessenvereinigung werden keine Gebühren erhoben; die Gebühren in Abschnitt 4 bleiben unberührt.	
	Abschnitt 1 Ersteintragung	
	Eintragung – außer aufgrund einer Umwandlung nach dem UmwG –	
1100	– eines Einzelkaufmanns	70,00 €
1101	– einer Gesellschaft mit bis zu 3 einzutragenden Gesellschaftern oder einer Partnerschaft mit bis zu 3 einzutragenden Partnern	100,00 €
1102	– einer Gesellschaft mit mehr als 3 einzutragenden Gesellschaftern oder einer Partnerschaft mit mehr als 3 einzutragenden Partnern: Die Gebühr 1101 erhöht sich für jeden weiteren einzutragenden Gesellschafter oder jeden weiteren einzutragenden Partner um	40,00 €
	Eintragung aufgrund einer Umwandlung nach dem UmwG	
1103	– eines Einzelkaufmanns	150,00 €
1104	– einer Gesellschaft mit bis zu 3 einzutragenden Gesellschaftern oder einer Partnerschaft mit bis zu 3 einzutragenden Partnern	180,00 €

Nr.	Gebührentatbestand	Gebührenbetrag
1105	– einer Gesellschaft mit mehr als 3 einzutragenden Gesellschaftern oder einer Partnerschaft mit mehr als 3 einzutragenden Partnern: Die Gebühr 1104 erhöht sich für jeden weiteren einzutragenden Gesellschafter oder für jeden weiteren einzutragenden Partner um	70,00 €
	Abschnitt 2 Errichtung einer Zweigniederlassung	
1200	Eintragung einer Zweigniederlassung	40,00 €
	Abschnitt 3 Verlegung der Hauptniederlassung oder des Sitzes	
	Vorbemerkung 1.3: Gebühren nach diesem Abschnitt sind nicht zu erheben, wenn das bisherige Gericht zuständig bleibt; Abschnitt 5 bleibt unberührt.	
	Eintragung bei dem Gericht, in dessen Bezirk die Hauptniederlassung oder der Sitz verlegt worden ist, bei	
1300	– einem Einzelkaufmann	60,00 €
1301	– einer Gesellschaft mit bis zu 3 eingetragenen Gesellschaftern oder einer Partnerschaft mit bis zu 3 eingetragenen Partnern	80,00 €
	– einer Gesellschaft mit mehr als 3 eingetragenen Gesellschaftern oder einer Partnerschaft mit mehr als 3 eingetragenen Partnern:	
1302	– – Die Gebühr 1301 erhöht sich für jeden weiteren eingetragenen Gesellschafter oder für jeden weiteren eingetragenen Partner bis einschließlich zur 100. eingetragenen Person um	40,00 €
1303	– – Die Gebühr 1301 erhöht sich für jeden weiteren eingetragenen Gesellschafter oder für jeden weiteren eingetragenen Partner ab der 101. eingetragenen Person um	10,00 €
	Abschnitt 4 Umwandlung nach dem Umwandlungsgesetz	
	Eintragung einer Umwandlung nach dem UmwG	
1400	– in das Register des übertragenden oder formwechselnden Rechtsträgers	180,00 €
1401	– in das Register des übernehmenden Rechtsträgers	180,00 €
	Für Eintragungen über den Eintritt der Wirksamkeit werden keine besonderen Gebühren erhoben.	

Nr.	Gebührentatbestand	Gebühren-betrag
	Abschnitt 5 Sonstige spätere Eintragungen	
	Vorbemerkung 1.5: Gebühren nach diesem Abschnitt werden nur für Eintragungen erhoben, für die Gebühren nach den Abschnitten 1 bis 4 nicht zu erheben sind.	
	Eintragung einer Tatsache bei	
1500	– einem Einzelkaufmann	40,00 €
1501	– einer Gesellschaft mit bis zu 50 eingetragenen Gesellschaftern oder einer Partnerschaft mit bis zu 50 eingetragenen Partnern	60,00 €
1502	– einer Gesellschaft mit mehr als 50 eingetragenen Gesellschaftern oder einer Partnerschaft mit mehr als 50 eingetragenen Partnern	70,00 €
1503	Eintragung der zweiten und jeder weiteren Tatsache aufgrund derselben Anmeldung: Die Gebühren 1500 bis 1502 betragen jeweils .... Tatsachen ohne wirtschaftliche Bedeutung sind nicht als erste Tatsache zu behandeln.	30,00 €
1504	Die Eintragung betrifft eine Tatsache ohne wirtschaftliche Bedeutung: Die Gebühren 1500 bis 1502 betragen	30,00 €

Teil 2
Eintragungen in das Handelsregister Abteilung B

Nr.	Gebührentatbestand	Gebühren-betrag
	Vorbemerkung 2: (1) Hinsichtlich der Gebühren für Eintragungen, die Zweigniederlassungen eines Unternehmens mit Sitz im Ausland betreffen, bleibt der Umstand, dass es sich um eine Zweigniederlassung handelt, unberücksichtigt; die allgemein für inländische Unternehmen geltenden Vorschriften sind anzuwenden. (2) Wird der Sitz in den Bezirk eines anderen Gerichts verlegt, wird für die Eintragung im Register des bisherigen Sitzes keine Gebühr erhoben. (3) Für Eintragungen, die Prokuren betreffen, sind ausschließlich Gebühren nach Teil 4 zu erheben. (4) Für die Eintragung der Löschung der Gesellschaft und des Schlusses der Abwicklung oder der Liquidation werden keine Gebühren erhoben; die Gebühren 2402 und 2403 bleiben unberührt.	
	Abschnitt 1 Ersteintragung	
2100	Eintragung einer Gesellschaft mit beschränkter Haftung einschließlich einer Unternehmergesellschaft – außer aufgrund einer Umwandlung nach dem UmwG –	150,00 €

Nr.	Gebührentatbestand	Gebührenbetrag
2101	Es wird mindestens eine Sacheinlage geleistet: Die Gebühr 2100 beträgt	240,00 €
2102	Eintragung einer Aktiengesellschaft, einer Kommanditgesellschaft auf Aktien oder eines Versicherungsvereins auf Gegenseitigkeit – außer aufgrund einer Umwandlung nach dem UmwG –	300,00 €
2103	Es wird mindestens eine Sacheinlage geleistet: Die Gebühr 2102 beträgt	360,00 €
	Eintragung aufgrund einer Umwandlung nach dem UmwG	
2104	– einer Gesellschaft mit beschränkter Haftung	260,00 €
2105	– einer Aktiengesellschaft oder einer Kommanditgesellschaft auf Aktien	660,00 €
2106	– eines Versicherungsvereins auf Gegenseitigkeit	460,00 €
	Abschnitt 2 Errichtung einer Zweigniederlassung	
2200	Eintragung einer Zweigniederlassung	120,00 €
	Abschnitt 3 Verlegung des Sitzes	
2300	Eintragung bei dem Gericht, in dessen Bezirk der Sitz verlegt worden ist Die Gebühr wird nicht erhoben, wenn das bisherige Gericht zuständig bleibt; Abschnitt 5 bleibt unberührt.	140,00 €
	Abschnitt 4 Besondere spätere Eintragung	
	Eintragung	
2400	– der Nachgründung einer Aktiengesellschaft oder des Beschlusses der Hauptversammlung einer Aktiengesellschaft oder einer Kommanditgesellschaft auf Aktien über Maßnahmen der Kapitalbeschaffung oder der Kapitalherabsetzung oder der Durchführung der Kapitalerhöhung	270,00 €
2401	– der Erhöhung des Stammkapitals durch Sacheinlage oder der Erhöhung des Stammkapitals zum Zwecke der Umwandlung nach dem UmwG	210,00 €
	Eintragung einer Umwandlung nach dem UmwG	
2402	– in das Register des übertragenden oder formwechselnden Rechtsträgers	240,00 €
2403	– in das Register des übernehmenden Rechtsträgers	240,00 €
	Für Eintragungen über den Eintritt der Wirksamkeit werden keine besonderen Gebühren erhoben.	

Nr.	Gebührentatbestand	Gebührenbetrag
2404	Eintragung der Eingliederung oder des Endes der Eingliederung einer Aktiengesellschaft	210,00 €
2405	Eintragung des Übertragungsbeschlusses im Fall des Ausschlusses von Minderheitsaktionären (§ 327 e AktG)	210,00 €
	Abschnitt 5 Sonstige spätere Eintragung	
	Vorbemerkung 2.5: Gebühren nach diesem Abschnitt werden nur für Eintragungen erhoben, für die Gebühren nach den Abschnitten 1 bis 4 nicht zu erheben sind.	
2500	Eintragung einer Tatsache	70,00 €
2501	Eintragung der zweiten und jeder weiteren Tatsache aufgrund derselben Anmeldung: Die Gebühr 2500 beträgt jeweils Tatsachen ohne wirtschaftliche Bedeutung sind nicht als erste Tatsache zu behandeln.	40,00 €
2502	Die Eintragung betrifft eine Tatsache ohne wirtschaftliche Bedeutung: Die Gebühren 2500 und 2501 betragen	30,00 €

Teil 3
Eintragungen in das Genossenschaftsregister

Nr.	Gebührentatbestand	Gebührenbetrag
	Vorbemerkung 3: (1) Hinsichtlich der Gebühren für Eintragungen, die Zweigniederlassungen einer Europäischen Genossenschaft mit Sitz im Ausland betreffen, bleibt der Umstand, dass es sich um eine Zweigniederlassung handelt, unberücksichtigt; die allgemein für inländische Genossenschaften geltenden Vorschriften sind anzuwenden. (2) Wird der Sitz in den Bezirk eines anderen Gerichts verlegt, wird für die Eintragung im Register des bisherigen Sitzes keine Gebühr erhoben. (3) Für Eintragungen, die Prokuren betreffen, sind ausschließlich Gebühren nach Teil 4 zu erheben. (4) Für die Eintragung des Erlöschens der Genossenschaft werden keine Gebühren erhoben; die Gebühren in Abschnitt 4 bleiben unberührt.	
	Abschnitt 1 Ersteintragung	
	Eintragung	
3100	– außer aufgrund einer Umwandlung nach dem UmwG	210,00 €
3101	– aufgrund einer Umwandlung nach dem UmwG	360,00 €

Nr.	Gebührentatbestand	Gebührenbetrag
	Abschnitt 2 Errichtung einer Zweigniederlassung	
3200	Eintragung einer Zweigniederlassung	60,00 €
	Abschnitt 3 Verlegung des Sitzes	
3300	Eintragung bei dem Gericht, in dessen Bezirk der Sitz verlegt worden ist .... Die Gebühr wird nicht erhoben, wenn das bisherige Gericht zuständig bleibt; Abschnitt 5 bleibt unberührt.	210,00 €
	Abschnitt 4 Umwandlung nach dem Umwandlungsgesetz	
	Eintragung einer Umwandlung nach dem UmwG	
3400	– in das Register des übertragenden oder formwechselnden Rechtsträgers	300,00 €
3401	– in das Register des übernehmenden Rechtsträgers .... Für Eintragungen über den Eintritt der Wirksamkeit werden keine besonderen Gebühren erhoben.	300,00 €
	Abschnitt 5 Sonstige spätere Eintragung	
	Vorbemerkung 3.5: Gebühren nach diesem Abschnitt werden nur für Eintragungen erhoben, für die Gebühren nach den Abschnitten 1 bis 4 nicht zu erheben sind.	
3500	Eintragung einer Tatsache	110,00 €
3501	Eintragung der zweiten und jeder weiteren Tatsache aufgrund derselben Anmeldung: Die Gebühr 3500 beträgt jeweils .... Tatsachen ohne wirtschaftliche Bedeutung sind nicht als erste Tatsache zu behandeln.	60,00 €
3502	Die Eintragung betrifft eine Tatsache ohne wirtschaftliche Bedeutung: Die Gebühren 3500 und 3501 betragen	30,00 €

Teil 4
Prokuren

Nr.	Gebührentatbestand	Gebührenbetrag
4000	Eintragung einer Prokura, Eintragung von Änderungen oder der Löschung einer Prokura	40,00 €
4001	Die Eintragungen aufgrund derselben Anmeldung betreffen mehrere Prokuren:	
	Die Gebühr 4000 beträgt für die zweite und jede weitere Prokura jeweils	30,00 €
	Eine Prokura, wegen der die Gebühr 4002 erhoben wird, ist nicht als erste Prokura zu behandeln.	
4002	Die Eintragung betrifft ausschließlich eine Tatsache ohne wirtschaftliche Bedeutung:	
	Die Gebühr 4000 beträgt	30,00 €

Teil 5
Weitere Geschäfte

Nr.	Gebührentatbestand	Gebührenbetrag
Vorbemerkung 5: Mit den Gebühren 5000 bis 5006 wird auch der Aufwand für die Prüfung und Aufbewahrung der genannten Unterlagen abgegolten.		
	Entgegennahme	
5000	– der Bescheinigung des Prüfungsverbands (§ 59 Abs. 1 GenG)	30,00 €
5001	– der Bekanntmachung der Eröffnungsbilanz durch die Liquidatoren (§ 89 Satz 3 GenG)	30,00 €
5002	– der Liste der Gesellschafter (§ 40 GmbHG)	30,00 €
5003	– der Liste der Mitglieder des Aufsichtsrats einschließlich der Bekanntmachung über die Einreichung (§ 52 Abs. 3 Satz 2 GmbHG, § 106 AktG)	40,00 €
5004	– der Mitteilung über den alleinigen Aktionär (§ 42 AktG)	40,00 €
5005	– des Protokolls der Hauptversammlung (§ 130 Abs. 5 AktG)	50,00 €
5006	– von Verträgen, eines Verschmelzungsplans oder von entsprechenden Entwürfen nach dem UmwG	50,00 €

Nr.	Gebührentatbestand	Gebühren-betrag
5007	Übertragung von Schriftstücken in ein elektronisches Dokument (§ 9 Abs. 2 HGB und Artikel 61 Abs. 3 EGHGB): für jede angefangene Seite .... Die Gebühr wird für die Dokumente jedes Registerblatts gesondert erhoben. Mit der Gebühr wird auch die einmalige elektronische Übermittlung der Dokumente an den Antragsteller abgegolten.	2,00 € – mindestens 25,00 €

III. Vereinsregistersachen

1. Ersteintragung

Für die Ersteintragung in das Vereinsregister entsteht eine Festgebühr von 75 € nach Nr. 13100 KV. Erfasst ist insbesondere die Neugründung oder die Erlangung der Rechtsfähigkeit bei nicht eingetragenen Vereinen. Abgegolten sind mit der Gebühr auch besondere Vertretungsregeln, zB eine Befreiung von den Beschränkungen des § 181 BGB und sachliche Beschränkungen der Vertretungsmacht des Vorstands (§ 26 BGB). Ebenso die Bekanntmachungen, für die aber Auslagen nach Nr. 31004 KV anfallen. 44

Es handelt sich um eine Verfahrensgebühr, die unabhängig vom Ausgang des Verfahrens stets in gleicher Höhe entsteht, also auch bei Verfahrensbeendigung durch Zurücknahme oder Zurückweisung. Die Gebühr entsteht bereits mit Eingang des Eintragungsantrags bei Gericht. Der Eintritt der Fälligkeit bestimmt sich nach § 9 Abs. 1 GNotKG und tritt insbesondere mit Vollzug der Eintragung ein. 45

Neben der Gebühr sind Auslagen nach Nr. 31000 ff KV zu erheben. 46

2. Spätere Eintragungen

Für spätere Eintragungen entsteht eine Festgebühr nach Nr. 13101 KV von 50 €, die gleichfalls als Verfahrensgebühr ausgestaltet ist und deshalb unabhängig vom Ausgang des Verfahrens mit Eingang des Eintragungsantrags bei Gericht entsteht. Für die Fälligkeit gilt § 9 Abs. 1 GNotKG, maßgeblich ist der Vollzug der Eintragung, der Rücknahme oder die Zurückweisung. Neben der Gebühr sind **Auslagen** (Nr. 31000 ff KV) zu erheben. Spätere Eintragungen sind zB Änderungen, auch bei Ausscheiden des Vorstands (§ 67 BGB), Satzungsänderungen (§ 71 BGB), Sitzverlegungen (s. Rn 52), die Fortsetzung des Vereins oder Umwandlungsvorgänge nach dem UmwG. Handelt es sich um die gem. § 67 Abs. 2, § 76 Abs. 3 BGB von Amts wegen vorzunehmenden Eintragungen der gerichtlich bestellten Vorstandsmitglieder oder Liquidatoren, ist die Gebühr der Nr. 13101 KV neben der nach Nr. 13500 KV anzusetzen.[22] 47

Nach Anm. Abs. 3 zu Nr. 13101 KV ist jedoch **gebührenfrei** die Eintragung 48

- des Erlöschens des Vereins,
- der Beendigung der Liquidation des Vereins,
- der Fortführung als nichtrechtsfähiger Verein,

22 Korintenberg/*Klüsener*, GNotKG, Nr. 13100, 13101 KV Rn 32; aA HK-GNotKG/*Heinemann*, KV Nr. 13100–13101 Rn 18.

- des Verzichts auf die Rechtsfähigkeit oder
- der Entziehung der Rechtsfähigkeit.

49 Gebührenfrei ist auch die Schließung des Registerblatts. Für das Verfahren über die Entziehung der Rechtsfähigkeit des Vereins (§ 73 BGB) gilt Nr. 13400 Nr. 3 KV (s. Rn 89 ff).

3. Mehrere Eintragungen

50 Die Gebühr der Nr. 13101 KV wird nur einmal erhoben, wenn mehrere spätere Eintragungen angemeldet werden und die Anmeldungen am selben Tag beim Registergericht eingegangen sind und denselben Verein betreffen (Anm. Abs. 2 zu Nr. 13101 KV). Gehen die Anmeldungen an verschiedenen Tagen ein, entfällt daher das Gebührenprivileg.

51 **Beispiel:** Zur Eintragung werden angemeldet eine Änderung des Vorstands sowie eine Satzungsänderung. Die Anträge gehen am selben Tag beim Registergericht ein.
Es ist nur eine Gebühr nach Nr. 13101 KV von 50 € zu erheben.

4. Sitzverlegungen

52 Wird der Sitz des Vereins verlegt, ist die Eintragung der Sitzverlegung als spätere Eintragung zu behandeln. Es ist nur eine Gebühr nach Nr. 13101 KV zu erheben, und zwar durch das Gericht, in dessen Bezirk der Sitz verlegt wurde (Anm. Abs. 1 zu Nr. 13101 KV). Für die Eintragung der Sitzverlegung im alten Register fällt keine zusätzliche Gebühr an. Die Gebühr der Nr. 13101 KV ist auch zu erheben, wenn bei der Sitzverlegung das bisherige Gericht zuständig bleibt. Bei einer Sitzverlegung aus dem Ausland gilt die Gebühr Nr. 13100 KV.[23]

5. Rechtsmittelverfahren

53 Da entsprechende Gebührentatbestände in Teil 1 Hauptabschnitt 3 KV fehlen, greifen die Auffangregelungen in Hauptabschnitt 9 KV. Für die Beschwerde entsteht eine Gebühr nach Nr. 19116 KV (s. § 22 Rn 54 ff), für die Rechtsbeschwerde nach Nr. 19128, 19129 KV (s. § 22 Rn 77 ff).

6. Kostenschuldner

54 Die Kosten für die Eintragung schuldet der Verein, da die gebührenpflichtigen Eintragungen auf Antrag vorzunehmen sind (§ 22 Abs. 1 GNotKG). In Rechtsmittelverfahren ist § 25 Abs. 1 GNotKG zu beachten. Ist das Verfahren ausnahmsweise von Amts wegen einzuleiten, haftet der Verein (§ 23 Nr. 7 GNotKG) oder der Entscheidungs- bzw. Übernahmeschuldner (§ 27 Nr. 1, 2 GNotKG).

Kommt es nicht zur Eintragung, haftet bei beantragter Ersteintragung der Vorverein als Antragsschuldner.[24] Bei einem Idealverein haften die Vereinsmitglieder nicht nach § 27 Nr. 3 GNotKG,[25] bei einem nicht eingetragenen wirtschaftlichen Verein kann aber eine Haftung nach § 128 HGB für die einzelnen Vereinsmitglieder bestehen.[26]

---

23 Korintenberg/*Klüsener*, GNotKG, Nr. 13100, 13101 KV Rn 10.
24 Korintenberg/*Klüsener*, GNotKG, Nr. 13100, 13101 KV Rn 17.
25 Korintenberg/*Klüsener*, GNotKG, Nr. 13100, 13101 KV Rn 20.
26 Korintenberg/*Klüsener*, GNotKG, Nr. 13100, 13101 KV Rn 21.

7. Auskünfte und Registerauszüge

Die Einsicht in das Vereinsregister ist kostenfrei. Für die Erteilung eines Registerausdrucks oder einer -kopie gelten Nr. 17000, 17001 KV (s. § 20 Rn 1 ff). Danach beträgt die Gebühr für einen unbeglaubigten Auszug 10 € und für einen beglaubigten Auszug 20 €. Daneben wird keine Dokumentenpauschale erhoben (Anm. zu Nr. 17000, 17001 KV). Für die Übermittlung elektronischer Dateien gelten Nr. 17002, 17003 KV. Ist eine Bescheinigung aus dem Register zu erteilen, findet Nr. 17004 Nr. 2 KV Anwendung (s. § 20 Rn 29). 55

Für die Gebühren haftet derjenige, der die Erteilung beantragt hat (§ 22 Abs. 1 GNotKG). 56

Im **automatisierten Abrufverfahren** gilt das JVKostG (§ 1 Abs. 2 S. 1 Nr. 4 JVKostG). Gebühren sind nach Nr. 1140, 1141 KV-JVKostG zu erheben. Sie betragen für den Abruf von Daten aus dem Register 4,50 € je Registerblatt und für den Abruf von Dokumenten, die zum Register eingereicht sind, 1,50 € je abgerufene Datei. Neben den Gebühren werden keine Auslagen erhoben (Vorbem. 1.1.4 Abs. 2 KV-JVKostG). Die Fälligkeit bestimmt sich nach § 6 Abs. 2 JVKostG. Die Gebühren schuldet derjenige, der den Abruf tätigt (§ 15 S. 1 JVKostG). Erfolgt der Abruf unter einer Kennung, die aufgrund der Anmeldung zum Abrufverfahren vergeben worden ist, ist Kostenschuldner derjenige, der sich zum Abrufverfahren angemeldet hat (§ 15 S. 2 JVKostG). Für den Abruf von Daten oder Dokumenten in der Geschäftsstelle des Gerichts werden keine Gebühren erhoben (Vorbem. 1.1.4 Abs. 1 S. 2 KV-JVKostG). 57

8. Zwangsgeldverfahren

Für Zwangsgeldverfahren nach § 78 BGB, §§ 388 ff FamFG gelten die Gebühren der Nr. 13310 ff KV (s. Rn 69 ff). 58

IV. Güterrechtsregister

1. Erstinstanzliches Verfahren

Bei der Eintragung in das Güterrechtsregister ist zu unterscheiden zwischen Verfahren über 59

- Eintragungen aufgrund eines Ehe- oder Lebenspartnerschaftsvertrages (Nr. 13200 KV) und
- sonstigen Eintragungen (Nr. 13201 KV).

Für die **Eintragung aufgrund Ehe- oder Lebenspartnerschaftsvertrages** gilt Nr. 13200 KV (100 €). Hierunter fallen die Vereinbarung eines vertraglichen Güterrechts, zB ehevertragliche Regelung über den Zugewinnausgleich, Vereinbarung der Zugewinngemeinschaft, wenn zuvor ein anderer Güterstand vereinbart war, Ausschluss und Aufhebung des gesetzlichen Güterstands der Zugewinngemeinschaft (§§ 1363 ff, 1408, 1414 BGB), Vereinbarung von Gütertrennung oder Gütergemeinschaft (§§ 1408, 1415 ff BGB) oder deren Modifizierung und Änderung sowie der Ausschluss bzw. die Modifizierung einer Verfügungsbeschränkung (§§ 1365 ff, 1423 ff BGB).[27] Ferner bei Gütergemeinschaft die Begründung oder Aufhebung von Vorbehaltsgut, die Person des Verwalters und Verwaltungsregelungen.[28] 60

---

27 HK-GNotKG/*Heinemann*, KV Nr. 13200–13201 Rn 7.
28 HK-GNotKG/*Heinemann*, KV Nr. 13200–13201 Rn 7.

61 Handelt es sich um eine **sonstige Eintragung**, gilt Nr. 13201 KV (50 €). Erfasst sind insbesondere folgende Eintragungen:

- Beschränkung oder Ausschluss der Schlüsselgewalt sowie deren Aufhebung (§ 1357 Abs. 2, § 1561 Abs. 2 BGB, § 8 Abs. 2 LPartG),
- Eintragung der Aufhebung der Gütergemeinschaft aufgrund gerichtlicher Entscheidung,
- Einspruch gegen den selbständigen Betrieb eines Erwerbsgeschäfts,
- Widerruf der Einwilligung sowie Zurücknahme von Einspruch oder Widerruf,
- Beendigung der Errungenschaftsgemeinschaft durch Insolvenz oder Todeserklärung oder Wiederherstellung durch rechtskräftiges Urteil,
- ausländischer Güterstand (Art. 16 Abs. 2 EGBGB) oder dessen Modifizierung.[29]

62 Es handelt sich um Verfahrensgebühren, die bereits mit Eingang des Eintragungsantrags bei Gericht entstehen. Sie fallen unabhängig vom Ausgang des Verfahrens an, also auch dann, wenn der Antrag zurückgewiesen oder zurückgenommen wird. Liegt ausnahmsweise ein Amtsverfahren vor, entsteht die Gebühr mit Einleitung des Verfahrens. Die Fälligkeit bestimmt sich nach § 9 Abs. 1 GNotKG.

Die Gebühren entstehen für jedes Eintragungsverfahren gesondert (§ 55 Abs. 2 GNotKG). Die Gebühren fallen auch gesondert an, wenn die **Eintragung bei verschiedenen Amtsgerichten** vorgenommen wird, weil die Ehegatten/Lebenspartner ihren gewöhnlichen Aufenthalt in verschiedenen Amtsgerichtsbezirken haben oder die Eintragung auch am Sitz der Hauptniederlassungg vorzunehmen ist (§§ 1558, 1559 BGB, Art. 4 EGHGB).[30]

63 Für die Eintragung von **Löschungen** nach § 395 FamFG entstehen keine Gebühren (Vorbem. 1.3 Abs. 2 Nr. 2 KV), zB Löschung von Eintragungen, die erfolgt sind ohne formgerechten Antrag oder auf Antrag eines Nichtantragsberechtigten, oder sachlich unrichtige Eintragungen sowie Eintragungen bei einem örtlich unzuständigen Gericht.[31] **Gebührenfrei** sind auch Berichtigungen offensichtlicher Unrichtigkeiten sowie Klarstellungen nach Fassungsbeschwerden.[32]

64 Neben den Gebühren sind **Auslagen** nach Nr. 31000 ff KV, einschließlich der Bekanntmachungskosten (Nr. 31004 KV), anzusetzen.

Beispiel: Beantragt wird die Eintragung der ehevertraglichen Ausschließung des gesetzlichen Güterstands. Die Eintragung wird in einer Tageszeitung bekannt gemacht, die hierfür 80 € an Kosten erhebt.
An Gerichtskosten sind entstanden:

1.	Gebühr für das Eintragungsverfahren, Nr. 13200 KV	100,00 €
2.	Bekanntmachungskosten, Nr. 31004 KV	80,00 €
Gesamt		180,00 €

Für die Kosten haften die Eheleute als Antragsteller gesamtschuldnerisch (§ 22 Abs. 1, § 32 Abs. 1 GNotKG). Ob eine Inanspruchnahme nach Kopfteilen erfolgen soll, ist nach § 8 Abs. 4 KostVfg zu entscheiden.

29 HK-GNotKG/*Heinemann*, KV Nr. 13200–13201 Rn 9.
30 HK-GNotKG/*Heinemann*, KV Nr. 13200–13201 Rn 8.
31 *Krafka/Kühn*, Registerrecht, 9. Aufl., Rn 2343.
32 HK-GNotKG/*Heinemann*, KV Nr. 13200–13201 Rn 10.

2. Rechtsmittelverfahren

Für Beschwerden gilt Nr. 19116 KV (s. § 22 Rn 54 ff), für Rechtsbeschwerden gelten Nr. 19128, 19129 KV (s. § 22 Rn 77 ff). Die Nr. 13610 ff KV gelten nicht, da sie nur für die von Teil 1 Hauptabschnitt 3 Abschnitte 4 und 5 KV erfassten Verfahren greifen. 65

3. Kostenschuldner

Es handelt sich um Antragsverfahren (§ 1560 BGB), so dass der Antragsteller als Antragsschuldner haftet (§ 22 Abs. 1 GNotKG). Haben beide Ehegatten/Lebenspartner den Antrag gestellt (§ 1561 Abs. 1 BGB), haften sie gesamtschuldnerisch (§ 32 Abs. 1 GNotKG). Der Betrag kann nach § 8 Abs. 4 KostVfg von einem der Ehegatten/Lebenspartner gefordert werden, insbesondere wenn beide in einem Haushalt leben (§ 8 Abs. 4 S. 2 Nr. 4 KostVfg). Hat einer die Kosten übernommen, ist er zunächst in Anspruch zu nehmen. Ist der Antrag nur durch einen Ehegatten/Lebenspartner gestellt (§ 1561 Abs. 2 BGB), haftet dieser allein. In den Amtsverfahren nach § 395 FamFG besteht keine Antragshaftung, so dass hier nur der Entscheidungsschuldner haftet (§ 27 Nr. 1 GNotKG). In Rechtsmittelverfahren gelten § 22 Abs. 1, § 25 Abs. 1 GNotKG. 66

4. Vorschüsse

Die Eintragung in das Güterrechtsregister kann gem. § 13 S. 1 GNotKG von der vorherigen Zahlung eines Gebührenvorschusses und auch eines Auslagenvorschusses abhängig gemacht werden (§ 14 Abs. 1 GNotKG). § 13 S. 1 GNotKG gilt nicht in Rechtsmittel- oder Amtslöschungsverfahren (§ 395 FamFG), jedoch kann ein Auslagenvorschuss nach § 14 Abs. 3 GNotKG in Betracht kommen. 67

5. Registereinsicht oder Registeauszüge

Die Registereinsicht (§ 1563 S. 1 BGB) ist kostenfrei. Für verlangte Abschriften (§ 1563 S. 2 BGB) gelten Nr. 17000 ff KV (s. § 20 Rn 1 ff). 68

V. Zwangs- und Ordnungsgeldverfahren (§§ 389–392 FamFG)

1. Anwendungsbereich

Nr. 13310–13332 KV finden nur Anwendung für Zwangs- und Ordnungsgeldverfahren nach §§ 389–392 FamFG, so dass im Einzelnen erfasst sind die Verfahren nach 69

- § 14, § 37 a Abs. 4, § 125 a Abs. 2 HGB, ggf. iVm § 5 Abs. 2 PartGG,
- § 160 Abs. 2 GenG,
- §§ 407, 408 AktG,
- § 79 Abs. 1 GmbHG,
- § 316 UmwG,
- § 12 EWIV-AG,
- § 78 BGB,
- § 37 Abs. 1 HGB iVm § 392 FamFG sowie
- § 43 Abs. 2 KWG, § 17 Abs. 3 BauSparkG, § 6 Abs. 4 VAG iVm § 392 FamFG.[33]

33 Korintenberg/*Klüsener*, GNotKG, Nr. 13310, 13311 KV Rn 6.

2. Erstinstanzliches Verfahren

a) Festsetzung von Zwangs- oder Ordnungsgeld

70 Es gilt Nr. 13310 KV. Es handelt sich um eine **Aktgebühr**, nicht um eine Verfahrensgebühr. Die Gebühr entsteht daher nur, wenn tatsächlich Zwangs- oder Ordnungsgeld festgesetzt wird. Jede Festsetzung löst die Gebühr gesondert aus, auch wenn die Festsetzung gegen mehrere Verpflichtete erfolgt oder wenn derselbe Anmeldungstatbestand betroffen ist.[34] Endet das Verfahren ohne Festsetzung, bleibt es gebührenfrei, auch wenn der Verpflichtete die Handlung nach Einleitung des Verfahrens, aber noch vor der Festsetzung durchführt und das Verfahren nicht weiterbetrieben werden muss. Auch die bloße Androhung (§ 388, § 392 Abs. 1 Nr. 1 FamFG) löst die Gebühr noch nicht aus.

b) Einspruchsverfahren

aa) Verwerfung des Einspruchs

71 Gegen den Beschluss über die Zwangs- oder Ordnungsgeldandrohung kann durch den Verpflichteten Einspruch eingelegt werden. Ist dieser formgerecht eingelegt, ist dem Einspruch sofort stattzugeben oder ein Verhandlungstermin anzuberaumen (§ 390 Abs. 1 FamFG).

72 Für das Verfahren über den Einspruch entsteht die Festgebühr der Nr. 13311 KV iHv 100 €, wenn der Einspruch verworfen wird. Kommt es nach der Verwerfung zur Festsetzung des Zwangs- oder Ordnungsgelds, ist die Gebühr der Nr. 13310 KV gesondert anzusetzen. Die Gebühr ist für jede Einspruchsverwerfung gesondert anzusetzen, so dass die erneute Einspruchsverwerfung bei einer wiederholten Androhung (§ 390 Abs. 6 FamFG) die Gebühr der Nr. 13311 KV gesondert auslöst.

73 **Beispiel:** Das Registergericht droht die Festsetzung eines Zwangsgelds von 1.000 € an. Gegen den Androhungsbeschluss wird Einspruch eingelegt, der verworfen wird. Es wird sodann der Beschluss über die Festsetzung des Zwangsgelds erlassen. Die Kosten werden dem verpflichteten Beteiligten auferlegt. Die beiden Beschlüsse und der Androhungsbeschluss wurden förmlich zugestellt.

An Gerichtsgebühren sind entstanden:

1.	Gebühr für die Einspruchsverwerfung, Nr. 13311 KV	100,00 €
2.	Gebühr für die Zwangsgeldfestsetzung, Nr. 13310 KV	100,00 €
3.	Zustellungskosten, Nr. 31002 KV (2 x 3,50 €)	7,00 €
Gesamt		207,00 €

Einzuziehen von dem verpflichteten Beteiligten (§ 27 Nr. 1 GNotKG).

bb) Zurücknahme des Einspruchs oder begründeter Einspruch

74 Wird der Einspruch zurückgenommen oder ist er begründet, bleibt das Einspruchsverfahren gebührenfrei, da nur die Verwerfungsentscheidung die Gebühr auslöst. War der Einspruch nicht frist- oder formgerecht eingelegt, ist er nicht zu verwerfen, sondern es ist nach § 389 FamFG zu verfahren, dh, es ist die Festsetzung des Zwangs- oder Ordnungsgelds vorzunehmen. Auch in diesen Fällen ist eine Gebühr nach Nr. 13311 KV nicht zu erheben, denn es ist so zu verfahren, als ob der Einspruch nicht eingelegt worden wäre.[35]

---

34 HK-GNotKG/*Heinemann*, KV Nr. 13310–13332 Rn 15.
35 Keidel/*Heinemann*, FamFG, § 390 Rn 18.

Beispiel: Das Registergericht droht die Festsetzung eines Zwangsgelds von 1.000 € an. Gegen den Androhungsbeschluss wird Einspruch eingelegt, der zurückgenommen wird, bevor eine Verwerfungsentscheidung ergeht. Es wird sodann der Beschluss über die Festsetzung des Zwangsgelds erlassen. Die Kosten werden dem verpflichteten Beteiligten auferlegt. Der Androhungs- und der Festsetzungsbeschluss wurden förmlich zugestellt. 75
An Gerichtsgebühren sind entstanden:

1.	Gebühr für die Zwangsgeldfestsetzung, Nr. 13310 KV	100,00 €
2.	Zustellungskosten, Nr. 31002 KV (2 x 3,50 €)	7,00 €
Gesamt		107,00 €

Einzuziehen von dem verpflichteten Beteiligten (§ 27 Nr. 1 GNotKG).

c) Kostenschuldner

Mit der Festsetzung des Zwangs- oder Ordnungsgeldes hat das Gericht dem Verpflichteten sogleich die Kosten des Verfahrens aufzuerlegen (§ 389 Abs. 2, ggf. iVm § 392 Abs. 1 FamFG). Es haftet nur dieser Entscheidungsschuldner (§ 27 Nr. 1 GNotKG). Eine Antragshaftung besteht nicht, da es sich um ein Amtsverfahren handelt. 76

Wird ein Zwangs- oder Ordnungsgeld aufgrund eines Einspruchs gegen die wiederholte Androhung aufgehoben, ist zugleich die Kostenentscheidung nach § 389 Abs. 2 FamFG aufzuheben.[36]

d) Auslagen

Neben den Gebühren sind gerichtliche Auslagen (Nr. 31000 ff KV) einzuziehen. Da es sich um Festgebühren handelt, gilt Anm. zu Nr. 31002 KV nicht. Somit sind Zustellungskosten von der ersten Zustellung an in voller Höhe anzusetzen. 77

e) Beitreibung von Ordnungs- und Zwangsgeld

Zu beachten sind die JBeitrO (§ 1 Abs. 1 Nr. 3 JBeitrO) sowie die EBAO. Vollstreckungsbehörde ist das Gericht, welches auf Ordnungs- oder Zwangsgeld erkannt hat (§ 2 Nr. 2 EBAO). Die Beitreibung obliegt daher nicht der Gerichtskasse, sondern den nach den Verfahrensgesetzen für die Vollstreckung dieser Ansprüche zuständigen Stellen (§ 2 Abs. 1 JBeitrO). Die Regelung in § 2 Abs. 2 JBeitrO geht dem jedoch vor. 78

3. Beschwerdeverfahren

a) Anwendungsbereich

Für Beschwerden nach §§ 58 ff iVm § 391 Abs. 1, ggf. iVm § 392 Abs. 1 FamFG, gelten Nr. 13320–13322 KV, wenn sie sich gegen die Endentscheidung wegen des Hauptgegenstands richten. Bei Nebenentscheidungen gilt Nr. 19116 KV (s. § 22 Rn 54 ff). Nr. 13320 ff KV gelten daher, wenn mit der Beschwerde angefochten wird der Beschluss, 79

- durch den das Zwangs- oder Ordnungsgeld festgesetzt wurde, auch wenn lediglich die Kostenentscheidung angefochten wird,[37]
- durch den der Einspruch verworfen wird.

36 Keidel/*Heinemann*, FamFG, § 389 Rn 13.
37 Korintenberg/*Klüsener*, GNotKG, Nr. 13320–13322 KV Rn 6.

b) Gebühren

80 Das Beschwerdeverfahren ist nur gebührenpflichtig, wenn die Beschwerde verworfen oder zurückgewiesen wird (Nr. 13320 KV) oder die Beschwerde zurückgenommen wird (Nr. 13321, 13322 KV). Ist die Beschwerde begründet, werden Gebühren nicht erhoben. Gleiches gilt wegen Vorbem. 3.1 Abs. 1 KV im Regelfall auch für die Auslagen.

81 Wird die Beschwerde verworfen oder zurückgewiesen, entsteht eine Festgebühr von 150 € (Nr. 13320 KV). Sie wird fällig mit Erlass der Entscheidung (§ 9 Abs. 1 GNotKG). Bei der Gebühr verbleibt es auch, wenn die Beschwerde nur teilweise verworfen oder zurückgewiesen wird, jedoch kann das Gericht in diesen Fällen anordnen, dass die Gebühr auf die Hälfte zu ermäßigen oder überhaupt nicht zu erheben ist (Anm. zu Nr. 13320 KV). Dabei handelt es sich um eine Ermessensentscheidung. Ergeht eine solche Entscheidung nicht, ist die Gebühr trotz Teilverwerfung oder -zurückweisung in voller Höhe anzusetzen.

82 Erfolgt die Zurücknahme der Beschwerde oder des Antrags, ist eine Festgebühr von 75 € (Nr. 13321 KV) zu erheben, wenn die Zurücknahme bei Gericht eingeht, bevor dort die Beschwerdebegründungsschrift eingegangen ist. Nach Eingang der Beschwerdebegründung entsteht eine Festgebühr von 100 € (Nr. 13322 KV), wenn die Beschwerde oder der Antrag vor Ablauf des Tages zurückgenommen wird, an dem die Endentscheidung der Geschäftsstelle übermittelt wird und die Entscheidung nicht bereits durch Verlesen der Entscheidungsformel bekannt gegeben war.

c) Kostenschuldner

83 Kostenschuldner ist der Rechtsmittelführer als Antragsteller (§ 22 Abs. 1 GNotKG). Die Antragshaftung erlischt jedoch, wenn das Rechtsmittel ganz oder teilweise mit Erfolg eingelegt worden ist und das Gericht nicht über die Kosten entschieden hat oder die Kosten nicht von einem anderen Beteiligten übernommen worden sind (§ 25 Abs. 1 GNotKG).

4. Rechtsbeschwerdeverfahren

a) Anwendungsbereich

84 Für Rechtsbeschwerden nach §§ 70 ff FamFG gelten Nr. 13330–13332 KV, wenn sich die Rechtsbeschwerde gegen die Endentscheidung wegen des Hauptgegenstands richtet (s. Rn 79). Bei Nebenentscheidungen gelten die Gebühren der Nr. 19128, 19129 KV (s. § 22 Rn 77 ff).

b) Gebühren

85 Eine Gebührenpflicht besteht nur, wenn die Rechtsbeschwerde verworfen oder zurückgewiesen wird (Nr. 13330 KV) oder die Rechtsbeschwerde oder der Antrag zurückgenommen wird (Nr. 13331, 13332 KV). Ist die Rechtsbeschwerde begründet, werden Gebühren nicht erhoben. Gleiches gilt wegen Vorbem. 3.1 Abs. 1 KV im Regelfall auch für die Auslagen.

86 Wird die Rechtsbeschwerde verworfen oder zurückgewiesen, entsteht eine Festgebühr von 200 € (Nr. 13330 KV), die mit Erlass der Entscheidung fällig wird (§ 9 Abs. 1 GNotKG). Die Gebühr ist auch anzusetzen, wenn die Rechtsbeschwerde nur teilweise verworfen oder zurückgewiesen wird, jedoch kann das Gericht in diesen Fällen anordnen, dass die Gebühr auf die Hälfte zu ermäßigen oder überhaupt nicht zu erhe-

ben ist (Anm. zu Nr. 13330 KV). Es handelt sich um eine Ermessensentscheidung. Wird eine solche Entscheidung nicht getroffen, ist die Gebühr trotz Teilverwerfung oder -zurückweisung in voller Höhe anzusetzen.

Wird die Rechtsbeschwerde oder der Antrag zurückgenommen, ist eine Festgebühr von 100 € anzusetzen (Nr. 13331 KV), wenn die Zurücknahme vor Eingang der Rechtsbeschwerdebegründungsschrift bei Gericht eingeht. Ist die Rechtsbeschwerdebegründung bereits eingegangen, ist eine Festgebühr von 150 € zu erheben (Nr. 13332 KV), wenn die Zurücknahme der Rechtsbeschwerde oder des Antrags vor Ablauf des Tages erfolgt, an dem die Endentscheidung der Geschäftsstelle übermittelt wird. 87

c) Kostenschuldner

Hierzu kann auf die Ausführungen in Rn 83 verwiesen werden. 88

VI. Löschungs- und Auflösungsverfahren sowie Verfahren über die Entziehung der Rechtsfähigkeit eines Vereins

1. Geltungsbereich

Für die erstinstanzlichen Löschungs- und Auflösungsverfahren nach §§ 393–399 FamFG und das Verfahren über die Entziehung der Rechtsfähigkeit eines Vereins (§ 73 BGB) werden Gebühren nur nach Nr. 13400 KV erhoben. Eine Gebührenpflicht besteht danach nur für die Verfahren über 89

- den Widerspruch gegen eine beabsichtigte Löschung (§§ 393–398 FamFG),
- den Widerspruch gegen die beabsichtigte Feststellung eines Mangels der Satzung oder des Gesellschaftsvertrages (§ 399 FamFG),
- die Entziehung der Rechtsfähigkeit eines Vereins (§ 73 BGB).

Im Übrigen sind die Verfahren gebührenfrei, so dass nur das Widerspruchsverfahren selbst die Gebühr auslöst, während das Löschungs- und Auflösungsverfahren nicht umfasst wird. Somit bleibt auch die Ankündigung einer Löschung nach § 394 Abs. 2 FamFG gebührenfrei.[38] Keine Gebühr entsteht auch für die Feststellung über den Mangel der Satzung.[39] Für die **Eintragung der Löschung in das Register** nach §§ 393, 394 FamFG werden gesonderte Gebühren in den Fällen der Vorbem. 1 Abs. 4, Vorbem. 2 Abs. 4, Vorbem. 3 Abs. 4 GV-HRegGebV nicht erhoben. Unberührt bleiben in diesen Fällen allerdings die Gebühren nach Nr. 1400, 1401, 2402, 2403, 3400 GV-HRegGebV. Die Löschung von Eintragungen nach § 395 FamFG ist gleichfalls gebührenfrei (§ 58 Abs. 1 S. 2 GNotKG, Vorbem. 1.3 Abs. 2 Nr. 2 KV). 90

2. Verfahrensgebühr

Bei der Gebühr der Nr. 13400 KV handelt es sich um eine wertabhängige Verfahrensgebühr mit einem 1,0-Gebührensatz. Es gilt Tabelle A (§ 34 GNotKG). 91

Die Gebühr entsteht mit Eingang des Widerspruchs bei Gericht. Sie fällt unabhängig vom Ausgang des Verfahrens an, also nicht nur bei Zurückweisung oder Zurücknahme des Widerspruchs, sondern auch bei Stattgabe des Widerspruchs. Jedes Löschungs- oder Auflösungsverfahren löst die Gebühr gesondert aus. In Amtsverfahren 92

38 Bormann/Diehn/Sommerfeldt/*Sommerfeldt*, GNotKG, Nr. 13400 KV Rn 13; Korintenberg/*Klüsener*, GNotKG, Nr. 13400 KV Rn 13.
39 Korintenberg/*Klüsener*, GNotKG, Nr. 13400 KV Rn 13.

nach § 73 BGB entsteht die Gebühr mit der Verfahrenseinleitung, dh der ersten Tätigkeit des Gerichts.

3. Kostenschuldner

93 Für die Kosten haftet der Widerspruchsführer (§ 22 Abs. 1 GNotKG); § 25 Abs. 1 GNotKG kommt nicht zur Anwendung.[40] Daneben haften Entscheidungs- und Übernahmeschuldner (§ 27 Nr. 1, 2 GNotKG). Wird der Widerspruch zurückgewiesen, hat das Gericht dem Widerspruchsführer sogleich die Kosten des Widerspruchsverfahrens aufzuerlegen (§ 393 Abs. 4 FamFG), der dadurch zum Entscheidungsschuldner wird (§ 27 Nr. 1 GNotKG).

94 In dem von Amts wegen einzuleitenden Verfahren nach § 73 BGB haftet gem. § 23 Nr. 7 GNotKG der Verein. Antragshaftung (§ 22 Abs. 1 GNotKG) besteht nicht, da kein reines Antragsverfahren vorliegt. Wird das Verfahren nach § 73 BGB auf Antrag eingeleitet, gilt § 23 Nr. 7 GNotKG nicht, sondern nur § 27 GNotKG.[41]

4. Rechtsmittelverfahren

95 Für das Beschwerdeverfahren (§§ 58 ff FamFG) gelten Nr. 13610–13612 KV (s. Rn 121 ff), wenn sich die Beschwerde gegen die Endentscheidung wegen des Hauptgegenstands richtet. Bei Beschwerden gegen Nebenentscheidungen gilt Nr. 19116 KV (s. § 22 Rn 54 ff).

96 Im Rechtsbeschwerdeverfahren wegen der Hauptsache gelten Nr. 13620–13622 KV (s. Rn 136 ff), bei der Anfechtung von Nebenentscheidungen gelten Nr. 19128, 19129 KV (s. § 22 Rn 77 ff). Für Verfahren auf Zulassung der Sprungrechtsbeschwerde gegen die Endentscheidung wegen des Hauptgegenstands gilt Nr. 13630 KV (s. Rn 146 ff).

5. Geschäftswert

97 Eine besondere Wertvorschrift besteht nicht, so dass auf die Auffangregelung des § 36 GNotKG zurückzugreifen ist.[42] Anhaltspunkte können das Vermögen des Löschenden sein oder sich aus §§ 100, 105–108 GNotKG ergeben.[43] Fehlen hinreichende Anhaltspunkte, kann auf den Regelwert des § 36 Abs. 3 GNotKG von 5.000 € zurückgegriffen werden. Insbesondere, wenn das Verfahren besonders umfangreich oder schwierig gewesen war, kann dieser Wert erhöht werden.

VII. Unternehmensrechtliche Verfahren sowie Vereins- und Stiftungssachen

1. Anwendungsbereich

98 Nr. 13500 ff KV finden nach Vorbem. 1.3.5 KV Anwendung in

- unternehmensrechtlichen Verfahren nach § 375 FamFG; zu ihnen gehören die Verfahren nach

40 Bormann/Diehn/Sommerfeldt/*Sommerfeldt*, GNotKG, Nr. 13400 KV Rn 40 ff; aA HK-GNotKG/*Heinemann*, KV Nr. 13400 Rn 11.

41 AA Bormann/Diehn/Sommerfeldt/*Sommerfeldt*, GNotKG, Nr. 13400 KV Rn 48, wonach in Verfahren, die auf Antrag eingeleitet werden, der Verein als Antragsschuldner haften soll (§ 22 Abs. 1 GNotKG); jedoch stellt § 73 BGB kein reines Antrags-, sondern ein Alternativverfahren dar.

42 BT-Drucks. 17/11471 (neu), S. 204.

43 Korintenberg/*Klüsener*, GNotKG, Nr. 13400 KV Rn 16, 42.

- § 146 Abs. 2, §§ 147, 157 Abs. 2, § 166 Abs. 3, § 233 Abs. 3, § 318 Abs. 3–5 HGB,
- § 11 BinSchG, § 595 Abs. HGB auch iVm § 78 BinSchG,
- §§ 403 ff FamFG,
- § 33 Abs. 3, § 35, § 73 Abs. 1, § 85, § 103 Abs. 3, § 104, § 122 Abs. 3, § 147 Abs. 2, § 183 a Abs. 3, § 264 Abs. 2, § 265 Abs. 3, 4, § 270 Abs. 3, § 273 Abs. 2–4, § 290 Abs. 3 AktG,
- Art. 55 Abs. 3 der Verordnung (EG) Nr. 2157/2001 des Rates vom 8. Oktober 2001 über das Statut der Europäischen Gesellschaft (SE) sowie § 29 Abs. 3, § 30 Abs. 1, 2, 4, § 45 SE-Ausführungsgesetz,
- § 26 Abs. 1, 4, § 206 S. 2, 3 UmwG,
- § 66 Abs. 2, 3, 5, § 71 Abs. 3, § 74 Abs. 2, 3 GmbHG,
- § 45 Abs. 3, § 64 b, § 83 Abs. 3, 4, 5, § 93 GenG,
- Art. 54 Abs. 2 der Verordnung (EG) Nr. 1435/2003 des Rates vom 22. Juli 2003 über das Statut der Europäischen Genossenschaft (SCE),
- § 2 Abs. 3, § 12 Abs. 3 PublG,
- § 11 Abs. 3 des Gesetzes über die Mitbestimmung der Arbeitnehmer in den Aufsichtsräten und Vorständen der Unternehmen des Bergbaus und der Eisen und Stahl erzeugenden Industrie,
- § 2 c Abs. 2 S. 2–7, §§ 22 o, 36 Abs. 3 S. 2, § 28 Abs. 2, § 38 Abs. 2 S. 2, § 45 a Abs. 2 S. 1, 3, 4, 6 KWG,
- § 2 a Abs. 4 S. 2, 3 InvG,
- § 19 Abs. 2 S. 1–6, § 204 Abs. 2 VAG, § 28 Abs. 2 S. 1–5 Finanzkonglomerate-Aufsichtsgesetz,
- § 6 Abs. 4 S. 4–7 BörsG,
- § 10 PartGG iVm § 146 Abs. 2, §§ 147, 157 Abs. 2 HGB,
- § 9 Abs. 2, 3 S. 2, § 18 Abs. 2 S. 2, 3 SchVG;

■ Verfahren vor dem Landgericht nach
  - §§ 98, 99, 132, 142, 145, 258, 260, 293 c, 315 AktG,
  - § 51 b GmbHG,
  - § 26 SEAG,
  - § 10 UmwG,
  - §§ 39 a, 39 b WpÜG,
  - dem SpruchG, zu denen nach § 1 SpruchG die Verfahren gehören wegen
    - des Ausgleichs für außenstehende Aktionäre und der Abfindung solcher Aktionäre bei Beherrschungs- und Gewinnabführungsverträgen (§§ 304, 305 AktG),
    - der Abfindung von ausgeschiedenen Aktionären bei der Eingliederung von Aktiengesellschaften (§ 320 b AktG),
    - der Barabfindung von Minderheitsaktionären, deren Aktien durch Beschluss der Hauptversammlung auf den Hauptaktionär übertragen worden sind (§§ 327 a–327 f AktG),
    - der Zuzahlung an Anteilsinhaber oder der Barabfindung von Anteilsinhabern anlässlich der Umwandlung von Rechtsträgern (§§ 15, 34, 122 h, 122 i, 176–181, 184, 186, 196, 212 UmwG),
    - der Zuzahlung an Anteilsinhaber oder der Barabfindung von Anteilsinhabern bei der Gründung oder Sitzverlegung einer SE (§§ 6, 7, 9, 11, 12 SE-Ausführungsgesetz),

  - der Zuzahlung an Mitglieder bei der Gründung einer Europäischen Genossenschaft (§ 7 SCE-Ausführungsgesetz);
- Verfahren vor dem Oberlandesgericht nach § 8 Abs. 3 des Gesetzes über die Mitbestimmung der Arbeitnehmer in den Aufsichtsräten und Vorständen der Unternehmen des Bergbaus und der Eisen und Stahl erzeugenden Industrie;
- bestimmte Vereins- und Stiftungssachen (s. Rn 114 ff).

Darüber hinaus gelten Nr. 13500 ff KV auch, soweit die für Vereine geltenden §§ 29, 48 BGB entsprechend anzuwenden sind (Vorbem. 1.3.5 S. 2 KV). Hierunter fallen u.a. die Verfahren nach Art. 163, 231 § 2 EGBGB, § 210 Abs. 2 VAG, §§ 78, 83 Abs. 1, § 89 Abs. 2 HwO[44] sowie nach § 155 Abs. 3 InsO über die Bestellung von Abschlussprüfern durch das Registergericht.[45]

2. Erstinstanzliche Verfahren

a) Verfahrensgebühr

99 Nr. 13500 KV gilt für sämtliche von Vorbem. 1.3.5 KV erfasste Verfahren. In der ersten Instanz entsteht danach eine pauschale Verfahrensgebühr mit einem 2,0-Gebührensatz. Es gilt Tabelle A (§ 34 GNotKG). Die Gebühr deckt sämtliche Handlungen des Gerichts ab.

Beispiel: In einem Verfahren nach § 51 b GmbHG ergeht Endentscheidung. Der Geschäftswert beträgt 5.000 €.
An Gerichtsgebühren sind entstanden:

2,0-Verfahrensgebühr, Nr. 13500 KV (Wert: 5.000 €, Tabelle A)	292,00 €

100 Nach Anm. zu Nr. 13500 KV gehört auch die **Festsetzung der Vergütung der vom Gericht bestellten Person** zum Rechtszug, so dass hierfür keine gesonderten Gebühren entstehen. Erfasst ist hiervon insbesondere die gerichtliche Vergütungsfestsetzung nach § 147 Abs. 2, § 258 Abs. 5, § 265 Abs. 4 AktG, § 318 Abs. 5 HGB, § 45 Abs. 2 KWG, § 31 a PfandBG, § 30 Abs. 4 SEAG, § 6 Abs. 2 SpruchG und § 19 Abs. 2 VAG. Für die Zwangsvollstreckung aus den Beschlüssen entstehen für Handlungen des Vollstreckungsgerichts Kosten nach dem GKG. Zu den Rechtsmittels s. Rn 121 ff.

b) Entstehung und Fälligkeit

101 Die Gebühr entsteht bereits mit Antragseingang bei Gericht. Nach Entstehung kann die Gebühr nicht mehr entfallen, sondern sich nur noch nach Nr. 13504 KV ermäßigen. Besondere Ermäßigungstatbestände gelten für Verfahren wegen der Verhandlung über die Dispache (Nr. 13501, 13502 KV) und in Verfahren nach dem SpruchG (Nr. 13503 KV).

102 Die Fälligkeit bestimmt sich nach § 9 Abs. 1 GNotKG.

c) Kostenschuldner, Vorschuss

103 Es handelt sich um Antragsverfahren, so dass Antragshaftung (§ 22 Abs. 1 GNotKG) besteht. In den von Nr. 13500 ff KV erfassten Verfahren kann die Vornahme der gerichtlichen Handlung von der vorherigen Zahlung der Verfahrensgebühr der Nr. 13500 KV abhängig gemacht werden (§ 13 S. 1 GNotKG). Der Vorschuss ist mit

44 Korintenberg/*Klüsener*, GNotKG, Vorbem. 1.3.5 KV Rn 12.
45 BT-Drucks. 17/11471 (neu), S. 204 zu Abschnitt 5.

Kostennachricht anzufordern. Im Hinblick auf die Auslagen gilt § 14 Abs. 1 GNotKG. Zum Verfahren nach dem SpruchG s. Rn 111.

d) Gebührenermäßigung

Die Verfahrensgebühr Nr. 13500 KV ermäßigt sich nach Nr. 13504 KV auf einen 0,5-Gebührensatz, wenn das gesamte Verfahren ohne Endentscheidung oder durch rechtzeitige Zurücknahme beendet wird. Abweichend davon sind die Ermäßigungstatbestände der Nr. 13501–13503 KV zu beachten. 104

Es muss sich das gesamte Verfahren erledigen, eine Teilrücknahme genügt daher nicht. 105

Die Zurücknahme muss nach Nr. 13504 Nr. 2 KV wirksam erfolgen bis 106

- zum Ablauf des Tages, an dem die Endentscheidung der Geschäftsstelle übermittelt oder ohne Beteiligung der Geschäftsstelle bekanntgegeben wird, oder
- zum Verlesen der Entscheidungsformel.

3. Verfahren wegen Verhandlung über die Dispache

Für die Verfahren wegen der 107

- gerichtlichen Entscheidung über die Aufmachung der Dispache (§ 403 FamFG),
- gerichtlichen Entscheidung über die Aushändigung von Schriftstücken durch den Dispacheurs (§ 404 FamFG),
- Verhandlung über die Dispache (§ 405 FamFG)

entsteht mit Eingang des Antrags bei Gericht eine Verfahrensgebühr nach Nr. 13500 KV mit einem 2,0-Gebührensatz. Es gilt Tabelle A (§ 34 GNotKG).

Die Verfahrensgebühr Nr. 13500 KV ermäßigt sich nach Nr. 13501 KV auf einen 1,0-Gebührensatz, wenn das Verfahren wegen der Verhandlung über die Dispache ohne Bestätigung der Dispache beendet wird. 108

Wird der Antrag zurückgenommen oder erledigt sich das Verfahren auf andere Weise, bevor in die mündliche Verhandlung eingetreten wird, ermäßigt sich die Verfahrensgebühr Nr. 13500 KV auf einen 0,5-Gebührensatz (Nr. 13502 KV). 109

Aus dem Wortlaut „soweit" folgt, dass Nr. 13501, 13502 KV auch Anwendung finden, wenn das Verfahren nur teilweise durch einen solchen Ermäßigungstatbestand beendet wird. Die Gebühr ist dann nur nach dem Wert, auf den sich die Zurücknahme oder sonstige Beendigung bezieht zu erheben (§ 56 Abs. 1 GNotKG). Sind für dasselbe Verfahren verschiedene Gebührensätze anzuwenden (zB Nr. 13500, 13502 KV), gilt § 56 Abs. 3 GNotKG. Danach dürfen die Gebührenbeträge der Einzelgebühren den Gebührenbetrag nicht übersteigen, der bei Ansatz der höheren Gebühr nach dem Gesamtwert entstanden wäre. 110

4. Verfahren nach dem SpruchG

Für die Verfahren nach dem SpruchG gilt Nr. 13500 KV. Es gilt Tabelle A (§ 34 GNotKG). Die Verfahrensgebühr ermäßigt sich jedoch auf einen 1,0-Gebührensatz, soweit das Verfahren dadurch beendet wird, dass das Gericht das Zustandekommen und den Inhalt eines gerichtlichen **Vergleichs durch Beschluss nach § 11 Abs. 4 S. 2 SpruchG** feststellt (Nr. 13503 KV). Die Regelung gilt nur für diese Beschlüsse, also nicht, wenn die Beteiligten auf andere Weise einen gerichtlichen Vergleich schließen, der nur nach § 11 Abs. 2 SpruchG protokolliert wird; jedoch kann hier eine Ermäßi- 111 gung nach Nr. 13504 Nr. 1 KV eintreten. In Verfahren nach dem SpruchG ist **Kostenschuldner** nur der Antragsgegner, wenn nicht das Gericht die Kosten dem Antragsteller auferlegt (§ 23 Nr. 14 GNotKG). Die Verfahren können deshalb auch nicht nach § 13 S. 1 GNotKG von der vorherigen Gebührenzahlung abhängig gemacht werden. **Auslagenvorschüsse** sind jedoch wegen § 14 Abs. 3 S. 2 GNotKG zwingend zu erheben.

112 Aus dem Wortlaut „soweit" folgt, dass die Ermäßigung auch eintritt, wenn durch den nach § 11 Abs. 4 S. 2 SpruchG zustande gekommenen Vergleich nicht das gesamte Verfahren beendet wird. Es ist dann der Ansatz von verschiedenen Gebühren (Nr. 13500, 13503 KV) denkbar. § 56 Abs. 3 GNotKG ist zu beachten, so dass die Summe der beiden Einzelgebühren den Gebührenbetrag nicht übersteigen darf, der entstanden wäre, wenn die Gebühr nach dem Gesamtbetrag der Wertteile berechnet worden wäre.

113 **Beispiel:** In einem Verfahren nach dem SpruchG über 500.000 € ergeht wegen 200.000 € Endentscheidung. Hinsichtlich 300.000 € wird das Zustandekommen eines gerichtlichen Vergleichs nach § 11 Abs. 4 S. 2 SpruchG festgestellt.

An Gerichtsgebühren sind entstanden:

1. 2,0-Verfahrensgebühr, Nr. 13500 KV (Wert: 200.000 €, Tabelle A)	3.492,00 €
2. 1,0-Verfahrensgebühr, Nr. 13503 KV (Wert: 300.000 €, Tabelle A)	2.462,00 €
Gesamt	5.954,00 €
wegen § 56 Abs. 3 GNotKG höchstens:	
2,0-Verfahrensgebühr, Nr. 13500 KV (Wert: 500.000 €, Tabelle A)	7.072,00 €

Es bleibt bei dem Ansatz von Einzelgebühren.

5. Vereins- und Stiftungssachen

a) Gebührenpflichtige Geschäfte

114 Für Vereins- oder Stiftungssachen gelten Nr. 13500 ff KV nach Vorbem. 1.3.5 Nr. 4 KV nur dann, wenn es sich um Verfahren handelt wegen der

- Notbestellung von Vorstandsmitgliedern oder Liquidatoren,
- Ermächtigung von Mitgliedern zur Berufung der Mitgliederversammlung einschließlich der Anordnungen über die Führung des Vorsitzes.

115 Im Übrigen sind für Vereinssachen Gebühren nur nach Nr. 13100, 13101 KV (s. Rn 44 ff) bzw. Nr. 13310 ff KV (s. Rn 69 ff) bei der Verhängung von Zwangsgeldern (§ 76 BGB) oder nach Nr. 13400 Nr. 3 KV (s. Rn 89 ff) für das Verfahren über die Entziehung der Rechtsfähigkeit des Vereins zu erheben.

116 Für Stiftungssachen besteht eine Gebührenpflicht nur noch in den in Vorbem. 1.3.5 Nr. 4 KV genannten Verfahren. Gebühren für die Genehmigung von Familienstiftungen oder für die Aufsicht über Stiftungen werden nicht erhoben.

b) Liquidation

117 Fällt das Vereinsvermögen nicht an den Fiskus, findet die Liquidation statt (§ 47 BGB). Die Liquidation sowie die Liquidatoren und ihre Vertretungsmacht sind in das Vereinsregister einzutragen (§ 76 BGB). Für das Verfahren über die Liquidation entsteht die Gebühr der Nr. 13500 KV. Für die Eintragung nach § 76 BGB in das Vereinsregister fällt eine gesonderte Gebühr nach Nr. 13101 KV an, jedoch nicht für die Eintragung der Beendigung der Liquidation oder der Löschung des Vereins (Anm.

Abs. 3 Nr. 1, 2 zu Nr. 13101 KV). Nach § 23 Abs. 3 Stiftungsgesetz findet eine Liquidation in entsprechender Anwendung der Bestimmungen über das Vereinsrecht statt, wenn das Vermögen nicht an ein staatliches Organ fällt. Auch für dieses Verfahren entsteht die Gebühr der Nr. 13500 KV.

Werden gegen die Liquidatoren Zwangsgelder verhängt (§ 78 Abs. 2 BGB), gelten die 118
Gebühren der Nr. 13310 ff KV (s. Rn 69 ff).

c) Notbestellung von Vorstandsmitgliedern

Von den Gebühren der Nr. 13500, 13504 KV sind auch die Verfahren nach § 29 BGB 119
über die Notbestellung von Vorstandsmitgliedern erfasst. Wird ein Vorstandsmitglied gerichtlich bestellt, ist es von Amts wegen in das Vereinsregister einzutragen (§ 67 Abs. 2 BGB). Hierfür entsteht eine gesonderte Gebühr nach Nr. 13101 KV (s. ausf. Rn 47), für die der Verein haftet (§ 23 Nr. 7 GNotKG). Für das Verfahren ist der Geschäftswert auf 5.000 € zu bestimmen (§ 67 Abs. 1 Nr. 3 GNotKG).

d) Berufung der Mitgliederversammlung

Gebühren nach Nr. 13500, 13504 KV entstehen auch für das Verfahren wegen der 120
Berufung zur Mitgliederversammlung auf Verlangen einer Minderheit (§ 37 Abs. 2 BGB). Ergeht zugleich eine Anordnung über die Führung des Vorsitzes in der Versammlung, entsteht keine gesonderte Gebühr, da Nr. 13500 KV das gesamte Verfahren abdeckt.

6. Rechtsmittelverfahren

a) Anwendungsbereich

Es gelten Nr. 13610–13630 KV. Die Regelungen gelten für sämtliche Verfahren, die 121
von den Abschnitten 4 und 5 des Teils 1 Hauptabschnitt 3 KV erfasst sind, nicht aber für die dortigen Abschnitte 1–3. Die Gebühren gelten daher neben den von Nr. 13500 ff KV erfassten unternehmensrechtlichen Verfahren und den dort genannten Vereins- und Stiftungssachen auch für die von Nr. 13400 KV erfassten Löschungs- und Aufhebungsverfahren.

Nr. 13610–13630 KV gelten jedoch nur, wenn sich das Rechtsmittel gegen die **End-** 122
entscheidung wegen des Hauptgegenstands richtet. Sind bloße Nebenentscheidungen betroffen, gelten Nr. 19116 KV (Beschwerde) (s. § 22 Rn 54 ff) bzw. Nr. 19128, 19129 KV (Rechtsbeschwerde) (s. § 22 Rn 77 ff). Hierzu zählen auch die Beschwerden gegen die gerichtliche Entscheidung über die Vergütung einer gerichtlich bestellten Person nach §§ 147 Abs. 2, 258 Abs. 5, 265 Abs. 4 AktG, § 318 Abs. 5 HGB, § 45 Abs. 2 KWG, § 31 a PfandBG, § 30 Abs. 4 SEAG, § 6 Abs. 2 SpruchG, § 19 Abs. 2 VAG.

Obwohl auch eine Kostenentscheidung eine Endentscheidung iSd § 38 FamFG ist,[46] 123
sollen Nr. 13610–13630 KV nicht gelten, wenn eine isolierte Kostengrundentscheidung angegriffen wird.[47]

46 BT-Drucks. 16/6308, S. 195 zu § 38 FamFG.
47 Bormann/Diehn/Sommerfeldt/*Sommerfeldt*, Nr. 13610–13630 KV Rn 2; Korintenberg/*Klüsener*, GNotKG, Nr. 13610–13612 KV Rn 5.

b) Beschwerdeverfahren

aa) Allgemeine Verfahrensgebühr

124 Für eine Beschwerde nach §§ 58 ff FamFG gegen Endentscheidungen wegen des Hauptgegenstands gelten die Gebühren der Nr. 13610–13612 KV. Es entsteht eine pauschale 3,0-Verfahrensgebühr nach Nr. 13610 KV, die sämtliche Handlungen des Gerichts abdeckt. Es gilt Tabelle A (§ 34 GNotKG).

125 **Beispiel:** In einem Verfahren nach § 99 AktG wird gegen die Endentscheidung Beschwerde eingelegt. Das Gericht entscheidet durch Endentscheidung. Der Geschäftswert beträgt 50.000 €.
An Gerichtsgebühren sind entstanden:

3,0-Verfahrensgebühr, Nr. 13610 KV (Wert: 50.000 €, Tabelle A)	1.638,00 €

126 Die Verfahrensgebühr entsteht bereits mit Eingang der Beschwerde bei Gericht. Für die Fälligkeit gilt § 9 Abs. 1 GNotKG. Abhängigmachung nach § 13 S. 1 GNotKG kann nicht angeordnet werden, da die Regelung nur für die erste Instanz gilt. Wegen der Fälligkeitsregelung kann die Gebühr nach Beschwerdeeingang auch nicht durch Sollstellung angefordert werden.

bb) Gebührenermäßigung

(1) Ermäßigung bei Zurücknahme vor Eingang der Beschwerdebegründung

127 Wird das gesamte Verfahren vor Eingang der Beschwerdebegründung durch Zurücknahme des Antrags oder der Beschwerde beendet, ermäßigt sich die Verfahrensgebühr auf einen 0,5-Gebührensatz (Nr. 13611 KV). Es gilt Tabelle A (§ 34 GNotKG). Durch die Zurücknahme muss das gesamte Verfahren beendet werden, eine Teilrücknahme genügt nicht; auch Teilermäßigung tritt nicht ein.

128 Maßgeblich für die Ermäßigung ist nur der Eingang der Begründungsschrift. Das gilt auch dann, wenn das Gericht eine Begründungsfrist bestimmt hat, so dass es auch dann nicht auf den Ablauf der richterlichen Frist ankommt.

129 **Beispiel 1:** Es wird am 21.11. Beschwerde eingelegt, die am 10.12. vollständig zurückgenommen wird. Eine Begründungsschrift war noch nicht eingegangen, auch eine Endentscheidung war noch nicht ergangen.
Die Zurücknahme ist rechtzeitig vor Eingang der Beschwerdebegründung erfolgt. Die Gebühr der Nr. 13610 KV ermäßigt sich nach Nr. 13611 KV auf einen Gebührensatz von 0,5.

130 **Beispiel 2:** Am 21.11. wird Beschwerde eingelegt. Die Beschwerdebegründung geht am 14.12. bei Gericht ein. Danach wird die Beschwerde vollständig zurückgenommen.
Die Zurücknahme ist nach Eingang der Beschwerdebegründung verspätet erfolgt. Eine Gebührenermäßigung nach Nr. 13611 KV scheidet aus. War noch keine Endentscheidung ergangen, tritt Ermäßigung nach Nr. 13612 KV ein.

(2) Ermäßigung bei Beendigung ohne Endentscheidung

131 Nach Eingang der Beschwerdebegründungsschrift kommt nur noch eine Ermäßigung nach Nr. 13612 KV in Betracht, wonach sich die Verfahrensgebühr auf einen 1,0-Gebührensatz ermäßigt, wenn das Beschwerdeverfahren ohne Endentscheidung beendet wird. Es gilt Tabelle A (§ 34 GNotKG).

132 Es muss das gesamte Beschwerdeverfahren erledigt werden, eine Teilerledigung genügt nicht. Maßgeblich ist der Erlass der Endentscheidung, so dass der Zeitpunkt

ihrer Bekanntmachung entscheidend ist. Wird die Endentscheidung ohne Verlesen der Entscheidungsformel bekannt gemacht, tritt die Ermäßigung auch ein, wenn die Zurücknahme der Beschwerde oder des Antrags bis zum Ablauf des Tages erfolgt, an dem die Endentscheidung der Geschäftsstelle übergeben wurde (Anm. Abs. 1 zu Nr. 13612 KV). Maßgeblich ist der Übergabevermerk nach § 38 Abs. 3 S. 3 GNotKG.

Beispiel: Am 15.3. wird Beschwerde eingelegt, die Begründungsschrift geht am 10.4. bei Gericht ein. Die Beschwerde wird am 19.4. vollständig zurückgenommen. Eine Endentscheidung war noch nicht ergangen. Der Geschäftswert beträgt 50.000 €. 133
Es sind an Gerichtsgebühren zu erheben:
1,0-Verfahrensgebühr, Nr. 13612 KV (Wert: 50.000 €, Tabelle A) 546,00 €

Es muss sich um eine Endentscheidung iSd § 38 FamFG handeln, so dass bloße Nebenentscheidungen die Ermäßigung nicht verhindern. Endentscheidung ist auch eine isolierte Kostenentscheidung, so dass ihr Erlass die Ermäßigung nach Nr. 13612 KV ausschließt, wenn die Entscheidung nicht einer zuvor mitgeteilten Kosteneinigung oder Kostenübernahmeerklärung folgt (Anm. Abs. 2 zu Nr. 13612 KV). 134

Beispiel: Am 15.3. wird Beschwerde eingelegt, die Begründungsschrift geht am 10.4. bei Gericht ein. Die Beschwerde wird am 19.4. vollständig zurückgenommen. Eine Endentscheidung war noch nicht ergangen. Auf Antrag des Beschwerdegegners erlässt das Gericht noch eine Kostenentscheidung. Eine Erklärung der Beteiligten über die Kostentragung liegt nicht vor. Der Geschäftswert beträgt 50.000 €. 135
Die Kostenentscheidung ist Endentscheidung, da kein Fall von Anm. Abs. 2 zu Nr. 13612 KV vorliegt. Es sind an Gerichtsgebühren zu erheben:
3,0-Verfahrensgebühr, Nr. 13610 KV (Wert: 50.000 €, Tabelle A) 1.638,00 €

c) Rechtsbeschwerdeverfahren

aa) Allgemeine Verfahrensgebühr

Für das Rechtsbeschwerdeverfahren wegen des Hauptgegenstands (§§ 70 ff FamFG) entsteht eine Verfahrensgebühr nach Nr. 13620 KV mit einem 4,0-Gebührensatz. Es gilt Tabelle A (§ 34 GNotKG). Die Gebühr deckt sämtliche Handlungen des Rechtsbeschwerdegerichts ab. 136

Beispiel: In einem Verfahren nach § 51 b GmbHG wird gegen die Beschwerdeentscheidung Rechtsbeschwerde eingelegt. Das Gericht entscheidet durch Endentscheidung. Der Geschäftswert beträgt 5.000 €. 137
An Gerichtsgebühren sind entstanden:
4,0-Verfahrensgebühr, Nr. 13620 KV (Wert: 5.000 €, Tabelle A) 584,00 €

bb) Gebührenermäßigung

(1) Ermäßigung bei Zurücknahme vor Eingang der Rechtsbeschwerdebegründung

Die Verfahrensgebühr der Nr. 13620 KV ermäßigt sich nach Nr. 13621 KV auf einen 1,0-Gebührensatz, wenn die Rechtsbeschwerde oder der Antrag zurückgenommen wird, bevor die Rechtsbeschwerdebegründungsschrift bei Gericht eingeht. Es gilt Tabelle A (§ 34 GNotKG). 138

Für die Gebührenermäßigung ist allein der Eingang der Begründungsschrift maßgebend, auf den Fristablauf (§ 71 Abs. 2 FamFG) kommt es nicht an. Erfolgt die Zurücknahme erst nach Eingang der Begründungsschrift bei Gericht, kommt nur noch eine Ermäßigung nach Nr. 13622 KV in Betracht. Durch die Zurücknahme muss sich 139 das gesamte Rechtsbeschwerdeverfahren erledigen, eine Teilrücknahme genügt nicht. Eine Teilermäßigung tritt nicht ein.

140 Ist bereits eine Endentscheidung ergangen, kann die Zurücknahme eine Gebührenermäßigung nicht mehr auslösen, auch wenn eine Begründungsschrift innerhalb der Begründungsfrist nicht eingereicht war. In diesen Fällen hat das Gericht die Rechtsbeschwerde als unzulässig zu verwerfen (§ 74 Abs. 1 FamFG). Es bleibt bei Nr. 13620 KV.

141 **Beispiel:** Es wird Rechtsbeschwerde eingelegt. Eine Begründung erfolgt nicht. Nach Ablauf der Begründungsfrist wird die Rechtsbeschwerde durch Beschluss als unzulässig verworfen (§ 74 Abs. 1 FamFG). Nach Erlass des Beschlusses wird die Rechtsbeschwerde zurückgenommen.
Eine Ermäßigung der Verfahrensgebühr scheidet sowohl nach Nr. 13621 KV als auch nach Nr. 13622 KV aus, weil eine Endentscheidung ergangen ist.
Es verbleibt daher bei einer 4,0-Verfahrensgebühr nach Nr. 13620 KV.

(2) Ermäßigung bei Erledigung ohne Endentscheidung

142 Nach Eingang der Begründungsschrift kann sich die Verfahrensgebühr nur noch auf einen 2,0-Gebührensatz nach Nr. 13622 KV ermäßigen, wenn die Rechtsbeschwerde oder der Antrag vor Ablauf des Tages zurückgenommen wird, an dem die Endentscheidung der Geschäftsstelle übermittelt wird. Maßgeblich ist der nach § 38 Abs. 3 S. 3 FamFG anzubringende Vermerk. Es gilt Tabelle A (§ 34 GNotKG). Eine Ermäßigung tritt nur ein, wenn die Zurücknahme das gesamte Rechtsbeschwerdeverfahren beendet, Teilerledigung genügt nicht; auch tritt keine Teilermäßigung ein.

143 Endentscheidungen sind auch **Beschlüsse nach §§ 74 Abs. 1, 74 a FamFG. Kostenentscheidungen** sind Endentscheidungen, die eine Ermäßigung ausschließen. Das gilt auch, wenn die Kostenentscheidung einer Erklärung der Beteiligten über die Kostentragung folgt, da eine Regelung wie in Anm. Abs. 2 zu Nr. 13612 KV fehlt.

144 Bloße Nebenentscheidungen verhindern den Eintritt einer Gebührenermäßigung nicht.

145 **Beispiel:** Es wird Rechtsbeschwerde eingelegt. Die Begründungsschrift geht wenig später bei dem Gericht ein. Noch vor Erlass einer Endentscheidung wird die Rechtsbeschwerde vollständig zurückgenommen. Der Geschäftswert beträgt 50.000 €.
Die Zurücknahme erfolgt vor Erlass der Endentscheidung, aber nach Eingang der Begründungsschrift. An Gerichtsgebühren sind entstanden:

2,0-Verfahrensgebühr, Nr. 13622 KV (Wert: 50.000 €, Tabelle A)	1.092,00 €

d) Zulassung der Sprungrechtsbeschwerde

146 Im Verfahren auf Zulassung der Sprungrechtsbeschwerde (§ 75 FamFG) entsteht eine Verfahrensgebühr nach Nr. 13630 KV mit einem 1,0-Gebührensatz. Es gilt Tabelle A (§ 34 GNotKG). Die Gebühr entsteht nur, soweit der Antrag abgelehnt wird.

147 Kostenschuldner ist allein derjenige, der den Antrag auf Zulassung gestellt hat (§ 22 Abs. 1 GNotKG).

148 Der Geschäftswert für das Zulassungsverfahren bestimmt sich nach § 61 Abs. 3 GNotKG.

149 Für den Fall der Ablehnung wird die erstinstanzliche Entscheidung sofort rechtskräftig (§ 75 Abs. 2 S. 2 FamFG iVm § 566 Abs. 6 ZPO), da der Antrag auf Zulassung

der Sprungrechtsbeschwerde und die Erklärung zur Einwilligung in die Übergehung der Beschwerdeinstanz als Rechtsmittelverzicht auf die Beschwerde gelten (§ 75 Abs. 1 S. 2 FamFG). Wird die Sprungrechtsbeschwerde hingegen zugelassen, wird das Verfahren als Rechtsbeschwerdeverfahren fortgesetzt (§ 75 Abs. 2 S. 2 FamFG iVm § 566 Abs. 7 ZPO). Die Frist für die Einreichung der Rechtsbeschwerdebegründungsschrift beginnt mit Zustellung des Zulassungsbeschlusses. Wird die Sprungrechtsbeschwerde zugelassen entsteht keine Gebühr nach Nr. 13630 KV, jedoch sind für das Rechtsbeschwerdeverfahren Gebühren nach Nr. 13620 ff KV zu erheben.

Wird der Antrag auf Zulassung der Sprungrechtsbeschwerde nur teilweise abgelehnt, 150
entsteht die Gebühr der Nr. 13630 KV nur nach dem Wert des Gegenstands, der sich auf die Ablehnung bezieht (§ 56 Abs. 1 GNotKG), während für den übrigen Teil, für den das Rechtsbeschwerdeverfahren durchgeführt wird, Gebühren nach Nr. 13620 ff KV zu erheben sind. § 56 Abs. 3 GNotKG ist zu beachten.

Beispiel 1: Der Antrag auf Zulassung der Sprungrechtsbeschwerde wird vollumfänglich 151
abgelehnt. Der Geschäftswert wird auf 5.000 € festgesetzt.
Es sind an Gerichtsgebühren entstanden:
1,0-Verfahrensgebühr nach Nr. 13630 KV (Wert: 5.000 €, Tabelle A) 146,00 €

Beispiel 2: Es wird Antrag auf Zulassung der Sprungrechtsbeschwerde gestellt, welche das 152
Rechtsbeschwerdegericht zulässt. Danach wird das Rechtsbeschwerdeverfahren durchgeführt, in dem eine Endentscheidung ergeht. Der Geschäftswert wird auf 5.000 € festgesetzt.
Es sind an Gerichtsgebühren entstanden:
4,0-Verfahrensgebühr, Nr. 13620 KV (Wert: 5.000 €, Tabelle A) 584,00 €
Eine Gebühr nach Nr. 13620 KV entsteht nicht, da die Sprungrechtsbeschwerde zugelassen wurde.

7. Kostenschuldner

Es handelt sich um Antragsverfahren, der Antragsteller haftet als Antragsschuldner 153
(§ 22 Abs. 1 GNotKG). Daneben haften die Kostenschuldner des § 27 GNotKG.

In Verfahren zum Zweck der **Verhandlung über die Dispache** sind die Verfahrensbe- 154
teiligten Kostenschuldner, soweit das Verfahren mit der Bestätigung der Dispache endet (§ 23 Nr. 9 GNotKG).

Handelt es sich um ein **Verfahren nach §§ 98, 99 AktG** über die Zusammensetzung 155
des Aufsichtsrats, ist Kostenschuldner die Gesellschaft, soweit die Kosten nicht dem Antragsteller auferlegt sind (§ 23 Nr. 10 GNotKG).

Für die Kosten der **Verfahren nach dem SpruchG** haftet nach § 23 Nr. 14 GNotKG 156
nur der Antragsgegner. Hat das Gericht die Kosten den Antragstellern auferlegt, haften auch diese als Kostenschuldner (s. auch Rn 111).

In den **Vereins- und Stiftungssachen** haftet der Antragsteller, soweit es sich um An- 157
tragsverfahren handelt (§ 22 Abs. 1 GNotKG). Ist die Handlung von Amts wegen vorzunehmen, haftet in Vereinssachen der Verein (§ 23 Nr. 7 GNotKG).

§ 23 GNotKG findet in den Rechtsmittelverfahren keine Anwendung (§ 25 Abs. 3 158
GNotKG), der Rechtsmittelführer haftet als Antragsschuldner (§ 22 Abs. 1 GNotKG). Seine Antragshaftung für das Rechtsmittelverfahrens erlischt jedoch, wenn das Rechtsmittel ganz oder teilweise mit Erfolg eingelegt worden ist und das

Gericht nicht über die Kosten entschieden hat oder die Kosten nicht von einem anderen Beteiligten übernommen worden sind (§ 25 Abs. 1 GNotKG).

8. Geschäftswert

a) Ernennung und Abberufung von Personen

159 Der Geschäftswert in unternehmensrechtlichen Verfahren bestimmt sich nach § 67 Abs. 1 GNotKG, wenn das Verfahren die Ernennung oder Abberufung von Personen betrifft. Es werden Festwerte bestimmt, die nach Art der betroffenen Gesellschaften, Partnerschaften usw unterscheiden. Ist der Wert nach den besonderen Umständen des Einzelfalls unbillig, kann das Gericht einen höheren oder einen niedrigeren Wert festsetzen (§ 67 Abs. 3 GNotKG).

160 In solchen Verfahren beträgt der Geschäftswert regelmäßig:

- bei **Kapitalgesellschaften** und **Versicherungsvereinen auf Gegenseitigkeit:** 60.000 €
  - Bestellung von Gründungsprüfern (§ 33 Abs. 3 AktG),
  - Bestellung von Vorstandsmitgliedern (§ 85 AktG),
  - Abberufung von Mitgliedern des Aufsichtsrats (§ 103 Abs. 3 AktG),
  - Ergänzung des Aufsichtsrats (§ 104 AktG),
  - Bestellung besonderer Vertreter (§ 147 Abs. 2 AktG),
  - Bestellung von Sachkapitalprüfern (§ 183 a AktG),
  - Bestellung und Abberufung von Abwicklern (§ 264 Abs. 2, § 265 Abs. 3, 4 AktG),
  - Bestellung von Nachtragsabwicklern (§ 273 Abs. 4 AktG),
  - Ernennung von Abwicklern (§ 290 Abs. 3 AktG),
  - Abberufung der Mitglieder des Verwaltungsrats einer SE,
  - Ergänzung des Verwaltungsrats einer SE,
  - Bestellung eines geschäftsführenden Direktors einer SE,
  - Bestellung und Abberufung von Liquidatoren (§ 66 Abs. 2, 3 GmbHG),
  - Bestellung eines Abschlussprüfers (§ 318 Abs. 3 HGB).
- bei **Personenhandelsgesellschaften, Partnerschaftsgesellschaften** sowie bei **Genossenschaften:** 30.000 €
  - Ernennung von Liquidatoren einer OHG und KG (§ 146 Abs. 2 HGB),
  - Abberufung von Liquidatoren einer OHG und KG (§ 147 HGB),
  - Ernennung von Liquidatoren einer Partnerschaft (§ 10 PartGG iVm § 146 Abs. 2 HGB),
  - Abberufung von Liquidatoren einer Partnerschaft (§ 10 PartGG iVm § 147 HGB),
  - Bestellung eines Prüfverbands (§ 64 b GenG),
  - Bestellung und Abberufung von Liquidatoren (§ 83 Abs. 3, 4 GenG),
  - Bestellung von Abschlussprüfern (§ 318 Abs. 3 HGB).
- bei **Vereinen** und **Stiftungen:** 5.000 €
- **in sonstigen Fällen:** 10.000 €
  - Bestellung eines Treuhänders (§ 6 Abs. 4 BörsG),
  - Ernennung von Dispacheuren nach § 729 Abs. 1 HGB, § 87 Abs. 2 S. 2 BinSchG.

b) Verfahren über die Dispache

In Verfahren zum Zweck der Verhandlung über die Dispache bestimmt sich der Geschäftswert nach der Summe der Anteile, welche die an der Verhandlung Beteiligten an dem Schaden zu tragen haben (§ 68 GNotKG). 161

Handelt es sich um ein Verfahren über die Verpflichtung des Dispacheurs zur Aufmachung der Dispache (§ 403 FamFG), beträgt der Geschäftswert 10.000 € (§ 67 Abs. 2 GNotKG). Das Gericht kann jedoch einen höheren oder niedrigeren Wert bestimmen, wenn der Regelwert nach den besonderen Umständen des Einzelfalls unbillig erscheint (§ 67 Abs. 3 GNotKG). 162

c) Abschlussverfahren nach WpÜG

Nach § 73 GNotKG bestimmt sich der Geschäftswert für die Verfahren nach §§ 39 a, 39 b WpÜG nach dem Betrag, der dem Wert aller Aktien entspricht, auf die sich der Ausschluss bezieht. Der Geschäftswert beträgt jedoch mindestens 200.000 € und höchstens 7,5 Mio. €. Insoweit geht § 73 GNotKG der allgemeinen Regelung des § 35 Abs. 2 GNotKG vor. 163

d) Verfahren nach dem SpruchG

Im gerichtlichen Verfahren nach dem SpruchG ist der Geschäftswert nach dem Betrag zu bestimmen, der von allen in § 3 SpruchG genannten Antragsberechtigten nach der Entscheidung des Gerichts zusätzlich zu dem ursprünglich angebotenen Betrag insgesamt gefordert werden kann (§ 74 S. 1 GNotKG). Der Geschäftswert beträgt jedoch mindestens 200.000 € und höchstens 7,5 Mio. €. Insoweit liegt eine Spezialregelung zu § 35 Abs. 2 GNotKG vor. Maßgeblicher Zeitpunkt für die Bestimmung des Werts ist der Tag nach Ablauf der Antragsfrist nach § 4 Abs. 1 SpuchG (§ 74 S. 2 GNotKG). 164

e) Verfahren nach dem AktG

Handelt es sich um Verfahren nach §§ 98, 99 AktG über die Zusammensetzung des Aufsichtsrats, beträgt der Geschäftswert 50.000 € (§ 75 GNotKG). Die Regelung gilt auch, wenn §§ 98, 99 AktG entsprechende Anwendung finden;[48] somit sind auch die Verfahren nach § 1 Abs. 1 DrittelbG, § 18 Abs. 2 Kapitalanlagegesetzbuch (KAGB), § 24 Abs. 2 MgVG, § 6 Abs. 2 MitbestG, §§ 15 Abs. 2, 19 Abs. 2 SCE-Ausführungsgesetz, § 17 Abs. 3, § 26 Abs. 1 SEAG, § 189 Abs. 3 VAG erfasst. 165

Betrifft das Verfahren die Ernennung oder Abberufung von Personen, gilt § 67 Abs. 1, 3 GNotKG (s. Rn 159 f). 166

Für die Verfahren nach § 132 AktG (Entscheidung über das Auskunftsrecht) und § 145 AktG (Entscheidung über die Nichtaufnahme von Tatsachen in den Prüfbericht) gilt § 36 Abs. 1 GNotKG, da es an einer konkreten Wertvorschrift fehlt. Fehlen hinreichende Anhaltspunkte, ist der Regelwert von 5.000 € heranzuziehen (§ 36 Abs. 3 GNotKG). 167

In Verfahren nach § 260 AktG wegen der Entscheidung über die abschließende Feststellung der Sonderprüfer nach § 259 Abs. 2, 3 AktG gilt § 72 GNotKG. Danach ist der Geschäftswert unter Berücksichtigung aller Umstände des einzelnen Falles nach billigem Ermessen zu bestimmen, wobei insbesondere die Bedeutung der Sache für 168

48 Bormann/Diehn/Sommerfeldt/*Sommerfeldt*, GNotKG, § 75 Rn 2; HK-GNotKG/*Jäckel*, § 75 Rn 4.

die Parteien zu berücksichtigen ist. Der Wert darf dabei ein Zehntel des Grundkapitals oder, wenn dieses Zehntel mehr als 500.000 € beträgt, 500.000 € nur insoweit übersteigen, als die Bedeutung der Sache für den Kläger höher zu bewerten ist.

169 § 72 Abs. 2 GNotKG ordnet an, dass die Vorschriften des § 247 Abs. 2, 3 AktG über die Anordnung der Streitwertbegünstigung anzuwenden sind. Darin heißt es:

§ 247 AktG Streitwert

(1) (...)

(2) [1]Macht eine Partei glaubhaft, daß die Belastung mit den Prozeßkosten nach dem gemäß Absatz 1 bestimmten Streitwert ihre wirtschaftliche Lage erheblich gefährden würde, so kann das Prozeßgericht auf ihren Antrag anordnen, daß ihre Verpflichtung zur Zahlung von Gerichtskosten sich nach einem ihrer Wirtschaftslage angepaßten Teil des Streitwerts bemißt. [2]Die Anordnung hat zur Folge, daß die begünstigte Partei die Gebühren ihres Rechtsanwalts ebenfalls nur nach diesem Teil des Streitwerts zu entrichten hat. [3]Soweit ihr Kosten des Rechtsstreits auferlegt werden oder soweit sie diese übernimmt, hat sie die von dem Gegner entrichteten Gerichtsgebühren und die Gebühren seines Rechtsanwalts nur nach dem Teil des Streitwerts zu erstatten. [4]Soweit die außergerichtlichen Kosten dem Gegner auferlegt oder von ihm übernommen werden, kann der Rechtsanwalt der begünstigten Partei seine Gebühren von dem Gegner nach dem für diesen geltenden Streitwert beitreiben.

(3) [1]Der Antrag nach Absatz 2 kann vor der Geschäftsstelle des Prozeßgerichts zur Niederschrift erklärt werden. [2]Er ist vor der Verhandlung zur Hauptsache anzubringen. [3]Später ist er nur zulässig, wenn der angenommene oder festgesetzte Streitwert durch das Prozeßgericht heraufgesetzt wird. [4]Vor der Entscheidung über den Antrag ist der Gegner zu hören.

f) Sonstige Verfahren

170 In sonstigen unternehmensrechtlichen Verfahren ist der Geschäftswert nach § 36 Abs. 1 GNotKG zu bestimmen. Es handelt sich um vermögensrechtliche Angelegenheiten. Fehlen hinreichende Anhaltspunkte, kann der Regelwert von 5.000 € zugrunde gelegt werden (§ 36 Abs. 3 GNotKG).

§ 16 Grundbuchsachen

I. Allgemeines

1. Anzuwendende Regelungen

Für erstinstanzliche Grundbuchsachen entstehen Gebühren nach Nr. 14110–14160 KV. Fehlt ein Gebührentatbestand, ist die Eintragung oder Löschung gebührenfrei vorzunehmen, zB die Umschreibung unübersichtlicher Grundbücher oder die Neufassung einzelner Teile des Grundbuchblatts. Es handelt sich um Aktgebühren, die erst mit der Vornahme der Eintragung entstehen. Die Gebühren entstehen für jede Eintragung gesondert, soweit sich nicht aus Vorbem. 1.4 Abs. 3–5 KV und den jeweiligen Gebührentatbeständen etwas anderes ergibt (§ 55 Abs. 2 GNotKG). 1

Wird der Antrag zurückgenommen oder zurückgewiesen, gelten Nr. 14400, 14401 KV (s. Rn 257 ff). 2

Daneben können Gebühren nach Nr. 17000–17003 KV für die Erteilung von unbeglaubigten bzw. beglaubigten Grundbuchauszügen entstehen (s. § 20 Rn 1 ff). 3

Zu den Rechtsmittelverfahren s. Rn 276 ff. 4

2. Grundstücksgleiche Rechte

Vorbem. 1.4 Abs. 1 KV ordnet an, dass die für Grundstücke geltenden Vorschriften auf die Rechte entsprechend anzuwenden sind, die den für Grundstücken geltenden Regelungen unterliegen. Die Gebühren sind daher auch anzusetzen, wenn es sich handelt um 5

- Erbbaurechte,
- Bergwerkseigentum,
- Salzabbaugerechtigkeiten[1] und
- sonstige Berechtigungen, die den für Grundstücke geltenden Vorschriften unterliegen.

II. Gebührenfreie Geschäfte

1. Grundsatz

Eine Gebühr für die Eintragung oder Löschung im Grundbuch kann nur erhoben werden, wenn sich aus Nr. 14110 ff KV ein entsprechender Gebührentatbestand ergibt, andernfalls ist das Geschäft gebührenfrei vorzunehmen, was aus dem Analogieverbot (§ 1 Abs. 1 GNotKG) folgt. Auslagen sind nach Nr. 31000 ff KV einzuziehen. 6

Gemäß Vorbem. 1.4 Abs. 2 KV sind jedoch stets gebührenfrei vorzunehmen 7

- Eintragungen und Löschungen, die gem. § 18 Abs. 2 oder § 53 GBO von Amts wegen erfolgen (Nr. 1);
- Eintragungen und Löschungen, die auf Ersuchen oder Anordnung eines Gerichts erfolgen; ausgenommen sind jedoch die Eintragung des Erstehers als Eigentümer, die Eintragung der Sicherungshypothek für die Forderung gegen den Ersteher und Eintragungen aufgrund einer einstweiligen Verfügung (§ 941 ZPO) (Nr. 2);
- Eintragungen oder Löschungen, die nach den Vorschriften der InsO statt auf Ersuchen des Insolvenzgerichts auf Antrag des Insolvenzverwalters oder, wenn kein Verwalter bestellt ist, auf Antrag des Schuldners erfolgen (Nr. 3).

1 Korintenberg/*Hey'l*, GNotKG, Vorbem. 1.4 KV Rn 21.

2. Eintragungen und Löschungen nach § 18 Abs. 2 oder § 53 GBO

8 Gebührenfrei einzutragen sind die nach § 18 Abs. 2 oder § 53 GBO vorzunehmenden Eintragungen und die Löschungen solcher Eintragungen (Vorbem. 1.4 Abs. 2 Nr. 1 KV).

9 Erfasst sind die Fälle, in denen vor der Erledigung eines Antrags eine andere Eintragung beantragt wird, durch die dasselbe Recht betroffen wird, und zugunsten des früher gestellten Antrags von Amts wegen eine Vormerkung oder ein Widerspruch eingetragen wird. Darüber hinaus ist auch die Löschung solcher Vormerkungen oder Widersprüche nach § 18 Abs. 2 S. 2 GBO erfasst.

10 Ist nach § 53 GBO von Amts wegen ein Widerspruch einzutragen, weil das Grundbuchamt unter Verletzung gesetzlicher Vorschriften eine Eintragung vorgenommen hat, durch die das Grundbuch unrichtig geworden ist, haben Eintragung des Widerspruchs und die von Amts wegen vorzunehmende Löschung des Widerspruchs nach § 53 Abs. 1 S. 2 GBO gebührenfrei zu erfolgen. Sind für die unter Verletzung der gesetzlichen Vorschriften vorgenommene Eintragung Gebühren entstanden, ist zudem zu prüfen, ob eine Nichterhebung der Gerichtskosten wegen unrichtiger Sachbehandlung nach § 21 Abs. 1 GNotKG anzuordnen ist.[2]

3. Ersuchen von Gerichten, Insolvenzverwaltern oder Schuldnern

a) Allgemeines

11 Eintragungen und Löschungen, die auf Ersuchen oder Anordnung eines Gerichts erfolgen, sind gebührenfrei vorzunehmen (Vorbem. 1.4 Abs. 2 Nr. 2 KV). Gleiches gilt für Eintragungen und Löschungen, die statt auf Ersuchen des Insolvenzgerichts auf Antrag des Insolvenzverwalters oder, wenn ein solcher nicht bestellt ist, auf Antrag des Schuldners gestellt werden (Vorbem. 1.4 Abs. 2 Nr. 3 KV).

12 Die Befreiung gilt nur dann, wenn es sich um eine in Vorbem. 1.4 Abs. 2 Nr. 2 oder 3 KV genannte Stelle oder Person handelt, so dass Ersuchen auf Eintragung oder Löschung, die von anderen Behörden gestellt werden, nicht erfasst sind und Gebühren auslösen, denn nicht jedes Ersuchen nach § 38 GBO ist gebührenfrei.[3]

13 Ausgenommen von der Gebührenfreiheit sind nach Vorbem. 1.4 Abs. 2 Nr. 2 KV jedoch Eintragungen und Löschungen aufgrund Ersuchens eines Gerichts wegen

- Eintragung des Erstehers als Eigentümer,
- Eintragung der Sicherungshypothek für Forderungen gegen den Ersteher,
- Eintragungen aufgrund einer einstweiligen Verfügung (§ 941 ZPO).

b) Insolvenzgericht, Insolvenzverwalter, Schuldner

14 Gebührenfrei sind nach Vorbem. 1.4 Abs. 2 Nr. 2, 3 KV bspw die Eintragungen in das Grundbuch vorzunehmen wegen

- Verfügungsbeschränkungen (§ 23 Abs. 3 InsO);
- der Aufhebung von Sicherungsmaßnahmen (§ 25 Abs. 1 InsO);
- der Eröffnung des Insolvenzverfahrens (§ 32 Abs. 2 InsO);
- der Löschung des Eröffnungsvermerks bei Veräußerung oder Freigabe (§ 32 Abs. 3 InsO);

---

2 Korintenberg/*Hey'l*, GNotKG, Vorbem. 1.4 KV Rn 35.
3 Korintenberg/*Hey'l*, GNotKG, Vorbem. 1.4 KV Rn 36.

- der Eintragung der Aufhebung des Insolvenzverfahrens (§ 200 Abs. 2, § 258 Abs. 3 InsO);
- der Eintragung der Einstellung des Insolvenzverfahrens (§ 215 Abs. 1 InsO);
- der Überwachung der Erfüllung des Insolvenzplans (§ 267 Abs. 3 InsO);
- der Eintragung der Anordnung der Zustimmungsbedürftigkeit (§ 277 Abs. 3 InsO);
- der Eintragung der Einschränkung der Verfügungsbefugnis (§ 346 Abs. 1 InsO).

Erfolgen die vorgenannten Eintragungen oder Löschungen auf Antrag des Insolvenzverwalters, sind sie gleichfalls gebührenfrei vorzunehmen. Die Zulässigkeit der Antragstellung für den Verwalter ergibt sich für die Eintragung des Eröffnungsvermerks und seiner Löschung im Falle der Veräußerung oder Freigabe aus § 32 Abs. 2, 3 InsO, im Übrigen aufgrund der bei den in Rn 14 genannten Vorschriften angebrachten Verweisungen auf § 32 InsO. 15

Liegt eine Eigenverwaltung vor, kann auch der Schuldner selbst die Anträge auf Eintragung oder Löschung stellen (§ 270 Abs. 1 InsO), die gleichfalls gebührenfrei zu erledigen sind. 16

c) Vollstreckungsgericht

Nach Vorbem. 1.4 Abs. 2 Nr. 2 KV sind Eintragungen oder Löschungen, die auf Ersuchen des Vollstreckungsgerichts im Grundbuch vorzunehmen sind, gebührenfrei. Hierzu gehört bspw die Eintragung in das Grundbuch wegen 17

- der Anordnung der Zwangsversteigerung oder Zwangsverwaltung (§ 19 Abs. 1, ggf. iVm § 146 Abs. 1 ZVG);
- der Aufhebung der Zwangsversteigerung oder Zwangsverwaltung (§§ 34, 161 ZVG);
- der Löschung des Zwangsversteigerungsvermerks (§ 130 Abs. 1 ZVG, ggf. iVm § 146 Abs. 1 ZVG);
- der Löschung der durch den Zuschlag erloschenen Rechte (§ 130 Abs. 1 ZVG).

Gebührenpflichtig sind nach Vorbem. 1.4 Abs. 2 Nr. 2 KV jedoch die Eintragung des Erstehers als Eigentümer (Nr. 14110 KV) sowie die Eintragung von Sicherungshypotheken für die Forderungen gegen den Ersteher (Nr. 14121 KV). Soll ein Gesamtrecht auf einem nicht mitversteigerten Grundstück gelöscht werden, besteht keine Gebührenfreiheit, soweit die Löschung auf dem nicht mitversteigerten Grundstück erfolgt, so dass hierfür Gebühren entstehen (Nr. 14140 KV).[4] 18

d) Strafsachen

Gebührenfrei sind die Eintragungen auf Ersuchen der Staatsanwaltschaft nach § 111 f StPO wegen der Eintragung der Vermögensbeschlagnahme (§ 111 c StPO) oder dinglichen Arrests (§ 111 d StPO). 19

e) Beschwerdegericht

Vormerkungen oder Widersprüche, die aufgrund einer einstweiligen Anordnung des Beschwerdegerichts einzutragen sind (§ 76 Abs. 1 GBO), sowie die von Amts wegen vorzunehmenden Löschungen bei Zurücknahme oder Zurückweisung der Beschwerde (§ 76 Abs. 2 GBO) sind gebührenfrei vorzunehmen. 20

4 Rohs/Wedewer/*Rohs*, KostO, § 69 Rn 18.

f) Zwangsverfahren

21 Werden Sicherungshypotheken im Verwaltungszwangsverfahren eingetragen (zB § 322 AO, § 6 JBeitrO), liegt kein gerichtliches Ersuchen vor, so dass die Eintragung gebührenpflichtig erfolgt.[5]

III. Eigentum

1. Eintragungsgebühr

22 Für die Eintragung von Eigentümern, Miteigentümern und Gesellschaftern einer GbR entsteht eine 1,0-Gebühr nach Nr. 14110 KV. Es gilt Tabelle B (§ 34 GNotKG). Die Gebühr entsteht für jede Eintragung gesondert (§ 55 Abs. 2 GNotKG), jedoch ist die Sonderregelung der Vorbem. 1.4 Abs. 3 KV zu beachten (s. Rn 29 ff).

23 **Beispiel:** Beantragt wird die Eintragung eines neuen Eigentümers. Der Verkehrswert des Grundstücks beträgt 450.000 €.
Für die Eintragungen sind zu erheben:

1,0-Eintragungsgebühr, Nr. 14110 KV (Wert: 450.000 €, Tabelle B)	885,00 €

2. Eigentumswechsel

24 Die Grundlage für den Eigentumswechsel ist unerheblich, allerdings muss es sich um einen Eigentumswechsel nach materiellrechtlichen Vorschriften (privat- oder öffentlich-rechtlich) handeln. Erfasst sind daher rechtsbegründende wie auch berichtigende Eintragungen bei Eigentumswechsel außerhalb des Grundbuchs.[6]

25 Gebührenpflichtig nach Nr. 14110 KV sind daher insbesondere Eigentumswechsel aufgrund

- Auflassung (§§ 873, 925 BGB),
- Erbfolge (§§ 1922 ff BGB),
- Zuschlags im Zwangsversteigerungsverfahren (§ 90 ZVG),[7]
- Ausschließung des bisherigen Eigentümers im Aufgebotsverfahren (§ 927 BGB),[8]
- Verschmelzungen (§ 2 UmwG),[9] Spaltungen (§ 123 UmwG), Vermögensübertragungen (§ 174 UmwG).[10]

Wegen Vorbem. 1.4 Abs. 1 KV unterfällt der Gebühr Nr. 14110 KV auch die Eintragung eines neuen Erbbauberechtigten bei Übertragung des Erbbaurechts.[11]

26 Ein Eigentumswechsel liegt hingegen nicht vor, wenn nur eine andere Bezeichnung des Eigentümers im Grundbuch erfolgt, ohne dass es zu einem Identitätswechsel kommt.[12] Gebührenfrei bleibt deshalb die Eintragung der Umwandlung einer Gesellschaft in eine andere Rechtsform, da es sich bei dem neuen Eigentümer um dieselbe

---

5 Korintenberg/*Hey'l*, GNotKG, Vorbem. 1.4 KV Rn 39.
6 HK-GNotKG/*Drempetic*, KV Nr. 14110–14112 Rn 14.
7 OLG Jena ZfiR 2011, 501.
8 Bormann/Diehn/Sommerfeldt/*Gutfried*, GNotKG, Nr. 14130 KV Rn 8.
9 LG Koblenz NZG 2004, 1174.
10 Bormann/Diehn/Sommerfeldt/*Gutfried*, GNotKG, Nr. 14110 KV Rn 6; Korintenberg/*Hey'l*, GNotKG, Nr. 14110 KV Rn 16.
11 Bormann/Diehn/Sommerfeldt/*Gutfried*, GNotKG, Nr. 14130 KV Rn 8.
12 Rohs/Wedewer/*Rohs*, KostO, § 60 Rn 3 a.

Rechtspersönlichkeit handelt.[13] Da es an einer Gebührenvorschrift fehlt und auch Nr. 14160 KV keine allgemeine Auffangvorschrift darstellt,[14] bleiben gebührenfrei:

- Berichtigung des im Grundbuch eingetragenen Namens,
- Berichtigung der im Grundbuch eingetragenen Firma, einschließlich des Formwechsels nach § 190 UmwG,[15]
- Umwandlung einer Personenhandelsgesellschaft (OHG, KG) in eine GbR und umgekehrt.[16]

3. Eintragung bei Wechsel im Gesellschafterbestand einer GbR

Eine Gebühr wird auch erhoben für die Eintragung von Gesellschaftern einer GbR im Wege der Grundbuchberichtigung (Nr. 14110 Nr. 2 KV). Gebührenpflichtig ist deshalb der Eintritt eines neuen Gesellschafters oder der Gesellschafterwechsel. Werden mehrere Gesellschafter eingetragen, ist wie bei der Eintragung mehrerer Miteigentümer nur eine Gebühr aus dem zusammengerechneten Wert zu berechnen.[17] Die Entstehung der Gebühr setzt jedoch voraus, dass tatsächlich eine Eintragung erfolgt, so dass bei Ausscheiden und Anwachsung keine Gebühr, auch nicht für Rötung und Anwachsungsvermerk, anfällt.[18] 27

Bleibt infolge des Ausscheidens nur ein Gesellschafter übrig und wachsen ihm die übrigen Anteile mit der Folge der GbR-Auflösung an, so besteht eine Gebührenpflicht nach Nr. 14110 KV.[19] Da § 70 Abs. 4 Hs. 2 GNotKG nur bei einem Gesellschafterwechsel in einer bestehenden Gesellschaft gilt, ist die Gebühr nach dem vollen Grundstückswert zu erheben.[20] 28

4. Mehrere Eintragungen

Wird derselbe Eigentümer bei mehreren Grundstücken eingetragen, wird die Gebühr der Nr. 14110 KV wegen Vorbem. 1.4 Abs. 3 KV nur einmal erhoben, wenn 29

- das Grundbuch bei demselben Amtsgericht geführt wird *und*
- die Anträge in demselben Dokument enthalten sind und am selben Tag beim Gericht eingegangen sind.

Für die Wertberechnung ist § 69 Abs. 1 GNotKG zu beachten (s. Rn 59 ff). Danach ist der Geschäftswert für die Eintragung desselben Eigentümers bei mehreren Grundstücken nach dem zusammengerechneten Wert dieser Grundstücke zu berechnen, wenn das Grundbuch bei demselben Grundbuchamt geführt wird und die Eintragungsanträge in demselben Antrag enthalten sind und am selben Tag beim Grundbuchamt eingehen. 30

Beispiel: Beantragt ist die Eintragung eines neuen Eigentümers im Grundbuch von Magdeburg, Blatt 5600 und 5601. Das Grundbuch wird für beide Grundstücke beim AG Magdeburg geführt. Die Anträge sind in einer Urkunde enthalten und gehen am selben Tag beim AG Magdeburg ein. Die Verkehrswerte betragen 120.000 € und 100.000 €. 31

13 Rohs/Wedewer/*Rohs*, KostO, § 60 Rn 5.
14 BT-Drucks. 17/11471 (neu), S. 322.
15 Bormann/Diehn/Sommerfeldt/*Gutfried*, GNotKG, Nr. 14110 KV Rn 7; Korintenberg/*Hey'l*, GNotKG, Nr. 14110 KV Rn 17.
16 Bormann/Diehn/Sommerfeldt/*Gutfried*, GNotKG, Nr. 14110 KV Rn 7, 16.
17 BT-Drucks. 17/11471 (neu), S. 206.
18 Bormann/Diehn/Sommerfeldt/*Gutfried*, GNotKG, Nr. 14110 KV Rn 15.
19 Korintenberg/*Hey'l*, GNotKG, Nr. 14110 KV Rn 33.
20 *Böhringer*, BWNotZ 2013, 71.

Für die Eintragung sind zu erheben:
1,0-Eintragungsgebühr, Nr. 14110 KV (Wert: 220.000 €, Tabelle B) 485,00 €
Der Ansatz von Einzelgebühren ist wegen Vorbem. 1.4 Abs. 3 KV nicht zulässig.

5. Eintragung von Veräußerer und Erwerber

32 Muss wegen § 39 Abs. 1 GBO vor der Eintragung des Erwerbers noch der Veräußerer eingetragen werden, ist die Gebühr der Nr. 14110 KV für jede Eintragung gesondert zu erheben.

33 **Beispiel:** Beantragt sind die Eintragung eines neuen Eigentümers sowie die Eintragung des Veräußerers. Der Verkehrswert beträgt 320.000 €.
Für die Eintragungen sind zu erheben:

1.	1,0-Eintragungsgebühr, Nr. 14110 KV (Wert: 320.000 €, Tabelle B)	635,00 €
2.	1,0-Eintragungsgebühr, Nr. 14110 KV (Wert: 320.000 €, Tabelle B)	635,00 €
Gesamt		1.270,00 €

34 Unterbleibt die Voreintragung des Veräußerers nach § 40 GBO, ist die Gebühr der Nr. 14110 KV nur für die Eintragung des Erwerbers zu erheben.[21]

35 **Beispiel:** Der eingetragene Eigentümer ist am 15.10.2015 verstorben. Erben sind die beiden Kinder A und B. Diese verkaufen das Grundstück und erklären die Auflassung. Erwerber ist C, der weder mit dem verstorbenen Eigentümer noch mit A und B verwandt ist. Der Verkehrswert beträgt 320.000 €.
Für die Eintragungen sind zu erheben:
1,0-Eintragungsgebühr, Nr. 14110 KV (Wert: 320.000 €, Tabelle B) 635,00 €

6. Eintragung von Erben

a) Gebührenfreiheit

36 Die Gebühr der Nr. 14110 KV wird nicht erhoben für die Eintragung von Erben des eingetragenen Eigentümers oder von Erben des Gesellschafters bürgerlichen Rechts, wenn der Eintragungsantrag binnen zweier Jahre seit dem Erbfall bei dem Grundbuchamt eingereicht wird (Anm. Abs. 1 S. 1 zu Nr. 14110 KV). Dies gilt auch, wenn die Erben erst infolge einer Erbauseinandersetzung eingetragen werden (Anm. Abs. 1 S. 2 zu Nr. 14110 KV). Die Regelung gilt sowohl für gesetzliche als auch testamentarische Erben. Erfasst sind auch Erbeserben[22] sowie Vor- und Nacherben (s. Rn 43), ferner der überlebende Ehegatte und die gemeinsamen Kinder, wenn die Gütergemeinschaft fortgesetzt wird.[23] **Rechtsgeschäftliche Erwerber** sind hingegen nicht erfasst, so dass die Eintragung gebührenpflichtig ist bei Erbteilserwerbern[24] oder Pflichtteilsberechtigten, bei Anspruchsabgeltung durch Grundstücksübertragung.[25] Gebührenpflichtig ist die Eintragung auch dann, wenn das Vermögen einer Personengesellschaft mit dem Tod eines von zwei Gesellschaftern auf den verbleibenden Gesellschafter als Alleinerben übergeht.[26]

---

21 Rohs/Wedewer/*Rohs*, KostO, § 60 Rn 3.
22 Bormann/Diehn/Sommerfeldt/*Gutfried*, GNotKG, Nr. 14110 KV Rn 18; Korintenberg/*Hey'l*, GNotKG, Nr. 14110 KV Rn 41.
23 Korintenberg/*Hey'l*, GNotKG, Nr. 14110 KV Rn 41.
24 Bormann/Diehn/Sommerfeldt/*Gutfried*, GNotKG, Nr. 14110 KV Rn 18; Korintenberg/*Hey'l*, GNotKG, Nr. 14110 KV Rn 42.
25 Korintenberg/*Hey'l*, GNotKG, Nr. 14110 KV Rn 42.
26 OLG Celle NdsRpfl 2011, 42; BayObLG Rpfleger 1997, 189; LG Osnabrück NdsRpfl 1993, 196.

Beispiel: Im Grundbuch ist A eingetragen. A verstirbt am 20.11.2015 und wird beerbt von B und C. Diese beantragen am 15.3.2016 ihre Eintragung als Eigentümer. 37
Eine Gebühr wird für die Eintragung von B und C nicht erhoben (Anm. Abs. 1 zu Nr. 14110 KV).

Wird zugleich die Erteilung eines Grundbuchauszugs nach erfolgter Eintragung beantragt, sind jedoch Gebühren nach Nr. 17000–17003 KV zu erheben, da sich die Gebührenfreiheit nur auf Nr. 14110 KV bezieht. 38

b) Einhaltung der Zweijahresfrist

Es kommt nur darauf an, dass der Eintragungsantrag innerhalb der Zweijahresfrist bei dem Grundbuchamt eingeht; unerheblich ist dagegen die Vollzugsreife.[27] Die Einreichung des Antrags bei einer anderen Abteilung desselben Amtsgerichts reicht zur Fristwahrung nicht aus.[28] Unerheblich ist auch eine unverschuldete Fristversäumnis, so dass Gebührenpflicht besteht, wenn der Antrag deshalb verspätet eingereicht wird, weil der Erbschein erst nach einem langwierigen Nachlassverfahren erteilt werden konnte[29] oder ein Klageverfahren anzustrengen war.[30] 39

c) Abschichtungsvereinbarung

Bestritten ist, ob die Eintragung des Eigentümers aufgrund einer Abschichtungsvereinbarung gebührenfrei erfolgt. Der Eigentumsübergang bei einer Abschichtung vollzieht sich außerhalb des Grundbuchs, das nur zu berichtigen ist, so dass es keiner Auflassungserklärung der Erben bedarf. Der Erbteil der verbleibenden Miterben wächst vielmehr kraft Gesetzes durch Erhöhung seines Erbanteiles an, so dass Rechtsgrund für den Eigentumserwerb weiterhin eine Erbschaft ist und die Eintragung der Erben folglich nach Anm. Abs. 1 zu Nr. 14110 KV gebührenfrei zu erfolgen hat.[31] 40

d) Erbauseinandersetzung

Erfolgt die Eintragung eines oder mehrerer Miterben hingegen aufgrund eines Erbauseinandersetzungsvertrages, ist Grundlage ein rechtsgeschäftlicher Erwerb, da die Rechtsgrundlage für die Eintragung der Erben die Auflassung ist.[32] Die Eintragung der Miterben erfolgt jedoch gleichwohl gebührenfrei, da Anm. Abs. 1 S. 2 zu Nr. 14110 KV das Gebührenprivileg ausdrücklich auf die Fälle der Erbauseinandersetzung erstreckt. Die Befreiung der Anm. Abs. 1 S. 2 zu Nr. 14110 KV gilt jedoch nur, wenn der Miterbe ohne **Voreintragung der Erbengemeinschaft** eingetragen ist. Wird erst die Erbengemeinschaft eingetragen, ist diese Eintragung gebührenfrei, für die danach folgende Eintragung von Erben aufgrund Erbauseinandersetzung fällt die Gebühr der Nr. 14110 KV jedoch an.[33] 41

27 OLG Frankfurt NotBZ 2008, 78; OLG Zweibrücken Rpfleger 1997, 277.
28 BayObLG 1.12.1999 – 3Z BR 342/99, juris.
29 BayObLG 1.12.1999 – 3Z BR 342/99, juris; OLG Karlsruhe Rpfleger 1988, 19.
30 LG Freiburg Rpfleger 1979, 232.
31 Rohs/Wedewer/*Rohs*, KostO, § 60 Rn 16 a; OLG Zweibrücken Rpfleger 2013, 57.
32 OLG Düsseldorf JurBüro 206, 651; OLG Frankfurt FamRZ 2004, 286; Rohs/Wedewer/*Rohs*, KostO, § 60 Rn 16 c; aA OLG München Rpfleger 2006, 288; OLG Köln Rpfleger 2003, 622.
33 OLG Köln Rpfleger 2014, 564.

e) Vermächtnisse

42 Nicht von Anm. Abs. 1 zu Nr. 14110 KV erfasst und daher gebührenpflichtig ist die Eintragung von Vermächtnisnehmern.[34]

f) Nacherben

43 Die Eintragung von Verfügungsbeschränkungen ist gebührenfrei,[35] was auch für eine Nacherbfolge oder eine Testamentsvollstreckung gilt (s. Rn 252 f). Gebührenfrei ist auch die Eintragung des Nacherben als Eigentümer nach Eintritt der Nacherbfolge vorzunehmen, da Anm. Abs. 1 zu Nr. 14110 KV entsprechend gilt.[36] Für die Zweijahresfrist ist auf den Nacherbfall abzustellen.[37]

g) Erben des Gesellschafters bürgerlichen Rechts

44 Die Eintragung von Erben eines Gesellschafters bürgerlichen Rechts innerhalb der Zweijahresfrist ist gebührenfrei (Anm. Abs. 1 S. 1 zu Nr. 14110 KV). Die Regelung gilt bei Erbfolge infolge einer einfachen oder qualifizierten Nachfolgeklausel. Erfolgt der Eintritt hingegen durch Eintrittsklausel, liegt keine unmittelbare Erbfolge vor, so dass eine Gebühr nach Nr. 14110 KV anfällt.[38] Liegt eine reine Fortsetzungsklausel vor, ist die Eintragung des Ausscheidens des verstorbenen Gesellschafters im Grundbuch gebührenfrei vorzunehmen,[39] auch Nr. 14160 KV gilt nicht.

45 Bestand die GbR aus zwei Gesellschaftern und ist der überlebende Gesellschafter Alleinerbe des verstorbenen Gesellschafters, so ist die Eintragung gebührenpflichtig nach Nr. 14110 KV, da sich ein materiellrechtlicher Eigentumswechsel von Gesellschaft auf den Alleinerben vollzieht.[40]

7. Eintragung von Ehegatten und Abkömmlingen

46 Es besteht Gebührenpflicht, denn Nr. 14110 KV gilt auch für die Eintragung solcher Personen uneingeschränkt; eine Priviligeriung besteht lediglich nach Anm. Abs. 1 zu Nr. 14110 KV.

8. Sonder- oder Teileigentum

47 Die Gebühr Nr. 14110 KV entsteht nicht, wenn mit der Begründung oder Aufhebung von Wohnungs- oder Teileigentum keine weitergehende Veränderung der Eigentumsverhältnisse verbunden ist (Anm. Abs. 2 zu Nr. 14110 KV). Erfasst sind etwa die Fälle, dass der Alleineigentümer das Grundstück in mehrere Wohnungs- oder Teileigentumseinheiten aufteilt, ohne Wohnungs- oder Teileigentumseinheiten zu übertragen (§ 8 WEG), so dass dann nur die Gebühr Nr. 14112 KV anfällt.[41] Bei vertraglicher Begründung von Sondereigentum (§ 3 WEG) fällt die Gebühr Nr. 14110 KV nicht neben Nr. 14112 KV an, wenn mehrere Bruchteile zusammengefasst werden und der zusammengefasste Anteil einem Sondereigentum zugeordnet wird.[42] Der **Geschäftswert** bestimmt sich nach § 42 GNotKG (s. Rn 86).

---

34 LG Kempten JurBüro 1990, 743.
35 BT-Drucks. 17/11471 (neu), S. 319.
36 Rohs/Wedewer/*Rohs*, KostO, § 60 Rn 15 b.
37 Korintenberg/*Hey'l*, GNotKG, Nr. 14110 KV Rn 41.
38 HK-GNotKG/*Drempetic*, KV Nr. 14110–14112 Rn 25.
39 BT-Drucks. 17/17471 (neu), S. 206.
40 Bormann/Diehn/Sommerfeldt/*Gutfried*, GNotKG, Nr. 14110 KV Rn 21.
41 BT-Drucks. 17/11471 (neu), S. 206.
42 Bormann/Diehn/Sommerfeldt/*Gutfried*, GNotKG, Nr. 14110 KV Rn 32.

9. Kostenschuldner

Die Gebühr der Nr. 14110 KV schuldet derjenige, der die Eintragung beantragt hat als Antragsschuldner (§ 22 Abs. 1 GNotKG), da die Grundbucheintragung nur auf Antrag erfolgt. Mehrere Antragsteller haften als Gesamtschuldner (§ 32 Abs. 1 GNotKG). 48

Im Übrigen haftet derjenige, der die Kosten in einer vor Gericht abgegebenen oder dem Gericht mitgeteilten Erklärung übernommen hat (§ 27 Nr. 2 GNotKG). Der Übernahmeschuldner ist zugleich als Erstschuldner in Anspruch zu nehmen (§ 33 Abs. 1 GNotKG). 49

Erfolgt die Eintragung des Erstehers als Eigentümers nach Zuschlag im Zwangsversteigerungsverfahren, schuldet nur dieser die Eintragungsgebühr der Nr. 14110 KV (§ 23 Nr. 12 GNotKG). 50

10. Fälligkeit und Vorschuss

Die Gebühr der Nr. 14110 KV wird mit wirksamer Eintragung fällig, weil das Verfahren dann als erledigt iSd § 9 Abs. 1 Nr. 5 GNotKG anzusehen ist. Nach § 129 Abs. 1 S. 1 GBO wird die Eintragung wirksam, sobald sie in den für die Grundbucheintragungen bestimmten Datenspeicher aufgenommen ist und auf Dauer inhaltlich unverändert in lesbarer Form wiedergegeben werden kann, so dass es auf diesen Zeitpunkt ankommt. 51

Ein Vorschuss kann nach § 13 S. 2 GNotKG nur verlangt werden, wenn dies im Einzelfall zur Sicherung des Eingangs der Gebühr erforderlich erscheint (s. § 5 Rn 10 ff). Für die Auslagen gilt § 14 Abs. 1 GNotKG, jedoch ist auch hier § 13 S. 2 GNotKG zu beachten (§ 14 Abs. 1 S. 2 Hs. 2 GNotKG). 52

11. Geschäftswert

a) Verkehrswert des Grundstücks

Der Geschäftswert bestimmt sich nach dem Verkehrswert des Grundstücks (§ 46 Abs. 1 GNotKG). Steht der Verkehrswert nicht fest, ist er gem. § 46 Abs. 2 GNotKG zu ermitteln nach dem Inhalt des Geschäfts, den Angaben der Beteiligten, anhand von sonstigen amtlich bekannten Tatsachen oder Vergleichswerten aufgrund einer amtlichen Auskunft oder anhand offenkundiger Tatsachen. Im Übrigen können zur Ermittlung des Werts nach § 46 Abs. 3 GNotKG auch herangezogen werden: 53

- im Grundbuch eingetragene Belastungen,
- aus den Grundakten ersichtliche Tatsachen oder Vergleichswerte oder
- für Zwecke der Steuererhebung festgesetzte Werte, wobei § 30 AO einer Auskunft des Finanzamts nicht entgegensteht.

Maßgeblich ist der Wert zum Zeitpunkt des Eingangs des Antrags beim Grundbuchamt (§ 59 S. 1 GNotKG). Eine Beweisaufnahme findet für die Wertermittlung nicht statt (§ 46 Abs. 4 GNotKG). 54

Zur Wertermittlung bei land- und forstwirtschaftlichem Vermögen s. Rn 72 ff. 55

b) Grundstücksgleiche Rechte

Die für die Bewertung von Grundstücken maßgeblichen Regelungen gelten auch für grundstücksgleiche Rechte (§ 49 Abs. 1 GNotKG), so dass es wegen § 46 Abs. 1 GNotKG auf den Verkehrswert ankommt. Auch bei der Übertragung von Gebäudeei- 56 gentum nach dem ZGB-DDR kommt es – anders als bei der Begründung – auf den vollen Verkehrswert an.[43] Zur Wertermittlung bei mehreren grundstücksgleichen Rechten s. Rn 59 ff.

57 § 46 GNotKG findet keine Anwendung, soweit § 49 Abs. 2 GNotKG etwas Abweichendes regelt (§ 49 Abs. 1 GNotKG). Besondere Regelungen sind danach für **Erbbaurechte** vorgesehen. Deren Wert ist mit 80 % vom Wert des belasteten Grundstücks einschließlich der darauf entrichteten Bauwerke zu bewerten. War bei der Bestellung eines Erbbaurechts ein Erbbauzins vereinbart, ist § 43 GNotKG zu beachten. Danach bestimmt sich der Geschäftswert aus dem während der Dauer des Erbbaurechts zu zahlenden Erbbauzins, höchstens aber aus dem auf die ersten 20 Jahre entfallenden Erbbauzins (§ 52 Abs. 2 S. 2 GNotKG). Ist allerdings der nach § 49 Abs. 2 GNotKG ermittelte Wert des Erbbaurechts höher, ist dieser maßgebend (§ 43 S. 2 GNotKG). Dabei ist zu beachten, dass die nach § 43 GNotKG vorzunehmende Vergleichsberechnung nur dann durchzuführen ist, wenn es sich um die Bestellung des Erbbaurechts handelt, während § 49 GNotKG als reine Bewertungsvorschrift immer dann eingreift, wenn es für die Ermittlung des Geschäftswerts auf den Wert des Erbbaurechts ankommt.[44]

c) Eintragung des Erstehers

58 Für die gebührenpflichtige Eintragung des Erstehers (§ 130 Abs. 1 ZVG) bestimmt sich der Geschäftswert nach dem gem. § 74 a ZVG festgesetzten Verkehrswert.[45] Ein geringeres Meistgebot rechtfertigt keine Minderung.[46]

d) Mehrere Grundstücke, mehrere grundstücksgleiche Rechte

59 Soll derselbe Eigentümer bei mehreren Grundstücken eingetragen werden, gilt § 69 Abs. 1 S. 1 GNotKG. Danach bemisst sich der Geschäftswert nach dem zusammengerechneten Wert dieser Grundstücke, wenn das Grundbuch über diese Grundstücke bei demselben Grundbuchamt geführt wird, die Eintragungsanträge in einem Dokument gestellt sind und am selben Tag beim Grundbuchamt eingehen. Es kommt deshalb nicht darauf an, dass der weitere Eintragungsantrag noch vor Erledigung des zuvor gestellten Antrags eingeht.

60 Bei allen Grundstücken muss derselbe Eigentümer eingetragen werden, es muss Personenidentität vorliegen. Sie liegt auch vor, wenn mehrere Miteigentümer eingetragen werden sollen.[47] Verschiedene selbständige juristische Personen, auch Personengesellschaften mit gleichen Gesellschaftern, sind verschiedene Eigentümer.[48]

61 Die Regelung gilt auch für grundstücksgleiche Rechte (§ 69 Abs. 1 S. 2 GNotKG).

e) Gesamthandsgemeinschaft

62 Für die Eintragung von Gesamthandsgemeinschaften gilt § 70 GNotKG. Dabei sind folgende Anwendungsfälle zu unterscheiden:

- Eintragung bei bestehenbleibender Gesamtshandsgemeinschaft: die Anteile sind wie Bruchteile an dem Grundstück zu behandeln (§ 70 Abs. 1 GNotKG);

43 Korintenberg/*Tiedtke*, GNotKG, § 49 Rn 8.
44 BT-Drucks. 17/11471 (neu), S. 170 zu § 49 GNotKG.
45 OLG Frankfurt OLGR 2005, 108; KG JurBüro 2006, 540; BayObLG JurBüro 2002, 543.
46 BayObLG Rpfleger 2002, 543.
47 Korintenberg/*Klüsener*, GNotKG, § 69 Rn 6.
48 Korintenberg/*Klüsener*, GNotKG, § 69 Rn 7.

- Gesamthandsgemeinschaft besteht nach Eintragung nicht mehr nach Übertragung der Anteile, wenn auf der Erwerberseite nur vormalige Gesamthänder stehen (§ 70 Abs. 2 S. 1 GNotKG);
- Gesamthandsgemeinschaft besteht nach Eintragung nicht mehr nach Übertragung der Anteile, wenn ein vormaliger Gesamthänder nur einen Bruchteil erhält (§ 70 Abs. 2 S. 2 GNotKG).

Ein grundstücksgleiches oder sonstiges Recht steht einem Grundstück gleich (§ 70 Abs. 3 S. 1 GNotKG).

Die Regelungen des § 70 Abs. 1–3 GNotKG gelten jedoch **nicht** für eine **OHG, KG,** 63 **Partnerschaft** oder **EWIV** (§ 70 Abs. 4 Hs. 1 GNotKG) und hinsichtlich einer **GbR** nur für die Eintragung einer Änderung im Gesellschafterbestand (§ 70 Abs. 4 Hs. 2 GNotKG). Sie finden deshalb keine Anwendung auf die Einbringung oder Übertragung eines Grundstücks von einem oder auf einen Gesellschafter.[49]

Beispiel: In dem Grundbuch ist eine GbR, bestehend aus den Gesellschaftern A, B und C, 64 eingetragen. Durch Vereinigung aller Anteile auf C wird die GbR aufgelöst. C wird als neuer Eigentümer eingetragen. Der Verkehrswert des Grundstücks beträgt 120.000 €.
Für die Eintragungen sind zu erheben:
1,0-Eintragungsgebühr, Nr. 14110 KV (Wert: 120.000 €, Tabelle B) 300,00 €
Maßgeblich ist der gesamte Wert des Grundstücks, denn § 70 Abs. 2 GNotKG findet wegen § 70 Abs. 4 GNotKG keine Anwendung.

§ 70 Abs. 1 GNotKG erfasst auch die Fälle, in denen ein **Grundstück in eine Gesamt-** 65 **handsgemeinschaft eingebracht** wird, zB bei der Vereinbarung einer Gütergemeinschaft,[50] es sei denn, es handelt sich um eine in § 70 Abs. 4 GNotKG genannte Gemeinschaft (s. Rn 63).

Ist eine Gesamthandsgemeinschaft im Grundbuch eingetragen und treten **Verände-** 66 **rungen innerhalb der bestehen bleibenden Gesamthandsgemeinschaft** auf, sind die Anteile an der Gemeinschaft wie Bruchteile an dem Grundstück zu behandeln (§ 70 Abs. 1 S. 1 GNotKG). Dabei sind die Mitglieder im Zweifel als zu gleichen Teilen an der Gemeinschaft beteiligt anzusehen (§ 70 Abs. 1 S. 2 GNotKG). Überträgt ein Gesamthandsmitglied seinen Anteil an ein anderes Mitglied der Gemeinschaft, so ist nicht der gesamte Grundstückswert, sondern nur der Wert des Anteils zugrunde zu legen. Erfasst sind etwa die **Anteilsübertragungen** bei der **Erbengemeinschaft** oder der **GbR,** da in diesem Fall die Gesamthand als solche im Grundbuch eingetragen bleibt, aber eine Berichtigung hinsichtlich der Gesamthänder stattfindet.

Beispiel: In dem Grundbuch ist eine GbR eingetragen, bestehend aus den Gesellschaftern 67 A, B und C, zu je 1/3. B überträgt seinen Gesellschaftanteil auf D, der neuer Gesellschafter wird. Der Verkehrswert des Grundstücks beträgt 120.000 €.
Für die Eintragungen sind zu erheben:
1,0-Eintragungsgebühr, Nr. 14110 KV (Wert: 40.000 €, Tabelle B) 145,00 €
Maßgeblich ist nur der Wert des Anteils von B (§ 70 Abs. 1 GNotKG).

Wenn die **Gesamthandsgemeinschaft nach der Eintragung nicht mehr fortbesteht,** gilt 68 § 70 Abs. 2 GNotKG. Werden nur solche Personen als Eigentümer oder Miteigentümer eingetragen, die vorher an der Gesamthandsgemeinschaft beteiligt waren, so be-

49 BT-Drucks. 17/11471 (neu), S. 175 zu § 70 GNotKG.
50 BT-Drucks. 17/11471 (neu), S. 175 zu § 70 GNotKG.

trägt der Geschäftswert die Hälfte des Grundstückswerts (§ 70 Abs. 2 S. 1 GNotKG). Die Regelung gilt sowohl bei Auflassung als auch Vereinigung aller Anteile.[51]

69 **Beispiel:** In dem Grundbuch ist eine Erbengemeinschaft eingetragen, bestehend aus A, B und C, die zu je 1/3 am Nachlass beteiligt sind. Miterben A und B übertragen ihre Miterbenanteile auf C. Der Verkehrswert des Grundstücks beträgt 120.000 €.
Für die Eintragungen sind zu erheben:
1,0-Eintragungsgebühr, Nr. 14110 KV (Wert: 60.000 €, Tabelle B) 192,00 €
Maßgeblich ist der halbe Grundstückswert (§ 70 Abs. 2 S. 1 GNotKG).

70 Erfolgt der **Eigentumsübergang zu einem Bruchteil an einen oder mehrere Mitberechtigte** der Gesamthandsgemeinschaft, beträgt der Geschäftswert insoweit die Hälfte des Werts dieses Bruchteils (§ 70 Abs. 2 S. 2 GNotKG). Die Regelung gilt für solche Fälle, in denen ein Beteiligter der Gesamthandgemeinschaft lediglich einen **Bruchteil übertragen** bekommt, zB wenn ein nicht an der Gesamthandsgemeinschaft Beteiligter einen weiteren Bruchteil erhält oder wenn ein Gesamthänder zusätzlich zu seinem Anteil an der Gesamthand noch einen Bruchteil an dem Grundstück erhält.[52]

71 **Beispiel:** In dem Grundbuch ist eine Erbengemeinschaft eingetragen, bestehend aus A und B, die zu je 1/2 am Nachlass beteiligt sind. Das Grundstück wird nunmehr veräußert an den Miterben A zu 7/10 und einem nicht an der Erbengemeinschaft Beteiligten C zu 3/10. Der Verkehrswert des Grundstücks beträgt 120.000 €.
Für die Eintragungen sind zu erheben:
1,0-Eintragungsgebühr, Nr. 14110 KV (Wert: 78.000 €, Tabelle B) 219,00 €
Soweit ein Anteil von 7/10 betroffen ist, gilt § 70 Abs. 2 S. 2 GNotKG, so dass der Anteil nur zur Hälfte zu bewerten ist (120.000 € x 0,7 : 2 = 42.000 €). Der Anteil von 3/10 ist hingegen mit dem vollen Wert von 36.000 € (120.000 € x 0,3) anzusetzen.

f) Land- und forstwirtschaftliches Vermögen

aa) Wertbestimmung

72 Für Geschäfte, die im Zusammenhang mit der Zuwendung eines **land- oder forstwirtschaftlichen Betriebs** stehen, gilt das Bewertungsprivileg des § 48 GNotKG. Dieses kommt jedoch nur zur Anwendung, wenn

- die unmittelbare Fortführung des Betriebs durch den Erwerber selbst beabsichtigt ist und
- der Betrieb unmittelbar nach Vollzug der Übergabe oder Zuwendung einen wesentlichen Teil der Existenzgrundlage des zukünftigen Inhabers bildet.

73 Die Privilegierung des § 48 GNotKG greift jedoch nur ein, wenn eine **Übergabe mit der Hofstelle**, dh dem bäuerlichen Wohnhaus, stattfindet.[53]

74 Für den Geschäftswert darf höchstens das Vierfache des letzten Einheitswerts, der zur Zeit der Fälligkeit der Gebühren bereits festgestellt wurde, zugrunde gelegt werden (§ 48 Abs. 1 S. 1 GNotKG). Hierzu können Auskünfte bei dem Finanzamt eingeholt werden, § 30 AO steht nicht entgegen (§ 48 Abs. 1 S. 2 iVm § 46 Abs. 3 S. 2 GNotKG).

51 Bormann/Diehn/Sommerfeldt/*Gutfried*, GNotKG, § 70 Rn 7.
52 BT-Drucks. 17/11471 (neu), S. 175 zu § 70 GNotKG.
53 OLG München MittBayNot 2014, 380.

Ist der Einheitswert noch nicht festgestellt, so ist dieser vorläufig zu schätzen (§ 48 Abs. 1 S. 3 GNotKG). Die Schätzung ist nach der ersten Feststellung des Einheitswerts von Amts wegen zu berichtigen. Soweit aufgrund der Wertänderung eine Nachforderung von Gebühren erforderlich wird, beginnt die Frist des § 20 Abs. 1 GNotKG (Nachforderungsverbot) erst mit der Feststellung des Einheitswerts (§ 48 Abs. 1 S. 3 GNotKG). 75

In dem in Art. 3 des Einigungsvertrages genannten Gebiet gelten gem. § 48 Abs. 1 S. 4 GNotKG für die Bewertung des land- und forstwirtschaftlichen Vermögens die Vorschriften des Dritten Abschnitts im Zweiten Teil des Bewertungsgesetzes mit Ausnahme von §§ 125 Abs. 3, 126 Abs. 2 BewG. 76

Weicht der Gegenstand des gebührenpflichtigen Geschäfts vom Gegenstand der Einheitsbewertung oder vom Gegenstand der Bildung des Ersatzwirtschaftswerts wesentlich ab oder hat sich der Wert infolge bestimmter Umstände, die nach dem Feststellungszeitpunkt des Einheitswerts oder des Ersatzwirtschaftswerts eingetreten sind, wesentlich verändert, so ist der nach den Grundsätzen der Einheitsbewertung oder der Bildung des Ersatzwirtschaftswerts geschätzte Wert maßgebend (§ 48 Abs. 2 GNotKG). 77

bb) Höfe

Die Bewertungsregelungen des § 48 Abs. 1 GNotKG gelten auch für die Bewertung eines Hofes iSd HöfeO (§ 48 Abs. 3 Nr. 1 GNotKG). 78

cc) Gerichtliche Zuweisung

Wird ein land- oder forstwirtschaftlicher Betrieb nicht zugewendet, sondern in einem gerichtlichen Verfahren zugewiesen, gilt wegen § 48 Abs. 3 Nr. 2 GNotKG gleichwohl das Wertprivileg des § 48 Abs. 1, 2 GNotKG. Endet das gerichtliche Verfahren jedoch ohne eine Zuweisung, soll die Regelung nicht gelten, so dass dann nach § 36 Abs. 1 GNotKG zu bewerten ist.[54] 79

12. Grundbuchberichtigung nach § 82 a GBO (Nr. 14111 KV)

Für die Eintragung des Eigentümers nach § 82 a GBO von Amts wegen ist eine 2,0-Gebühr nach Nr. 14111 KV zu erheben. Es gilt Tabelle B (§ 34 GNotKG). Neben der Eintragung deckt die Gebühr zugleich das Berichtigungszwangsverfahren (§ 82 GBO) und das Verfahren vor dem Nachlassgericht ab (Anm. zu Nr. 14111 KV). Es handelt sich jedoch um eine Aktgebühr, die nur entsteht, wenn es zur Eintragung kommt. 80

Eine Gebührenbefreiung nach Anm. Abs. 1 zu Nr. 14110 KV kann auch für die Erben nicht in Anspruch genommen werden, da die Regelung nicht für Nr. 14111 KV gilt. 81

Die Gebühr schuldet derjenige, der als Eigentümer eingetragen wird (§ 23 Nr. 11 GNotKG), bei Berichtigung eines unrichtigen Gesellschafters von Amts wegen die Gesellschaft.[55] 82

13. Sondereigentum und Wohnungs- oder Teileigentumsgrundbücher (Nr. 14112 KV)

Für die Eintragung der vertraglichen Einräumung von Sondereigentum oder der Anlegung der Wohnungs- oder Teileigentumsgrundbücher im Fall der Begründung durch 83

54 BT-Drucks. 17/11471 (neu), S. 170 zu § 48 Abs. 2 GNotKG.
55 Bormann/Diehn/Sommerfeldt/*Gutfried*, GNotKG, Nr. 14111 KV Rn 6.

Teilungserklärung nach § 8 WEG entsteht eine 1,0-Eintragungsgebühr nach Nr. 14112 KV. Es gilt Tabelle B (§ 34 GNotKG). Nr. 14112 KV gilt daher nur, wenn der Alleineigentümer das Grundstück in mehrere Wohnungs- oder Teileigentumseinheiten aufteilt, ohne Wohnungs- oder Teileigentumseinheiten zu übertragen, oder dann, wenn mehrere Miteigentümer das Grundstück in mehrere Wohnungs- oder Teileigentumseinheiten aufteilen, ohne dass sich die Miteigentumsanteile verändern.[56] Nr. 14112 KV gilt auch für die vertragliche Begründung von **Wohnungs- und Teilerbbaurechten** oder für die Anlegung von Wohnungs- bzw. Teilerbbaugrundbüchern sowie für die Unterteilung von Wohnungseigentum. Bei der **Vereinigung von Wohnungseigentumsrechten** fällt, da kein Eigentumswechsel stattfindet, die Gebühr Nr. 14160 KV an.[57]

84 Mit der Gebühr sind sämtliche Eintragungen abgegolten, die Gegenstand und Inhalt des Sondereigentums betreffen, sowie die Eintragung der Übernahme von Rechten aus dem Grundbuch in die Wohnungs- oder Teileigentumsgrundbücher.[58]

85 Geht mit der Eintragung oder der Anlegung der Wohnungs- oder Teileigentumsgrundbücher auch eine Änderung der Eigentumsverhältnisse einher, fällt für diese Eintragung die Gebühr Nr. 14110 KV gesondert an. Tritt eine solche weitergehende Veränderung der Eigentumsverhältnisse nicht ein, stellt Anm. Abs. 2 zu Nr. 14110 KV allerdings klar, dass die Gebühr nicht gesondert anfällt.

86 Der **Geschäftswert** für die Begründung von Wohnungs- und Teileigentum sowie Wohnungs- und Teilerbbaurechten bestimmt sich nach dem Wert des **bebauten Grundstücks** (§ 42 Abs. 1 S. 1 GNotKG), so dass es auf den Verkehrswert (§ 46 GNotKG ankommt). Sind bei Anlegung der Wohnungs- oder Teileigentumsgrundbücher die Wohnungseinheiten bereits teilweise verkauft, kann der Grundstückswert aus diesen Kaufpreisen hochgerechnet werden.[59] Handelt es sich um ein **unbebautes Grundstück**, ist dem Grundstückswert der Wert des zu errichtenden Bauwerks hinzuzurechnen (§ 42 Abs. 1 S. 2 GNotKG), und zwar auch dann, wenn bei der Wertfestsetzung feststeht, dass keine Bebauung mehr erfolgen wird.[60] Baunebenkosten sind wegen fehlenden Einflusses auf den Verkehrswert nicht hinzuzurechnen.[61]

87 Für die Eintragung der Änderung des Inhalts oder Eintragung der Aufhebung des Sondereigentums gilt Nr. 14160 Nr. 5 KV.

IV. Eintragung von Belastungen

1. Allgemeines

88 Für die Eintragung von Belastungen gelten Nr. 14120–14125 KV. Dabei ist zu unterscheiden zwischen der Eintragung von Briefrechten, für die Nr. 14120 KV gilt, und der Eintragung von sonstigen Rechten, für die Nr. 14121 KV Anwendung findet. Für Gesamtrechte gelten Nr. 14122, 14123 KV. Für die nachträgliche Erteilung oder Er-

---

56 BT-Drucks. 17/11471 (neu), S. 206 zu Nr. 14112 KV.

57 Korintenberg/*Hey'l*, GNotKG, Nr. 14112 KV Rn 12.

58 Bormann/Diehn/Sommerfeldt/*Gutfried*, GNotKG, Nr. 14112 KV Rn 121; NK-GK/*Drempetic*, GNotKG, Nr. 14110–14112 KV Rn 24.

59 BayObLG MDR 1996, 1075; OLG Karlsruhe JurBüro 1998, 364.

60 OLG Zweibrücken Rpfleger 2004, 321; Bormann/Diehn/Sommerfeldt/*Pfeiffer*, GNotKG, § 42 Rn 9; NK-GK/*Greipl*, GNotKG, § 42 Rn 15.

61 Korintenberg/*Sikora*, GNotKG, § 42 Rn 22; NK-GK/*Greipl*, GNotKG, § 42 Rn 14; aA Bormann/Diehn/Sommerfeldt/*Pfeiffer*, GNotKG, § 42 Rn 9.

gänzung eines Hypotheken-, Grundschuld- oder Rentenschuldbriefs gelten die Nr. 14124, 14125 KV. Erfasst sind nach der Vorbem. 1.4.1.2 KV im Einzelnen:

- Hypotheken,
- Grundschulden,
- Rentenschulden,
- Dienstbarkeiten,
- Dauerwohnrechte,
- Dauernutzungsrechte,
- Vorkaufsrechte,
- Reallasten,
- Erbbaurechte oder ähnliche Rechte an einem Grundstück.

Der Begriff des **ähnlichen Rechts** umfasst insbesondere Rechte nach Landesrecht, zB **Altenteile**, Leibgedinge, Gebäudeeigentum und Mitbenutzungsrechte.[62] Nicht erfasst ist hingegen die Belastung von Rechten an Grundstücken wie Grundpfandrechten oder Nießbrauch (§§ 1080, 1291 BGB); sie sind wie eine Veränderung des belasteten Rechts zu behandeln, so dass Nr. 14130 KV gilt.[63] 89

2. Eintragung von Briefrechten

a) Eintragungsgebühr

Für die Eintragung einer Briefhypothek, Briefgrundschuld oder Briefrentenschuld entsteht eine 1,3-Gebühr nach Nr. 14120 KV. Es gilt Tabelle B (§ 34 GNotKG). Mit der Gebühr wird neben der Eintragung auch die Erteilung des Briefs abgegolten, so dass eine gesonderte Gebühr hierfür nicht anfällt. Die Gebühr entsteht auch dann nur einmal, wenn Gesamtgläubiger, Gesamthandsgläubiger oder Bruchteilsgläubiger vorhanden sind. 90

Der **Geschäftswert** bestimmt sich nach dem Nennbetrag der Schuld der Hypothek oder Grundschuld (§ 53 Abs. 1 S. 1 GNotKG), bei einer Rentenschuld kommt es auf den Nennbetrag der Ablösungssumme an (§ 53 Abs. 1 S. 2 GNotKG). Ist ein Abgeld (**Disagio**) zu zahlen, ist es dem Nennbetrag hinzuzurechnen.[64] Ist ein **Agio** (Aufgeld) vereinbart, muss nach der getroffenen Vereinbarung differenziert werden: Handelt es sich um eine neben der laufenden Verzinsung zu leistende Verzinsung oder um eine unselbständige Nebenleistung zum Darlehen, liegt nur eine Nebenforderung vor, die wegen § 37 Abs. 1 GNotKG unberücksichtigt bleibt.[65] Wurde jedoch das Agio als zusätzliches und vom Hauptdarlehen unabhängiges Darlehen vereinbart, ist das Agio wertmäßig zu berücksichtigen.[66] 91

Beispiel: In das Grundbuch soll eine Briefgrundschuld über 200.000 € eingetragen werden. 92
Zu erheben sind:

1,3-Eintragungsgebühr, Nr. 14120 KV (Wert: 200.000 €, Tabelle B)	565,50 €

Eine gesonderte Gebühr für die Brieferteilung fällt nicht an.

---

62 Bormann/Diehn/Sommerfeldt/*Gutfried*, GNotKG, Vorbem. 1.4.1.2 KV Rn 4; Korintenberg/*Hey'l*, GNotKG, Nr. 14120–14125 KV Rn 11.
63 Korintenberg/*Hey'l*, GNotKG, Nr. 14120–14125 KV Rn 12.
64 Bormann/Diehn/Sommerfeldt/*Diehn*, GNotKG, § 53 Rn 4; Korintenberg/*Schwarz*, GNotKG, § 53 Rn 6.
65 Rohs/Wedewer/*Rohs*, KostO, § 23 Rn 6 a.
66 Rohs/Wedewer/*Rohs*, KostO, § 23 Rn 6 a.

b) Abgrenzung zur Veränderung des Rechts

93 Nr. 14120 KV gilt nur, wenn es sich um eine Neueintragung handelt, während für die Eintragung von Veränderungen Nr. 14130 KV gilt (s. dazu ausf. Rn 154 ff). Dabei ist auf das materielle Recht, nicht auf die Spalte des Grundbuchs abzustellen.[67] Eine Neueintragung findet etwa statt, wenn das Hypothekenkapital erhöht wird.[68]

94 Da die Erhöhung von Nebenleistungen einer Hypothek nur eine Inhaltsänderung darstellt,[69] liegt bei Eintragung einer Zinserhöhung, nur eine Veränderung vor, so dass Nr. 14130 KV gilt.[70] Gleiches gilt für die Umschreibung einer Arrest- in eine Zwangshypothek.[71]

c) Mehrere Rechte, Gesamtrechte

95 Sollen mehrere Briefrechte in dasselbe Grundbuch eingetragen werden, entsteht die Gebühr der Nr. 14120 KV für jede Eintragung gesondert. Soll hingegen ein Gesamtrecht eingetragen werden, gilt Nr. 14122 KV (s. Rn 142 ff). Für die Erstreckung eines eingetragenen Rechts auf andere Grundstücke entsteht die Gebühr Nr. 14123 KV (s. Rn 150 ff).

3. Nachträgliche Brieferteilung, Teilbriefe, neue Briefe

a) Gebührenpflichtige Geschäfte

96 Gebührenpflichtig sind folgende Geschäfte:
- die nachträgliche Erteilung von Hypotheken-, Grundschuld- oder Rentenschuldbriefen,
- die Erteilung von Teilbriefen,
- die Erteilung neuer Briefe.

97 Es entsteht eine 0,5-Gebühr nach Nr. 14124 KV, die nach Tabelle B (§ 34 GNotKG) zu berechnen ist. In den Fällen des HypKrlosErklG ist die Erteilung eines neuen Briefs gebührenfrei (§ 11 Abs. 2 HypKrlosErklG). Ebenso in den Fällen wegen Briefverlusts infolge Kriegseinwirkungen (§ 26 Abs. 1 S. 4 GBMaßnG). Gebührenfrei einzutragen ist stets auch der **Eintrag der Neuerteilung des Briefs** (§ 68 Abs. 3 GBO).[72]

b) Geschäftswert

98 Bei der nachträglichen Erteilung eines Hypotheken-, Grundschuld- oder Rentenschuldbriefs ist Geschäftswert der für die Eintragung des Rechts maßgebende Wert (§ 71 Abs. 1 GNotKG). Es ist also auf den Nennbetrag der Schuld bzw. bei Rentenschulden auf den Nennbetrag der Ablösungssumme abzustellen (§ 53 Abs. 1 GNotKG).

c) Umwandlung von Buch- in Briefrecht

99 Für die Umwandlung des Buchrechts in ein Briefrecht fällt zusätzlich zu Nr. 14124 KV die Gebühr der Nr. 14130 KV an, da es sich um eine Rechtsänderung handelt.[73]

---

67 Korintenberg/*Lappe*, KostO, 18. Aufl., § 62 Rn 3.
68 Rohs/Wedewer/*Rohs*, KostO, § 62 Rn 3.
69 Rohs/Wedewer/*Rohs*, KostO, § 62 Rn 3.
70 Rohs/Wedewer/*Rohs*, KostO, § 62 Rn 3.
71 OLG München JurBüro 2010, 484.
72 Korintenberg/*Hey'l*, GNotKG, Nr. 14120–14125 KV Rn 69.
73 BT-Drucks. 17/11471 (neu), S. 209.

Beispiel: Im Grundbuch ist eine Buchgrundschuld über 100.000 € eingetragen. Sie soll in eine Briefgrundschuld umgewandelt wird. Zugleich wird die Erteilung des nachträglichen Grundschuldbriefs beantragt. 100

Zu erheben sind folgende Gebühren:

1.	0,5-Eintragungsgebühr für die Eintragung der Veränderung des Rechts, Nr. 14130 KV (Wert: 100.000 €, Tabelle B)	136,50 €
2.	0,5-Gebühr für die nachträgliche Brieferteilung, Nr. 14124 KV (Wert: 100.000 €, Tabelle B)	136,50 €
Gesamt		273,00 €

d) Gesamtrechte

Ist ein Gesamtrecht eingetragen, soll nur ein Brief erteilt werden (§ 59 Abs. 1 S. 1 GBO). Für die nachträgliche Brieferteilung ist die Gebühr der Nr. 14124 KV nur einmal nach dem Nennbetrag der Schuld bzw. bei Rentenschulden der Ablösesumme (§§ 71 Abs. 1, 53 Abs. 1 GNotKG) zu erheben, wenn die belasteten Grundstücke bei **demselben Grundbuchamt** geführt werden. 101

Ist ein Gesamtrecht betroffen und werden die Grundbücher der belasteten Grundstücke von **verschiedenen Grundbuchämtern** geführt, so soll jedes Amt für die Grundstücke, deren Grundbuchblätter es führt, einen besonderen Brief erteilen und die Briefe miteinander verbinden (§ 59 Abs. 2 GBO). Für diese Fälle ist die Gebühr Nr. 14124 KV für jeden erteilten Brief gesondert zu erheben (Anm. zu Nr. 14124 KV), und zwar von jedem Grundbuchamt für die bei ihm geführten Grundbücher.[74] 102

In den Fällen der Rn 102 ist für die Wertberechnung § 71 Abs. 2 iVm § 44 Abs. 1 GNotKG zu beachten. Der Geschäftswert bestimmt sich danach nach dem Wert des einbezogenen Grundstücks, wenn dieser Wert geringer ist als der Nennbetrag der Schuld oder der Ablösesumme des Gesamtrechts. Jedes Grundbuchamt hat dabei die Werte der in seinem Bezirk belegenen Grundstücke zu berücksichtigen.[75] 103

e) Eintritt in die Mithaft

Wird nach der Erteilung eines Briefs mit dem Recht noch ein anderes, bei **demselben Grundbuchamt gebuchtes Grundstück** belastet, ist die Mitbelastung auf dem bisherigen Brief zu vermerken und der Inhalt des Briefes nach § 63 GBO zu ergänzen. Für die bloße Briefergänzung fallen keine gesonderten Gebühren nach Nr. 14124, 14125 KV an. Nur dann, wenn auf Antrag der bisherige Brief unbrauchbar gemacht und ein neuer Brief erteilt wird, fällt eine Gebühr nach Nr. 14124 KV an,[76] die sich nach dem Nennbetrag des Rechts bestimmt (§ 71 Abs. 1 GNotKG). 104

Werden die Grundstücke bei **verschiedenen Grundbuchämtern** geführt, hat das Grundbuchamt, bei welchem das in die Mithaft einbezogene Grundstück geführt wird, gem. § 59 Abs. 2 GBO einen besonderen Brief zu erteilen und die Briefe miteinander zu verbinden. Für die Brieferteilung ist eine Gebühr nach Nr. 14124 KV anzusetzen, die neben der Gebühr der Nr. 14123 KV gesondert entsteht.[77] Der Geschäftswert bestimmt sich gem. § 71 Abs. 2 GNotKG, so dass der Wert des einbezogenen 105

---

74 Korintenberg/*Hey'l*, GNotKG, Nr. 14120–14125 KV Rn 74.
75 Korintenberg/*Hey'l*, GNotKG, Nr. 14120–14125 KV Rn 74.
76 Korintenberg/*Hey'l*, GNotKG, Nr. 14120–14125 KV Rn 71.
77 Korintenberg/*Hey'l*, GNotKG, Nr. 14120–14125 KV Rn 76.

Grundstücks mit dem Wert des Nennbetrags der Schuld oder der Ablösesumme des Gesamtrechts zu vergleichen ist.

f) Verteilung von Gesamtrechten

106 Nach Verteilung eines Gesamtrechts auf einzelne Grundstücke ist für jedes Grundstück ein neuer Brief zu erteilen (§ 64 GBO). Hierfür entsteht für jeden erteilten Brief die Gebühr Nr. 14124 KV sowie daneben die Gebühr Nr. 14130 KV gesondert.[78] Werden die Grundstücke bei verschiedenen Grundbuchämtern geführt, ist Anm. zu Nr. 14124 KV zu beachten, so dass die Gebühr für die zu erteilenden besonderen Briefe gesondert erhoben wird. Für den Geschäftswert gilt § 71 GNotKG.

4. Ergänzung von Briefen

107 Für die Ergänzung des Inhalts eines Hypotheken-, Grundschuld- oder Rentenschuldbriefs entsteht eine Festgebühr von 25 € (Nr. 14125 KV). Gebührenpflichtig ist das Geschäft jedoch nur, wenn die Ergänzung auf Antrag vorgenommen wird. Erfasst sind daher die nach § 57 Abs. 2 und § 70 GBO aufzunehmenden Ergänzungen wegen

- der Nummer des Grundbuchblatts,
- des Inhalts der das Recht betreffenden Eintragungen.

108 Für die Erteilung sonstiger Vermerke auf dem Brief gilt die Gebühr Nr. 14125 KV nicht, so dass sie gebührenfrei vorzunehmen sind. Das gilt auch für Übertragung eines Grundstücks oder Grundstücksteils auf ein anderes Grundbuchblatt, wenn das verbriefte Recht nicht mitübertragen worden ist und infolgedessen auf dem abgeschriebenen Grundstück oder Grundstücksteil als gelöscht gilt.[79]

109 Für die Eintragung der **Umstellung im Grundbuch eingetragener Rechte von DM auf Euro** wird keine Gebühr mehr erhoben, auch wenn die Eintragung auf Antrag (§ 26 a Abs. 1 GBMaßnG) vorgenommen wird. Der entsprechende Gebührentatbestand in § 26 a Abs. 2 S. 2 GBMaßnG aF wurde mit Wirkung zum 9.10.2013 aufgehoben.[80] Auch für die Umstellung auf Euro im Rahmen der Anlegung des **Datenbankgrundbuchs** (§ 71 a Abs. 2 S. 1 Nr. GBVfg) werden keine Gebühren erhoben.[81] Zur Eintragung eines Umstellungsbetrags nach §§ 1 ff GBMaßnG s. Rn 161 ff.

5. Eintragung von sonstigen Belastungen

a) Anwendungsbereich

110 Für die nicht von Nr. 14120 KV erfassten, aber in Vorbem. 1.4.1.2 KV genannten Rechte entsteht für die Eintragung eine 1,0-Gebühr nach Nr. 14121 KV. Es gilt Tabelle B (§ 34 GNotKG). Zum Wert s. Rn 119 ff.

111 Erfasst sind in Abteilung III die Buchrechte, zu denen auch die Sicherungshypotheken zählen. In Abteilung II sind erfasst die Eintragung von Dienstbarkeiten, Dauerwohnrechten, Dauernutzungsrechten, Vorkaufsrechten, Reallasten, Erbbaurechten oder eines ähnlichen Rechts an einem Grundstück (s. Rn 115 ff).

---

78 Korintenberg/*Hey'l*, GNotKG, Nr. 14120–14125 KV Rn 70.
79 BT-Drucks. 17/11471 (neu), S. 318.
80 Art. 4 Abs. 1 Nr. 1 des Gesetzes zur Einführung eines Datenbankgrundbuchs (DaBaGG) vom 1.10.2013 (BGBl. I S. 3719, 3726).
81 BT-Drucks. 17/12635, S. 35 zu § 26 a GBMaßnG.

Beispiel: Eingetragen wird eine Reallast. Der Geschäftswert beträgt 12.000 €. 112
An Gerichtsgebühren sind zu erheben:
1,0-Eintragungsgebühr, Nr. 14121 KV (Wert: 12.000 €, Tabelle B) 83,00 €

113 Soll bei einem in Abteilung III eingetragenen Buchrecht nachträglich ein Brief erteilt werden, gilt Nr. 14124 KV (s. Rn 101 ff).

b) Eintragung verschiedener Rechte

114 Sind verschiedene Rechte einzutragen, entsteht die Gebühr gesondert. Zu den Gesamtrechten s. Rn 142 ff. Zur Mithaftentlassung s. Rn 150 ff. Die Eintragung eines **Altenteils** oder **Leibgeding** als ein Recht ist als eine Belastung zu behandeln, obwohl es sich aus zwei Rechten zusammensetzt,[82] so dass die Gebühr nur einmal entsteht.

c) Eintragung und Löschung von Erbbaurechten

115 Die **Eintragung** eines Erbbaurechts fällt unter Nr. 14121 KV. Bei Eintragung mehrerer Erbbaurechte für denselben Erbbauberechtigten und Führung der Grundbücher bei demselben Grundbuchamt gilt Vorbem. 1.4 Abs. 3 KV.[83] Für den Wert gilt § 49 Abs. 2 GNotKG (s. Rn 56 f). Die Anlegung des Erbbaurechtsgrundbuchs erfolgt gebührenfrei, auch Nr. 14160 KV greift nicht. Zu **Teil- und Wohnungserbbaurechten** s. Rn 83.

116 Eine gesonderte Gebühr nach Nr. 14121 KV entsteht für die Eintragung der **Erbbauzinsreallast.** Der Wert hierfür ist nach § 52 GNotKG zu bestimmen.

117 Nach der Eintragung des Erbbraurechts gelten die für Grundstücke geltenden Regelungen (Vorbem. 1.4 Abs. 1 KV). Ist deshalb wegen **Übertragung des Erbbaurechts** ein neuer Erbbauberechtigter einzutragen, gilt Nr. 14110 KV.[84] Bei der **Veränderung des Inhalts** des Erbbaurechts gilt Nr. 14130 KV, die folglich auch für die Eintragung von Begründung oder Aufhebung einer Beschränkung nach § 5 ErbbauRG,[85] bei Verlängerung des Erbbaurechts oder bei Erhöhung des Erbbauzinses entsteht, wobei sich der Wert für den Erbbauzins nach § 52 GNotKG bestimmt. Für die Eintragung eines **Vorkaufsrechts am Erbbaurecht** gilt Nr. 14121 KV.

118 Die **Löschung** des Erbbaurechts unterfällt Nr. 14143 KV, wobei die Gebühr neben der Löschung des Erbbaurechts auch die Löschung der auf dem Erbbaurecht eingetragenen Belastungen abdeckt, da diese mit der Löschung des Erbbaurechts kraft Gesetzes erlöschen.[86] Wird aber eine Löschungsbewilligung abgegeben und die Löschung auch eingetragen, werden regelmäßig auch Gebühren nach Nr. 14140 ff KV erhoben. Erfolgt vor der Löschung des Erbbaurechts eine Verhaftung des Grundstücks mit den Belastungen des Erbbaurechts, gilt Nr. 14123 KV. Wird der vormalige Erbbauberechtigte mit der Löschung des Erbbaurechts zugleich als neuer Grundstückseigentümer eingetragen, fällt neben Nr. 14143 KV auch eine Gebühr nach Nr. 14110 KV an.

82 BT-Drucks. 17/11471 (neu), S. 207.
83 Korintenberg/*Hey'l*, GNotKG, Vorbem. 1.4 KV Rn 16.
84 Bormann/Diehn/Sommerfeldt/*Gutfried*, GNotKG, Nr. 14130 KV Rn 8.
85 Korintenberg/*Hey'l*, GNotKG, Vorbem. 1.4 KV Rn 19.
86 LG Frankenthal MittBayNot 1994, 172; aA LG Braunschweig NdsRpfl 1989, 296.

d) Geschäftswert für Nutzungs- und Leistungsrechte

aa) Grundsätze

119 § 52 GNotKG regelt den Geschäftswert für
- Nießbrauch,
- Grunddienstbarkeiten,
- beschränkt persönliche Dienstbarkeiten,
- Dauerwohnrechte,
- Dauernutzungsrechte,
- Reallasten,
- Rentenrechte.

120 Die Regelung des § 52 GNotKG gilt auch, wenn es sich um schuldrechtliche Ansprüche auf wiederkehrende oder dauernde Leistungen handelt, zB wegen Beherrschungs-, Gewinnabführungs- oder Verlustausgleichsvereinbarungen, da ihnen ein bestimmter Geldwert zukommt.[87]

121 Der Wert bestimmt sich nach dem Wert, den das Recht für den Berechtigten oder für das herrschende Grundstück hat (§ 52 Abs. 1 GNotKG). Für die Wertberechnung ist danach zu unterscheiden zwischen
- Rechten von bestimmter Dauer (§ 52 Abs. 2 GNotKG),
- Rechten von unbeschränkter Dauer (§ 52 Abs. 3 S. 1 GNotKG) und
- Rechten von unbestimmter Dauer (§ 52 Abs. 3 S. 2 GNotKG).

bb) Rechte von bestimmter Dauer

122 Handelt es sich um ein Recht, das auf eine bestimmte Zeit beschränkt ist, ist der auf die Dauer des Rechts entfallende Wert maßgebend (§ 52 Abs. 2 S. 1 GNotKG). Der Geschäftswert ist jedoch durch den auf die ersten 20 Jahre entfallenden Wert des Rechts beschränkt (§ 52 Abs. 2 S. 2 GNotKG). Ist die Dauer des Rechts zudem auf die Lebensdauer einer Person beschränkt, ordnet § 52 Abs. 2 S. 3 GNotKG an, dass der nach § 52 Abs. 4 GNotKG bemessene Wert nicht überschritten werden darf (s. Rn 130 ff).

123 **Beispiel 1:** Bei einem Grundstücksverkauf räumt der Käufer dem Verkäufer die Zahlung einer Leibrente von monatlich 600 € ein. Die Leibrente soll für 20 Jahre gezahlt werden. Im Falle des Versterbens des Verkäufers vor Ablauf der 20 Jahre soll die Leibrente an dessen Erben gezahlt werden. Der Wert des Grundstücks beträgt 150.000 €.
Es handelt sich um ein Recht von bestimmter Dauer. Maßgeblich ist der auf die Dauer des Rechts entfallende Wert der Leibrente. Er beträgt insgesamt 144.000 € (600 € x 12 Monate x 20 Jahre).
Der Geschäftswert beträgt 144.000 €.

124 **Beispiel 2:** Wie Beispiel 1, jedoch soll die Leibrente von monatlich 600 € 30 Jahre gezahlt werden.
Es handelt sich um ein Recht von bestimmter Dauer. Maßgeblich ist der auf die Dauer des Rechts entfallende Wert der Leibrente. Der Wert würde danach 216.000 € betragen (600 € x 12 Monate x 30 Jahre). Da der Wert jedoch auf den auf die ersten 20 Jahre entfallenden Wert des Rechts zu beschränken ist (§ 52 Abs. 2 S. 2 GNotKG), ist der Wert auf 144.000 € festzusetzen.

87 BT-Drucks. 17/11471 (neu), S. 171.

Kann der Wert des Rechts nicht ermittelt werden, ist nach § 52 Abs. 5 GNotKG der Jahreswert mit 5 % des Werts des betroffenen Gegenstands anzunehmen. Erstrecken sich Nutzungsrechte nur auf Teile eines Gegenstands, zB Grundstücksteilflächen, ist nur der Wert dieser Teile maßgeblich. 125

Ist das auf bestimmte Zeit beschränkte Recht von der Lebensdauer einer Person abhängig, gilt § 52 Abs. 4 GNotKG (s. Rn 130 ff). 126

cc) Rechte von unbeschränkter Dauer

Für Rechte von unbeschränkter Dauer bestimmt sich der Geschäftswert nach dem auf die ersten 20 Jahre entfallenden Wert des Rechts (§ 52 Abs. 3 S. 1 GNotKG), wobei der Wert aller Leistungen und Nutzungen zugrunde zu legen ist. Kann der Wert nicht ermittelt werden, ist der Jahreswert nach § 52 Abs. 5 GNotKG zu ermitteln. Erfasst sind zB Dauerwohnrechte oder Reallasten, die nicht auf eine bestimmte Zeit bestellt sind, oder unkündbare beschränkt persönliche Dienstbarkeiten, Nießbrauchsrechte, Überbau- und Notwegrenten.[88] 127

dd) Rechte von unbestimmter Dauer

Der Wert für Rechte von unbestimmter Dauer, dh Rechte, deren Dauer ungewiss ist, deren Wegfall zu einem ungewissen Zeitpunkt aber feststeht, ist nach dem auf die ersten zehn Jahre entfallenden Wert zu berechnen (§ 52 Abs. 3 S. 2 GNotKG). Ist das Recht aber auf die Lebensdauer einer Person beschränkt, ist der Wert nach § 52 Abs. 4 GNotKG zu berechnen und darf diesen folglich nicht übersteigen. 128

Wird eine beschränkte persönliche Dienstbarkeit auf unbestimmte Zeit bestellt, die jedoch erstmals nach einer bestimmten Mindestlaufzeit gekündigt werden kann, so handelt es sich zwar um ein Recht von unbestimmter Dauer, jedoch ist mindestens der auf die bestimmte Mindestlaufzeit zu berechnende Wert maßgebend.[89] Die Höchstwerte des § 52 Abs. 2 GNotKG sind zu beachten. 129

ee) Rechte auf Lebenszeit

Ist das Recht auf die Lebenszeit einer Person beschränkt, ist nach § 52 Abs. 4 GNotKG zu bewerten. Der Regelung unterliegen alle Rechte, die aufgrund vertraglicher oder gesetzlicher Regelung mit dem Tode einer oder mehrerer Personen enden. Erfasst sind etwa **Nießbrauch** oder beschränkt persönliche Dienstbarkeiten für natürliche Personen, Leibrenten und Altenteile.[90] 130

Für die Wertermittlung ist zunächst das Lebensalter der berechtigten Person bei Beginn des Rechts zu ermitteln und sodann der maßgebliche Bewertungszeitraum aus der Tabelle in § 52 Abs. 4 S. 1 GNotKG zu entnehmen. 131

Der Geschäftswert beträgt bei einem Lebensalter 132

- von bis zu 30 Jahren: den auf die ersten 20 Jahre entfallenden Wert;
- über 30 bis zu 50 Jahren: den auf die ersten 15 Jahre entfallenden Wert;
- über 50 bis zu 70 Jahren: den auf die ersten 10 Jahre entfallenden Wert;
- über 70 Jahren: den auf die ersten 5 Jahre entfallenden Wert.

88 Korintenberg/*Schwarz*, GNotKG, § 52 Rn 62.
89 BayObLG Rpfleger 1990, 201.
90 Korintenberg/*Schwarz*, GNotKG, § 52 Rn 66.

133 **Beispiel:** Es wird ein Nießbrauch bestellt. Die berechtigte Person ist bei der Eintragung in das Grundbuch 68 Jahre alt. Der Jahreswert beträgt 6.000 €.
Da die Person über 50 Jahre, aber noch nicht 70 Jahre alt ist, beträgt der Bewertungszeitraum 10 Jahre. Maßgeblich ist also das Zehnfache des Jahreswerts des Nießbrauchsrechts. Der Geschäftswert beträgt 60.000 € (10 x 6.000 €).

134 Ist die Dauer des Rechts von der Lebensdauer mehrerer Personen abhängig, ist zu unterscheiden:

- erlischt das Recht mit dem Tod des zuletzt Sterbenden, ist das Lebensalter der jüngsten Person maßgebend (§ 52 Abs. 4 S. 2 Nr. 1 GNotKG);
- erlischt das Recht mit dem Tod des zuerst Sterbenden, ist das Lebensalter der ältesten Person maßgebend (§ 52 Abs. 4 S. 2 Nr. 2 GNotKG).

135 **Beispiel 1:** Den Eheleuten A (47 Jahre) und B (52 Jahre) wird eine Leibrente von 1.000 € monatlich eingeräumt. Das Recht erlischt mit dem Tod des Letztversterbenden.
Da das Recht mit dem Tod des zuletzt Sterbenden erlischt, kommt es auf das Lebensalter des jüngeren Ehegatten A an.
Für die Bewertung ist folglich auf den auf die ersten 15 Jahre entfallenden Wert abzustellen. Der Geschäftswert beträgt folglich 180.000 € (1.000 € x 12 Monate x 15 Jahre).

136 **Beispiel 2:** Den Eheleuten A (47 Jahre) und B (52 Jahre) wird eine Leibrente von 1.000 € monatlich eingeräumt. Das Recht erlischt mit dem Tod des Erstversterbenden.
Da das Recht mit dem Tod des zuerst Sterbenden erlischt, kommt es auf das Lebensalter des älteren Ehegatten B an.
Für die Bewertung ist folglich auf den auf die ersten 10 Jahre entfallenden Wert abzustellen. Der Geschäftswert beträgt folglich 120.000 € (1.000 € x 12 Monate x 10 Jahre).

ff) Bewertungszeitpunkt

137 Es ist zu unterscheiden zwischen Rechten, deren Beginn feststeht, und solchen, deren Beginn noch nicht feststeht.

138 Steht der Beginn des Rechts fest, ist dieser für die Wertermittlung maßgebend (§ 52 Abs. 6 S. 1 GNotKG), so dass es im Hinblick auf § 52 Abs. 4 GNotKG auch auf das Lebensalter zu diesem Zeitpunkt ankommt. Wird das Recht begründet, kommt es auf den Zeitpunkt des Beginns der Bezüge an.[91] Ist ein bestimmter Termin für den Beginn nicht vereinbart, ist, wenn nichts anderes bestimmt ist, auf den Zeitpunkt der Einräumung des Rechts, nicht auf den Grundbucheintrag, abzustellen.[92]

139 Bildet aber ein bestehendes Recht später den Gegenstand eines gebührenpflichtigen Geschäfts, so ist der spätere Zeitpunkt maßgebend (§ 52 Abs. 6 S. 2 GNotKG). Erfasst sind etwa Abtretungen, Übernahmen oder Rangänderungen.[93] Sind auch **Rückstände** betroffen, sind sie dem Wert hinzuzurechnen.[94] Ist das Recht jedoch bereits wegen Zeitablaufs oder durch den Tod des Berechtigten erloschen (vgl. zB Nießbrauch, beschränkt persönliche Dienstbarkeiten), ist der Geschäftswert mit null Euro anzusetzen (§ 52 Abs. 6 S. 4 GNotKG) und nur die Mindestgebühr zu erheben.[95]

---

91 Rohs/Wedewer/*Rohs*, KostO, § 24 Rn 23.
92 Korintenberg/*Schwarz*, GNotKG, § 52 Rn 85.
93 Korintenberg/*Schwarz*, GNotKG, § 52 Rn 86.
94 Korintenberg/*Schwarz*, GNotKG, § 52 Rn 86; Rohs/Wedewer/*Rohs*, KostO, § 24 Rn 23.
95 BT-Drucks. 17/11471 (neu), S. 172 zu § 52 GNotKG.

Steht der Beginn des Rechts nicht fest oder ist das Recht in anderer Weise bedingt, ist der Geschäftswert niedriger festzusetzen (§ 52 Abs. 6 S. 3 GNotKG). Erfasst sind nur echte Bedingungen iSd § 158 BGB.[96] Ein Abschlag ist etwa vorzunehmen, wenn ein beschränkt persönliches Recht bis zum Tod einer dritten Person aufschiebend bedingt ist, wobei die geringere Lebenserwartung des Berechtigten bei dem in der Zukunft liegenden Beginn seines Rechts zu berücksichtigen ist.[97] 140

gg) Preisklauseln

Preisklauseln (vgl. dazu Preisklauselgesetz – PrKG) bleiben bei der Bewertung unberücksichtigt (§ 52 Abs. 7 GNotKG). Der Begriff der Preisklausel entspricht dem im Preisklauselgesetz verwendeten Begriff.[98] 141

6. Eintragung von Gesamtrechten

a) Allgemeines

Es ist zu unterscheiden, ob die Grundstücke, auf die sich das Gesamtrecht bezieht, bei demselben oder bei verschiedenen Grundbuchämtern geführt werden. Ist nur ein Grundbuchamt betroffen, gilt Vorbem. 1.4 Abs. 3 KV, bei verschiedenen Grundbuchämtern greift Nr. 14122 KV ein. 142

b) Verschiedene Grundbuchämter

Ist ein Gesamtrecht einzutragen, für das die Grundbücher bei verschiedenen Grundbuchämtern geführt werden, gilt Nr. 14122 KV. Danach werden keine Einzelgebühren erhoben, sondern die Eintragungsgebühren der Nr. 14120, 14121 KV erhöhen sich ab dem zweiten für jedes weitere beteiligte Grundbuchamt um einen 0,2-Gebührensatz. 143

Die Regelung greift jedoch nur, wenn der Antrag für mehrere Grundbuchämter gleichzeitig bei einem Grundbuchamt gestellt wird oder bei gesonderter Antragstellung, wenn die Anträge innerhalb eines Monats bei den beteiligten Grundbuchämtern eingehen (Anm. zu Nr. 14122 KV). Liegen diese Voraussetzungen nicht vor, sind Einzelgebühren nach Nr. 14120, 14121 KV anzusetzen. Maßgeblich ist nur der Eingang beim Grundbuchamt, so dass es nicht auf die Vollzugsreife ankommt. 144

Für den Kostenansatz bestimmt § 18 Abs. 3 S. 1 GNotKG, dass die Gebühren bei dem Grundbuchamt angesetzt werden, bei dem der Antrag zuerst eingegangen ist. § 18 S. 3 KostVfg bestimmt hierzu, dass sich die Kostenbeamten der beteiligten Grundbuchämter vorab wegen des Kostenansatzes und des Zeitpunkts des Eingangs der Anträge zu verständigen haben. Das Grundbuchamt, welches die Kosten ansetzt, hat eine Abschrift der Kostenrechnung an alle beteiligten Grundbuchämter zu übermitteln. 145

Beispiel: Einzutragen ist eine Gesamtbuchgrundschuld mit einem Nennbetrag von 150.000 €. Belastet werden die Grundstücke A und B. Grundstück A ist beim Grundbuchamt Magdeburg, Grundstück B beim Grundbuchamt Halle gebucht. Der Eintragungsantrag für beide Grundstücke geht am 15.8. beim Grundbuchamt Magdeburg ein. 146

96 Korintenberg/*Schwarz*, GNotKG, § 52 Rn 89.
97 LG Hagen Rpfleger 2001, 569.
98 BT-Drucks. 17/11471 (neu), S. 172 zu § 52 Abs. 6 GNotKG.

Für die Eintragungen sind folgende Gebühren zu erheben:
1,2-Eintragungsgebühr, Nr. 14121, 14122 KV (Wert: 150.000 €, Tabelle B) 424,80 €
Aufgrund von § 18 Abs. 3 S. 1 GNotKG sind die Kosten bei dem Grundbuchamt des AG Magdeburg anzusetzen.

c) Grundstücke werden bei demselben Grundbuchamt geführt

147 Werden die Grundbücher bei demselben Grundbuchamt geführt, gilt Vorbem. 1.4 Abs. 3 S. 1 KV. Danach wird die Gebühr nur einmal erhoben, wenn dasselbe Recht bei mehreren Grundstücken, über die das Grundbuch bei demselben Grundbuchamt geführt wird, eingetragen wird. Voraussetzung ist daneben jedoch, dass die Anträge in demselben Dokument gestellt und auch am selben Tag beim Grundbuchamt eingehen. Erfasst sind nicht nur die echten gesamtrechtsfähigen Rechte wie Grundpfandrechte oder Reallasten; vielmehr dehnt Vorbem. 1.4 Abs. 3 S. 2 KV die Regelung auch auf nicht gesamtrechtsfähige inhaltsgleiche Rechte aus, die bei mehreren Grundstücken für denselben Berechtigten eingetragen werden. Es kommt deshalb nicht darauf an, ob ein echtes Gesamtrecht vorliegt, so dass Vorbem. 1.4 Abs. 3 KV für alle in Vorbem. 1.4.1.2 KV genannten Belastungen gilt. Gehen die Eintragungsanträge nicht zeitgleich bei Gericht ein, sind Einzelgebühren zu erheben, da es nur auf den Eingangszeitunkt, nicht aber auf die Erledigung der vorherigen Eintragungsanträge ankommt.

148 Gehen die Eintragungsanträge nicht am selben Tag beim Grundbuchamt ein oder werden sie nicht in demselben Dokument gestellt, greift Vorbem. 1.4 Abs. 3 KV nicht mehr ein. Für die Ersteintragung entstehen dann Gebühren nach Nr. 14120, 14121 KV und für die spätere Eintragung eine Gebühr nach Nr. 14123 KV (s. Rn 150 ff).

149 **Beispiel:** Einzutragen ist eine Gesamtbuchgrundschuld mit einem Nennbetrag von 150.000 €. Belastet werden die Grundstücke A und B, die beide beim Grundbuchamt Magdeburg geführt werden. Der Eintragungsantrag für beide Grundstücke geht am 15.9. beim Grundbuchamt Magdeburg ein.
Für die Eintragungen sind folgende Gebühren zu erheben:
1,0-Eintragungsgebühr, Nr. 14121 KV (Wert: 150.000 €, Tabelle B) 354,00 €

7. Mithafterstreckung

150 Wird ein Recht eingetragen, das bereits an einem anderen Grundstück besteht, entsteht eine 0,5-Eintragungsgebühr nach Nr. 14123 KV. Es gilt Tabelle B (§ 34 GNotKG). Umstritten ist, ob die Regelung nur für echte Gesamtrechte gilt oder auch, wenn es sich um ein inhaltsgleiches Recht handelt.[99] Aufgrund der Regelung in Vorbem. 1.4 Abs. 3 S. 2 KV wird aber wohl der Auffassung zu folgen sein, dass Nr. 14123 KV sowohl echte Gesamtrechte als auch inhaltsgleiche Rechte umfasst. Wird dieser Auffasung gefolgt, entsteht nur eine 0,5-Gebühr nach Nr. 14123 KV, während nach der Gegenmeinung die 1,0-Gebühr der Nr. 14121 KV für den neuen Belastungsgenstand erhoben wird.

151 Bei Einbeziehung eines Grundstücks in die Mithaft wegen eines Grundpfandrechts bestimmt sich der Geschäftswert nach dem Wert des einbezogenen Grundstücks, wenn dieser geringer ist als der Nennbetrag der Schuld oder der Ablösesumme (§ 44

99 Bejahrend: Bormann/Diehn/Sommerfeldt/*Gutfried*, GNotKG, Nr. 14123 KV Rn 2; HK-GNotKG/*Drempetic*, KV Nr. 14120–14125 Rn 22; ablehnend: Korintenberg/*Hey'l*, GNotKG, Nr. 14120–14125 KV Rn 54.

Abs. 1 S. 1 GNotKG). Dabei ist der Wert des Grundstücks nach § 46 GNotKG zu berechnen, für den Wert des Gesamtrechts ist auf den Gesamtnennbetrag abzustellen.[100] Werden mehrere Grundstücke in die Mithaft einbezogen, sind die zusammengerechneten Grundstückswerte maßgeblich.[101] Bei unbebauten Grundstücken ist der unbebaute Wert maßgeblich, auch bereits bestehende Bauverpflichtungen führen nicht zur Steigerung des Verkehrswerts.[102] Handelt es sich um inhaltsgleiche Rechte, ist, wenn Nr. 14123 KV analog angewendet wird (s. Rn 150), auch § 44 GNotKG analog anzuwenden.[103]

Beispiel 1: Beantragt wird die Eintragung der Mithafterstreckung einer Gesamtgrundschuld (Nennbetrag: 200.000 €) auf das Grundstück B (Verkehrswert: 150.000 €). 152
Der Geschäftswert beträgt 150.000 €, da der Wert des einbezogenen Grundstücks geringer ist als der Nennbetrag der Schuld (§ 44 Abs. 1 GNotKG).

Beispiel 2: Beantragt wird die Eintragung der Mithafterstreckung einer Gesamtgrundschuld (Nennbetrag: 200.000 €) auf das Grundstück B (Verkehrswert: 300.000 €). 153
Der Geschäftswert beträgt 200.000 €, da der Wert des einbezogenen Grundstücks größer ist als der Nennbetrag der Schuld, so dass auf diesen Nennbetrag abzustellen ist (§ 44 Abs. 1 GNotKG).

V. Veränderung von Belastungen

1. Eintragungsgebühr

Für die Eintragung der Veränderung einer Belastung entsteht die Eintragungsgebühr 154
der Nr. 14130 KV mit einem 0,5-Gebührensatz. Es gilt Tabelle B (§ 34 GNotKG). Gebührenpflichtig ist nur die Eintragung von Belastungen, die in Vorbem. 1.4.1.2 KV genannt sind, so dass erfasst sind:

- Hypotheken,
- Grund- oder Rentenschulden,
- Dienstbarkeiten,
- Dauerwohnrechte,
- Dauernutzungsrechte,
- Vorkaufsrechte,
- Reallasten,
- Erbbaurechte oder ähnliche Rechte an einem Grundstück.

Die Eintragung sonstiger Veränderungen erfolgt hingegen gebührenfrei, so zB bei 155
Verfügungsbeschränkungen, Vormerkungen oder Widersprüchen.

100 Bormann/Diehn/Sommerfeldt/*Gutfried*, GNotKG, § 44 Rn 5.
101 Korintenberg/*Sikora*, GNotKG, § 44 Rn 6.
102 Bormann/Diehn/Sommerfeldt/*Gutfried*, GNotKG, § 44 Rn 5; Korintenberg/*Sikora*, GNotKG, § 44 Rn 5.
103 Für analoge Anwendung: NK-GK/*Drempetic*, GNotKG, Nr. 14130 KV Rn 18; dagegen: Bormann/Diehn/Sommerfeldt/*Gutfried*, GNotKG, § 44 Rn 3, der § 44 GNotKG nur auf Gesamtgrundpfandrechte anwenden will, nicht auf andere Gesamtrechte, da hier stets auf den Wert des betroffenen Gesamtrechts abzustellen sei.

2. Begriff der Veränderung

156 Gegenstand einer Veränderung ist insbesondere die Person des Berechtigten, der Inhalt des Rechts, sein Rang oder die Belastung des Rechts.[104] Unter den **Begriff** der Veränderung fallen daher zB:[105]

- der Übergang eines Rechts (Wechsel in der Person des Berechtigten, zB Abtretung, Eintragung von Erben des Rechteinhabers[106]),
- die Umwandlung eines Rechts,
- die Belastung eines Rechts (zB durch Bestellung eines Pfandrechts oder Nießbrauch),
- Teilung von Hypotheken oder Grundschulden,
- Ersetzung der hypothekarisch gesicherten Forderung,
- nachträgliche Zusammenfassung zu einer Einheitshypothek,
- nachträgliche Rangänderung eingetragener Rechte (vgl. aber Rn 172 ff),
- Änderung von Zinssatz, Laufzeit, Zahlungs- oder Kündigungsbedingen,
- Verteilung einer Gesamthypothek auf einzelne Grundstücke (§ 1132 Abs. 2 BGB),
- Verzicht des Gläubigers auf die Hypothek oder Grundschuld,
- nachträgliche Bestellung eines Vertreters des Gläubigers.

157 Umfasst ist auch der Übergang des Rechts, gleich ob er rechtsgeschäftlich oder kraft Gesetzes erfolgt.[107] Nicht von Nr. 14130 KV erfasst sind daher bloße Namensänderungen, da stets ein Wechsel in der Person des Berechtigten vorliegen muss.[108]

158 Zu den gebührenpflichtigen Umwandlungen eines Rechts gehören etwa die Umwandlung einer Hypothek in eine Grundschuld, einer Sicherungshypothek in eine Verkehrshypothek, einer Verkehrshypothek in eine Tilgungshypothek oder einer Arresthypothek in eine Zwangshypothek.[109]

159 Die nachträgliche Eintragung der Unterwerfung unter die sofortige Zwangsvollstreckung stellt keine Veränderung dar, so dass Nr. 14130 KV nicht gilt.[110] Da auch ein entsprechender Gebührentatbestand in Nr. 14160 KV fehlt, ist die Eintragung gebührenfrei vorzunehmen.

Beispiel: Eingetragen wird die Umwandlung einer Grundschuld in eine Hypothek. Der Geschäftswert beträgt 150.000 €.
An Gerichtsgebühren sind zu erheben:
0,5-Eintragungsgebühr, Nr. 14130 KV (Wert: 150.000 €, Tabelle B) 177,00 €

3. Geschäftswert bei Eintragung von Veränderungen (A–Z)

160
- **Abtretung.** Der Wert des Rechts ist maßgeblich, bei Grundpfandrechten der Nennbetrag (§ 53 Abs. 1 GNotKG), wobei Zinsen und einmalige Nebenleistung wegen § 37 GNotKG außer Acht bleiben.[111]
- **Änderung von Zinssatz.** Es ist nach § 52 Abs. 2 GNotKG zu bewerten, so dass der Differenzbetrag aus dem bisherigen und dem geänderten Zinssatz für die ver-

104 BT-Drucks. 17/11471 (neu), S. 208 zu Unterabschnitt 3.
105 Rohs/Wedewer/*Rohs*, KostO, § 64 Rn 2 ff.
106 Bormann/Diehn/Sommerfeldt/*Gutfried*, GNotKG, Nr. 14130 KV Rn 3.
107 Korintenberg/*Hey'l*, GNotKG, Nr. 14130 KV Rn 11.
108 Rohs/Wedewer/*Rohs*, KostO, § 64 Rn 3.
109 OLG München JurBüro 2010, 484.
110 BT-Drucks. 17/11471 (neu), S. 209 zu Nr. 14160 KV.
111 Korintenberg/*Hey'l*, GNotKG, Nr. 14130 KV Rn 11.

bleibende Restdauer, höchstens aber dem zwanzigfachen Jahresbetrag, zugrunde zu legen ist.

- **Belastung eines Rechts.** Bei der Bestellung eines Pfandrechts gilt § 53 Abs. 2 GNotKG, so dass es auf den Betrag der Forderung ankommt. Ist der Wert des zur Sicherung dienenden Rechts geringer, ist der Wert des Rechts maßgeblich. Wird ein Nießbrauch bestellt, ist nach § 52 GNotKG zu bewerten.
- **Bestellung eines Vertreters des Gläubigers.** Für die Eintragung der nachträglichen Bestellung ist der Wert nach § 36 Abs. 1 GNotKG unter Berücksichtigung der eingeräumten Befugnisse zu bestimmen.[112] Sind keine Anhaltspunkte für die Wertermittlung vorhanden, kann der Regelwert von 5.000 € zugrunde gelegt werden (§ 36 Abs. 3 GNotKG).
- **Ersetzung der hypothekarisch gesicherten Forderung.** Maßgeblich ist der volle Nennbetrag der Schuld (§ 53 Abs. 1 GNotKG).[113] Bei bloßer Ersetzung der Forderung zu einem Teilbetrag kommt es nur auf den Teilbetrag an.[114]
- **Rangänderung eingetragener Rechte.** Es gilt § 45 Abs. 1 GNotKG (s. Rn 173 ff).
- **Teilung von Hypotheken oder Grundschulden.** Erfolgt die Teilung, ohne dass der Übergang eingetragen wird, ist der Wert nach dem geringeren Wert der abgezweigten Teile zu berechnen. Bei Teilung in mehr als zwei Teile sind nur die beiden geringsten Werte maßgeblich.[115] Erfolgen Teilung und Eintragung des Übergangs hingegen zeitgleich, entstehen für die Eintragung des Übergangs, zB infolge der Abtretung, keine gesonderten Gebühren, so dass Nr. 14130 KV nur für die Eintragung der Teilung entsteht.[116] Für die Eintragung der Teilung wird auch dann keine gesonderte Gebühr erhoben, wenn sie Voraussetzung für eine weitere Veränderung, wie zB die Rangänderung der abgetretenen Teile oder die Abtretung eines Teilbetrags, ist.[117]
- **Übergang eines Rechts.** Es ist der Wert des betroffenen Rechts zugrunde zu legen, so dass die §§ 46 ff GNotKG gelten, also zB bei Grundpfandrechten der volle Nennbetrag der Schuld (§ 53 Abs. 1 GNotKG). Ist nur ein Teilbetrag übergegangen, ist nur dieser Teilbetrag maßgeblich. Ist eine Gesamthandsgemeinschaft eingetragen (zB Erbengemeinschaft, GbR), ist § 70 Abs. 1 S. 1 GNotKG zu beachten, so dass für die Wertberechnung nur die von der Übertragung betroffenen Anteile wie Bruchteile zu behandeln sind. Ist die Höhe des Anteils nicht bekannt, gelten die Mitglieder der Gemeinschaft als zu gleichen Teilen am Gesamthandsvermögen beteiligt (§ 70 Abs. 1 S. 2 GNotKG). Maßgeblich ist daher nur der Wert des betroffenen Anteils. Die Regelung gilt jedoch nicht, wenn eine KG, OHG, Partnerschaft oder EWIV betroffen ist (§ 70 Abs. 3 GNotKG). Für eine GbR gilt § 70 GNotKG nur für die Eintragung einer Veränderung im Gesellschafterbestand (§ 70 Abs. 3 GNotKG).
- **Umwandlung eines Rechts.** Kommt der Umwandlung ein konkreter Geldbetrag zu, ist dieser als Wert zugrunde zu legen, im Übrigen ist der Geschäftswert nach § 36 Abs. 1, 3 GNotKG zu bestimmen.[118] Bei der Umwandlung einer Hypothek in eine Grundschuld oder umgekehrt ist daher der volle Nennbetrag der Schuld

112 Korintenberg/*Lappe*, KostO, 18. Aufl., § 64 Rn 27.
113 Rohs/Wedewer/*Rohs*, KostO, § 64 Rn 5.
114 Korintenberg/*Hey'l*, GNotKG, Nr. 14130 KV Rn 26.
115 Rohs/Wedewer/*Rohs*, KostO, § 64 Rn 7.
116 Rohs/Wedewer/*Rohs*, KostO, § 64 Rn 7, 11.
117 Korintenberg/*Hey'l*, GNotKG, Nr. 14130 KV Rn 19.

maßgeblich (§ 53 Abs. 1 GNotKG). Das gilt auch für die Umwandlung einer Arrest- in eine Zwangshypothek[119] oder für die Umwandlung einer Höchstbetragshypothek in eine Hypothek.[120] Hingegen ist nur ein Bruchteil des Nennbetrags maßgeblich bei der Umwandlung einer Verkehrshypothek in eine Tilgungshypothek oder bei der Umwandlung einer Sicherungshypothek in eine Buch- oder Briefhypothek.[121] Sind mit der Umwandlung auch geänderte Zins- und Tilgungsbedingungen einzutragen, werden sie nicht gesondert bewertet, wenn für die Umwandlung bereits der volle Nennbetrag angesetzt wurde.[122]

- **Verlängerung des Rechts.** Wird die Laufzeit eines auf eine bestimmte Zeit beschränkten Rechts verlängert, ist nach § 52 GNotKG zu bewerten.[123]
- **Verteilung von Gesamtgrundpfandrechten auf einzelne Grundstücke (§§ 1132 Abs. 2, 1192 Abs. 1 BGB).** Maßgeblich ist die Summe des verteilten Betrags, jedoch darf der Nennbetrag des Gesamtgrundpfandrechts nicht überschritten werden.[124]
- **Verzicht des Gläubigers auf die Hypothek oder Grundschuld.** Es ist auf den Nennbetrag der Grundschuld oder Hypothek abzustellen (§ 53 Abs. 1 GNotKG). Wird bei einem Gesamtrecht nur hinsichtlich eines Grundstücks verzichtet, ist gleichfalls der Nennbetrag der Schuld des Gesamtrechts maßgeblich, jedoch nur der Wert des Grundstücks, wenn dieser geringer ist (§ 44 Abs. 1 GNotKG).[125] Wird nach Teilverzichtserklärung die Pfandfreigabe durch den Eigentümer beantragt, gilt nicht Nr. 14130 KV, sondern Nr. 14142 KV für die Mithaftentlassung.[126]
- **Zahlungs- oder Kündigungsbedingungen.** Es ist auf die Auffangregelung des § 36 Abs. 1 GNotKG zurückzugreifen. Der Wert ist daher nach billigem Ermessen zu bestimmen. Dabei kann der wirtschaftliche Wert, den die Änderungen besitzen, herangezogen werden. Sind Anhaltspunkte für die Wertermittlung nicht vorhanden, kann der Regelwert von 5.000 € zugrunde gelegt werden (§ 36 Abs. 3 GNotKG).
- **Zusammenfassung zu einer Einheitshypothek.** Die Gebühr Nr. 14130 KV ist gem. Vorbem. 1.4 Abs. 4 KV für jede Einzelhypothek gesondert zu erheben.[127] Wird zugleich der Forderungsbetrag erhöht und eine neue Hypothek eingetragen, die zugleich mit eingetragenen Hypotheken zusammengefasst wird, sind die Gebühren für die Eintragung der neuen Hypothek (Nr. 14120 f KV) und für die Zusammenfassung (Nr. 14130 KV) gesondert zu erheben.[128]

4. Eintragungen nach dem Grundbuchmaßnahmegesetz (GBMaßnG)

161 Für die Eintragung des Umstellungsbetrags wird die Hälfte der Eintragungsgebühr nach Nr. 14130 KV erhoben, also eine 0,25-Gebühr (§ 13 Abs. 1 S. 1 GBMaßnG). Es gilt Tabelle B (§ 34 GNotKG). Kostenschuldner ist der Antragsteller (§ 22 Abs. 1

118 Rohs/Wedewer/*Rohs*, KostO, § 64 Rn 4; Korintenberg/*Hey'l*, GNotKG, Nr. 14130 KV Rn 14.
119 OLG München JurBüro 2010, 484.
120 Korintenberg/*Lappe*, KostO, 18. Aufl., § 64 Rn 12.
121 Korintenberg/*Hey'l*, GNotKG, Nr. 14130 KV Rn 16.
122 Korintenberg/*Hey'l*, GNotKG, Nr. 14130 KV Rn 17.
123 LG Bayreuth JurBüro 1985, 228.
124 BayObLG Rpfleger 1981, 326.
125 Korintenberg/*Hey'l*, GNotKG, Nr. 14130 KV Rn 31.
126 Korintenberg/*Hey'l*, GNotKG, Nr. 14130 KV Rn 22.
127 Korintenberg/*Hey'l*, GNotKG, Nr. 14130 KV Rn 31.
128 Korintenberg/*Hey'l*, GNotKG, Nr. 14130 KV Rn 31.

GNotKG). Wird die Berichtigung hingegen von Amts wegen vorgenommen oder wäre die Berichtigung auch von Amts wegen statthaft, ist nur der Eigentümer Kostenschuldner (§ 13 Abs. 1 S. 3 GBMaßnG). Zur Umstellung von DM auf Euro s. Rn 109.

Geschäftswert ist der Umstellungsbetrag (§ 13 Abs. 1 S. 2 GBMaßnG). 162

Eintragung oder Löschung des Umstellungsschutzvermerks sind kostenfrei (§ 13 Abs. 2 GBMaßnG). 163

5. Löschungsvormerkung (§ 1179 BGB)

Die Eintragung einer Löschungsvormerkung (§ 1179 BGB) ist gebührenrechtlich als Veränderung eines Rechts zu behandeln (Anm. Abs. 1 S. 1 zu Nr. 14130 KV), so dass sie grundsätzlich die Eintragungsgebühr der Nr. 14130 KV auslöst. 164

Wird die Eintragung zugunsten des Berechtigten gleichzeitig mit dem Antrag auf Eintragung des Rechts beantragt, bleibt die Eintragung der Löschungsvormerkung jedoch gebührenfrei (Anm. Abs. 1 S. 2 zu Nr. 14130 KV), so dass dann nur die Eintragungsgebühr für das Recht nach Nr. 14120 ff KV entsteht. 165

Die Gebühr der Nr. 14130 KV wird daher nur ausgelöst, wenn die Eintragung der Löschungsvormerkung später als die Eintragung des betroffenen Rechts beantragt wird oder es nach § 1179 Nr. 2 BGB an einem Recht fehlt. Da die Löschungsvormerkung nur als Veränderungen des Rechts gilt, auf dessen Löschung der vorgemerkte Anspruch gerichtet ist, entsteht die Gebühr nur einmal. 166

Für den Geschäftswert ist die Löschungsvormerkung (§ 1179 BGB) zugunsten eines nach- oder gleichstehenden Berechtigten wie eine Vorrangeinräumung zu behandeln (§ 45 Abs. 2 S. 1 GNotKG). Maßgeblich ist daher der Wert des vortretenden Rechts, höchstens jedoch der Wert des zurücktretenden Rechts (§ 45 Abs. 1 GNotKG). § 45 Abs. 2 S. 1 GNotKG erfasst nur Löschungsvormerkungen nach § 1179 Nr. 1 BGB.[129] Im Fall des § 1179 Nr. 2 BGB gilt hingegen § 45 Abs. 3 GNotKG; jedoch bestimmt sich der Wert dann nach § 45 Abs. 2 S. 1 GNotKG analog, wenn demjenigen, zu dessen Gunsten die Eintragung vorgenommen werden soll, ein Anspruch auf Übertragung des Eigentums am Grundstück zusteht.[130] 167

Beispiel 1: Eingetragen sind in Abteilung III: 1. Hypothek 200.000 €, 2. Hypothek 100.000 €, 3. Hypothek 80.000 €. Beantragt wird nunmehr die Eintragung einer weiteren (Brief-)Hypothek über 50.000 € und die Eintragung einer Löschungsvormerkung bei Nr. 1 für die neu einzutragende Hypothek. Die Anträge gehen am selben Tag beim Gericht ein. 168
An Gerichtsgebühren sind zu erheben:
1,3-Eintragungsgebühr, Nr. 14120 KV (Wert: 50.000 €, Tabelle B) 214,50 €
Für die Eintragung der zugleich einzutragenden Löschungsvormerkung entsteht keine gesonderte Gebühr (Anm. Abs. 1 S. 2 zu Nr. 14130 KV).

Beispiel 2: Eingetragen sind in Abteilung III: 1. Hypothek 200.000 €, 2. Hypothek 100.000 €, 3. Hypothek 80.000 €. Es wird nunmehr beantragt, für Nr. 1 zugunsten der unter Nr. 3 eingetragenen Hypothek eine Löschungsvormerkung einzutragen. 169
An Gerichtsgebühren sind zu erheben:
0,5-Eintragungsgebühr, Nr. 14130 KV (Wert: 80.000 €, Tabelle B) 109,50 €

129 Bormann/Diehn/Sommerfeldt/*Pfeiffer*, GNotKG, § 45 Rn 6; Korintenberg/*Hey'l*, GNotKG, § 45 Rn 16.
130 Bormann/Diehn/Sommerfeldt/*Pfeiffer*, GNotKG, § 45 Rn 6; Korintenberg/*Hey'l*, GNotKG, § 45 Rn 16.

170 Ist ein **Ausschluss des Löschungsanspruchs** vereinbart (§§ 1179 a, 1179 b BGB), entsteht die Gebühr Nr. 14130 KV nur, wenn der Ausschluss nach der Eintragung des nachrangigen Rechts eingetragen wird, da der Ausschluss bei gleichzeitiger Eintragung mit dem nachrangigen Recht zu dessen Inhalt gehört.[131] Für den Wert gilt § 45 Abs. 2 S. 3 GNotKG. Bei **Aufhebung des Ausschlusses** (§ 1179 a Abs. 5 S. 3 BGB) liegt eine Veränderung des nachrangigen Rechts vor,[132] so dass die Gebühr der Nr. 14130 KV entsteht. § 45 Abs. 2 S. 3 GNotKG ist analog anzuwenden.[133]

171 Die Eintragung eines **Wirksamkeitsvermerks** erfolgt gebührenfrei.

6. Rangänderung

172 Die Rangänderung ist als Veränderung zu behandeln, es entsteht die Gebühr der Nr. 14130 KV. Anm. Abs. 2 zu Nr. 14130 KV ordnet jedoch an, dass die Rangänderung eingetragener Rechte nur als Veränderungen des zurücktretenden Rechts zu behandeln ist. Die Gebühr entsteht deshalb auch dann nur einmal, wenn ein Recht hinter mehrere Rechte zurücktritt, weil dann gebührenrechtlich nur eine Veränderung des zurücktretenden Rechts vorliegt. Treten hingegen mehrere Rechte zurück, ist die Gebühr jeweils gesondert zu erheben. Erfolgt bei Neueintragung mehrerer Rechte eine **Rangbestimmung**, erfolgt die Eintragung der Rangvermerke gebührenfrei;[134] auch Nr. 14160 KV greift nicht. Ebenso bleibt der **Rangrücktritt einer Vormerkung** gebührenfrei, da sie nicht von Vorbem. 1.4.1.2 KV erfasst wird.[135]

173 Für den Wert gilt § 45 Abs. 1 GNotKG. Danach ist bei Einräumung des Vorrangs oder des gleichen Rangs der Wert des vortretenden Rechts, höchstens jedoch der Wert des zurücktretenden Rechts maßgeblich. Erfolgt der Rangrücktritt hinter mehrere Rechte, ist der Gesamtwert der zurücktretenden Rechte für die Vergleichsberechnung maßgeblich.

174 **Beispiel 1:** Im Grundbuch sind zwei Grundschulden eingetragen: A) 100.000 € (Rang 1), B) 80.000 € (Rang 2). Die Grundschuld A) räumt der Grundschuld B) den Vorrang ein.
Der Geschäftswert bestimmt sich nach der Grundschuld B), da sie das vortretende Recht bildet. Der Wert beträgt folglich 80.000 €.
Es ist eine 0,5-Eintragungsgebühr (Nr. 14130 KV) iHv 109,50 € entstanden.

175 **Beispiel 2:** Im Grundbuch sind zwei Grundschulden eingetragen: A) 50.000 € (Rang 1), b) 100.000 € (Rang 2). Die Grundschuld A) räumt der Grundschuld B) den Vorrang ein.
Das vortretende Recht ist die Grundschuld B). Da ihr Wert jedoch den Wert des zurücktretenden Rechts übersteigt, ist höchstens der Wert der zurücktretenden Grundschuld A) anzusetzen. Der Wert beträgt folglich 50.000 €.
Es ist eine 0,5-Eintragungsgebühr (Nr. 14130 KV) iHv 82,50 € entstanden.

176 **Beispiel 3:** Im Grundbuch sind zwei Grundschulden eingetragen: A) 90.000 € (Rang 1), B) 70.000 € (Rang 2). Die Grundschuld A) räumt der Grundschuld B) den gleichen Rang ein.
Der Geschäftswert bestimmt sich nach der Grundschuld B), da sie das vortretende Recht bildet. Der Wert beträgt folglich 70.000 €.
Es ist eine 0,5-Eintragungsgebühr (Nr. 14130 KV) iHv 109,50 € entstanden.

---

131 Korintenberg/*Hey'l*, GNotKG, Nr. 14130 KV Rn 57 f.
132 Korintenberg/*Hey'l*, GNotKG, Nr. 14130 KV Rn 61.
133 Bormann/Diehn/Sommerfeldt/*Pfeiffer*, GNotKG, § 45 Rn 12.
134 OLG Köln Rpfleger 1998, 216; Korintenberg/*Hey'l*, GNotKG, Nr. 14130 KV Rn 33.
135 Korintenberg/*Hey'l*, GNotKG, Nr. 14130 KV Rn 34.

Treten mehrere Rechte zurück, entsteht die Gebühr der Nr. 14130 KV für jedes zurücktretende Recht gesondert an (Vorbem. 1.4 Abs. 4 KV).[136] Der Wert bestimmt sich für jede einzelne Gebühr nach § 45 Abs. 1 GNotKG, wobei der Wert jedes einzelnen zurücktretenden Rechts mit dem Wert der ihm vortretenden Rechte zu vergleichen ist.[137] 177

Beispiel: Im Grundbuch sind vier Grundschulden eingetragen: A) 50.000 € (Rang 1), B) 100.000 € (Rang 2), C) 60.000 € (Rang 3) und D) 35.000 € (Rang 4). Der Grundschuld D) wird der Vorrang vor A), B) und C) eingeräumt. Es treten somit drei Rechte zurück, so dass auch Nr. 14130 KV dreimal zu erheben ist. 178

a) 0,5-Gebühr, Nr. 14130 KV (Rangrücktritt A), Wert: 35.000 €	67,50 €
b) 0,5-Gebühr, Nr. 14130 KV (Rangrücktritt B), Wert: 35.000 €	67,50 €
c) 0,5-Gebühr, Nr. 14130 KV (Rangrücktritt C), Wert: 35.000 €	67,50 €
Gesamt:	202,50 €

Da die Werte der zurücktretenden Rechte jeweils höher ist als das zurücktretende Recht, bestimmt sich der Wert für jede der Einzelgebühren nach dem Wert des zurücktretenden Rechts (§ 45 Abs. 1 GNotKG).

7. Veränderung mehrerer Rechte

Bezieht sich die Eintragung einer Veränderung auf mehrere Rechte, wird die Gebühr für jedes Recht gesondert erhoben (Vorbem. 1.4 Abs. 4 KV). Da gilt auch dann, wenn es nur der Eintragung eines einheitlichen Vermerks bedarf. Erfasst ist zB die Abtretung mehrerer Grundpfandrechte oder der Rangrücktritt mehrerer Recht (s. Rn 177 f), so dass die Gebühr der Nr. 14130 KV auch dann gesondert nach dem Nennbetrag des jeweiligen Rechts zu erheben ist, wenn die Abtretung an dieselbe Person erfolgt.[138] Führt die Veränderung dazu, dass mehrere Rechte entstehen, ist die Gebühr jedoch nur einmal zu erheben.[139] 179

8. Mehrere Veränderungen desselben Rechts

Beziehen sich mehrere Veränderungen auf dasselbe Recht, wird die Gebühr nur einmal erhoben, wenn die Anträge in demselben Dokument enthalten sind und am selben Tag beim Gericht eingehen (Vorbem. 1.4 Abs. 5 KV). Gehen die Anträge jedoch an verschiedenen Tagen ein, entsteht die Gebühr der Nr. 14130 KV gesondert. Erfasst sind etwa Teilabtretung und Rangänderung des abgetretenen Teils oder die Abtretung und gleichzeitige Umwandlung eines Rechts, so dass die Gebühr hier nur einmal, aber nach den zusammengerechneten Werten berechnet wird (s. hierzu Rn 181). 180

Für die Wertberechnung gilt § 69 Abs. 2 GNotKG. Danach bestimmt sich der Wert nach den zusammengerechneten Werten der einzelnen Veränderungen, jedoch darf der Wert des Rechts auch bei mehreren Veränderungen nicht überschritten werden (§ 69 Abs. 2 S. 2 GNotKG). Im Gleichlauf mit Vorbem. 1.4 Abs. 5 KV greift § 69 Abs. 2 GNotKG nur, wenn die Eintragungsanträge in demselben Dokument gestellt und am selben Tag beim Grundbuchamt eingegangen sind. Keine besondere Bewer- 181

136 OLG Hamm Rpfleger 1988, 101.
137 Korintenberg/*Sikora*, GNotKG, § 45 Rn 7.
138 Korintenberg/*Hey'l*, GNotKG, Nr. 14130 KV Rn 62.
139 Korintenberg/*Hey'l*, GNotKG, Nr. 14130 KV Rn 64.

tung erfolgt jedoch, wenn die Veränderung eine andere Veränderung zwingend voraussetzt, zB die Teilung eines Grundpfandrechts und die Abtretung des Teilbetrags.[140]

9. Veränderung von Gesamtrechten (Nr. 14131 KV)

a) Allgemeines

182 Der Gesetzgeber hat eine neue Nr. 14131 KV und in Vorbem. 1.4 Abs. 3 einen neuen Satz 3 eingeführt.[141] Die Regelungen sind zum 4.7.2015 in Kraft getreten, wobei die Übergangsregelungen in § 134 GNotKG zu beachten sind. Nach dem neuen Recht ist bei der Veränderung von Gesamtrechten zu unterscheiden, ob die Grundbücher bei demselben Grundbuchamt geführt werden (dann gilt Vorbem. 1.4 Abs. 3 KV) oder bei verschiedenen Grundbuchämtern (dann gilt Nr. 14131 KV).

b) Grundbücher werden bei demselben Grundbuchamt geführt

183 Die Gebühr Nr. 14130 KV fällt nur einmal an, wenn die Eintragungsanträge in demselben Dokument enthalten sind und am selben Tag beim Grundbuchamt eingehen (Vorbem. 1.4 Abs. 3 S. 3 KV). Der Geschäftswert bestimmt sich wie bei anderen Veränderungen auch (s. Rn 160), so dass es etwa bei der Abtretung eines Gesamtrechts auf den Nennbetrag der Schuld ankommt (§ 53 Abs. 1 GNotKG). Werden die Anträge in verschiedenen Dokumenten oder nicht taggleich beim Grundbuchamt eingereicht, greift die Privilegierung der Vorbem. 1.4 Abs. 3 KV nicht ein und die Gebühr Nr. 14130 KV fällt mehrfach an.

184 **Beispiel:** Im Grundbuch ist eine Gesamtgrundschuld mit einem Nennbetrag von 500.000 € eingetragen. Belastet sind Grundstücke A und B. Beantragt wird die Abtretung der Gesamtgrundschuld. Die Eintragungsanträge werden in einer Urkunde gestellt, die am 15.2.2016 beim Grundbuchamt eingeht.
Der Geschäftswert beträgt folglich 500.000 €.
Es ist eine 0,5-Eintragungsgebühr (Nr. 14130 KV) iHv 467,50 € entstanden.

c) Grundbücher werden bei verschiedenen Grundbuchämtern geführt

185 Wird die Veränderung eines Gesamtrechts eingetragen, für das die Grundbücher bei verschiedenen Grundbuchämtern geführt werden, gilt Nr. 14131 KV. Danach erhöht sich die Gebühr der Nr. 14130 KV ab dem zweiten beteiligten Grundbuchamt um 0,1 für jedes weitere beteiligte Grundbuchamt. Der Geschäftswert ist wie bei der Veränderung eines Einzelrechts zu bestimmen (s. Rn 160 ff), bei der Abtretung eines Gesamtrechts ist die Gebühr Nr. 14131 KV nach dem Nennbetrag der Schuld zu erheben.

186 Nr. 14131 KV gilt nur, wenn der Eintragungsantrag für mehrere Grundbuchämter gleichzeitig bei einem Grundbuchamt gestellt wird und bei gesonderter Antragstellung, wenn die Anträge innerhalb eines Monats bei den beteiligten Grundbuchämtern eingehen (Anm. zu Nr. 14131 KV). Erfolgt die Antragstellung nicht fristgerecht, sind Einzelgebühren nach Nr. 14130 KV anzusetzen.

---

140 Korintenberg/*Hey'l*, GNotKG, Nr. 14130 KV Rn 67.

141 Art. 13 Nr. 10 Buchst. l) aa) und Buchst. m) des Gesetzes zum Internationalen Erbrecht und zur Änderung von Vorschriften zum Erbschein sowie zur Änderung sonstiger Vorschriften vom 29.6.2015 (BGBl. I S. 1042, 1055).

Die Gebühren sind bei dem Grundbuchamt anzusetzen, bei dem der Antrag zuerst eingegangen ist (§ 18 Abs. 3 S. 1 GNotKG). 187

Beispiel: Es ist eine Gesamtgrundschuld auf den Grundstücken A (Grundbuch Magdeburg) und B (Grundbuch Halle) mit einem Nennbetrag von 500.000 € eingetragen. Es wird die Eintragung der Abtretung beantragt. Die Eintragungsanträge werden in einer Urkunde gestellt, die am 15.2.2016 beim Grundbuchamt Magdeburg eingeht. 188
Der Geschäftswert beträgt folglich 500.000 €.
Es ist eine 0,6-Eintragungsgebühr (Nr. 14130, 14131 KV) iHv 561 € entstanden.

VI. Löschung von Belastungen

1. Geltungsbereich

Für die Eintragung der Löschung von Belastungen entstehen Gebühren nach Nr. 14140–14143 KV. Gebührenpflichtig ist jedoch nur die Löschung von Belastungen, die in Vorbem. 1.4.1.4 KV genannt sind. Im Einzelnen sind erfasst: 189

- Dauernutzungsrechte,
- Dauerwohnrechte,
- Dienstbarkeiten,
- Erbbaurechte oder ähnliche Rechte an einem Grundstück,
- Grundschulden,
- Hypotheken,
- Reallasten,
- Rentenschulden,
- Vorkaufsrechte.

Eine gesonderte Gebühr entsteht für **Löschungen einer Vormerkung** nach Nr. 14152 KV (s. Rn 232 f). Im Übrigen werden für Löschungen jedoch keine Gebühren erhoben,[142] so dass insbesondere die Löschung von Widersprüchen oder sonstigen Eintragungen, für die Nr. 14160 KV gilt (zB Herrschvermerke, Belastungen nach § 1010 BGB, Miteigentümervereinbarungen), gebührenfrei vorzunehmen sind. Kostenfrei erfolgt auch die Löschung von **Umstellungsgrundschuldnen** (§ 15 S. 3 GBMaßnG) und **Abgeltungshypotheken** (§ 24 Abs. 5 S. 2 GBMaßnG). 190

Für die Gebührenerhebung ist zu unterscheiden zwischen der Löschung von Grundpfandrechten (Nr. 14140, 14141 KV), die in Abteilung III vorzunehmen sind, der Löschung von sonstigen Belastungen, die in Abteilung II vorzunehmen sind (Nr. 14143 KV), und der Entlassung aus der Mithaft (Nr. 14142 KV). Für die Löschung einer Vormerkung gilt Nr. 14152 KV. 191

2. Löschung durch unterlassene Übertragung (§ 46 Abs. 2 GBO)

Die Gebühren der Nr. 14140 ff KV entstehen auch, wenn die Löschung des Rechts dadurch erfolgt, dass es bei der Übertragung eines Grundstücks oder eines Grundstücksteils auf ein anderes Blatt nicht mit übertragen wird (§ 46 Abs. 2 GBO).[143] 192

---

142 BT-Drucks. 17/11471 (neu), S. 319.

143 OLG Hamburg Rpfleger 1972, 380; OLG Schleswig SchlHA 1975, 51; BayObLG JurBüro 1976, 1366; OLG Düsseldorf Rpfleger 1977, 460; OLG Celle JurBüro 1984, 265; Korintenberg/*Hey'l*, GNotKG, Nr. 14140–14143 KV Rn 10; Rohs/Wedewer/*Rohs*, KostO, § 68 Rn 8.

3. Löschung von Grundpfandrechten

a) Eintragungsgebühr

193 Erfolgt die Löschung in Abteilung III des Grundbuchs, gilt Nr. 14140 KV, so dass die Löschung von Grundschulden, Hypotheken und Rentenschulden erfasst ist. Es handelt sich um eine 0,5-Gebühr, die sich nach Tabelle B (§ 34 GNotKG) berechnet. Die Löschung des **Rechts an einem Grundpfandrecht** ist eine Inhaltsänderung, so dass Nr. 14130 KV gilt.[144]

194 Der **Wert** für die Löschung von Grundpfandrechten bestimmt sich nach § 53 Abs. 1 GNotKG (s. Rn 91). Zur Löschung, wenn bereits eine Mithaftentlassung erfolgt ist, s. Rn 205 f.

195 **Beispiel:** Eingetragen wird die Löschung einer Grundschuld über 250.000 €.
An Gerichtsgebühren sind zu erheben:

0,5-Eintragungsgebühr, Nr. 14140 KV (Wert: 250.000 €, Tabelle B)	267,50 €

b) Löschung mehrerer Einzelrechte

196 Die Gebühr entsteht für die Löschung jedes Grundpfandrechts gesondert (§ 55 Abs. 2 GNotKG), auch wenn sie dasselbe Grundstück belasten. Gesonderte Gebühren entstehen auch dann, wenn das Recht ursprünglich geteilt wurde und nun die jeweiligen Einzelrechte gleichzeitig gelöscht werden.[145] Wird neben der Löschung in Abteilung III auch ein gebührenpflichtiges Recht in Abteilung II gelöscht, entsteht hierfür die Gebühr der Nr. 14143 KV gesondert.

197 **Beispiel:** Im Grundbuch von Magdeburg Blatt 5600 sind in Abteilung III eingetragen: Nr. 1 Grundschuld über 150.000 €, Nr. 2 Grundschuld über 100.000 €. Es wird die Löschung beider Grundschulden eingetragen.
An Gerichtsgebühren sind zu erheben:

1. 0,5-Eintragungsgebühr für Grundschuld 1, Nr. 14140 KV (Wert: 150.000 €, Tabelle B)	177,00 €
2. 0,5-Eintragungsgebühr für Grundschuld 1, Nr. 14140 KV (Wert: 100.000 €, Tabelle B)	136,50 €
Gesamt	313,50 €

c) Löschung eines Gesamtrechts

aa) Dasselbe Grundbuchamt

198 Wird dasselbe Recht bei mehreren Grundstücken, über die das Grundbuch bei demselben Grundbuchamt geführt wird, gelöscht, wird die Gebühr der Nr. 14140 KV nur einmal erhoben, wenn die Löschungsanträge in demselben Dokument gestellt werden und am selben Tag beim Gericht eingehen (Vorbem. 1.4 Abs. 3 S. 1, 3 KV). In diesen Fällen tritt auch eine Erhöhung der Gebühr nach Nr. 14141 KV nicht ein. Der Wert bestimmt sich nach dem Nennbetrag des Grundpfandrechts (§ 53 Abs. 1 GNotKG).

bb) Verschiedene Grundbuchämter

199 Wird ein Gesamtrecht gelöscht und werden die Grundbücher bei verschiedenen Grundbuchämtern geführt, erhöht sich die Eintragungsgebühr ab dem zweiten betei-

144 Korintenberg/*Hey'l*, GNotKG, Nr. 14140–14143 KV Rn 9.
145 Korintenberg/*Hey'l*, GNotKG, Nr. 14140–14143 KV Rn 13.

ligten Grundbuchamt um 0,1 für jedes weitere beteiligte Grundbuchamt (Nr. 14141 KV). Diese Gebührenprivilegierung gilt jedoch nur, wenn die Anträge für mehrere Grundbuchämter zeitgleich bei einem Grundbuchamt eingehen oder bei getrennter Antragstellung innerhalb eines Monats bei den beteiligten Grundbuchämtern eingehen (Anm. zu Nr. 14141 KV).

Nr. 14141 KV führt jedoch nicht zum Ansatz von Einzelgebühren, sondern es ist nur 200
eine Eintragungsgebühr nach Nr. 14140 KV mit dem erhöhten Gebührensatz zu erheben.

Die nach Nr. 14141 KV erhöhte Eintragungsgebühr wird bei dem Gericht angesetzt, 201
bei dessen Grundbuchamt der Antrag zuerst eingegangen ist (§ 18 Abs. 3 S. 1 GNotKG).

Beispiel: Eingetragen ist eine Gesamtgrundschuld über 250.000 € für die mehrere Grund- 202
stücke haften. Die Grundschuld ist eingetragen im Grundbuch von Magdeburg Blatt 4100 und im Grundbuch von Braunschweig Blatt 5000. Es wird nunmehr die Löschung der Grundschuld eingetragen. Der Löschungsantrag für beide Grundstücke geht am 15.8. beim Grundbuchamt Magdeburg ein.
An Gerichtsgebühren sind zu erheben:

0,6-Eintragungsgebühr, Nr. 14140, 14141 KV (Wert: 250.000 €, Tabelle B)	321,00 €

Die Gebühr der Nr. 14140 KV war um 0,1 zu erhöhen, weil die Grundbücher bei verschiedenen Grundbuchämtern geführt werden und der Eintragungsantrag für beide Grundbuchämter zeitgleich bei einem beteiligten Grundbuchamt eingegangen ist (Nr. 14141 KV). Gemäß § 18 Abs. 3 S. 1 GNotKG ist die 0,6-Eintragungsgebühr bei dem Grundbuchamt Magdeburg anzusetzen.

Wird der Eintragungsantrag für die mithaftenden Grundstücke nicht zeitgleich bei 203
einem beteiligten Grundbuchamt gestellt oder gehen die Eintragungsanträge nicht innerhalb eines Monats bei allen beteiligten Grundbuchämtern ein, ist zunächst die Gebühr Nr. 14142 KV für die Mithaftentlassung anzusetzen und die Nr. 14140 KV erst, wenn die letzte Löschung des Grundpfandrechts erfolgt.[146]

Beispiel: Eingetragen ist eine Gesamtgrundschuld über 250.000 € für die mehrere Grund- 204
stücke haften. Die Grundschuld ist eingetragen im Grundbuch von Magdeburg Blatt 4100 und im Grundbuch von Braunschweig Blatt 5000. Am 15.8. wird beim Grundbuchamt Magdeburg die Löschung der Grundschuld im dortigen Grundbuch beantragt. Erst am 25.9. wird beim Grundbuchamt Braunschweig die Löschung der Gesamtgrundschuld beantragt.
An Gerichtsgebühren sind zu erheben:

Grundbuchamt Magdeburg:	
0,3-Eintragungsgebühr, Nr. 14142 KV (Wert: 250.000 €, Tabelle B)	160,50 €
Grundbuchamt Braunschweig:	
0,5-Eintragungsgebühr, Nr. 14140 KV (Wert: 250.000 €, Tabelle B)	267,50 €
Gesamt	428,00 €

Es sind Einzelgebühren anzusetzen. Nr. 14141 KV findet keine Anwendung, da die Löschungsanträge bei den beteiligten Grundbuchämtern nicht zeitgleich und bei dem weiteren beteiligten Grundbuchamt auch nicht innerhalb eines Monats nach der ersten Antragstellung eingegangen sind.

146 Insoweit wird die in der Vorauflage vertretene Auffassung, wonach dann die Nr. 14140 KV mehrfach anzusetzen ist (1. Aufl. 2013, § 16 Rn 142 f), ausdrücklich aufgegeben.

cc) Löschung von Gesamtrechten, bei dem bereits eine Mithaftentlassung erfolgt ist

205 Soll ein Gesamtpfandrecht gelöscht werden, bei dem bereits mindestens ein Grundstück aus der Mithaft entlassen wurde, ist für die Löschung des Rechts die Gebühr der Nr. 14140 KV zu erheben. Nur dann, wenn lediglich die Mithaftentlassung einzutragen ist, nicht aber das gesamte Recht zu löschen ist, gilt Nr. 14142 KV (s. Rn 218 ff). Der Geschäftswert bestimmt sich gem. § 53 Abs. 1 GNotKG grundsätzlich nach dem vollen Nennbetrag der Schuld. Da diese Regelung zu Unbilligkeiten führen kann, stellt § 44 Abs. 1 S. 2 GNotKG nunmehr klar, dass die Löschung von Gesamtgrundpfandrechten, bei dem bereits mindestens ein Grundstück aus der Mithaft entlassen wurde, der Entlassung aus der Mithaft gleichsteht. Es ist daher ein Wertvergleich zwischen dem Nennbetrag und der Summe der Werte der noch belasteten Pfandobjekte vorzunehmen, weil dann der geringere Wert maßgeblich ist. War jedoch noch keine Mithaftentlassung erfolgt, ist der Nennbetrag der Schuld des zu löschenden Gesamtgrundpfandrechts zugrunde zu legen.

206 **Beispiel:** Eingetragen ist eine Gesamtgrundschuld über 350.000 €, welche die Grundstücke A (Wert: 250.000 €) und B (Wert: 150.000 €) belastet. Grundstück A wird aus der Mithaft entlassen. Später wird auch die Löschung der Grundschuld im Grundbuch für Grundstück B beantragt und eingetragen.
Für die Löschung der Grundschuld bei Grundstück B sind zu erheben:

0,5-Eintragungsgebühr, Nr. 14140 KV (Wert: 150.000 €, Tabelle B)	177,00 €

Für den Geschäftswert ist wegen § 53 Abs. 1, § 44 Abs. 1 S. 2 GNotKG auf den vollen Nennbetrag der Grundschuld, höchstens aber auf den Wert von Grundstück B, abzustellen, so dass der Wert lediglich 150.000 € beträgt.
Für die Eintragung der Entlassung aus der Mithaft von Grundstück A war eine gesonderte Gebühr nach Nr. 14142 KV nach einem Wert von 250.000 € zu erheben (§ 53, § 44 Abs. 1 GNotKG).

4. Löschung von sonstigen Belastungen

a) Eintragungsgebühr (Nr. 14143 KV)

207 Für die Eintragung der Löschung von Belastungen, die nicht von Nr. 14140, 14141, 14152 KV erfasst werden, entsteht eine Eintragungsgebühr nach Nr. 14143 KV. Es handelt sich um eine Festgebühr von 25 €.

208 Nach Vorbem. 1.4.1.4 KV ist die Gebühr nur zu erheben, wenn Dauernutzungsrechte, Dauerwohnrechte, Dienstbarkeiten, Reallasten, Vorkaufsrechte sowie Erbbaurechte (s. Rn 118) oder ähnliche Rechte an einem Grundstück gelöscht werden. Die Löschung anderer, in Abteilung II eingetragener Belastungen ist gebührenfrei (s. Rn 190). Für die Löschung einer Vormerkung gilt Nr. 14152 KV.

209 **Beispiel:** Eingetragen wird die Löschung einer Reallast.
An Gerichtsgebühren sind zu erheben:

Eintragungsgebühr, Nr. 14143 KV	25,00 €

b) Mehrheit von Rechten

210 Die Löschungsgebühr ist für jede Löschung gesondert zu erheben (§ 55 Abs. 2 GNotKG), auch wenn dasselbe Grundstück belastet ist. Zu den nichtgesamtrechtsfähigen Rechten s. Rn 213.

Beispiel: Eingetragen wird die Löschung einer Reallast und einer Dienstbarkeit. 211
An Gerichtsgebühren sind zu erheben:

1.	Eintragungsgebühr für Löschung der Reallast, Nr. 14143 KV	25,00 €
2.	Eintragungsgebühr für Löschung der Dienstbarkeit, Nr. 14143 KV	25,00 €
Gesamt		50,00 €

Handelt es sich um ein Gesamtrecht, entsteht die Gebühr nur einmal, wenn die **Grundbücher bei demselben Grundbuchamt** geführt werden und die Löschungsanträge in demselben Dokument enthalten sind und am selben Tag beim Gericht eingehen (Vorbem. 1.4 Abs. 3 S. 1, 3 KV). 212

Bei der einmaligen Gebührenerhebung bleibt es nach Vorbem. 1.4 Abs. 3 S. 2, 3 KV auch, wenn kein echtes Gesamtrecht, sondern ein **nicht gesamtrechtsfähiges inhaltsgleiches Recht** gelöscht wird. Liegen die Voraussetzungen der Vorbem. 1.4 Abs. 3 S. 1 KV nicht vor, sind Einzelgebühren anzusetzen. 213

Beispiel: Eingetragen ist ein Nießbrauch auf den Grundstücken A und B. Beantragt wird die Löschung des Nießbrauchs auf beiden Grundstücken. Die Anträge werden in einer Urkunde gestellt und gehen auch am selben Tag beim Gericht ein. 214
Nach Vorbem. 1.4 Abs. 3 S. 2, 3 KV ist nur eine Gebühr nach Nr. 14143 KV von 25 € zu erheben.

Keine Regelung besteht, wenn die **Grundbücher bei verschiedenen Grundbuchämtern** geführt werden. Die Gebühr der Nr. 14142 KV muss dann von jedem beteiligten Grundbuchamt gesondert angesetzt werden. 215

5. Geschäftswert bei Löschung von Belastungen

Der Geschäftswert ist nach dem Wert des zu löschenden Rechts zu berechnen, so dass §§ 46 ff GNotKG gelten. Für Grundpfandrechte ist auf den vollen Nennbetrag der Schuld abzustellen (§ 53 Abs. 1 GNotKG). 216

Ist bereits mindestens eine Mithaftentlassung erfolgt, gilt § 44 Abs. 1 S. 2 GNotKG (s. Rn 205 f). 217

6. Entlassung aus der Mithaft

Für die Eintragung der Entlassung aus der Mithaft entsteht eine 0,3-Eintragungsgebühr nach Nr. 14142 KV. Es gilt Tabelle B (§ 34 GNotKG). 218

Der Geschäftswert ist nach § 44 Abs. 1 S. 1 GNotKG zu berechnen. Er bestimmt sich danach nach dem Wert des entlassenen Grundstücks, wenn dieser geringer ist als der Wert des Nennbetrags der Schuld. Es ist daher ein Wertvergleich zwischen dem Nennbetrag des Rechts und dem Wert des freigegebenen Grundstücks vorzunehmen. 219

Beispiel 1: Es ist eine Gesamtgrundschuld über 200.000 € eingetragen. In die Mithaft eingezogen sind Grundstück A (Wert: 150.000 €), Grundstück B (Wert: 120.000 €) und Grundstück C (Wert: 80.000 €). Eingetragen wird die Entlassung von Grundstück C aus der Mithaft. 220
An Gerichtsgebühren sind zu erheben:
0,3-Eintragungsgebühr, Nr. 14142 KV (Wert: 80.000 €, Tabelle B) 65,70 €
Für den Geschäftswert ist der Nennbetrag von 200.000 € mit dem Wert des aus der Mithaft entlassenen Grundstücks C von 80.000 € zu vergleichen und der geringere Wert zugrunde zu legen.

221 **Beispiel 2:** Es ist eine Gesamtgrundschuld über 200.000 € eingetragen. In die Mithaft einbezogen sind Grundstück A (Wert: 250.000 €), Grundstück B (Wert: 120.000 €) und Grundstück C (Wert: 80.000 €). Eingetragen wird die Entlassung von Grundstück A aus der Mithaft.
An Gerichtsgebühren sind zu erheben:
0,3-Eintragungsgebühr, Nr. 14142 KV (Wert: 200.000 €, Tabelle B) 130,50 €
Für den Geschäftswert ist der Nennbetrag von 200.000 € mit dem Wert des aus der Mithaft entlassenen Grundstücks A von 250.000 € zu vergleichen und der geringere Wert zugrunde zu legen.

VII. Vormerkungen und Widersprüche

1. Eintragung einer Vormerkung

a) Eintragungsgebühr

222 Für die Eintragung der Vormerkung entsteht eine 0,5-Eintragungsgebühr nach Nr. 14150 KV. Es gilt Tabelle B (§ 34 GNotKG). Erfasst sind Vormerkungen nach § 883 BGB, aber auch solche nach öffentlichem Recht wie dem BauGB.[147] Gebührenfrei ist die Eintragung nach § 18 Abs. 2 GBO (Vorbem. 1.4 Abs. 2 Nr. 1 KV).

223 **Beispiel:** Eingetragen wird eine Auflassungsvormerkung. Der Wert des Grundstücks beträgt 250.000 €.
Zu erheben sind:
0,5-Eintragungsgebühr, Nr. 14150 KV (Wert: 250.000 €, Tabelle B) 267,50 €

b) Löschungsvormerkung

224 Vormerkungen nach § 1179 BGB sind nicht von Nr. 14150 KV erfasst, da sie kostenrechtlich wie die Veränderung eines Rechts zu behandelt sind; es gilt Nr. 14130 KV (Anm. Abs. 1 S. 1 zu Nr. 14130 KV) (s. Rn 164 ff). Dabei ist die Gebührenfreiheit nach Anm. Abs. 1 S. 2 zu Nr. 14130 KV zu beachten (s. Rn 165 ff).

c) Mehrheit von Geschäften

225 Wird die Vormerkung bei mehreren Grundstücken eingetragen, gilt Vorbem. 1.4 Abs. 3 KV, da diese Regelung auch für Vormerkungen gilt (Vorbem. 1.4 Abs. 3 S. 2 KV). Die Gebühr der Nr. 14150 KV entsteht danach nur einmal, jedoch nach den zusammengerechneten Werten der vorgemerkten Rechte. Vorbem. 1.4 Abs. 3 KV gilt jedoch nur, wenn die Grundbücher bei demselben Grundbuchamt geführt werden und die Eintragungsanträge in demselben Dokument gestellt und am selben Tag beim Grundbuchamt eingehen. Vorbem. 1.4 Abs. 3 KV-GNotKG findet zudem nur Anwendung, wenn die Vormerkungen jeweils den identischen Anspruch auf Eintragung desselben Rechts sichern.[148] Es dürfte sich deshalb weiterhin nicht um eine inhaltsgleiche Vormerkung iSd Vorbem. 1.4 Abs. 3 KV handeln, wenn durch die Vormerkung verschiedene Ansprüche oder ein Anspruch doppelt gesichert wird.

226 **Beispiel:** Im Grundbuch ist für A eine Auflassungsvormerkung für die Grundstücke A (Wert: 150.000 €) und B (200.000 €) eingetragen. Die Eintragungsanträge werden in einer Urkunde gestellt, die am 15.2.2016 beim Grundbuchamt eingeht.

147 Korintenberg/*Hey'l*, GNotKG, Nr. 14150–14152 KV Rn 3.
148 Bormann/Diehn/Sommerfeldt/*Gutfried*, GNotKG, Vorbem. 1.4 KV Rn 28.

Es ist eine 0,5-Eintragungsgebühr (Nr. 14150 KV) iHv 342,50 € entstanden.
Der Geschäftswert beträgt 350.000 €. Wegen Vorbem. 1.4. Abs. 3 KV sind keine Einzelgebühren anzusetzen.

Sind verschiedene Grundbuchämter betroffen, entsteht die Gebühr für jedes Grundbuchamt gesondert, da Vorbem. 1.4 Abs. 3 KV dann nicht eingreift und eine vergleichbare Regelung zu Nr. 14122 KV fehlt. Wegen Fehlens einer planwidrigen Regelungslücke gilt Nr. 14122 KV auch nicht analog. 227

Beispiel: Im Grundbuch ist für A eine Auflassungsvormerkung für die Grundstücke A (Wert: 150.000 €) und B (200.000 €) eingetragen. Die Grundbücher werden bei verschiedenen Grundbuchämtern geführt. 228
Es entstehen nun zwei Eintragungsgebühren, da Vorbem. 1.4 Abs. 3 KV nicht gilt. Der Wert bestimmt sich nach dem Verkehrswert des jeweiligen Grundstücks (§ 45 Abs. 3, § 46 GNotKG).
Entstanden sind folglich folgende Gebühren:

Grundbuchamt A: 0,5-Eintragungsgebühr (Nr. 14150 KV), Wert: 150.000 €	177,00 €
Grundbuchamt B: 0,5-Eintragungsgebühr (Nr. 14150 KV), Wert: 200.000 €	217,50 €

Sind hingegen mehrere Vormerkungen einzutragen, die keinen einheitlichen Anspruch sichern oder für verschiedene Berechtigte einzutragen sind, greift Vorbem. 1.4 Abs. 3 KV nicht ein, so dass die Gebühr Nr. 14150 KV jeweils gesondert zu erheben ist. Gleiches gilt, wenn dieselbe Rechtsänderung doppelt gesichert wird (Vorkaufsrecht und Auflassungsvormerkung)[149] oder die eine Rechtsänderung die Erfüllung des anderen Anspruchs unmöglich macht.[150] Dienen die Vormerkungen jedoch der Sicherung eines einheitlichen Anspruchs auf mehrere Veränderungen desselben Rechts, entsteht die Gebühr nur einmal.[151] Hierunter fällt etwa die Einräumung eines persönlichen Vorkaufs- und eines Wiederkaufsrechts.[152] 229

Sind eine Vormerkung und ein Widerspruch einzutragen, fallen die Gebühren der Nr. 14150, 14151 KV gesondert an. 230

d) Veränderung der Vormerkung

Die Eintragungsgebühr der Nr. 14150 KV gilt auch die Eintragung von Veränderungen einer Vormerkung ab,[153] ihre Eintragung bleibt deshalb gebührenfrei (zB Rangrücktritt der Vormerkung, Abtretung des vorgemerkten Anspruchs). Nr. 14130 KV gilt nicht, da die Vormerkung nicht in Vorbem. 1.4.1.2 KV genannt ist. 231

e) Löschung der Vormerkung

Für die Löschung der Vormerkung entsteht eine Gebühr nach Nr. 14152 KV. Es handelt sich um eine Festgebühr von 25 €. Die Gebühr entsteht auch bei einer Amtslöschung nach § 84 GBO,[154] jedoch haftet nur der Schuldner nach § 27 GNotKG, der regelmäßig fehlt. § 23 Nr. 11 GNotKG greift nicht. 232

Sind **mehrere Vormerkungen** zu löschen, fällt die Gebühr Nr. 14152 KV jeweils gesondert an. Zu beachten ist aber Vorbem. 1.4 Abs. 3 KV, da diese Regelung auch für 233

149 So noch Korintenberg/*Lappe*, KostO, 18. Aufl., § 66 Rn 13.
150 Bormann/Diehn/Sommerfeldt/*Gutfried*, GNotKG, Nr. 14150 KV Rn 6.
151 Rohs/Wedewer/*Rohs*, KostO, § 66 Rn 11.
152 So noch Korintenberg/*Lappe*, KostO, 18. Aufl., § 66 Rn 13.
153 BT-Drucks. 17/11471 (neu), S. 320.
154 Bormann/Diehn/Sommerfeldt/*Gutfried*, GNotKG, Nr. 14152 KV Rn 3.

Vormerkungen und Löschungen gilt (Vorbem. 1.4 Abs. 3 S. 2, 3 KV). Ist die Vormerkung bei mehreren Grundstücken eingetragen, entsteht die Gebühr Nr. 14152 KV deshalb nur einmal, wenn die Löschungsanträge in demselben Dokument enthalten sind und am selben Tag beim Grundbuchamt eingehen und die Vormerkungen denselben Anspruch betreffen und für denselben Berechtigten eingetragen sind. Sind verschiedene Grundbuchämter betroffen, entsteht die Gebühr jeweils gesondert, denn Vorbem. 1.4 Abs. 3 KV greift hier nicht.

f) Geschäftswert

234 Der Geschäftswert bestimmt sich nach dem Wert des vorgemerkten Rechts (§ 45 Abs. 3 GNotKG). Das gilt auch für die **Aufhebungsvormerkung.** Bei der **Auflassungsvormerkung** ist bei einem Kaufvertrag der Kaufpreis maßgeblich (§ 46 Abs. 1 GNotKG), bei Überlassung der Grundstückswert, wobei es auf den Wert zum Zeitpunkt der Eintragung der Vormerkung ankommt.[155] Gleichs gilt für **Wohnungs- und Teileigentum**, so dass es auch hier auf den Kaufpreis bzw. bei Überlassung auf den Wert des Wohnungs- oder Teileigentums ankommt.[156] Bei der Auflassungsvormerkung für den Ersteher in der Zwangsversteigerung kann der nach § 74 a ZVG festgesetzte Wert herangezogen werden.[157]

235 Bei **Grundpfandrechten** gilt § 53 GNotKG und für **Dienstbarkeiten** § 52 GNotKG. Sichert die Vormerkung die **Erbbaurechtsbestellung**, gelten §§ 43, 49 GNotKG.[158] **Bedingungen und Befristungen** des zugrunde liegenden Anspruchs bleiben unbeachtlich;[159] allerdings kann die Bedingung oder Befristung des vorgemerkten Rechts beim Wert berücksichtigt werden, wenn in der jeweiligen Bewertungsvorschrift wegen Unbilligkeit eine abweichende Wertfestsetzung statthaft ist (zB § 52 Abs. 6 S. 3 GNotKG).[160]

236 § 51 Abs. 1 S. 2 GNotKG bleibt unberührt (§ 45 Abs. 3 Hs. 2 GNotKG). Der Geschäftswert für ein **Vorkaufs- oder Wiederkaufsrecht** ist danach nur nach dem hälftigen Wert des Gegenstands zu berechnen, auf den sich das Vorkaufs- oder Wiederkaufsrecht bezieht.

2. Eintragung eines Widerspruchs

237 Für die Eintragung eines Widerspruchs gilt die Festgebühr der Nr. 14151 KV iHv 50 €. Erfasst sind die Widersprüche nach § 899 BGB und nach öffentlichem Recht (zB nach GrdstVG).[161] Gebührenpflichtig ist auch die Eintragung von Rechtshängigkeitsvermerken[162] oder eines fiktiv bewilligten Widerspruchs nach § 895 ZPO.[163] Gebührenfrei bleibt die Eintragung von Amtswidersprüchen nach § 18 Abs. 2, § 53 GBO (Vorbem. 1.4 Abs. 2 Nr. 1 KV).

155 BayObLG Rpfleger 1996, 378.
156 Insoweit wird die Auffassung in der Vorauflage (1. Aufl. 2013, § 16 Rn 165) aufgegeben.
157 LG Koblenz Rpfleger 1999, 237.
158 Bormann/Diehn/Sommerfeldt/*Pfeiffer*, GNotKG, § 45 Rn 14.
159 Korintenberg/*Hey'l*, GNotKG, Nr. 14150–14152 KV Rn 10.
160 Korintenberg/*Hey'l*, GNotKG, Nr. 14150–14152 KV Rn 10.
161 HK-GNotKG/*Drempetic*, KV Nr. 14150–14151 Rn 11.
162 Korintenberg/*Hey'l*, GNotKG, Nr. 14150–14152 KV Rn 13; aA Bormann/Diehn/Sommerfeldt/*Gutfried*, GNotKG, Nr. 14151 KV Rn 3.
163 Korintenberg/*Hey'l*, GNotKG, Nr. 14150–14152 KV Rn 14.

Beispiel: Eingetragen wird der Widerspruch gegen den Bestand einer Grundschuld, die einen Nennwert von 150.000 € hat. 238
Zu erheben sind:
Eintragungsgebühr, Nr. 14151 KV 50,00 €

Die Löschung des Widerspruchs ist gebührenfrei, da eine Nennung in Vorbem. 1.4.1.4 KV fehlt.[164] 239

Sind mehrere Widersprüche einzutragen, entsteht die Gebühr der Nr. 14151 KV jeweils gesondert. 240

VIII. Sonstige Eintragungen

1. Gebührenpflichtige Geschäfte

Für nicht in Nr. 14110–14152 KV genannte Eintragungen ist eine Gebühr nach Nr. 14160 KV zu erheben, soweit es sich um ein in Anm. Nr. 1–5 zu Nr. 14160 KV genanntes Geschäft handelt. Die Aufzählung ist abschließend, denn die Regelung dient nicht als allgemeine Auffangbestimmung. Ein Geschäft des Grundbuchamts bleibt deshalb gebührenfrei, wenn sich aus dem Kostenverzeichnis kein Gebührentatbestand ergibt (§ 1 Abs. 1 GNotKG). 241

Die Gebühr Nr. 14160 KV entsteht daher nur für die Eintragung 242

- eines Vermerks über Rechte, die dem jeweiligen Eigentümer zustehen, einschließlich des Vermerks hierüber auf dem Grundbuchblatt des belasteten Grundstücks (Anm. Nr. 1);
- der ohne Eigentumsübergang stattfindenden Teilung außer im Fall des § 7 Abs. 1 GBO (Anm. Nr. 2);
- der ohne Eigentumsübergang stattfindenden Vereinigung oder Zuschreibung von Grundstücken; dies gilt nicht, wenn die das amtliche Verzeichnis (§ 2 Abs. 2 GBO) führende Behörde bescheinigt, dass die Grundstücke örtlich und wirtschaftlich ein einheitliches Grundstück darstellen oder die Grundstücke zu einem Hof gehören (Anm. Nr. 3);
- einer oder mehrerer gleichzeitig beantragter Belastungen nach § 1010 BGB; die Gebühr wird für jeden belasteten Anteil gesondert erhoben, auch wenn es nur der Eintragung eines Vermerks bedarf (Anm. Nr. 4);
- einer oder mehrerer gleichzeitig beantragter Änderungen des Inhalts oder Eintragung der Aufhebung des Sondereigentums (Anm. Nr. 5).

Es entsteht stets eine Festgebühr iHv 50 €. 243

Gebührenfrei bleiben dagegen: 244

- die Eintragung der Unterwerfung unter die sofortige Zwangsvollstreckung;
- die Berichtigung des im Grundbuch eingetragenen Namens oder der im Grundbuch eingetragenen Firma des Eigentümers oder Berechtigten;
- die Eintragung von Miteigentumsanteilen an einem dienenden Grundstück auf dem Grundbuchblatt eines Miteigentümers (§ 3 Abs. 5 GBO);
- die nachträgliche Eintragung, dass für die Löschung eines auf Lebenszeit bestellten Rechts der Nachweis des Todes genügt;
- die nachträgliche Eintragung einer Bedingung oder Befristung bei der Vormerkung, einschließlich des Rangrücktritts der Vormerkung;

164 BT-Drucks. 17/11471 (neu), S. 209.

- die Eintragung des Vermerks, dass ein Recht dem Nacherben gegenüber wirksam ist;
- die nachträgliche Eintragung des Höchstbetrags des Wertersatzes für ein Recht, für welches nach den für die Zwangsversteigerung geltenden Vorschriften dem Berechtigten im Falle des Erlöschens durch Zuschlag der Wert aus dem Erlös zu ersetzen ist (§ 882 BGB);
- die Eintragung des Verzichts auf ein Grundstück;
- die Anlegung von Grundbuchblättern für ein noch nicht im Grundbuch eingetragenes oder aus dem Grundbuch ausgeschiedenen Grundstücks.

2. Herrschvermerk

245 Die Eintragung des Herrschvermerks ist gebührenpflichtig nach Anm. Nr. 1 zu Nr. 14160 KV. Die Gebühr deckt nach dem eindeutigen Wortlaut der Norm sowohl die Eintragung auf dem dienenden als auch auf dem belasteten Grundstücks ab.[165] Sind mehrere Rechte vorhanden, ist die Gebühr für die Eintragung jedes Vermerks gesondert zu erheben. Gebührenfrei bleibt die Änderung oder Löschung der Eintragungen, da ein Gebührentatbestand fehlt.

3. Teilung von Grundstücken

246 Für die Eintragung der Teilung entsteht die Festgebühr von 50 € nach Anm. Nr. 2, 3 zu Nr. 14160 KV, und zwar unabhängig von der Anzahl der neu entstandenen Grundstücke. Die Gebühr entsteht daher auch bei einer Vorratsteilung, es sei denn, sie steht im Zusmmenang mit einem Eigentumsübergang.[166]

247 Die Eintragung erfolgt jedoch **gebührenfrei**, wenn

- ein gleichzeitiger Eigentumsübergang stattfindet, also bei Teilung und Abveräußerung,
- die Teilung nach § 7 Abs. 1 GBO erfolgt,
- in den Fällen der Vereinigung oder Zuschreibung, wenn die das amtliche Verzeichnis (§ 2 Abs. 2 GBO) führende Behörde bescheinigt, dass die Grundstücke örtlich und wirtschaftlich ein einheitliches Grundstück darstellen oder die Grundstücke zu einem Hof gehören.

248 Bei der **Teilung wegen Eigentumsübergangs** entsteht für die Eintragung des neuen Eigentümers die Gebühr nach Nr. 14110 KV, während die Eintragung von Teilung sowie die ggf. erforderliche Anlegung von Grundbüchern gebührenfrei erfolgen.

249 Gebührenfrei bleibt die Übernahme der **Zerlegung eines Flurstücks** in mehrere Flurstücke durch das Katasteramt, weil eine Teilung nicht vorliegt.[167]

4. Vereinigung oder Zuschreibung von Grundstücken

250 Für die Eintragung der Vereinigung oder Zuschreibung (§ 890 BGB) entsteht die Gebühr nach Anm. Nr. 3 zu Nr. 14160 KV. Die Gebühr fällt nur einmal an, auch wenn mehr als zwei Grundstücke vereinigt oder zugeschrieben werden und die Eintragung einheitlich beantragt wird.[168]

---

165 HK-GNotKG/*Drempetic*, KV Nr. 14160 Rn 7; Korintenberg/*Hey'l*, GNotKG, Nr. 14160 KV Rn 15; aA Bormann/Diehn/Sommerfeldt/*Gutfried*, GNotKG, Nr. 14160 KV Rn 14.
166 Bormann/Diehn/Sommerfeldt/*Gutfried*, GNotKG, Nr. 14160 KV Rn 16.
167 HK-GNotKG/*Drempetic*, KV Nr. 14160 Rn 11; Korintenberg/*Hey'l*, GNotKG, Nr. 14160 KV Rn 16.
168 HK-GNotKG/*Drempetic*, KV Nr. 14160 Rn 13.

Nach dem Wortlaut der Anm. Nr. 3 zu Nr. 14160 KV fällt die Gebühr nicht an, wenn das Katasteramt bescheinigt, dass die Grundstücke örtlich und wirtschaftlich ein einheitliches Grundstück darstellen. Gleiches gilt bei einer Bescheinigung, dass die Grundstücke zu einem Hof gehören, so dass auch die Eintragung und Löschung eines **Hofvermerks** gebührenfrei erfolgen. 251

5. Belastungen nach § 1010 BGB

Gebührenpflichtig ist nur die Eintragung von Belastungen nach § 1010 BGB (Anm. Nr. 4 zu Nr. 14160 KV), während die Eintragung, Veränderung und Löschung anderer Beschränkungen gebührenfrei erfolgt, zB die Eintragung der Anordnung einer Testamentsvollstreckung, eines Nachlassverwalters oder der Nacherbfolge. 252

Die Gebühr Nr. 14160 KV entsteht auch dann nur einmal, wenn gleichzeitig die Eintragung mehrerer Belastungen nach § 1010 BGB beantragt wird, so etwa bei gleichzeitiger Eintragung von Benutzungsregelung und des Ausschlusses der Aufhebung der Gemeinschaft.[169] Die Gebühr ist jedoch für jeden Miteigentumsanteil gesondert zu erheben, unabhängig davon, ob es eines oder mehrerer Vermerke bedarf.[170] Hingegen fällt die Gebühr nur einmal an, wenn ein Miteigentumsanteil zugunsten der anderen Miteigentumsanteile belastet wird.[171] Gebührenfrei bleibt die Eintragung von Änderung oder Löschung.[172] 253

6. Sondereigentum

Gebührenpflichtig ist die Eintragung der Änderung des Inhalts des Sondereigentums oder der Aufhebung des Sondereigentums nach § 9 Abs. 1 Nr. 1 WEG (Anm. Nr. 5 zu Nr. 14160 KV). Unter den Gebührentatbestand fallen zB Änderungen der Gemeinschaftsordnung, die Begründung, Änderung oder Übertragung von Sondernutzungsrechten,[173] die Umwandlung von Wohnungs- in Teileigentum[174] oder die Aufhebung bzw. Begründung von Beschränkungen nach § 12 WEG.[175] Werden im Falle der Aufhebung des Sondereigentums Rechte auf das neue Grundbuchblatt nicht mitübertragen, wird dies als Löschung zu behandeln sein; dafür fallen die Nr. 14140 ff KV gesondert an. 254

Für die Eintragung mehrerer Änderungen, die gleichzeitig beantragt waren, entsteht die Gebühr nur einmal. Die Gebühr fällt jedoch stets für jedes betroffene Sondereigentum gesondert an. Das gilt auch bei Übertragung eines Sondernutzungsrechts an einen anderen Wohnungseigenstümer, da dann jeweils eine Änderung bei dem abgebenden und dem übernehmenden Sondereigentum vorliegt. 255

Beispiel: Es sind 20 Sondereigentumsanteile vorhanden. Beantragt wird gleichzeitig die Eintragung von zwei Inhaltsänderungen auf jeden Sondereigentmsanteil. 256
Da die Eintragung der beiden Änderungen gleichzeitig beantragt wird, fällt die Gebühr für die beiden Änderungen nur einmal an. Da jedoch alle 20 Sondereigentumsanteile betroffen sind, entsteht die Gebühr der Nr. 14160 KV insgesamt 20 Mal.

169 BT-Drucks. 17/11471 (neu), S. 210.
170 BT-Drucks. 17/11471 (neu), S. 210.
171 Korintenberg/*Hey'l*, GNotKG, Nr. 14160 KV Rn 24.
172 Korintenberg/*Hey'l*, GNotKG, Nr. 14160 KV Rn 26.
173 Korintenberg/*Hey'l*, GNotKG, Nr. 14160 KV Rn 27.
174 NK-GK/*Drempetic*, GNotKG, Nr. 14160 KV Rn 16.
175 Korintenberg/*Hey'l*, GNotKG, Nr. 14160 KV Rn 27.

Entstanden sind folglich folgende Gebühren:
20 x 50 € Eintragungsgebühr (Nr. 14160 KV) iHv 1.000 €.

IX. Zurückweisung und Zurücknahme von Anträgen

1. Höhe der Gebühren

257 Für die Zurückweisung oder Zurücknahme von Anträgen entstehen Gebühren nach Nr. 14400 bzw. 14401 KV.

258 Für die **Zurückweisung** eines Antrags sind 50 % der für die Vornahme (Eintragung) bestimmten Gebühr zu erheben (Nr. 14400 KV). Anzusetzen sind jedoch mindestens 15 € und höchstens 400 €. Es gilt Tabelle B (§ 34 GNotKG).

259 Für die **Zurücknahme** eines Antrags sind 25 % der für die Vornahme (Eintragung) bestimmten Gebühr zu erheben (Nr. 14401 KV). Anzusetzen sind mindestens 15 € und höchstens 250 €. Es gilt Tabelle B (§ 34 GNotKG).

260 Die Gebührenermäßigung tritt nur ein, wenn die Zurückname bei Gericht eingeht
- vor Vornahme der Eintragung,
- vor Ablauf des Tages, an dem eine Zurückweisungsentscheidung der Geschäftsstelle übermittelt oder ohne deren Beteiligung bekannt gegeben wird.

261 Maßgeblich ist der Zeitpunkt des Wirksamwerdens der Eintragung nach § 129 GBO.

262 **Beispiel 1:** Beantragt wird eine Eigentumsumschreibung. Der Verkehrswert des Grundstücks beträgt 250.000 €. Der Antrag wird vor Vornahme der Eintragung zurückgenommen.
An Gerichtsgebühren sind zu erheben:

0,25-Gebühr für die Zurücknahme, Nr. 14401 KV (Wert: 250.000 €)	133,75 €

263 **Beispiel 2:** Beantragt wird die Eintragung der Löschung einer Reallast. Der Antrag wird rechtzeitig zurückgenommen.
An Gerichtsgebühren sind zu erheben:

Gebühr für die Zurücknahme, Nr. 14401 KV	15,00 €

Für die Vornahme der Löschung würde eine Gebühr von 25 € (Nr. 14143 KV) entstehen. Die Gebühr würde somit 6,25 € betragen (0,25 x 25 €). Da die Gebühr Nr. 14401 KV aber mindestens 15 € beträgt, ist dieser Gebührenbetrag anzusetzen.

2. Anzuwendende Gebührensätze bei Zurückweisung und Zurücknahme von Anträgen

264 Bei der Gebührenberechnung ist zu beachten, dass die Gebühren der Nr. 14400, 14401 KV bei Zurückweisung und Zurücknahme eines Antrags stets mindestens 15 € betragen. Die Höchstgebühren betragen 400 € bei Zurückweisung und 250 € bei Zurücknahme. Weiter ist die Regelung des § 34 Abs. 4 GNotKG zu beachten, wonach der Gebührenbetrag auf den nächstliegenden Cent auf- oder abgerundet wird. 0,5 Cent werden aufgerundet.

Beantragtes Geschäft	Gebührensatz bei Zurückweisung	Gebührensatz bei Zurücknahme
Eintragung von Eigentum (Nr. 14110 KV)	0,5	0,25
Eintragung der vertraglichen Einräumung von Sondereigentum, Anlegung der Wohnungs- oder Teilgrundbücher nach § 8 WEG (Nr. 14112 KV)	0,5	0,25
Eintragung von Briefgrundpfandrechten (Nr. 14120 KV)	0,65	0,325
Erhöhung bei Eintragung von Gesamtgrundpfandrechten im Falle der Nr. 14122 KV je weiter beteiligtem Grundbuchamt	0,1	0,05
Eintragung sonstiger Rechte (Nr. 14121 KV)	0,5	0,25
Eintragung eines Rechts, das bereits an einem anderen Grundstück besteht (Nr. 14123 KV)	0,25	0,125
Nachträgliche Brieferteilung (Nr. 14124 KV)	0,25	0,125
Ergänzung Briefinhalt (Nr. 14125)	15,00 €	15,00 €
Veränderung von Belastungen (Nr. 14130 KV)	0,25	0,125
Veränderung von Gesamtrechten (Nr. 14131 KV), Erhöhung im Falle der Beteiligung weiterer Grundbuchämter	0,1	0,05
Löschungen in Abteilung III (Nr. 14140 KV)	0,25	0,125
Erhöhung bei Löschung von Gesamtgrundpfandrechten im Falle der Nr. 14141 KV je weiter beteiligtem Grundbuchamt	0,05	0,025
Entlassung aus der Mithaft (Nr. 14142 KV)	0,15	0,075
Löschung im Übrigen (Nr. 14143 KV)	15,00 €	15,00 €
Eintragung einer Vormerkung (Nr. 14150 KV)	0,25	0,125
Eintragung eines Widerspruchs (Nr. 14151 KV)	25,00 €	15,00 €
Löschung einer Vormerkung (Nr. 14152 KV)	15,00 €	15,00 €
Sonstige Eintragung Nr. 14160 KV	25,00 €	15,00 €

3. Mehrere Anträge

Werden mehrere Anträge zurückgewiesen oder zurückgenommen, entstehen die Gebühren der Nr. 14400, 14401 KV jeweils gesondert. 265

Beispiel: Beantragt wird die Löschung von zwei Grundschulden A und B über je 100.000 €. 266
Der Antrag wird zurückgewiesen.
An Gerichtsgebühren sind zu erheben:

1.	0,25-Gebühr für die Zurückweisung Grundschuld A, Nr. 14400 KV (Wert: 100.000 €, Tabelle B)	68,25 €
2.	0,25-Gebühr für die Zurückweisung Grundschuld B, Nr. 14400 KV (Wert: 100.000 €, Tabelle B)	68,25 €
Gesamt		136,50 €

267 Wäre jedoch nach Vorbem. 1.4 Abs. 3, 5 KV nur eine Gebühr zu erheben gewesen, gilt das auch für Nr. 14400, 14401 KV. Gleiches gilt, wenn nach Nr. 14122, 14131, 14141 KV nur eine erhöhte Eintragungsgebühr erhoben wird, weil die Eintragung bzw. Löschung von Gesamtrechten betroffen ist.

268 Wird hingegen ein Antrag teilweise zurückgewiesen, bei dessen Vollziehung wegen Vorbem. 1.4 Abs. 3, 5 KV nur eine Gebühr entstehen würde, ist für den vollzogenen Antragsteil die Eintragungsgebühr und für den zurückgewiesenen Teil eine Gebühr nach Nr. 14401 KV zu erheben. Dabei ist jedoch § 56 Abs. 3 GNotKG zu beachten.[176]

269 Stehen die Anträge aber in einem **Eventualverhältnis** zueinander, so wird nur eine Gebühr erhoben.[177] Das gilt dann, wenn ein Antrag für den Fall gestellt wird, dass einem anderen Antrag stattgegeben wird, so dass die Gebühr hier nur für die Zurückweisung oder Zurücknahme des ersten Antrags entsteht.[178] Ebenso fällt bei **Haupt- und Hilfsantrag,** wenn der Hauptantrag zurückgewiesen und deshalb der Hilfsantrag vollzogen wird, nur die Eintragungsgebühr für den Hilfsantrag an, aber keine weitere Zurückweisungsgebühr.[179]

270 **Beispiel:** Beantragt sind die Eigentumsumschreibung sowie die Löschung einer eingetragenen Grundschuld und die Neueintragung einer Grundschuld. Hier wurde ein Eventualverhältnis angenommen, so dass die Gebühr für die Zurücknahme oder Zurückweisung nur einmal, und zwar für die Eigentumsumschreibung,[180] zu erheben ist. Der Verkehrswert des Grundstücks beträgt 400.000 €.

Wird der Antrag auf Eigentumsumschreibung zurückgenommen, so dass infolge dessen auch die Löschung bzw. Neueintragung des Grundpfandrechts unterbleibt, sind zu erheben:

0,25-Gebühr für die Antragsrücknahme, Nr. 14401 KV (Wert: 400.000 €, Tabelle B)	196,25 €

Die Gebühr wird nur für die Zurücknahme des Antrags auf Eigentumsumschreibung erhoben. Es ist nur eine 0,25-Gebühr zu erheben, da nach Nr. 14110 KV für die Eigentumsumschreibung eine 1,0-Gebühr entsteht.

Für die wegen der Zurücknahme des Antrags auf Eigentumsumschreibung nicht mehr durchgeführte Löschung bzw. Eintragung der Grundpfandrechte wird keine Gebühr erhoben, da ein Eventualverhältnis vorliegt.

4. Gebührenfreie Geschäfte

271 Entsteht für die Vornahme des Geschäfts (Eintragung) keine Gebühr nach Nr. 14110 ff KV (zB bei Veränderung von Vormerkungen oder Widersprüchen sowie bei einer Eigentumsumschreibung der Erben nach Anm. Abs. 1 zu Nr. 14110 KV), sind in den Fällen der Zurückweisung oder Zurücknahme gleichwohl die Mindestgebühren der Nr. 14400, 14401 KV zu erheben (Vorbem. 1.4.4 S. 2 KV).

---

176 Nach aA soll es bei den Einzelgebühren jedoch auch verbleiben, wenn diese den Gebührenbetrag übersteigen, der bei vollständiger Antragsvollziehung entstanden wäre (Bormann/Diehn/Sommerfeldt/*Gutfried*, GNotKG, Nr. 14400 KV Rn 5 ff; LK-GNotKG/*Schulz*, Nr. 14400 KV Rn 11).

177 LG Karlsruhe Rpfleger 2000, 517.

178 Bormann/Diehn/Sommerfeldt/*Gutfried*, GNotKG, Nr. 14400 KV Rn 9.

179 Bormann/Diehn/Sommerfeldt/*Gutfried*, GNotKG, Nr. 14400 KV Rn 2 f.

180 LG Karlsruhe Rpfleger 2000, 517.

Beispiel: Beantragt wird die Löschung eines Widerspruchs. Der Antrag wird rechtzeitig zurückgenommen. 272
An Gerichtsgebühren sind zu erheben:
Gebühr für die Zurücknahme, Nr. 14401 KV 15,00 €
Die Vornahme der Eintragung ist gebührenfrei. Nr. 14130 KV findet auf Widersprüche keine Anwendung, da es sich nicht um eine in Vorbem. 1.4.1.2 KV genannte Belastung handelt. Es ist daher die Mindestgebühr nach Nr. 14401 KV anzusetzen (Vorbem. 1.4.4 S. 2 KV).

5. Abstand von der Kostenerhebung

Von der Gebührenerhebung für die Zurückweisung oder Zurücknahme kann abgesehen werden, wenn der Antrag auf unverschuldeter Unkenntnis der tatsächlichen oder rechtlichen Verhältnisse beruht. § 21 Abs. 2 GNotKG gilt entsprechend (Anm. zu Nr. 14400, 14401 KV). Auch eine Anordnung im Verwaltungswege ist deshalb möglich (s. § 8 Rn 75 f). 273

Die Nichterhebung ist nur anzuordnen, wenn die Unkenntnis unverschuldet besteht. Dabei muss sich der Beteiligte auch das Verschulden seines Verfahrensbevollmächtigten, auch des Notars, anrechnen lassen (§ 85 Abs. 2 ZPO iVm § 11 S. 5 FamFG).[181] Der Antragsteller muss der gebotenen Sorgfaltspflicht nachkommen. Hat das Gericht auf den Mangel hingewiesen (zB durch Zwischenverfügung), ist nicht mehr von unverschuldeter Kenntnis auszugehen.[182] 274

Die Entscheidung trifft das Gericht, dh der zuständige Rechtspfleger. Es handelt sich um eine Ermessensentscheidung. 275

X. Rechtsmittel

1. Anzuwendende Regelungen

Die Gebühren für Rechtsmittelverfahren in Grundbuchsachen bestimmen sich nach Nr. 14510 ff KV. Die Regelungen gelten jedoch nur dann, wenn in dem erstinstanzlichen Verfahren wertabhängige Gebühren anfallen (Vorbem. 1.4.5 KV). Zu den Wertgebühren gehören auch die Gebühren der Nr. 14400, 14401 KV für die Zurückweisung oder Zurücknahme, auch wenn dort nur die Mindest- oder Höchstgebühr anzusetzen ist. Wird die Mindestgebühr aber nur deshalb angesetzt, weil die Vornahme des Geschäfts gebührenfrei ist oder für die Vornahme des Geschäfts eine Festgebühr entsteht, gelten Nr. 14150 ff KV nicht. 276

Fallen im erstinstanzlichen Festgebühren an (vgl. Nr. 14125, 14143, 14151, 14152, 14160 KV) oder ist das Geschäft gebührenfrei vorzunehmen, gelten 277

- Nr. 19116 KV für Beschwerdeverfahren,
- Nr. 19128, 19129 KV für Rechtsbeschwerdeverfahren sowie
- Nr. 19130 KV für das Verfahren auf Zulassung der Sprungrechtsbeschwerde.

Die Gebühren sind auch zu erheben, wenn sich die Beschwerde oder Rechtsbeschwerde in Grundbuchsachen, in denen im erstinstanzlichen Eintragungsverfahren wertabhängige Gebühren erhoben werden, nicht gegen die Endentscheidung in der Hauptsache, sondern nur gegen eine Nebenentscheidung richtet. 278

---

181 BGH 25.4.1989 – XI ZR 142/88, juris; OLG Bamberg JurBüro 1987, 731; OLG Düsseldorf MDR 1999, 1156.
182 LK-GNotKG/*Schulz*, Nr. 14400 KV Rn 7.

2. Beschwerdeverfahren

a) Verfahrensgebühr

279 Für die Beschwerdeverfahren nach §§ 58 ff FamFG, die sich gegen eine Endentscheidung wegen des Hauptgegenstands richtet, entsteht eine 1,0-Verfahrensgebühr nach Nr. 14510 KV. Es gilt Tabelle B (§ 34 GNotKG). Der Gebührenbetrag beträgt jedoch höchstens 800 €. Die Gebühr entsteht ihrem Wortlaut nach nur, soweit die Beschwerde verworfen oder zurückgewiesen wird. Daraus folgt, dass bei einer Teilzurückweisung oder -zurücknahme die Gebühr nur nach dem Wert der hiervon erfassten Gegenstände zu erheben ist.

280 Soweit die Beschwerde begründet ist, bleibt das Beschwerdeverfahren gebührenfrei. Für die Auslagen gilt dann Vorbem. 3.1 Abs. 1 KV. Danach werden Auslagen, die durch eine begründete Beschwerde entstanden sind, nicht erhoben, soweit das Beschwerdeverfahren gebührenfrei ist und das Beschwerdegericht die Kosten auch nicht dem Gegner des Beschwerdeführers auferlegt hat.

281 **Beispiel 1:** Das Grundbuch weist einen Antrag auf Eintragung eines neuen Eigentümers zurück. Dagegen wird Beschwerde eingelegt. Der Geschäftswert beträgt 150.000 €. Die Beschwerde wird zurückgewiesen.
An Gerichtsgebühren sind entstanden:

1,0-Verfahrensgebühr, Nr. 14510 KV (Wert: 150.000 €, Tabelle B)	354,00 €

282 **Beispiel 2:** Das Grundbuch weist einen Antrag auf Löschung einer Grundschuld zurück. Dagegen wird Beschwerde eingelegt. Der Geschäftswert beträgt 600.000 €. Die Beschwerde wird zurückgewiesen.
An Gerichtsgebühren sind entstanden:

1,0-Verfahrensgebühr, Nr. 14510 KV (Wert: 600.000 €, Tabelle B)	800,00 €

Der konkrete Gebührenbetrag beträgt bei einem Wert von 600.000 € = 1.095 €, jedoch darf der Gebührenbetrag der Nr. 14510 KV höchstens 800 € betragen.

283 **Beispiel 3:** Das Grundbuch weist einen Antrag auf Eintragung einer Grundschuld zurück. Dagegen wird Beschwerde eingelegt. Der Geschäftswert beträgt 200.000 €. Die Beschwerde ist begründet. Eine Kostenentscheidung ergeht nicht.
Das Beschwerdeverfahren bleibt gebührenfrei, da die Gebühr der Nr. 14510 KV nur entsteht, wenn die Beschwerde verworfen oder zurückgewiesen wird. Unerhoben bleiben wegen Vorbem. 3.1 Abs. 1 KV auch die im Beschwerdeverfahren entstandenen gerichtlichen Auslagen.

b) Beendigung ohne Endentscheidung

284 Wird das gesamte Beschwerdeverfahren ohne Endentscheidung beendet, ist eine 0,5-Verfahrensgebühr nach Nr. 14511 KV zu erheben. Es gilt Tabelle B (§ 34 GNotKG). Die Gebühr beträgt höchstens 400 €. Es muss sich das gesamte Verfahren erledigen, so dass eine Teilbeendigung nicht ausreicht. Tritt nur eine Teilbeendigung ohne Endentscheidung ein, verbleibt es für das gesamte Beschwerdeverfahren bei der Gebühr der Nr. 14510 KV, wenn wegen der nicht von der Teilbeendigung erfassten Teile eine Verwerfung oder Zurückweisung erfolgt, jedoch nur nach dem Wert der von der Verwerfung oder Zurückweisung erfassten Gegenstände, da Nr. 14510 KV nur anfällt, soweit die Beschwerde verworden oder zurückgewiesen wird.

Erfasst sind von Nr. 14511 KV insbesondere die Fälle der Zurücknahme der Beschwerde. Sie muss deshalb bis zum Erlass der Endentscheidung erfolgen. Wird die Endentscheidung ohne Verlesen der Entscheidungsformel bekannt gegeben, tritt die Ermäßigung noch ein, wenn die Zurücknahme bis zum Ablauf des Tages bei Gericht eingeht, an dem die Endentscheidung der Geschäftsstelle übergeben wird (Anm. zu Nr. 14511 KV). Endentscheidung ist auch eine isolierte Kostenentscheidung, so dass ihr Erlass der Ermäßigung entgegensteht. 285

3. Rechtsbeschwerdeverfahren

a) Verfahrensgebühr

Für das Rechtsbeschwerdeverfahren entsteht eine Verfahrensgebühr nach Nr. 14520 KV mit einem Gebührensatz von 1,5. Für die Gebührenberechnung gilt Tabelle B (§ 34 GNotKG). Die Gebühr beträgt höchstens 1.200 €. Die Gebühr entsteht nur, soweit die Rechtsbeschwerde verworfen oder zurückgewiesen wird (Anm. zu Nr. 14520 KV). Im Falle einer nur teilweisen Verwerfung oder Zurückweisung ist die Gebühr nur nach dem Wert der von der Teilverwerfung oder -zurückweisung erfassten Gegenstände zu erheben. 286

Beispiel 1: Es wird Rechtsbeschwerde eingelegt, die vollumfänglich verworfen wird. Der Geschäftswert beträgt 200.000 €. 287
An Gerichtsgebühren sind entstanden:
1,5-Verfahrensgebühr, Nr. 14520 KV (Wert: 200.000 €, Tabelle B) 652,50 €

Beispiel 2: Es wird Rechtsbeschwerde eingelegt, die vollumfänglich verworfen wird. Der Geschäftswert beträgt 600.000 €. 288
An Gerichtsgebühren sind entstanden:
1,5-Verfahrensgebühr, Nr. 14520 KV (Wert: 600.000 €, Tabelle B) 1.200,00 €
Der konkrete Gebührenbetrag beträgt zwar 1.642,50 €, jedoch beträgt die Gebühr der Nr. 14520 KV höchstens 1.200 €.

Beispiel 3: Es wird Rechtsbeschwerde eingelegt, der vollumfänglich stattgegeben wird. Der Geschäftswert beträgt 200.000 €. Eine Kostenentscheidung ergeht nicht. 289
Das Verfahren bleibt gebührenfrei, da keine Verwerfung, Zurückweisung oder Zurücknahme erfolgt ist. Auch Auslagen sind nicht zu erheben, weil das Gericht die Kosten nicht dem Beschwerdegegner auferlegt (Vorbem. 3.1 Abs. 1 KV).

b) Beendigung durch Zurücknahme

aa) Zurücknahme vor Eingang der Rechtsbeschwerdebegründung

Wird das gesamte Verfahren durch Zurücknahme der Rechtsbeschwerde oder des Antrags beendet, bevor die Rechtsbeschwerdebegründung bei Gericht eingeht, ist eine 0,5-Verfahrensgebühr nach Nr. 14521 KV zu erheben. Es gilt Tabelle B (§ 34 GNotKG). Die Gebühr beträgt höchstens 400 €. Es kommt nur auf den Eingang der Begründung, nicht auf den Ablauf der Begründungsfrist des § 71 Abs. 2 FamFG an. Erfolgt die Zurücknahme erst nach Eingang der Begründungsschrift, greift nur noch die Regelung der Nr. 14522 KV ein (s. Rn 293 ff). Durch die Zurücknahme muss sich das gesamte Rechtsbeschwerdeverfahren erledigen, eine Teilrücknahme genügt nicht. 290

291 Ist bereits eine Endentscheidung ergangen, kann eine Gebührenermäßigung nicht mehr eintreten, auch wenn eine Begründungsschrift innerhalb der Begründungsfrist nicht eingereicht war.

292 **Beispiel:** Es wird Rechtsbeschwerde eingelegt. Noch vor Eingang der Begründung wird die Rechtsbeschwerde zurückgenommen. Der Geschäftswert beträgt 200.000 €.
An Gerichtsgebühren sind entstanden:
0,5-Verfahrensgebühr, Nr. 14521 KV (Wert: 200.000 €, Tabelle B) 217,50 €

bb) Zurücknahme nach Eingang der Rechtsbeschwerdebegründung

293 Wird das gesamte Verfahren durch Zurücknahme der Rechtsbeschwerde oder des Antrags beendet, nachdem die Begründungsschrift bei Gericht eingegangen ist, entsteht eine 1,0-Verfahrensgebühr nach Nr. 14522 KV, wenn die Zurücknahme vor Ablauf des Tages erfolgt, an dem die Endentscheidung der Geschäftsstelle übermittelt wird. Zu den Endentscheidungen gehören auch Beschlüsse nach § 74 Abs. 1, § 74 a FamFG oder isolierte Kostenentscheidungen. Durch die Zurücknahme muss das gesamte Rechtsbeschwerdeverfahren beendet werden.

294 Es gilt Tabelle B (§ 34 GNotKG). Die Gebühr beträgt höchstens 800 €.

295 **Beispiel:** Es wird Rechtsbeschwerde eingelegt. Die Begründungsschrift geht wenig später bei dem Gericht ein. Noch vor Erlass einer Endentscheidung wird die Rechtsbeschwerde vollständig zurückgenommen. Der Geschäftswert beträgt 150.000 €.
Die Zurücknahme erfolgt vor Erlass der Endentscheidung, aber nach Eingang der Begründungsschrift.
An Gerichtsgebühren sind entstanden:
1,0-Verfahrensgebühr, Nr. 14522 KV (Wert: 150.000 €, Tabelle B) 354,00 €

4. Zulassung der Sprungrechtsbeschwerde

a) Verfahrensgebühr bei Ablehnung

296 In dem Verfahren auf Zulassung der Sprungrechtsbeschwerde (§ 75 FamFG) entsteht eine Verfahrensgebühr nach Nr. 14530 KV mit einem Gebührensatz von 0,5. Es gilt Tabelle B (§ 34 GNotKG). Die Gebühr beträgt höchstens 400 €. Die Gebühr entsteht nur, soweit der Antrag abgelehnt wird.

297 Kostenschuldner ist allein derjenige, der den Antrag auf Zulassung gestellt hat (§ 22 Abs. 1 GNotKG).

298 Der Geschäftswert für das Zulassungsverfahren bestimmt sich nach § 61 Abs. 3 GNotKG.

299 Für den Fall der Ablehnung der Zulassung wird die Entscheidung des Amtsgerichts sofort rechtskräftig (§ 75 Abs. 2 S. 2 FamFG iVm § 566 Abs. 6 ZPO), da der Antrag auf Zulassung der Sprungrechtsbeschwerde und die Erklärung zur Einwilligung in die Übergehung der Beschwerdeinstanz als Rechtsmittelverzicht auf die Beschwerde gelten (§ 75 Abs. 1 S. 2 FamFG). Wird die Sprungrechtsbeschwerde hingegen zugelassen, wird das Verfahren als Rechtsbeschwerdeverfahren fortgesetzt (§ 75 Abs. 2 S. 2 FamFG iVm § 566 Abs. 7 ZPO). Die Frist für die Einreichung der Rechtsbeschwerdebegründungsschrift beginnt dann mit Zustellung des Zulassungsbeschlusses. Für den Fall der Zulassung entsteht keine Gebühr nach Nr. 14530 KV, jedoch sind für das Rechtsbeschwerdeverfahren Gebühren nach Nr. 14520 ff KV zu erheben.

Beispiel 1: Der Antrag auf Zulassung der Sprungrechtsbeschwerde wird abgelehnt. Der Geschäftswert wird auf 150.000 € festgesetzt. 300
Es sind an Gerichtsgebühren entstanden:

0,5-Verfahrensgebühr, Nr. 14530 KV (Wert: 150.000 €, Tabelle B)	177,00 €

Beispiel 2: Es wird Antrag auf Zulassung der Sprungrechtsbeschwerde gestellt, welche das Rechtsbeschwerdegericht zulässt. Danach wird das Rechtsbeschwerdeverfahren durchgeführt. Dort ergeht Endentscheidung, mit der die Rechtsbeschwerde zurückgewiesen wird. Der Geschäftswert wird auf 150.000 € festgesetzt. 301
Es sind an Gerichtsgebühren entstanden:

1,5-Verfahrensgebühr, Nr. 14520 KV (Wert: 150.000 €, Tabelle B)	531,00 €

Eine Gebühr nach Nr. 14530 KV entsteht nicht, da die Sprungrechtsbeschwerde zugelassen wurde.

b) Teilablehnung und Teilzulassung

Wird der Antrag auf Zulassung der Sprungrechtsbeschwerde nur teilweise abgelehnt, entsteht die Gebühr der Nr. 14530 KV nur nach dem Wert des Gegenstands, der sich auf die Ablehnung bezieht (§ 56 Abs. 1 GNotKG), während für den übrigen Teil, für den das Rechtsbeschwerdeverfahren durchgeführt wird, Gebühren nach Nr. 14520 ff KV zu erheben sind. § 56 Abs. 3 GNotKG ist zu beachten, so dass die Gebührenwerte der Einzelgebühren nicht den Gebührenwert übersteigen dürfen, der entstanden wäre, wenn die Gebühr mit dem höchsten Gebührensatz nach dem Gesamtwert erhoben worden wäre. 302

Beispiel: Es wird Antrag auf Zulassung der Sprungrechtsbeschwerde gestellt. Der Gesamtwert beträgt 200.000 €. Hinsichtlich eines Teils von 80.000 € wird der Zulassungsantrag abgelehnt. Wegen des zugelassenen Teils von 120.000 € wird das Rechtsbeschwerdeverfahren durchgeführt. Es wird durch Erlass einer Endentscheidung, mit der die Rechtsbeschwerde zurückgewiesen wird, beendet. 303
Es sind an Gerichtsgebühren entstanden:

1. 0,5-Verfahrensgebühr, Nr. 14530 KV (Wert: 80.000 €, Tabelle B)	109,50 €
2. 1,5-Verfahrensgebühr, Nr. 14520 KV (Wert: 120.000 €, Tabelle B)	450,00 €
Gesamt	559,50 €
Vergleichsberechnung gem. § 56 Abs. 3 GNotKG:	
1,5-Verfahrensgebühr, Nr. 14520 KV (Wert: 200.000 €, Tabelle B)	652,50 €

Es verbleibt bei dem Ansatz der Einzelgebühren.

XI. Kostenschuldner

In Grundbuchsachen haftet für die Gerichtskosten der Antragsteller als Antragsschuldner (§ 22 Abs. 1 GNotKG), daneben haften Entscheidungs- und Übernahmeschuldner (§ 27 Nr. 1, 2 GNotKG). 304

Erfolgt die Eintragung eines Eigentümers von Amts wegen, kommt nur der Entscheidungsschuldner (§ 27 Nr. 1 GNotKG) in Betracht. Erfolgt die Eintragung nach § 82 a GBO von Amts wegen, haftet für die Kosten der Eigentümer (§ 23 Nr. 11 GNotKG). 305

Für die Eintragung eines Erstehers als Eigentümer haftet nur dieser (§ 23 Nr. 12 GNotKG). Ist eine Sicherungshypothek für Forderungen gegen den Ersteher einzutragen, haften für die Kosten der Gläubiger und der Ersteher (§ 23 Nr. 13 GNotKG) als Gesamtschuldner (§ 32 Abs. 1 GNotKG). 306

307 In Rechtsmittelverfahren haftet der Rechtsmittelführer als Antragsschuldner (§ 22 Abs. 1 GNotKG). Dessen Antragshaftung erlischt jedoch, wenn das Rechtsmittel ganz oder teilweise erfolgreich war und das Gericht nicht über die Kosten entschieden hat oder die Kosten nicht von einem anderen Beteiligten übernommen worden sind (§ 25 Abs. 1 GNotKG). § 23 Nr. 11–13 GNotKG gilt in Rechtsmittelverfahren nicht (§ 25 Abs. 3 GNotKG).

XII. Kosten- und Gebührenfreiheit

308 Für Grundbuchsachen gilt § 2 Abs. 5 GNotKG. Steht einzelnen von mehreren Gesamtschuldnern Kosten- oder Gebührenfreiheit zu, so vermindert sich der Gesamtbetrag der Kosten oder der Gebühren um den Betrag, den die befreiten Beteiligten den Nichtbefreiten ohne Berücksichtigung einer abweichenden schuldrechtlichen Vereinbarung aufgrund gesetzlicher Vorschrift zu erstatten hätten. Siehe hierzu ausf. § 7 Rn 32 ff.

XIII. Vorschüsse

309 In Grundbuchsachen kann die Abhängigmachung von der Gebührenzahlung nur angeordnet werden, wenn dies im Einzelfall zur Sicherung des Eingangs der Gebühr erforderlich erscheint (§ 13 S. 2 GNotKG); s. ausf. § 5 Rn 10 ff.

310 Die Regelung des § 13 S. 2 GNotKG ist für die Auslagenvorschüsse nach § 14 Abs. 1 GNotKG entsprechend anzuwenden (§ 14 Abs. 1 S. 2 Hs. 2 GNotKG).

311 Eine Abhängigmachung von der Kostenzahlung ist generell ausgeschlossen, wenn die Berichtigung des Grundbuchs oder die Eintragung eines Widerspruchs beantragt wird (§ 16 Nr. 5 GNotKG).

§ 17 Schiffs- und Schiffsbauregistersachen; Angelegenheiten des Registers für Pfandrechte an Luftfahrzeugen

I. Schiffs- und Schiffsbauregistersachen

1. Allgemeines

Für die im Schiffs- oder Schiffsbauregister vorzunehmenden Eintragungen sind Gebühren nach Nr. 14210–14261 KV zu erheben, die durch Nr. 14400, 14401 KV ergänzt werden. Erfasst sind daher beide Register – das Schiffsregister und das Schiffsbauregister –, was sich aus der Überschrift zu Teil 1 Hauptabschnitt 4 Abschnitt 2 KV („Schiffs- und Schiffsbauregistersachen“) ergibt. 1

2. Eintragung in das Schiffsregister

Für die Eintragung eines Schiffs entsteht eine 1,0-Gebühr nach Nr. 14210 KV. Es gilt Tabelle B (§ 34 GNotKG). Die Gebühr entsteht nur für die Eintragung in das Schiffsregister, während die Eintragung in das Schiffsbauregister gebührenfrei erfolgt. Gebührenpflichtig ist die Eintragung in das Schiffsregister auch dann, wenn das Schiff im Schiffsbauregister eingetragen war und das fertig gestellte Schiff in das Schiffsregister eingetragen wird. Der **Geschäftswert** bestimmt sich nach dem Wert des Schiffs (§ 46 GNotKG).[1] 2

3. Löschung der Eintragung des Schiffs oder Schiffsbauwerks

Für die Löschung der Eintragung des **Schiffs** wird eine Gebühr nur erhoben, wenn die Eintragung des Schiffs nur aufgrund freigestellter Anmeldung des Eigentümers nach § 20 Abs. 2 S. 2 SchiffsRegO erfolgt. Es entsteht dann eine Festgebühr von 50 € nach Nr. 14211 KV. Im Übrigen erfolgt die Löschung gebührenfrei; hierzu gehören etwa die Löschungen wegen[2] 3

- des Untergangs des Schiffes,
- des Verlusts des Führens der Bundesflagge,
- eines neuen Heimatorts eines Binnenschiffs im Ausland,
- einer unzulässigen Eintragung des Schiffs.

Die Löschung der Eintragung eines **Schiffsbauwerks** ist nur gebührenpflichtig, wenn sie auf Antrag des Eigentümers des Schiffsbauwerks und des Inhabers der Schiffswerft erfolgt, ohne dass die Löschung ihren Grund in der Ablieferung des Bauwerks ins Ausland oder im Untergang des Bauwerks hat. Es entsteht dann eine Gebühr nach Nr. 14212 KV von 50 €. 4

4. Eintragung eines neuen Eigentümers

Für die Eintragung eines neuen Eigentümers des Schiffs oder Schiffsbaus entsteht eine 1,0-Gebühr nach Nr. 14213 KV. Es gilt Tabelle B (§ 34 GNotKG). Die Gebühr fällt nur für einen späteren Eigentümerwechsel an, nicht für die erstmalige Eintragung in das Register. Für den **Geschäftswert** kommt es auf den Wert des Schiffs oder Schiffsbauwerks an (§ 46 GNotKG). 5

Wird der neue Eigentümer bei mehreren Schiffen oder Schiffsbauwerken eingetragen, über die das Register bei demselben Amtsgericht geführt wird, werden die Gebühren 6

1 NK-GK/*Drempetic*, GNotKG, Nr. 14210–14261 KV Rn 8.
2 Vgl. Korintenberg/*Tiedtke*, GNotKG, Nr. 14210–14213 KV Rn 17.

nur einmal erhoben, wenn die Anträge in demselben Dokument gestellt sind und am selben Tag beim Gericht eingehen (Vorbem. 1.4 Abs. 3 S. 1 KV). Der Geschäftswert bestimmt sich dann nach dem zusammengerechneten Wert der Schiffe bzw. Schiffsbauwerke, wenn die Eintragungsanträge in demselben Dokument enthalten sind und am selben Tag beim Registergericht eingehen (§ 69 Abs. 1 GNotKG).

5. Eintragung von Belastungen

a) Anwendungsbereich

7 Eine Gebührenpflicht besteht nur für die Eintragung von

- Schiffshypotheken,
- Arrestpfandrechten,
- Nießbrauchsrechten.

8 Die Eintragung anderer Belastungen erfolgt gebührenfrei.

9 Für die gebührenpflichtige Eintragung ist es unerheblich, ob die Belastung bei einem Schiffsbau oder einem Schiff erfolgt; in beiden Fällen besteht eine Gebührenpflicht nach Nr. 14220 ff KV. Sind aber Hypotheken bereits an dem Schiffsbau eingetragen, ist ihre Übertragung in das Schiffsregister gebührenfrei vorzunehmen (Vorbem. 1.4.2.2 KV).

b) Eintragungsgebühr

10 Für die Eintragung einer Schiffshypothek, eines Arrestpfandrechts oder Nießbrauchsrechts am Schiffsbauwerk oder Schiff entsteht eine 1,0-Eintragungsgebühr nach Nr. 14220 KV. Es gilt Tabelle B (§ 34 GNotKG).

11 Der Wert der Schiffshypothek bestimmt sich nach dem Nennbetrag der Schuld (§ 53 Abs. 1 S. 1 GNotKG). Für das Arrestpfandrechts ist der Betrag der Forderung maßgeblich, wenn nicht der als Pfand oder zur Sicherung dienende Gegenstand einen geringeren Wert hat, weil es dann auf diesen ankommt (§ 53 Abs. 2 GNotKG). Für den Nießbrauch gilt § 52 GNotKG.

c) Gesamtrechte

aa) Verschiedene Registergerichte

12 Wird ein Gesamtrecht eingetragen, für die das Register bei verschiedenen Gerichten geführt wird, erhöht sich die Gebühr der Nr. 14220 KV um einen 0,2-Gebührensatz für das zweite und jedes weitere beteiligte Gericht (Nr. 14221 KV).

13 Es sind daher keine Einzelgebühren anzusetzen, da sich die Eintragungsgebühr der Nr. 14220 KV lediglich um den Gebührensatz der Nr. 14221 KV erhöht. Das Gebührenprivileg greift jedoch nur, wenn der Antrag für mehrere Registergerichte gleichzeitig bei einem Registergericht gestellt wird oder bei gesonderter Antragstellung, wenn die Anträge innerhalb eines Monats bei den beteiligten Registergerichten eingehen (Anm. zu Nr. 14421 KV). Liegen diese Voraussetzungen nicht vor, sind Einzelgebühren anzusetzen.

14 Gemäß § 18 Abs. 3 S. 2 GNotKG wird die nach Nr. 14221 KV erhöhte Gebühr bei dem Gericht angesetzt, bei dessen Register der Antrag zuerst eingegangen ist. § 18 S. 3 KostVfg bestimmt hierzu, dass sich die Kostenbeamten der beteiligten Registergerichte vorab wegen des Kostenansatzes und des Zeitpunkts des Eingangs der An-

träge zu verständigen haben. Das Registergericht, welches die Kosten ansetzt, hat eine Abschrift der Kostenrechnung an alle beteiligten Registergerichte zu übermitteln.

bb) Einheitliches Registergericht

Wird das Register für die belasteten Schiffe oder Schiffsbauwerke bei einem Gericht 15 geführt, gilt Vorbem. 1.4 Abs. 3 S. 1 KV. Danach wird die Gebühr der Nr. 14220 KV nur einmal erhoben, wenn die Anträge in demselben Dokument gestellt und am selben Tag beim Gericht eingehen. Vorbem. 1.4 Abs. 3 S. 1 KV findet auch Anwendung auf die Eintragung eines Nießbrauchs, da die Regelung auch für nicht gesamtrechtsfähige Rechte gilt (Vorbem. 1.4 Abs. 3 S. 2 KV). Liegen die Voraussetzungen der Vorbem. 1.4 Abs. 3 KV nicht vor, sind verschiedene Gebühren zu erheben. Wird das Recht dann später auf einem anderen Schiff oder Schiffsbauwerk eingetragen, so wird aber von einer nachträglichen Pfanderstreckung auszugehen sein, so dass Nr. 14222 KV gilt (s. Rn 16 f), wenn das Recht bereits bei einem anderen Schiff oder Schiffsbau eingetragen ist.[3]

d) Mithafterstreckung

Wird eine Hypothek eingetragen, die bereits an einem anderen Schiff oder Schiffs- 16 bauwerk eingetragen ist, entsteht eine 0,5-Eintragungsgebühr nach Nr. 14222 KV. Es gilt Tabelle B (§ 34 GNotKG).

Der Geschäftswert bemisst sich nach dem Wert des einbezogenen Schiffsbauwerks 17 oder Schiffs (§ 44 Abs. 1, 3 GNotKG), wenn dieser geringer ist als der Nennbetrag der Schuld.

6. Veränderungen

a) Veränderung von Einzelrechten

Für die Eintragung von Veränderungen in das Schiffs- oder Schiffsbauregister ent- 18 steht eine 0,5-Eintragungsgebühr nach Nr. 14230 KV. Es gilt Tabelle B (§ 34 GNotKG). Gebührenpflichtig sind jedoch nur die Veränderungen einer Schiffshypothek, eines Arrestpfandrechts oder eines Nießbrauchsrechts. Zur Veränderung von Gesamtrechten s. Rn 21 ff.

Für die Eintragung anderer Veränderungen fehlt ein Gebührentatbestand, so dass sie gebührenfrei vorzunehmen sind (§ 1 Abs. 1 GNotKG). Das gilt auch für Veränderungen, die das Schiff selbst betreffen.[4] Eine analoge Anwendung der Nr. 14230 KV scheidet aus, da es sich um eine abschließende Aufzählung der gebührenpflichtigen Geschäfte handelt. Für die Löschung oder Mithaftentlassung gelten Nr. 14240 ff KV (s. dazu Rn 22 ff).

Bezieht sich die Veränderung auf mehrere Rechte, wird die Gebühr für jedes Recht 19 gesondert erhoben, auch wenn es nur der Eintragung eines einheitlichen Vermerks bedarf (Vorbem. 1.4 Abs. 4 KV). Zur Veränderung von Gesamtrechten s. Rn 21 ff.

Beziehen sich mehrere Veränderungen auf dasselbe Recht, wird die Gebühr nur ein- 20 mal erhoben, wenn die Anträge in demselben Dokument gestellt sind und am selben Tag beim Registergericht eingehen (Vorbem. 1.4 Abs. 5 KV). Es gilt § 69 Abs. 2

3 Insoweit wird die in der Vorauflage vertretene Meinung (Einzelgebühren Nr. 14220 KV; 1. Aufl. 2013, § 17 Rn 15) aufgegeben.
4 BT-Drucks. 17/11471 (neu), S. 324.

GNotKG, so dass sich der **Wert** nach den zusammengerechneten Werten der Veränderungen bestimmt, jedoch darf der Wert des Rechts nicht überschritten werden. Zu den konkreten Werten s. § 16 Rn 160.

b) Veränderung von Gesamtrechten

21 Wird ein Gesamtrecht geändert, für welches das **Register bei demselben Amtsgericht** geführt wird, so ist die Gebühr nach Vorbem. 1.4 Abs. 3 KV nur einmal zu erheben, wenn die Anträge in demselben Dokument gestellt sind und am selben Tag beim Registergericht eingehen.

Werden hingegen die **Register bei verschiedenen Amtsgerichten** geführt, erhöht sich die Gebühr Nr. 14230 KV ab dem zweiten für jedes weitere beteiligte Gericht um 0,1 (Nr. 14231 KV). Es sind keine Einzelgebühren anzusetzen, sondern nur eine erhöhte Gebühr. Die Regelung gilt nur, wenn die Anträge für mehrere Gerichte gleichzeitig bei einem Registergericht gestellt werden oder bei gesonderter Antragstellung, wenn die Anträge innerhalb eines Monats bei den beteiligten Registergerichten eingehen (Anm. zu Nr. 14231 KV). Im Hinblick auf die Zuständigkeit für den Kostenansatz gilt § 18 Abs. 3 S. 2 GNotKG (s. Rn 14).

7. Löschungen und Mithaftentlassung

a) Löschung von Rechten

22 Gebührenpflichtig ist nur die Eintragung der Löschung von Schiffshypotheken, Arrestpfand- oder Nießbrauchsrechten. Es entsteht eine 0,5-Eintragungsgebühr nach Nr. 14240 KV. Es gilt Tabelle B (§ 34 GNotKG). Im Übrigen ist die Eintragung von Löschungen jedoch gebührenfrei vorzunehmen, soweit nicht die Löschung eines Schiffs oder Schiffsbauwerk (Nr. 14211, 14212 KV) (s. Rn 3 f) oder die Löschung einer Vormerkung (Nr. 14252 KV) (s. Rn 29) betroffen ist. Der **Geschäftswert** bestimmt sich für die Löschung einer Schiffshypothek nach dem Nennbetrag der Schuld (§ 53 Abs. 1 S. 1 GNotKG). Für das Arrestpfandrecht ist der Betrag der Forderung maßgeblich, wenn nicht der als Pfand oder zur Sicherung dienende Gegenstand einen geringeren Wert hat, weil es dann auf diesen ankommt (§ 53 Abs. 2 GNotKG). Für den Nießbrauch gilt § 52 GNotKG.

b) Löschung von Gesamtrechten

aa) Verschiedene Registergerichte

23 Ist ein Gesamtrecht zu löschen und werden die Register für die Schiffe oder Schiffsbauwerke bei verschiedenen Gerichten geführt, erhöht sich die Gebühr Nr. 14240 KV um einen 0,1-Gebührensatz für das zweite und jedes weitere beteiligte Gericht (Nr. 14241 KV). Die Regelung greift jedoch nur, wenn der Antrag für mehrere Registergerichte gleichzeitig bei einem Registergericht gestellt wird oder bei gesonderter Antragstellung, wenn die Anträge innerhalb eines Monats bei den beteiligten Registergerichten eingehen (Anm. zu Nr. 14241 KV). Liegen diese Voraussetzungen nicht vor, sind mehrere Gebühren anzusetzen, wobei dann jedoch zunächst nur von einer Mithaftentlassung auszugehen ist, weil das Recht noch an mindestens einem Schiff bzw. Schiffsbauwerk bestehen bleibt. Die Gebühr Nr. 14240 KV kann dann nur angesetzt werden, wenn das Recht bei dem letztenden haftenden Schiff bzw. Schiffsbauwerk gelöscht wird.

Die nach Nr. 14241 KV erhöhte Eintragungsgebühr ist bei dem Gericht anzusetzen, bei dessen Register der Antrag zuerst eingegangen ist (§ 18 Abs. 3 S. 2 GNotKG) (s. Rn 14). 24

bb) Einheitliches Registergericht

Werden die Register bei demselben Gericht geführt, wird die Gebühr der Nr. 14240 KV für die Löschung des Gesamtrechts nur einmal mit einem 0,5-Gebührensatz erhoben, wenn die Löschungsanträge am selben Tag beim Gericht eingehen. In diesen Fällen tritt auch eine Erhöhung der Gebühr nach Nr. 14241 KV nicht ein. 25

c) Entlassung aus der Mithaft

Für die Eintragung der Entlassung eines Schiffs oder Schiffsbauwerks aus der Mithaft ist eine 0,3-Eintragungsgebühr nach Nr. 14242 KV zu erheben. Es gilt Tabelle B (§ 34 GNotKG). Der Geschäftswert bestimmt sich nach dem Wert des entlassenen Schiffs oder Schiffsbauwerks (§ 44 Abs. 1, 3 GNotKG). 26

8. Vormerkungen und Widersprüche

Für die Eintragung einer Vormerkung an einem Schiff oder Schiffsbauwerk entsteht eine 0,5-Eintragungsgebühr nach Nr. 14250 KV. Es gilt Tabelle B (§ 34 GNotKG). Der Geschäftswert bestimmt sich nach dem Wert des vorgemerkten Rechts (§ 45 Abs. 3 GNotKG). 27

Ist ein Widerspruch an einem Schiff oder Schiffsbauwerk einzutragen, entsteht eine Eintragungsgebühr nach Nr. 14251 KV. Es handelt sich um eine Festgebühr iHv 50 €. 28

Für die Löschung einer Vormerkung entsteht eine Festgebühr von 25 € nach Nr. 14252 KV, während die Löschung eines Widerspruchs gebührenfrei vorzunehmen ist, da ein Gebührentatbestand fehlt und sie auch nicht von Nr. 14240 KV erfasst ist. 29

9. Ersuchen des Insolvenzgerichts

Es gilt Vorbem. 1.4 Abs. 2 Nr. 2, 3 KV (s. § 16 Rn 11 ff). Ersuchen des Insolvenzgerichts auf Eintragungen und Löschungen in das Schiffs- oder Schiffsbauregister (zB § 33 InsO) sind deshalb gebührenfrei vorzunehmen (Vorbem. 1.4 Abs. 2 Nr. 2 KV). Das gilt auch dann, wenn der Antrag durch den Insolvenzverwalter oder, wenn ein solcher nicht bestellt ist, durch den Schuldner gestellt wird (Vorbem. 1.4 Abs. 2 Nr. 3 KV). 30

10. Schiffsurkunden

Für die Erteilung des Schiffszertifikats oder des Schiffsbriefs entsteht eine Festgebühr iHv 25 € (Nr. 14260 KV). Daneben ist eine Dokumentenpauschale nach Nr. 31000 KV nicht zu erheben. Die Erteilung ist auch dann gebührenpflichtig, wenn die Erteilung von Amts wegen erfolgt.[5] 31

Ist auf dem Schiffszertifikat oder dem Schiffsbrief ein Vermerk über Veränderungen anzubringen, ist eine Festgebühr iHv 25 € nach Nr. 14261 KV zu erheben, und zwar selbst dann, wenn die Eintragung im Register gebührenfrei ist.[6] Die Gebühr fällt ne- 32

5 Korintenberg/*Lappe*, KostO, 18. Aufl., § 84 Rn 25.

6 OLG Oldenburg 9.9.2015 – 12 W 186/15, juris; Korintenberg/*Tiedtke*, GNotKG, Nr. 14260, 14261 KV Rn 5.

ben der jeweiligen Eintragungsgebühr gesondert an.[7] Sind **mehrere Veränderungen** auf dem Schiffszertifikat anzubringen, wird die Gebühr nur einmal erhoben, wenn die Veränderungen dasselbe Recht betreffen (Vorbem 1.4 Abs. 4 KV). Betreffen die Vermerke jedoch verschiedene Rechte (zB Eigentumswechsel und Bestellung einer Hypothek), entsteht die Gebühr Nr. 14261 KV jeweils gesondert.[8]

33 Auf andere Urkunden sind die Regelungen nicht anzuwenden. Für die vom Nachlassgericht zu erteilenden Zeugnisse nach § 42 SchiffsRegO, ggf. iVm § 74 SchiffsRegO, entstehen Gebühren nach Nr. 12210 ff KV (Vorbem. 1.2.2 Abs. 1 Nr. 3 KV) (s. § 14 Rn 51 ff). Für das Verfahren über die Einziehung oder Kraftloserklärung eines solchen Zeugnisses gilt Nr. 12215 Nr. 4 KV (s. § 14 Rn 144 ff).

11. Vertreter des Schiffseigentümers

34 Ist für den Schiffseigentümer nach § 42 Abs. 2 des Gesetzes über Rechte an eingetragenen Schiffen und Schiffsbauwerken (SchRG) durch das Registergericht ein Vertreter zu bestellen, sind Gebühren nach Teil 1 Hauptabschnitt 1 KV wie für eine betreuungsgerichtliche Zuweisungssache nach § 340 Nr. 2 FamFG zu erheben (Vorbem. 1.1 Abs. 2 und Vorbem. 1.4 Abs. 6 KV). Für das erstinstanzliche Verfahren entstehen daher Gebühren nach Nr. 11100 KV (s. § 13 Rn 149 ff). Für das Beschwerde- und Rechtsbeschwerdeverfahren gelten Nr. 11200 f, 11300 ff KV (s. § 13 Rn 173 ff).

12. Zurücknahme oder Zurückweisung eines Antrags

35 Für die **Zurückweisung** eines Antrags beträgt die Gebühr die Hälfte der für die Vornahme des Geschäfts bestimmten Gebühr (Nr. 14400 KV). Die Gebühr beträgt mindestens 15 € und höchstens 400 €.

36 Wird der Antrag **zurückgenommen**, beträgt die Gebühr ein Viertel der für die Vornahme des Geschäfts bestimmten Gebühr, wenn die Zurücknahme vor Eintragung oder vor Ablauf des Tages erfolgt, an dem die Entscheidung über die Zurückweisung der Geschäftsstelle übermittelt oder ohne Beteiligung der Geschäftsstelle bekannt gegeben wird (Nr. 14401 KV). Die Gebühr beträgt mindestens 15 € und höchstens 250 €.

37 Von der Erhebung der Gebühren kann abgesehen werden, wenn der Antrag auf unverschuldeter Unkenntnis der tatsächlichen oder rechtlichen Verhältnisse beruht, § 21 Abs. 2 GNotKG gilt entsprechend (Anm. zu Nr. 14400, 14401 KV). Es handelt sich um eine Ermessensentscheidung, die das Gericht trifft, nicht der Kostenbeamte.

38 Ist die Vornahme des zurückgewiesenen oder zurückgenommenen Geschäfts gebührenfrei, sind die Gebühren der Nr. 14400, 14401 KV in Höhe der Mindestgebühr von 15 € anzusetzen (Vorbem. 1.4.4 S. 2 KV).

13. Rechtsmittelverfahren

39 Es gelten Nr. 14510 ff KV, wenn es sich um eine Beschwerde, Rechtsbeschwerde oder Zulassung der Sprungrechtsbeschwerde wegen des Hauptgegenstands handelt und für die Vornahme des Geschäfts beim Register keine Festgebühren entstehen (Vorbem. 1.4.5 KV).

---

7 OLG Oldenburg 9.9.2015 – 12 W 185/15, juris.
8 OLG Oldenburg 9.9.2015 – 12 W 185/15, juris.

Für das Beschwerdeverfahren gelten Nr. 14510, 14511 KV (s. § 16 Rn 276 ff). Es gilt Tabelle B (§ 34 GNotKG). Sind für die Vornahme der Eintragung Festgebühren zu erheben, gilt Nr. 19116 KV (s. § 22 Rn 54 ff). 40

Im Rechtsbeschwerdeverfahren entstehen Gebühren nach Nr. 14520–14522 KV (s. § 16 Rn 286 ff) und für das Verfahren auf Zulassung der Sprungrechtsbeschwerde, soweit der Antrag abgelehnt wird, nach Nr. 14530 KV (s. § 16 Rn 296 ff). Es gilt Tabelle B (§ 34 GNotKG). Entstehen für die Vornahme der Handlung Festgebühren, gelten Nr. 19128, 19129 KV für Rechtsbeschwerden (s. § 22 Rn 77 ff) und Nr. 19130 KV für das Verfahren auf Zulassung der Sprungrechtsbeschwerde (s. § 22 Rn 81). 41

14. Registerauszüge

Für die Erteilung eines unbeglaubigten Registerauszugs entsteht eine Festgebühr von 10 € (Nr. 17000 KV) und für die Erteilung eines beglaubigten Registerauszugs von 20 € (Nr. 17001 KV). Neben den Gebühren wird keine Dokumentenpauschale erhoben. Bei der Übermittlung von elektronischen Dateien gelten Nr. 17002, 17003 KV. Erfolgt der Abruf im automatisierten Abrufverfahren, gelten Nr. 1150–1152 KV-JVKostG. Für den Aufruf von Daten oder Dokumenten in der Geschäftsstelle des Registergerichts werden keine Gebühren erhoben (Vorbem. 1.1.5 S. 2 KV-JVKostG). Der Abruf von Daten aus den nach § 31 Abs. 1, § 55 S. 2 SchRegDV[9] zu führenden Verzeichnissen ist gebührenfrei (Vorbem. 1.1.5 S. 3 KV-JVKostG). 42

15. Vorschüsse

Die Vornahme der Eintragung kann nach § 13 S. 1 GNotKG von der vorherigen Zahlung der Eintragungsgebühr abhängig gemacht werden. Für die Auslagen gilt § 14 GNotKG. 43

16. Kostenschuldner

Für die Kosten haftet der Antragsteller nach § 22 Abs. 1 GNotKG als Antragsschuldner. Mehrere Antragsteller haften als Gesamtschuldner (§ 32 Abs. 1 GNotKG); dabei ist § 8 Abs. 4 KostVfg zu beachten, so dass der Kostenbeamte die Kosten nach pflichtgemäßem Ermessen unter Berücksichtigung der dortigen Punkte von einem Kostenschuldner allein anfordern kann (s. § 6 Rn 99 f). 44

II. Angelegenheiten des Registers für Pfandrechte an Luftfahrzeugen

1. Allgemeines

Für die Eintragungen in das Register für Pfandrechte an Luftfahrzeugen sind Gebühren nach Nr. 14310 ff KV und Auslagen nach Nr. 31000 ff KV zu erheben. Die Gebühren entstehen für jede Eintragung gesondert, soweit sich aus Vorbem. 1.4 Abs. 3–5 KV nichts anderes ergibt (§ 55 Abs. 2 GNotKG). 45

Die Gebühren für die Vornahme von Eintragungen werden **fällig**, wenn die Wirksamkeit der Eintragung eintritt (§ 9 Abs. 1 GNotKG). Die Wirksamkeit tritt nach § 13 LuftRegV ein, sobald die Eintragung in den für die Registereintragungen bestimmten Datenspeicher aufgenommen worden ist und auf Dauer inhaltlich unverändert in les- 46

9 Verordnung zur Durchführung der Schiffsregisterverordnung in der Fassung vom 30.11.1994 (BGBl. I S. 3631; ber. 1995 I S. 249), zuletzt geändert durch Verordnung vom 31.8.2015 (BGBl. I S. 1474).

barer Form wiedergegeben werden kann. Für die Auslagen gilt § 9 Abs. 1, 2 GNotKG.

47 Die Geschäfte sind nur gebührenpflichtig, soweit nach Nr. 14310 ff, 14400, 14401, 14510 ff KV ein Gebührentatbestand besteht. Fehlt ein solcher, ist das Geschäft gebührenfrei vorzunehmen (§ 1 Abs. 1 GNotKG), so dass es einer dem § 102 Abs. 2 LuftFzgG entsprechenden Regelung nicht mehr bedarf.

48 **Gebührenfrei** sind daher vorzunehmen:

- die Eintragung oder Löschung des Luftfahrzeugs,
- die Eintragung oder Löschung des Ersatzteillagers,
- die Eintragung von Veränderungen außer an einem Registerpfandrecht,
- die Löschung von Widersprüchen,
- die Löschung der Erweiterung des Registerpfandrechts auf Ersatzteile,
- die Löschung eines Schutzvermerks nach § 77 LuftFzgG,
- Eintragungen nach §§ 90–92 LuftFzgG.

2. Belastungen

49 Für die Eintragung eines Registerpfandrechts entsteht eine 1,0-Eintragungsgebühr nach Nr. 14310 KV. Es gilt Tabelle B (§ 34 GNotKG). Der Wert bestimmt sich nach dem Nennbetrag der Schuld (§ 53 Abs. 1 S. 1 GNotKG).

50 Wird dasselbe Registerpfandrecht bei mehreren Luftfahrzeugen eingetragen, wird die Gebühr nur einmal erhoben, wenn die Anträge in demselben Dokument enthalten sind und am selben Tag bei dem Gericht eingehen (Vorbem. 1.4 Abs. 3 S. 1 KV). Der Geschäftswert ist dann nach den zusammengerechneten Nennbeträgen der einzelnen Schulden zu berechnen.

51 Für die Mithafterstreckung gilt Nr. 14311 KV. Danach entsteht für die Eintragung eines Registerpfandrechts, das bereits an einem anderen Luftfahrzeug besteht, eine 0,5-Eintragungsgebühr. Es gilt Tabelle B (§ 34 GNotKG). Der Geschäftswert ist nach dem Wert des einbezogenen Luftfahrzeugs zu berechnen (§ 44 Abs. 1, 3 GNotKG).

3. Veränderungen

52 Für die Eintragung der Veränderung eines Registerpfandrechts ist eine 0,5-Eintragungsgebühr nach Nr. 14320 KV zu erheben. Es gilt Tabelle B (§ 34 GNotKG). Gebührenpflichtig ist nur die Eintragung von Veränderungen an Registerpfandrechten, so dass andere Veränderungen gebührenfrei bleiben, da entsprechende Gebührentatbestände fehlen.

4. Löschung und Mithaftentlassung

53 Gebühren werden nur für die Löschung von Registerpfandrechten und Vormerkungen erhoben.

Für die Löschung eines Registerpfandrechts entsteht eine 0,5-Eintragungsgebühr nach Nr. 14330 KV. Es gilt Tabelle B (§ 34 GNotKG).

Die Löschung von anderen Eintragungen (zB Löschungen von Widersprüchen, der Erweiterung des Registerpfandrechts auf Ersatzteile oder eines Schutzvermerks nach § 77 LuftFzgG) bleibt gebührenfrei.[10]

---

10 BT-Drucks. 17/11741 (neu), S. 212 zu Abschnitt 3.

Ist eine **Vormerkung** zu löschen, entsteht eine Festgebühr von 25 € nach Nr. 14342 KV.

Für die Eintragung der **Entlassung aus der Mithaft** entsteht eine 0,3-Eintragungsgebühr nach Nr. 14331 KV. Es gilt Tabelle B (§ 34 GNotKG). Der Geschäftswert berechnet sich nach dem Wert des entlassenen Luftfahrzeugs (§ 44 Abs. 1, 3 GNotKG). 54

5. Eintragung einer Vormerkung oder eines Widerspruchs

Die Eintragung einer Vormerkung löst die 0,5-Eintragungsgebühr der Nr. 14340 KV aus. Es gilt Tabelle B (§ 34 GNotKG). Der Geschäftswert ist nach dem Wert des vorgemerkten Rechts zu berechnen (§ 45 Abs. 3 GNotKG). Zur Löschung s. Rn 53. 55

Für die Eintragung eines Widerspruchs entsteht eine Festgebühr von 50 € (Nr. 14341 KV). Die Löschung des Widerspruchs ist gebührenfrei vorzunehmen. 56

6. Zurückweisung und Zurücknahme eines Antrags

Bei **Zurückweisung** eines Antrags ist die Hälfte der für die Vornahme der Eintragung bestimmten Gebühr zu erheben (Nr. 14400 KV). Die Gebühr beträgt mindestens 15 € und höchstens 400 €. 57

Wird der Antrag **zurückgenommen** vor Vornahme der Eintragung oder vor Ablauf des Tages, an dem die Entscheidung über die Zurückweisung der Geschäftsstelle übermittelt oder ohne Beteiligung der Geschäftsstelle bekannt gegeben wird, ist ein Viertel der für die Vornahme der Eintragung bestimmten Gebühr zu erheben (Nr. 14401 KV). Die Gebühr beträgt mindestens 15 € und höchstens 250 €. 58

Die Mindestgebühren sind auch dann zu erheben, wenn für die Vornahme der Eintragung eine Gebühr nicht anfällt (Vorbem. 1.4.4 S. 2 KV). 59

Von der Erhebung der Kosten kann in den Fällen der Zurückweisung oder Zurücknahme abgesehen werden, wenn der Antrag auf unverschuldeter Unkenntnis der tatsächlichen oder rechtlichen Verhältnisse beruht. § 21 Abs. 2 GNotKG gilt entsprechend (Anm. zu Nr. 14400, 14401 KV). 60

7. Gerichtliche Ersuchen

Es gilt Vorbem. 1.4 Abs. 2 Nr. 2, 3 KV (s. § 16 Rn 11 ff). Ersuchen des Insolvenzgerichts auf Eintragungen und Löschungen in das Register (zB § 33 InsO), sind daher gebührenfrei vorzunehmen (Vorbem. 1.4 Abs. 2 Nr. 2 KV). Das gilt auch dann, wenn der Antrag durch den Insolvenzverwalter oder, wenn ein solcher nicht bestellt ist, durch den Schuldner gestellt wird (Vorbem. 1.4 Abs. 2 Nr. 3 KV). 61

8. Rechtsmittelverfahren

Es gelten Nr. 14510 ff KV, wenn es sich um eine Beschwerde, Rechtsbeschwerde oder Zulassung der Sprungrechtsbeschwerde wegen des Hauptgegenstands handelt und für die Vornahme des Geschäfts beim Register keine Festgebühren entstehen (Vorbem. 1.4.5 KV). 62

Für das Beschwerdeverfahren gelten Nr. 14510, 14511 KV (s. § 16 Rn 279 ff). Es gilt Tabelle B (§ 34 GNotKG). Sind für die Vornahme der Handlungen Festgebühren zu erheben, gilt Nr. 19116 KV (s. § 22 Rn 54 ff). 63

64 Im Rechtsbeschwerdeverfahren entstehen Gebühren nach Nr. 14520–14522 KV (s. § 16 Rn 286 ff). Für das Verfahren auf Zulassung der Sprungrechtsbeschwerde entsteht, soweit der Antrag abgelehnt wird, eine Gebühr nach Nr. 14530 KV (s. § 16 Rn 296 ff). Es gilt Tabelle B (§ 34 GNotKG). Entstehen für die Vornahme der Handlung Festgebühren, gelten Nr. 19128, 19129 KV für Rechtsbeschwerden (s. § 22 Rn 77 ff) und Nr. 19130 KV für das Verfahren auf Zulassung der Sprungrechtsbeschwerde (s. § 22 Rn 81).

9. Zeugnisse nach § 86 LuftFzgG

65 Für das Verfahren auf Erteilung eines Zeugnisses nach § 86 LuftFzgG gelten Nr. 12210–12212 KV (Vorbem. 1.2.2 Abs. 1 Nr. 3 KV) (s. § 14 Rn 51 ff). Der Geschäftswert bestimmt sich nach dem Wert der Gegenstände, auf die sich der Nachweis der Rechtsnachfolge erstreckt (§ 41 GNotKG).

10. Registerauszüge

66 Für die Erteilung von Registerauszügen gelten Nr. 17000 ff KV (s. § 20 Rn 1 ff), bei Abruf im automatisierten Abrufverfahren (§ 15 LuftRegV) die Nr. 1150–1152 KV-JVKostG. Für den Aufruf von Daten oder Dokumenten in der Geschäftsstelle des Registergerichts werden keine Gebühren erhoben (Vorbem. 1.1.5 S. 2 KV-JVKostG). Der Abruf von Daten aus den nach §§ 10, 11 Abs. 3 S. 2 LuftRegV zu führenden Verzeichnissen ist gebührenfrei (Vorbem. 1.1.5 S. 3 KV-JVKostG).

11. Vorschüsse

67 Die Vornahme der Eintragung kann nach § 13 S. 1 GNotKG von der vorherigen Zahlung der Eintragungsgebühr abhängig gemacht werden. Für die Auslagen gilt § 14 GNotKG.

12. Kostenschuldner

68 Für die Kosten haftet der Antragsteller (§ 22 Abs. 1 GNotKG) als Antragsschuldner. Mehrere Antragsteller haften als Gesamtschuldner (§ 32 Abs. 1 GNotKG), wobei § 8 Abs. 4 KostVfg zu beachten ist, so dass die Kosten von einem Schuldner allein angefordert werden können (s. § 6 Rn 99 f).

§ 18 Übrige Angelegenheiten der freiwilligen Gerichtsbarkeit

I. Verfahren vor dem Landwirtschaftsgericht und Pachtkreditsachen

1. Geltungsbereich

Nr. 15110–15141 KV gelten für Landwirtschaftssachen der freiwilligen Gerichtsbarkeit, zu denen nach § 9 LwVfG die Verfahren nach § 1 Nr. 1, 2–6 LwVfG, der HöfeO und HöfeVfO gehören, sowie für Pachtkreditsachen iSd PachtkredG. 1

Für die streitigen Landwirtschaftssachen nach § 1 Nr. 1 a LwVfG, die gem. § 48 LwVfG zu den bürgerlichen Rechtsstreitigkeiten gehören und nach der ZPO zu behandeln sind, gelten hingegen die Regelungen des GKG, dort Nr. 1210 ff KV-GKG. 2

2. Erstinstanzliche Verfahrensgebühren

a) Verfahrensgebühr der Nr. 15110 KV

Für die Verfahren 3

- wegen der gerichtlichen Zuweisung eines Betriebs (§ 1 Nr. 2 LwVfG),
- über Feststellungen nach § 11 Abs. 1 Buchst. g HöfeVfO,
- zur Regelung und Entscheidung der mit dem Hofübergang zusammenhängenden Fragen im Fall des § 14 Abs. 3 HöfeO,
- über sonstige Anträge und Streitigkeiten nach § 18 Abs. 1 HöfeO und nach § 25 HöfeVfO,
- nach dem LwAnpG, soweit nach § 65 Abs. 2 LwAnpG die Vorschriften der §§ 9 ff LwVfG entsprechend anzuwenden sind; hierzu gehören:
  - die Angelegenheiten nach §§ 12 Abs. 1, 28 Abs. 2, 37 Abs. 2, 42–46, 49, 51, 51 a, 64 a Abs. 2 LwAnpG, ferner
  - die Angelegenheiten nach § 52 LwAnpG in den Fällen der §§ 585 b Abs. 2, 588, 590 Abs. 2, 591 Abs. 2 und 3, 593, 594 d Abs. 2, 595, 595 a Abs. 2 und 3 BGB;

entsteht eine 2,0-Verfahrensgebühr nach Nr. 15110 KV. Als Pauschgebühr deckt sie sämtliche gerichtliche Handlungen ab. Es gilt Tabelle A (§ 34 GNotKG). Ermäßigung kann nach Nr. 15111 KV eintreten (s. Rn 11 ff).

Beispiel: Beantragt wird die Zuweisung eines landwirtschaftlichen Betriebs. Das Verfahren wird durch Endentscheidung beendet. Der Geschäftswert beträgt 25.000 €. In dem Verfahren sind fünf förmliche Zustellungen angefallen. 4
An Gerichtskosten sind entstanden:
2,0-Verfahrensgebühr, Nr. 15110 KV (Wert: 25.000 €, Tabelle A) 742,00 €
Zustellungskosten sind nicht anzusetzen, da es sich um eine wertabhängige Gebühr handelt (Anm. zu Nr. 31002 KV).

b) Verfahrensgebühr der Nr. 15112 KV

aa) Geltungsbereich

Für die übrigen Verfahren vor dem Landwirtschaftsgericht gilt Nr. 15112 KV, die als Auffangregelung für sämtliche Verfahren solcher Art dient.[1] Im Einzelnen sind hiervon umfasst: 5

1 BT-Drucks. 17/11471 (neu), S. 213 zu Nr. 15112 KV.

- Landpachtsachen nach dem LPachtVG, wenn nicht Gebührenfreiheit nach Vorbem. 1.5.1.1 KV besteht,
- Verfahren nach §§ 588, 590, 591, 593, 594 d, 595, 595 a BGB,[2] wenn sie nicht Nr. 15110 KV unterfallen, weil sie nach § 52, 65 Abs. 2 LwAnpG zu behandeln sind oder Gebührenfreiheit nach Vorbem. 1.5.1.1 KV besteht,
- Pachtkreditsachen nach Anm. zu Nr. 15112 KV (s. Rn 7 ff),
- Verfahren nach § 1 Nr. 3, 4, 5, 6 LwVfG,
- Verfahren nach dem GrdstVG, jedoch nicht die von § 1 Nr. 2 LwVfG erfassten Zuweisungssachen,
- Verfahren wegen Streitigkeiten über Abfindungsansprüche (§§ 14, 15 HöfeO) sowie der Entgegennahme einer Erklärung nach § 14 Abs. 3 HöfeO,[3]
- Genehmigung eines Höfübergabevertrags (§ 17 Abs. 3 HöfeO),[4]
- Feststellungsverfahren nach § 11 Abs. 1 Buchst. a–f, h HöfeVfO,
- Zustimmungsverfahren nach § 13 HöfeVfO,
- Verfahren wegen Stundung, Verzinsung und Sicherung eines Abfindungsanspruchs in Verfahren nach § 17 HöfeVfO.

Zu den Fällen, in denen das Landwirtschaftsgericht an die Stelle des Nachlassgerichts tritt, s. Rn 16 f.

6 Ferner soll die Gebühr Nr. 15112 KV entstehen für die **Ersuchen des Landwirtschaftsgerichts an das Grundbuchamt** wegen der Eintragungen oder Löschung des Hofvermerks, Hofzugehörigkeitsvermerks oder wegen der Vereinigung von Grundstücken nach §§ 3, 6–8 HöfeVfO.[5] Die Eintragungen im Grundbuchamt selbst sind hingegen gebührenfrei.

bb) Pachtkreditsachen

7 In Pachtkreditsachen entsteht im erstinstanzlichen Verfahren die Gebühr der Nr. 15112 KV nur, wenn es sich um ein in der Anm. S. 1 zu Nr. 15112 KV genanntes Geschäft handelt:

- jede Niederlegung eines Verpfändungsvertrages,
- die Entgegennahme der Anzeige über die Abtretung der Forderung und
- die Herausgabe des Verpfändungsvertrages.

Jedes dieser Verfahren löst die Gebühr gesondert aus, so dass die Gebühr für eine erneute Niederlegung gesondert entsteht. Da es sich um eine Verfahrensgebühr handelt, entsteht die Gebühr Nr. 15112 KV auch in den vorgenannten Pachtkreditsachen bereits mit Antragseingang, ist also nicht von der Vornahme der beantragten gerichtlichen Handlung (zB Herausgabe) abhängig.[6] Zum Wert s. Rn 26 ff.

8 Gebührenpflichtig nach Nr. 15112 KV sind auch sämtliche Verfahren nach dem LPachtVG (zB § 8 Abs. 1 LPachtVG) sowie die Verfahren nach §§ 588, 590, 591, 593, 594 d, 595, 595 a BGB.[7] Die Verfahren bleiben jedoch gebührenfrei, wenn das Gericht feststellt, dass der Vertrag nicht zu beanstanden ist (Vorbem. 1.5.1.1 KV). Es

2 BT-Drucks. 17/11471 (neu), S. 212 zu Nr. 15112 KV.
3 HK-GNotKG/*Giers*, KV Nr. 15111–15112 Rn 1.
4 OLG Celle, Beschl. v. 13.4.2015 – 7 W 15/15 (L), juris; OLG Hamm, Beschl. v. 16.4.2015 – 15 W 13/15, juris.
5 OLG Celle, Beschl. v. 28.1.2015 – 7 W 1/15 (L), juris; HK-GNotKG/*Giers*, KV Nr. 15111–15112 Rn 1.
6 AA Bormann/Diehn/Sommerfeldt/*Sommerfeldt*, GNotKG, Nr. 15112 KV Rn 12.
7 BT-Drucks. 17/11471 (neu), S. 213 zu Nr. 15112 KV; HK-GNotKG/*Giers*, KV Nr. 15111–15112 Rn 1.

besteht nur Gebührenfreiheit; für entstehende Auslagen nach Nr. 31000 ff KV gilt die Regelung nicht, sie sind anzusetzen.[8]

Im Übrigen folgt aus Anm. zu Nr. 15112 KV, dass Gebühren in Pachtkreditsachen nur in den dort genannten Fällen erhoben werden. Keine Gebühr entsteht daher für die Gestattung der Einsicht in die niedergelegten Verpfändungsverträge (§ 16 PachtkredG) oder für die Niederlegung einer Vereinbarung von Pächter und Pfandgläubiger nach § 3 PachtkredG. 9

cc) Erteilung von Abschriften und Bescheinigungen (PachtkredG)

Für die Erteilung einer beglaubigten Abschrift des Verpfändungsvertrages nach § 16 Abs. 1 S. 3 PachtkredG oder einer Bescheinigung nach § 16 Abs. 2 PachtkredG entstehen Festgebühren nach Nr. 17004 Nr. 3, 4 KV von 20 € (s. § 20 Rn 26 ff). Daneben fällt die Dokumentenpauschale nach Nr. 31000 KV an.[9] Keine Gebühr entsteht für die Erteilung der Bescheinigung über die erfolgte Niederlegung (Anm. Nr. 3 zu Nr. 15112 KV). 10

3. Ermäßigung der Gebühr Nr. 15110 KV nach Nr. 15111 KV

Die Verfahrensgebühr der Nr. 15110 KV ermäßigt sich nach Nr. 15111 KV auf einen 1,0-Gebührensatz, wenn das gesamte Verfahren beendet wird 11

- ohne Endentscheidung,
- durch Zurücknahme des Antrags vor Ablauf des Tages, an dem die Endentscheidung der Geschäftsstelle übermittelt wird, wenn die Entscheidung nicht bereits durch Verlesen der Entscheidungsformel bekannt gegeben worden ist.

Erfasst sind insbesondere Antragsrücknahme oder Beendigung durch Vergleich. Endentscheidung ist nur eine solche iSd § 38 FamFG; Nebenentscheidungen verhindern die Gebührenermäßigung also nicht. Eine bloße Kostenentscheidung ist Endentscheidung. Ihr Erlass verhindert deshalb die Ermäßigung, auch wenn sie einer Einigung oder Mitteilung der Beteiligten folgt, da Nr. 15111 KV keine anderslautende Regelung enthält. 12

Durch den Ermäßigungstatbestand muss das gesamte Verfahren beendet werden. Eine Teilrücknahme löst deshalb keine Teilermäßigung aus. 13

4. Entstehung und Fälligkeit

Die Gebühren der Nr. 15110, 15112 KV entstehen bereits mit Eingang des Antrags bei Gericht. Sie können nach diesem Zeitpunkt nicht mehr entfallen. Die Gebühr Nr. 15110 KV kann sich ermäßigen nach Nr. 15111 KV. Hingegen bleibt Nr. 15112 KV unabhängig vom Verfahrensausgang in voller Höhe (0,5) bestehen, weil hier ein Ermäßigungstatbestand fehlt. Die Fälligkeit bestimmt sich nach § 9 Abs. 1 GNotKG. 14

5. Einstweilige Anordnungen

Für einstweilige Anordnungen (§ 18 LwVfG) gelten Nr. 16111, 16112 KV. Es handelt sich gegenüber der Hauptsache stets um eigenständige Kostenrechtszüge iSd § 55 Abs. 1 GNotKG, so dass die Gebühren neben Nr. 15110 ff KV entstehen. Für das Verfahren wegen des Erlasses der einstweiligen Anordnung und über deren Aufhe- 15

8 BT-Drucks. 17/11471 (neu), S. 213 zu Abschnitt 1.
9 BT-Drucks. 17/11471 (neu), S. 216 zu Nr. 17004.

bung oder Änderung werden Gebühren jedoch nur einmal erhoben (Vorbem. 1.6 KV).

6. Erbscheinsverfahren

16 Für vor dem Landwirtschaftsgericht durchzuführende Erbscheinsverfahren sind Gebühren nach Nr. 12210 ff KV zu erheben (Vorbem. 1.2 Abs. 1 und Vorbem. 1.5.1 Abs. 1 KV). Ist in diesen Fällen eine eidesstattliche Versicherung zu beurkunden, wird auch die hierfür entstehende Gebühr beim Landwirtschaftsgericht angesetzt (§ 5 Abs. 6 S. 5 KostVfg). Für die Entgegennahme der Erklärung eines Hoferben über die Wahl des Hofs gem. § 9 Abs. 2 S. 1 HöfeO entsteht die Gebühr Nr. 12410 KV (Vorbem. 1.5.1 Abs. 1 S. 1 GNotKG). Die Gebühr schuldet nur derjenige, der die Erklärung abgegeben hat (§ 23 Nr. 4 e GNotKG).

17 Die Entgegennahme der Ausschlagung des Anfalls des Hofs nach § 11 HöfeO ist gerichtsgebührenfrei (Vorbem. 1.5.1 Abs. 1 S. 2 KV). Auslagen sind nach Nr. 31000 ff KV zu erheben.

7. Kostenschuldner

a) Antragshaftung

18 Der Antragsteller haftet als Antragsschuldner (§ 22 Abs. 1 GNotKG), da es sich um reine Antragsverfahren handelt (§ 14 Abs. 1 LwVfG, § 15 Abs. 4 PachtkredG, § 8 Abs. 1 LPachtVG, §§ 588 Abs. 4, 590 Abs. 2, 591 Abs. 3, 593 Abs. 4, 594 d Abs. 2, 595 Abs. 6, 595 a Abs. 2 BGB. Das gilt auch für die Rechtsmittelverfahren, jedoch erlischt die Antragshaftung hier nachträglich, wenn das Rechtsmittel ganz oder teilweise mit Erfolg eingelegt worden ist und das Gericht nicht über die Kosten entschieden hat oder die Kosten nicht von einem anderen Beteiligten übernommen worden sind (§ 25 Abs. 1 GNotKG).

b) Sonstige Kostenschuldner

19 Neben dem Antragsschuldner haften auch der Entscheidungs- oder Übernahmeschuldner (§ 27 Nr. 1, 2 GNotKG), die für noch nicht bezahlte Gerichtskosten als Erstschuldner in Anspruch zu nehmen (§ 33 Abs. 1 GNotKG).

20 Das Landwirtschaftsgericht hat gem. § 34 LwVfG zugleich in der Entscheidung über die Hauptsache auch über die Kosten zu entscheiden. Die Kostenentscheidung richtet sich nach §§ 44, 45 LwVfG. Danach hat das Gericht nach billigem Ermessen zu entscheiden, welcher Beteiligte die Kosten zu tragen hat oder wie die Kosten verteilt werden. Das Gericht kann in der Hauptsacheentscheidung auch anordnen, dass die außergerichtlichen Kosten ganz oder teilweise von einem unterliegenden Beteiligten zu erstatten sind. Das gilt auch, wenn der Beteiligte die Kosten durch ein unbegründetes Rechtsmittel oder durch grobes Verschulden veranlasst hat.

21 Das Kostenfestsetzungsverfahren findet nach §§ 103 ff ZPO statt (§ 85 FamFG iVm § 9 LwVfG).

c) Gebührenbefreiung

22 Die nach Landesrecht für die Beanstandung eines Landpachtvertrages nach dem LPachtVG zuständige Landwirtschafts- und die Genehmigungsbehörde nach dem GrdstVG sowie deren übergeordnete Behörde und die Siedlungsbehörde sind von der Zahlung von Gerichtsgebühren befreit (Vorbem. 1.5.1 Abs. 2 KV). Die Befreiung gilt

für sämtliche Instanzenzüge. Eine Befreiung besteht jedoch nur noch für die Gerichtsgebühren, während es an einer Befreiungsregelung für die Auslagen nach Nr. 31000 ff KV fehlt.[10]

8. Vorschüsse

Die Durchführung des Verfahrens kann wegen der bestehenden Antragshaftung von der vorherigen Zahlung der Verfahrensgebühr der Nr. 15110 KV abhängig gemacht werden (§ 13 S. 1 GNotKG). Das gilt nicht für die Rechtsmittelverfahren. 23

Für die Auslagen können Vorschüsse nach § 14 GNotKG erhoben werden. 24

Die gerichtliche Anordnung einer auf §§ 13, 14 GNotKG beruhenden Abhängigmachung kann mit der Beschwerde nach § 82 Abs. 1 GNotKG angegriffen werden. 25

9. Geschäftswert

§ 76 GNotKG regelt den Wert für bestimmte Verfahren vor dem Landwirtschaftsgericht. Danach ist der Geschäftswert wie folgt zu bestimmen: 26

- in Feststellungsverfahren nach § 11 Abs. 1 Buchst. g HöfeVfO nach dem Wert des Hofs nach Abzug der Verbindlichkeiten,
- in Wahlverfahren (§ 9 Abs. 2 S. 1 HöfeO) nach dem Wert des gewählten Hofs nach Abzug der Verbindlichkeiten,
- in Fristsetzungsverfahren (§ 9 Abs. 2 S. 2 HöfeO) mit der Hälfte des Werts des wertvollsten der noch zur Wahl stehenden Höfe nach Abzug der Verbindlichkeiten,
- in Verfahren nach § 1 Nr. 3 LwVfG wegen Einwendungen gegen das siedlungsrechtliche Vorkaufsrecht nach dem Geschäftswert des zugrunde liegenden Kaufvertrages.

Der Wert des Hofs und eines landwirtschaftlichen Betriebs in einem Verfahren nach § 1 Nr. 2 LwVfG richtet sich gem. § 48 Abs. 3 GNotKG nach den Regelungen des § 48 Abs. 1, 2 GNotKG (s. § 11 Rn 72 ff). 27

Weitere konkrete Wertvorschriften sind im GNotKG nicht vorgesehen, so dass für die übrigen Verfahren auf die Auffangreglung des § 36 Abs. 1, 3 GNotKG zurückzugreifen ist.[11] Das gilt insbesondere für die Verfahren[12] 28

- auf Erteilung eines Zeugnisses oder einer Bescheinigung oder auf Änderung oder Aufhebung einer Auflage (§ 22 Abs. 1, 4 GrdstVG),
- über die gerichtliche Zuweisung eines Betriebes (§ 1 Nr. 2 LwVfG); bzgl. des Werts des Betriebs vgl. § 48 Abs. 3 GNotKG,
- Landpachtsachen (§ 1 Nr. 1 LwVfG, §§ 585 b, 588, 590, 591, 593, 594 d, 595 a BGB) (s. Rn 29),
- wegen der Aufhebung von Pacht- und sonstigen Nutzungsverhältnissen,
- über die Inanspruchnahme von Gebäuden oder Land und die Festsetzung des Ersatzanspruchs oder der Entschädigung (§ 1 Nr. 4 LwVfG),
- anerbenrechtliche Verfahren (§ 1 Nr. 5 LwVfG),

10 BT-Drucks. 17/11471 (neu), S. 213 zu Abschnitt 1.
11 BT-Drucks. 17/11471 (neu), S. 177 zu § 76 GNotKG.
12 Vgl. zu den einzelnen Verfahren ausf. HK-GNotKG/*Giers*, § 76 Rn 14 ff.

- Feststellungsverfahren nach § 11 Abs. 1 Buchst. a–f, h HöfeVfO, dabei kann bei der Prüfung nach § 36 auch § 48 GNotKG herangezogen werden,[13]
- Zustimmungsverfahren nach § 13 HöfeVfO,
- wegen Streitigkeiten über die Abfindungsansprüche der Miterben und des überlebenden Ehegatten mit Einschluss der Versorgungsstreitigkeiten (§ 14 HöfeO); abzustellen ist regelmäßig auf den geforderten Anspruch,
- wegen Streitigkeiten über die Verteilung von Abfindungs- oder Nachlassverbindlichkeiten (§ 15 Abs. 5 HöfeO),
- über die Stundung, Verzinsung und Sicherung eines Abfindungsanspruchs (§ 17 HöfeVfO); es kann ein Bruchteil des Anspruchs festgesetzt werden,[14]
- über die Aufhebung, Beschränkung oder Verlängerung der Verwaltung und Nutznießung des überlebenden Ehegatten (§ 14 Abs. 1 Buchst. b HöfeO),
- wegen der Regelung und Entscheidung der mit dem Hofübergang zusammenhängenden Fragen im Fall des § 14 Abs. 3 HöfeO,
- über sonstige Anträge und Streitigkeiten nach § 18 Abs. 1 HöfeO und § 25 HöfeVfO, dabei ist auf den Wert des geltend gemachten Anspruchs abzustellen.[15]

29 In den Verfahren nach §§ 588 Abs. 4, 590 Abs. 2, 591 Abs. 3, 593 Abs. 4, 594 d Abs. 2, 595 Abs. 6, 595 a Abs. 2 BGB ist bei der Wertbestimmung nach § 36 Abs. 1, 3 GNotKG auf das Interesse der Beteiligten an der Änderung oder Beibehaltung des Vertrags abzustellen.[16] Eine Wertprivilegierung wie im bisherigen § 35 Abs. 1 LwVfG gibt es nicht mehr.[17] In den Verfahren nach § 8 Abs. 1 LPachtVG ist der Wert, der für die Gebührenberechnung im Falle der Beurkundung des Rechtsverhältnisses maßgebend sein würde, von entscheidender Bedeutung.[18]

30 Für die in Anm. zu Nr. 15112 KV genannten **Pachtkreditsachen** gilt § 53 Abs. 2 GNotKG, so dass es auf die Forderung oder auf den Wert des Pfand- oder Sicherungsgegenstands ankommt, wenn dieser geringer ist.[19]

10. Beschwerdeverfahren

a) Anzuwendende Regelungen

31 Für die Gebühren ist zu unterscheiden: Handelt es sich um ein Verfahren, für das Nr. 15110 KV gilt, finden für die Beschwerde Nr. 15120–15122 KV Anwendung (s. Rn 32 ff). Für Verfahren, die von Nr. 15112 KV erfasst werden (s. Rn 5 ff), gelten hingegen Nr. 15123–15125 KV (s. Rn 41 ff).

b) Verfahrensgebühren nach Nr. 15120–15122 KV

aa) Pauschale Verfahrensgebühr Nr. 15120 KV

32 Für Beschwerdeverfahren nach §§ 58 ff FamFG gegen die Endentscheidung wegen des Hauptgegenstands entsteht eine pauschale 3,0-Verfahrensgebühr nach Nr. 15120 KV, die sämtliche Handlungen des Gerichts abdeckt. Es gilt Tabelle A (§ 34 GNotKG).

---

13 HK-GNotKG/*Giers*, § 76 Rn 31.
14 HK-GNotKG/*Giers*, § 76 Rn 26.
15 HK-GNotKG/*Giers*, § 76 Rn 26.
16 HK-GNotKG/*Giers*, § 76 Rn 17.
17 BT-Drucks. 17/11471 (neu), S. 177 zu § 76 GNotKG.
18 BT-Drucks. 17/11471 (neu), S. 177 zu § 76 GNotKG.
19 LK-GNotKG/*Schulz*, Nr. 15112 KV Rn 12.

Beispiel: Gegen die Endentscheidung des Landwirtschaftsgerichts über die Zuweisung eines Betriebs wird Beschwerde eingelegt. Es ergeht Endentscheidung. Der Geschäftswert beträgt 25.000 €. 33
An Gerichtsgebühren sind entstanden:
3,0-Verfahrensgebühr, Nr. 15120 KV (Wert: 25.000 €, Tabelle A) 1.113,00 €

bb) Ermäßigung bei Zurücknahme vor Eingang der Beschwerdebegründung

Die Gebühr Nr. 15120 KV ermäßigt sich nach Nr. 15121 KV auf einen 0,5-Gebührensatz, wenn die Beschwerde oder der Antrag vor Eingang der Beschwerdebegründungsschrift bei Gericht zurückgenommen wird. Eine gesetzliche Begründungsfrist besteht nicht, jedoch kann das Gericht eine solche bestimmen (§ 65 Abs. 2 FamFG). Maßgeblich für die Gebührenermäßigung ist nur der Eingang der Begründungsschrift, auf den Ablauf der richterlichen Frist kommt es nicht an. 34

Beispiel 1: Am 19.10. wird Beschwerde eingelegt. Sie wird am 21.11. vollständig zurückgenommen. Eine Begründungsschrift ist noch nicht eingegangen, auch eine Endentscheidung war noch nicht ergangen. 35
Die Zurücknahme ist rechtzeitig vor Eingang der Beschwerdebegründung erfolgt. Die Gebühr der Nr. 15120 KV ermäßigt sich nach Nr. 15121 KV auf einen Gebührensatz von 0,5.

Beispiel 2: Am 21.10. wird Beschwerde eingelegt. Die Beschwerdebegründung geht am 14.11. bei Gericht ein. Danach wird die Beschwerde vollständig zurückgenommen. 36
Die Zurücknahme ist nach Eingang der Beschwerdebegründung verspätet erfolgt. Eine Gebührenermäßigung nach Nr. 15121 KV scheidet aus. War noch keine Endentscheidung ergangen, tritt Ermäßigung nach Nr. 15122 KV ein.

cc) Ermäßigung bei Verfahrensbeendigung nach Eingang der Beschwerdebegründung

Nach Eingang der Beschwerdebegründung ermäßigt sich die Gebühr Nr. 15120 KV auf einen 1,0-Gebührensatz, wenn das gesamte Beschwerdeverfahren ohne Endentscheidung beendet wird (Nr. 15122 KV). Erfasst ist insbesondere die Beendigung durch Zurücknahme oder Vergleich. Die Erledigung der Hauptsache hingegen nur, wenn keine Kostenentscheidung mehr ergeht oder sie Anm. Abs. 2 zu Nr. 15122 KV entspricht (s. Rn 40). 37

Maßgeblich ist der Erlass der Endentscheidung, so dass der Zeitpunkt der Bekanntmachung entscheidend ist. Wird die Endentscheidung ohne Verlesen der Entscheidungsformel bekannt gemacht, tritt Ermäßigung auch ein, wenn die Zurücknahme der Beschwerde vor Ablauf des Tages erfolgt, an dem die Endentscheidung der Geschäftsstelle übergeben wird (Anm. Abs. 1 zu Nr. 15122 KV). 38

Beispiel: Am 10.3. wird Beschwerde eingelegt, die Begründungsschrift geht am 15.4. bei Gericht ein. Die Beschwerde wird am 20.4. vollständig zurückgenommen. Eine Endentscheidung war noch nicht ergangen. Der Geschäftswert beträgt 20.000 €. 39
Es sind an Gerichtsgebühren zu erheben:
1,0-Verfahrensgebühr, Nr. 15122 KV (Wert: 20.000 €, Tabelle A) 345,00 €

Ist nur noch über die Kosten zu entscheiden, auch im Falle der Hauptsachenerledigung, so steht die Kostenentscheidung der Ermäßigung nicht entgegen, wenn das Gericht darin einer zuvor mitgeteilten Kosteneinigung oder Kostenübernahmeerklärung folgt (Anm. Abs. 2 zu Nr. 15122 KV). Andernfalls hindert der Erlass der Kostenent- 40 scheidung jedoch den Eintritt einer Ermäßigung, so dass es für das gesamte Beschwerdeverfahren bei Nr. 15120 KV verbleibt.

c) Verfahrensgebühren nach Nr. 15123–15125 KV

41 Soweit Nr. 15112 KV gilt, entsteht im Beschwerdeverfahren, das sich gegen die Endentscheidung wegen der Hauptsache richtet, eine pauschale 1,0-Verfahrensgebühr nach Nr. 15123 KV. Es gilt Tabelle A (§ 34 GNotKG).

42 Es tritt **Gebührenermäßigung nach Nr. 15124 KV** auf einen 0,3-Gebührensatz ein, wenn das gesamte Verfahren durch Zurücknahme der Beschwerde oder des Antrags beendet wird, bevor die Beschwerdebegründung bei Gericht eingegangen ist. Es muss sich das gesamte Beschwerdeverfahren durch die Zurücknahme erledigen, eine Teilrücknahme genügt nicht.

43 Nach Eingang der Beschwerdebegründung tritt Gebührenermäßigung nach Nr. 15125 KV auf einen 0,5-Gebührensatz ein, wenn das gesamte Verfahren ohne Endentscheidung beendet wird. Wird die Endentscheidung nicht durch Verlesen der Entscheidungsformel bekannt gegeben, ist die Zurücknahme der Beschwerde oder des Antrags bis zum Ablauf des Tages zulässig, an dem die Endentscheidung der Geschäftsstelle übermittelt wird (Anm. Abs. 1 zu Nr. 15125 KV). Eine Kostenentscheidung steht der Ermäßigung entgegen, wenn diese nicht einer zuvor mitgeteilten Einigung über die Kostentragung oder einer Kostenübernahmeerklärung folgt (Anm. Abs. 2 zu Nr. 15125 KV).

11. Rechtsbeschwerdeverfahren

a) Anzuwendende Regelungen

44 Für die Gebühren ist zu unterscheiden: Handelt es sich um ein Verfahren, für das Nr. 15110 KV gilt, finden für die Rechtsbeschwerde Nr. 15130–15132 KV Anwendung (s. Rn 45 ff). Für Verfahren, die von Nr. 15112 KV erfasst werden (s. Rn 5 ff), gelten hingegen Nr. 15133–15135 KV (s. Rn 53 ff).

b) Verfahrensgebühren nach Nr. 15130–15132 KV

aa) Pauschale Verfahrensgebühr Nr. 15130 KV

45 Für Rechtsbeschwerden (§§ 70 ff FamFG), die sich gegen die Endentscheidung wegen der Hauptsache richten, entsteht eine Verfahrensgebühr nach Nr. 15130 KV mit einem Gebührensatz von 4,0. Es gilt Tabelle A (§ 34 GNotKG). Die Gebühr deckt sämtliche Handlungen des Rechtsbeschwerdegerichts ab.

bb) Ermäßigung bei Zurücknahme vor Eingang der Rechtsbeschwerdebegründung

46 Die Gebühr Nr. 15130 KV ist gem. Nr. 15131 KV auf einen Gebührensatz von 1,0 zu ermäßigen, wenn die Rechtsbeschwerde oder der Antrag zurückgenommen wird, bevor die Rechtsbeschwerdebegründungsschrift eingeht.

47 Für die Gebührenermäßigung ist allein der Eingang der Begründungsschrift maßgebend; auf den Ablauf der Fristen des § 71 Abs. 2 FamFG kommt es nicht an. Erfolgt die Zurücknahme erst nach Eingang der Begründungsschrift, kommt nur noch eine Ermäßigung nach Nr. 15132 KV in Betracht (s. Rn 50 ff). Durch die Zurücknahme muss sich das gesamte Rechtsbeschwerdeverfahren erledigen, eine Teilrücknahme genügt nicht.

Ist bereits eine Endentscheidung ergangen, kann eine Gebührenermäßigung nicht mehr eintreten, auch wenn eine Begründungsschrift innerhalb der Begründungsfrist nicht eingereicht war. In diesen Fällen hat das Gericht die Rechtsbeschwerde als unzulässig zu verwerfen (§ 74 Abs. 1 FamFG). 48

Beispiel: Es wird Rechtsbeschwerde eingelegt. Eine Begründung erfolgt nicht. Nach Ablauf der Begründungsfrist wird die Rechtsbeschwerde durch Beschluss als unzulässig verworfen (§ 74 Abs. 1 FamFG). Nach Erlass des Beschlusses wird die Rechtsbeschwerde zurückgenommen. 49
Eine Ermäßigung der Verfahrensgebühr scheidet sowohl nach Nr. 15131 KV als auch nach Nr. 15132 KV aus, weil bereits eine Endentscheidung ergangen ist.
Es verbleibt daher bei einer 4,0-Verfahrensgebühr nach Nr. 15130 KV.

cc) Ermäßigung bei Zurücknahme nach Eingang der Rechtsbeschwerdebegründung

Ist die Begründungsschrift bereits bei Gericht eingegangen, ermäßigt sich die Verfahrensgebühr nach Nr. 15132 KV auf einen 2,0-Gebührensatz, wenn die Rechtsbeschwerde oder der Antrag vor Ablauf des Tages zurückgenommen wird, an dem die Endentscheidung der Geschäftsstelle übermittelt wird. Zu den Endentscheidungen gehören auch Beschlüsse nach §§ 74 Abs. 1, 74 a FamFG sowie isolierte Kostenentscheidungen. 50

Eine Ermäßigung tritt nur ein, wenn durch die Zurücknahme das gesamte Rechtsbeschwerdeverfahren beendet wird. Eine Teilrücknahme genügt nicht und führt auch keine Teilermäßigung herbei. 51

Beispiel: Es wird Rechtsbeschwerde eingelegt. Die Begründungsschrift geht wenig später bei dem Gericht ein. Noch vor Erlass einer Endentscheidung wird die Rechtsbeschwerde vollständig zurückgenommen. Der Geschäftswert beträgt 20.000 €. 52
Die Zurücknahme erfolgt vor Erlass der Endentscheidung, aber nach Eingang der Begründungsschrift. An Gerichtsgebühren sind entstanden:

2,0-Verfahrensgebühr, Nr. 15132 KV (Wert: 20.000 €, Tabelle A)	690,00 €

c) Verfahrensgebühren nach Nr. 15133–15135 KV

In den Rechtsbeschwerdeverfahren, die sich gegen die Endentscheidung wegen der Hauptsache in einem von Nr. 15112 KV erfassten Verfahren (s. Rn 5 ff) richten, entsteht eine 1,5-Verfahrensgebühr nach Nr. 15133 KV, die sämtliche gerichtliche Handlungen abdeckt. Es gilt Tabelle A (§ 34 GNotKG). 53

Gebührenermäßigung nach Nr. 15134 KV auf einen 0,5-Gebührensatz von 0,5 tritt ein, wenn die Rechtsbeschwerde oder der Antrag zurückgenommen wird, bevor die Rechtsbeschwerdebegründungsschrift eingeht. Maßgeblich ist allein der Eingang der Begründungsschrift, der Fristablauf ist unerheblich. Durch die Zurücknahme muss sich das gesamte Rechtsbeschwerdeverfahren erledigen, eine Teilrücknahme genügt nicht. 54

Nach Eingang der Begründungsschrift bei Gericht kann Gebührenermäßigung nach Nr. 15135 KV auf einen 1,0-Gebührensatz eintreten, wenn die Rechtsbeschwerde oder der Antrag vor Ablauf des Tages zurückgenommen wird, an dem die Endentscheidung der Geschäftsstelle übermittelt wird. Hierzu zählen auch Beschlüsse nach §§ 74 Abs. 1, 74 a FamFG sowie isolierte Kostenentscheidungen. 55

56 Eine Ermäßigung tritt nur ein, wenn durch die Zurücknahme das gesamte Rechtsbeschwerdeverfahren beendet wird.

12. Sonstige Beschwerde- und Rechtsbeschwerdeverfahren

57 Für Verfahren über sonstige Beschwerden entsteht eine Gebühr nach Nr. 19116 KV (s. § 22 Rn 54 ff), für sonstige Rechtsbeschwerden gelten Nr. 19128, 19129 KV (s. § 22 Rn 77 ff). Die Erinnerung nach § 11 Abs. 2 RPflG ist gerichtsgebührenfrei (§ 11 Abs. 4 RPflG). Das gilt unabhängig davon, ob im erstinstanzlichen Verfahren Nr. 15110 KV oder Nr. 15112 KV Anwendung findet.

13. Zulassung der Sprungrechtsbeschwerde

a) Anzuwendende Regelungen

58 Für die Gebühren ist zu unterscheiden: Handelt es sich um ein von Nr. 15110 KV erfasstes Verfahren (s. Rn 3 f), gilt Nr. 15140 KV. Für ein von Nr. 15112 KV erfasstes Verfahren (s. Rn 5 ff) gilt hingegen Nr. 15141 KV. Beide Gebühren unterscheiden sich nur hinsichtlich ihrer Höhe.

b) Gebühren

59 Die Gebühr der Nr. 15140 KV entsteht mit einem 1,0 Gebührensatz, die Gebühr der Nr. 15141 KV mit einem 0,5-Gebührensatz. Es gilt jeweils Tabelle A (§ 34 GNotKG). Die Gebühren entstehen nur, soweit der Zulassungsantrag abgelehnt wird.

60 Kostenschuldner ist allein derjenige, der den Antrag auf Zulassung gestellt hat (§ 22 Abs. 1 GNotKG).

61 Der Geschäftswert für das Zulassungsverfahren bestimmt sich nach § 61 Abs. 3 GNotKG.

62 Wird die Sprungrechtsbeschwerde zugelassen, wird das Verfahren als Rechtsbeschwerdeverfahren fortgesetzt (§ 75 Abs. 2 S. 2 FamFG iVm § 566 Abs. 7 ZPO). Die Frist für die Einreichung der Rechtsbeschwerdebegründungsschrift beginnt mit Zustellung des Zulassungsbeschlusses. Für den Fall der Zulassung entstehen keine Gebühren nach Nr. 15140, 15141 KV, jedoch sind für das Rechtsbeschwerdeverfahren Gebühren nach Nr. 15130–15132 KV bzw. Nr. 15133–15135 KV anzusetzen.

63 **Beispiel 1:** Der Antrag auf Zulassung der Sprungrechtsbeschwerde wird abgelehnt. Der Geschäftswert wird auf 30.000 € festgesetzt.
Es sind an Gerichtsgebühren entstanden:
1,0-Verfahrensgebühr, Nr. 15140 KV (Wert: 30.000 €, Tabelle A) 406,00 €

64 **Beispiel 2:** Es wird Antrag auf Zulassung der Sprungrechtsbeschwerde gestellt, welche das Rechtsbeschwerdegericht zulässt. Danach wird das Rechtsbeschwerdeverfahren durchgeführt, in dem eine Endentscheidung ergeht. Der Geschäftswert wird auf 30.000 € festgesetzt.
Es sind an Gerichtsgebühren entstanden:
4,0-Verfahrensgebühr, Nr. 15130 KV (Wert: 30.000 €, Tabelle A) 1.624,00 €
Eine Gebühr nach Nr. 15140 KV entsteht nicht, da die Sprungrechtsbeschwerde zugelassen wurde.

Wird der Antrag auf Zulassung der Sprungrechtsbeschwerde nur teilweise abgelehnt, entstehen die Gebühren der Nr. 15140, 15141 KV nach dem Wert des Gegenstands, der sich auf die Ablehnung bezieht (§ 56 Abs. 1 GNotKG), während für den übrigen Teil, für den das Rechtsbeschwerdeverfahren durchgeführt wird, Gebühren nach Nr. 15130–15132 KV bzw. Nr. 15133–15135 KV zu erheben sind. § 56 Abs. 3 GNotKG ist zu beachten. 65

II. Verfahren nach dem Transsexuellengesetz (TSG)

1. Geltungsbereich

Für Verfahren nach dem TSG entsteht eine Verfahrensgebühr nach Nr. 15210 Nr. 2 KV. Erfasst sind im Einzelnen die Verfahren nach 66

- § 1 TSG: Änderung des Vornamens;
- § 6 TSG: Aufhebung der Entscheidung über die Änderung des Vornamens;
- § 7 TSG: Änderung des Vornamens in den Namen vor der Unwirksamkeit;
- § 8 TSG: Feststellung, dass die Person als dem anderen Geschlecht zugehörig anzusehen ist;
- § 9 Abs. 1 TSG: Vorabfeststellung, dass dem Antrag nicht stattgegeben werden kann, weil der Antragsteller sich einem seine äußeren Geschlechtsmerkmale verändernden operativen Eingriff noch nicht unterzogen hat oder noch nicht dauernd fortpflanzungsunfähig ist;
- § 9 Abs. 2 TSG: Feststellung, dass die Person als dem anderen Geschlecht zugehörig anzusehen ist;
- § 9 Abs. 3 iVm § 6 TSG: Aufhebung der Entscheidung über die Änderung des Vornamens.

Die Verfahren nach § 9 Abs. 1, 2 TSG gelten als ein Verfahren (Anm. zu Nr. 15210 KV).

2. Gebühren im erstinstanzlichen Verfahren

a) Verfahrensgebühr

Es handelt sich um eine pauschale Verfahrensgebühr mit einem 1,0-Gebührensatz, die sämtliche gerichtliche Handlungen einschließlich der Entscheidung abdeckt. Es gilt Tabelle A (§ 34 GNotKG). 67

b) Gebührenermäßigung

Die Gebühr Nr. 15210 KV ermäßigt sich nach Nr. 15211 KV auf einen 0,3-Gebührensatz, wenn das Verfahren beendet wird 68

- ohne Endentscheidung (Nr. 1); hierunter fällt insbesondere die Antragsrücknahme;
- durch Antragsrücknahme vor Ablauf des Tages, an dem eine ohne Verlesen der Entscheidungsformel bekannt gemachte Endentscheidung der Geschäftsstelle übergeben wird (Nr. 2); das Datum der Übergabe ist gem. § 38 Abs. 3 S. 3 FamFG auf dem Beschluss zu vermerken. Wird die Entscheidungsformel verlesen, ist mit diesem Zeitpunkt eine Ermäßigung ausgeschlossen.

Es muss das gesamte Verfahren beendet sein. Eine Teilerledigung genügt nicht und führt keine Teilermäßigung herbei. 69

c) Entstehung und Fälligkeit

70 Die Gebühr der Nr. 15210 KV entsteht bereits mit Eingang des Antrags bei Gericht, so dass die Gebühr danach nicht mehr entfallen, sondern sich nur noch nach Nr. 15211 KV ermäßigen kann. Die Fälligkeit bestimmt sich nach § 9 Abs. 1 GNotKG.

71 Jedes Verfahren nach dem TSG (s. Rn 66) löst die Verfahrensgebühr gesondert aus (s. aber Rn 74 f).

d) Aufhebungsverfahren

72 Die Verfahren über die Aufhebung einer Entscheidung (§ 6 TSG, auch iVm § 9 Abs. 3 TSG) sind gegenüber dem ursprünglichen Verfahren eigenständige Kostenrechtszüge und lösen die Gebühren der Nr. 15210, 15211 KV gesondert aus (§ 57 Abs. 2 GNotKG).

73 **Beispiel:** Der Antragsteller beantragt die Änderung seines Vornamens (§ 1 TSG). Das Gericht erlässt antragsgemäß Endentscheidung. Der Geschäftswert beträgt 5.000 €.
Später beantragt der Antragsteller die Aufhebung der gerichtlichen Entscheidung über die Namensänderung (§ 6 TSG). Das Gericht erlässt antragsgemäß Endentscheidung. Der Geschäftswert beträgt 5.000 €.
Die Verfahren nach § 1 und § 6 TSG sind verschiedene Verfahren, welche die Verfahrensgebühr gesondert auslösen.
An Gerichtsgebühren sind entstanden:

Verfahren über die Änderung des Vornamens:	
1,0-Verfahrensgebühr, Nr. 15210 KV (Wert: 5.000 €, Tabelle A)	146,00 €
Verfahren über die Aufhebung der Änderungsentscheidung:	
1,0-Verfahrensgebühr, Nr. 15210 KV (Wert: 5.000 €, Tabelle A)	146,00 €

e) Verfahren nach § 9 Abs. 1, 2 TSG

74 Kann das Gericht dem Antrag auf Feststellung der Geschlechtszugehörigkeit nur deshalb nicht entsprechen, weil der Antragsteller sich dem verändernden operativen Eingriff noch nicht unterzogen hat oder noch nicht dauernd fortpflanzungsunfähig ist, so stellt das Gericht dies vorab fest (§ 9 Abs. 1 TSG). Ist die Entscheidung unanfechtbar und sind die die Hinderungsgründe entfallen, hat das Gericht über den Antrag nach § 8 TSG zu entscheiden (§ 9 Abs. 2 TSG).

75 Die Verfahren sind gebührenpflichtig, jedoch ordnet Anm. zu Nr. 15210 KV an, dass die Verfahren nach § 9 Abs. 1, 2 TSG zusammen als ein Verfahren gelten. Somit entsteht die Verfahrensgebühr nur einmal.

3. Beschwerdeverfahren

a) Allgemeine Verfahrensgebühr

76 Für Beschwerden, die sich gegen eine Endentscheidung wegen des Hauptgegenstands richten, entsteht eine 2,0-Verfahrensgebühr nach Nr. 15220 KV. Es gilt Tabelle A (§ 34 GNotKG). Als Pauschgebühr sind mit der Gebühr sämtliche gerichtliche Handlungen abgedeckt. Erfasst sind deshalb neben Beschwerden nach §§ 58 ff FamFG auch sofortige Beschwerden nach § 4 Abs. 4 und § 9 Abs. 1 TSG. Handelt es sich jedoch nicht um eine Endentscheidung, sondern um Nebenentscheidungen (zB Kostenfestsetzung, Ablehnung von VKH), gilt Nr. 19116 KV (s. § 22 Rn 54 ff).

Beispiel: In einem Verfahren nach dem TSG wird Beschwerde eingelegt. Das Gericht entscheidet durch Endentscheidung. Der Geschäftswert beträgt 5.000 €. 77
An Gerichtsgebühren sind entstanden:
2,0-Verfahrensgebühr, Nr. 15220 KV (Wert: 5.000 €, Tabelle A) 292,00 €

b) Gebührenermäßigung

aa) Ermäßigung bei Zurücknahme vor Eingang der Beschwerdebegründung

Die Gebühr Nr. 15220 KV ermäßigt sich gem. Nr. 15221 KV auf einen 0,5-Gebührensatz, wenn die Beschwerde oder der Antrag vor Eingang der Beschwerdebegründungsschrift bei Gericht zurückgenommen wird. Erfolgt die Zurücknahme erst zu einem späteren Zeitpunkt, kann eine Gebührenermäßigung nur nach Nr. 15222 KV eintreten. 78

bb) Ermäßigung bei Verfahrensbeendigung nach Eingang der Beschwerdebegründung

Nach Eingang der Beschwerdebegründung ermäßigt sich die Gebühr auf einen 1,0-Gebührensatz, wenn das Beschwerdeverfahren ohne Endentscheidung beendet wird, zB durch Zurücknahme des Antrags oder der Beschwerde (Nr. 15222 KV). 79

Es muss das gesamte Beschwerdeverfahren erledigt werden. Maßgeblich ist der Erlass der Endentscheidung, so dass der Zeitpunkt ihrer Bekanntmachung entscheidend ist. Wird die Endentscheidung aber ohne Verlesen der Entscheidungsformel bekannt gemacht, so tritt die Ermäßigung auch ein, wenn die Zurücknahme der Beschwerde oder des Antrags bis zum Ablauf des Tages erfolgt, an dem die Endentscheidung der Geschäftsstelle übergeben wurde (Anm. Abs. 1 zu Nr. 15222 KV). 80

Ist nur noch über die Kosten zu entscheiden, steht die Kostenentscheidung der Ermäßigung nicht entgegen, wenn sie einer zuvor mitgeteilten Kosteneinigung oder Kostenübernahmeerklärung folgt (Anm. Abs. 2 zu Nr. 15222 KV). 81

4. Rechtsbeschwerdeverfahren

a) Allgemeine Verfahrensgebühr

Für Rechtsbeschwerdeverfahren gegen Endentscheidungen wegen des Hauptgegenstands entsteht eine Verfahrensgebühr nach Nr. 15230 KV mit einem 3,0-Gebührensatz. Es gilt Tabelle A (§ 34 GNotKG). 82

b) Gebührenermäßigung

aa) Ermäßigung bei Zurücknahme vor Eingang der Rechtsbeschwerdebegründung

Die Gebühr Nr. 15230 KV ist gem. Nr. 15231 KV auf einen Gebührensatz von 1,0 zu ermäßigen, wenn die Rechtsbeschwerde oder der Antrag zurückgenommen wird, bevor die Rechtsbeschwerdebegründung bei Gericht eingeht. Es ist allein der Eingang der Begründungsschrift maßgebend, auf den Fristablauf kommt es nicht an. Erfolgt die Zurücknahme erst nach Eingang der Begründungsschrift, kommt nur noch eine Ermäßigung nach Nr. 15232 KV in Betracht. Durch die Zurücknahme muss sich das gesamte Rechtsbeschwerdeverfahren erledigen, eine Teilrücknahme genügt nicht. 83

Ist bereits eine Endentscheidung ergangen, kann eine Gebührenermäßigung nicht mehr eintreten, auch wenn eine Begründungsschrift innerhalb der Begründungsfrist nicht eingereicht war. 84

bb) Ermäßigung bei Verfahrensbeendigung nach Eingang der Rechtsbeschwerdebegründung

85 Ist die Begründungsschrift bereits bei Gericht eingegangen, ermäßigt sich die Verfahrensgebühr Nr. 15230 KV auf einen 2,0-Gebührensatz, wenn die Rechtsbeschwerde oder der Antrag vor Ablauf des Tages zurückgenommen wird, an dem die Endentscheidung der Geschäftsstelle übermittelt wird (Nr. 15232 KV). Zu den Endentscheidungen gehören auch Beschlüsse nach §§ 74 Abs. 1, 74 a FamFG sowie isolierte Kostenentscheidungen.

86 Ermäßigung tritt nur ein, wenn durch die Zurücknahme das gesamte Rechtsbeschwerdeverfahren beendet wird. Eine Teilrücknahme tritt nicht ein.

5. Zulassung der Sprungrechtsbeschwerde

87 In dem Verfahren auf Zulassung der Sprungrechtsbeschwerde (§ 75 FamFG) entsteht eine Verfahrensgebühr nach Nr. 15240 KV mit einem Gebührensatz von 1,0. Die Gebühr entsteht nur, soweit der Antrag abgelehnt wird. Es gilt Tabelle A (§ 34 GNotKG).

88 Kostenschuldner ist nur derjenige, der den Antrag auf Zulassung gestellt hat (§ 22 Abs. 1 GNotKG).

89 Der Geschäftswert für das Zulassungsverfahren bestimmt sich nach § 61 Abs. 3 GNotKG.

90 Für den Fall der Ablehnung wird die erstinstanzliche Entscheidung sofort rechtskräftig (§ 75 Abs. 2 S. 2 FamFG iVm § 566 Abs. 6 ZPO), da der Antrag auf Zulassung der Sprungrechtsbeschwerde und die Erklärung zur Einwilligung in die Übergehung der Beschwerdeinstanz als Rechtsmittelverzicht auf die Beschwerde gelten (§ 75 Abs. 1 S. 2 FamFG). Wird die Sprungrechtsbeschwerde hingegen zugelassen, wird das Verfahren als Rechtsbeschwerdeverfahren fortgesetzt (§ 75 Abs. 2 S. 2 FamFG iVm § 566 Abs. 7 ZPO). Die Frist für die Einreichung der Rechtsbeschwerdebegründungsschrift beginnt mit Zustellung des Zulassungsbeschlusses. Für den Fall der Zulassung entsteht keine Gebühr nach Nr. 15240 KV, jedoch sind für das Rechtsbeschwerdeverfahren Gebühren nach Nr. 15230–15232 KV zu erheben.

91 Wird der Antrag auf Zulassung der Sprungrechtsbeschwerde nur teilweise abgelehnt, entsteht die Gebühr der Nr. 15240 KV nach dem Wert des Gegenstands, der sich auf die Ablehnung bezieht (§ 56 Abs. 1 GNotKG), während für den übrigen Verfahrensteil, für den das Rechtsbeschwerdeverfahren durchgeführt wird, Gebühren nach Nr. 15230–15232 KV zu erheben sind. § 56 Abs. 3 GNotKG ist zu beachten.

6. Kostenschuldner

a) Antragsschuldner

92 Verfahren nach dem TSG sind reine Antragsverfahren, so dass der Antragsteller als Antragsschuldner (§ 22 Abs. 1 GNotKG) haftet. Das gilt auch für die Rechtsmittelverfahren, jedoch erlischt die Antragshaftung hier nachträglich, wenn das Rechtsmittel ganz oder teilweise mit Erfolg eingelegt worden ist und das Gericht nicht über die Kosten entschieden hat oder die Kosten nicht von einem anderen Beteiligten übernommen worden sind (§ 25 Abs. 1 GNotKG).

b) Entscheidungsschuldner

Das Gericht hat seine Kostenentscheidung nach §§ 80 ff FamFG zu treffen. Hat das Gericht einem Beteiligten die Gerichtskosten auferlegt, haftet er als Entscheidungsschuldner (§ 27 Nr. 1 GNotKG) und ist für noch offene Gerichtskosten als Erstschuldner in Anspruch zu nehmen (§ 33 Abs. 1 GNotKG). Ein Kostenfestsetzungsverfahren kann nach §§ 103 ff ZPO durchgeführt werden (§ 85 FamFG). 93

7. Vorschüsse

Wegen bestehender Antragshaftung (§ 22 Abs. 1 GNotKG) kann das Gericht die Durchführung des Verfahrens von der vorherigen Zahlung der Verfahrensgebühr der Nr. 15210 KV abhängig machen (§ 13 S. 1 GNotKG). Die Kosten sind bei Abhängigmachung mit Kostennachricht anzufordern. In Rechtsmittelverfahren kann keine Abhängigmachung angeordnet werden. 94

Für die Anforderung von Auslagenvorschüssen gilt § 14 GNotKG. 95

Gegen die Anordnung der Abhängigmachung ist Beschwerde nach § 82 Abs. 1 GNotKG einzulegen. 96

8. Geschäftswert

Die Verfahren nach dem TSG (s. Rn 66) stellen nichtvermögensrechtliche Angelegenheiten dar, für die im GNotKG keine konkrete Wertvorschrift besteht, so dass nach § 36 Abs. 2 GNotKG zu bewerten ist. Der Geschäftswert ist daher unter Berücksichtigung aller Umstände des Einzelfalls, insbesondere des Umfangs und der Bedeutung der Sache sowie der Vermögens- und Einkommensverhältnisse der Beteiligten, nach billigem Ermessen zu bestimmen. Fehlen hierfür genügende Anhaltspunkte, ist der Wert mit 5.000 € festzusetzen (§ 36 Abs. 3 GNotKG). 97

Das Gericht muss zunächst nach § 36 Abs. 2 GNotKG ermitteln, denn der noch in § 128 a Abs. 2 KostO enthaltene Verweis auf den Regelwert wurde nicht übernommen. 98

9. Auslagen

Gerichtliche Auslagen sind in den Verfahren nach dem TSG nach Nr. 31000–310016 KV zu erheben. Da es sich bei Nr. 15210, 15211, 15220–15222, 15230–15232, 15240 KV um wertabhängige Gebühren handelt, sind Zustellungskosten nur zu erheben, soweit in dem jeweiligen Rechtszug mehr als zehn Zustellungen anfallen (Anm. zu Nr. 31002 KV). 99

An Sachverständige gezahlte Vergütungen sind vom Kostenschuldner einzuziehen (Nr. 31005 KV), soweit sie die durch das JVEG bestimmte Höhe nicht übersteigen, was durch den Kostenschuldner nur mit der Erinnerung nach § 81 GNotKG geltend gemacht werden kann. 100

Die in Verfahren nach dem TSG erstellten Gutachten sind in die Honorargruppe M 3 (Stundensatz 100 €) einzuordnen (Anlage 1 zu § 9 Abs. 1 JVEG). Im Übrigen ist der Ersatz für die Aufwendungen nach den §§ 5–7 und 12 JVEG zu vergüten. Nach § 13 JVEG kann eine abweichende Vergütung vereinbart werden. 101

III. Verfahren nach dem Verschollenheitsgesetz (VerschG)

1. Geltungsbereich

102 Erfasst sind von Nr. 15210 ff KV sämtliche gerichtliche Verfahren nach dem VerschG, so dass insbesondere gebührenpflichtig sind die Verfahren wegen

- Todeserklärung einschließlich des durchzuführenden Aufgebotsverfahrens,
- Feststellung der Todeszeit,
- Aufhebung der Todeserklärung,
- Änderung der Feststellung der Todeszeit.

2. Verfahrensgebühr

103 In der ersten Instanz entsteht eine 1,0-Verfahrensgebühr nach Nr. 15210 Nr. 1 KV. Sie deckt sämtliche gerichtliche Handlungen ab (s. auch Rn 112). Es gilt Tabelle A (§ 34 GNotKG).

104 Gerichtskosten werden nicht erhoben für die Todeserklärung und Feststellung der Todeszeit aus Anlass des **Krieges 1939 bis 1945** (Art. 2 § 6 VerschÄndG).[20] Für die Rechtsmittelverfahren gilt die Befreiung nicht.

105 **Beispiel:** Beantragt wird die Todeserklärung. Das Verfahren wird durch antragsgemäße Endentscheidung beendet. Für die Veröffentlichung im Bundesanzeiger sind Kosten von 60 € entstanden. Der Geschäftswert beträgt 5.000 €.

An Gerichtskosten sind entstanden:

1.	1,0-Verfahrensgebühr, Nr. 15210 KV (Wert: 5.000 €, Tabelle A)	146,00 €
2.	Bekanntmachungskosten, Nr. 31004 KV	60,00 €
Gesamt		206,00 €

106 Die Gebühr entsteht mit Antragseingang bei Gericht. Sie kann danach nicht mehr entfallen, sondern sich nur noch nach Nr. 15211 KV ermäßigen (s. Rn 108 ff). Auf den Erlass oder den Inhalt einer Entscheidung kommt es nicht an.

107 Die Fälligkeit bestimmt sich nach § 9 Abs. 1 GNotKG.

3. Gebührenermäßigung

108 Die Gebühr Nr. 15210 KV ermäßigt sich nach Nr. 15211 KV auf einen 0,3-Gebührensatz, wenn das gesamte Verfahren ohne Endentscheidung beendet wird. War die Endentscheidung nicht durch Verlesen der Entscheidungsformel bekannt gegebenen, kann die Zurücknahme noch bis zum Ablauf des Tages erfolgen, an dem die Endentscheidung der Geschäftsstelle übermittelt wird (Nr. 15211 Nr. 2 KV). Maßgeblich ist der Vermerk nach § 38 Abs. 3 S. 3 FamFG.

109 Endentscheidung ist auch eine bloße Kostenentscheidung, so dass auch ihr Erlass die Ermäßigung verhindert. Das gilt auch, wenn die Kostenentscheidung einer zuvor durch die Beteiligten mitgeteilten Erklärung über die Kostentragung folgt.

110 **Beispiel:** Der Antrag auf Feststellung der Todeszeit wird vor Erlass einer Endentscheidung zurückgenommen. Eine Kostenentscheidung ergeht nicht. Der Geschäftswert beträgt 5.000 €.

---

20 Gesetz zur Änderung von Vorschriften des Verschollenheitsrechts vom 15.1.1951 in der im Bundesgesetzblatt Teil III, Gliederungsnummer 401-7, veröffentlichten bereinigten Fassung, zuletzt geändert durch Art. 183 der Verordnung vom 31.8.2015 (BGBl. I S. 1474).

An Gerichtskosten sind entstanden:
0,3-Verfahrensgebühr, Nr. 15211 KV (Wert: 5.000 €, Tabelle A) 43,80 €
Die Kosten sind vom Antragsteller (§ 22 Abs. 1 GNotKG) einzuziehen.

4. Aufhebung der Todeserklärung

Die Verfahren wegen der Aufhebung der Todeserklärung (§ 30 VerschG) sind eigenständige Kostenrechtszüge iSd § 55 Abs. 1 GNotKG und lösen die Verfahrensgebühr gesondert aus (§ 57 Abs. 2 GNotKG). Unerheblich ist dabei, ob der Antrag auf Aufhebung durch den Verschollenen oder den Staatsanwalt, der Kostenfreiheit nach § 2 GNotKG genießt, gestellt wird. 111

5. Aufgebots- und Feststellungsverfahren

Wird ein Aufgebotsverfahren nach dem VerschG in ein Verfahren zur Feststellung der Todeszeit übergeleitet, liegt nur ein einheitliches Verfahren vor, so dass die Verfahrensgebühr nur einmal zu erheben ist.[21] 112

6. Familien- und Betreuungssachen

Ist die Genehmigung des Familiengerichts notwendig (§ 16 Abs. 3 VerschG), gilt für das Genehmigungsverfahren das FamGKG, bei Antrag der Eltern als Inhaber der elterlichen Sorge Nr. 1310 KV-FamGKG. Stellen Pfleger oder Vormund den Antrag, fallen gesonderte Gebühren nicht an (Anm. Abs. 1 Nr. 1 zu Nr. 1310 KV-FamGKG). Wird der Antrag durch den Betreuer gestellt, fällt gleichfalls keine gesonderte Gebühr für das Genehmigungsverfahren an (Anm. Nr. 1 zu Nr. 11100 KV). 113

7. Auslagen

In Verfahren nach dem VerSchG sind gerichtliche Auslagen nach Nr. 31000 ff KV einzuziehen. Die Kosten für die öffentliche Bekanntmachung in Tageszeitung oder im Bundesanzeiger (§ 24 Abs. 3 VerschG) sind nach Nr. 31004 KV in voller Höhe anzusetzen. Das gilt nicht in erstinstanzlichen Verfahren nach dem VerschÄndG, weil hier Kostenfreiheit besteht (s. Rn 104). 114

8. Rechtsmittelverfahren

Für die Beschwerdeverfahren (§§ 58 ff FamFG) gelten die Nr. 15220–15222 KV (s. Rn 76 ff), für die Rechtsbeschwerdeverfahren die Nr. 15230–15232 KV (s. Rn 82 ff), für das Verfahren auf Zulassung der Sprungrechtsbeschwerde gilt Nr. 15240 KV (s. Rn 87 ff). 115

Für sofortige Beschwerden nach § 36 VerschG gegen die Entscheidungen nach §§ 34, 35 Abs. 3 VerschG gelten Nr. 19116 KV (s. § 22 Rn 54 ff) bzw. Nr. 19128, 19129 KV (s. § 22 Rn 77 ff). 116

9. Kostenschuldner

a) Antragsschuldner

Bei den Verfahren nach dem VerschG handelt es sich um reine Antragsverfahren (§§ 16 Abs. 1, 30 Abs. 1, 39 VerschG), so dass der Antragsteller für die Gerichtskosten als Antragsschuldner haftet (§ 22 Abs. 1 GNotKG). Das gilt auch für eine antrag- 117

21 BT-Drucks. 17/11471 (neu), S. 214 zu Nr. 15210 KV.

stellende Staatsanwaltschaft, jedoch genießt diese nach § 2 Abs. 1 GNotKG Kostenfreiheit.

118 Antragshaftung besteht auch in Rechtsmittelverfahren. Nach § 25 Abs. 1 GNotKG entfällt diese jedoch nachträglich, wenn das Rechtsmittel ganz oder teilweise mit Erfolg eingelegt worden ist und das Gericht nicht über die Kosten entschieden hat oder die Kosten nicht von einem anderen Beteiligten übernommen worden sind.

b) Entscheidungsschuldner

119 Das Gericht hat in Beschlüssen, durch die der Verschollene für tot erklärt wird, auszusprechen, dass die Kosten des Verfahrens, einschließlich der notwendigen außergerichtlichen Kosten des Antragstellers oder Beschwerdeführers, dem Nachlass zur Last fallen, wenn es sich nicht um Kosten einer unbegründeten Beschwerde handelt (§ 34 Abs. 2 VerschG).

120 In den übrigen Verfahren kann das Gericht eine Kostenentscheidung treffen und die Kosten einem Beteiligten auferlegen, die dieser durch grob fahrlässig aufgestellte unrichtige Behauptungen oder sonstiges grobes Verschulden veranlasst hat (§ 34 Abs. 1 S. 1 VerschG). Der Beteiligte soll vorher angehört werden (§ 34 Abs. 1 S. 2 VerschG).

121 Kommt es in einem Aufhebungsverfahren zur Aufhebung der Todeserklärung, kann das Gericht eine solche Kostenentscheidung nach § 34 Abs. 1 VerschG auch über die Kosten treffen, die den Nachlass treffen (§ 34 Abs. 3 VerschG).

c) Kostenfestsetzung

122 Ist eine Kostenentscheidung nach § 34 VerschG ergangen, setzt der Urkundsbeamte der Geschäftsstelle der ersten Instanz die Kosten fest (§ 35 Abs. 1 VerschG). Gegen den Beschluss findet die Erinnerung statt, die binnen zwei Wochen nach Zustellung der Entscheidung einzulegen ist (§ 35 Abs. 3 VerschG). Über die Erinnerung entscheidet das erstinstanzliche Gericht. Gegen die gerichtliche Entscheidung findet die sofortige Beschwerde statt (§ 36 VerschG).

123 Aus den Kostenfestsetzungsbeschlüssen nach § 34 VerschG findet die Zwangsvollstreckung nach den Regelungen der ZPO statt (§ 38 VerschG).

10. Vorschüsse

124 Das Gericht kann die Durchführung des Verfahrens von der vorherigen Zahlung der Gebühr der Nr. 15210 KV abhängig machen (§ 13 S. 1 GNotKG), nicht aber in den Rechtsmittelverfahren. Die Kosten sind bei Abhängigmachung mit Kostennachricht anzufordern.

125 Für die Anforderung von Auslagenvorschüssen gilt § 14 GNotKG.

126 Gegen die Abhängigmachung ist Beschwerde nach § 82 Abs. 1 GNotKG einzulegen.

11. Geschäftswert

127 Der Geschäftswert ist nach § 36 Abs. 2 GNotKG zu bestimmen, da eine konkrete Wertvorschrift fehlt und es sich um eine nichtvermögensrechtliche Angelegenheit handelt. Der Wert ist danach nach billigem Ermessen zu bestimmen, wobei alle Umstände des Einzelfalls, insbesondere des Umfangs und der Bedeutung der Sache sowie der Vermögens- und Einkommensverhältnisse der Beteiligten und des Verschollenen, zu berücksichtigen sind. Ist eine Wertbestimmung danach nicht möglich, weil genü-

gende Anhaltspunkte fehlen, ist der Wert mit 5.000 € festzusetzen (§ 36 Abs. 3 GNotKG).

IV. Aufgebotssachen

1. Verfahrensgebühr

Für gerichtliche Aufgebotssachen entsteht eine pauschale 0,5-Verfahrensgebühr nach Nr. 15212 Nr. 3 KV. Sie deckt sämtliche gerichtliche Handlungen ab, einschließlich der Anmeldung von Rechten oder Forderungen (zB §§ 438, 459 FamFG). Es gilt Tabelle A (§ 34 GNotKG). Die Gebühr entsteht auch bei Aufgeboten von Sparbüchern, für die besondere landesrechtliche Regelungen bestehen. 128

Erfasst sind nur die Verfahren nach §§ 433 ff FamFG. Für die außergerichtlichen Aufgebotsverfahren (zB nach § 2061 BGB, § 267 AktG, § 82 Abs. 2 GenG, § 65 Abs. 2 GmbHG) oder für die Ausschließung unbekannter Berechtigter (§§ 138, 140, 141 ZVG) findet der Gebührentatbestand keine Anwendung. Für eine Forderungsanmeldung nach § 2061 BGB gilt Nr. 12410 Nr. 1 KV. 129

Beispiel: Beantragt wird die Kraftloserklärung eines Hypothekenbriefs. Es ergeht antragsgemäß Ausschließungsbeschlusses, der im elektronischen Bundesanzeiger veröffentlicht wird. Hierfür entstehen Kosten von 50 €. Der Geschäftswert wird auf 60.000 € festgesetzt. 130

An Gerichtskosten sind entstanden:

1. 0,5-Verfahrensgebühr, Nr. 15212 KV (Wert: 60.000 €, Tabelle A)	333,00 €
2. Veröffentlichungskosten, Nr. 31004 KV	50,00 €
Gesamt	383,00 €

2. Entstehung und Fälligkeit

Die Gebühr Nr. 15212 KV entsteht bereits mit Eingang des Antrags bei Gericht. Sie kann danach nicht mehr in Wegfall geraten, auch ist eine Ermäßigung ausgeschlossen. Bei der 0,5-Verfahrensgebühr verbleibt es deshalb auch bei Beendigung durch Zurücknahme oder Zurückweisung. Für die Fälligkeit gilt § 9 Abs. 1 GNotKG. 131

Jede Urkunde oder betroffenes Recht löst die Gebühr gesondert aus, da die Gebühr für jedes Aufgebot gesondert entsteht. Dabei verbleibt es auch, wenn gem. § 20 FamFG mehrere Aufgebotssachen nachträglich miteinander verbunden werden, da die Verbindung keinen Einfluss auf die bis dahin entstandenen Einzelgebühren besitzt. 132

Die **erneute Antragstellung** nach Zurücknahme oder Zurückweisung löst die Gebühr gesondert aus. Ist zu hinterlegen (zB § 451 FamFG), fallen für die **Hinterlegung** Kosten nach den Landesjustizkostengesetzen an; allerdings erfolgt die Geldhinterlegung zumeist gebührenfrei. Für die Klage wegen des hinterlegten Betrags gelten Nr. 1210 ff KV GKG. 133

Auslagen sind gesondert nach Nr. 31000 ff KV zu erheben. Für die **öffentliche Bekanntmachung** (§§ 435, 441, 470 FamFG) gilt Nr. 31004 KV. 134

3. Zahlungssperre

Anm. Abs. 2 zu Nr. 15212 KV bestimmt, dass das Verfahren über die Zahlungssperre (§ 480 FamFG) und ein anschließendes Aufgebotsverfahren sowie das Verfahren über 135 die Aufhebung der Zahlungssperre (§ 482 FamFG) zusammen als ein Verfahren gelten, so dass die Verfahrensgebühr insgesamt nur einmal zu erheben ist.

4. Beschwerdeverfahren

a) Allgemeine Verfahrensgebühr

136 Für Beschwerden (§§ 58 ff FamFG), die sich gegen die Endentscheidung wegen eines Hauptgegenstands richten, fällt eine Gebühr nach Nr. 15223 KV mit einem 1,0-Gebührensatz an. Es gilt Tabelle A (§ 34 GNotKG). Es handelt sich um eine Verfahrensgebühr, die sämtliche gerichtliche Handlungen abdeckt.

137 **Beispiel:** In einer Aufgebotssache wird Beschwerde eingelegt. Das Gericht entscheidet durch Endentscheidung. Der Geschäftswert beträgt 50.000 €.
An Gerichtsgebühren sind entstanden:

1,0-Verfahrensgebühr, Nr. 15223 KV (Wert: 50.000 €, Tabelle A)	546,00 €

b) Gebührenermäßigung

138 Die Gebühr der Nr. 15223 KV ermäßigt sich gem. Nr. 15224 KV auf einen Gebührensatz von 0,5, wenn das Verfahren ohne Endentscheidung endet. Es gilt Tabelle A (§ 34 GNotKG). Auf den Eingang einer Beschwerdebegründung kommt es nicht an. Durch die Zurücknahme muss sich das gesamte Beschwerdeverfahren beenden, so dass eine Teilermäßigung nicht eintritt.

139 Maßgeblich ist der Erlass der Endentscheidung, so dass es auf den Zeitpunkt ihrer Bekanntmachung ankommt. Wird die Endentscheidung ohne Verlesen der Entscheidungsformel bekannt gemacht, so tritt Ermäßigung auch ein, wenn die Beendigung bis zum Ablauf des Tages erfolgt ist, an dem die Endentscheidung der Geschäftsstelle übergeben wird (Anm. Abs. 1 zu Nr. 15224 KV).

140 Endentscheidung sind der Zurückweisungs- oder Ausschließungsbeschluss sowie bloße Kostenentscheidungen, so dass auch letztere die Ermäßigung verhindern, wenn die Kostenentscheidung nicht einer zuvor mitgeteilten Kosteneinigung oder Kostenübernahmeerklärung folgt (Anm. Abs. 2 zu Nr. 15224 KV). Nebenentscheidungen sind jedoch keine die Ermäßigung verhindernden Endentscheidungen.

5. Rechtsbeschwerdeverfahren

a) Allgemeine Verfahrensgebühr

141 Für Rechtsbeschwerdeverfahren (§§ 70 ff FamFG) gegen die Endentscheidung über die Hauptsache entsteht eine Verfahrensgebühr nach Nr. 15233 KV mit einem 1,5-Gebührensatz, die sämtliche Handlungen des Gerichts abdeckt. Es gilt Tabelle A (§ 34 GNotKG).

b) Gebührenermäßigung

aa) Ermäßigung bei Beendigung vor Eingang der Rechtsbeschwerdebegründung

142 Die Gebühr Nr. 15233 KV ist gem. Nr. 15234 KV auf einen 0,5-Gebührensatz zu ermäßigen, wenn die Rechtsbeschwerde oder der Antrag zurückgenommen wird, bevor die Rechtsbeschwerdebegründungsschrift bei Gericht eingeht. Es gilt Tabelle A (§ 34 GNotKG).

143 Für die Gebührenermäßigung ist allein der Eingang der Begründungsschrift maßgebend; auf den Ablauf der Frist des § 71 Abs. 2 FamFG kommt es nicht an. Erfolgt die

Zurücknahme erst nach Eingang der Begründungsschrift, kommt nur noch eine Ermäßigung nach Nr. 15235 KV in Betracht. Durch die Zurücknahme muss sich das gesamte Rechtsbeschwerdeverfahren erledigen, eine Teilrücknahme genügt nicht.

Beispiel: Es wird Rechtsbeschwerde eingelegt. Eine Begründung erfolgt nicht. Nach Ablauf der Begründungsfrist wird die Rechtsbeschwerde durch Beschluss als unzulässig verworfen (§ 74 Abs. 1 FamFG). Nach Erlass des Beschlusses wird die Rechtsbeschwerde zurückgenommen. 144
Die Rechtsbeschwerde ist verspätet zurückgenommen. Eine Ermäßigung der Verfahrensgebühr scheidet sowohl nach Nr. 15234 KV als auch nach Nr. 15235 KV aus, weil eine Endentscheidung ergangen ist.
Es verbleibt daher bei einer 1,5-Verfahrensgebühr nach Nr. 15233 KV.

bb) Ermäßigung bei Verfahrensbeendigung nach Eingang der Rechtsbeschwerdebegründung

Nach Eingang der Begründungsschrift ermäßigt sich die Verfahrensgebühr auf einen 1,0-Gebührensatz, wenn die Rechtsbeschwerde oder der Antrag vor Ablauf des Tages zurückgenommen wird, an dem die Endentscheidung der Geschäftsstelle übermittelt wird (Nr. 15235 KV). Es gilt Tabelle A (§ 34 GNotKG). 145

Zu den Endentscheidungen gehören auch Beschlüsse nach §§ 74 Abs. 1, 74 a FamFG sowie isolierte Kostenentscheidungen. Bei Letzteren ist eine Ermäßigung auch dann ausgeschlossen, wenn sie einer zuvor mitgeteilten Einigung über die Kostentragung folgen, weil ein entsprechender Tatbestand nicht vorgesehen ist. 146

Gebührenermäßigung tritt nur ein, wenn durch die Zurücknahme das gesamte Rechtsbeschwerdeverfahren beendet wird. 147

Beispiel: Es wird Rechtsbeschwerde eingelegt. Die Begründungsschrift geht wenig später bei dem Gericht ein. Noch vor Erlass einer Endentscheidung wird die Rechtsbeschwerde vollständig zurückgenommen. Der Geschäftswert beträgt 50.000 €. 148
Die Zurücknahme erfolgt vor Erlass der Endentscheidung, aber nach Eingang der Begründungsschrift. An Gerichtsgebühren sind folglich entstanden:

1,0-Verfahrensgebühr, Nr. 15235 KV (Wert: 50.000 €, Tabelle A)	546,00 €

6. Sonstige Beschwerdeverfahren

Für Verfahren über sonstige Beschwerden gilt Nr. 19116 KV (s. § 22 Rn 54 ff) und für sonstige Rechtsbeschwerden gelten Nr. 19128, 19129 KV (s. § 22 Rn 77 ff). Erinnerungen nach § 11 Abs. 2 RPflG sind gerichtsgebührenfrei (§ 11 Abs. 4 RPflG). 149

7. Zulassung der Sprungrechtsbeschwerde

Im Verfahren auf Zulassung der Sprungrechtsbeschwerde (§ 75 FamFG) entsteht eine Verfahrensgebühr nach Nr. 15241 KV mit einem 0,5-Gebührensatz, soweit der Antrag abgelehnt wird. Es gilt Tabelle A (§ 34 GNotKG). Kostenschuldner ist allein derjenige, der den Antrag auf Zulassung gestellt hat (§ 22 Abs. 1 GNotKG). 150

Der Geschäftswert für das Zulassungsverfahren bestimmt sich nach § 61 Abs. 3 GNotKG. 151

Im Fall der Ablehnung wird die erstinstanzliche Entscheidung sofort rechtskräftig (§ 75 Abs. 2 S. 2 FamFG iVm § 566 Abs. 6 ZPO), da der Antrag auf Zulassung der Sprungrechtsbeschwerde und die Erklärung zur Einwilligung in die Übergehung der 152

Beschwerdeinstanz als Rechtsmittelverzicht auf die Beschwerde gelten (§ 75 Abs. 1 S. 2 FamFG). Wird die Sprungrechtsbeschwerde zugelassen, wird das Verfahren als Rechtsbeschwerdeverfahren fortgesetzt (§ 75 Abs. 2 S. 2 FamFG iVm § 566 Abs. 7 ZPO). Die Frist für die Einreichung der Rechtsbeschwerdebegründungsschrift beginnt mit Zustellung des Zulassungsbeschlusses. Für den Fall der Zulassung entsteht keine Gebühr nach Nr. 15241 KV, jedoch sind für das Rechtsbeschwerdeverfahren Gebühren nach Nr. 15233–15235 KV zu erheben.

153 Wird der Antrag auf Zulassung der Sprungrechtsbeschwerde nur teilweise abgelehnt, entsteht die Gebühr der Nr. 15241 KV nach dem Wert des Gegenstands, der sich auf die Ablehnung bezieht (§ 56 Abs. 1 GNotKG), während für den übrigen Teil, für den das Rechtsbeschwerdeverfahren durchgeführt wird, Gebühren nach Nr. 15233–15235 KV zu erheben sind. § 56 Abs. 3 GNotKG ist zu beachten.

154 **Beispiel 1:** Der Antrag auf Zulassung der Sprungrechtsbeschwerde wird abgelehnt. Der Geschäftswert wird auf 50.000 € festgesetzt.
Es sind an Gerichtsgebühren entstanden:

0,5-Verfahrensgebühr, Nr. 15241 KV (Wert: 50.000 €, Tabelle A)	273,00 €

155 **Beispiel 2:** Es wird Antrag auf Zulassung der Sprungrechtsbeschwerde gestellt, welche das Rechtsbeschwerdegericht in vollem Umfang zulässt. Danach wird das Rechtsbeschwerdeverfahren durchgeführt, in dem eine Endentscheidung ergeht. Der Geschäftswert wird auf 50.000 € festgesetzt.
Es sind an Gerichtsgebühren entstanden:

1,5-Verfahrensgebühr, Nr. 15233 KV (Wert: 50.000 €, Tabelle A)	819,00 €

Eine Gebühr nach Nr. 15241 KV entsteht nicht, da die Sprungrechtsbeschwerde zugelassen wurde.

156 **Beispiel 3:** Es wird Antrag auf Zulassung der Sprungrechtsbeschwerde gestellt. Der Gesamtwert beträgt 50.000 €. Hinsichtlich eines Teils von 30.000 € wird der Zulassungsantrag abgelehnt. Wegen des zugelassenen Teils von 20.000 € wird das Rechtsbeschwerdeverfahren durchgeführt, das mit Erlass einer Endentscheidung endet.
Es sind an Gerichtsgebühren entstanden:

1. 0,5-Verfahrensgebühr, Nr. 15241 KV (Wert: 30.000 €, Tabelle A)	203,00 €
2. 1,5-Verfahrensgebühr, Nr. 15233 KV (Wert: 20.000 €, Tabelle A)	517,50 €
Gesamt	720,50 €
Vergleichsberechnung gem. § 56 Abs. 3 GNotKG:	
1,5-Verfahrensgebühr, Nr. 15233 KV (Wert: 50.000 €, Tabelle A)	819,00 €

Es verbleibt bei dem Ansatz der Einzelgebühren.

8. Kostenschuldner

a) Antragshaftung

157 Bei Aufgebotssachen handelt es sich um reine Antragsverfahren (§ 434 Abs. 1 FamFG), so dass der Antragsteller als Antragsschuldner (§ 22 Abs. 1 GNotKG) haftet.

158 Sind mehrere Personen zur Antragstellung berechtigt und wird der Antrag wegen gesamthändischer Berechtigung gemeinsam gestellt, haften sie als Gesamtschuldner für die Gerichtskosten (§ 32 Abs. 1 GNotKG).

Bei Aufgebot der Nachlassgläubiger haften nur die Erben als Antragsschuldner, die tatsächlich den Antrag stellen (§ 455 Abs. 1 FamFG), mehrere Erben als Gesamtschuldner. Nachlasspfleger, Nachlassverwalter und Testamentsvollstrecker (§ 455 Abs. 2 FamFG) haften zwar als Antragsschuldner, aber nur mit dem verwalteten Vermögen. 159

Antragshaftung besteht auch für die Rechtsmittelverfahren, jedoch erlischt diese nachträglich, wenn das Rechtsmittel ganz oder teilweise mit Erfolg eingelegt worden ist und das Gericht nicht über die Kosten entschieden hat oder die Kosten nicht von einem anderen Beteiligten übernommen worden sind (§ 25 Abs. 1 GNotKG). 160

b) Weitere Kostenschuldner

Daneben haftet der Entscheidungsschuldner (§ 27 Nr. 1 GNotKG), der für noch nicht bezahlte Gerichtskosten als Erstschuldner in Anspruch zu nehmen ist (§ 33 Abs. 1 GNotKG). 161

c) Kostenentscheidung

Für die Kostenentscheidung gelten die §§ 80 ff FamFG. Dabei kommt jedoch in Aufgebotssachen die Überbürdung eines Beteiligten mit den außergerichtlichen Kosten eines anderen nicht in Betracht, da ein gegnerischer Beteiligter regelmäßig nicht vorhanden ist.[22] 162

Da eine solche Verteilung zudem nur erfolgen soll, wenn die Personen im entgegengesetzten Sinn beteiligt sind,[23] sollte in einer zu erlassenen Kostenentscheidung ausgesprochen werden, dass jeder Beteiligte seine außergerichtlichen Kosten selbst trägt. 163

d) Verfahrenskostenhilfe

In Aufgebotssachen kann Verfahrenskostenhilfe nach §§ 76 ff FamFG bewilligt werden.[24] 164

9. Vorschüsse

Die Durchführung des Verfahrens kann von der vorherigen Zahlung der Verfahrensgebühr (Nr. 15212 KV) abhängig gemacht werden, da Antragshaftung besteht (§ 13 S. 1 GNotKG). Das gilt nicht für Rechtsmittelverfahren. 165

Für die Auslagen gilt § 14 GNotKG. 166

10. Geschäftswert

Eine konkrete Wertvorschrift fehlt im GNotKG, so dass auf die Auffangregelung des § 36 Abs. 1, 3 GNotKG zurückzugreifen ist, da es sich bei den Aufgebotssachen um vermögensrechtliche Angelegenheiten handelt. Der Geschäftswert ist daher nach freiem Ermessen zu bestimmen, wobei das Interesse des Antragstellers zugrunde zu legen ist.[25] 167

---

22 LG Weiden Rpfleger 1998, 532.
23 Keidel/*Zimmermann*, FamFG, § 81 Rn 40.
24 Zöller/*Geimer*, Vor § 433 FamFG Rn 11.
25 Musielak/Voit/*Heinrich*, § 3 ZPO Rn 23, Stichwort „Aufgebotsverfahren"; Schneider/Herget/*N. Schneider*, Streitwert-Kommentar, „Aufgebotsverfahren" Rn 1133.

168 Dient das Verfahren der Kraftloserklärung eines Grundpfandrechts, kann nicht auf den bloßen Nennbetrag abgestellt werden,[26] da es vielmehr auch hier auf das Interesse des Antragstellers an dem Besitz der Urkunde ankommt, das anhand der Umstände des konkreten Einzelfalls zu bestimmen ist. Wird das Verfahren wegen des Ausschlusses eines Grundpfandgläubigers betrieben, um die unbeschränkte Verkehrsfähigkeit des Grundstücks herzustellen, kommt es darauf an, in welchem Umfang die eingetragene Belastung die Verwertung des Grundstücks hindert, so dass ausnahmsweise auch der gesamte Nennbetrag des eingetragenen Rechts wertbestimmend sein kann.[27]

169 In Verfahren nach dem **HypKrlosErklG** beträgt der Wert des Streitgegenstands ein Fünftel des Wertes der dem Antragsteller noch zustehenden Hypothek. Jedoch kann das Gericht den Wert aus besonderen Gründen anders festsetzen (§ 9 HypKrlosErklG).

170 In anderen Fällen, wie etwa bei der Verpflichtung zur Herausgabe einer Urkunde, kann auch ein Bruchteil von 10–20 % des Nennbetrages angemessen erscheinen,[28] wenn nicht der Grundstückswert noch niedriger ist.[29]

171 Soll ein Grundstückseigentümer ausgeschlossen werden, kann der Rechtsgedanke des § 6 ZPO bei der Wertermittlung zugrunde gelegt werden,[30] so dass es auf den Wert des Grundstücks ankommt. Liegt nur ein Miteigentumsanteil vor, ist der anteilige Wert maßgeblich.

172 Nur dann, wenn keine konkreten Anhaltspunkte für eine Wertermittlung vorliegen, ist der Wert auf 5.000 € festzusetzen (§ 36 Abs. 3 GNotKG).

173 Im Rechtsmittelverfahren ist der volle Wert der ersten Instanz zugrunde zu legen, wenn der Antrag vollständig zurückgewiesen wurde, wärend bei einer Teilzurückweisung auf das Interesse an dem unbeschränkten Ausschluss abzustellen ist.

V. Freiheitsentziehungssachen

1. Geltungsbereich

174 Von Nr. 15212 KV sind die Verfahren nach § 415 FamFG erfasst. Dazu gehören die Verfahren wegen

- Freiheitsentziehungen im Aufenthalts- und Asylverfahrensrecht;
- einer mit Freiheitsentziehung verbundenen Quarantänemaßnahme;
- polizeilicher Ingewahrsamssachen nach Bundes- oder Landesrecht;
- Zurückweisungs-, Zurückschiebungs- oder Abschiebungshaft nach § 15 Abs. 5, 6, § 57 Abs. 3, § 62 AufenthG.

2. Verfahrensgebühr

175 Im erstinstanzlichen Verfahren entsteht eine pauschale Verfahrensgebühr nach Nr. 15212 Nr. 4 KV mit einem 0,5-Gebührensatz. Es gilt Tabelle A (§ 34 GNotKG). Die Gebühr deckt sämtliche gerichtliche Handlungen ab.

---

26 Baumbach/*Hartmann*, Anh. § 3 Rn 13, Stichwort „Aufgebot“.
27 LG Potsdam MDR 2008, 653.
28 LG Potsdam MDR 2008, 653.
29 LG Berlin Rpfleger 1988, 548.
30 Schneider/Herget/*N. Schneider*, Streitwert-Kommentar, „Aufgebotsverfahren“ Rn 1134.

Beispiel: Beantragt wird die Freiheitsentziehung, die durch Beschluss angeordnet wird. Der Geschäftswert beträgt 5.000 €. Dem Betroffenen wurde ein Verfahrenspfleger bestellt. 176
An Gerichtsgebühren sind entstanden:
0,5-Verfahrensgebühr, Nr. 15212 KV (Wert: 5.000 €, Tabelle A) 73,00 €
Die an den Verfahrenspfleger gezahlten Beträge sind nach Nr. 31015 KV einzuziehen, jedoch von dem Betroffenen nur nach Maßgabe des § 1836 c BGB (Anm. zu Nr. 31015 KV). Für die Gebühren gelten die danach maßgeblichen Freibeträge nicht.

3. Entstehung und Fälligkeit

Die Gebühr der Nr. 15212 KV entsteht mit Eingang des Antrags bei Gericht. Ein nachträglicher Wegfall und eine Ermäßigung sind nicht vorgesehen, so dass es bei der 0,5-Verfahrensgebühr unabhängig vom Verfahrensausgang bleibt, auch bei Zurücknahme oder Zurückweisung des Antrags. Die Fälligkeit richtet sich nach § 9 Abs. 1 GNotKG. 177

4. Abänderungs- und Verlängerungsverfahren

Die Gebühr entsteht für das Anordnungsverfahren und für jedes Verfahren über die Fortsetzung der Freiheitsentziehung gesondert. Gleiches gilt für die Verfahren über die Aufhebung oder Abänderung der Entscheidung (§ 57 Abs. 2 GNotKG). 178

5. Rechtsmittelverfahren

Für Beschwerden gegen die Endentscheidung über den Hauptgegenstand gelten Nr. 15223, 15224 KV (s. Rn 136 ff), in Rechtsbeschwerdeverfahren Nr. 15233–15235 KV (s. Rn 141 ff) und für das Verfahren über die Zulassung der Sprungrechtsbeschwerde Nr. 15241 KV (s. Rn 150 ff). 179

Für sonstige Beschwerden gilt Nr. 19116 KV (s. § 22 Rn 54 ff) und für sonstige Rechtsbeschwerden gelten Nr. 19128, 19129 KV (s. § 22 Rn 77 ff). 180

6. Einstweilige Anordnungsverfahren

Für die einstweiligen Anordnungsverfahren (§ 427 FamFG) entsteht eine 0,3-Verfahrensgebühr nach Nr. 16110 KV (s. § 19 Rn 10 ff). In Verfahren nach §§ 14, 15 ThUG, die auch nicht den Freiheitsentziehungssachen zuzuordnen sind (§ 3 ThUG), werden keine Gerichtskosten erhoben (§ 19 ThUG). 181

7. Kostenschuldner

Für die Gerichtskosten haften nur der Betroffene sowie im Rahmen ihrer gesetzlichen Unterhaltspflicht auch die Unterhaltsverpflichteten des Betroffenen, wenn nicht die Kosten der Verwaltungsbehörde auferlegt sind (§ 23 Nr. 15 GNotKG). Eine Antragshaftung nach § 22 Abs. 1 GNotKG besteht nicht. In Abschiebehaftsachen ist zu prüfen, ob ein Kostenabstand nach § 10 KostVfg in Betracht kommt. 182

Daneben haftet auch der Entscheidungsschuldner (§ 27 Nr. 1 GNotKG). Das gilt auch, wenn die Kosten der Verwaltungsbehörde auferlegt sind; allerdings sind die Befreiungsregelungen nach Bundes- oder Landesrecht zu beachten. Handelt es sich um eine Bundes- oder Landesbehörde, besteht gänzlich Kostenfreiheit (§ 2 Abs. 1 GNotKG), bei Kommunalbehörden zumeist (nur) Gebührenfreiheit nach Landesrecht (§ 2 Abs. 2 GNotKG). 183

8. Vorschüsse

184 Eine Abhängigmachung nach § 13 S. 1 GNotKG von der Gebührenzahlung kann nicht angeordnet werden, da in den Verfahren keine Antragshaftung besteht. Auch die Erhebung von Auslagenvorschüssen ist wegen § 14 Abs. 4 GNotKG unzulässig. Wird dagegen verstoßen, ist bei gerichtlicher Anordnung Beschwerde nach § 82 Abs. 1 GNotKG einzulegen, bei einer Vorschussanordnung durch den Kostenbeamten hingegen Erinnerung nach § 81 GNotKG.

9. Geschäftswert

185 Eine konkrete Wertvorschrift fehlt, so dass der Wert deshalb nach § 36 Abs. 2 GNotKG zu bestimmen ist, da es sich um nichtvermögensrechtliche Angelegenheiten handelt. Er ist danach unter Berücksichtigung aller Umstände des Einzelfalls, insbesondere des Umfangs und der Bedeutung der Sache sowie der Vermögens- und Einkommensverhältnisse der Beteiligten, nach billigem Ermessen zu bestimmen, darf jedoch 1 Mio. € nicht übersteigen. Kann der Wert nicht bestimmt werden, weil konkrete Anhaltspunkte fehlen, ist er gem. § 36 Abs. 3 GNotKG auf 5.000 € festzusetzen.

10. Auslagen

186 Neben den Gebühren sind die gerichtlichen Auslagen nach Nr. 31000 ff KV einzuziehen. Die an den Verfahrenspfleger gezahlten Beträge können von dem Betroffenen jedoch nur nach Maßgabe des § 1836 c BGB eingezogen werden (Anm. zu Nr. 31015 KV) (s. § 23 Rn 117 ff). Ist ein Pflichtverteidiger bestellt, gilt Nr. 31007 KV.

VI. Sonstige Verfahren nach Nr. 15212 KV

1. Geltungsbereich

187 Nr. 15212 KV findet in weiteren Angelegenheiten der freiwilligen Gerichtsbarkeit Anwendung. Erfasst sind danach auch

- Verfahren wegen der Abgabe einer eidesstattlichen Versicherung, die nicht vor dem Vollstreckungsgericht abzugeben ist (§§ 259, 260, 1580, 1605, 2028, 2057 BGB, § 4 Abs. 4 VersAusglG); erfasst sind auch die Fälle der Abgabe einer eidesstattlichen Versicherung nach §§ 666, 675, 681, 713, 740, 1379, 1667, 1698, 1890, 1891, 2018, 2027, 2127, 2130, 2218, 2314, 2362, 2374 BGB, § 154 ZVG, §§ 87 c, 384, 499, 534 HGB, § 28 WEG;[31]
- Verfahren wegen der Abgabe einer eidesstattlichen Versicherung vor dem Nachlassgericht nach § 2006 BGB;
- Sachverständigenverfahren über die Feststellung des Zustands der mit einem Nießbrauch belasteten Sache (§§ 1034, 1067, 1075 BGB);
- Sachverständigenverfahren über die Feststellung von Vermögensgegenständen bei Zugewinnausgleich (§ 1377 Abs. 2 BGB);
- Sachverständigenverfahren über die Feststellung des Zustands von Sachen, die zu einer Erbschaft gehören (§ 2122 BGB);
- Sachverständigenverfahren über den Zustand eines Schifffrachtguts (§§ 610, 611 HGB);
- Sachverständigenverfahren nach § 84 Abs. 2, § 189 VVG;
- die Bestellung von Verwahrern nach §§ 432, 1217, 1281, 2039 BGB;

31 Vgl. Keidel/*Giers*, FamFG, § 410 Rn 3.

- Verfahren wegen der Entscheidung über eine abweichende Art des Pfandverkaufs (§ 1246 BGB);
- Verfahren wegen der Ersetzung der Zustimmung des Grundstückseigentümers nach § 7 Abs. 3 ErbbauRG;
- in Verfahren über die Bewilligung der öffentlichen Zustellung einer Willenserklärung und die Bewilligung der Kraftloserklärung von Vollmachten (§§ 132 Abs. 2, 176 Abs. 2 BGB);
- Verteilungsverfahren nach §§ 65, 119 BauGB, § 74 Nr. 3, § 75 FlurbG, § 94 BBergG, § 55 Bundesleistungsgesetz, § 54 Landbeschaffungsgesetz, § 8 der Verordnung über das Verfahren zur Festsetzung von Entschädigung und Härteausgleich nach dem Energiesicherungsgesetz.

Es handelt sich bei Nr. 15212 KV um eine **abschließende Aufzählung,**[32] so dass nur 188 die dort aufgeführten Verfahren erfasst sind. Fehlt ein Gebührentatbestand im Kostenverzeichnis, bleibt das Verfahren gebührenfrei (§ 1 Abs. 1 GNotKG). Die Regelung umfasst daher nicht die Verteilungsverfahren nach der Schiffahrtsrechtlichen Verteilungsordnung (SVertO); für diese gelten die Nr. 2410 ff KV-GKG.

2. Verfahrensgebühr

Für die Verfahren entsteht eine pauschale 0,5-Verfahrensgebühr nach Nr. 15212 KV, 189 die sämtliche Handlungen des Gerichts abdeckt. Es gilt Tabelle A (§ 34 GNotKG). Die Gebühr entsteht bereits mit Eingang des Antrags bei Gericht. Danach kann ein Wegfall oder auch eine Ermäßigung nicht mehr eintreten. Bei der 0,5-Verfahrensgebühr verbleibt es deshalb unabhängig vom Ausgang des Verfahrens, auch in den Fällen der Rücknahme oder Zurückweisung. In Verfahren über die Abgabe der eidesstattlichen Versicherung ist es zudem unerheblich, ob diese tatsächlich geleistet wird.

Die Gebühr entsteht für jeden Antrag gesondert. Sie ist also auch für jedes Verfahren 190 über die Abgabe einer eidesstattlichen Versicherung gesondert zu erheben.

3. Bestellung von Verwahrern

In den Verfahren wegen der Bestellung eines Verwahrers (§§ 432, 1217, 1281, 2039 191 BGB) gelten seine Bestellung und die Festsetzung der von ihm beanspruchten Vergütung und seiner Aufwendungen als ein Verfahren (Anm. Abs. 1 zu Nr. 15212 KV), so dass hierfür gesonderte Gebühren nicht zu erheben sind.

4. Rechtsmittelverfahren

Im Beschwerdeverfahren entstehen Gebühren nach Nr. 15223, 15224 KV 192 (s. Rn 136 ff) und in Rechtsbeschwerdeverfahren nach Nr. 15233–15235 KV (s. Rn 141 ff), wenn die Endentscheidung in der Hauptsache angegriffen wird. Für das Verfahren über die Zulassung der Sprungrechtsbeschwerde ist eine 0,5-Verfahrensgebühr nach Nr. 15241 KV anzusetzen, soweit der Antrag abgelehnt wird (s. Rn 150 ff).

Für sonstige Beschwerdeverfahren gilt Nr. 19116 KV (s. § 22 Rn 54 ff) und für sonsti- 193 ge Rechtsbeschwerdeverfahren Nr. 19128, 19129 KV (s. § 22 Rn 77 ff).

32 BT-Drucks. 17/11471 (neu), S. 215 zu Nr. 15212 KV.

5. Kostenschuldner

a) Antragshaftung

194 Die Verfahren zur **Abgabe einer eidesstattlichen Versicherung** sind Antragsverfahren (§ 413 FamFG), so dass derjenige als Antragsschuldner haftet, der die Abgabe beantragt (§ 22 Abs. 1 GNotKG). Aus der Kostenfolge des § 261 Abs. 3 BGB folgt keine Kostenhaftung gegenüber der Staatskasse, auch nicht nach § 27 Nr. 3 GNotKG, weil die Regelung nur das Innenverhältnis betrifft.[33]

195 In den **Verteilungsverfahren** haftet derjenige als Antragsschuldner, der die Verteilung beantragt hat (§ 22 Abs. 1 GNotKG). Richtet sich das Verfahren nach dem ZVG, können die Gerichtskosten der Masse entnommen werden.[34]

196 Für die **Sachverständigenverfahren** (§§ 1034, 1067, 1075, 1377 Abs. 2, 2122 BGB, §§ 610, 611 HGB, §§ 84 Abs. 2, 189 VVG) haftet derjenige als Antragsschuldner, der die Feststellung oder die Ernennung durch das Gericht beantragt hat (§ 22 Abs. 1 GNotKG). Mehrere Antragsteller haften als Gesamtschuldner (§ 32 Abs. 1 GNotKG).

197 Antragsschuldner in den Verfahren wegen der **gerichtlichen Bestellung von Verwahrern** (§§ 432, 1217, 1281, 2039 BGB) ist derjenige, der die Bestellung beantragt (§ 22 Abs. 1 GNotKG).

198 In Verfahren nach **§ 7 Abs. 3 ErbbauRG** ist Antragsschuldner derjenige, der die Ersetzung der Zustimmung beantragt. Gleiches gilt für denjenigen, der die Bewilligung der öffentlichen **Zustellung einer Willenserklärung** und die **Bewilligung der Kraftloserklärung von Vollmachten** (§§ 132 Abs. 2, 176 Abs. 2 BGB) oder die gerichtliche Genehmigung einer abweichende Art des Pfandverkaufs (§ 1246 BGB) beantragt.

199 Antragshaftung besteht auch in den **Rechtsmittelverfahren**, jedoch erlischt sie nachträglich, wenn das Rechtsmittel ganz oder teilweise mit Erfolg eingelegt worden ist und das Gericht nicht über die Kosten entschieden hat oder die Kosten nicht von einem anderen Beteiligten übernommen worden sind (§ 25 Abs. 1 GNotKG).

b) Weitere Kostenschuldner

200 Neben dem Antragsschuldner haften die Kostenschuldner des § 27 GNotKG. Dabei ist der Entscheidungsschuldner (§ 27 Nr. 1 GNotKG) für noch nicht bezahlte Gerichtskosten als Erstschuldner in Anspruch zu nehmen (§ 33 Abs. 1 GNotKG).

6. Vorschüsse

201 Da in den von Nr. 15212 Nr. 1, 2, 6 und 7 KV erfassten Verfahren Antragshaftung besteht, kann die Durchführung des Verfahren (zB die Abnahme der eidesstattlichen Versicherung) von der vorherigen Zahlung der Verfahrensgebühr abhängig gemacht werden (§ 13 S. 1 GNotKG). In Rechtsmittelverfahren kann jedoch keine Abhängigmachung von der Gebührenzahlung angeordnet werden. Für die Auslagen gilt § 14 GNotKG.

---

33 Rohs/Wedewer/*Waldner*, KostO, § 124 Rn 8.
34 LK-GNotKG/*Schulz*, Nr. 15212 KV Rn 33.

7. Geschäftswert

a) Eidesstattliche Versicherung

Für den Geschäftswert gilt § 36 Abs. 1, 3 GNotKG. Maßgeblich ist dabei das Interesse des Antragstellers an der Versicherung der Vollständigkeit der gemachten Angaben,[35] so dass es nicht auf den Wert der Gegenstände ankommt, vielmehr ist ein Bruchteil anzunehmen. 202

b) Verteilungsverfahren

Der Wert ist nach § 36 Abs. 1, 3 GNotKG zu bestimmen. Dabei ist auf die Höhe des zu verteilenden Gesamtbetrags, jedoch wegen § 37 Abs. 1 GNotKG ohne Zinsen und Kosten, abzustellen.[36] 203

c) Sachverständigenverfahren; Bestellung von Verwahrern

Es gilt § 36 Abs. 1, 3 GNotKG. In den Sachverständigenverfahren (§§ 1034, 1067, 1075, 1377 Abs. 2, 2122 BGB, §§ 610, 611 HGB, §§ 84 Abs. 1, 189 ZVG) ist das Interesse der Beteiligten an der gerichtlichen Anordnung maßgeblich ist,[37] wobei ein Bruchteil der Schadenssumme oder des Werts der Sachen angenommen werden kann. Für die Bestellung von Verwahrern (§§ 432, 1217, 1281, 2039 BGB) ist auf das Interesse des Antragstellers an der Bestellung abzustellen; dabei kann ein Bruchteil der Sache bestimmt werden.[38] 204

d) Bewilligung der öffentlichen Zustellung und der Kraftloserklärung von Vollmachten

Der Wert ist nach billigem Ermessen zu bestimmen. Betrifft das zugrunde liegende Rechtsgeschäft eine vermögensrechtliche Angelegenheit, gilt § 36 Abs. 1, 3 GNotKG, bei nichtvermögensrechtlichen Angelegenheiten gilt § 36 Abs. 2, 3 GNotKG. Da nur die Zustellung bzw. die Kraftloserklärung Gegenstand des Verfahrens ist, kann für den Geschäftswert nicht auf den vollen Wert des maßgeblichen Rechtsgeschäfts abgestellt werden, sondern nur auf einen Bruchteil, der dem Interesse des Antragstellers an der Bewilligung der öffentlichen Zustellung bzw. Kraftloserklärung der Vollmacht entspricht. Auf § 98 GNotKG kann daher auch bei Kraftloserklärung einer Generalvollmacht nicht zurückgegriffen werden,[39] jedoch bietet sich ein Bruchteil davon an.[40] 205

Nur dann, wenn jegliche Anhaltspunkte für eine Wertbestimmung fehlen, kann der Geschäftswert mit dem Regelwert des § 36 Abs. 3 GNotKG von 5.000 € bestimmt werden. 206

e) Genehmigung einer abweichende Art des Pfandverkaufs

Für die Verfahren nach § 1246 Abs. 2 BGB gilt § 36 Abs. 1, 3 GNotKG. Bei der Wertberechnung ist zu berücksichtigen, dass nicht das Pfandrecht selbst Gegenstand des Verfahrens ist, sondern nur der Streit über die abweichende Art des Pfandverkaufs. Es kommt deshalb ein Bruchteil vom Wert des Pfandrechts, für das § 53 Abs. 2 GNotKG gilt, in Betracht. 207

---

35 Bormann/Diehn/Sommerfeldt/*Sommerfeldt*, GNotKG, Nr. 15212 KV Rn 8.
36 Korintenberg/*Klüsener*, GNotKG, Nr. 15212 KV Rn 49.
37 Bormann/Diehn/Sommerfeldt/*Sommerfeldt*, GNotKG, Nr. 15212 KV Rn 14.
38 Korintenberg/*Klüsener*, GNotKG, Nr. 15212 KV Rn 38.
39 HK-GNotKG/*Heinemann/Otto*, KV Nr. 15212 Rn 39.
40 Korintenberg/*Klüsener*, GNotKG, Nr. 15212 KV Rn 48.

f) Ersetzung der Zustimmung (§ 7 Abs. 3 ErbbauRG)

208 Für die Verfahren nach § 7 Abs. 3 ErbbauRG gilt § 60 Abs. 1 GNotKG, da es sich um eine vermögensrechtliche Angelegenheit handelt. Danach bemisst sich der Geschäftswert nach dem Wert des zugrunde liegenden Geschäfts, wobei hierfür die Bewertungsvorschriften der §§ 46 ff GNotKG heranzuziehen sind.

VII. Verfahren nach dem Personenstandsgesetz (PStG)

1. Geltungsbereich und Verfahrensgebühr

209 Für die den Amtsgerichten zugewiesenen Verfahren nach dem Personenstandsgesetz (PStG) entsteht eine pauschale Verfahrensgebühr mit einem 0,5-Gebührensatz (Nr. 15212 Nr. 5 KV). Es gilt Tabelle A (§ 34 GNotKG). Die Gebühr deckt sämtliche gerichtliche Handlungen ab.

210 Von Nr. 15212 Nr. 5 KV sind im Einzelnen erfasst die Verfahren nach

- § 48 PStG wegen der Anordnung einer Berichtigung,
- § 49 PStG wegen der Anordnung der Vornahme einer Amtshandlung.

211 Eine Gebührenpflicht besteht jedoch nur bei **Zurücknahme oder Zurückweisung** des Antrags (Vorbem. 1.5.2 KV). Ist der Antrag begründet, bleibt das Verfahren gebührenfrei, jedoch nicht auslagenfrei. Das gilt für sämtliche Instanzen. Wird dem Antrag erst in der Beschwerde stattgegeben, entfällt die Gebühr für das erstinstanzliche Verfahren nachträglich.

212 **Beispiel 1:** Es wird beantragt anzuordnen, dass der Standesbeamte eine bestimmte Handlung vorzunehmen hat. Der Antrag wird zurückgewiesen und der Geschäftswert auf 5.000 € festgesetzt.
An Gerichtsgebühren sind entstanden:
0,5-Verfahrensgebühr, Nr. 15212 KV (Wert: 5.000 €, Tabelle A) 73,00 €

213 **Beispiel 2:** Es wird beantragt anzuordnen, dass der Standesbeamte eine bestimmte Handlung vorzunehmen hat. Dem Antrag wird stattgegeben und der Geschäftswert auf 5.000 € festgesetzt.
Das Verfahren bleibt gebührenfrei (Vorbem. 1.5.2 KV).

214 Da es sich um eine wertabhängige Gebühr handelt, sind Zustellungskosten nur zu erheben, soweit in demselben Rechtszug mehr als zehn Zustellungen angefallen sind (Anm. zu Nr. 31002 KV). Bleibt das Verfahren gebührenfrei, sind Zustellungskosten in voller Höhe anzusetzen.

215 Die Gebühr entsteht erst mit Zurücknahme des Antrags oder dem Erlass der Entscheidung über die Zurückweisung des Antrags. Die Fälligkeit bestimmt sich nach § 9 Abs. 1 GNotKG und tritt zum selben Zeitpunkt ein. Für die Auslagen gilt § 9 Abs. 1, 2 GNotKG.

2. Beschwerdeverfahren

216 Für Beschwerden gelten Nr. 15223, 15224 KV (s. Rn 136 ff), für Rechtsbeschwerden Nr. 15233–15235 KV (s. Rn 141 ff), wenn die Endentscheidung über den Hauptgegenstand angegriffen wird.

217 Die Verfahren sind jedoch nur gebührenpflichtig, wenn der Antrag oder die Beschwerde zurückgenommen oder zurückgewiesen wird (Vorbem. 1.5.2 KV). Ist die

Beschwerde begründet und bleibt das Beschwerdeverfahren folglich gebührenfrei, können wegen Vorbem. 3.1 Abs. 1 KV auch die Auslagen nicht angesetzt werden.[41] Das gilt nicht, soweit das Beschwerdegericht die Kosten dem Gegner des Beschwerdeführers auferlegt hat.

Für das Verfahren über die Zulassung der Sprungrechtsbeschwerde, die sich gegen die Endentscheidung wegen der Hauptsache richtet, entsteht eine Gebühr nach Nr. 15241 KV, soweit der Antrag zurückgewiesen wird (s. Rn 150 ff). 218

Handelt es sich um Beschwerden gegen Nebenentscheidungen, gilt Nr. 19116 KV (s. § 22 Rn 54 ff), für Rechtsbeschwerden gegen Nebenentscheidungen gelten Nr. 19128, 19129 KV (s. § 22 Rn 77 ff). 219

3. Kostenschuldner

Es handelt sich um reine Antragsverfahren (§§ 48 Abs. 2, 49 Abs. 1 PStG), so dass Antragshaftung nach § 22 Abs. 1 GNotKG besteht. Im Übrigen haftet der Entscheidungsschuldner nach § 27 Nr. 1 GNotKG, der für noch offene Gerichtskosten als Erstschuldner in Anspruch zu nehmen ist (§ 33 Abs. 1 GNotKG). 220

Standesämter und Aufsichtsbehörden sind in den gerichtlichen Verfahren von der Zahlung der Gerichtskosten (Gebühren und Auslagen) befreit (§ 51 Abs. 1 S. 2 PStG iVm § 2 Abs. 2 GNotKG). Die Befreiung ist auch zu gewähren, wenn es sich um kommunale Behörden (zB Landkreise) handelt. Kostenfrei bleiben daher auch die Verfahren nach §§ 48 Abs. 2, 49 Abs. 2 PStG, wenn der Standesbeamte von sich aus die Entscheidung des Gerichts herbeiführt. 221

4. Vorschüsse

Eine Abhängigmachung von der vorherigen Gebührenzahlung kann nicht nach § 13 S. 1 GNotKG angeordnet werden, weil die Gebühr nur entsteht, wenn der Antrag zurückgenommen oder zurückgewiesen wird. Für die Auslagen gilt jedoch § 14 GNotKG. 222

Gegen die gerichtliche Anordnung einer Abhängigmachung kann Beschwerde nach § 82 Abs. 1 GNotKG erhoben werden, bei selbstständiger Anforderung durch den Kostenbeamten die Erinnerung nach § 81 GNotKG. 223

5. Geschäftswert

Da eine konkrete Wertvorschrift fehlt und es sich bei den Personenstandssachen um nichtvermögensrechtliche Angelegenheiten handelt, gilt § 36 Abs. 2, 3 GNotKG. Der Geschäftswert ist danach unter Berücksichtigung aller Umstände des Einzelfalls, insbesondere des Umfangs und der Bedeutung der Sache sowie der Vermögens- und Einkommensverhältnisse der Beteiligten, nach billigem Ermessen zu bestimmen, jedoch darf er 1 Mio. € nicht übersteigen. Fehlen konkrete Anhaltspunkte für die Bewertung, ist der Wert auf 5.000 € festzusetzen. 224

41 OLG Zweibrücken NotBZ 2001, 38.

VIII. Verfahren wegen Verwendung von Verkehrsdaten

1. Geltungsbereich und Verfahrensgebühr

225 In bestimmten Verfahren kann wegen der Verletzung von Urheberrechten Auskunft verlangt werden. Kann die Auskunft nur unter Verwendung von **Verkehrsdaten** (§ 3 Nr. 30 TKG) erteilt werden, ist für ihre Erteilung eine vorherige richterliche Anordnung über die Zulässigkeit der Verwendung der Verkehrsdaten erforderlich. Für den Erlass dieser Anordnung ist das Landgericht zuständig.

226 Im Einzelnen sind erfasst die Verfahren nach

- § 140 b Abs. 9 PatG,
- § 24 b Abs. 9 GebrMG, auch iVm § 9 Abs. 2 HalblSchG,
- § 19 Abs. 9 MarkenG,
- § 101 Abs. 9 UrhG,
- § 46 Abs. 9 DesignG,
- § 37 b Abs. 9 SortSchG.

227 Für die erstinstanzlichen Verfahren vor dem Landgericht entsteht eine Festgebühr nach Nr. 15213 KV von 200 €. Es handelt sich um eine pauschale Verfahrensgebühr, die sämtliche gerichtliche Handlungen abdeckt. Die Gebühr entsteht auch dann nur einmal, wenn mit einem Antrag nach § 101 Abs. 9 UrhG die Gestattung der Bekanntgabe der einer **Vielzahl von IP-Adressen** zuzuordnenden Verkehrsdaten beantragt wird.[42] Es muss aber dasselbe Werk betroffen sein. Wird deshalb das Auskunftsbegehren auf die Verletzung von Rechten an mehreren verschiedenen geschützten Werken gestützt, entsteht die Gebühr für jedes Werk jeweils gesondert.[43]

228 Die Gebühr entsteht mit Eingang des Antrags bei Gericht. Sie kann danach nicht mehr entfallen, sich jedoch nach Nr. 15214 KV auf 50 € ermäßigen, wenn der Antrag zurückgenommen wird.

229 Da es sich um Festgebühren handelt, sind Zustellungskosten von der ersten Zustellung an nach Nr. 31002 KV anzusetzen.

230 **Beispiel:** Durch den Verletzten wird der Erlass der richterlichen Anordnung über die Verwendung von Verkehrsdaten nach § 140 b Abs. 9 PatG beantragt. Das Gericht entscheidet antragsgemäß. In dem Verfahren sind zwei förmliche Zustellungen angefallen.

An Gerichtskosten sind entstanden:

1. Verfahrensgebühr, Nr. 15213 KV	200,00 €
2. Zustellungskosten (2 x 3,50 €), Nr. 31002 KV	7,00 €
Gesamt	207,00 €

2. Kostenschuldner

231 Es handelt es sich um reine Antragsverfahren (§ 140 b Abs. 9 S. 1 PatG, § 24 b Abs. 9 S. 1 GebrMG, § 19 Abs. 9 S. 1 MarkenG, § 101 Abs. 9 S. 1 UrhG, § 46 Abs. 9 S. 1 DesignG, § 37 b Abs. 9 S. 1 SortSchG), so dass der Antragsteller für die Kosten als Antragsschuldner haftet (§ 22 Abs. 1 GNotKG).

232 Daneben haftet der Entscheidungsschuldner (§ 27 Nr. 1 GNotKG). § 140 b Abs. 9 S. 5 PatG, § 24 b Abs. 9 S. 5 GebrMG, § 19 Abs. 9 S. 5 MarkenG, § 101 Abs. 9 S. 5 UrhG, § 46 Abs. 9 S. 5 DesignG, § 37 b Abs. 9 S. 5 SortSchG ordnen an, dass der Ver-

42 OLG Köln JurBüro 2014, 311.
43 OLG Köln, Beschl. v. 11.2.2014 – 2 Wx 307/13, juris.

letzte die Kosten für die Anordnung trägt. Eine solche Entscheidung umfasst auch die Gerichtskosten. Der Entscheidungsschuldner ist für noch nicht bezahlte Gerichtskosten als Erstschuldner in Anspruch zu nehmen (§ 33 Abs. 1 GNotKG).

3. Beschwerdeverfahren

Gegen die Entscheidung des Landgerichts findet die Beschwerde statt (§ 140 b Abs. 9 S. 6 PatG, § 24 b Abs. 9 S. 6 GebrMG, § 19 Abs. 9 S. 6 MarkenG, § 101 Abs. 9 S. 6 UrhG, § 46 Abs. 9 S. 6 DesignG, § 37 b Abs. 9 S. 6 SortSchG). 233

Für das Beschwerdeverfahren entsteht eine Festgebühr nach Nr. 15225 KV von 200 €. Die Gebühr entsteht nur, wenn die Beschwerde verworfen oder zurückgewiesen wird. Wird die Beschwerde nur teilweise verworfen oder zurückgewiesen, kann das Gericht die Gebühr nach billigem Ermessen auf die Hälfte ermäßigen oder bestimmen, dass eine Gebühr nicht zu erheben ist (Anm. zu Nr. 15225 KV). 234

Wird die Beschwerde oder der Antrag zurückgenommen, bevor die Beschwerdebegründung bei Gericht eingeht, ermäßigt sich die Gebühr auf 100 € (Nr. 15226 KV). Durch die Zurücknahme muss sich das gesamte Verfahren erledigen. 235

Erfolgt die Zurücknahme erst nach Eingang der Beschwerdebegründung, ermäßigt sich die Verfahrensgebühr gem. Nr. 15227 KV auf 150 €, wenn die Zurücknahme der Beschwerde oder des Antrags vor Ablauf des Tages erfolgt, an dem die Endentscheidung der Geschäftsstelle übermittelt wird, wenn die Entscheidung nicht bereits durch Verlesen der Entscheidungsformel bekannt gegeben worden ist, oder wenn nicht Nr. 15226 KV erfüllt ist. 236

4. Vorschüsse

Die Durchführung des Verfahrens kann von der vorherigen Zahlung der Gebühr abhängig gemacht werden (§ 13 S. 1 GNotKG), da in den Verfahren Antragshaftung besteht. Für die Auslagen gilt § 14 GNotKG. 237

IX. Übrige Verfahren vor dem Oberlandesgericht

1. Geltungsbereich und Verfahrensgebühren

Teil 1 Hauptabschnitt 5 Abschnitt 3 KV („Übrige Verfahren vor dem Oberlandesgericht“) gilt gem. Vorbem. 1.5.3 KV für Verfahren 238

- über die **Anfechtung von Justizverwaltungsakten** nach den §§ 23–29 EGGVG, über die nach § 25 EGGVG ein Zivil- oder Strafsenat des Oberlandesgerichts entscheidet;
- über den Antrag nach § 138 Abs. 2 UrhG bei Ablehnung der Eintragung von **anonymen oder pseudonymer Werken**, über die das Oberlandesgericht entscheidet.

Nicht erfasst sind Verfahren nach § 30 a EGGVG über die Anfechtung von Justizverwaltungsakten auf dem Gebiet des Kostenrechts. Diese Verfahren sind gerichtsgebührenfrei (§ 30 a Abs. 2 S. 2 EGGVG iVm § 81 Abs. 8 GNotKG). Auslagen sind anzusetzen, wenn der Antrag nicht erfolgreich war. 239

Für das Verfahren vor dem Oberlandesgericht entsteht eine 0,5-Verfahrensgebühr nach Nr. 15300 KV, wenn der Antrag zurückgenommen wird. Wird der Antrag zurückgewiesen, entsteht eine 1,0-Verfahrensgebühr nach Nr. 15301 KV. Es gilt Tabelle A (§ 34 GNotKG). 240

241 Ist der Antrag erfolgreich, bleibt das Verfahren gebührenfrei. Hat der Antragsteller wegen verschiedener Gegenstände die Entscheidung nach § 23 EGGVG beantragt (zB Akteneinsicht in mehrere Akten) und war der Antrag nur wegen einzelner Gegenstände erfolgreich, während er wegen anderer Gegenstände erfolglos bleibt, ist ein Wert für die von der Zurückweisung erfassten Gegenstände festzusetzen und hierfür eine Gebühr nach Nr. 15301 KV anzusetzen.[44]

242 Die Gebühren entstehen erst mit wirksamer Zurücknahme oder mit Erlass der abweisenden Entscheidung. Jeder Antrag nach § 23 EGGVG, § 138 Abs. 2 UrhG löst die Gebühr gesondert aus. Die Fälligkeit der Gebühren bestimmt sich nach § 9 Abs. 1, für die Auslagen gilt § 9 Abs. 1, 2 GNotKG.

2. Kostenschuldner

243 Es handelt sich um reine Antragsverfahren (§ 23 Abs. 1 EGGVG, § 138 Abs. 2 UrhG), so dass der Antragsteller als Antragsschuldner haftet (§ 22 Abs. 1 GNotKG). Im Übrigen haften die Schuldner des § 27 GNotKG.

244 Nach § 30 S. 1 EGGVG kann das Oberlandesgericht nach billigem Ermessen bestimmen, dass die notwendigen außergerichtlichen Kosten ganz oder teilweise aus der Staatskasse zu erstatten sind. § 91 Abs. 1 S. 2, §§ 103–107 ZPO sind entsprechend anzuwenden. Die Entscheidung über die Kosten ist unanfechtbar (§ 30 S. 3 EGGVG).

245 In Verfahren nach § 23 EGGVG kann **PKH** nach §§ 114 ff ZPO bewilligt werden (§ 29 Abs. 4 EGGVG).

3. Rechtsmittelverfahren

246 Gegen die Entscheidung des Oberlandesgerichts findet die Rechtsbeschwerde statt, wenn diese im erstinstanzlichen Beschluss zugelassen wurde; es gelten §§ 71–74 a FamFG (§ 29 Abs. 1, 2 EGGVG). Kostenentscheidungen nach § 30 EGGVG sind hingegen unanfechtbar (§ 30 S. 3 EGGVG).

247 Für das Rechtsbeschwerdeverfahren entstehen Festgebühren nach Nr. 19128, 19129 KV (s. § 22 Rn 77 ff).[45]

248 Die Gebühren sind auch zu erheben, wenn eine Entscheidung nach § 138 Abs. 2 UrhG unzulässigerweise angefochten wird.

4. Geschäftswert

249 Eine konkrete Wertvorschrift fehlt, so dass § 36 GNotKG gilt. Bei Anfechtung der **Ablehnung einer Zurückstellung der Strafvollstreckung** gem. § 35 BtMG kann auf den Regelwert von 5.000 € (§ 36 Abs. 3 GNotKG) zurückgegriffen werden.[46] Ist das **Akteneinsichtsrecht** betroffen, ist auf das Interesse des Antragstellers an der beantragten Akteneinsicht abzustellen, wobei auch eine vermögensrechtliche Angelegenheit iSd § 36 Abs. 1 GNotKG vorliegen kann, wenn der Antragsteller mit der beabsichtigten Akteneinsicht seine prozessualen Möglichkeiten in einem von ihm betriebenen Schadensersatzprozess verbessern will.[47]

---

44 OLG Braunschweig, Beschl. v. 9.3.2015 – 2 VA 3/14, juris.
45 BT-Drucks. 17/11471 (neu), S. 215 zu Teil 1 Hauptabschnitt 5 Abschnitt 3 KV.
46 OLG Celle JurBüro 2014, 85; OLG Bamberg StraFo 2014, 261.
47 OLG Braunschweig, Beschl. v. 9.3.2015 – 2 VA 3/14, juris.

§ 19 Einstweilige Anordnungen

I. Allgemeines

1. Statthaftigkeit von einstweiligen Anordnungen

In den Verfahren der freiwilligen Gerichtsbarkeit kann nach § 49 FamFG durch einstweilige Anordnung entschieden werden. Eine solche Anordnung kann etwa ergehen wegen 1

- Betreuungssachen (§ 300, 301 FamFG),
- Freiheitsentziehungssachen (§ 427 FamFG),
- Unterbringungen nach §§ 331, 332 FamFG oder nach §§ 14, 15 ThUG,
- Entlassung von Testamentsvollstreckern,
- Anordnung der Stundung eines Pflichtteils,
- Anordnungen nach § 18 LwAnpG.

2. Verfahren

Das einstweilige Anordnungsverfahren ist stets ein selbstständiges Verfahren, und zwar auch dann, wenn ein Hauptsacheverfahren anhängig ist (§ 51 Abs. 3 FamFG). Maßgeblich sind die für die Hauptsache geltenden Verfahrensregelungen, jedoch kann davon abgewichen werden, wenn sich dies aus den Besonderheiten des Eilverfahrens ergibt (§ 51 Abs. 2 FamFG). 2

Wird das Hauptsacheverfahren nur auf Antrag eingeleitet, ist auch für den Erlass der einstweiligen Anordnung ein Antrag erforderlich (§ 51 Abs. 1 FamFG). Dieser ist zu begründen, dabei sind die Voraussetzungen für die Anordnung glaubhaft zu machen. Ist die Hauptsache von Amts wegen einzuleiten, kann auch die einstweilige Anordnung von Amts wegen erlassen werden. Das Gericht entscheidet durch Endentscheidung (§ 38 FamFG). 3

§ 51 Abs. 4 FamFG ordnet an, dass für die Kosten des einstweiligen Anordnungsverfahrens die allgemeinen Vorschriften gelten; sie sind nicht Teil der Kosten der Hauptsache. 4

II. Übersicht über die anzuwendenden Vorschriften

Für die Gebührenberechnung gilt ausschließlich Teil 1 Hauptabschnitt 6 KV („Einstweiliger Rechtsschutz“), so dass für einstweilige Anordnungsverfahren ausschließlich die Gebühren der Nr. 16110–16224 KV anzuwenden sind und nicht etwa auf die Hauptabschnitte 1–5 des Teils 1 KV zurückgegriffen werden kann, was durch Vorbem. 1 Abs. 1 KV klargestellt wird. Eine Ausnahme gilt nur für Verfahren wegen der vorläufigen Bestellung eines Betreuers; für sie gelten die Nr. 11101–11103 KV, wenn ein Betreuer bestellt wird (Vorbem. 1.1.1 KV). 5

Für die Gebührenerhebung ist zu unterscheiden zwischen 6

- Hauptsacheverfahren, für die Tabelle A (§ 34 GNotKG) gilt (s. Rn 9 ff), und
- solchen Hauptsacheverfahren, für die Tabelle B (§ 34 GNotKG) Anwendung findet (s. Rn 54 ff).

Verfahren, für die Tabelle A gilt: Nr. 16110–16124 KV 7

- Die erstinstanzliche Gebühr für die Hauptsache beträgt weniger als 2,0:
  - Erster Rechtszug: Nr. 16110 KV
  - Beschwerdeverfahren: Nr. 16120, 16122 KV

- Die erstinstanzliche Gebühr für die Hauptsache beträgt 2,0:
  - Erster Rechtszug: Nr. 16111, 16112 KV
  - Beschwerdeverfahren: Nr. 16121, 16123, 16124 KV

8 **Verfahren, für die Tabelle B gilt: Nr. 16210–16224 KV**

- Die erstinstanzliche Gebühr für die Hauptsache beträgt weniger als 2,0:
  - Erster Rechtszug: Nr. 16210 KV
  - Beschwerdeverfahren: Nr. 16220, 16222 KV
- Die erstinstanzliche Gebühr für die Hauptsache beträgt 2,0:
  - Erster Rechtszug: Nr. 16211, 16212 KV
  - Beschwerdeverfahren: Nr. 16221, 16223, 16224 KV

III. Hauptsacheverfahren, für die Tabelle A anzuwenden ist

1. Anwendungsbereich

9 Teil 1 Hauptabschnitt 6 Abschnitt 1 KV (= Nr. 16110–16124 KV) findet Anwendung, wenn in dem entsprechenden Hauptsacheverfahren Tabelle A (§ 34 GNotKG) anzuwenden ist. Hierunter fallen insbesondere die Verfahren wegen

- Betreuungssachen und betreuungsgerichtlicher Zuweisungssachen,
- Sicherung des Nachlasses,
- Ernennung und Entlassung von Testamentsvollstreckern,
- Stundung des Pflichtteilsanspruchs,
- unternehmensrechtliche und ähnliche Verfahren, Verfahren vor dem Registergericht und Vereins- und Stiftungssachen vor dem Amtsgericht,
- Verfahren vor dem Landwirtschaftsgericht,
- Pachtkreditsachen iSd PachtkredG,
- Verfahren nach dem VerschG und PStG,
- Aufgebotssachen,
- Freiheitsentziehungssachen;
- sonstige, von Nr. 15212 KV erfasste Verfahren.

2. Verfahrensgebühr im ersten Rechtszug beträgt weniger als 2,0 (Nr. 16110 KV)

a) Anwendungsbereich und Gebührenhöhe

10 Beträgt die Verfahrensgebühr im erstinstanzlichen Rechtszug der Hauptsache weniger als 2,0, ist für das einstweilige Anordnungsverfahren eine 0,3-Verfahrensgebühr nach Nr. 16110 KV zu erheben. Es handelt sich um eine Pauschgebühr, die sämtliche Handlungen des Gerichts abdeckt. Für die Gebührenberechnung ist Tabelle A (§ 34 GNotKG) anzuwenden.

11 Nr. 16110 KV findet im Einzelnen Anwendung in Verfahren wegen

- betreuungsgerichtlicher Zuweisungssachen (Nr. 11100 KV),
- Einzelbetreuungen (Nr. 11103 KV), wenn kein Eilbetreuer bestellt wird,
- Einzelpflegschaften (Nr. 11105 KV), wenn kein Eilbetreuer bestellt wird,
- Sicherung des Nachlasses (Nr. 12310 KV),
- Ernennung oder Entlassung von Testamentsvollstreckern (Nr. 12420 KV),
- Verfahren nach dem VerschG und PStG (Nr. 15210 KV),
- Aufgebotssachen (Nr. 15212 KV),
- Freiheitsentziehungssachen (Nr. 15212 KV),
- sonstige, von Nr. 15212 KV erfasste Verfahren.

b) Entstehung und Fälligkeit

Die Gebühr Nr. 16110 KV entsteht mit Eingang des Antrags bei Gericht. Sie kann danach nicht mehr entfallen und sich auch nicht ermäßigen, so dass sie auch bei Zurücknahme oder Zurückweisung des Antrags mit dem 0,3-Gebührensatz anzusetzen ist. 12

Ist das einstweilige Anordnungsverfahren hingegen von Amts wegen durchzuführen, entsteht die Gebühr erst, wenn das Gericht das Verfahren tatsächlich einleitet. Das Verfahren beginnt danach erst, wenn das Gericht erkennbar nach außen tätig wird, zB indem es Ermittlungen aufnimmt.[1] Die Gebühr entsteht deshalb auch, wenn zwar das Gericht Ermittlungen aufnimmt, aber relativ früh zu dem Ergebnis gelangt, dass gerichtliche Maßnahmen nicht erforderlich sind. Eine bloße Mitteilung nach § 24 Abs. 2 FamFG löst die Gebühr noch nicht aus, weil dann noch keine Verfahrenseinleitung vorliegt. 13

Die Fälligkeit der Gebühr bestimmt sich nach § 9 Abs. 1 GNotKG. Für die Auslagen gilt § 9 Abs. 1, 2 GNotKG. 14

c) Betreuungssachen

aa) Gebührenpflichtige Verfahren

Nr. 16110 KV findet in Betreuungssachen einschließlich der betreuungsgerichtlichen Zuweisungssachen grundsätzlich Anwendung. Handelt es sich jedoch um eine Eilbetreuung, die mit der Bestellung eines vorläufigen Betreuers endet, so gelten für die Führung der Eilbetreuung Nr. 11101–11103 KV (Vorbem. 1.1.1 KV), während das Eilverfahren zur Bestellung selbst gebührenfrei bleibt und auch nicht Nr. 16110 KV unterfällt (s. § 13 Rn 67 ff). Die Auslagen des Eilverfahrens sind anzusetzen, jedoch gilt Vorbem. 3.1 Abs. 2 KV. 15

Im Übrigen setzt Nr. 16110 KV voraus, dass in der Hauptsache eine Verfahrensgebühr entsteht. Sie entsteht deshalb für ein Eilbetreuungsverfahren dann, wenn dieses ohne Bestellung eines vorläufigen Betreuers endet, weil Vorbem. 1.1.1 KV nur die Eilbetreuungen erfasst, die tatsächlich mit der Eilbetreuerbestellung enden. Kommt es nicht zur Bestellung eines Betreuers, so soll in der Hauptsache Nr. 11100 KV gelten, so dass auch für die entsprechenden Eilverfahren Nr. 16110 KV greift. Bei Pflegschaften kann Nr. 16110 KV nur gelten, wenn es sich um ein Eilverfahren wegen einer Einzelpflegschaft handelt, nicht aber für Dauerpflegschaften, weil hierfür keine Verfahrens-, sondern eine Jahresgebühr (Nr. 11104 KV) entsteht. 16

Ferner gilt Nr. 16110 KV für Eilverfahren, deren Hauptsache Nr. 11100 KV unterfällt, zB Genehmigungen nach § 1904 Abs. 1, 2 BGB, weil eine Patientenverfügung vorliegt (§ 1901 a BGB) oder ein Bevollmächtigter bestellt ist (§ 1904 Abs. 5 BGB). Stellt sich in diesen Eilverfahren jedoch ein Bedürfnis für die Bestellung eines Betreuers, so fällt die Gebühr Nr. 16110 KV nicht an, wenn in dem Eilverfahren tatsächlich eine Betreuerbestellung erfolgt (Anm. Abs. 2 S. 1 zu Nr. 16110 KV), es gelten dann nur Nr. 11101–11103 KV (Anm. Abs. 2 S. 2 zu Nr. 16110 KV). Die Auslagen des Eilverfahrens sind allerdings anzusetzen, jedoch gilt Vorbem. 3.1 Abs. 2 KV. 17

Ist eine Gebühr nach Nr. 16110 KV zu erheben, ist der **Geschäftswert** nach § 36 GNotKG zu bestimmen, wobei § 62 GNotKG zu beachten ist. 18

1 Keidel/*Sternal*, FamFG, § 24 Rn 4.

bb) Eilverfahren in anhängiger Betreuung oder Pflegschaft

19 Wird der Erlass einer einstweiligen Anordnung in einer laufenden Betreuung oder Pflegschaft erforderlich, entsteht hierfür keine gesonderte Gebühr nach Nr. 16110 KV, auch wenn es sich nur um eine Eilbetreuung handelt (Anm. Abs. 1 zu Nr. 16110 KV). Das Eilverfahren ist bereits durch die Gebühren der Nr. 11101 ff KV abgegolten. Auslagen sind zu erheben, Vorbem. 3.1 Abs. 2 KV ist zu beachten.

cc) Vermögensfreigrenze bei Kostenerhebung vom Betroffenen

20 In Betreuungssachen werden auch in einstweiligen Anordnungsverfahren Gebühren nur unter den in Vorbem. 1.1 Abs. 1 KV genannten Voraussetzungen erhoben (Vorbem. 1.6.1 KV). Somit sind die dortigen Vermögensfreigrenzen zu beachten (s. § 13 Rn 131 ff). Die Regelung gilt für alle Instanzen, jedoch nur für den Betroffenen selbst.

21 Für Auslagen gilt Vorbem. 3.1 Abs. 2 iVm Vorbem. 1.1 Abs. 1 KV. Die an den Verfahrenspfleger gezahlten Beträge (Nr. 31015 KV) sind von dem Betroffenen nach Maßgabe des § 1836 c BGB einzuziehen (Anm. zu Nr. 31015 KV). Siehe § 23 Rn 117 ff.

d) Unterbringungssachen

22 In Unterbringungssachen werden keine Gebühren erhoben, weil entsprechende Gebührentatbestände im Kostenverzeichnis fehlen. Das gilt auch für die einstweiligen Anordnungsverfahren nach §§ 331, 332 FamFG und auch für Eilverfahren in den Fällen des § 1906 Abs. 5 BGB. **Auslagen** sind nach Nr. 31000 ff KV zu erheben, jedoch können von dem Betroffenen selbst wegen § 26 Abs. 3 GNotKG nur die an den Verfahrenspfleger gezahlten Beträge (Nr. 31015 KV) eingezogen werden, wobei § 1836 c BGB zu beachten ist (Anm. zu Nr. 31015 KV).

23 Eilverfahren nach §§ 14, 15 ThUG sind gänzlich frei von Gerichtskosten (Gebühren und Auslagen) (§ 19 ThUG).

3. Verfahrensgebühr im ersten Rechtszug beträgt 2,0 (Nr. 16111, 16112 KV)

a) Anwendungsbereich und Gebührenhöhe

24 Beträgt die Verfahrensgebühr im erstinstanzlichen Rechtszug der Hauptsache 2,0 – wobei etwaige Ermäßigungstatbestände (zB Nr. 12511 KV) unbeachtlich bleiben –, entsteht für das einstweilige Anordnungsverfahren eine 1,5-Verfahrensgebühr nach Nr. 16111 KV. Es gilt Tabelle A (§ 34 GNotKG). Bei der Gebühr handelt es sich um eine Pauschgebühr, die sämtliche Handlungen des Gerichts abdeckt.

25 Nr. 16111 KV findet im Einzelnen Anwendung in Verfahren wegen

- Stundung des Pflichtteils (Nr. 12520 KV),
- unternehmensrechtlicher und ähnlicher Verfahren, Verfahren vor dem Registergericht und Vereins- und Stiftungssachen vor dem Amtsgericht, die von Teil 1 Hauptabschnitt 3 Abschnitt 5 KV erfasst sind (vgl. Vorbem. 1.3.5 KV, Nr. 13500 KV),
- Verfahren vor dem Landgericht nach Vorbem. 1.3.5 Nr. 2 KV,
- Verfahren vor dem Landwirtschaftsgericht, soweit sie von Nr. 15110 KV erfasst sind.

b) Gebührenermäßigung

Die Gebühr Nr. 16111 KV ermäßigt sich nach Nr. 16112 KV auf einen 0,5-Gebührensatz, wenn das Verfahren ohne Endentscheidung beendet wird. Eine bloße Nebenentscheidung verhindert die Ermäßigung nicht. Erfasst ist insbesondere die Beendigung durch Zurücknahme oder Vergleichsabschluss. 26

Es muss das gesamte einstweilige Anordnungsverfahren ohne Endentscheidung beendet werden, so dass es bei Nr. 16111 KV verbleibt, wenn nur Teilendentscheidung ergeht. Eine Teilermäßigung findet nicht statt. 27

Das Verfahren kann bis zur Bekanntmachung der Endentscheidung durch Verlesen zurückgenommen werden. Erfolgt die Bekanntgabe nicht durch Verlesen der Entscheidungsformel, tritt eine Ermäßigung auch noch ein, wenn die Zurücknahme bis zum Ablauf des Tages erfolgt, an dem die Endentscheidung der Geschäftsstelle übermittelt wird (Anm. Abs. 1 zu Nr. 16112 KV). Maßgeblich ist der Vermerk nach § 38 Abs. 3 S. 3 FamFG. 28

Endentscheidung ist auch eine isolierte Kostenentscheidung, so dass sie einer Ermäßigung entgegensteht, wenn nicht das Gericht einer zuvor mitgeteilten Einigung über die Kostentragung oder einer Kostenübernahmeerklärung folgt (Anm. Abs. 2 zu Nr. 16112 KV). 29

c) Entstehung und Fälligkeit

Die Gebühr entsteht mit Eingang des Antrags bei Gericht. Sie kann danach nicht mehr entfallen, sich aber nach Nr. 16112 KV ermäßigen (s. Rn 26 ff). Für Amtsverfahren gilt das in Rn 13 Ausgeführte, jedoch kann auch hier eine Ermäßigung nach Nr. 16112 KV eintreten. 30

Die Fälligkeit der Gebühren bestimmt sich nach § 9 Abs. 1 GNotKG. Für die Auslagen gilt § 9 Abs. 1, 2 GNotKG. 31

4. Aufhebungs- und Änderungsverfahren

Für das Verfahren über den Erlass der einstweiligen Anordnung und die Verfahren über ihre Aufhebung oder Änderung sind die Gebühren nur einmal zu erheben (Vorbem. 1.6 KV). 32

5. Beschwerdeverfahren

a) Anzuwendende Vorschriften

Für die Gebühren in Beschwerdeverfahren, die sich gegen die Endentscheidung wegen des Hauptgegenstands richten, ist zu unterscheiden: Gilt im erstinstanzlichen Verfahren Nr. 16110 KV, gelten Nr. 16120, 16122 KV. Findet hingegen in erster Instanz Nr. 16111 KV Anwendung, gelten im Beschwerdeverfahren Nr. 16121, 16123, 16124 KV. 33

b) Verfahrensgebühr Nr. 16110 KV im ersten Rechtszug (Nr. 16120, 16122 KV)

aa) Anwendungsbereich und Gebührenhöhe

Für die Beschwerden (§§ 58 ff FamFG) in einstweiligen Anordnungsverfahren, die sich gegen die Endentscheidungen über den Hauptgegenstand wegen 34

- betreuungsgerichtlicher Zuweisungssachen (Nr. 11100 KV),
- Einzelbetreuungen, Einzelpflegschaften (Nr. 11103, 11105 KV),

- Sicherung des Nachlasses (Nr. 12310 KV),
- Ernennung oder Entlassung von Testamentsvollstreckern (Nr. 12420 KV),
- Verfahren nach dem VerschG und PStG (Nr. 15210 KV),
- Aufgebotssachen (Nr. 15212 KV),
- Freiheitsentziehungssachen (Nr. 15212 KV),
- sonstiger, von Nr. 15212 KV erfasster Verfahren

richten, ist eine 0,5-Verfahrensgebühr nach Nr. 16120 KV zu erheben. Das gilt auch für Eilbetreuungen, in denen ein vorläufiger Betreuer bestellt wurde; Nr. 11200 ff KV gelten nicht.[2]

35 Es handelt sich um eine Pauschgebühr, die sämtliche gerichtliche Handlungen abdeckt. Es gilt Tabelle A (§ 34 GNotKG).

36 **Beispiel:** In einem Verfahren wegen der Entlassung des Testamentsvollstreckers wird gegen die einstweilige Anordnung Beschwerde eingelegt. Das Gericht entscheidet durch Endentscheidung. Der Geschäftswert beträgt 50.000 €.
An Gerichtsgebühren sind entstanden:

0,5-Verfahrensgebühr, Nr. 16120 KV (Wert: 50.000 €, Tabelle A)	273,00 €

bb) Gebührenermäßigung

37 Die Verfahrensgebühr Nr. 16120 KV ermäßigt sich nach Nr. 16122 KV auf einen 0,3-Gebührensatz, wenn das Beschwerdeverfahren ohne Endentscheidung beendet wird. Auf den Eingang einer eventuellen Beschwerdebegründung kommt es nicht an. Es muss das gesamte Beschwerdeverfahren erledigt werden, eine Teilermäßigung findet nicht statt. Es gilt Tabelle A (§ 34 GNotKG).

38 Wird die Endentscheidung ohne Verlesen der Entscheidungsformel bekannt gemacht, tritt eine Ermäßigung auch ein, wenn die Beendigung bis zum Ablauf des Tages erfolgt ist, an dem die Endentscheidung der Geschäftsstelle übergeben wird (Anm. Abs. 1 zu Nr. 16122 KV).

39 Hat das Beschwerdegericht nur noch über die Kosten zu entscheiden, steht auch die bloße Kostenentscheidung einer Ermäßigung entgegen, es sei denn, das Beschwerdegericht folgt darin einer zuvor mitgeteilten Kosteneinigung oder Kostenübernahmeerklärung (Anm. Abs. 2 zu Nr. 16122 KV).

cc) Unterbringungsverfahren

40 In Beschwerden nach §§ 58 ff FamFG wegen einstweiliger Anordnungen in Unterbringungssachen entstehen keine Gebühren, da diese Verfahren generell gerichtsgebührenfrei sind. Zu den Auslagen s. Rn 22.

41 Beschwerdeverfahren wegen einer einstweiligen Anordnung nach §§ 14, 15 ThUG sind gerichtskostenfrei (§ 19 ThUG).

dd) Betreuungssachen

42 Die für bestimmte Betreuungssachen in Anm. Abs. 2 S. 1 zu Nr. 16110 KV angeordnete Gebührenfreiheit gilt nur für das erstinstanzliche Verfahren, so dass für die Beschwerdeverfahren Gebühren nach Nr. 16120, 16122 KV zu erheben sind.

---

2 BT-Drucks. 18/3068, S. 8 zu Vorbem. 1.1.1 KV.

c) Verfahrensgebühr Nr. 16111 KV im ersten Rechtszug (Nr. 16121, 16123, 16124 KV)

aa) Anwendungsbereich und Gebührenhöhe

Für Beschwerden (§§ 58 ff FamFG) in einstweiligen Anordnungsverfahren, die sich gegen die Endentscheidung über den Hauptgegenstand wegen 43

- Stundung des Pflichtteils (Nr. 12520 KV),
- unternehmensrechtlicher und ähnlicher Verfahren, Verfahren vor dem Registergericht und Vereins- und Stiftungssachen vor dem Amtsgericht, die von Teil 1 Hauptabschnitt 3 Abschnitt 5 KV erfasst sind (vgl. Vorbem. 1.3.5, Nr. 13500 KV),
- Verfahren vor dem Landwirtschaftsgericht, soweit sie von Nr. 15110 KV erfasst sind,

richten, entsteht eine pauschale 2,0-Verfahrensgebühr nach Nr. 16121 KV.

Es handelt sich um eine pauschale Verfahrensgebühr, die sämtliche gerichtliche Handlungen abdeckt. Es gilt Tabelle A (§ 34 GNotKG). 44

Beispiel: In einem Verfahren wegen der Stundung des Pflichtteils wird gegen die einstweilige Anordnung Beschwerde eingelegt. Das Gericht entscheidet durch Endentscheidung. Der Geschäftswert beträgt 40.000 €. 45
An Gerichtsgebühren sind entstanden:

2,0-Verfahrensgebühr, Nr. 16121 KV (Wert: 40.000 €, Tabelle A)	952,00 €

bb) Gebührenermäßigung

(1) Ermäßigung bei Zurücknahme der Beschwerde vor Eingang der Beschwerdebegründung

Die Gebühr Nr. 16121 KV ermäßigt sich gem. Nr. 16123 KV auf einen Gebührensatz von 0,5, wenn die Beschwerde oder der Antrag vor Eingang der Beschwerdebegründungsschrift bei Gericht zurückgenommen wird. Eine gesetzliche Begründungsfrist besteht nicht, jedoch kann das Gericht eine solche bestimmen (§ 65 Abs. 2 FamFG). Maßgeblich für die Gebührenermäßigung ist nur der Eingang der Begründungsschrift, auf den Ablauf der richterlichen Frist kommt es nicht an. Eine Kostenentscheidung steht der Ermäßigung nicht entgegen. 46

Beispiel 1: Am 10.9. wird Beschwerde eingelegt. Sie wird am 25.9. vollständig zurückgenommen. Eine Begründungsschrift ist noch nicht eingegangen, auch eine Endentscheidung war noch nicht ergangen. 47
Die Zurücknahme ist rechtzeitig vor Eingang der Beschwerdebegründung erfolgt. Es ist eine 0,5-Gebühr nach Nr. 16123 KV zu erheben.

Beispiel 2: Am 21.9. wird Beschwerde eingelegt. Die Beschwerdebegründung geht am 10.10. bei Gericht ein. Danach wird die Beschwerde vollständig zurückgenommen. 48
Die Zurücknahme ist nach Eingang der Beschwerdebegründung verspätet erfolgt. Eine Gebührenermäßigung nach Nr. 16123 KV scheidet aus. War noch keine Endentscheidung ergangen, tritt aber eine Ermäßigung nach Nr. 16124 KV ein.

(2) Ermäßigung bei Beendigung nach Eingang der Beschwerdebegründung

Ist die Beschwerdebegründungsschrift eingegangen, kommt nur noch eine Ermäßigung nach Nr. 16124 KV in Betracht. Die Gebühr Nr. 16121 KV ermäßigt sich danach auf einen Gebührensatz von 1,0, wenn das Beschwerdeverfahren ohne Endentscheidung beendet wird. 49

50 Es muss das gesamte Beschwerdeverfahren erledigt werden, eine Teilermäßigung tritt nicht ein.

51 Maßgeblich ist der Erlass der Endentscheidung, so dass der Zeitpunkt ihrer Bekanntmachung entscheidend ist. Wird die Endentscheidung ohne Verlesen der Entscheidungsformel bekannt gemacht, so tritt die Ermäßigung auch ein, wenn die Beendigung bis zum Ablauf des Tages erfolgt, an dem die Endentscheidung der Geschäftsstelle übergeben wurde (Anm. Abs. 1 zu Nr. 16124 KV).

52 **Beispiel:** Am 18.3. wird Beschwerde eingelegt, die Begründungsschrift geht am 12.4. bei Gericht ein. Die Beschwerde wird am 19.4. vollständig zurückgenommen. Eine Endentscheidung war noch nicht ergangen. Der Geschäftswert beträgt 40.000 €.
Es sind an Gerichtsgebühren zu erheben:

1,0-Verfahrensgebühr, Nr. 16124 KV (Wert: 40.000 €, Tabelle A)	476,00 €

53 Ist nur noch über die Kosten zu entscheiden, steht die Kostenentscheidung einer Ermäßigung entgegen, es sei denn, das Beschwerdegericht folgt in der Kostenentscheidung einer zuvor mitgeteilten Kosteneinigung oder Kostenübernahmeerklärung (Anm. Abs. 2 zu Nr. 16124 KV).

IV. Hauptsacheverfahren, für die Tabelle B anzuwenden ist

1. Anwendungsbereich

54 In den Geltungsbereich der Nr. 16210–16224 KV fallen folgende Verfahren:
- Erbscheinsverfahren und Verfahren auf Erteilung anderer Zeugnisse, einschließlich der Verfahren wegen der Kraftloserklärung oder Einziehung,
- Grundbuchsachen,
- Schiffsbau- und Schiffsregistersachen,
- Angelegenheiten des Registers für Pfandrechte an Luftfahrzeugen.

2. Verfahrensgebühr im ersten Rechtszug beträgt weniger als 2,0 (Nr. 16210 KV)

a) Anwendungsbereich und Gebührenhöhe

55 Beträgt die Verfahrensgebühr im erstinstanzlichen Hauptsacheverfahren, für das Tabelle B gilt, weniger als 2,0, ist für das einstweilige Anordnungsverfahren eine 0,3-Verfahrensgebühr nach Nr. 16210 KV zu erheben. Es handelt sich um eine Pauschgebühr, die sämtliche Handlungen des Gerichts abdeckt. Es gilt Tabelle B (§ 34 GNotKG).

56 Nr. 16210 KV findet im Einzelnen Anwendung in Verfahren wegen
- Erbscheinsverfahren und Verfahren auf Erteilung anderer Zeugnisse, einschließlich der Verfahren wegen der Kraftloserklärung oder Einziehung,
- Aussetzung der Wirkungen des Europäischen Nachlasszeugnisses nach Art. 73 Abs. 1 EuErbVO (Vorbem. 1.2.2 Abs. 2 S. 2, Vorbem. 1.6.2 KV) (s. § 14 Rn 378 ff),
- Grundbuchsachen, mit Ausnahme der von Nr. 14111 KV erfassten Fälle,
- Schiffsbau- und Schiffsregistersachen,
- Angelegenheiten des Registers für Pfandrechte an Luftfahrzeugen.

57 Die Gebühr Nr. 16210 KV entsteht auch, wenn in **Grundbuchsachen** das Beschwerdegericht eine einstweilige Anordnung trifft (§ 76 GB); Nr. 16220 KV gilt nicht. Ist

für die Eintragung eine Festgebühr vorgesehen (zB Nr. 14143 KV), bleibt die einstweilige Anordnung nach § 76 GBO gebührenfrei.[3]

b) Entstehung und Fälligkeit

Zur Entstehung der Gebühr s. Rn 12 f. Ein Wegfall oder auch eine Ermäßigung ist nicht vorgesehen, so dass es bei der 0,3-Verfahrensgebühr unabhängig vom Ausgang des Verfahrens, einschließlich der Zurücknahme des Antrags, verbleibt. 58

Für die Fälligkeit der Gebühren gilt § 9 Abs. 1 GNotKG. Für die Auslagen gilt § 9 Abs. 1, 2 GNotKG. 59

3. Verfahrensgebühr im ersten Rechtszug beträgt 2,0 (Nr. 16211, 16212 KV)

a) Gebührenhöhe

Beträgt die Verfahrensgebühr im erstinstanzlichen Hauptsacheverfahren, für das Tabelle B gilt, 2,0, ist für das einstweilige Anordnungsverfahren eine 1,5-Verfahrensgebühr nach Nr. 16211 KV zu erheben. Es handelt sich um eine Pauschgebühr, die sämtliche Handlungen des Gerichts abdeckt. Es gilt Tabelle B (§ 34 GNotKG). 60

Zur Entstehung und Fälligkeit s. Rn 12 f. 61

Einziger Anwendungsfall der Nr. 16211, 16212 KV dürfte die Eintragung eines Eigentümers im Wege der Grundbuchberichtigung aufgrund des § 82 a GBO von Amts wegen sein (Nr. 14111 KV). Im Übrigen entstehen in Grundbuch sowie Schiffs- und Schiffsbauregisterangelegenheiten Festgebühren oder Verfahrensgebühren mit einem Gebührensatz von weniger als 2,0. 62

b) Gebührenermäßigung

Die Gebühr Nr. 16211 KV ermäßigt sich nach Nr. 16212 KV auf einen 0,5-Gebührensatz, wenn das Verfahren ohne Endentscheidung beendet wird. Der Erlass einer bloßen Nebenentscheidung verhindert die Ermäßigung nicht. Erfasst sind insbesondere die Beendigung durch Zurücknahme oder Abschluss eines Vergleichs. Es muss das gesamte einstweilige Anordnungsverfahren ohne Endentscheidung beendet werden. Eine Teilermäßigung findet nicht statt. 63

Das Verfahren kann bis zur Bekanntmachung der Endentscheidung durch Verlesen zurückgenommen werden. Erfolgt die Bekanntgabe nicht durch Verlesen der Entscheidungsformel, tritt eine Ermäßigung noch ein, wenn die Zurücknahme bis zum Ablauf des Tages erfolgt, an dem die Endentscheidung der Geschäftsstelle übermittelt wird (Anm. Abs. 1 zu Nr. 16212 KV). Maßgeblich ist der Vermerk nach § 38 Abs. 3 S. 3 FamFG. 64

Endentscheidung ist auch eine isolierte Kostenentscheidung, so dass sie grundsätzlich einer Ermäßigung entgegensteht, es sei denn, das Gericht folgt darin einer zuvor mitgeteilten Einigung über die Kostentragung oder einer Kostenübernahmeerklärung (Anm. Abs. 2 zu Nr. 16212 KV). 65

c) Entstehung und Fälligkeit

Die Gebühr der Nr. 16211 KV entsteht mit Eingang des Antrags bei Gericht. Sie kann danach nicht mehr entfallen, sich aber nach Nr. 16212 KV ermäßigen (s. Rn 63 ff). Wurde das einstweilige Anordnungsverfahren von Amts wegen durchge- 66

---

3 LK-GNotKG/*Schulz*, Nr. 16210 KV Rn 3.

führt, entsteht die Gebühr erst, wenn das Gericht das Verfahren tatsächlich einleitet. Das Gericht muss erkennbar nach außen tätig werden, zB durch Aufnahme von Ermittlungen.[4] Eine bloße Mitteilung nach § 24 Abs. 2 FamFG löst die Gebühr noch nicht aus, weil dann noch keine Verfahrenseinleitung vorliegt.

67 Die Fälligkeit der Gebühren bestimmt sich nach § 9 Abs. 1 GNotKG, für Auslagen gilt § 9 Abs. 1, 2 GNotKG.

4. Aufhebungs- und Änderungsverfahren

68 Für das Verfahren über den Erlass der einstweiligen Anordnung und die Verfahren über ihre Aufhebung oder Änderung sind die Gebühren nur einmal zu erheben (Vorbem. 1.6 KV).

5. Beschwerdeverfahren

a) Anzuwendende Vorschriften

69 In den Beschwerdeverfahren, die sich gegen die Endentscheidung wegen des Hauptgegenstands richten, gelten die Gebühren der Nr. 16220, 16222 KV, wenn im erstinstanzlichen Eilverfahren Nr. 16210 KV Anwendung findet. Findet im erstinstanzlichen Eilverfahren hingegen die Gebühr der Nr. 16211 KV Anwendung, gelten in Beschwerdeverfahren Nr. 16221, 16223, 16224 KV.

b) Beschwerden, wenn im ersten Rechtszug Nr. 16210 KV gilt (Nr. 16220, 16222 KV)

aa) Anwendungsbereich und Gebührenhöhe

70 Nr. 16220 KV findet Anwendung, wenn die Beschwerde im einstweiligen Anordnungsverfahren zum Gegenstand hat:

- Erbscheinsverfahren und Verfahren auf Erteilung anderer Zeugnisse, einschließlich der Verfahren wegen der Kraftloserklärung oder Einziehung,
- Grundbuchsachen, mit Ausnahme der von Nr. 14111 KV erfassten Fälle,
- Schiffsbau- und Schiffsregistersachen,
- Angelegenheiten des Registers für Pfandrechte an Luftfahrzeugen.

71 Es handelt sich um eine pauschale 0,5-Verfahrensgebühr, die sämtliche gerichtliche Handlungen abdeckt. Es gilt Tabelle B (§ 34 GNotKG).

72 **Beispiel:** Es wird gegen die einstweilige Anordnung Beschwerde eingelegt. Im ersten Rechtszug findet Nr. 16210 KV Anwendung, so dass für das Beschwerdeverfahren Nr. 16220 KV gilt. Das Beschwerdegericht entscheidet durch Endentscheidung. Der Geschäftswert beträgt 70.000 €.
An Gerichtsgebühren sind entstanden:

0,5-Verfahrensgebühr, Nr. 16220 KV (Wert: 70.000 €, Tabelle B)	109,50 €

bb) Gebührenermäßigung

73 Die Gebühr Nr. 16220 KV ermäßigt sich gem. Nr. 16222 KV auf einen 0,3-Gebührensatz, wenn das Beschwerdeverfahren ohne Endentscheidung beendet wird. Ob eine eventuelle Beschwerdebegründung eingegangen war, bleibt unbeachtlich. Es muss das gesamte Beschwerdeverfahren erledigt werden, eine Teilermäßigung findet nicht statt.

4 Keidel/*Sternal*, FamFG, § 24 Rn 4.

War die Endentscheidung ohne Verlesen der Entscheidungsformel bekannt gemacht, so tritt die Ermäßigung auch ein, wenn die Beendigung bis zum Ablauf des Tages erfolgt ist, an dem die Endentscheidung der Geschäftsstelle übergeben wurde (Anm. Abs. 1 zu Nr. 16222 KV). 74

Endentscheidung ist auch eine bloße Kostenentscheidung, so dass ihr Erlass den Eintritt der Ermäßigung verhindert, wenn das Gericht nicht einer zuvor mitgeteilten Kosteneinigung oder Kostenübernahmeerklärung folgt (Anm. Abs. 2 zu Nr. 16222 KV). 75

c) Beschwerden, wenn im ersten Rechtszug Nr. 16211 KV gilt (Nr. 16221, 16223, 16224 KV)

aa) Anwendungsbereich und Gebührenhöhe

Gilt für das erstinstanzliche Eilverfahren Nr. 16211 KV, zB bei der Grundbuchberichtigung des Eigentümers aufgrund § 82 a GBO von Amts wegen (Nr. 14111 KV), entsteht für das Beschwerdeverfahren eine pauschale 2,0-Verfahrensgebühr nach Nr. 16221 KV, die sämtliche gerichtliche Handlungen abdeckt. Es gilt Tabelle B (§ 34 GNotKG). 76

Beispiel: Es wird gegen die einstweilige Anordnung Beschwerde eingelegt. In dem ersten Rechtszug findet Nr. 16211 KV Anwendung, so dass für das Beschwerdeverfahren Nr. 16221 KV gilt. Das Beschwerdegericht entscheidet durch Endentscheidung. Der Geschäftswert beträgt 70.000 €. 77

An Gerichtsgebühren sind entstanden:

2,0-Verfahrensgebühr, Nr. 16221 KV (Wert: 70.000 €, Tabelle B)	438,00 €

bb) Gebührenermäßigung

(1) Ermäßigung bei Zurücknahme der Beschwerde oder des Antrags vor Eingang der Beschwerdebegründung

Wird die Beschwerde oder der Antrag zurückgenommen, bevor eine eventuelle Beschwerdebegründung bei Gericht eingeht, ermäßigt sich die Verfahrensgebühr auf einen 0,5-Gebührensatz (Nr. 16223 KV). 78

Für den Eintritt der Ermäßigung kommt es nur auf den Eingang der Begründung an. Hat das Gericht eine Begründungsfrist gesetzt (§ 65 Abs. 2 FamFG), kommt es deshalb auf den Ablauf der richterlichen Frist nicht an. Eine Kostenentscheidung steht der Ermäßigung nicht entgegen, auch wenn nicht einer Kosteneinigung oder Übernahmeerklärung gefolgt wird. 79

(2) Ermäßigung bei Verfahrensbeendigung nach Eingang der Beschwerdebegründung

Nach Eingang der Beschwerdebegründung ermäßigt sich die Gebühr Nr. 16221 KV auf einen 1,0-Gebührensatz, wenn das Beschwerdeverfahren ohne Endentscheidung beendet wird (Nr. 16224 KV). Es muss das gesamte Beschwerdeverfahren erledigt werden, eine Teilermäßigung tritt nicht ein. 80

Wurde die Endentscheidung ohne Verlesen der Entscheidungsformel bekannt gemacht, tritt die Ermäßigung auch ein, wenn die Beendigung bis zum Ablauf des Tages erfolgt ist, an dem die Endentscheidung der Geschäftsstelle übergeben wird (Anm. Abs. 1 zu Nr. 16224 KV). 81

Der Erlass einer Kostenentscheidung verhindert die Gebührenermäßigung, weil es sich um eine Endentscheidung iSd § 38 FamFG handelt. Etwas anderes gilt aber 82 dann, wenn die Kostenentscheidung einer zuvor mitgeteilten Kosteneinigung oder Kostenübernahmeerklärung folgt (Anm. Abs. 2 zu Nr. 16224 KV).

V. Vergleichsgebühr

83 Wird ein Vergleich über gerichtlich nicht anhängige Gegenstände geschlossen, entsteht auch in den Eilverfahren eine Vergleichsgebühr Nr. 17005 KV. Dabei ist zu beachten, dass in dem Eilverfahren nur die vorläufige Regelung gegenständlich ist. Vergleichen sich die Beteiligten auch über die Hauptsache, ist nach dessen Wert eine Vergleichsgebühr zu erheben.

VI. Hauptsacheverfahren

84 Das Hauptsacheverfahren ist auf Antrag eines Beteiligten einzuleiten (§ 52 Abs. 1 FamFG). Ist ein Verfahren nur von Amts wegen einzuleiten, hat das Gericht eine Frist zu bestimmen, in welcher derjenige, der die einstweilige Anordnung erwirkt hat, den Antrag auf Einleitung des Hauptsacheverfahrens oder einen Antrag auf VKH-Bewilligung zu stellen hat (§ 52 Abs. 2 FamFG).

85 Einstweiliges Anordnungs- und Hauptsacheverfahren sind unabhängige Verfahren (§ 51 Abs. 3 FamFG). Auch die Gerichtskosten für beide Verfahren sind getrennt zu berechnen, da es sich auch kostenrechtlich stets um besondere Rechtszüge iSd § 55 Abs. 1 GNotKG oder § 119 ZPO iVm § 76 Abs. 1 FamFG handelt. Eine Antrags- oder Entscheidungshaftung (§§ 22 Abs. 1, 27 GNotKG) erfasst nur das jeweilige Verfahren, so dass der Antragsschuldner des einstweiligen Anordnungsverfahrens nicht automatisch für die Kosten des Hauptsacheverfahrens haftet. Auch die Beantragung und Bewilligung von VKH hat für jedes Verfahren gesondert zu erfolgen.

VII. Voraus- und Vorschusszahlungen

86 Die Durchführung eines einstweiligen Anordnungsverfahrens kann nicht von der vorherigen Zahlung der Gebühren abhängig gemacht werden. Das gilt auch dann, wenn in dem Verfahren eine Antragshaftung (§ 22 Abs. 1 GNotKG) besteht. Insoweit ist § 13 S. 1 GNotKG einzuschränken, weil die Abhängigmachung dem Eilcharakter der Verfahren widerspricht.[5]

VIII. Kostenschuldner

87 Für das einstweilige Anordnungsverfahren sind die Regelungen über die Kostenhaftung anzuwenden, die auch für das jeweilige Hauptsacheverfahren gelten würden. Eine Antragshaftung besteht deshalb im einstweiligen Anordnungsverfahren nur, wenn eine solche auch für das Hauptsacheverfahren bestehen würde. Dabei sind auch die Sonderregelungen der §§ 23–26 GNotKG zu beachten. Insoweit wird auf die Erläuterungen der jeweiligen Verfahren verwiesen.

88 Neben einem eventuellem Antragsschuldner haften auch die Kostenschuldner des § 27 GNotKG, dabei ist die Reihenfolge der Inanspruchnahme von Erst- und Zweitschuldner (§ 33 Abs. 1 GNotKG) zu beachten.

---

5 So für einstweilige Anordnungsverfahren in Familiensachen HK-FamGKG/*Fölsch*, Vor Hauptabschnitt 4 KV Rn 26.

IX. Geschäftswert

Für die Bestimmung des Geschäftswerts gelten die allgemeinen Regelungen, die auch für das jeweilige Hauptsacheverfahren gelten würden, so dass auf die dortigen Ausführungen verwiesen wird (s. § 11). 89

Bei der Wertfestsetzung ist jedoch stets die geringere Bedeutung des einstweiligen Anordnungsverfahrens gegenüber dem Hauptsacheverfahren zu berücksichtigen. Der Wert ist deshalb niedriger anzusetzen, wobei regelmäßig von der Hälfte des für die Hauptsache vorgesehenen Werts auszugehen ist (§ 62 GNotKG); jedoch kann das Gericht den Wert auch höher oder niedriger festsetzen.[6] Die Festsetzung eines höheren Geschäftswerts kommt etwa in Betracht, wenn durch das einstweilige Anordnungsverfahren die Durchführung eines Hauptsacheverfahrens entbehrlich wird. 90

6 OLG Schleswig FGPrax 2015, 272.

§ 20 Besondere Gebühren

I. Grundbuch- und Registerauszüge (Nr. 17000–17003 KV)

1. Geltungsbereich

1 Während die Einsicht in die Grundbücher und Register gebührenfrei ist, fallen für die Erteilung von **Ausdrucken** oder für die Fertigung von **Kopien** aus einem Register oder dem Grundbuch Gebühren nach Nr. 17000–17003 KV an. Im Einzelnen sind erfasst:

- Grundbücher,
- Güterrechtsregister,
- Handelsregister,
- Partnerschafts- und Genossenschaftsregister,
- Schiffsregister,
- Schiffsbauregister
- Vereinsregister.

2 Für die Erteilung von Zeugnissen nach § 17 Abs. 2 ZVG und § 9 Abs. 5 HGB gelten die Gebühren der Nr. 17000–17003 KV nicht; sondern Nr. 17004 KV (s. Rn 26 ff). Auch für die Erteilung von Ausdrucken aus den maschinell geführten Auffindungsverzeichnissen (§§ 12 a, 126 Abs. 2 GBO) gelten die Gebühren der Nr. 17000–17003 KV nicht. Allerdings besteht hier Auslagenpflicht nach Nr. 31000 KV.

3 Hat der Notar einen Grundbuchabdruck nach § 133 a GBO erteilt, gelten Nr. 25210–25213 KV und nicht Nr. 17000–17003 KV.

4 Für die **automatisierten Abrufverfahren** in Handels-, Partnerschafts-, Genossenschafts- und Vereinsregisterangelegenheiten und in den Angelegenheiten der Grundbücher, der Schiffsregister, des Schiffsbauregisters und des Registers für Pfandrechte an Luftfahrzeugen gelten die Regelungen des Justizverwaltungskostengesetzes (§ 1 Abs. 2 S. 1 Nr. 4, 5 JVKostG). Gebühren sind nach Nr. 1140, 1141, Nr. 1150–1152 KV-JVKostG zu erheben. Für den **Aufruf von Daten und Dokumenten in der Geschäftsstelle** des Grundbuchamts oder des Registergerichts werden keine Gebühren erhoben (Vorbem. 1.1.5 Abs. 1 S. 2 JVKostG). Gebührenfrei ist zudem der **Abruf von Daten aus den Verzeichnissen** nach § 12 a Abs. 1 GBO, § 31 Abs. 1, § 55 S. 2 SchRegDV, §§ 10, 11 Abs. 3 S. 2 LuftRegV (Vorbem. 1.1.5 Abs. 1 S. 3 JVKostG).

2. Antragshandlung

5 Gebühren nach Nr. 17000–17003 KV entstehen nur, wenn die Erteilung oder Übermittlung auf **Antrag** erfolgt. Muss das Grundbuchamt oder das Registergericht hingegen von Amts wegen tätig werden, besteht keine Gebührenpflicht.[1] Auslagenfrei sind deshalb Ablichtungen oder Ausdrucke nach § 19 Abs. 2 ZVG zu erteilen. Es wird nur zwischen unbeglaubigten und beglaubigten Kopien/amtlichen Ausdrucken unterschieden; unerheblich ist hingegen, ob ein chronologischer oder aktueller Ausdruck (§ 30 a HRV) gefordert wird.

3. Unbeglaubigte Kopien (Nr. 17000 KV)

6 Für die Fertigung von Ausdrucken und unbeglaubigten Kopien aus dem Grundbuch und den vorgenannten Registern (s. Rn 1) entsteht eine Festgebühr nach Nr. 17000 KV von 10 €. Sie ist für jeden gefertigten Register- oder Grundbuchauszug gesondert

---

1 BT-Drucks. 17/11471 (neu), S. 215 zu Nr. 17000–17003 KV.

zu erheben. Das gilt auch dann, wenn von demselben Grundbuchblatt oder demselben Registerblatt mehrere Kopien oder Ausdrucke anzufertigen sind.

Neben der Gebühr wird keine Dokumentenpauschale nach Nr. 31000 KV erhoben (Anm. zu Nr. 17000 KV). 7

Beispiel 1: Von dem Grundbuch Magdeburg, Blatt 35000, soll ein unbeglaubigter Grundbuchauszug erteilt werden. 8
An Gerichtsgebühren sind entstanden:
Gebühr für die Erteilung der unbeglaubigten Ablichtung, Nr. 17000 KV 10,00 €

Beispiel 2: Von dem Grundbuch Magdeburg, Blatt 35000, sollen zwei unbeglaubigte Grundbuchauszüge erteilt werden. 9
An Gerichtsgebühren sind entstanden:
2 x Gebühr für die Erteilung der unbeglaubigten Ablichtung, Nr. 17000 KV 20,00 €

4. Beglaubigte Kopien (Nr. 17001 KV)

Wird aus dem Grundbuch oder den Registern ein amtlicher Ausdruck oder eine beglaubigte Kopie gefordert, ist eine Festgebühr nach Nr. 17001 KV von 20 € zu erheben. Sie ist für jeden Ausdruck oder jede Kopie gesondert zu erheben. 10

Neben der Gebühr wird keine Dokumentenpauschale nach Nr. 31000 KV erhoben (Anm. zu Nr. 17001 KV). 11

Beispiel: Von dem Grundbuch Magdeburg, Blatt 35000, soll ein beglaubigter Grundbuchauszug erteilt werden. 12
An Gerichtsgebühren sind entstanden:
Gebühr für die Erteilung der beglaubigten Ablichtung, Nr. 17001 KV 20,00 €

5. Elektronische Übermittlung (Nr. 17002, 17003 KV)

Erfolgt anstelle der Übermittlung der Ausdrucke oder Kopien eine elektronische Übermittlung, entstehen Gebühren nach Nr. 17002 KV von 5 €, wenn es sich um unbeglaubigte Dateien handelt, und nach Nr. 17003 KV von 10 € für beglaubigte Dateien. 13

Es muss sich um einen entsprechenden Auszug aus dem Grundbuch oder einem Register handeln, für die Übermittlung anderer elektronischer Dokumente, zB aus elektronischen Registerakten, gilt Nr. 31000 Nr. 3 KV. Für den Abruf von Daten oder Dokumenten im automatisierten Abrufverfahren gilt das JVKostG (s. Rn 4). 14

Die Gebühren der Nr. 17002, 17003 KV fallen für jede übermittelte Datei gesondert an, auch wenn sie dasselbe Grundbuch- oder Registerblatt betreffen. 15

Eine Ausnahme gilt nur dann, wenn zwei Dateien gleichen Inhalts, aber in unterschiedlichen Dateiformaten übermittelt werden, so dass dann die Gebühr nur einmal zu erheben ist (Anm. zu Nr. 17003 KV). Erfüllen die Dateien die Tatbestände von Nr. 17002 und 17003 KV, ist die höhere Gebühr der Nr. 17003 KV anzusetzen. 16

Beispiel 1: Von dem Grundbuch Magdeburg, Blatt 27100, werden antragsgemäß zwei unbeglaubigte Dateien übermittelt. 17
Die Gebühr der Nr. 17002 KV ist zweimal anzusetzen.

18 **Beispiel 2:** Von dem Grundbuch Magdeburg, Blatt 27100, werden antragsgemäß eine unbeglaubigte und eine beglaubigte Datei übermittelt.
Anzusetzen ist einmal die Gebühr der Nr. 17002 KV und einmal die Gebühr der Nr. 17003 KV.

19 **Beispiel 3:** Von dem Grundbuch Magdeburg, Blatt 27100, werden antragsgemäß zwei unbeglaubigte Dateien übermittelt. Die Dateien sind gleichen Inhalt, werden aber einmal in PDF- und einmal in XML-Datei übersandt.
Anzusetzen ist einmal die Gebühr der Nr. 17002 KV.

6. Ergänzung oder Bestätigung von früher gefertigten Auszügen

20 Für die Ergänzung oder Bestätigung von früher gefertigten Registerauszügen (§ 30 Abs. 5 HRV) entstehen die Gebühren der Nr. 17000, 17001 KV gesondert, was aus dem Wortlaut „oder für deren Ergänzung oder Bestätigung" folgt. Die Gebühr der Nr. 17000 KV ist danach für die Ergänzung oder Bestätigung eines unbeglaubigten Auszugs und die Gebühr der Nr. 17001 KV für die Ergänzung oder Bestätigung eines beglaubigten Auszugs zu erheben.

7. Antragsrücknahme

21 Kommt es wegen einer Antragsrücknahme nicht mehr zur Erteilung der Ausdrucke bzw. Kopien oder zur Übermittlung, sind Gebühren nach Nr. 17000–17003 KV nicht zu erheben, da es sich um Aktgebühren handelt, die nur für die Erteilung oder Übermittlung entstehen. Unerheblich ist dagegen eine Zurücknahme nach Fertigung oder Übermittlung der Ausdrucke oder Kopien, da dann der Gebührentatbestand bereits erfüllt ist.

8. Kostenschuldner

22 Für die Gebühren der Nr. 17000–17003 KV haftet ausschließlich der Antragsteller nach § 22 Abs. 1 GNotKG. § 26 Abs. 1 GNotKG gilt nicht, da er nur die Dokumentenpauschale der Nr. 31000 KV erfasst.

9. Vorschüsse und Zurückbehaltungsrecht

23 Für die Gebühren der Nr. 17000–17003 KV kann ein Gebührenvorschuss angefordert werden und die Fertigung bzw. Übersendung auch von der vorherigen Zahlung abhängig gemacht werden (§ 13 S. 1 GNotKG), in Grundbuch- oder Nachlasssachen jedoch nur dann, wenn dies im Einzelfall zur Sicherung des Eingangs der Gebühr erforderlich erscheint (§ 13 S. 2 GNotKG).

24 Davon zu unterscheiden ist aber die Herausgabe der gefertigten Auszüge oder Kopien, da hier das Zurückbehaltungsrecht nach § 11 GNotKG ausgeübt werden kann (s. § 5 Rn 50 ff). Danach können die Ausfertigungen, Ausdrucke und Kopien nach billigem Ermessen zurückbehalten werden, bis die Gebühren der Nr. 17000, 17001 KV gezahlt sind. Für die Entscheidung über die Ausübung des Zurückbehaltungsrechts ist der Kostenbeamte zuständig (§ 23 Abs. 1 S. 2 KostVfg), so dass es keiner Entscheidung des Rechtspflegers bedarf.

10. Gebührenfreiheit

Es handelt sich bei den Nr. 17000–17003 KV um Gebühren, so dass bloße Gebührenfreiheit nicht von der Zahlungspflicht entbindet, da es sich nicht um Auslagen handelt. Kostenfreiheit schützt jedoch vor der Inanspruchnahme. § 2 Abs. 4 GNotKG ist zu beachten (s. § 7 Rn 20 ff). 25

II. Erteilung bestimmter Zeugnisse (Nr. 17004 KV)

1. Geltungsbereich

Nach Nr. 17004 KV besteht Gebührenpflicht für die Erteilung 26

- eines Zeugnisses des Grundbuchamts (Nr. 1),
- einer Bescheinigung aus dem Register (Nr. 2),
- einer beglaubigten Abschrift des Verpfändungsvertrages nach § 16 Abs. 1 S. 3 PachtkredG (Nr. 3),
- einer Bescheinigung nach § 16 Abs. 2 PachtkredG (Nr. 4).

Es entsteht jeweils eine Festgebühr von 20 €. Daneben ist die Dokumentenpauschale der Nr. 31000 KV anzusetzen,[2] so dass für die ersten 50 Seiten zusätzlich 0,50 € je Seite und für jede weitere Seite weitere 0,15 € zu berechnen sind. Für die Erteilung einer Auskunft, dass **erbrechtliche Vorgänge** nicht vorhanden sind, gilt Nr. 1401 KV-JVKostG, nicht aber, wenn Nachlassakten vorhanden sind, weil es sich dann um eine gerichtliche Tätigkeit nach § 13 FamFG handelt. 27

2. Zeugnisse des Grundbuchamts

Von Nr. 17004 Nr. 1 KV sind die Fälle des § 17 Abs. 2, ggf. iVm § 146 Abs. 1 ZVG, erfasst, wonach die Zwangsversteigerung eines Grundstücks oder die Anordnung der Zwangsverwaltung nur erfolgen darf, wenn die Eintragung des Schuldners als Eigentümer durch ein Zeugnis des Grundbuchamtes nachgewiesen wird. Die bisherige Gebührenfreiheit wurde absichtlich beseitigt.[3] 28

3. Registerbescheinigungen

Gebührenpflichtig sind auch Bescheinigungen des Registergerichts nach § 386 FamFG, auch wenn es sich um eine Negativbescheinigung handelt. Erfasst sind daher Bescheinigungen nach § 69 BGB, §§ 26 Abs. 2, 156 Abs. 1 GenG, § 9 Abs. 5 HGB, § 5 Abs. 2 PartGG. Ferner solche nach § 12 Abs. 1 GBBerG[4] sowie aufgrund von §§ 40 Abs. 1, 62 Abs. 1 LuftVZO erteilte Bescheinigungen des Registergerichts. 29

4. Pachtkreditsachen

Die Gebühr Nr. 17004 Nr. 3 KV entsteht für die Erteilung einer beglaubigten Abschrift des Verpfändungsvertrages nach § 16 Abs. 1 S. 3 PachtkredG, während Nr. 17004 Nr. 4 KV für die Erteilung einer Bescheinigung, dass ein Pachtkreditvertrag bei dem Gericht hinterlegt ist (§ 16 Abs. 2 PachtkredG), gilt. Die Gebühr entsteht für jede Erteilung nach Nr. 17004 Nr. 3, 4 KV gesondert. Beglaubigungsgebühren sind nicht zu erheben. 30

2 BT-Drucks. 17/11471 (neu), S. 216 zu Nr. 17004 KV.
3 BT-Drucks. 17/11471 (neu), S. 215 zu Nr. 17004 KV.
4 HK-GNotKG/*Röhl*, KV Nr. 17004 Rn 4.

31 Neben der Gebühr ist auch in den Fällen des § 16 Abs. 1, 2 PachtkredG die Dokumentenpauschale der Nr. 31000 KV gesondert zu erheben.[5]

32 Für die Niederlegung oder Herausgabe des Verpfändungsvertrages entstehen Gebühren nach Nr. 15112 KV.

5. Antragsrücknahme

33 Kommt es wegen Antragsrücknahme nicht mehr zur Erteilung des Zeugnisses, der Bescheinigung oder der Abschrift, entsteht die Gebühr der Nr. 17004 KV nicht, da es sich um eine Aktgebühr handelt, die nur für die Erteilung anfällt. Eine Gebührenpflicht für die Fälle der Antragsrücknahme besteht nicht. Unerheblich ist dagegen eine Zurücknahme nach Fertigung durch das Gericht.

6. Kostenschuldner

34 Für die Gebühr der Nr. 17004 KV haftet ausschließlich der Antragsteller nach § 22 Abs. 1 GNotKG.

7. Vorschüsse und Zurückbehaltungsrecht

35 Da Antragshaftung besteht, kann die Erteilung der Bescheinigungen oder der beglaubigten Abschriften von der vorherigen Gebührenzahlung abhängig gemacht werden (§ 13 S. 1 GNotKG). Das gilt auch für die anfallende Dokumentenpauschale (§ 14 Abs. 2 GNotKG). In den Fällen der Nr. 17004 Nr. 1 KV kann Abhängigmachung von der Gebührenzahlung aber nur angeordnet werden, wenn dies im Einzelfall zur Sicherung des Eingangs der Gebühr erforderlich erscheint, da es sich um eine Grundbuchsache handelt (§ 13 S. 2 GNotKG).

36 Neben der Abhängigmachung kann aber in allen von Nr. 17004 KV erfassten Fällen, auch für die Erteilung des Zeugnisses nach § 17 Abs. 2, ggf. iVm § 146 Abs. 1 ZVG, das Zurückbehaltungsrecht nach § 11 GNotKG ausgeübt werden (s. § 5 Rn 50 ff). Danach können die gefertigten Zeugnisse, Bescheinigungen oder Abschriften nach billigem Ermessen zurückbehalten werden, bis die Gebühr der Nr. 17004 KV gezahlt ist. Für die Entscheidung über die Ausübung des Zurückbehaltungsrechts ist der Kostenbeamte zuständig (§ 23 Abs. 1 S. 2 KostVfg), so dass es keiner Entscheidung des Rechtspflegers bedarf.

8. Gebührenfreiheit

37 Bei Nr. 17004 KV handelt es sich um Gebühren, so dass eine bloße Gebührenfreiheit nicht von der Zahlungspflicht entbindet, da es sich nicht um Auslagen handelt. Eine bestehende Kostenfreiheit schützt jedoch vor der Inanspruchnahme. § 2 Abs. 4 GNotKG ist zu beachten (s. § 7 Rn 20 ff).

III. Vergleichsgebühr (Nr. 17005 KV)

1. Allgemeines

38 Der Abschluss und die Protokollierung eines gerichtlichen Vergleichs sind grundsätzlich gebührenfrei, da die gerichtliche Tätigkeit bereits durch die Verfahrensgebühren abgegolten wird. Werden jedoch gerichtlich nicht anhängige Ansprüche verglichen,

5 BT-Drucks. 17/11471 (neu), S. 216 zu Nr. 17004 KV.

so entsteht insoweit eine Vergleichsgebühr nach Nr. 17005 KV. Maßgeblich ist dabei der **Mehrwert**, dh der Wert des Vergleichsgegenstands, der den Wert der gerichtlich anhängigen Verfahrensgegenstände übersteigt.

Die Gebühr kann in jedem Verfahren entstehen, für welches das GNotKG Anwendung findet (s. dazu § 1 Rn 5 ff). Das gilt auch dann, wenn es sich bei den verglichenen Ansprüchen um Verfahren handelt, die sonst in den Geltungsbereich des GKG oder FamGKG fallen würden. 39

2. Entstehungsvoraussetzungen

a) Allgemeines

Die Gebühr nach Nr. 17005 KV entsteht, wenn 40

- ein gerichtlicher Vergleich in einem gerichtlichen Verfahren abgeschlossen wird,
- es sich um einen materiellrechtlichen Vergleich (§ 779 BGB) handelt,
- der Vergleich wirksam geschlossen wurde und
- in dem Vergleich gerichtlich nicht anhängige Gegenstände geregelt sind, dh soweit der Vergleichswert den gerichtlich anhängigen Verfahrensgegenstand übersteigt.

b) Gerichtlicher Vergleich

aa) Allgemeines

Es muss sich um einen gerichtlichen Vergleich handeln, der auch nach § 278 Abs. 6 ZPO zustande gekommen sein kann (§ 36 Abs. 3 FamFG). Unerheblich ist, in welchem Verfahren der Vergleich geschlossen ist, solange es sich dabei um ein von § 1 GNotKG erfasstes Verfahren handelt. Hinsichtlich der in dem Vergleich geregelten Ansprüche gilt dieser Vorbehalt jedoch nicht. Die Gebühr entsteht auch dann, wenn der Vergleich in einem Zwangsvollstreckungsverfahren geschlossen wird. Ist für die Vollstreckung jedoch das Vollstreckungsgericht zuständig, gilt das GNotKG nicht (Vorbem. 1.8 KV), so dass Nr. 1900 KV-GKG Anwendung findet. 41

bb) Außergerichtlicher Vergleich

Handelt es sich um einen außergerichtlichen Vergleich, entsteht die Gebühr nicht. Das gilt auch dann, wenn dieser dem Gericht mitgeteilt wird.[6] Ist der außergerichtliche Vergleich jedoch nach § 160 Abs. 5 ZPO dem Protokoll als Anlage beigefügt und er so zum gerichtlichen Vergleich geworden, gilt Nr. 17005 KV.[7] 42

cc) Verfahrenskostenhilfeverfahren

Wird ein Vergleich in einem VKH-Bewilligungsverfahren (§ 118 ZPO iVm § 76 Abs. 1 FamFG) geschlossen, entsteht keine Vergleichsgebühr (Anm. zu Nr. 17005 KV). Dies gilt auch dann, wenn in dem Vergleich Gegenstände geregelt werden, die nicht Gegenstand des Bewilligungsverfahrens waren.[8] 43

---

6 *Oestreich/Hellstab/Trenkle*, Nr. 1900 KV-GKG Rn 13.
7 *Oestreich/Hellstab/Trenkle*, Nr. 1900 KV-GKG Rn 13.
8 Binz/Dörndorfer/*Zimmermann*, KV-GKG 1900 Rn 10; HK-FamGKG/*N. Schneider*, Nr. 1500 KV Rn 40; aA *Meyer*, KV-GKG 1900 Rn 174. Die Gesetzesbegründung (BT-Drucks. 16/6308, S. 314) ist aber eindeutig, da sie in solchen Verfahren die „überschießenden Vergleiche" von der Gebührenpflicht ausnimmt.

dd) Einstweilige Anordnungen

44 Die Vergleichsgebühr entsteht auch, wenn Gegenstände geregelt werden, die Inhalt eines einstweiligen Anordnungsverfahrens sein können, oder wenn der Vergleich in einem solchen Verfahren abgeschlossen wird.

45 Ist in dem Vergleich auch die Hauptsache geregelt, so ist eine Vergleichsgebühr nach dem Wert der Hauptsache zu erheben. Er ist der Mehrwert, da das Eilverfahren nur die vorläufige Regelung zum Gegenstand hat.

c) Materiellrechtlicher Vergleich

aa) Begriff

46 Nr. 17005 KV erfasst nur solche Vergleiche, welche die materiell- und verfahrensrechtlichen Voraussetzungen erfüllen, denn – anders als Nr. 1000 VV-RVG, die von „Vertrag" und „Einigung" spricht – verlangt das GNotKG den Abschluss eines „Vergleichs". Nach § 779 Abs. 1 BGB ist der Vergleich materiellrechtlich ein Vertrag, durch den der Streit oder die Ungewissheit der Beteiligten über ein Rechtsverhältnis im Wege gegenseitigen Nachgebens beseitigt wird.

47 Ein Vergleich im materiellrechtlichen Sinne liegt daher vor, wenn

- Streit oder Ungewissheit über ein zwischen den Beteiligten bestehendes Rechtsverhältnis herrscht,
- die Beteiligten gegenseitig nachgeben und der Streit oder die Ungewissheit dadurch beseitigt werden,
- der Gegenstand der Dispositionsbefugnis der Beteiligten unterliegt.

48 Ist das Gericht irrtümlich von den o.g. Voraussetzungen ausgegangen, entsteht die Vergleichsgebühr gleichwohl, wenn ein Vergleich durch den Richter oder Rechtspfleger protokolliert wurde.[9] Wird aber eingewendet und gerichtlich festgestellt, dass ein Vergleich tatsächlich nicht zustande gekommen ist, bleibt die Gebühr nach Nr. 17005 KV wegen unrichtiger Sachbehandlung (§ 21 GNotKG) unerhoben und bereits geleistete Gerichtskosten sind durch die Staatskasse zurückzuerstatten.[10]

bb) Streit oder Ungewissheit

49 Der Streit oder die Ungewissheit können tatsächlicher oder rechtlicher Art sein,[11] die Beteiligten müssen mindestens teilweise widersprechender Auffassung sein. Ungewissheit setzt keinen Streit voraus. Der Ungewissheit über ein Rechtsverhältnis steht es nach § 779 Abs. 2 BGB gleich, wenn die Verwirklichung eines Anspruchs unsicher ist.

cc) Gegenseitiges Nachgeben

50 An das Nachgeben sind keine hohen Anforderungen zu stellen, denn es genügt jedes noch so geringfügige Zugeständnis der Beteiligten.[12] Das Nachgeben kann sich auf Nebenforderungen wie Zinsen oder auf eine Gewährung von Ratenzahlungen beschränken. Auch ein bloßes Anerkenntnis kann genügen, weil über dieses hinaus auch ein Vollstreckungstitel geschaffen wird.[13] Da es sich um ein gegenseitiges Nach-

---

9 Binz/Dörndorfer/*Zimmermann*, KV-GKG 1900 Rn 3, *Meyer*, KV-GKG 1900 Rn 167.
10 Binz/Dörndorfer/*Zimmermann*, KV-GKG 1900 Rn 3.
11 Palandt/*Sprau*, § 779 BGB Rn 4.
12 BGH NJW-RR 2005, 1303.
13 BGH NJW-RR 2005, 1303.

geben handeln muss, haben beide Beteiligte Zugeständnisse zu machen. Auch ein Verzicht auf vermeintliche Ansprüche genügt.[14]

Die Schaffung eines Vollstreckungstitels nach § 794 Abs. 1 Nr. 1 ZPO bzw. § 86 Abs. 1 Nr. 2 FamFG ist nicht Voraussetzung für die Vergleichsgebühr, sie entsteht deshalb auch dann, wenn aus der in dem gerichtlichen Vergleich getroffenen Vereinbarung nicht vollstreckt werden kann.[15] 51

dd) Rechtsverhältnis

Der Begriff des Rechtsverhältnisses ist weit zu fassen, es muss zwischen den Beteiligten bestehen,[16] die über den Gegenstand auch frei verfügen können müssen (§ 36 Abs. 1 FamFG). Ist über das Rechtsverhältnis jedoch bereits rechtskräftig entschieden, so begründet eine anderweitige Vereinbarung nur ein neues Rechtsverhältnis, so dass ein Vergleich nicht vorliegt[17] und auch keine Vergleichsgebühr entsteht. 52

d) Wirksamkeit des Vergleichs

aa) Allgemeines

Der Vergleich muss wirksam geschlossen sein, denn nur ein rechtswirksamer Vergleich kann die Vergleichsgebühr auslösen. Die spätere Aufhebung eines wirksamen Vergleichs bleibt für die Vergleichsgebühr ohne Einfluss.[18] 53

bb) Materielles Recht

Ist der Vergleich unter einer Bedingung geschlossen, tritt die Wirksamkeit erst mit Eintritt der Bedingung ein. Sind für die Wirksamkeit behördliche oder gerichtliche Genehmigungen erforderlich, kann eine Vergleichsgebühr erst erhoben werden, wenn diese erteilt sind. Wurde der Vergleich durch einen Vormund, Pfleger oder Betreuer geschlossen, ist die Genehmigung nach §§ 1822 Nr. 12, 1915 Abs. 1, 1908 i Abs. 1 BGB erforderlich. Da es sich um einen schuldrechtlichen Vertrag handelt, gilt § 1829 BGB. 54

cc) Verfahrensvoraussetzungen

Neben der materiellrechtlichen Wirksamkeit müssen auch die verfahrensrechtlichen Wirksamkeitsvoraussetzungen erfüllt sein. Insbesondere eine **ordnungsgemäße Protokollierung** muss erfolgt sein. In das Protokoll ist der Vergleich aufzunehmen (§ 36 Abs. 2 S. 2 FamFG iVm § 160 Abs. 3 Nr. 1 ZPO). Das Protokoll muss den Beteiligten vorgelesen und vorgelegt bzw. abgespielt werden (§ 162 Abs. 1 ZPO). Es ist von diesen zu genehmigen, die Genehmigung ist in dem Protokoll zu vermerken. Das Protokoll bedarf der Unterschriften des Richters und des Urkundsbeamten der Geschäftsstelle (§ 163 Abs. 1 S. 1 ZPO). In den Fällen der vorläufigen Protokollaufzeichnung (§ 160 a ZPO) hat der Urkundsbeamte der Geschäftsstelle die Richtigkeit durch seine Unterschrift zu bestätigen. Die vorgenannten Vorschriften sind zwingend einzuhalten. Ein Verstoß führt zur Unwirksamkeit, so dass keine Vergleichsgebühr ausgelöst wird.[19] 55

14 Palandt/*Sprau*, § 779 BGB Rn 9 mwN.
15 OLG Koblenz FamRZ 2005, 737.
16 Palandt/*Sprau*, § 779 BGB Rn 5.
17 Palandt/*Sprau*, § 779 BGB Rn 7.
18 *Oestreich/Hellstab/Trenkle*, Nr. 1900 KV-GKG Rn 12.
19 Binz/Dörndorfer/*Zimmermann*, KV-GKG 1900 Rn 3.

56 Ist der Vergleich trotz Anwaltszwang ohne Anwalt abgeschlossen, ist er unwirksam, die Gebühr entsteht nicht.[20] **Anwaltszwang** besteht nach § 10 Abs. 4 FamFG etwa in den Verfahren vor dem BGH, mit Ausnahme der Verfahren über die VKH oder die Ausschließung und Ablehnung von Gerichtspersonen.

3. Höhe der Vergleichsgebühr

a) Gebührenhöhe

57 Die Vergleichsgebühr Nr. 17005 KV entsteht mit einem 0,25-Gebührensatz. Es gilt stets Tabelle A (§ 34 GNotKG), auch wenn der Vergleich in einem Verfahren geschlossen wird, für das Tabelle B gilt. Die Gebührenhöhe ist unabhängig davon, ob der Vergleich in einem erstinstanzlichen oder einem Rechtsmittelverfahren geschlossen wurde. Die Gebühr beträgt mindestens 15 € (§ 34 Abs. 5 GNotKG). Im **Verhältnis zur Verfahrensgebühr**, die für das Verfahren, in dem der Vergleich geschlossen wurde, zu erheben ist, ist § 56 Abs. 3 GNotKG zu beachten (Anm. S. 2 zu Nr. 17005 KV). Verfahrens- und Vergleichsgebühr dürfen danach den Gesamtbetrag nicht übersteigen, der bei Anwendung des höchsten Gebührensatzes nach dem Gesamtwert entstehen würde.

58 Eine Vergleichsgebühr ist nur zu erheben werden, *soweit* der Vergleich über nicht gerichtlich anhängige Gegenstände geschlossen wird, dh im Regelfall, soweit der Vergleichsgegenstand den Verfahrensgegenstand der gerichtlich anhängigen Ansprüche übersteigt. Die Vergleichsgebühr ist somit auf den **Mehrwert** beschränkt.

59 **Beispiel:** In einem Verfahren wegen der Stundung von Pflichtteilsansprüchen schließen die Beteiligten einen Vergleich. Darin einigen sie sich darauf, dass die Zahlung wegen der Pflichtteilsansprüche für vier Monate gestundet wird. Zugleich vergleichen sie sich über einen anderen Gegenstand.

Der Vergleichswert wird auf 45.000 € festgesetzt, davon entfallen 15.000 € auf die Stundung und 30.000 € auf den mitverglichenen, nicht anhängigen Gegenstand. Der Geschäftswert für das Verfahren wird auf 15.000 € festgesetzt.

An Gerichtsgebühren sind entstanden:

1.	0,5-Verfahrensgebühr, Nr. 12521 Nr. 1 KV (Wert: 15.000 €, Tabelle A)	146,50 €
2.	0,25-Vergleichsgebühr, Nr. 17005 KV (Wert: 30.000 €, Tabelle A)	101,50 €
Gesamt		248,00 €

Die Vergleichsgebühr der Nr. 17005 KV ist nach einem Wert von 30.000 € zu erheben, da der Vergleich insoweit über nicht gerichtlich anhängige Gegenstände abgeschlossen wurde, dh der Vergleichsgegenstand insoweit den Verfahrensgegenstand übersteigt.

60 Der Vergleichswert ist nach den §§ 34 ff GNotKG zu bestimmen, dabei sind die Höchstwerte der §§ 35 Abs. 2, 36 Abs. 2, 60 Abs. 3, 73, 74 GNotKG zu beachten.

b) Andere gerichtliche Verfahren

61 Sind die Vergleichsgegenstände jedoch Gegenstand eines noch anhängigen Verfahrens, entsteht keine Vergleichsgebühr. Dies gilt auch dann, wenn es sich bei dem Gerichtsverfahren nicht um ein von § 1 GNotKG erfasstes Verfahren handelt.

62 **Beispiel:** Bei dem Nachlassgericht ist ein Verfahren über die Stundung von Pflichtteilsansprüchen anhängig. Zugleich ist zwischen den Beteiligten bei dem Landgericht eine Zivil-

20 *Oestreich/Hellstab/Trenkle*, Nr. 1900 KV-GKG Rn 11.

prozesssache wegen einer Forderung von 10.000 € anhängig, die mit dem Pflichtteil nicht in Verbindung steht.
Der Geschäftswert ist wie folgt festgesetzt:

1.	Stundungsverfahren:	10.000 €
2.	Zivilprozesssache:	10.000 €

In dem Stundungsverfahren schließen die Beteiligten einen Vergleich, in dem sie sich über die Stundung und die andere Forderung einigen. Der Vergleichswert wird auf 20.000 € festgesetzt (10.000 € Stundung, 10.000 € Forderung).
An Gerichtsgebühren sind entstanden:

I. Stundungsverfahren	
0,5-Verfahrensgebühr, Nr. 12521 Nr. 1 KV-GNotKG (Wert: 10.000 €, Tabelle A)	120,50 €
II. Zivilprozesssache	
1,0-Verfahrensgebühr, Nr. 1211 Nr. 3 KV-GKG (Wert: 10.000 €)	241,00 €
Gesamt	361,50 €

Obwohl der Vergleichswert den Verfahrensgegenstand des Stundungsverfahrens um 10.000 € übersteigt, ist eine Vergleichsgebühr nicht zu erheben, da die mitverglichene Forderung Verfahrensgegenstand in der Zivilprozesssache ist und dort bereits eine Verfahrensgebühr entstanden ist. Es handelt sich insoweit um einen gerichtlich anhängigen Gegenstand.

c) Nebenforderungen

In dem Vergleich aufgenommene Nebenforderungen wie Zinsen bleiben unberücksichtigt (§ 37 GNotKG).[21] Das gilt auch für eine etwaige Kostenregelung der Beteiligten, selbst wenn einer von ihnen die Kosten vollständig übernimmt.[22] 63

4. Fälligkeit und Vorschüsse

Es gilt § 9 Abs. 1 GNotKG. Wird das Verfahren durch den Vergleich beendet, tritt Fälligkeit mit Abschluss des Vergleichs ein, andernfalls mit den in § 9 Abs. 1 GNotKG genannten Zeitpunkten. Es besteht keine Vorschusspflicht.[23] 64

Ist der Vergleich mit Widerrufsvorbehalt geschlossen, tritt die Fälligkeit erst mit Ablauf der Frist ein, wenn kein Widerruf erfolgt. Eines Nachweises bedarf es regelmäßig nicht, da sich dieser aus den Verfahrensakten ergibt. 65

5. Kostenschuldner

Für die Vergleichsgebühr haftet derjenige, der die Kosten in dem Vergleich übernommen hat als Übernahmeschuldner (§ 27 Nr. 2 GNotKG). Daneben haftet als Antragsschuldner jeder, der an dem Vergleichsabschluss beteiligt ist (§ 22 Abs. 2 GNotKG). Dabei kann auch ein am Vergleich beteiligter Dritter Antragsschuldner iSd § 22 Abs. 2 GNotKG sein, jedoch muss er sich aktiv beteiligt haben oder beigetreten sein.[24] Die Haftung des § 22 Abs. 2 GNotKG umfasst nur die Vergleichsgebühr, nicht auch die für das Verfahren entstehenden Verfahrens- oder Aktgebühren. 66

Da der Vergleich einen besonderen Rechtszug iSd § 55 Abs. 1 GNotKG darstellt, haftet der Antragsteller, der das Verfahren durch seinen Antrag ursprünglich in Gang ge- 67

21 Schneider/Herget/*N. Schneider*, Streitwert-Kommentar, „Vergleich" Rn 5517.
22 OLG Düsseldorf JurBüro 1984, 1865.
23 Korintenberg/*Klüsener*, GNotKG, Nr. 17005 KV Rn 22.
24 *Oestreich/Hellstab/Trenkle*, Nr. 1900 KV-GKG Rn 49 (die bloße Anrede zugunsten des Dritten genügt nicht).

setzt hat, nicht schon nach § 22 Abs. 1 GNotKG als Antragsschuldner, sondern nur, wenn er an dem Vergleichsabschluss auch tatsächlich beteiligt ist.

68 Enthält der Vergleich keine Kostenregelung oder Übernahmeerklärung, fallen die Gerichtskosten jedem Beteiligten zu gleiche Teilen zur Last (§ 27 Nr. 2 GNotKG iVm § 83 Abs. 1 FamFG), so dass sie sämtlichst als Übernahmeschuldner haften.

69 Der Übernahmeschuldner ist als Erstschuldner in Anspruch zu nehmen (§ 33 Abs. 1 GNotKG), der Antragsschuldner nach § 22 Abs. 2 GNotKG ist Zweitschuldner. Beide haften gesamtschuldnerisch (§ 32 Abs. 1 GNotKG).

IV. Anordnung von Zwangsmaßnahmen nach § 35 FamFG

1. Allgemeines

70 Das Gericht kann durch Beschluss gegen einen Verpflichteten Zwangsgeld festsetzen, wenn dieser aufgrund einer gerichtlichen Anordnung zur Durchführung oder Unterlassung einer Handlung verpflichtet ist. Auf die Möglichkeit der Verhängung von Zwangsgeld muss hingewiesen werden (§ 35 Abs. 2 FamFG). Das Zwangsgeld darf 25.000 € nicht übersteigen (§ 35 Abs. 3 FamFG). Kann das Zwangsgeld nicht beigetrieben werden oder erscheint die Beitreibung aussichtslos, kann auch Zwangshaft angeordnet werden.

2. Gebühren

71 Für die Anordnung von Zwangsgeld oder Zwangshaft nach § 35 FamFG entsteht eine Festgebühr von 20 € nach Nr. 17006 KV. Die Gebühr entsteht für jede Anordnung gesondert; sie fällt deshalb auch gesondert an, wenn in demselben Beschluss Zwangsgeld und ersatzweise Zwangshaft angeordnet werden.[25] Jede neue Anordnung, auch gegen dieselbe Person, lässt die Gebühr erneut entstehen. Die Gebühr entfällt nicht, wenn das Gericht lediglich bestimmt, dass von der Vollstreckung abgesehen wird, zB weil der Verpflichtete die Handlung vorgenommen hat.[26] Wird die Anordnung aber aufgrund Beschwerde im Abhilfe- oder Beschwerdeverfahren aufgehoben, entfällt die Gebühr nachträglich.[27]

72 Die Gebühr Nr. 17006 KV entsteht nur für Anordnungen nach § 35 FamFG. Nicht erfasst sind Anordnungen nach den §§ 88–94 FamFG; für sie gelten Nr. 18002–18004 KV (s. § 21 Rn 30 ff).

73 Die Verhängung von Ordnungsmitteln gegen Beteiligte, Sachverständige oder Zeugen nach § 33 FamFG, §§ 141, 380, 390, 409 und 411 ZPO sind gebührenfrei. Auslagen (Nr. 31000 ff KV) sind aber zu erheben.

74 Für Zwangs- und Ordnungsgelder nach §§ 389–392 FamFG gelten Nr. 13310 ff KV (s. § 15 Rn 69 ff).

75 In dem Beschwerdeverfahren (§ 35 Abs. 5 FamFG) entsteht eine Festgebühren nach Nr. 19116 KV von 60 €, wenn die Beschwerde verworfen oder zurückgewiesen wird (s. § 22 Rn 54 ff).

76 **Beispiel:** Der Betreuer kommt der Aufforderung zur Erstellung der Schlussrechnung nicht nach. Nach Androhung wird gegen den Betreuer ein Zwangsgeld von 500 € verhängt und

25 Korintenberg/*Klüsener*, GNotKG, Nr. 17006 KV Rn 15.
26 Korintenberg/*Klüsener*, GNotKG, Nr. 17006 KV Rn 23.
27 Korintenberg/*Klüsener*, GNotKG, Nr. 17006 KV Rn 21.

ihm sogleich die Kosten auferlegt. In dem Zwangsverfahren sind zwei förmliche Zustellungen für den Androhungs- und den Anordnungsbeschluss angefallen.
In die Kostenrechnung sind aufzunehmen (§ 4 Abs. 1 EBAO):

Zwangsgeld	500,00 €
Gebühr für die Anordnung, Nr. 17006 KV	20,00 €
Zustellungskosten, Nr. 31002 KV (2 x 3,50 €)	7,00 €
Gesamt	527,00 €

Anzufordern von dem Betreuer durch Kostennachricht, es darf keine Sollstellung erfolgen (s. Rn 84 ff).

3. Fälligkeit

Die Gebühr wird mit der Anordnung, also der Bekanntgabe des Beschlusses, fällig (§ 9 Abs. 1 GNotKG). 77

4. Kostenschuldner

Das Gericht hat mit Anordnung der Zwangsmaßnahme die Kosten des Anordnungsverfahrens dem Verpflichteten aufzuerlegen (§ 35 Abs. 3 S. 2 FamFG), der als Entscheidungsschuldner (§ 27 Nr. 1 GNotKG) für die Gebühren und Auslagen haftet. Weitere Kostenschuldner sind nicht vorhanden. Da es sich bei dem Verfahren nach § 35 FamFG um einen eigenständigen Rechtszug iSd § 55 Abs. 1 GNotKG handelt, haftet der Antragsteller des Hauptsacheverfahrens nicht als Antragsschuldner. 78

5. Auslagen

a) Zustellungskosten

Nr. 17006 KV ist keine wertabhängige Gebühr, Zustellungskosten (Nr. 31002 KV) sind von der ersten Zustellung, auch für die Androhung, an in voller Höhe anzusetzen. 79

b) Haftkosten

Die Kosten der Zwangshaft sind nach Nr. 31010 KV einzuziehen (s. § 23 Rn 85 f). 80

c) Gerichtsvollzieherkosten

Kosten des Gerichtsvollziehers sind nach Nr. 31013 KV einzuziehen. Sie sind als durchlaufende Gelder zu behandeln und können erst an den Gerichtsvollzieher abgeführt werden, wenn sämtliche Gerichtskosten bezahlt sind (§§ 19, 32 KostVfg, § 14 Abs. 1 EBAO). 81

6. Kosteneinzug

a) Allgemeines

Der Einzug des Zwangsgelds und der Gerichtskosten für das Anordnungsverfahren bestimmt sich nach der Einforderungs- und Beitreibungsanordnung (EBAO).[28] Die Einforderung und Beitreibung erfolgt durch die Vollstreckungsbehörde, welche das Gericht ist, das die Zwangsmaßnahme angeordnet hat (§ 1 Abs. 4 und § 2 Nr. 2 EBAO). 82

---

28 Einforderungs- und Beitreibungsanordnung (EBAO) vom 1.8.2011 (BAnz. Nr. 112 a vom 28.7.2011). Die EBAO ist als bundeseinheitliche Verwaltungsvorschrift als Anlage zur Strafvollstreckungsordnung durch die Justizverwaltungen in Kraft gesetzt.

b) Einforderung der Beträge

83 Sobald die Anordnung vollstreckbar ist, hat die Vollstreckungsbehörde die Einforderung von Geldbetrag (Zwangsgeld) und der Kosten anzuordnen (§ 3 Abs. 1 EBAO). Dabei ist eine Zahlungsfrist festzusetzen, die regelmäßig zwei Wochen betragen soll (§ 3 Abs. 2 EBAO). Bei fruchtlosem Fristablauf ist der Verpflichtete zu mahnen, wenn nicht damit zu rechnen ist, dass sie unbeachtet bleiben wird (§ 7 Abs. 2 EBAO).

84 Ist die Kosteneinziehung angeordnet, hat der Kostenbeamte bei der Vollstreckungsbehörde die Urschrift der Kostenrechnung aufzustellen (§ 4 Abs. 1, 3 EBAO, § 24 KostVfg), in welche sämtliche Geldbeträge und Kosten aufzunehmen sind. Durch seine Unterschrift übernimmt der Kostenbeamte die Verantwortung für die Vollständigkeit und Richtigkeit der Kostenrechnung. Die Beträge sind durch Zahlungsaufforderung anzufordern (§ 5 EBAO), es erfolgt Kostennachricht, eine Sollstellung ist nicht statthaft.

c) Anordnung der Beitreibung

85 Ist die Zahlungsaufforderung versandt, hat die Vollstreckungsbehörde die Beitreibung des Zwangsgeldes anzuordnen, wenn auch eine Woche nach Ablauf der Zwei-Wochenfrist (§ 3 Abs. 2 EBAO) und erfolgloser Mahnung keine Zahlung erfolgt ist (§ 8 Abs. 1 EBAO). Welche Vollstreckungsmaßnahmen einzuleiten sind, bestimmt die Vollstreckungsbehörde; in Betracht kommen dabei die in §§ 6 ff JBeitrO genannten Maßnahmen, zB auch der Erlass eines Pfändungs- und Überweisungsbeschlusses (§ 8 Abs. 5 EBAO, § 6 Abs. 2 JBeitrO), für welchen eine zusätzliche Gebühr nach Nr. 2111 KV-GKG entsteht (§ 11 Abs. 1 JBeitrO).

d) Lösung von Geldbetrag und Kosten

86 Die Verbindung von Geldbetrag und Kosten kann gelöst werden, wenn sich die Beitreibung des Geldbetrages erledigt hat und für die Kostenforderung Beitreibungsmaßnahmen erforderlich werden oder die Vollstreckungsbehörde die Lösung anordnet (§ 15 Abs. 1 EBAO).

87 Ist die Lösung angeordnet, können die entstandenen Gerichtskosten zum Soll gestellt werden (§ 1 Abs. 5 EBAO), aber niemals auch das Ordnungs- oder Zwangsgeld. In die Reinschrift der Kostenrechnung ist der Vermerk nach § 16 Abs. 1 EBAO aufzunehmen. Von einem Kostenansatz kann auch nach § 10 KostVfg abgesehen werden (§ 16 Abs. 2 EBAO).

§ 21 Vollstreckungsverfahren

I. Allgemeines

1. Anwendung des FamGKG

Teil 1 Hauptabschnitt 8 KV (Nr. 18000–18004 KV) regelt die Gebührentatbestände für die Erteilung von vollstreckbaren Ausfertigungen (Nr. 18000, 18001 KV) und die Vornahme von Vollstreckungshandlungen (Nr. 1802–1804 KV). Die Regelungen gelten jedoch nur, wenn es sich um eine Vollstreckung nach Buch 1 Abschnitt 8 des FamFG handelt (Vorbem. 1.8 S. 1 KV). Handelt es sich um Handlungen des Vollstreckungsgerichts, sind Kosten nach dem GKG zu erheben (Vorbem. 1.8 S. 2 KV); zwar erwähnt die Regelung der Vorbem. 3.1 KV nur Gebühren, jedoch kann trotz fehlender Bestimmung für die Auslagen in Vorbem. 3.1 KV nicht gewollt sein, dass wegen desselben Gegenstands zwei Gerichtskostengesetze gelten. 1

Im Einzelnen sind von Nr. 18002–18004 KV erfasst: 2

- die Anordnung von Ordnungsgeld oder Ordnungshaft (§ 89 FamFG),
- die Abgabe der eidesstattlichen Versicherung (§ 94 FamFG),
- die Anordnung von Zwangsmaßnahmen (§ 95 FamFG),
- die Anordnung der Vornahme einer vertretbaren Handlung durch einen Dritten (§ 95 FamFG).

2. Zwangsmaßnahmen nach § 35 FamFG

Für Zwangsmaßnahmen nach § 35 FamFG gilt Nr. 17006 KV. Hierzu gehören zB die wegen der Verletzung der Abgabepflicht von Testamenten eingeleiteten Zwangsmaßnahmen, da für sie § 35 FamFG und nicht §§ 86 ff FamFG gelten. Bei Nr. 17006 KV verbleibt es auch dann, wenn es sich um nach § 35 Abs. 4 FamFG vorzunehmende Maßnahmen handelt.[1] 3

II. Erteilung einer weiteren Vollstreckungsklausel (§ 733 ZPO)

1. Allgemeines

Die Erteilung der ersten vollstreckbaren Ausfertigung löst keine gesonderten Gebühren aus, da die Handlung bereits durch die jeweiligen Verfahrens- oder Aktgebühren abgegolten wird. Als Vollstreckungstitel kommen in Verfahren der freiwilligen Gerichtsbarkeit zB in Betracht: 4

- rechtskräftig bestätigte „vorbereitende Vereinbarungen" in Teilungssachen (§§ 366, 371 FamFG),
- Auseinandersetzungsvereinbarungen in Teilungssachen (§§ 368, 371 FamFG),
- Kostenfestsetzungsbeschlüsse,
- gerichtlich protokollierte Vergleiche, die einen vollstreckungsfähigen Inhalt besitzen,
- Entscheidungen des Landwirtschaftsgerichts der freiwilligen Gerichtsbarkeit (§ 30 Abs. 2 LwVfG),
- Bestätigung einer Dispache (§ 409 Abs. 2 FamFG).

Für das Verfahren wegen der Erteilung einer weiteren vollstreckbaren Ausfertigung (§ 733 ZPO iVm § 95 Abs. 1 FamFG) wird hingegen eine Festgebühr nach Nr. 18001 5

---

1 HK-FamGKG/*Wolf*, Nr. 1502 KV Rn 1.

KV von 20 € erhoben. Es handelt sich um eine Verfahrensgebühr, die unabhängig vom Ausgang des Verfahrens anfällt, also auch bei Ablehnung der Erteilung der Klausel oder Zurücknahme des Antrags. Neben der Gebühr ist die **Dokumentenpauschale** (Nr. 31000 KV) anzusetzen.[2]

2. Mehrere Ausfertigungen

6 Die Gebühr entsteht für jede weitere vollstreckbare Ausfertigung gesondert (Anm. zu Nr. 18001 KV), dh auch dann, wenn gleichzeitig mehrere weitere Ausfertigungen erteilt werden oder auch für eine zu erteilende dritte oder vierte vollstreckbare Ausfertigung.

7 **Beispiel:** In einer Landwirtschaftssache wird für die rechtskräftige Endentscheidung über Entschädigungsansprüche und einen Kostenfestsetzungsbeschluss eine vollstreckbare Ausfertigung erteilt. Später beantragt der Antragsteller und Gläubiger die Erteilung einer weiteren vollstreckbaren Ausfertigung von Endentscheidung und Kostenfestsetzungsbeschluss.
Die Gebühr ist für jede erteilte Klausel nach § 733 ZPO gesondert entstanden, so dass 2 x 20 € (Nr. 18001 KV) anzusetzen sind.

3. Fälligkeit

8 Die Gebühr wird gem. § 9 Abs. 1 GNotKG mit Beendigung des Verfahrens nach § 733 ZPO fällig, also regelmäßig mit der Erteilung der weiteren vollstreckbaren Ausfertigung bzw. der Zurückweisung oder Zurücknahme des Antrags.

4. Vorschusspflicht

9 Die Erteilung der weiteren Vollstreckungsklausel ist von der vorherigen Zahlung der Gebühr nach Nr. 18001 KV abhängig (§ 13 S. 1 GNotKG).[3] Die Vorschusszahlung ist durch die Geschäftsstelle selbstständig mittels Kostennachricht anzufordern (§ 26 Abs. 1 KostVfg).

10 Vor der Zahlung der Gebühr soll das Gericht keine Handlung vornehmen, so dass auch eine eventuelle Anhörung des Schuldners oder Information des Gegners nicht erfolgt.[4]

11 Kommt der Vorschusspflichtige der Zahlungsaufforderung nicht nach, ist die Gebühr gegen den Antragsteller zum Soll zu stellen, da die Gebühr mit Antragseingang entstanden ist und sich nicht ermäßigen kann.

5. Kostenschuldner

a) Allgemeines

12 Für die Gerichtskosten haften der Antragsteller (Gläubiger) als Antragsschuldner (§ 22 Abs. 1 GNotKG) und der Schuldner als Vollstreckungsschuldner (§ 27 Nr. 4 GNotKG).

---

2 Korintenberg/*Klüsener*, GNotKG, Nr. 1801 KV Rn 6; BT-Drucks. 17/11471 (neu), S. 216 zu Nr. 17004 KV, wonach nur ausdrücklich solche Fälle anzuordnen sind, in denen eine Dokumentenpauschale ausnahmsweise nicht zu erheben ist.
3 Korintenberg/*Klüsener*, GNotKG, Nr. 18001 KV Rn 7.
4 *Oestreich/Hellstab/Trenkle*, Nr. 2110 KV-GKG Rn 5.

b) Vollstreckungsschuldner

Eine Inanspruchnahme des Schuldners nach § 27 Nr. 4 GNotKG kommt nur in Betracht, wenn es sich um notwendige Kosten der Zwangsvollstreckung iSd § 788 ZPO handelt,[5] was im Wege der Erinnerung (§ 81 GNotKG) geprüft werden kann.[6] Hat der Gläubiger unnötige Anträge gestellt, bleibt er Alleinschuldner.[7] Fällt der Verlust der ersten vollstreckbaren Ausfertigung in den Verantwortungsbereich des Gerichts, bleibt die Gebühr der Nr. 18001 KV nach § 21 GNotKG unerhoben,[8] was aber nicht gilt, wenn die Ausfertigung auf dem Postwege verloren geht.[9] 13

6. Qualifizierte Klauseln

Nr. 18001 KV gilt nur für die Erteilung einer weiteren Vollstreckungsklausel nach § 733 ZPO, nicht aber für sonstige qualifizierte Klauseln nach §§ 726 ff ZPO. Die Erteilung von qualifizierten Klauseln ist gebührenfrei, sofern es sich nicht um eine notarielle Urkunde handelt, weil dann Nr. 18000 KV eingreift (s. dazu Rn 15 ff). Ist jedoch von einer qualifizierten Klausel eine weitere vollstreckbare Ausfertigung auszustellen, greift Nr. 18001 KV. 14

III. Erteilung qualifizierter Klauseln von notariellen Urkunden

1. Anwendungsbereich

Die Erteilung einer vollstreckbaren Ausfertigung einer notariellen Urkunde ist nach Nr. 18000 KV gebührenpflichtig, wenn der Eintritt einer Tatsache oder einer Rechtsnachfolge zu prüfen ist (§§ 726–729 ZPO). Die Gebührenregelung greift daher nicht, wenn eine qualifizierte Klausel einer gerichtlichen Entscheidung oder eines gerichtlichen Vergleichs zu erteilen ist. 15

Nr. 18000 KV gilt auch nicht, wenn der Notar selbst die vollstreckbare Ausfertigung erteilt, weil er seine Gebühren dann nach Nr. 23803 KV erhebt. 16

Von Nr. 18000 KV sind daher die Fälle erfasst, in denen ausnahmsweise das Amtsgericht die vollstreckbaren Ausfertigungen für notarielle Urkunden zu erteilen hat nach 17

- **§ 45 BNotO** bei Abwesenheit oder Verhinderung eines Notars, wenn die Akten dem Amtsgericht in Verwahrung gegeben sind;
- **§ 51 BNotO** bei Erlöschen des Amtes, Verlegung des Amtssitzes in einen anderen Amtsgerichtsbezirk oder bei Abgabe der Notarakten an ein Staatsarchiv.

Die Kosten für die Erteilung der vollstreckbaren Ausfertigung stehen in den vorgenannten Fällen der Staatskasse zu (§ 45 Abs. 5, ggf. iVm § 51 Abs. 5 S. 3 BNotO). 18

2. Entstehung und Abgeltungsbereich

Bei Nr. 18000 KV handelt es sich um eine pauschale Verfahrensgebühr mit einem 0,5-Gebührensatz, die sämtliche Handlungen des Gerichts abdeckt. Es gilt Tabelle B (§ 34 GNotKG). Neben der Gebühr entsteht die Dokumentenpauschale der Nr. 31000 KV gesondert. Der Gesetzgeber hat zu Nr. 17004 KV ausgeführt, dass sich der Anfall der Dokumentenpauschale bereits aus dem dortigen Auslagentatbestand 19

---

5 *Meyer*, § 29 GKG Rn 37, 39.
6 Korintenberg/*Hellstab*, GNotKG, § 27 Rn 51; *Schneider*, JurBüro 2004, 632 mwN.
7 *Meyer*, § 29 GKG Rn 38.
8 KG JurBüro 2008, 43.
9 KG RVGreport 2009, 319.

ergibt und eine ausdrückliche Anordnung nur dann erfolgt, wenn die Pauschale ausnahmsweise nicht zu erheben ist.[10]

20 **Beispiel:** Es wird für eine notarielle Urkunde die Erteilung einer Rechtsnachfolgeklausel beantragt. Die Klausel ist durch das Amtsgericht zu erteilen. Der Geschäftswert beträgt 25.000 €. Die zu erteilende Ausfertigung hat einen Umfang von 10 Seiten.
An Gerichtskosten sind entstanden:

1. 0,5-Verfahrensgebühr, Nr. 18000 KV (Wert: 25.000 €, Tabelle B)	57,50 €
2. Dokumentenpauschale, Nr. 31000 KV (10 Seiten á 0,50 €)	5,00 €
Gesamt	62,50 €

21 Die Gebühr entsteht bereits mit Eingang des Antrags bei Gericht. Ein Wegfall oder eine Ermäßigung der Gebühr ist nicht vorgesehen, so dass es bei dem 0,5-Gebührensatz auch dann verbleibt, wenn der Antrag zurückgenommen oder zurückgewiesen wird. Es muss ein Fall der §§ 726–729 ZPO vorliegen. Die Gebühr entsteht daher nicht, wenn eine bloße Namensänderung vorliegt, etwa weil die Urkunde nicht auf den Rechtsnachfolger umgeschrieben, sondern lediglich der eingetragene Name der Vollstreckungsgläubigerin wegen einer inzwischen eingetretenen Namensänderung berichtigt wird.[11]

3. Fälligkeit

22 Die Gebühr wird gem. § 9 Abs. 1 GNotKG mit Beendigung des Verfahrens fällig, also regelmäßig mit der Erteilung der qualifizierten Klausel, der Zurückweisung oder Zurücknahme des Antrags.

4. Kostenschuldner

23 Für die Gerichtskosten haftet der Antragsteller (§ 22 Abs. 1 GNotKG) sowie ein eventueller Entscheidungs- oder Übernahmeschuldner (§ 27 Nr. 1, 2 GNotKG). Im Übrigen kann eine Haftung des Vollstreckungsschuldners (§ 27 Nr. 4 GNotKG) bestehen (s. Rn 13).

5. Vorschuss

24 Die Erteilung der qualifizierten Klausel kann gem. § 13 S. 1 GNotKG von der vorherigen Zahlung der Gebühr der Nr. 18000 KV abhängig gemacht werden. Gleiches gilt wegen § 14 Abs. 2 GNotKG für die Dokumentenpauschale.

25 Es kann auch das Zurückbehaltungsrecht (§ 11 GNotKG) ausgeübt werden (s. § 5 Rn 50 ff).

6. Geschäftswert

26 Es gilt § 36 Abs. 1 GNotKG.[12] Der Geschäftswert für Nr. 18000 KV bestimmt sich nach dem für die ursprüngliche Beurkundung maßgeblichen Wert der Urkunde.[13] Maßgeblich sind daher die §§ 97 ff GNotKG sowie die Bewertungsvorschriften der §§ 46 ff GNotKG.

---

10 BT-Drucks. 17/11471 (neu), S. 216 zu Nr. 17004 KV.
11 OLG Schleswig JurBüro 1992, 483; OLG Celle WM 1988, 1541; BayObLG DNotZ 1979, 55.
12 Korintenberg/*Klüsener*, GNotKG, Nr. 18000 KV Rn 9.
13 Bormann/Diehn/Sommerfeldt/*Sommerfeldt*, GNotKG, Nr. 18000 KV Rn 4.

Ist die vollstreckbare Ausfertigung nur noch für rückständige Leistungen zu erteilen, ist dieser Wert maßgeblich.[14] Das Gleiche gilt, wenn nur noch rückständige Zinsen betroffen sind (§ 37 Abs. 2 GNotKG). 27

7. Rechtsmittelverfahren

Wird die Erteilung der Klausel versagt, ist sofortige Beschwerde (§ 95 Abs. 1 FamFG iVm §§ 793, 567 ZPO) einzulegen.[15] Für das Verfahren entsteht eine Festgebühr nach Nr. 19116 KV von 60 €, wenn die Beschwerde verworfen oder zurückgewiesen wird. 28

Der Schuldner kann gegen die Erteilung der Vollstreckungsklausel die Erinnerung nach § 732 ZPO einlegen oder Klage gegen die Vollstreckungsklausel (§ 768 ZPO) erheben. Das Erinnerungsverfahren ist gebührenfrei, jedoch sind bei unbegründeter Erinnerung Auslagen nach Nr. 31000 ff KV zu erheben. Für die Klage nach § 768 ZPO entstehen bei Zuständigkeit der Zivilgerichte Gebühren nach Nr. 1210 ff KV-GKG. 29

IV. Anordnung von Zwangs- und Ordnungsmitteln nach §§ 88 ff FamFG

1. Allgemeines

Nr. 18003 KV gilt nur für die Anordnung von Zwangs- und Ordnungsmitteln nach **§§ 88 ff FamFG**; zu den sonstigen Regelungen s. Rn 32 ff. 30

Ordnungsmittel kommen nach § 89 FamFG in Betracht durch das Betreuungsgericht bei Zuwiderhandlungen gegen einen Vollstreckungstitel zur Herausgabe von Personen (§ 89 Abs. 1 FamFG, § 1632 Abs. 1 iVm § 1908 i Abs. 1 BGB), ferner nach § 95 Abs. 1 Nr. 4 FamFG bei der Erzwingung von Duldungen oder Unterlassungen, zB bei einer Vereinbarung in gerichtlichen Vergleichen. Die Vollstreckung des Ordnungsgeldes erfolgt von Amts wegen.[16] 31

Zwangsmittel kann das Gericht nach § 95 FamFG anordnen. Sie kommen etwa in Betracht in Teilungssachen, wenn Nachlassgegenstände aufgrund einer Teilungsvereinbarung und Auseinandersetzung herauszugeben sind,[17] oder bei der Herausgabe eines eingezogenen Erbscheins.[18] Die Zwangsmittel nach § 90 FamFG sind gleichfalls als Zwangsmittel iSd Nr. 18003 KV anzusehen.[19]

Zu **Zwangsmaßnahmen nach § 35 FamFG** s. Rn 3. 32

Die Verhängung von **Ordnungsmitteln gegen Beteiligte, Sachverständige oder Zeugen** nach § 33 FamFG, §§ 141, 380, 390, 409, 411 ZPO ist gebührenfrei, jedoch sind Auslagen (Nr. 31000 ff KV) zu erheben. 33

Für **Zwangs- und Ordnungsgelder nach §§ 389–392 FamFG** gelten Nr. 13310 ff KV. 34

---

14 Korintenberg/*Lappe*, KostO, 18. Aufl., § 133 Rn 21.
15 Keidel/*Giers*, FamFG, § 86 Rn 18.
16 Keidel/*Giers*, FamFG, § 89 Rn 18.
17 Keidel/*Giers*, FamFG, § 95 Rn 9.
18 Keidel/*Zimmermann*, FamFG, § 35 Rn 9.
19 So zur inhaltsgleichen Regelung der Nr. 1602 KV FamGKG: HK-FamGKG/*Volpert*, Nr. 1600–1603 KV Rn 14; aA Korintenberg/*Klüsener*, GNotKG, Nr. 18003 KV Rn 13.

2. Gerichtsgebühren

35 Für die Anordnung von Zwangs- oder Ordnungsmitteln nach § 89 FamFG entsteht eine Festgebühr nach Nr. 18003 KV von 20 €. Die Gebühr entsteht für jede Anordnung gesondert, jedoch gelten mehrere Anordnungen als eine Anordnung, wenn sie dieselbe Verpflichtung betriffen (Anm. zu Nr. 18003 KV). Erfolgt die gesonderte Anordnung aber deshalb, weil der Verpflichtete eine Handlung wiederholt vorzunehmen oder eine solche zu unterlassen hat, entsteht die Gebühr gesondert.

36 Lehnt das Gericht die Anordnung des Ordnungs- oder Zwangsmittels ab, entsteht die Gebühr nicht. Wird das Ordnungs- oder Zwangsmittel durch das Beschwerdegericht aufgehoben, entfällt die Gebühr rückwirkend.

37 Hat das Gericht das Ordnungsmittel angeordnet, entfällt die nach Nr. 18003 KV entstandene Gebühr nicht dadurch, dass der Verpflichtete die Handlung durchführt.[20] Gleiches gilt für angeordnete Zwangsmittel.

38 **Beispiel 1:** Das Betreuungsgericht erlässt wegen Verstoßes gegen die Herausgabe des Betreuten ein Ordnungsgeld von 1.000 €. Der Beschluss wird dem Verpflichteten zugestellt (§ 41 Abs. 1 FamFG). Die Kosten werden dem Verpflichteten auferlegt.
In die Kostenrechnung sind aufzunehmen (§ 4 Abs. 1 EBAO):

1.	Ordnungsgeld	1.000,00 €
2.	Gebühr für die Anordnung des Ordnungsgeldes, Nr. 18003 KV	20,00 €
3.	Zustellungskosten, Nr. 31002 KV	3,50 €
Gesamt		1.023,50 €

Anzufordern von dem Verpflichteten durch Kostennachricht. Sollstellung darf nicht erfolgen (zum Kosteneinzug nach der EBAO s. § 20 Rn 82 ff).

39 **Beispiel 2:** Das Betreuungsgericht ordnet wegen Verstoßes gegen die Herausgabe des Betreuten ein Ordnungsgeld von 1.000 € an. Der Beschluss wird dem Verpflichteten zugestellt (§ 41 Abs. 1 FamFG). Die Kosten werden dem Verpflichteten auferlegt.
Nach Anordnung des Ordnungsgeldes wird die Person herausgegeben. Zwei Monate später wird erneut die Herausgabe verweigert. Daraufhin ordnet das Betreuungsgericht erneut ein Ordnungsgeld von 1.000 € an.
Es liegen verschiedene Anordnungen vor, da die zweite Anordnung zwar dieselbe Verpflichtung betrifft, aber hier Gegenstand der Anordnung die Unterlassung einer Handlung gewesen ist (vgl. Anm. zu Nr. 18003 KV). Die Gebühr der Nr. 18003 KV ist daher zweimal entstanden.

3. Fälligkeit und Vorschuss

40 Die Gebühr wird mit der Anordnung des Ordnungsmittels fällig (§ 9 Abs. 1 GNotKG). Abhängigmachung nach § 13 S. 1 GNotKG kann nicht angeordnet werden, da in den Verfahren keine Antragshaftung besteht (s. Rn 43).

4. Kostenschuldner

a) Kostenentscheidung

41 Das Gericht hat mit der Festsetzung des Ordnungsmittels die Kosten des Vollstreckungsverfahrens dem Verpflichteten aufzuerlegen (§ 92 Abs. 2 FamFG). Handelt es sich um ein Antragsverfahren, ist über die Kosten nach §§ 80–82, 84 FamFG zu ent-

20 HK-FamGKG/*Volpert*, Nr. 1600–1603 KV Rn 18.

scheiden (§ 87 Abs. 5 FamFG).[21] Das Gericht hat die Kosten in jeder wiederholt getroffenen Anordnung dem Verpflichteten erneut aufzuerlegen.

b) Entscheidungsschuldner

Sind die Kosten dem Verpflichteten oder dem Antragsteller auferlegt, haftet dieser nach § 27 Nr. 1 GNotKG als Entscheidungsschuldner. 42

c) Antragshaftung

Da das Gericht über die Anordnung eines Ordnungsmittels sowohl von Amts wegen als auch ausnahmsweise auf Antrag eines Berechtigten entscheidet, besteht keine Antragshaftung, da § 22 Abs. 1 GNotKG lediglich Verfahren, die „nur durch Antrag eingeleitet werden“ erfasst. 43

5. Auslagen

Gerichtliche Auslagen sind nach den Nr. 31000 ff KV einzuziehen. 44

a) Zustellungskosten

Da es sich bei der Gebühr der Nr. 18003 KV um eine Festgebühr handelt, sind Zustellungskosten (Nr. 31002 KV) in voller Höhe anzusetzen. 45

b) Gerichtsvollzieherkosten

Gerichtsvollzieherkosten gelten als Auslagen des Vollstreckungsverfahrens (§ 13 Abs. 3 GvKostG, § 19 KostVfg), da ein gerichtlicher Auftrag erteilt wird. Sie sind nach Nr. 31013 KV einzuziehen (s. § 23 Rn 97 f). 46

Der Gerichtsvollzieher erhält: für die Verhaftung des Verpflichteten eine Festgebühr von 39 € nach Nr. 270 KV-GvKostG; für die Anwendung von unmittelbarem Zwang auf Anordnung des Gerichts im Fall des § 90 FamFG eine Festgebühr von 52 € nach Nr. 250 KV-GvKostG, neben der auch ein Zeitzuschlag nach Nr. 500 KV-GvKostG anfallen kann. 47

c) Haftkosten

Hat das Gericht Ordnungshaft angeordnet, sind die Haftkosten nach Nr. 31011 KV einzuziehen (s. § 23 Rn 85 ff). Ist Zwangshaft angeordnet, sind die Haftkosten nach Nr. 31010 KV-GKG einzuziehen (s. § 23 Rn 85 ff). 48

6. Kosteneinzug

Der Einzug des Ordnungsgeldes (§ 89 FamFG) und der Gerichtskosten für das Vollstreckungsverfahren bestimmt sich nach der JBeitrO und der EBAO (§ 1 Abs. 1 Nr. 3 JBeitrO, § 1 Abs. 1 Nr. 3 EBAO).[22] Danach erfolgt die Einforderung und Beitreibung durch das Gericht, welches das Ordnungsgeld angeordnet hat, als Vollstreckungsbehörde (§ 1 Abs. 4 und § 2 Nr. 2 EBAO). Im Hinblick auf das Verfahren wird auf die Ausführungen in § 20 Rn 82 ff verwiesen. 49

Ist ein Zwangsgeld (§ 888 ZPO) angeordnet, erfolgt dessen Vollstreckung und Beitreibung nicht von Amts wegen, sondern auf Antrag des Gläubigers.[23] 50

---

21 Keidel/*Giers*, FamFG, § 92 Rn 4.
22 Keidel/*Giers*, FamFG, § 89 Rn 18; Zöller/*Stöber*, § 890 ZPO Rn 23.
23 BGH NJW 1983, 1859; OLG Stuttgart FamRZ 1997, 1495; OLG Frankfurt JurBüro 1986, 1259.

7. Rechtsbehelfe

a) Ordnungsmittel

51 Gegen die Anordnung von Ordnungsmitteln (§ 89 FamFG) ist die sofortige Beschwerde statthaft (§ 87 Abs. 4 FamFG). Für das Beschwerdeverfahren entsteht eine Festgebühr nach Nr. 19116 KV iHv 60 €, wenn die Beschwerde verworfen oder zurückgewiesen wird (s. § 22 Rn 54 ff). Ist die Beschwerde nur teilweise verworfen oder zurückgewiesen, kann das Gericht die Gebühr nach billigem Ermessen auf die Hälfte ermäßigen oder bestimmen, dass eine Gebühr nicht zu erheben ist (Anm. zu Nr. 19116 KV).

52 Die Erinnerung nach § 766 ZPO ist statthaft, wenn es sich um Maßnahmen bei der Vollstreckung von Ordnungsmitteln handelt.[24] Das Erinnerungsverfahren ist gerichtsgebührenfrei, für das Beschwerdeverfahren gilt Nr. 19116 KV.

53 Auslagen sind im Erinnerungs- oder Beschwerdeverfahren nach Nr. 31000 ff KV einzuziehen, jedoch ist Vorbem. 3.1 Abs. 1 KV zu beachten. Danach werden Auslagen, die durch eine für begründet befundene Beschwerde entstanden sind, nicht erhoben, soweit das Beschwerdeverfahren gebührenfrei ist und das Beschwerdegericht die Kosten auch nicht dem Gegner des Beschwerdeführers auferlegt hat.

b) Zwangsmittel

54 Gegen die Anordnung von Zwangsmitteln findet die sofortige Beschwerde statt (§ 87 Abs. 4 FamFG); für diese sind Gebühren nach Nr. 19116 KV zu erheben (s. § 22 Rn 54 ff). Gegen Vollstreckungsmaßnahmen des Gerichtsvollziehers findet die Erinnerung (§ 766 ZPO) statt; diese ist gerichtsgebührenfrei.[25] Ist die statthafte Vollstreckungsabwehrklage (§ 767 ZPO) erhoben, sind Gebühren nach dem GKG, dort Nr. 1210 ff KV-GKG, zu erheben.

8. Einstellung der Vollstreckung

55 Das Gericht kann die Vollstreckung von Ordnungsmitteln einstellen, beschränken oder die Maßnahmen gänzlich aufheben, wenn die Voraussetzungen des § 93 Abs. 1 S. 1 FamFG vorliegen. In der Beschwerdeinstanz ist vorab über die einstweilige Einstellung der Vollstreckung zu entscheiden (§ 93 Abs. 1 S. 2 FamFG). Für das Verfahren gelten § 775 Nr. 1, 2 und § 776 ZPO entsprechend (§ 93 Abs. 2 FamFG). Das Gericht hat durch Beschluss von Amts wegen zu entscheiden,[26] jedoch kann auch der Verpflichtete einen Antrag stellen.[27]

56 Die Entscheidung nach § 93 FamFG ist gerichtsgebührenfrei. Anwaltsgebühren entstehen nicht, da das Einstellungsverfahren nach § 19 Abs. 1 S. 2 Nr. 12 RVG zum selben Rechtszug gehört.

57 Wird die zu vollstreckende Entscheidung aufgrund eines in § 93 Abs. 1 FamFG genannten Tatbestands aufgehoben, hat das Gericht bereits getroffene Vollstreckungsmaßnahmen aufzuheben. Wird die Anordnung eines Ordnungsgeldes aufgehoben, ist dieses von Amts wegen zurückzuzahlen.[28]

---

24 Keidel/*Giers*, FamFG, § 89 Rn 20.
25 Keidel/*Giers*, FamFG, § 95 Rn 19.
26 Keidel/*Giers*, FamFG, § 93 Rn 10.
27 *Bumiller/Harders/Schwamb*, FamFG, § 93 Rn 3.
28 Keidel/*Giers*, FamFG, § 3 Rn 15 mwN, wonach das Familiengericht eine Rückzahlungsanordnung zu erlassen und der nach § 13 EBAO zuständigen Kasse zukommen zu lassen hat.

V. Vertretbare Handlungen (§ 95 FamFG)

Hat das Gericht die Vornahme einer Handlung durch einen Dritten angeordnet (§ 95 FamFG), entsteht eine Festgebühr von 20 € nach Nr. 18002 KV. Es handelt sich um eine Verfahrensgebühr, die sämtliche gerichtliche Handlungen abdeckt. Sie entsteht nur dann, wenn das Gericht tatsächlich eine Anordnung trifft, also nicht, wenn die Anordnung abgelehnt oder ein Antrag zurückgenommen wird. 58

Erfasst sind zB die in Verfahren nach § 132 AktG wegen der Erteilung von Auskünften durch den Vorstand einer AG oder die in Verfahren wegen eines Auskunftsverlangens nach § 166 Abs. 3 HGB ergangenen Anordnungen,[29] während für die Durchführung dieser Verfahren selbst Nr. 13500 ff KV gelten (Vorbem. 1.3.5 Nr. 1, 2 KV). 59

Die Gebühr wird mit der Anordnung fällig (§ 9 Abs. 1 GNotKG). Die Vornahme der gerichtlichen Handlung kann nach § 13 S. 1 GNotKG von der vorherigen Gebührenzahlung abhängig gemacht werden, da eine Antragshaftung besteht (s. Rn 62). 60

Auslagen sind nach den Nr. 31000 ff KV einzuziehen. 61

Die Entscheidung ergeht nur auf Antrag (§ 132 Abs. 1 AktG, § 166 Abs. 3 HGB), so dass der Antragsteller als Antragsschuldner haftet (§ 22 Abs. 1 GNotKG). Daneben haftet der Entscheidungsschuldner (§ 27 Nr. 1 GNotKG). 62

VI. Eidesstattliche Versicherung (§ 94 FamFG)

1. Allgemeines

Wird in den Verfahren über die Herausgabe von Personen die herauszugebende Person vom Gerichtsvollzieher nicht vorgefunden, kann das Gericht nach § 94 S. 1 FamFG anordnen, dass der zur Herausgabe Verpflichtete eine eidesstattliche Versicherung über den Verbleib der Person abzugeben hat. Erscheint der Verpflichtete in dem Termin zur Abgabe der eidesstattlichen Versicherung nicht oder wird ihre Abgabe ohne Grund verweigert, hat das Gericht Haftbefehl zu erlassen (§ 94 S. 2 FamFG). 63

2. Gerichtsgebühren im erstinstanzlichen Verfahren

a) Allgemeines

Für das Verfahren zur Abnahme der eidesstattlichen Versicherung (§ 94 FamFG) entsteht eine Festgebühr nach Nr. 18004 KV von 35 €, die die gesamte gerichtliche Tätigkeit abgilt, also insbesondere auch den Erlass eines Haft- oder Aufhebungsbeschlusses. Für die Tätigkeit des Gerichtsvollziehers entstehen gesonderte Kosten nach dem GvKostG (s. Rn 70 ff). 64

b) Entstehung der Gebühr

Die Gebühr der Nr. 18004 KV entsteht nur, wenn das Gericht die Abgabe der eidesstattlichen Versicherung anordnet (Anm. zu Nr. 18004 KV). Erfolgt eine solche Anordnung nicht, bleibt das Verfahren gebühren-, aber nicht auslagenfrei. Ist das Gericht nicht von Amts wegen, sondern aufgrund eines Antrags des Berechtigten tätig geworden, entsteht die Gebühr bereits mit Eingang des Antrags bei Gericht (Anm. zu Nr. 18004 KV). Muss das Gericht die Anordnung von Amts wegen treffen, ist der Antrag des Berechtigten als Anregung zu verstehen, die noch nicht zur Entstehung der Gebühr führt. 65

---

29 Keidel/*Giers*, FamFG, § 95 Rn 12.

c) Mehrheit von Personen

66 Die Gebühr der Nr. 18004 KV entsteht unabhängig von der Anzahl der herauszugebenden Personen nur einmal. Sind jedoch verschiedene Schuldner vorhanden, die über das Verbleiben der Person zur Abgabe der eidesstattlichen Versicherung verpflichtet werden, entsteht die Gebühr für jeden Verpflichteten gesondert.

d) Verfahrensmehrheit

67 Ist das Verfahren nach § 94 FamFG beendet, entsteht die Gebühr der Nr. 18004 KV gesondert, wenn das Gericht erneut die Verpflichtung zur Abgabe der eidesstattlichen Versicherung anordnet oder ein Beteiligter erneut einen entsprechenden Antrag stellt.

3. Auslagen

a) Allgemeines

68 Auslagen sind in dem Verfahren nach § 94 FamFG gem. Nr. 31000 ff KV einzuziehen.

b) Zustellungskosten

69 Bei dem Verfahren zur Abgabe der eidesstattlichen Versicherung (§ 94 FamFG) handelt es sich um einen eigenständigen kostenrechtlichen Rechtszug iSd § 55 Abs. 1 GNotKG. Zustellungskosten (Nr. 31002 KV) sind von der ersten Zustellung an in voller Höhe anzusetzen, da es sich bei Nr. 18004 KV um eine Festgebühr handelt.

c) Gerichtsvollzieherkosten

70 Die Abnahme der eidesstattlichen Versicherung erfolgt durch den Gerichtsvollzieher (§ 94 S. 2 FamFG, § 883 Abs. 2 ZPO), was auch für die Vollstreckung des Haftbefehls gilt. Der Gerichtsvollzieher wird im Auftrag des Gerichts tätig, auch wenn die Anordnung nach § 94 FamFG auf Antrag eines Beteiligten erfolgt ist.

71 Die Kosten des Gerichtsvollziehers gelten als Auslagen des gerichtlichen Verfahrens, da der Auftrag durch das Gericht erteilt wird (§ 13 Abs. 3 GvKostG, § 19 KostVfg). Der Gerichtsvollzieher hat seine Kosten ohne Rücksicht auf die ihm aus der Landeskasse zu erstatteten Kosten dem Gericht mitzuteilen (Nr. 6 Abs. 2 DB-GvKostG). Die Gerichtsvollzieherkosten sind nach Nr. 31013 KV von dem Kostenschuldner wieder einzuziehen. Da es sich jedoch um durchlaufende Gelder handelt, erfolgt eine Erstattung an den empfangsberechtigten Gerichtsvollzieher erst, wenn der Kostenschuldner sämtliche Gerichtskosten beglichen hat (§§ 32, 24 Abs. 7, 19 KostVfg).

72 Der Gerichtsvollzieher erhält für die Abnahme der eidesstattlichen Versicherung eine Festgebühr nach Nr. 262 KV-GvKostG iHv 38 € und für die Verhaftung des Verpflichteten iHv 39 € nach Nr. 270 KV-GvKostG.

d) Haftkosten

73 Die Haftkosten sind nach Nr. 31010 KV einzuziehen (s. § 23 Rn 85 ff).

4. Rechtsbehelfsverfahren

74 Gegen die Anordnung findet die sofortige Beschwerde statt (§ 87 Abs. 4 FamFG). Für das Beschwerdeverfahren entsteht eine Festgebühr nach Nr. 19116 KV iHv 60 €, wenn die Beschwerde verworfen oder zurückgewiesen wird. Ist die Beschwerde nur teilweise verworfen oder zurückgewiesen, kann das Gericht die Gebühr nach billigem

Ermessen auf die Hälfte ermäßigen oder bestimmen, dass eine Gebühr nicht zu erheben ist (Anm. zu Nr. 19116 KV).

Auslagen sind nach Nr. 31000 ff KV einzuziehen. Vorbem. 3.1 Abs. 1 KV ist zu beachten. Danach werden Auslagen, die durch eine für begründet befundene Beschwerde entstanden sind, nicht erhoben, soweit das Beschwerdeverfahren gebührenfrei ist und das Beschwerdegericht die Kosten auch nicht dem Gegner des Beschwerdeführers auferlegt hat. 75

5. Fälligkeit und Vorschuss

Die Fälligkeit der Gebühren und Auslagen bestimmt sich nach § 9 Abs. 1 GNotKG. 76

Eine Abhängigmachung kann nicht nach § 13 GNotKG angeordnet werden, da ein Antragsschuldner nicht vorhanden ist. Für die Auslagen gilt § 14 Abs. 3 GNotKG, jedoch darf für die Haft kein Vorschuss verlangt werden (§ 14 Abs. 4 GNotKG). 77

6. Kostenschuldner

a) Antragsschuldner

Das Gericht hat über die Anordnung von Amts wegen zu entscheiden, jedoch wird das Gericht in Antragsverfahren auch auf Antrag hin tätig.[30] Ein Antragsschuldner ist gleichwohl nicht vorhanden, auch wenn das Gericht ausnahmsweise allein aufgrund Antrags hin tätig geworden ist, da § 22 Abs. 1 GNotKG lediglich Verfahren, die „nur durch Antrag eingeleitet werden“ erfasst. 78

b) Entscheidungsschuldner

Kostenschuldner der Gerichtskosten ist nur derjenige, dem das Gericht die Kosten auferlegt (§ 27 Nr. 1 GNotKG). 79

c) Rechtsbehelfsverfahren

In den Verfahren über die sofortige Beschwerde ist der Beschwerdeführer Antragsschuldner (§ 22 Abs. 1 GNotKG). Die Antragshaftung erlischt jedoch, wenn das Rechtsmittel ganz oder teilweise mit Erfolg eingelegt worden ist und das Gericht nicht über die Kosten entschieden hat oder die Kosten nicht von einem anderen Beteiligten übernommen worden sind (§ 25 Abs. 1 GNotKG). Bei Betreuungen und Pflegschaften ist auch § 25 Abs. 2 GNotKG zu beachten. 80

d) Kostenentscheidung

Für die Kostenentscheidung gilt § 92 Abs. 2 FamFG entsprechend.[31] Das Gericht hat danach bereits in dem Anordnungsbeschluss die Kosten des Verfahrens dem Verpflichteten aufzuerlegen. 81

---

30 *Bumiller/Harders/Schwamb*, FamFG, § 94 Rn 1.

31 Keidel/*Giers*, FamFG, § 92 Rn 4, da auch dem Verfahren nach § 94 FamFG eine Zuwiderhandlung des Verpflichteten zugrunde liegt.

VII. Handlungen des Vollstreckungsgerichts

82 Erfolgt die Vollstreckung durch das Vollstreckungsgericht, gilt das GKG (Vorbem. 1.8 S. 2 KV). Danach sind Gebühren für folgende Handlungen zu erheben:

Nr. ... KV-GKG	Gerichtliche Handlung	Gebühr oder Satz der Gebühr
Nr. 2111 KV-GKG	Verfahren nach § 829 Abs. 1 ZPO, §§ 835, 839, 846–848, 857, 858 ZPO	Festgebühr: 20 €
Nr. 2112 KV-GKG	Antrag auf Vollstreckungsschutz nach § 765 a ZPO	Festgebühr: 20 €
Nr. 2113 KV-GKG	Antrag auf Aussetzung der Verwertung nach § 802 g Abs. 1 ZPO	Festgebühr: 20 €
Nr. 2114 KV-GKG	Antrag auf Abnahme der eidesstattlichen Versicherung nach § 889 ZPO	Festgebühr: 35 €
Nr. 2117 KV-GKG	Verteilungsverfahren (§§ 872 ff ZPO)	0,5-Verfahrensgebühr[32]

83 Für die Beschwerdeverfahren gilt Nr. 2121 KV-GKG und für die Rechtsbeschwerdeverfahren gilt Nr. 2124 KV-GKG, wenn es sich um ein von Nr. 2111–2114 KV-GKG erfasstes Verfahren handelt. Im Verteilungsverfahren gelten Nr. 2120, 2122, 2123 KV-GKG.

84 In den Verfahren nach §§ 829 Abs. 1, 835, 839, 846–848, 857, 858 ZPO soll erst entschieden werden, wenn die Gebühr der Nr. 2111 KV-GKG und die Zustellungskosten (Nr. 9002 KV-GKG) gezahlt sind, mit Ausnahme der elektronischen Anträge gem. § 829 a ZPO (§ 12 Abs. 6 GKG).

85 Für die Zwangsversteigerungs- und Zwangsverwaltungsverfahren werden Gebühren nach den Nr. 2210 ff KV-GKG erhoben.

32 Für den Streitwert ist die Verteilungsmasse ohne Abzug der Kosten und ohne Hinzurechnung von Zinsen zugrunde zu legen, NK-GK/*Volpert*, GKG, Nr. 2117 KV Rn 7.

§ 22 Rechtsmittel im Übrigen; Anhörungsrüge

I. Rechtsmittel in Notarkostensachen (Nr. 19110, 19111 KV)

1. Verfahrensrechtliches

Nach § 127 Abs. 1 GNotKG kann die gerichtliche Entscheidung herbeigeführt werden über die Kostenberechnung des Notars (§ 19 GNotKG), einschließlich der Verzinsungspflicht (§ 88 GNotKG), über die Zahlungspflicht und über die Ausübung des Zurückbehaltungsrechts (§ 11 GNotKG). Zuständig ist das Landgericht, in dessen Bezirk der Notar seinen Amtssitz hat. Antragsberechtigt sind der Kostenschuldner und, wenn der Kostenschuldner dem Notar gegenüber dessen Kostenberechnung beanstandet, auch der Notar. Das Verfahren wird in den §§ 128–131 GNotKG geregelt. 1

Gegen die Entscheidung des Landgerichts findet nach § 129 Abs. 1 GNotKG die Beschwerde statt, und zwar ohne Rücksicht auf den Wert des Beschwerdegegenstands. Zuständig ist das Oberlandesgericht. Gegen die Beschwerdeentscheidung findet die Rechtsbeschwerde statt (§ 129 Abs. 2 GNotKG). Beschwerde und Rechtsbeschwerde haben keine aufschiebende Wirkung, jedoch kann sie auf Antrag oder von Amts wegen ganz oder teilweise angeordnet werden (§ 130 Abs. 1 GNotKG). 2

Im Übrigen findet die Anhörungsrüge nach den Regelungen des FamFG statt (§ 131 GNotKG). 3

2. Gerichtsgebühren

a) Verfahren vor dem Amtsgericht

Das Verfahren wegen des Antrags auf gerichtliche Entscheidung des Amtsgerichts (§ 127 GNotKG) ist gerichtsgebührenfrei, da ein Gebührentatbestand im Kostenverzeichnis fehlt (§ 1 Abs. 1 GNotKG). 4

b) Beschwerdeverfahren

aa) Verfahrensgebühr

Für das Beschwerdeverfahren (§ 129 Abs. 1 GNotKG) entsteht eine Festgebühr nach Nr. 19110 KV von 90 €. Es handelt sich um eine pauschale Verfahrensgebühr, die sämtliche Handlungen des Beschwerdegerichts abdeckt. 5

Eine Gebührenpflicht besteht unabhängig vom Ausgang des Verfahrens, also auch dann, wenn die Beschwerde begründet ist. Die Verfahrensgebühr kann sich jedoch nach Nr. 19111 KV ermäßigen (s. Rn 7 ff). 6

bb) Ermäßigung der Verfahrensgebühr

Die Verfahrensgebühr der Nr. 19110 KV ermäßigt sich auf 60 €, wenn das gesamte Verfahren ohne Endentscheidung beendet wird (Nr. 19111 KV). Eine Teilerledigung genügt danach nicht, so dass auch keine Teilermäßigung eintritt. Es muss sich um eine Endentscheidung iSd § 38 FamFG handeln. Der Erlass von Nebenentscheidungen, zB die Entscheidung über die aufschiebende Wirkung, verhindert also die Ermäßigung nicht. 7

Endentscheidung ist auch eine isolierte Kostenentscheidung, so dass ihr Erlass die Ermäßigung hindert, es sei denn, das Gericht folgt darin einer zuvor mitgeteilten Einigung über die Kostentragung oder einer Kostenübernahmeerklärung (Anm. Abs. 2 zu Nr. 19111 KV). 8

9 Wird die Endentscheidung nicht durch Verlesen der Entscheidungsformel bekannt gegeben, kann die Beschwerde oder der Antrag noch bis zum Ablauf des Tages zurückgenommen, an dem die Endentscheidung der Geschäftsstelle übermittelt wird (Anm. Abs. 1 zu Nr. 19111 KV). Maßgeblich ist dabei der Übergabevermerk nach § 38 Abs. 3 S. 3 FamFG.

c) Rechtsbeschwerdeverfahren

aa) Verfahrensgebühr

10 In dem Verfahren über die Rechtsbeschwerde nach § 129 Abs. 2 GNotKG entsteht eine Verfahrensgebühr nach Nr. 19120 KV von 180 €. Es handelt sich um eine pauschale Verfahrensgebühr, die sämtliche Handlungen des Gerichts abdeckt. Die Gebühr entsteht bereits mit Eingang der Rechtsbeschwerdeschrift bei dem Gericht.

11 Die Gebühr fällt unabhängig vom Ausgang des Verfahrens an, so dass das Verfahren auch dann gebührenpflichtig bleibt, wenn die Rechtsbeschwerde begründet ist. Es kann jedoch Ermäßigung nach Nr. 19121, 19122 KV eintreten (s. Rn 12 f).

bb) Gebührenermäßigung

(1) Ermäßigung bei Beendigung vor Eingang der Begründung

12 Die Gebühr Nr. 19120 KV ist nach Nr. 19121 KV auf 60 € zu ermäßigen, wenn die Rechtsbeschwerde oder der Antrag zurückgenommen wird, bevor die Rechtsbeschwerdebegründung bei Gericht eingeht. Die Begründung hat gem. § 130 Abs. 3 S. 1 GNotKG iVm § 71 Abs. 2 S. 1 FamFG binnen eines Monats zu erfolgen, jedoch kann das Gericht die Frist mit Einwilligung des Gegners auch verlängern (§ 130 Abs. 3 S. 1 GNotKG iVm 71 Abs. 2 S. 2 FamFG, § 551 Abs. 2 S. 5 ZPO). Für den Eintritt der Ermäßigung ist allein der Eingang der Begründungsschrift maßgebend, auf den Fristablauf kommt es nicht an. Erfolgt die Zurücknahme erst nach Eingang der Begründung, kann eine Ermäßigung nur noch nach Nr. 19122 KV eintreten (s. Rn 13).

(2) Ermäßigung bei Beendigung nach Eingang der Begründung

13 Nach Eingang der Begründungsschrift bei Gericht ermäßigt sich die Verfahrensgebühr auf 90 € (Nr. 19122 KV), wenn die Rechtsbeschwerde oder der Antrag vor Ablauf des Tages zurückgenommen wird, an dem die Endentscheidung der Geschäftsstelle übermittelt wird. Endentscheidung sind auch die nach §§ 74 Abs. 1, 74 a FamFG ergangenen Beschlüsse sowie isolierte Kostenentscheidungen.

3. Auslagen

14 Auslagen sind nach Nr. 31000 ff KV zu erheben. Da es sich um Festgebühren handelt, sind Zustellungskosten (Nr. 31002 KV) von der ersten Zustellung an einzuziehen.

4. Kostenschuldner

15 Es besteht Antragshaftung nach § 22 Abs. 1 GNotKG, die jedoch erlischt, wenn das Rechtsmittel ganz oder teilweise mit Erfolg eingelegt worden ist und das Gericht nicht über die Kosten entschieden hat oder die Kosten nicht von einem anderen Beteiligten übernommen worden sind (§ 25 Abs. 1 GNotKG). Daneben haften auch der Entscheidungs- und der Übernahmeschuldner (§ 27 Nr. 1, 2 GNotKG), die als Erst-

schuldner in Anspruch zu nehmen sind (§ 33 Abs. 1 GNotKG). Für die Kostenentscheidung gilt § 84 FamFG iVm § 130 Abs. 3 S. 1 GNotKG.[1]

5. Fälligkeit und Vorschüsse

Die Fälligkeit der Gebühren bestimmt sich nach § 9 Abs. 1 GNotKG. Für die Auslagen gilt § 9 Abs. 1, 2 GNotKG. 16

Die Tätigkeit des Beschwerde- oder Rechtsbeschwerdegerichts kann nicht von der vorherigen Zahlung der Verfahrensgebühren abhängig gemacht werden, da § 13 S. 1 GNotKG nicht für Rechtsmittelverfahren gilt. Wegen der Fälligkeitsregelung des § 9 Abs. 1 GNotKG, scheidet auch eine Sollstellung gegen den Rechtsmittelführer aus. Für die Auslagen gelten §§ 14, 17 GNotKG. 17

II. Beschwerden nach § 372 FamFG

In einem Auseinandersetzungsverfahren findet gegen Beschlüsse über eine Fristsetzung nach § 366 Abs. 3 FamFG und Beschlüsse über die Wiedereinsetzung (§ 367 FamFG) die sofortige Beschwerde in entsprechender Anwendung der §§ 567–572 ZPO statt (§ 372 FamFG). 18

Für das Beschwerdeverfahren entstehen Gebühren nach Nr. 19110, 19111 KV (s. Rn 5 ff) und für das Rechtsbeschwerdeverfahren nach Nr. 19120–19122 KV (s. Rn 10 ff). 19

Beispiel: Gegen den Beschluss über die Wiedereinsetzung (§ 367 FamFG) legt ein Beteiligter sofortige Beschwerde ein. Das Beschwerdeverfahren wird durch Endentscheidung beendet, es sind 4 förmliche Zustellungen angefallen. 20

An Gerichtskosten sind entstanden:

1.	Verfahrensgebühr, Nr. 19110 KV	90,00 €
2.	Zustellungskosten, Nr. 31002 KV (4 x 3,50 €)	14,00 €
Gesamt		104,00 €

III. Rechtsmittel in Handelsregisterangelegenheiten

1. Anzuwendende Regelungen

Handelt es sich um eine Registersache, für die sich die Gebühren gem. § 58 Abs. 1 GNotKG nach der HRegGebV bestimmen, gelten die Gebühren der Nr. 19112–19114 KV für ein Beschwerdeverfahren und Nr. 19123–19125 KV für ein Rechtsbeschwerdeverfahren. Werden Nebenentscheidungen angegriffen, gelten für die Beschwerde Nr. 19116 KV, für die Rechtsbeschwerde Nr. 19128, 19129 KV und für den Antrag auf Zulassung der Sprungrechtsbeschwerde Nr. 19130 KV. 21

2. Beschwerdeverfahren

a) Verfahrensgebühr

Für das Beschwerdeverfahren entsteht eine Verfahrensgebühr, die das 3,5-Fache der für die Vornahme der Eintragung nach der HRegGebV zu erhebenden Gebühr beträgt (Nr. 19112 KV). Die Gebühr fällt nur an, wenn die Beschwerde verworfen oder zurückgewiesen wird. Ist die Beschwerde begründet, bleibt das Beschwerdeverfahren 22

1 BT-Drucks. 17/11471 (neu), S. 192 zu § 129.

gebührenfrei. Auslagen werden in diesen Fällen nur erhoben, wenn das Gericht die Kosten des Beschwerdeverfahrens dem Gegner des Beschwerdeführers auferlegt hat (Vorbem. 3.1 Abs. 1 KV).

23 Wird die Beschwerde nur wegen eines Teils der Anmeldung verworfen oder zurückgewiesen, ist für die Höhe der Gebühr nur die für die Eintragung dieses Teils der Anmeldung nach der HRegGebV vorgesehene Gebühr maßgebend (Anm. zu Nr. 19112 KV).

24 **Beispiel 1:** Gegen die Zurückweisung der Eintragung eines Einzelkaufmanns wird Beschwerde eingelegt. Die Beschwerde wird vollumfänglich zurückgewiesen.
Für die Eintragung wäre eine Gebühr von 70 € (Nr. 1100 GV-HRegGebV) entstanden. Im Beschwerdeverfahren sind deshalb anzusetzen:

Verfahrensgebühr, Nr. 19112 KV iVm Nr. 1100 GV-HRegGebV (70 € x 3,5)	245,00 €

25 **Beispiel 2:** Gegen die Zurückweisung der Eintragung eines Einzelkaufmanns wird Beschwerde eingelegt. Der Beschwerde wird vollumfänglich stattgegeben.
Das Beschwerdeverfahren bleibt gebührenfrei. Da die Kosten nicht dem Beschwerdegegner auferlegt worden, sind auch Auslagen nicht anzusetzen (Vorbem. 3.1 Abs. 1 KV).

b) Verfahrensbeendigung vor Eingang der Begründung oder ohne Endentscheidung

aa) Verfahrensbeendigung vor Eingang der Beschwerdebegründung

26 Wird das gesamte Verfahren vor Eingang der Beschwerdebegründung durch Zurücknahme der Beschwerde oder des Antrags beendet, entsteht eine Verfahrensgebühr nach Nr. 19113 KV, die 0,5 der für die Vornahme der Eintragung nach der HRegGebV zu erhebenden Gebühr beträgt. Es muss das gesamte Verfahren beendet werden, so dass eine Teilrücknahme nicht genügt.

27 Eine gesetzliche Begründungsfrist besteht nicht, jedoch kann das Gericht nach § 65 Abs. 2 FamFG eine Begründungsfrist einräumen. Maßgeblich für die Erhebung der Gebühr nach Nr. 19113 KV ist nur der Eingang der Begründungsschrift; auf den Ablauf der richterlichen Frist kommt es nicht an.

28 **Beispiel 1:** Am 10.5. wird Beschwerde eingelegt. Sie wird am 5.6. vollständig zurückgenommen. Eine Begründungsschrift ist noch nicht eingegangen, auch eine Endentscheidung war noch nicht ergangen.
Die Zurücknahme ist rechtzeitig vor Eingang der Beschwerdebegründung erfolgt. Es ist eine Gebühr nach Nr. 19113 KV zu erheben.

29 **Beispiel 2:** Am 13.5. wird Beschwerde eingelegt. Die Beschwerdebegründung geht am 27.5. bei Gericht ein. Danach wird die Beschwerde vollständig zurückgenommen.
Die Zurücknahme ist nach Eingang der Beschwerdebegründung verspätet erfolgt, so dass Nr. 19113 KV nicht eingreift. War noch keine Endentscheidung ergangen, ist eine Gebühr nach Nr. 19114 KV anzusetzen.

bb) Verfahrensbeendigung nach Eingang der Beschwerdebegründung

30 Nach Eingang der Beschwerdebegründungsschrift ist eine Gebühr nach Nr. 19114 KV zu erheben, wenn das gesamte Verfahren ohne Endentscheidung beendet wird. Die Verfahrensgebühr beträgt das 1,5-Fache der für die Vornahme der Eintragung nach der HRegGebV zu erhebenden Gebühr.

Es muss das gesamte Beschwerdeverfahren erledigt werden, eine Teilerledigung genügt nicht. Maßgeblich ist der Erlass der Endentscheidung, so dass der Zeitpunkt ihrer Bekanntmachung entscheidend ist. Wird die Endentscheidung ohne Verlesen der Entscheidungsformel bekannt gemacht, ist die Gebühr der Nr. 19114 KV zu erheben, wenn die Beschwerde bis zum Ablauf des Tages zurückgenommen wird, an dem die Endentscheidung der Geschäftsstelle übergeben wurde (Anm. zu Nr. 19114 KV). Maßgeblich ist der Übergabevermerk nach § 38 Abs. 3 S. 3 GNotKG. 31

Beispiel: Wegen der Eintragung eines Einzelkaufmanns wird am 10.3. Beschwerde eingelegt, die Begründungsschrift geht am 15.4. bei Gericht ein. Die Beschwerde wird am 20.4. vollständig zurückgenommen. Eine Endentscheidung war noch nicht ergangen. 32
Für die Eintragung wäre eine Gebühr iHv 70 € (Nr. 1100 GV-HRegGebV) entstanden. Im Beschwerdeverfahren sind deshalb anzusetzen:

Verfahrensgebühr, Nr. 19114 KV (70 € x 1,5)	105,00 €

Endentscheidung ist auch eine isolierte Kostenentscheidung, so dass auch sie die Erhebung einer Gebühr nach Nr. 19114 KV ausschließt. Es ist dann eine Gebühr nach Nr. 19112 KV anzusetzen. 33

3. Rechtsbeschwerdeverfahren

a) Allgemeine Verfahrensgebühr

Für das Rechtsbeschwerdeverfahren wegen des Hauptgegenstands (§§ 70 ff FamFG) entsteht eine Verfahrensgebühr nach Nr. 19123 KV. Sie beträgt das 5,0-Fache der für die Eintragung zu erhebenden Gebühr. 34

Die Gebühr entsteht nur, wenn die Rechtsbeschwerde zurückgewiesen oder verworfen wird. War die Rechtsbeschwerde erfolgreich, bleibt das Rechtsbeschwerdeverfahren gebührenfrei. Auslagen sind dann nur zu erheben, wenn die Kosten des Rechtsbeschwerdeverfahrens dem Gegner auferlegt werden (Vorbem. 3.1 Abs. 1 KV). 35

Wird die Rechtsbeschwerde nur teilweise verworfen oder zurückgewiesen, besteht gleichfalls Gebührenpflicht nach Nr. 19123 KV, jedoch bestimmt sich die Höhe der Gebühr nur nach der Gebühr, die nach der HRegGebV für die Eintragung nur dieses Teils der Anmeldung entstanden wäre (Anm. zu Nr. 19123 KV). 36

Beispiel: Beantragt war die Eintragung einer GmbH. Gegen die Beschwerdeentscheidung wird Rechtsbeschwerde eingelegt, die vollumfänglich zurückgewiesen wird. 37
Für die Eintragung der GmbH wäre eine Gebühr von 150 € (Nr. 2100 GV-HRegGebV) zu erheben, so dass im Rechtsbeschwerdeverfahren anzusetzen sind:

Verfahrensgebühr, Nr. 19123 KV iVm Nr. 2100 GV-HRegGebV (5 x 150 €)	750,00 €

b) Verfahrensbeendigung vor Eingang der Begründung oder ohne Endentscheidung

aa) Verfahrensbeendigung vor Eingang der Rechtsbeschwerdebegründung

Wird die Rechtsbeschwerde oder der Antrag zurückgenommen, bevor die Rechtsbeschwerdebegründung bei Gericht eingeht, ist eine Gebühr nach Nr. 19124 KV zu erheben. Die Gebühr beträgt das 1,0-Fache der für die Vornahme der Eintragung nach der HRegGebV zu erhebenden Gebühr. 38

Die Begründung hat gem. § 71 Abs. 2 S. 1 FamFG binnen eines Monats zu erfolgen, jedoch kann das Gericht die Frist mit Einwilligung des Gegners auch verlängern (§ 71 Abs. 2 S. 3 FamFG iVm § 551 Abs. 2 S. 5 ZPO). Ihr Inhalt ergibt sich aus § 71 Abs. 3 39

FamFG. Die Rechtsbeschwerde- und die Begründungsschrift sind den übrigen Beteiligten bekannt zu geben (§ 71 Abs. 4 FamFG).

40 Für den Ansatz der Gebühr ist allein der Eingang der Begründungsschrift maßgebend, auf den Fristablauf kommt es nicht an. Erfolgt die Zurücknahme erst nach Eingang der Begründungsschrift, greift Nr. 19125 KV ein (s. Rn 43 ff). Durch die Zurücknahme muss sich das gesamte Rechtsbeschwerdeverfahren erledigen, eine Teilrücknahme genügt nicht.

41 Ist bereits eine Endentscheidung ergangen, ist der Ansatz einer Gebühr nach Nr. 19124 KV auch dann ausgeschlossen, wenn eine Begründungsschrift innerhalb der Begründungsfrist nicht eingereicht war. In diesen Fällen hat das Gericht die Rechtsbeschwerde als unzulässig zu verwerfen (§ 74 Abs. 1 FamFG), so dass eine Gebühr nach Nr. 19123 KV anzusetzen ist.

42 **Beispiel:** Es wird Rechtsbeschwerde eingelegt. Eine Begründung erfolgt nicht. Nach Ablauf der Begründungsfrist wird die Rechtsbeschwerde durch Beschluss als unzulässig verworfen (§ 74 Abs. 1 FamFG). Nach Erlass des Beschlusses wird die Rechtsbeschwerde zurückgenommen.
Der Ansatz von Gebühren nach Nr. 19124, 19125 KV scheidet aus.

Anzusetzen ist daher das 5,0-Fache der für die Vornahme der Eintragung zu erhebenden Gebühr (Nr. 19123 KV).

bb) Verfahrensbeendigung ohne Erlass einer Endentscheidung

43 Ist die Begründungsschrift bereits bei Gericht eingegangen, ist eine Verfahrensgebühr nach Nr. 19125 KV zu erheben, wenn die Rechtsbeschwerde oder der Antrag vor Ablauf des Tages zurückgenommen wird, an dem die Endentscheidung der Geschäftsstelle übermittelt wird. Zu den Endentscheidungen gehören auch Beschlüsse nach §§ 74 Abs. 1, 74 a FamFG sowie isolierte Kostenentscheidungen. Die Gebühr kann nur angesetzt werden, wenn durch die Zurücknahme das gesamte Rechtsbeschwerdeverfahren beendet wird.

44 Die Verfahrensgebühr der Nr. 19125 KV beträgt das 2,5-Fache der für die Vornahme der Eintragung nach der HRegGebV zu erhebenden Gebühr.

45 **Beispiel:** Beantragt war die Eintragung der Zweigniederlassung einer GmbH. Gegen die Beschwerdeentscheidung wird Rechtsbeschwerde eingelegt. Die Begründungsschrift geht wenig später bei dem Gericht ein. Noch vor Erlass einer Endentscheidung wird die Rechtsbeschwerde vollständig zurückgenommen.
Die Zurücknahme erfolgt vor Erlass der Endentscheidung, aber nach Eingang der Begründungsschrift, so dass Nr. 19125 KV gilt.
Für die Eintragung der Zweigniederlassung wäre eine Gebühr von 120 € (Nr. 2200 GV-HRegGebV) zu erheben, so dass im Rechtsbeschwerdeverfahren anzusetzen sind:

Verfahrensgebühr, Nr. 19125 KV iVm Nr. 2200 GV-HRegGebV (2,5 x 120 €)	300,00 €

4. Zulassung der Sprungrechtsbeschwerde

46 Für das Verfahren auf Zulassung der Sprungrechtsbeschwerde (§ 75 FamFG) fehlt für die von der HRegGebV erfassten Verfahren eine besondere Regelung, so dass die Auffangvorschrift der Nr. 19130 KV zur Anwendung kommt (s. Rn 81).

Die Gebühr entsteht nur, soweit der Antrag abgelehnt wird. Sie beträgt unabhängig von der für die Eintragung zu erhebenden Gebühr stets 60 €. 47

IV. Beschwerden nach § 335 a Abs. 1 HGB; Rechtsbeschwerden nach § 335 a Abs. 3 HGB

1. Beschwerdeverfahren (Nr. 19115 KV)

Verletzen Mitglieder eines vertretungsberechtigten Organs die Offenlegungspflichten der §§ 325, 325 a HGB, führt das Bundesamt für Justiz ein Ordnungsgeldverfahren durch (§ 335 HGB). Nach § 335 a Abs. 1 HGB findet die Beschwerde nach §§ 58 ff FamFG statt gegen die Entscheidung über 48

- die Festsetzung des Ordnungsgelds,
- den Antrag auf Wiedereinsetzung,
- die Aufhebung der Kostenentscheidung (§ 355 Abs. 3 S. 5 HGB).

Für die Durchführung des Verfahrens vor dem Bundesamt der Justiz werden Kosten nach dem JVKostG erhoben. Es entstehen Festgebühren von 100 € nach Nr. 1210, 1211 KV-JVKostG. 49

In dem Beschwerdeverfahren entsteht eine Festgebühr nach Nr. 19115 KV von 150 €, wenn die Beschwerde verworfen oder zurückgewiesen wird. In den übrigen Fällen, also bei einer begründeten Beschwerde, bleibt das Verfahren gebührenfrei. Wird die Beschwerde nur teilweise verworfen oder zurückgewiesen, kann das Gericht die Gebühr nach billigem Ermessen auf die Hälfte ermäßigen oder bestimmen, dass eine Gebühr nicht zu erheben ist (Anm. zu Nr. 19115 KV). 50

Auslagen sind im Beschwerdeverfahren nach Nr. 31000 ff KV zu erheben, auch wenn das Beschwerdeverfahren durch Rücknahme beendet wird. Bleibt das Beschwerdeverfahren gebührenfrei, weil die Beschwerde begründet war, werden Auslagen nicht erhoben, es sei denn, das Gericht hat die Kosten dem Gegner des Beschwerdeführers auferlegt (Vorbem. 3.1 Abs. 1 KV). 51

Kostenschuldner ist der Rechtsmittelführer (§ 22 Abs. 1 GNotKG), jedoch ist § 25 Abs. 1 GNotKG zu beachten. Kostenschuldner ist auch derjenige, dem das Gericht die Kosten auferlegt hat (§ 27 Nr. 1 GNotKG). 52

2. Rechtsbeschwerdeverfahren (Nr. 19126, 19127 KV)

Für das Rechtsbeschwerdeverfahren nach § 335 a Abs. 3 HGB entsteht eine Verfahrensgebühr nach Nr. 19126 KV von 300 €, wenn die Rechtsbeschwerde verworfen oder zurückgewiesen wird. Ist die Rechtsbeschwerde begründet, bleibt das Verfahren gebührenfrei; für die Auslagen gilt Vorbem. 3.1 Abs. 1 KV. Wird die Rechtsbeschwerde nur teilweise verworfen oder zurückgewiesen, kann das Gericht die Gebühr nach billigem Ermessen auf die Hälfte ermäßigen oder bestimmen, dass eine Gebühr nicht zu erheben ist (Anm. zu Nr. 19126 KV). Bei Beendigung des gesamten Verfahrens durch Rücknahme der Rechtsbeschwerde oder des Antrags vor Ablauf des Tages, an dem die Endentscheidung der Geschäftsstelle übermittelt wird, entsteht die Gebühr der Nr. 19127 KV von 150 €. 53

Zur Kostenhaftung s. Rn 52.

V. Nicht besonders aufgeführte Beschwerden und Rechtsbeschwerden

1. Auffangregelung der Nr. 19116 KV

54 Für alle nicht ausdrücklich im Kostenverzeichnis aufgeführten Beschwerden schafft Nr. 19116 KV eine Auffangbestimmung. Dabei ist zu beachten, dass das GNotKG auch für eine solche Beschwerde gilt, die im Zusammenhang mit einem in § 1 Abs. 1, 2 GNotKG genannten Verfahren steht (§ 1 Abs. 4 GNotKG).

55 Eine Gebührenpflicht besteht jedoch nur, wenn das Beschwerdeverfahren nicht aufgrund anderer Vorschriften gebührenfrei ist (s. Rn 74 ff). Es gilt deshalb der Grundsatz, dass eine Gebührenpflicht nur besteht, wenn nicht eine Ausnahmeregelung besteht.

2. Geltungsbereich

a) Sofortige Beschwerden

56 Nr. 19116 KV erfasst insbesondere folgende sofortige Beschwerdeverfahren wegen

- § 6 Abs. 2 FamFG: Ausschließung und Ablehnung der Gerichtspersonen;
- § 7 Abs. 5 FamFG: Ablehnung der Hinzuziehung als Beteiligter;
- § 15 FamFG, §§ 186, 567 ZPO: Ablehnung der öffentlichen Zustellung;
- § 21 Abs. 2 FamFG: Aussetzung oder Ablehnung der Verfahrensaussetzung;
- § 30 Abs. 1 FamFG iVm §§ 390 Abs. 3 und 409 Abs. 2 ZPO: Ordnungsmittel gegen Zeugen und Sachverständige;
- § 30 Abs. 1 FamFG iVm § 406 Abs. 5 ZPO: Ablehnung von Sachverständigen;
- § 30 Abs. 1 FamFG iVm § 494 a Abs. 2 ZPO: Fristsetzung zur Antragserhebung;
- § 33 Abs. 3 FamFG: Verhängung eines Ordnungsmittels gegen ordnungsgemäß geladene Beteiligte;
- § 35 Abs. 5 FamFG: Anordnung von Zwangsmaßnahmen;
- § 42 Abs. 3 FamFG: Berichtigung eines Beschlusses;
- § 46 FamFG iVm § 573 Abs. 2 ZPO: Beschwerde gegen die Entscheidung über die Erinnerung über eine UdG-Entscheidung;
- § 76 Abs. 2 FamFG: Entscheidungen im VKH-Verfahren;[2]
- § 85 FamFG iVm § 104 Abs. 3 ZPO: Kostenfestsetzungsbeschluss;
- § 87 Abs. 4 FamFG: Entscheidungen im Vollstreckungsverfahren nach den §§ 86 ff FamFG;
- § 284 Abs. 3 FamFG: Beschlüsse über die Vorführung zur Untersuchung;
- § 355 Abs. 1 FamFG: bestimmte Verfahren zur Fristsetzung bei der Testamentsvollstreckung;
- § 480 Abs. 2 FamFG: Erlass einer Zahlungssperre;
- § 482 Abs. 3 FamFG: Aufhebung der Zahlungssperre.

57 Für die sofortigen Beschwerden nach § 372 FamFG gelten die Gebühren der Nr. 19110, 19111 KV (s. Rn 18 ff).

b) Grundbuchsachen; Angelegenheiten des Schiffs- und Schiffsbauregisters

58 In Grundbuchsachen, in Angelegenheiten des Schiffs- und Schiffsbauregisters sowie des Registers für Pfandrechte an Luftfahrzeugen sind für das Beschwerdeverfahren

2 Auch wenn die Höhe einer festgesetzten VKH-Rate angegriffen wird, so LG Koblenz JurBüro 2010, 95 (zu Nr. 1812 KV GKG).

Gebühren nach Nr. 19116 KV zu erheben, wenn in den erstinstanzlichen Verfahren nach Teil 1 Hauptabschnitt 4 KV Festgebühren entstehen (Vorbem. 1.4.5 KV).

Im Einzelnen sind daher von Nr. 19116 KV erfasst die Beschwerdeverfahren wegen 59

- Ergänzungen des Inhalts eines Hypotheken-, Grundschuld- oder Rentenschuldbriefs, wenn sie auf Antrag vorgenommen werden (Nr. 14125 KV);
- Löschungen in Abteilung II, mit Ausnahme der Eintragung der Löschung der Entlassung aus der Mithaft (Nr. 14143 KV);
- der Eintragung eines Widerspruchs (Nr. 14151 KV);
- der Löschung einer Vormerkung (Nr. 14152 KV);
- sonstiger Eintragungen, für die eine Gebühr Nr. 14160 KV entsteht;
- der Löschung der Eintragung eines Schiffs, dessen Eintragung dem Eigentümer freisteht, auf Antrag des Eigentümers (Nr. 14211 KV);
- der Löschung der Eintragung eines Schiffsbauwerks in den Fällen der Nr. 14212 KV;
- der Eintragung eines Widerspruchs in das Schiffs- oder Schiffsbauregister (Nr. 14251 KV);
- der Löschung einer Vormerkung (Nr. 14252 KV);
- der Eintragung des Schiffszertifikats oder des Schiffsbriefs (Nr. 14260 KV);
- des Vermerks von Veränderungen auf dem Schiffszertifikat oder dem Schiffsbrief (Nr. 14261 KV);
- der Eintragung eines Widerspruchs in das Register für Pfandrechte an Luftfahrzeugen (Nr. 14341 KV);
- der Löschung einer Vormerkung (Nr. 14342 KV).

c) Beschwerden nach § 33 RVG

Nr. 19116 KV kann auch für Beschwerden nach § 33 RVG wegen der Wertfestsetzung für Anwaltsgebühren anfallen.[3] 60

3. Gebührenerhebung

Bei Nr. 19116 KV handelt es sich um eine Festgebühr von 60 €. Sie entsteht, wenn die Beschwerde verworfen oder zurückgewiesen wird. 61

Die Gebühr ist auch dann zu erheben, wenn die Beschwerde nur teilweise verworfen oder zurückgewiesen wird, jedoch kann das Gericht in diesen Fällen anordnen, dass die Gebühr auf die Hälfte zu ermäßigen oder überhaupt keine Gebühr zu erheben ist (Anm. zu Nr. 19116 KV). Es handelt sich um eine Ermessensentscheidung. Die Staatskasse ist nicht zu beteiligen. Trifft das Gericht keine Anordnung, ist die Gebühr in voller Höhe in Ansatz zu bringen. 62

Beispiel 1: Gegen einen Kostenfestsetzungsbeschluss wird sofortige Beschwerde eingelegt. Das Beschwerdegericht hält sie für teilweise begründet und ändert den Beschluss insoweit ab. Im Übrigen wird die Beschwerde als unbegründet zurückgewiesen. Der Beschluss wird förmlich zugestellt. 63

An Gerichtskosten sind entstanden:

1. Verfahrensgebühr, Nr. 19116 KV	60,00 €
2. Zustellungskosten, Nr. 31002 KV	3,50 €
Gesamt	63,50 €

3 Gerold/Schmidt/*Mayer*, RVG, § 33 Rn 12; HK-FamGKG/*Volpert*, § 1 Rn 20.

Die Gebühr ist ohne Ermäßigung anzusetzen, weil das Gericht keine Entscheidung nach Anm. zu Nr. 19116 KV getroffen hat.

64 **Beispiel 2:** Gegen einen Kostenfestsetzungsbeschluss wird sofortige Beschwerde eingelegt. Das Beschwerdegericht hält sie für begründet und ändert den Festsetzungsbeschluss ab. Die Kosten werden dem Gegner auferlegt.
Eine Gebühr nach Nr. 19116 KV ist nicht entstanden, da die Beschwerde nicht zurückgewiesen oder verworfen wurde. Gerichtliche Auslagen, zB Zustellungskosten, sind von dem Beschwerdegegner einzuziehen (§ 27 Nr. 1 GNotKG, Vorbem. 3 Abs. 1 KV). Dabei sind die Bestimmungen über die Einziehung von Kleinbeträgen zu beachten (§ 4 Abs. 5 KostVfg).

4. Unstatthafte oder unzulässige Beschwerden

65 Die Gebühr der Nr. 19116 KV ist auch dann zu erheben, wenn eine unstatthafte oder unzulässige Beschwerde eingelegt wird.[4] Das gilt zB für Beschwerden gegen unanfechtbare Beschlüsse nach § 5 Abs. 3, § 6 Abs. 1 S. 1 FamFG iVm § 46 Abs. 2 Hs. 1 ZPO, § 10 Abs. 3 S. 1, § 13 Abs. 4 S. 3, 16 Abs. 2 FamFG iVm § 225 Abs. 3 ZPO, §§ 19 Abs. 2, 22 Abs. 2 S. 3, 42 Abs. 3 S. 1 FamFG. Für die Beschwerde gegen einen unanfechtbaren Beschluss in einstweiligen Anordnungsverfahren sind Gebühren nach Teil 1 Hauptabschnitt 6 KV zu erheben. Ist eine Beschwerde nach § 61 Abs. 1 FamFG wegen Nichterreichens des Beschwerdewerts von mehr als 600 € unzulässig, gelten für das Beschwerdeverfahren gleichfalls die Regelungen in Teil 1 Hauptabschnitt 1–6 KV, da es sich gleichwohl um eine Beschwerde nach §§ 58 ff FamFG handelt.

5. Mehrere Beschwerden

66 Sind mehrere Beschwerden gegen verschiedene Entscheidungen eingelegt, entsteht die Verfahrensgebühr jeweils gesondert. Das gilt auch dann, wenn zwar dieselbe Entscheidung angegriffen wird, aber die Beschwerde erst eingelegt wird, nachdem das vorherige Beschwerdeverfahren bereits abgeschlossen ist.[5] Wird jedoch dieselbe Entscheidung von mehreren Beteiligten wechselseitig, gleichzeitig oder im Wege der Anschlussbeschwerde angegriffen, entsteht die Gebühr nur einmal.[6]

67 **Beispiel 1:** Gegen den Kostenfestsetzungsbeschluss legt der Beteiligte zu 1) am 15.11. Beschwerde ein. Am 20.11. legt auch der Beteiligte zu 2) gegen den Beschluss Beschwerde ein.
Die Gebühr nach Nr. 19116 KV ist nur einmal entstanden.

68 **Beispiel 2:** Das Gericht erlässt Kostenfestsetzungsbeschluss. Am 15.11. legt der Beteiligte zu 1) Beschwerde ein, die zurückgewiesen wird. Am 25.11. legt der Beteiligte zu 2) gegen den Kostenfestsetzungsbeschluss Beschwerde ein. Die Beschwerde wird ebenfalls als unbegründet zurückgewiesen.
Für jedes Beschwerdeverfahren entstehen gesonderte Gebühren nach Nr. 19116 KV.

6. Kostenschuldner

69 Für die Beschwerdeverfahren besteht Antragshaftung (§ 22 Abs. 1 GNotKG). Sie erlischt jedoch, wenn das Rechtsmittel ganz oder teilweise mit Erfolg eingelegt worden

---

4 HK-FamGKG/*Wolf*, Nr. 1912 KV Rn 2; *Meyer*, KV-GKG 1812 Rn 162.
5 *Meyer*, KV-GKG 1811 Rn 151.
6 *Meyer*, KV-GKG 1811 Rn 151.

ist und das Gericht nicht über die Kosten entschieden hat oder die Kosten nicht von einem anderen Beteiligten übernommen worden sind (§ 25 Abs. 1 GNotKG).

In Angelegenheiten des Betreuungsgerichts ist § 25 Abs. 2 GNotKG zu beachten. Danach schuldet die Kosten in Beschwerden, die sich gegen eine Entscheidung des Betreuungsgerichts richtet und die von dem Betreuten, dem Pflegling oder im Interesse dieser Personen eingelegt wurde, nur derjenige, dem das Gericht die Kosten auferlegt hat. 70

Im Übrigen haftet der Entscheidungs- oder der Übernahmeschuldner für die Gerichtskosten (§ 27 Nr. 1, 2 GNotKG). 71

7. Fälligkeit

Die Gebühr der Nr. 19116 KV wird mit Erlass der zurückweisenden oder verwerfenden Entscheidung fällig (§ 9 Abs. 1 GNotKG). Für die Auslagen gilt § 9 Abs. 1, 2 GNotKG. 72

8. Auslagen

Gerichtliche Auslagen sind nach Nr. 31000 ff KV einzuziehen. Da es sich um Festgebühren handelt, sind Zustellungskosten (Nr. 31002 KV) von der ersten Zustellung an in voller Höhe einzuziehen. Ist das Beschwerdeverfahren gebührenfrei, weil die Beschwerde begründet war, bleibt das Verfahren auslagenfrei (Vorbem. 3 Abs. 1 KV), es sei denn, die Kosten des Beschwerdeverfahrens sind dem Gegner auferlegt. 73

9. Gebührenfreie Beschwerden

Eine Gebühr entsteht nicht, wenn das Beschwerdeverfahren nach anderen Vorschriften gebührenfrei ist. Gebührenfrei sind (s. auch Rn 55): 74

- die Erinnerung und Beschwerde gegen den Kostenansatz (§ 81 Abs. 8 GNotKG),
- die Beschwerde gegen die Anordnung einer Vorauszahlung nach dem FamGKG (§ 82 Abs. 2 iVm § 81 Abs. 8 GNotKG),
- die Beschwerde gegen die Festsetzung des Geschäftswerts (§ 83 Abs. 3 GNotKG),
- die gerichtliche Festsetzung und Beschwerde im JVEG-Verfahren (§ 4 Abs. 8 JVEG),[7]
- die Erinnerung und Beschwerde gegen die Festsetzung der Vergütung des beigeordneten Anwalts (§ 56 Abs. 2 RVG).

Die Verfahren sind jedoch nicht kostenfrei, so dass Auslagen nach den Nr. 31000 ff KV, auch Zustellungskosten (Nr. 31002 KV), in voller Höhe zu erheben sind. Kostenschuldner ist der Erinnerungs- oder Beschwerdeführer (§ 22 Abs. 1 GNotKG). 75

Ist die Beschwerde oder Erinnerung begründet, sind Auslagen nicht zu erheben (Vorbem. 3.1 Abs. 1 KV). Ist eine Beschwerde jedoch unstatthaft, fällt Nr. 19116 KV auch in den in Rn 74 genannten Fällen an, da die dortigen Befreiungsregelungen nur gelten, wenn es sich um statthafte Rechtsbehelfe handelt.[8] 76

10. Rechtsbeschwerden

Für alle Rechtsbeschwerden, die im Kostenverzeichnis nicht besonders geregelt sind oder für die Gebührenfreiheit nach anderen Vorschriften besteht, entsteht eine Fest- 77

7 Vgl. hierzu ausf. *H. Schneider*, JVEG, § 4 Rn 58 ff.
8 BGH MDR 2014, 610.

gebühr von 120 € nach Nr. 19128 KV, wenn die Rechtsbeschwerde verworfen oder zurückgewiesen wird.

78 Bei nur teilweiser Verwerfung oder Zurückweisung der Rechtsbeschwerde kann das Gericht anordnen, dass die Gebühr auf die Hälfte ermäßigt wird oder überhaupt nicht zu erheben ist (Anm. zu Nr. 19128 KV). Es handelt sich um eine Ermessensentscheidung. Die Staatskasse ist nicht zu beteiligen. Unterbleibt eine gerichtliche Anordnung, ist die Gebühr in voller Höhe anzusetzen.

79 Wird das gesamte Verfahren durch Zurücknahme der Rechtsbeschwerde oder des Antrags vor Ablauf des Tages beendet, an dem die Endentscheidung der Geschäftsstelle übermittelt wird, entsteht eine Gebühr nach Nr. 19129 KV iHv 60 €. Durch die Zurücknahme muss sich das gesamte Rechtsbeschwerdeverfahren erledigen, eine Teilrücknahme genügt daher nicht.

80 Zum Kostenschuldner s. Rn 69 ff. Zur Fälligkeit s. Rn 72.

11. Sprungrechtsbeschwerde

81 In den Verfahren über die Zulassung einer Sprungrechtsbeschwerde, die nicht von anderen Gebührentatbeständen des Kostenverzeichnisses erfasst werden, wird eine Festgebühr nach Nr. 19130 KV von 60 € erhoben. Sie entsteht nur, wenn der Antrag abgelehnt wird, also nicht bei Beendigung durch Zurücknahme des Antrags oder bei Zulassung der Sprungrechtsbeschwerde. Die Gebühr wird erst mit Erlass der Entscheidung fällig (§ 9 Abs. 1 GNotKG).

VI. Anhörungsrügen

1. Verfahrensrechtliches

82 Für die Verfahren über eine Anhörungsrüge entsteht eine Festgebühr nach Nr. 19200 KV iHv 60 €, wenn die Rüge in vollem Umfang verworfen oder zurückgewiesen wird. Wird das Verfahren durch Zurücknahme, Teilverwerfung oder -zurückweisung beendet, wird keine Gebühr ausgelöst.

83 **Beispiel 1:** In einer Aufgebotssache wird durch den Antragsteller Anhörungsrege erhoben. Sie wird durch Beschluss verworfen, die Kosten hat der Rügeführer zu tragen. Der Beschluss wird förmlich zugestellt.

An Gerichtsgebühren sind entstanden:

1.	Gebühr für die Verwerfung der Anhörungsrüge, Nr. 19200 KV	60,00 €
2.	Zustellungskosten, Nr. 31002 KV	3,50 €
Gesamt		63,50 €

Die Gebühr der Nr. 19200 KV für das Anhörungsrügeverfahren entsteht neben der Verfahrensgebühr der Nr. 15212 KV für die Aufgebotssachen.

84 **Beispiel 2:** Wie Beispiel 1, jedoch wird der Rüge abgeholfen. In dem fortgesetzten Verfahren ergeht Endentscheidung, die Kosten des Verfahrens, einschließlich des Rügeverfahrens, hat der Antragsteller zu tragen.

Eine Gebühr nach Nr. 19200 KV ist nicht entstanden. Hinsichtlich des Aufgebotsverfahrens gelten das frühere Verfahren und das aufgrund der Anhörungsrüge fortgesetzte Verfahren als einheitlicher Kostenrechtszug (§ 55 Abs. 1 GNotKG), so dass auch die Verfahrensgebühr nach Nr. 15212 KV für das Aufgebotsverfahren nur einmal entsteht.

Beispiel 3: In einer Aufgebotssache wird dem Antragsteller VKH ohne Zahlungsbestimmung bewilligt. Dieser erhebt Anhörungsrüge nach § 44 FamFG. Sie wird durch Beschluss verworfen, die Kosten hat der Rügeführer zu tragen. Der Beschluss wird förmlich zugestellt. 85

An Gerichtsgebühren sind entstanden:

1.	Gebühr für die Verwerfung der Anhörungsrüge, Nr. 19200 KV	60,00 €
2.	Zustellungskosten, Nr. 31002 KV	3,50 €
Gesamt		63,50 €

Die VKH-Bewilligung erfasst nur das Aufgebotsverfahren da das Rügeverfahren einen eigenständigen Rechtszug iSd § 119 ZPO iVm § 76 Abs. 1 FamFG darstellt und hierfür keine VKH-Bewilligung erfolgt ist. Die Gebühr der Nr. 19200 KV ist von dem Antragsgegner mittels Sollstellung einzuziehen, jedoch ist § 10 KostVfg zu prüfen.

2. Geltungsbereich

Die Gebühr der Nr. 19200 KV erfasst jede Anhörungsrüge, die nach dem Verfahrensrecht erhoben wird, so dass neben den Rügen nach § 44 FamFG auch solche nach § 81 Abs. 3 GBO oder nach § 89 Abs. 3 SchiffsRegO erfasst sind.[9] Gebührenfrei bleiben jedoch die Anhörungsrügen nach § 84 GNotKG, § 4 a JVEG und § 12 a RVG.[10] 86

3. Verfahrenskostenhilfe

Da das Anhörungsrügenverfahren einen eigenständigen kostenrechtlichen Rechtszug iSd § 119 ZPO iVm § 76 Abs. 1 FamFG und § 55 Abs. 1 GNotKG darstellt, muss VKH gesondert beantragt und bewilligt werden.[11] Für die Anwaltsgebühren ist § 19 Abs. 1 S. 2 Nr. 5 Buchst. b RVG zu beachten. 87

4. Auslagen

Auslagen sind nach Nr. 31000 ff KV gesondert zu erheben. Zustellungskosten (Nr. 31002 KV) sind von der ersten Zustellung an in voller Höhe anzusetzen, da es sich um eine Festgebühr handelt. Bleibt das Rügenverfahren gebührenfrei, sind Auslagen nur unter entsprechender Beachtung der Vorbem. 3 Abs. 1 KV anzusetzen. 88

5. Kostenschuldner

Antragsschuldner (§ 22 Abs. 1 GNotKG) ist der Rügenführer. In Betreuungen oder Pflegschaften ist auch § 25 Abs. 2 GNotKG zu beachten. Im Übrigen haftet der Entscheidungsschuldner (§ 27 Nr. 1 GNotKG). 89

6. Fälligkeit

Die Fälligkeit bestimmt sich nach § 9 Abs. 1 GNotKG, so dass sie mit Erlass der Entscheidung über die vollumfängliche Verwerfung oder Zurückweisung eintritt. Für die Auslagen gilt § 9 Abs. 1, 2 GNotKG. 90

9 BT-Drucks. 17/11471 (neu), S. 217 zu Nr. 19200 KV.
10 Zur inhaltsgleichen Nr. 1700 KV-GKG: OLG Düsseldorf AGS 2010, 194; OLG Celle MDR 2012, 1067.
11 BGH AGS 2014, 290; Zöller/*Philippi*, § 119 ZPO Rn 18 a; *Schneider*, JurBüro 2005, 513, 515.

§ 23 Auslagen

I. Allgemeines

1. Auslagentatbestände

1 Gerichtskosten setzen sich zusammen aus Gebühren und Auslagen (§ 1 Abs. 1 GNotKG). Eine Einzug von Auslagen ist nur statthaft, soweit sich aus Nr. 31000–31016 KV (= Teil 3 Hauptabschnitt 1 „Auslagen der Gerichte") ein Auslagentatbestand ergibt. Besteht ein solcher nicht, hat ein Kostenansatz zu unterbleiben. Die Regelungen der Nr. 32000–32015 KV gelten nicht, da sie nur für die Notare anwendbar sind (= Teil 3 Hauptabschnitt 2 „Auslagen der Notare").

2 Zu unterscheiden ist zwischen dem tatsächlichen Kostenersatz (zB Nr. 31005 KV) und den Auslagenpauschalen (zB Nr. 31000, 31002 KV). Teilweise sind Auslagen in voller Höhe einzuziehen (zB Nr. 31001, 31004 KV), teilweise nur in bestimmter Höhe (zB Nr. 31005, 31008 KV: nur bis zur Höhe der JVEG-Sätze).

2. Kosten- und Gebührenfreiheit

3 Genießt ein Kostenschuldner Kostenfreiheit, bleiben Gebühren und Auslagen unerhoben, da der Begriff der Gerichtskosten beides umfasst (s. Rn 1). Besteht nur Gebührenfreiheit, sind entstandene Auslagen hingegen einzuziehen.

3. Mehrere Rechtssachen

4 Sind Auslagen durch verschiedene Rechtssachen veranlasst, sind sie auf diese angemessen zu verteilen (Vorbem. 3 S. 1 KV).

4. Vollstreckungshandlungen

5 Das GNotKG findet nur Anwendung, wenn die Gerichte Vollstreckungshandlungen nach den §§ 86 ff FamFG vornehmen (s. § 21 Rn 1 f). Sind die Vollstreckungsgerichte zuständig, werden Gebühren nach dem GKG erhoben (Vorbem. 1.8 KV); Entsprechendes gilt für die in solchen Verfahren entstandenen gerichtlichen Auslagen.

6 Eine Ausnahme gilt nur, wenn das Grundbuchamt als Vollstreckungsgericht tätig wird und über die Eintragung einer Arresthypothek (§ 932 ZPO) oder Sicherungshypothek (§ 867 ZPO) entscheidet. In diesen Fällen entstehen Gebühren nach Nr. 14121 KV und Auslagen nach Nr. 31000 ff KV.

II. Dokumentenpauschale (Nr. 31000 KV)

1. Antragspauschale

7 Werden Ausfertigungen, Kopien oder Ausdrucke auf **Antrag** gefertigt, ist die Dokumentenpauschale nach Nr. 31000 KV zu erheben, soweit die Dokumente nicht nach Anm. Abs. 3 zu Nr. 31000 KV auslagenfrei zu überlassen sind. Ist das Schriftstück von Amts wegen herauszugeben, kann die Pauschale nicht erhoben werden. Hierzu zählen etwa nach § 41 FamFG bekanntzumachende Beschlüsse, aber auch Ladungen, sonstige Benachrichtigungen oder durch den Urkundsbeamten der Geschäftsstelle ausgestellte Zeugnisse.[1]

1 *Meyer*, KV-GKG 9000 Rn 17.

Nr. 31000 KV ist nur einschlägig, wenn der Antrag von einem Beteiligten oder dessen Vertreter gestellt wird. Handelt es sich um den Antrag eines Dritten, gilt das JVKostG (s. Rn 31 ff). 8

2. Kopien von Urkunden

Die Dokumentenpauschale ist auch zu erheben, wenn zu den Akten gegebene Urkunden, von denen eine Kopie in den Akten verbleiben muss, zurückgefordert werden (Nr. 31000 Nr. 1 Buchst. b KV). 9

Hierunter fallen zB die Fälle des § 10 Abs. 1 GBO, wonach bei dem **Grundbuchamt** die Urkunden aufzubewahren sind, auf deren Grundlage die Eintragung erfolgt oder Bezug nimmt, bzw. eine Herausgabe der Urkunden nur erfolgen darf, wenn eine beglaubigte Abschrift bei dem Grundbuchamt verbleibt. Ferner in **Nachlasssachen** für Personenstandsurkunden. In **Registersachen** ist § 8 Abs. 2 HRV zu beachten, wonach von zurückzugebenden Schriftstücken, die in Papierform einzureichen waren, beglaubigte Abschriften zurückzubehalten sind. 10

Die Dokumentenpauschale entsteht auch dann, wenn Anträge oder Erklärungen bzw. Anlagen, die Teil der Gerichtsakten geworden sind, nicht ohne vorherige Fertigung von Kopien zurückgegeben werden können. 11

Da es sich bei der Dokumentenpauschale um Auslagen handelt, ist sie auch dann zu erheben, wenn der Kostenschuldner Gebührenfreiheit (zum Begriff s. § 7 Rn 2) genießt. 12

Bei der Rückgabe der eingereichten Urkunden kann von dem Zurückbehaltungsrecht des § 11 GNotKG, § 23 KostVfg Gebrauch gemacht werden. Die Rückgabe kann danach von der vorherigen Zahlung der Gerichtskosten, die in der Angelegenheit entstanden sind, abhängig gemacht werden (s. § 5 Rn 50 ff). 13

3. Verschuldete Dokumentenpauschale

Eine verschuldete Dokumentenpauschale ist im GNotKG nicht vorgesehen, da für die Verfahren der freiwilligen Gerichtsbarkeit keine Verpflichtung besteht, von Anträgen oder sonstigen Schriftsätzen, die bei Gericht eingereicht werden, eine bestimmte Anzahl von Mehrfertigungen einzureichen. Das gilt auch für verfahrenseinleitende Anträge nach § 23 FamFG.[2] Soweit eine solche Verpflichtung ausnahmsweise nach § 85 FamFG iVm § 103 ZPO für die Mehrfertigungen der Kostenberechnung im Kostenfestsetzungsverfahren besteht, sind auch solche Mehrfertigungen auslagenfrei herzustellen, da ein entsprechender Auslagentatbestand im Kostenverzeichnis fehlt. 14

4. Höhe der Dokumentenpauschale

a) Berechnung der Dokumentenpauschale

Es ist zu unterscheiden zwischen Dokumenten, die in **schwarz-weiß** gefertigt werden, und solchen, die als Farbdokument gefertigt werden. Handelt es sich um ein Dokument in schwarz-weiß, beträgt die Dokumentenpauschale für die ersten 50 Seiten 0,50 € je Seite und für jede weitere Seite 0,15 €. Wird ein **Farbdokument** gefertigt, beträgt die Dokumentenpauschale für die ersten 50 Seiten 1 € je Seite und für jede weitere Seite 0,30 € (Nr. 31000 Nr. 1 KV). Die Dokumentenpauschale entsteht in Hö- 15

2 BT-Drucks. 16/6308, S. 186.

he der vorgenannten Sätze nur dann, wenn die gefertigten Dokumente **kein größeres Format als DIN A3** besitzen, da andernfalls die höheren Pauschalen nach Nr. 31000 Nr. 2 KV anzusetzen sind (s. Rn 16). Ist das Format nicht größer als DIN A3, ist die optische Seite maßgeblich; auf ein DIN A4-Format kommt es nicht an, so dass die Pauschale auch für kleinere oder größere Seiten, aber nicht größer als DIN A3, in derselben Höhe entsteht.[3] Auch die Art der Herstellung ist unbeachtlich. Der Kostenschuldner kann daher nicht einwenden, dass eine kostengünstigere Anfertigung möglich gewesen wäre.[4] Auch Seiten, die lediglich einen Ausfertigungs- oder Beglaubigungsvermerk enthalten, sind auslagenpflichtig.[5]

16 Ist ein Dokument anzufertigen, das **größer als DIN A3** ist, können die tatsächlichen Fertigungskosten, zB Kosten für die Auftragserteilung an ein Fotokopiergeschäft, oder die Pauschale der Nr. 31000 Nr. 2 KV in Ansatz gebracht werden. Erfolgt eine pauschale Kostenerhebung, beträgt die Pauschale für Dokumente, die größer als DIN A 3 sind, 3 € je Seite für Dokumente in **schwarz-weiß** und 6 € je Seite für **Farbdokumente.**

17 **Beispiel:** In einer Grundbuchsache müssen von eingereichten Urkunden beglaubigte Ablichtungen gefertigt werden. Insgesamt sind 70 Schwarz-Weiß-Kopien angefallen.
Es ist eine Dokumentenpauschale nach Nr. 31000 Nr. 1 KV anzusetzen:

– 50 Seiten á 0,50 €	25,00 €
– 20 Seiten á 0,15 €	3,00 €
Gesamt	28,00 €

b) Verschiedene Rechtszüge und Kostenschuldner

18 Die Dokumentenpauschale ist für jeden Rechtszug und jeden Kostenschuldner gesondert zu berechnen (Anm. Abs. 1 S. 1 zu Nr. 31000 KV). Es kommt dabei auf den kostenrechtlichen Begriff des Rechtszugs iSd § 55 GNotKG an (s. § 3 Rn 27 ff).

19 Handelt es sich um Dauerbetreuungen, Dauerpflegschaften oder Dauernachlasspflegschaften,[6] ist die Dokumentenpauschale für jedes Kalenderjahr gesondert zu berechnen.

20 Haften mehrere Kostenschuldner als Gesamtschuldner, ist die Pauschale für sie einheitlich zu berechnen, wenn die Haftung aufgrund derselben Vorschrift herrührt (Anm. Abs. 1 S. 2 zu Nr. 31000 KV). Für den Antrags- und Entscheidungsschuldner ist die Dokumentenpauschale gesondert zu berechnen, wenn es sich um verschiedene Personen handelt.

c) Überlassung elektronischer Dokumente

21 Werden Dokumente in elektronischer Form überlassen, beträgt die Dokumentenpauschale 1,50 € je Datei (Nr. 31000 Nr. 3 KV). Werden mehrere Dateien in einem Arbeitsgang oder auf denselben Datenträger überlassen, beträgt die Pauschale für alle Dateien zusammen höchstens 5 €.

22 Müssen die elektronisch überlassenen Dokumente zuvor auf Antrag von der Papierform in die elektronische Form übertragen werden, beträgt die Dokumentenpauscha-

3 Binz/Dörndorfer/*Zimmermann*, KV-GKG 9000 Rn 24; *Oestreich/Hellstab/Trenkle*, Nr. 9000 KV-GKG Rn 24.
4 *Meyer*, KV-GKG 9000 Rn 22.
5 *Meyer*, KV-GKG 9000 Rn 22.
6 AA Korintenberg/*Klüsener*, GNotKG, Nr. 31000 KV Rn 14, wonach die Dauernachlasspflegschaft nicht erfasst sein soll und nur die von Nr. 11104 KV erfassten Dauerpflegschaften umfasst sind.

le nicht weniger, als die Dokumentenpauschale nach Nr. 31000 Nr. 1 KV für eine Schwarz-Weiß-Kopie ohne Rücksicht auf die Größe des Seitenformats betragen würde (Anm. Abs. 2 zu Nr. 31000 KV).

5. Kostenschuldner

Für die auf Antrag gefertigten oder überlassenen Dokumente haftet neben dem Kos- 23
tenschuldner nach §§ 22 ff GNotKG auch derjenige, der die Herstellung oder Überlassung beantragt hat (§ 26 Abs. 1 S. 2 GNotKG). Die Regelung des § 26 Abs. 1 S. 2 GNotKG ist unverständlich, da kein Auslagentatbestand besteht, der die Fälle regelt, dass Kopien angefertigt werden müssen, weil es ein Beteiligter unterlassen hat, von Schriftsätzen die erforderliche Anzahl von Mehrfertigungen beizubringen.

6. Fälligkeit

Die Dokumentenpauschale wird sofort nach ihrer Entstehung fällig (§ 9 Abs. 2 24
GNotKG). Ist eine Vorschusszahlung nicht angeordnet, sollen die Auslagen jedoch erst nach Beendigung des Rechtszugs eingefordert werden, wenn kein Verlust für die Staatskasse zu befürchten ist (§ 15 Abs. 2 S. 1 KostVfg).

7. Vorschusszahlung

Sind Dokumente auf Antrag anzufertigen, kann ihre Herstellung und Überlassung 25
von der vorherigen Zahlung eines Kostenvorschusses abhängig gemacht werden (§ 14 Abs. 2 GNotKG). Die Abhängigmachung ist mit der Erinnerung nach § 81 FamGKG anzugreifen (§ 82 Abs. 2 GNotKG). Im Übrigen kann von dem Zurückbehaltungsrecht Gebrauch gemacht werden (§ 11 GNotKG, § 23 KostVfg) (s. § 5 Rn 50 ff).

8. Auslagenfreie Herstellung von Dokumenten

a) Umfang der Befreiung

Anm. Abs. 3 zu Nr. 31000 KV ordnet die unentgeltliche Überlassung bestimmter Do- 26
kumente an. Danach sind für jeden Beteiligten und seinen bevollmächtigten Vertreter auslagenfrei zu überlassen:

- bei Beurkundung eines Vertrages zwei Ausfertigungen, Kopien oder Ausdrucke (Nr. 1 Alt. 1);
- bei sonstigen Beurkundungen eine Ausfertigung, eine Kopie oder ein Ausdruck (Nr. 1 Alt. 2),
- eine vollständige Ausfertigung oder Kopie oder ein vollständiger Ausdruck jeder gerichtlichen Entscheidung und jedes vor Gericht abgeschlossenen Vergleichs (Nr. 2);
- eine Ausfertigung von gerichtlichen Entscheidungen ohne Begründung (Nr. 3);
- eine Kopie oder ein Ausdruck sämtlicher Niederschriften über eine Sitzung des Gerichts (Nr. 4).

Erfasst sind neben der Endentscheidung auch alle sonstigen gerichtlichen Entschei- 27
dungen.

b) Beteiligte

Neben Antragsteller und Antragsgegner können weitere Personen Beteiligte sein, de- 28
nen gleichfalls eine auslagenfreie Dokumentenüberlassung zusteht. Maßgeblich ist die Beteiligtenstellung nach § 7 FamFG. Darüber hinaus sind die Sonderregelungen der

§§ 274, 315, 345, 412, 418 FamFG zu beachten. Unerheblich ist, ob die Stellung des Beteiligten auf Antrag erlangt wird (zB §§ 274 Abs. 3, 315 Abs. 3, 380 Abs. 2 FamFG). Verfahrenspfleger erlangen mit ihrer Bestellung den Status eines Beteiligten (§§ 274 Abs. 2, 315 Abs. 2, 418 Abs. 2 FamFG), auch ihnen sind somit die in Anm. Abs. 3 zu Nr. 31000 KV genannten Dokumente auslagenfrei zu überlassen.

c) Bevollmächtigte

29 Dem bevollmächtigten Vertreter sind die in Anm. Abs. 3 zu Nr. 31000 KV genannten Dokumente auslagenfrei zu überlassen. Das gilt nur für rechtsgeschäftlich bestellte Vertreter, nicht für gesetzliche Vertreter; im letzten Fall erhält sie nur der Vertretene selbst. Auch dem Verkehrsanwalt oder einem Terminsvertreter steht neben dem Hauptbevollmächtigten keine auslagenfreie Überlassung zu.[7]

d) Blinde oder sehbehinderte Personen

30 § 191 a Abs. 1 S. 5 GVG bleibt unberührt (Anm. Abs. 4 zu Nr. 31000 KV). Danach können besondere Herstellungs- oder Übersetzungskosten, die für die Fertigung von Dokumenten, die von blinden oder sehbehinderten Menschen gelesen werden können, nicht angesetzt werden. Nach der zu § 191 a Abs. 1 GVG erlassenen Rechtsverordnung[8] sind sämtliche Dokumente auslagenfrei zu überlassen, die der blinden oder sehbehinderten Person formlos oder förmlich bekannt zu geben sind (s. Rn 63 ff).

9. Justizverwaltungssachen

a) Anzuwendende Vorschriften

31 In Justizverwaltungsangelegenheiten findet Nr. 31000 KV keine Anwendung, sondern die Vorschriften des JVKostG. Hierzu gehören zB die Anträge von am Verfahren nicht beteiligten Dritten auf Überlassung von Dokumenten (§ 13 Abs. 2 FamFG) sowie die Anforderung von gerichtlichen Entscheidungen für Veröffentlichungen oder von Sachverständigen angeforderte Entscheidungen.

b) Höhe der Auslagen

32 Eine Auslagenpflicht besteht nach Nr. 2000 KV-JVKostG. Die Dokumentenpauschale beträgt danach für die ersten 50 Seiten 0,50 € je Seite und für jede weitere Seite 0,15 € je Seite. Eine Unterscheidung zwischen Schwarz-Weiß-Kopien und Farbkopien sieht Nr. 2000 KV-JVKostG nicht vor.

33 Für die Beglaubigung entstehen gesonderte Gebühren nach Nr. 1400 KV-JVKostG. Die Gebühr ist neben der Pauschale der Nr. 2000 KV-JVKostG gesondert zu erheben, wenn die Ablichtungen von der Justizbehörde selbst gefertigt worden sind (Anm. S. 2 zu Nr. 1400 KV-JVKostG). Die Beglaubigungsgebühr beträgt 0,50 € je Seite, aber mindestens 5 €.

34 Von der Erhebung der Dokumentenpauschale und der Beglaubigungsgebühr kann abgesehen werden, wenn die Erteilung der Ablichtungen überwiegend im öffentlichen Interesse liegt (§ 11 Abs. 1, 2 JVKostG). Keine Dokumentenpauschale wird zudem erhoben, wenn Daten im Internet zur nicht gewerblichen Nutzung bereitgestellt werden

---

7 *Meyer*, KV-GKG 9000 Rn 28 (für den Korrespondenzanwalt).

8 Verordnung zur barrierefreien Zugänglichmachung von Dokumenten für blinde und sehbehinderte Personen in gerichtlichen Verfahren (Zugänglichmachungsverordnung – ZMV) vom 26.2.2007 (BGBl. I S. 215), geändert durch Art. 20 des Gesetzes vom 10.10.2013 (BGBl. I S. 3786, 3797).

(§ 11 Abs. 2 S. 2 JVKostG). Bei der Übermittlung von gerichtlichen Entscheidungen ist auch § 21 JVKostG zu beachten, für Auskünfte für wissenschaftliche Forschungsvorhaben gilt § 22 JVKostG.

c) Kosteneinzug

Es haftet derjenige, der die Herstellung der Dokumente beantragt hat (§ 14 JVKostG). Die Pauschale wird mit ihrer Entstehung fällig (§ 7 JVKostG). Es kann eine Vorschusszahlung verlangt und die Vornahme der Handlung von der Kostenzahlung abhängig gemacht werden (§ 8 JVKostG). Auch das Zurückbehaltungsrecht kann ausgeübt werden (§ 9 JVKostG). 35

III. Telegrammkosten (Nr. 31001 KV)

Auslagen für Telegramme sind nach Nr. 31001 KV in voller Höhe einzuziehen, andere Telekommunikationsleistungen sind auslagenfrei. Die Kosten müssen notwendig gewesen sein. Das ist stets anzunehmen, wenn davon auszugehen oder zu befürchten ist, dass eine andere Form der Benachrichtigung dem Empfänger nicht mehr rechtzeitig zugeht. Die Fälligkeit richtet sich nach § 9 Abs. 1 GNotKG. Für den Kosteneinzug gilt § 15 Abs. 2 KostVfg. 36

IV. Zustellungskosten (Nr. 31002 KV)

1. Anwendungsbereich

Kosten für Postsendungen bleiben grundsätzlich unerhoben, da sie bereits durch die Gerichtsgebühren abgegolten werden. Ein pauschaler Ansatz kommt aber nach Nr. 31002 KV ausnahmsweise in Betracht, soweit es sich handelt um 37

- Zustellungen mit Zustellungsurkunden,
- Einschreiben gegen Rückschein oder
- Zustellungen durch Justizbedienstete nach § 168 Abs. 1 ZPO.

Nicht erfasst sind hingegen die Bekanntgabe durch Aufgabe zur Post (§ 15 Abs. 2 FamFG), die Aushändigung an der Amtsstelle (§ 173 ZPO), die Zustellung gegen Empfangsbekenntnis (§ 174 ZPO), die Aufgabe zur Post (§ 184 ZPO), die gerichtliche Beauftragung eines Gerichtsvollziehers oder einer anderen Behörde mit der Zustellung (§ 168 Abs. 2 ZPO) oder die öffentliche Zustellung (§ 185 ZPO); bei Letzterer können aber Bekanntmachungskosten (§ 187 ZPO) nach Nr. 31004 KV anfallen. Kosten des Gerichtsvollziehers sind nach Nr. 31013 KV einzuziehen, jedoch gleichfalls nur iHv 3,50 € je Zustellung. 38

2. Wertabhängige Gebühren

Neben Gebühren, die sich nach dem Geschäftswert richten, wird die Zustellungspauschale der Nr. 31002 KV nur erhoben, soweit in dem Rechtszug mehr als 10 Zustellungen angefallen sind (Anm. zu Nr. 31002 KV) (sog. **Freigrenze**). Dabei ist auf den kostenrechtlichen Rechtszug iSd § 55 Abs. 1 GNotKG abzustellen. 39

Beispiel 1: In einer Aufgebotssache werden 8 Zustellungen erforderlich. 40
Da sich die zu erhebende Verfahrensgebühr der Nr. 15212 KV nach dem Geschäftswert richtet, bleiben die Zustellungskosten unerhoben, da nicht mehr als 10 Zustellungen angefallen sind.

41 **Beispiel 2:** Wie Beispiel 1, jedoch sind nunmehr 13 Zustellungen erforderlich.
Neben der Verfahrensgebühr der Nr. 15212 KV ist die Zustellungspauschale zu erheben, soweit mehr als 10 Zustellungen angefallen sind. Anzusetzen sind daher 10,50 € Zustellungskosten nach Nr. 31002 KV (3 x 3,50 €).

42 Entstehen **Festgebühren** oder ist das Verfahren gebührenfrei, gilt die Freigrenze nach Anm. zu Nr. 31002 KV nicht, so dass die Pauschale bereits ab der ersten Zustellung zu erheben ist. Das gilt auch für die Jahresgebühren nach Nr. 11101, 11102, 11104, 12311 KV, da sich ihre Höhe nicht nach dem Geschäftswert richtet.

43 Das **Kostenfestsetzungsverfahren** (§§ 103 ff ZPO iVm § 85 FamFG) gehört noch zu dem erstinstanzlichen Rechtszug. Hingegen stellt das **Vergütungsfestsetzungsverfahren** (§ 11 RVG) einen eigenständigen Rechtszug iSd § 55 Abs. 1 GNotKG und Anm. zu Nr. 31002 KV dar.[9] Da das Verfahren gebührenfrei ist (§ 11 Abs. 2 S. 4 RVG), sind Zustellungskosten in voller Höhe anzusetzen.[10] Die Festsetzung nach § 11 RVG soll gem. § 14 Abs. 1 GNotKG von der vorherigen Auslagenzahlung abhängig gemacht werden. Eine Nichtzahlung hat jedoch lediglich das Ruhen des Verfahrens zur Folge,[11] eine Zurückweisung kann nicht erfolgen.[12]

44 Für jede Zustellung ist eine Pauschale von 3,50 € zu erheben. Auf die tatsächlich zu zahlenden Entgelte kommt es nicht an.

V. Versendung und Übermittlung von Akten (Nr. 31003 KV)

1. Aktenversendung

a) Entstehung

45 Für die Versendung von Akten auf Antrag ist eine **Aktenversendungspauschale** nach Nr. 31003 KV anzusetzen. Ein Ansatz kommt jedoch nur in Betracht, wenn dem Gericht für die Versendung tatsächlich bare Aufwendungen für Transport und Verpackung entstanden sind.

46 Ist die Aktenversendung über eine **Anwaltsfachanlage** erfolgt, liegt eine Versendung iSd Nr. 31003 KV nicht vor.[13] Der Ansatz der Pauschale hat auch zu unterbleiben, wenn die Abholung der Akte durch einen Büromitarbeiter erfolgt[14] oder die Akte an ein anderes Gericht mittels Dienstwagen übersandt und dort in ein Gerichtsfach des Anwalts eingelegt wird.[15] Ebenso erfolgt kein Ansatz bei Einlegung in eine Fachanlage in einem Justizzentrum, das aus mehreren Gebäuden besteht.[16]

47 Liegt ein Amts- oder Rechtshilfeersuchen vor, kann die Aktenversendungspauschale ebenfalls nicht angesetzt werden,[17] auch nicht nach dem JVKostG. Das gilt etwa für gesetzliche Krankenversicherungen.[18]

9 LG Lübeck AGS 2014, 558.
10 LG Köln AGS 2000, 209.
11 LG Bonn AGS 2000, 210.
12 OLG Köln AGS 2000, 208.
13 OLG Köln AGS 2014, 513; LG Münster AnwBl 1995, 378; LG Göttingen NJW-RR 1996, 190.
14 LG Detmold NJW 1995, 2801.
15 OLG Koblenz JurBüro 2014, 379; LG Arnsberg AGS 2015, 77.
16 OLG Naumburg NStZ-RR 2012, 192.
17 OLG Thüringen JurBüro 2008, 602; OLG Düsseldorf JurBüro 2012, 597.
18 OLG Düsseldorf JurBüro 2012, 597.

b) Höhe der Pauschale

Die Pauschale beträgt 12 € je Aktenversendung. Sie ist für die Hin- und Rücksendung nur einmal zu erheben, da die Hin- und Rücksendung zusammen als eine Sendung gilt (Anm. zu Nr. 31003 KV). 48

Soweit die Pauschale auch die Kosten für die Rücksendung erfasst, sind nur solche Kosten gemeint, die dem Gericht entstehen. Die Kosten der Rücksendung (insb. Porto und Verpackung) fallen daher dem Dritten (zB dem einsichtnehmenden Anwalt) zur Last.[19] Der Empfänger kann deshalb die Pauschale nicht um seine eigenen Portokosten kürzen[20] oder die Akten auf Kosten des Gerichts zurücksenden.[21] 49

Ein Auslagentatbestand für die Übermittlung elektronischer Akten ist in Nr. 31003 KV nicht enthalten.[22] Für die Überlassung von elektronischen Dokumenten gilt ausschließlich Nr. 31000 Nr. 3 KV. 50

2. Fälligkeit und Vorschuss

Die Pauschale wird sofort nach ihrer Entstehung fällig (§ 9 Abs. 2 GNotKG). Die Versendung oder die elektronische Überlassung kann von der vorherigen Zahlung eines Vorschusses abhängig gemacht werden (§ 14 Abs. 2 GNotKG). 51

3. Kostenschuldner

Kostenschuldner ist nur derjenige, der die Übersendung oder elektronische Übermittlung der Akte beantragt hat (§ 26 Abs. 2 FamGKG). Die Haftung nach §§ 22 ff GNotKG erfasst die Pauschale daher nicht. Kostenschuldner ist nicht der einsichtnehmende Anwalt, sondern der vertretene Beteiligte selbst, da diesem in den Verfahren der freiwilligen Gerichtsbarkeit ein eigenes Akteneinsichtsrecht zusteht (§ 13 Abs. 1 FamFG).[23] 52

4. Justizverwaltungssachen

Über die Akteneinsicht durch nicht am Verfahren beteiligte Dritte (§ 13 Abs. 2 FamFG) hat die Justizverwaltung zu entscheiden. In diesen Fällen ist eine Aktenversendungspauschale nach Nr. 9003 KV-GKG iVm Vorbem. 2 KV-JVKostG zu erheben. Die Pauschale beträgt danach 12 € für die Aktenversendung. 53

Kostenschuldner ist derjenige, der die Versendung oder Überlassung beantragt hat (§ 14 Abs. 1 JVKostG). Die Pauschale wird mit ihrer Entstehung fällig (§ 7 JVKostG). Es kann ein Kostenvorschuss verlangt werden (§ 8 JVKostG). Über die Abhängigmachung und die Höhe des Vorschusses entscheidet der Sachbearbeiter (§ 46 KostVfg). 54

VI. Bekanntmachungskosten (Nr. 31004 KV)

Auslagen für öffentliche Bekanntmachungen sind in voller Höhe anzusetzen (Nr. 31004 KV). Hierunter fallen insbesondere die Kosten für öffentliche Zustellungen (§ 187 ZPO iVm § 15 Abs. 2 FamFG). 55

---

19 BT-Drucks. 16/3038, S. 52.
20 OLG Koblenz NJW 2006, 1072; OLG Thüringen JurBüro 2007, 598.
21 OLG Celle NdsRpfl 2007, 60; OLG Hamm NJW 2006, 1076; LG Lübeck SchlHA 2006, 444.
22 BT-Drucks. 17/11471 (neu), S. 231.
23 Für die Fälle des § 299 ZPO, aber wegen der gleichen Regelung des § 13 FamFG anwendbar: OLG Düsseldorf JurBüro 2008, 375; LG Bayreuth JurBüro 1997, 433.

56 Ist die Bekanntmachung in einem elektronischen Informations- und Kommunikationssystem erfolgt, wird keine Auslagenpauschale erhoben, wenn ein Entgelt nicht zu zahlen ist oder ein solches nicht für einzelne Verfahren berechnet wird (Anm. zu Nr. 31004 KV). Hierzu zählen auch die justiz- oder landeseigenen Internetseiten.

57 Für die Bekanntmachung kann ein Auslagenvorschuss verlangt werden (§ 14 Abs. 1 GNotKG). Ist die Bekanntmachung von Amts wegen zu veranlassen, darf diese jedoch noch von der Zahlung abhängig gemacht werden (§ 14 Abs. 3 GNotKG).

VII. Nach dem JVEG zu zahlende Beträge (Nr. 31005 KV)

1. Allgemeines

58 Nach dem JVEG zu zahlende Beträge sind nach Nr. 31005 KV in voller Höher einzuziehen. Nach dem JVEG ist an vom Gericht herangezogene Sachverständige, Dolmetscher und Übersetzer eine Vergütung zu zahlen, Zeugen und Dritte sind zu entschädigen. Handelt es sich um Parteikosten, gilt Nr. 31005 KV nicht, da sie nicht als Gerichtskosten eingezogen werden. Zahlungen an **ehrenamtliche Richter**, zB bei den Landwirtschaftsgerichten, die gleichfalls eine Entschädigung nach dem JVEG erhalten, können nicht als Gerichtskosten eingezogen werden (Anm. Abs. 2 zu Nr. 31005 KV).

2. Dolmetscher und Übersetzungskosten

59 Entstandene Dolmetscher- oder Übersetzungskosten sind einzuziehen (vgl. aber Rn 63 ff). Eine Kostenpflicht besteht auch dann, wenn ein Beteiligter Ausländer ist. Die für Strafsachen geltende Reglung (Anm. Abs. 4 zu Nr. 9005 KV-GKG) ist nicht anzuwenden. Gerichtssprache ist deutsch (§ 184 GVG), auch in den Verfahren der freiwilligen Gerichtsbarkeit. Auf die Entbehrlichkeit der Hinzuziehung eines Dolmetschers haben die Beteiligten hinzuweisen,[24] denn das Gericht hat sonst nach pflichtgemäßem Ermessen über die Hinzuziehung zu entscheiden. Haben die Beteiligten Übersetzungen vorgenommen, auch aufgrund einer Anordnung nach § 142 Abs. 3 ZPO, so handelt es sich nicht um Gerichtskosten.[25] Auch die außergerichtlich entstandenen Übersetzungskosten zählen zu den Beteiligtenkosten (§ 80 S. 1 FamFG).[26]

3. Höhe der Zahlungen

60 Es sind grundsätzlich die tatsächlich an den Vergütungs- oder Entschädigungsberechtigten gezahlten Beträge in voller Höhe einzuziehen. Nr. 31005 KV begrenzt den Kosteneinzug jedoch auf die nach dem JVEG zu zahlenden Beträge, so dass es insoweit nicht auf die tatsächliche Auszahlung ankommt, sondern nur auf die nach dem JVEG zulässigen Zahlungen.[27] Die Mehrbeträge können nicht vom Kostenschuldner eingezogen werden. Dieser kann die Überhöhung oder den gänzlichen Wegfall des Anspruchs im Erinnerungsverfahren (§ 81 GNotKG) einwenden. An dem Festsetzungsverfahren nach § 4 JVEG ist der Kostenschuldner nicht beteiligt (s. § 9 Rn 29 ff).

61 Die gesetzliche Vergütung kann jedoch im Rahmen einer nach § 13 JVEG getroffenen Vereinbarung überschritten werden. Ist die Vereinbarung oder die gerichtliche Zu-

24 OLG Stuttgart FamRZ 2001, 238.
25 OLG Brandenburg NJW-RR 2002, 1290.
26 OLG Celle BauR 2008, 1673; *H. Schneider*, JVEG, § 11 Rn 5.
27 OLG Düsseldorf BauR 2005, 1973.

stimmung ordnungsgemäß zustande gekommen bzw. erteilt, ist auch die besondere Vergütung in voller Höhe nach Nr. 31005 KV einzuziehen.

Übersicht: Nach dem JVEG zu zahlende Vergütungen bzw. Entschädigungen

Sachverständige	Die Vergütung umfasst nach § 8 Abs. 1 JVEG: ■ Honorar (§ 9 JVEG). Die Höhe von 65–125 €/Stunde richtet sich nach der Honorargruppe, die sich wiederum aus der Anlage 1 zu § 9 Abs. 1 JVEG bestimmt; für besondere Leistungen kann auch ein Honorar nach § 10 JVEG und der Anlage 2 zu § 10 Abs. 1 JVEG entstehen; ■ Fahrtkostenersatz (§ 5 JVEG). Bei Kfz-Nutzung sind 0,30 €/km zu erstatten; ■ Aufwandsentschädigung (§ 6 Abs. 1 JVEG). Die Höhe bestimmt sich nach § 4 Abs. 5 S. 1 Nr. 5 S. 2 EStG; ■ Übernachtungskosten (§ 6 Abs. 2 JVEG). Die Höhe bestimmt sich nach dem BRKG; ■ Auslagenersatz nach den §§ 7 und 12 JVEG.
Sachverständige Zeugen	Sind wie Zeugen (s.u.) zu entschädigen.[28]
Dolmetscher	Die Vergütung umfasst nach § 8 Abs. 1 JVEG: ■ Honorar (§ 9 Abs. 3 JVEG). Es beträgt unabhängig von der Sprache 70 €/Stunde und 75 €/Stunde, wenn die Heranziehung für simultanes Dolmetschen erfolgt ist; ■ Auslagenersatz (§§ 5, 6, 7 und 12 JVEG) wie oben (s. dazu „Sachverständige")
Übersetzer	Die Vergütung umfasst nach § 8 Abs. 1 JVEG: ■ Honorar (§ 11 Abs. 1 S. 1, 2 JVEG). Es beträgt 1,55 € je angefangene 55 Anschläge (Grundhonorar). Wird der Text nicht elektronisch in einer nicht editierbaren Form zur Verfügung gestellt, beträgt das Honorar 1,75 € je 55 Anschläge (erhöhtes Honorar). ■ Eine Steigerung auf 1,85 € (Grundhonorar) bzw. 2,05 € (erhöhtes Honorar) ist im Einzelfall statthaft nach § 11 Abs. 1 S. 3 JVEG. ■ Das Honorar beträgt mindestens 15 € (§ 11 Abs. 2 JVEG). ■ Auslagenersatz (§§ 5, 6, 7 und 12 JVEG) wie oben (s. dazu „Sachverständige"). Für das Original der Übersetzung wird jedoch kein Auslagenersatz nach § 12 Abs. 1 S. 2 Nr. 3 JVEG erstattet.[29]
Zeugen	Die Entschädigung umfasst nach § 19 Abs. 1 JVEG: ■ Verdienstausfall (§ 22 JVEG). Er beträgt höchstens 21 €/Stunde und ist für höchstens 10 Stunden täglich zu gewähren; ■ Zeitversäumnis (§ 20 JVEG) von 3,50 €/Stunde oder für Nachteile in der Haushaltsführung (§ 21 JVEG) von 14 €/Stunde, wenn nicht ein Verdienstausfall nach § 22 JVEG erstattet wird. Die Entschädigung kann jeweils höchstens für 10 Stunden täglich gewährt werden; ■ Fahrtkostenersatz (§ 5 JVEG). Bei Kfz-Nutzung sind 0,25 €/km zu erstatten; ■ Aufwandsentschädigung (§ 6 Abs. 1 JVEG). Die Höhe bestimmt sich nach § 4 Abs. 5 S. 1 Nr. 5 S. 2 EStG; ■ Übernachtungskosten (§ 6 Abs. 2 JVEG). Die Höhe bestimmt sich nach dem BRKG; ■ Auslagenersatz nur nach § 7 JVEG. Insbesondere kann eine Umsatzsteuer nicht erstattet werden.

28 *H. Schneider*, JVEG, § 19 Rn 12 mwN; Binz/Dörndorfer/*Binz*, § 19 JVEG Rn 1.
29 OLG Stuttgart Rpfleger 2005, 218; KG DS 2005, 276; *H. Schneider*, JVEG, § 11 Rn 45; aA OLG München JurBüro 2005, 376.

Dritte	Für die Entschädigung Dritter gilt nach § 23 JVEG: ■ Bei einer Heranziehung nach § 142 Abs. 1 oder § 144 Abs. 1 ZPO ist wie bei einem Zeugen zu entschädigen; ■ Hat der Dritte einen Arbeitnehmer oder eine andere Person beauftragt, sind die Kosten hierfür nach § 22 JVEG zu erstatten.

4. Verwaltungsvereinfachung

62 Die nach dem JVEG zu zahlenden Beträge sind auch dann anzusetzen, wenn das Gericht aus Gründen der Gegenseitigkeit, der Verwaltungsvereinfachung oder aus vergleichbaren Gründen keine Zahlungen zu leisten hat (Anm. Abs. 1 zu Nr. 31005 KV).[30]

5. Blinde oder sehbehinderte Personen

63 War die Heranziehung eines Übersetzers für die Erfüllung der Rechte blinder oder sehbehinderter Personen erforderlich (§ 191 a Abs. 1 GVG), sind die hierfür entstandenen Auslagen nicht einzuziehen (Anm. Abs. 2 zu Nr. 31005 KV). Gleiches gilt, wenn ein Gebärdendolmetscher herangezogen wurde (§ 186 Abs. 1 GVG).

64 Die Auslagenbefreiung erstreckt sich neben den Beteiligten auch auf ihre Vertreter sowie auf Zeugen oder Sachverständige. Rechtsanwälte sind jedoch nur erfasst, soweit sie eigene verfahrensrechtliche Rechte wahrnehmen.[31]

65 Hinsichtlich des § 191 a Abs. 1 GVG ist eine Rechtsverordnung erlassen, welche die weitere Verfahrensweise regelt.[32] Nach § 2 Abs. 1 der Verordnung sind sämtliche Dokumente auslagenfrei zu überlassen, die der blinden oder sehbehinderten Person formlos oder förmlich bekanntzugeben sind. Die Befreiung erfasst neben der Dokumentenpauschale (Nr. 31000 KV) auch die von Nr. 31005 KV erfassten Kosten für die Herstellung der Dokumente durch Übersetzer oder die Kosten für Gebärdendolmetscher.

6. Kostenschuldner

66 Es gelten die §§ 22 ff GNotKG, wobei die Antragshaftung auch die Kosten der vom Gegner vorgetragenen Verteidigungsmittel oder die Kosten für vom Gericht veranlasste Beweismaßnahmen umfasst.[33]

7. Fälligkeit und Vorschuss

67 Die Fälligkeit bestimmt sich nach § 9 Abs. 1 GNotKG. Es kann ein Vorschuss angefordert werden (§ 14 Abs. 1, 3 GNotKG) (s. § 5 Rn 19 ff).

---

30 Ein Zahlungsverzicht ist etwa in der VV Nr. 2.2.1 zu § 61 BayHO vorgesehen. In Baden-Württemberg ist ein Kostenverzicht bestimmt, wenn die Gesundheitsämter ärztliche Zeugnisse oder Gutachten in Betreuungs- oder Unterbringungssachen erstellen (Bek. d. JuM v. 21.1.2008 – Justiz S. 66). Danach teilen die Gesundheitsämter die Kosten mit, jedoch unterbeleibt eine Erstattung. Die mitgeteilten Kosten sind aufgrund Anm. Abs. 2 zu Nr. 31005 KV vom Kostenschuldner einzuziehen und verbleiben im Justizhaushalt.

31 MüKo-ZPO/*Zimmermann*, § 191 a Rn 3.

32 Verordnung zur barrierefreien Zugänglichmachung von Dokumenten für blinde und sehbehinderte Personen in gerichtlichen Verfahren (Zugänglichmachungsverordnung – ZMV) vom 26.2.2007 (BGBl. I S. 215), geändert durch Art. 20 des Gesetzes vom 10.10.2013 (BGBl. I S. 3786, 3797).

33 Bormann/Diehn/Sommerfeldt/*Sommerfeldt*, GNotKG, § 22 Rn 12; Korintenberg/*Hellstab*, GNotKG, § 22 Rn 14.

VIII. Geschäfte außerhalb der Gerichtsstelle (Nr. 31006 KV)

1. Allgemeines

Wird das Gericht außerhalb der Gerichtsstelle tätig, sind die hierfür entstehenden Auslagen einzuziehen (Nr. 31006 KV). Hierzu gehören neben einer Inaugenscheinnahme die Abhaltung von Lokalterminen sowie die gerichtlichen Anhörungen in der üblichen Umgebung des Betroffenen. Ist das Gericht für verschiedene Rechtssachen tätig geworden, sind die Auslagen angemessen auf sie zu verteilen (Vorbem. 3 S. 1 KV). 68

2. Auslagentatbestände

a) Allgemeines

Zu den von Nr. 31006 KV erfassten Kosten gehören: 69

- die den Gerichtspersonen aufgrund gesetzlicher Vorschriften gewährte Vergütung,
- die Kosten für die Bereitstellung von Räumen,
- die Kosten für den Einsatz von Dienstkraftfahrzeugen.

Darüber hinaus ist ein Kosteneinzug nicht statthaft. 70

b) Vergütung der Gerichtspersonen

Gerichtspersonen sind der Richter, der Rechtspfleger, der Urkundsbeamte der Geschäftsstelle und der Wachtmeister. Die Beteiligten, ihre Vertreter, Zeugen und Sachverständige sind nicht erfasst. Die zu zahlende Vergütung bestimmt sich nach den Landesreisekostengesetzen, hierunter fallen insbesondere Tagegeld, Reisekosten (auch notwendige Taxikosten) und ggf. Übernachtungskosten. 71

c) Bereitstellung von Räumen

Zu den Kosten für die Bereitstellung von Räumen gehören insbesondere Miete, Heizung, Stromkosten und Reinigungskosten.[34] Wurden Räumlichkeiten unentgeltlich zur Verfügung gestellt, unterbleibt ein Kostenansatz, da fiktive Kosten nicht angesetzt werden können.[35] 72

d) Dienstkraftfahrzeuge

Für die Benutzung eines Dienstkraftfahrzeugs sind pauschal 0,30 € je gefahrenen Kilometer anzusetzen (Nr. 31006 Nr. 2 KV). Erhält der Kraftfahrer Tagegeld, so ist dieses gesondert nach Nr. 31006 Nr. 1 KV in Ansatz zu bringen.[36] Hat die Gerichtsperson ein Taxi benutzt, sind die tatsächlichen Kosten einzuziehen.[37] 73

IX. An Rechtsanwalt zu zahlende Beträge (Nr. 31007 KV)

Die Kosten sind nach Nr. 31007 KV in voller Höhe anzusetzen. Erfasst sind etwa die in Freiheitsentziehungssachen an beigeordnete Verteidiger zu zahlenden Beträge. Ausgenommen sind hingegen die nach § 59 RVG übergegangenen Ansprüche für im Rahmen einer Bewilligung von Verfahrenskostenhilfe beigeordnete Anwälte. Nicht an- 74

34 *Meyer*, KV-GKG 9006 Rn 54.
35 Binz/Dörndorfer/*Zimmermann*, KV-GKG 9006 Rn 3; *Meyer*, KV-GKG 9006 Rn 55.
36 BT-Drucks. 12/6962, S. 88.
37 Binz/Dörndorfer/*Zimmermann*, KV-GKG 9006 Rn 2.

wendbar ist die Regelung auch, wenn ein Rechtsanwalt als Betreuer oder Pfleger tätig wird.

X. Beförderung von Personen (Nr. 31008 Nr. 1 KV)

75 Kosten für die Beförderung von Personen sind nach Nr. 31008 Nr. 1 KV einzuziehen. Hierunter fallen insbesondere die Kosten für Vorführungen und den Transport von Gefangenen. In Verfahren der freiwilligen Gerichtsbarkeit kann das Gericht die Vorführung anordnen von

- Beteiligten (§ 33 Abs. 3 FamFG),
- Personen für die Untersuchungen (§§ 283, 322, 420 FamFG),
- Zeugen (§ 380 ZPO iVm § 30 FamFG).

76 Die entstandenen Kosten sind in voller Höhe anzusetzen. Soweit es sich um eine Gefangenenbeförderung handelt, sind die Vorschriften der Gefangenentransportvorschriften (GTV) zu beachten. Danach hat regelmäßig Sammeltransport zu erfolgen, für den pauschal 0,30 € je gefahrenen Kilometer anzusetzen sind.

77 Die Kostenhaftung richtet sich nach §§ 22 ff GNotKG. In Unterbringungssachen können die Vorführungskosten nicht von dem Betroffenen selbst eingezogen werden, da er nur für Auslagen nach Nr. 31015 KV haftet (§ 26 Abs. 3 GNotKG).

78 Hat das Gericht einem ordnungsgemäß geladenen Zeugen die durch sein Ausbleiben verursachten Kosten auferlegt, werden auch die Auslagen nach Nr. 31008 Nr. 1 KV davon erfasst.

XI. Reiseentschädigungen mittelloser Personen (Nr. 31008 Nr. 2 KV)

1. Allgemeines

79 Ist mittellosen Personen eine Entschädigung für die An- und Rückreise zum Ort einer Verhandlung, Vernehmung oder Untersuchung gezahlt, sind diese Beträge nach Nr. 31008 Nr. 2 KV wieder einzuziehen.

2. Kostenhaftung

80 Für die Kostenhaftung gelten die §§ 22 ff GNotKG. Der Kostenschuldner haftet auch in voller Höhe für die durch das Gericht gezahlten Reiseentschädigungen.[38] Auch der Zweitschuldner haftet grundsätzlich für diese Kosten.[39] Ist jedoch einem Entscheidungsschuldner eine Reiseentschädigung gewährt, darf ein anderer Kostenschuldners für diese Kosten nicht in Anspruch genommen werden (§ 33 Abs. 2 S. 2 GNotKG). Entsprechendes gilt für die von § 33 Abs. 3 GNotKG erfassten Fälle der Übernahmehaftung.

3. Höhe der Kosten

81 Ein Kosteneinzug ist statthaft, soweit die gezahlten Reiseentschädigungen die nach dem JVEG an Zeugen zu zahlenden Beträge nicht übersteigen. Für das Bewilligungs-

38 OLG München JurBüro 1972, 804.
39 OLG Schleswig SchlHA 1990, 75.

verfahren sind die bundeseinheitlichen Verwaltungsvorschriften (**VwV Reiseentschädigung**; im Folgenden: VwV) zu beachten.[40] Im Einzelnen sind zu gewähren:[41]

Kosten	Erstattungsfähige Höhe
Fahrtkosten	Sie sind nach § 5 JVEG zu erstatten. Dabei sind regelmäßig Fahrkarten der 2. Wagenklasse zur Verfügung zu stellen (Nr. 1.1.3 VwV). Ist ausnahmsweise eine Kfz-Nutzung erforderlich, sind 0,25 €/km zu gewähren.
Aufwandsentschädigungen	Tagegelder werden nur ausnahmsweise gezahlt (Nr. 1.1.2 VwV). Sind sie unvermeidbar, bestimmt sich ihre Höhe nach § 6 Abs. 1 JVEG, § 4 Abs. 5 S. 1 Nr. 5 S. 2 EStG.
Übernachtungskosten	Notwendige Übernachtungskosten sind zu ersetzen; dabei sind die Vorschriften des BRKG anzuwenden (§ 6 Abs. 2 JVEG).
Aufwendungen	Sonstige Aufwendungen werden regelmäßig nicht erstattet. Eine Ausnahme gilt jedoch für notwendige Begleitpersonen (zB wegen Krankheit oder Alters) oder notwendige Vertretungskosten. Die Kosten sind nach § 7 Abs. 1 JVEG zu erstatten.
Verdienstausfall	Verdienstausfall (§ 22 JVEG) oder Nachteilsentschädigungen (§§ 20 und 21 JVEG) werden nicht erstattet.

4. Verfahren

Über die Gewährung der Reiseentschädigung entscheidet das Gericht (Richter oder Rechtspfleger, wenn das Verfahren auf ihn übertragen ist). Es handelt sich um einen Akt der Rechtsprechung.[42] Zuständig ist das Gericht, bei welchem das Verfahren anhängig ist. In Eilfällen kann auch der Präsident oder Direktor des Gerichts, in dessen Bezirk sich der mittellose Antragsteller aufhält, im Verwaltungswege eine Reiseentschädigung bewilligen (Nr. 2 VwV). 82

Berechnung und Zahlung erfolgen durch die Anweisungsstelle des Gerichts (Nr. 1.1.1 VwV). Eine Durchschrift der Kassenanordnung oder ein Nachweis über die Gewährung der Reiseentschädigung ist zu den Sachakten zu nehmen (Nr. 1.1.4 VwV). Ist die Person nicht zu dem Termin erschienen oder ist der Grund der Reise weggefallen, ist die Reiseentschädigung zurückzufordern (Nr. 1.1.6 VwV). Ein Kosteneinzug nach Nr. 31008 Nr. 2 KV ist dann insoweit nicht statthaft. 83

XII. An Dritte zu zahlende Beträge (Nr. 31009 KV)

Nach Nr. 31009 KV sind in voller Höhe anzusetzen die Kosten für 84

- die Beförderung von Tieren und Sachen mit Ausnahme der für Postdienstleistungen zu zahlenden Entgelte (Nr. 1),
- die Verwahrung von Tieren und Sachen sowie die Fütterung von Tieren (Nr. 1),
- die Durchsuchung oder Untersuchung von Räumen und Sachen einschließlich der die Durchsuchung oder Untersuchung vorbereitenden Maßnahmen (Nr. 2).

40 Die Verwaltungsvorschrift (Gewährung von Reiseentschädigungen) ist durch die Landesjustizverwaltungen in Kraft gesetzt.
41 Eine ausführliche Kommentierung der VwV findet sich bei *H. Schneider*, JVEG, Anh. 4.
42 BGH NJW 1975, 1124.

XIII. Haftkosten (Nr. 31010, 31011 KV)

1. Kosten einer Zwangshaft (Nr. 31010 KV)

85 Die Kosten einer Zwangshaft sind nach Nr. 31010 KV einzuziehen. Hierunter fallen insbesondere die nach § 35 Abs. 3 FamFG angeordnete Zwangshaft oder die Fälle des § 94 FamFG, wenn die eidesstattliche Versicherung über den Verbleib einer herauszugebenden Person nicht geleistet wird.

86 Das Gericht hat in der Entscheidung über die Zwangshaft sogleich eine Kostenentscheidung zu treffen und die Kosten dem Verpflichteten aufzuerlegen (§§ 35 Abs. 3 S. 2, 92 Abs. 2 FamFG). Er haftet für die Kosten des Zwangsmittelverfahrens als Entscheidungsschuldner (§ 27 Nr. 1 GNotKG).

2. Kosten einer Ordnungshaft (Nr. 31011 KV)

87 Die für eine Ordnungshaft entstandenen Kosten sind nach Nr. 31011 KV einzuziehen. Eine Anordnung von Ordnungshaft kommt insbesondere bei dem Ausbleiben von Zeugen (§ 380 Abs. 1 ZPO iVm § 30 Abs. 1 FamFG), der Zeugnisverweigerung (§ 390 Abs. 1 ZPO iVm § 30 Abs. 1 FamFG) oder bei Zuwiderhandlungen bei der Vollstreckung einer Herausgabe von Personen oder der Regelung des Umgangsrechts (§ 89 Abs. 1 FamFG) in Betracht.

3. Höhe der Haftkosten

88 Die Haftkosten der Nr. 31010, 31011 KV sind einzuziehen in Höhe des Haftkostenbeitrags. Maßgebend ist die Höhe des Haftkostenbeitrags, der nach Landesrecht von einem Gefangenen zu erheben ist. Handelt es sich um Ordnungshaft, sind die Haftkosten nur anzusetzen, wenn der Haftkostenbeitrag auch von einem Gefangenen im Strafvollzug zu erheben wären (Anm. S. 2 zu Nr. 31011 KV). Die Nichtbeachtung kann mit der Erinnerung nach § 81 GNotKG angegriffen werden.

89 In Ländern, in denen entsprechende Regelungen zum Haftkostenbeitrag noch nicht ergangen sind, ist die Übergangsregelung des § 136 Abs. 4 GNotKG zu beachten. Danach bestimmt sich die Höhe der nach Nr. 31010, 31011 KV einzuziehenden Haftkosten nach § 137 Abs. 1 Nr. 12 KostO in der bis zum 27.12.2010 geltenden Fassung, so dass für Nr. 31010, 31011 KV die Regelung des § 50 Abs. 2, 3 StVollzG und für Nr. 31011 KV auch § 50 Abs. 1 StVollzG zu beachten sind.

90 Entsprechende Regelungen zum Haftkostenbeitrag sind bisher in folgenden Ländern ergangen:

- **Baden-Württemberg:** § 51 Justizvollzugsgesetzbuch (JVollzGB);[43]
- **Bayern:** Art. 49 Bayerisches Strafvollzugsgesetz (BayStVollzG);[44]
- **Bremen:** § 62 Bremisches Strafvollzugsgesetz;[45]
- **Hamburg:** § 49 Hamburgisches Strafvollzugsgesetz (HmbStVollzG);[46]
- **Hessen:** § 43 Hessisches Strafvollzugsgesetz (HStVollzG);[47]
- **Mecklenburg-Vorpommern:** § 61 Strafvollzugsgesetz M-V (StVollzG-M-V);[48]

43 GBl. 2009, 545.
44 GVBl. 2007, 866.
45 Brem. GBl. 2014, 639.
46 HmbGVBl. 2009, 257.
47 GVBl. I 2010, 185.
48 GVOBl. M-V 2013, 322.

- **Niedersachsen:** § 52 Niedersächsisches Justizvollzugsgesetz (NJVollzG);[49]
- **Nordrhein-Westfalen:** § 39 Strafvollzugsgesetz NRW (StVollzG NRW);[50]
- **Rheinland-Pfalz:** § 71 Landesjustizvollzugsgesetz (LJVollzG);[51]
- **Saarland:** § 61 Saarländisches Strafvollzugsgesetz SLStVollzG);[52]
- **Sachsen:** § 61 Sächsisches Strafvollzugsgesetz (SächsStVollzG);[53]
- **Sachsen-Anhalt:** § 72 Justizvollzugsgesetzbuch Sachsen-Anhalt (JVollzGB LSA);[54]
- **Thüringen:** § 72 Thüringer Strafvollzugsgesetz (ThürJVollzGB).[55]

4. Fälligkeit und Vorschusszahlungen

Die Fälligkeit richtet sich nach § 9 Abs. 1 GNotKG. Maßgeblich ist die Beendigung 91
des Zwangs- oder Ordnungsmittelverfahrens, nicht hingegen die des Hauptsacheverfahrens. Die Anordnung einer Haft darf nicht von der vorherigen Vorschusszahlung abhängig gemacht werden (§ 14 Abs. 4 GNotKG).

XIV. Kosten der Auslandsvertretungen (Nr. 31012 KV)

Für die Tätigkeit des Auswärtigen Amtes und der deutschen Auslandsvertretungen er- 92
heben diese Kosten nach dem Auslandskostengesetz (AKostG). Die Höhe der Gebühren ist durch die Auslandskostenverordnung (AKostV) geregelt. Diese Kosten sind nach Nr. 31012 KV einzuziehen. Der Kosteneinzug setzt eine Mitteilung der Kosten durch das Bundesverwaltungsamt voraus.

Die nach AKostG und AKostV gezahlten Beträge sind in voller Höhe einzuziehen, 93
eine Beschränkung auf die in Nr. 31000 ff KV bestimmten Höchstsätze ist nicht vorgesehen. Anzusetzen sind auch die Kosten eines nach § 3 Abs. 3 des Konsulargesetzes herangezogenen Vertrauensanwalts, nicht aber etwaige Säumniszuschläge nach § 18 AKostG.

Der Kostenschuldner kann nach § 81 GNotKG einwenden, dass die Beträge nach den 94
Vorschriften des AKostG und der AKostV überhöht waren.

XV. Kosten anderer deutscher Behörden (Nr. 31013 KV)

1. Allgemeines

Sind anderen deutschen Behörden aufgrund gerichtlicher Aufträge oder Ersuchen 95
Kosten entstanden, sind diese nach Nr. 31013 KV einzuziehen. Ist die Behörde als Sachverständiger tätig geworden, gilt jedoch Nr. 31005 KV. Handelt es sich um ausländische Behörden, gilt Nr. 31014 KV (s. dazu Rn 99 ff).

2. Kosteneinzug

Ein Kosteneinzug ist nur statthaft, wenn die Beträge ihrer Art nach den in 96
Nr. 31000–31012 KV genannten Auslagentatbeständen entsprechen. Der Einzug ist zudem auf die Höchstsätze der dortigen Normen beschränkt. Die mitgeteilten Beträge sind auch dann einzuziehen, wenn aufgrund von Gegenseitigkeit, der Verwaltungs-

49 Nds. GVBl. 2014, 106.
50 GV NRW 2015, 76.
51 GVBl. 2013, 79.
52 ABl. I 2013, 116.
53 Sächs. GVBl. 2013, 250.
54 GOVBl. LSA, 666.
55 GVBl. 2014, 13.

vereinfachung oder aus vergleichbaren Gründen keine Zahlungen zu leisten sind (Anm. zu Nr. 31013 KV).

3. Gerichtsvollzieherkosten

97 In den Anwendungsbereich der Nr. 31013 KV fallen auch die Kosten eines vom Gericht beauftragten Gerichtsvollziehers. Dessen Kosten gelten als Auslagen des gerichtlichen Verfahrens (§ 13 Abs. 3 GvKostG). Sie sind einzuziehen, wenn sie der Gerichtsvollzieher dem Gericht mitteilt und zugleich anzeigt, dass er sie noch nicht eingezogen hat (§ 19 KostVfg).

98 Die Gerichtsvollzieherkosten sind als durchlaufene Gelder zu behandeln. Eine Zahlung an den Gerichtsvollzieher erfolgt durch das Gericht erst, wenn sämtliche Gerichtskosten gezahlt sind (§ 32 Abs. 1 KostVfg). Kann der Gerichtsvollzieher die Kosten wegen der Bewilligung von VKH auch von dem Auftraggeber nicht einziehen, hat der Gerichtsvollzieher dem Gericht die Höhe der Kosten mitzuteilen, und zwar ohne Rücksicht auf die durch die Landeskasse an den Gerichtsvollzieher ersetzten Beträge (Nr. 6 Abs. 2 DB-GvKostG). War VKH bewilligt, verbleiben die nachträglich von der Gerichtskasse eingezogenen Gerichtsvollzieherkosten in voller Höhe der Landeskasse (§ 58 GVO). Die Kosten sind wie sonstige Gerichtskosten zu behandeln (Nr. 5.2 DB-PKH).

XVI. Kosten ausländischer Behörden und der Rechtshilfe (Nr. 31014 KV)

1. Allgemeines

99 Nach Nr. 31014 KV sind die Beträge einzuziehen, die ausländischen Behörden, Einrichtungen oder Personen im Ausland zustehen. Sie sind in voller Höhe einzuziehen, eine Beschränkung auf die in Nr. 31000 ff KV bestimmten Höchstsätze ist nicht vorgesehen.

2. Rechtshilfekosten

100 Auch die Kosten der Rechtshilfe sind einzuziehen (Nr. 31014 KV). Soweit es sich um Übersetzungskosten handelt, gilt Nr. 31005 KV.

101 Zu den Kosten gehören auch die von den Prüfungsstellen, welche die ausgehenden Ersuchen zu prüfen haben (§ 9 ZRHO), zu erhebenden Gebühren. Die Prüfstelle erhebt für die Prüfung von Rechtshilfeersuchen in das Ausland eine Gebühr nach Nr. 1320 KV-JVKostG iHv 15 € bis 55 €.

102 Die genaue Höhe der Rahmengebühren ist durch die Behörde zu bestimmen (§ 4 Abs. 2 JVKostG). Die Entscheidung obliegt dabei dem Beamten, der die Sachentscheidung zu treffen hat (§ 46 KostVfg); § 75 Abs. 2 ZRHO ist zu beachten.

103 Die Gebühren werden nicht von der Prüfungsstelle, sondern von dem Gericht eingezogen, sie verbleiben auch in dessen Haushalt.

Im Verhältnis zu den EU-Staaten sind außerdem Art. 11 Abs. 1 EG-Zustellungsverordnung[56] und Art. 18 Abs. 1 EG-Beweisaufnahmeverordnung[57] zu beachten. Danach dürfen für die Zustellung von Schriftstücken oder die Erledigung eines Ersuchens nach der EG-Beweisaufnahmeverordnung aus einem anderen Mitgliedsstaat keine Gebühren und Auslagen verlangt werden. Ausnahmsweise können Kosten jedoch nach Art. 11 Abs. 2 EG-Zustellungsverordnung, Art. 10 Abs. 3, 4 und 18 Abs. 2 EG-Beweisaufnahmeverordnung entstehen. Ein Vorschuss oder eine Kaution kann jedoch nur verlangt werden, wenn die Stellungnahme eines Sachverständigen eingeholt werden soll (Art. 18 Abs. 3 EG-Beweisaufnahmeverordnung). Ausländische Gerichtsvollzieher können für die Erledigung von Zustellungsaufträgen Kostenerstattung verlangen (Art. 11 Abs. 2 EG-Zustellungsverordnung). 104

3. Verwaltungsvereinbarung

Die Kosten sind auch anzusetzen, wenn aus Gründen der Gegenseitigkeit, der Verwaltungsvereinfachung oder aus vergleichbaren Gründen keine Zahlungen zu leisten sind (Anm. zu Nr. 31014 KV). 105

Im Bereich der EU bestehen entsprechende Vereinbarungen über einen Erstattungsverzicht nach 106

- Art. 5 der deutsch-österreichische Zusatzvereinbarung vom 6.6.1959;[58]
- Art. 3, 5 und 6 des deutsch-niederländischen Vertrages vom 30.8.1962;[59]
- Art. 6 der deutsch-belgischen Vereinbarung vom 25.4.1959;[60] an Sachverständige gezahlte Beträge sind jedoch zu zahlen.

Sind nach den vorliegenden Bestimmungen Beträge mitgeteilt, sind sie in voller Höhe nach Nr. 31014 KV in Ansatz zu bringen. 107

4. Kostenschuldner, Fälligkeit, Vorschusszahlungen

Der Kostenschuldner bestimmt sich nach den §§ 22 ff GNotKG. 108

Der Eintritt der Fälligkeit richtet sich nach § 9 Abs. 1 GNotKG. 109

Die Erledigung des Rechtshilfeersuchens kann von der vorherigen Zahlung eines Auslagenvorschusses nach § 14 Abs. 1 GNotKG abhängig gemacht werden (§ 81 Abs. 1 ZRHO). Ist das Geschäft aber von Amts wegen durchzuführen, kann zwar ein Vorschuss verlangt, die Erledigung aber nicht von der Vorschusszahlung abhängig gemacht werden (§ 14 Abs. 3 GNotKG). Hat das Gericht keine Anordnung nach den §§ 379, 402 ZPO iVm § 30 Abs. 1 FamFG getroffen, ist gleichwohl unmittelbar nach Absendung des Ersuchens ein angemessener Auslagenvorschuss anzufordern (§ 81 Abs. 2 ZRHO). 110

Erhobene Vorschüsse sind unmittelbar nach Erledigung des Rechtshilfeersuchens abzurechnen (§ 15 Abs. 3 KostVfg). 111

---

56 Verordnung (EG) Nr. 1393/2007 des Europäischen Parlaments und des Rates vom 13. November 2007 über die Zustellung gerichtlicher und außergerichtlicher Schriftstücke in Zivil- oder Handelssachen in den Mitgliedsstaaten (Zustellung von Schriftstücken) und zur Aufhebung der Verordnung (EG) Nr. 1348/2000 des Rates (ABl. Nr. L 324 vom 10.12.2007, S. 79).

57 Verordnung (EG) Nr. 1206/2001 des Rates vom 28. Mai 2001 über die Zusammenarbeit zwischen den Gerichten der Mitgliedstaaten auf dem Gebiet der Beweisaufnahme in Zivil- oder Handelssachen (ABl. Nr. L 174 vom 27.6.2001, S. 1).

58 BGBl. II S. 1523.

59 BGBl. II 1964, S. 468.

60 BGBl. II S. 1525.

XVII. An den Verfahrenspfleger gezahlte Beträge (Nr. 31015 KV)

1. Verfahrensrechtliches

112 Ein Verfahrenspfleger kann bestellt werden in
- Betreuungssachen (§ 276 FamFG),
- Verfahren wegen Sterilisation (§ 297 FamFG),
- Verfahren wegen der Genehmigung ärztlicher Maßnahmen (§ 298 FamFG),
- Unterbringungssachen (§ 317 FamFG),
- Freiheitsentziehungssachen (§ 419 FamFG).

113 Die Bestellung erfolgt durch Beschluss; sie ist – wie die Ablehnung oder Aufhebung – nicht selbstständig anfechtbar (§ 276 Abs. 6 FamFG). Die Bestellung endet, sofern sie nicht vorher aufgehoben wird, mit der Rechtskraft der Endentscheidung oder mit dem sonstigen Abschluss des Verfahrens (§ 276 Abs. 5 FamFG).

114 Der Verfahrensbeistand erlangt mit seiner Bestellung den Status eines Beteiligten (§§ 274 Abs. 2, 315 Abs. 2, 418 Abs. 2 FamFG). Ihm dürfen keine Kosten auferlegt werden (§§ 276 Abs. 7, 317 Abs. 7, 419 Abs. 5 FamFG), was jedoch nicht gilt, wenn er ein Rechtsmittel nur in eigenem Interesse einlegt.

2. Kosteneinzug

115 Die an den Verfahrenspfleger geleisteten Zahlungen gehören zu den Gerichtskosten und sind nach Nr. 31015 KV einzuziehen. Sie gehören auch zu den Gerichtskosten iSd § 122 Abs. 1 Nr. 1 Buchst. a ZPO iVm § 76 Abs. 1 FamFG.

116 Die Kostenhaftung bestimmt sich nach §§ 22 ff GNotKG. In Unterbringungssachen gilt § 26 Abs. 3 GNotKG, in Freiheitsentziehungssachen § 23 Nr. 15 GNotKG.

3. Einzug vom Betroffenen

a) Allgemeines

117 Ist der Betroffene selbst Kostenschuldner (vgl. zB § 23 Nr. 15, § 26 Abs. 3 GNotKG), können die Auslagen der Nr. 31015 KV von ihm nur **„nach Maßgabe des § 1836 c BGB“** eingezogen werden (Anm. zu Nr. 31015 KV). Nach § 1836 c BGB hat der Betroffene einzusetzen
- sein Einkommen nach Maßgabe des § 87 SGB XII und
- sein Vermögen nach Maßgabe des § 90 SGB XII.

118 Zu beachten sind auch die zu §§ 82 und 90 SGB XII erlassenen Durchführungsverordnungen, nicht aber andere sozialrechtliche Normen.[61]

b) Einkommen

119 Maßgeblich sind die §§ 82, 85 Abs. 1 und § 86 SGB XII. Der Einkommensbegriff ergibt sich aus § 82 SGB XII und der dazu erlassenen Durchführungsverordnung.[62] Nach § 1 VO zählen hierzu sämtliche Einkünfte in Geld oder Geldeswert, unabhängig von ihrer Herkunft oder Rechtsnatur. Unerheblich ist auch, ob sie dem EStG oder einer anderen Steuerpflicht unterliegen. Für Einkünfte aus Kapitalvermögen gilt § 6 VO, bei Vermietungen und Verpachtungen ist § 7 VO zu beachten. Von dem Einkom-

---

61 OLG Hamm FamRZ 2004, 1324.

62 Verordnung zur Durchführung des § 82 des Zwölften Buches Sozialgesetzbuch vom 28.11.1962 idF des Art. 12 Nr. 1 des Gesetzes vom 27.12.2003 (BGBl. I S. 3022), zuletzt geändert durch Gesetz vom 21.3.2005 (BGBl. I S. 818).

men sind die in § 82 Abs. 2 SGB XII genannten Abgaben abzuziehen, hierzu zählen insbesondere Einkommensteuern und Sozialversicherungsbeiträge.

Die maßgebliche Einkommensgrenze bestimmt sich nach § 85 Abs. 1 SGB XII. Sie berechnet sich aus 120

- einem Grundbetrag in Höhe des Zweifachen der Regelbedarfsstufe 1 nach der Anlage zu § 28 SGB XII;
- den Kosten der Unterkunft, soweit die Aufwendungen hierfür den der Besonderheit des Einzelfalls angemessenen Umfang nicht übersteigen.

Der zweifache Satz der Regelbedarfsstufe 1 nach der Anlage 1 zu § 28 SGB XII beträgt 121

- ab 1.1.2012: 748 €
- ab 1.1.2013: 764 €
- ab 1.1.2014: 782 €
- ab 1.1.2015: 798 €
- ab 1.1.2016: 808 €.

Das über der Einkommensgrenze liegende Einkommen ist bei dem Kosteneinzug angemessen zu berücksichtigen (§ 87 Abs. 1 SGB XII).

c) Vermögen

Einzusetzen ist das verwertbare Vermögen des Betroffenen (§ 1836 c BGB, § 90 Abs. 1 SGB XII). Zu berücksichtigen ist dabei auch die zu § 90 Abs. 2 Nr. 9 SGB XII erlassene Durchführungsverordnung.[63] Es gilt das **Bruttoprinzip**, so dass Verbindlichkeiten nicht abzuziehen, sondern nur im Rahmen der Prüfung der Verwertbarkeit zu berücksichtigen sind.[64] Auch bei Grundstücken sind deshalb darauf ruhende Belastungen im Regelfall nicht abzuziehen, wenn sie nicht aus rechtlichen oder zwingend wirtschaftlichen Gründen zuerst aus dem Erlös zu tilgen sind.[65] 122

Nach § 90 Abs. 2 SGB XII brauchen nicht verwertet zu werden: 123

- kleinere Barbeträge (nach § 1 Abs. 1 Nr. 1 Buchst. b VO: 2.600 €) oder sonstige Geldwerte;
- ein angemessenes Hausgrundstück, das von dem Betroffenen allein oder mit Angehörigen ganz oder teilweise bewohnt wird (s. § 13 Rn 142 ff);
- angemessener Hausrat, wobei die bisherigen Lebensverhältnisse zu berücksichtigen sind;
- Gegenstände, die zur Aufnahme oder Fortsetzung der Berufsausbildung oder der Erwerbstätigkeit unentbehrlich sind;
- Familien- und Erbstücke, deren Veräußerung für den Betroffenen oder dessen Familie eine besondere Härte bedeuten würde;
- Vermögen, das aus öffentlichen Mitteln zur Gründung eines Hausstands erbracht wurde;

---

63 Verordnung zur Durchführung des § 90 Abs. 2 Nr. 9 des Zwölften Buches Sozialgesetzbuch vom 11.2.1988 (BGBl. I S. 150), zuletzt geändert durch Gesetz vom 27.12.2003 (BGBl. I S. 3022).

64 Grube/Wahrendorf/*Wahrendorf*, SGB XII, § 90 Rn 20; Schellhorn/Hohm/Schneider/*Hohm*, SGB XII, § 90 Rn 32.

65 Grube/Wahrendorf/*Wahrendorf*, SGB XII, § 90 Rn 20; Schellhorn/Hohm/Schneider/*Hohm*, SGB XII, § 90 Rn 32; Schellhorn/Hohm/Schneider/*Hohm*, SGB XII, § 90 Rn 32.

- Kapital einschließlich seiner Erträge, das der zusätzlichen Altersvorsorge im Sinne des § 10 a oder des Abschnitts XI des EStG dient und dessen Ansammlung staatlich gefördert wurde.

124 Nach § 90 Abs. 3 SGB XII iVm § 1836 c BGB kann der Einsatz oder die Verwertung von Vermögen nicht verlangt werden, soweit dies für den Betroffenen und für seine unterhaltsberechtigten Angehörigen eine Härte bedeuten würde. Hierunter fallen auch eine angesparte **Opferentschädigungsrente**[66] sowie Leistungen nach dem Gesetz über die Errichtung einer Stiftung „Hilfswerk für behinderte Kinder".[67]

d) Erinnerung

125 Die Nichtbeachtung des § 1836 c BGB kann im Erinnerungsverfahren (§ 81 GNotKG) gerügt werden. Am Kostenansatz- und Erinnerungsverfahren ist der Verfahrensbeistand nicht beteiligt.

XVIII. Videokonferenzverbindung (Nr. 31016 KV)

126 Für die Inanspruchnahme von Videokonferenzverbindungen durch das Gericht ist eine Pauschale von 15 € je angefangener halber Stunde in Ansatz zu bringen. Es handelt sich dabei um Gerichtskosten, so dass die Kostenschuldner der §§ 22 ff GNotKG haften. Fälligkeit tritt nach § 9 Abs. 1 GNotKG ein. Ein Auslagenvorschuss kann nach § 14 GNotKG angefordert werden.

66 LG Mühlhausen FamRZ 2014, 1059.
67 LG Hamburg Rpfleger 2003, 503.

Anhang: Anlage 2 (zu § 34 Absatz 3)

Geschäftswert bis … €	Gebühr Tabelle A … €	Gebühr Tabelle B … €
500	35,00	15,00
1 000	53,00	19,00
1 500	71,00	23,00
2 000	89,00	27,00
3 000	108,00	33,00
4 000	127,00	39,00
5 000	146,00	45,00
6 000	165,00	51,00
7 000	184,00	57,00
8 000	203,00	63,00
9 000	222,00	69,00
10 000	241,00	75,00
13 000	267,00	83,00
16 000	293,00	91,00
19 000	319,00	99,00
22 000	345,00	107,00
25 000	371,00	115,00
30 000	406,00	125,00
35 000	441,00	135,00
40 000	476,00	145,00
45 000	511,00	155,00
50 000	546,00	165,00
65 000	666,00	192,00
80 000	786,00	219,00
95 000	906,00	246,00
110 000	1 026,00	273,00
125 000	1 146,00	300,00
140 000	1 266,00	327,00
155 000	1 386,00	354,00
170 000	1 506,00	381,00
185 000	1 626,00	408,00
200 000	1 746,00	435,00
230 000	1 925,00	485,00

Geschäftswert bis ... €	Gebühr Tabelle A ... €	Gebühr Tabelle B ... €
260 000	2 104,00	535,00
290 000	2 283,00	585,00
320 000	2 462,00	635,00
350 000	2 641,00	685,00
380 000	2 820,00	735,00
410 000	2 999,00	785,00
440 000	3 178,00	835,00
470 000	3 357,00	885,00
500 000	3 536,00	935,00
550 000	3 716,00	1 015,00
600 000	3 896,00	1 095,00
650 000	4 076,00	1 175,00
700 000	4 256,00	1 255,00
750 000	4 436,00	1 335,00
800 000	4 616,00	1 415,00
850 000	4 796,00	1 495,00
900 000	4 976,00	1 575,00
950 000	5 156,00	1 655,00
1 000 000	5 336,00	1 735,00
1 050 000	5 516,00	1 815,00
1 100 000	5 696,00	1 895,00
1 150 000	5 876,00	1 975,00
1 200 000	6 056,00	2 055,00
1 250 000	6 236,00	2 135,00
1 300 000	6 416,00	2 215,00
1 350 000	6 596,00	2 295,00
1 400 000	6 776,00	2 375,00
1 450 000	6 956,00	2 455,00
1 500 000	7 136,00	2 535,00
1 550 000	7 316,00	2 615,00
1 600 000	7 496,00	2 695,00
1 650 000	7 676,00	2 775,00
1 700 000	7 856,00	2 855,00
1 750 000	8 036,00	2 935,00

Geschäftswert bis … €	Gebühr Tabelle A … €	Gebühr Tabelle B … €
1 800 000	8 216,00	3 015,00
1 850 000	8 396,00	3 095,00
1 900 000	8 576,00	3 175,00
1 950 000	8 756,00	3 255,00
2 000 000	8 936,00	3 335,00
2 050 000	9 116,00	3 415,00
2 100 000	9 296,00	3 495,00
2 150 000	9 476,00	3 575,00
2 200 000	9 656,00	3 655,00
2 250 000	9 836,00	3 735,00
2 300 000	10 016,00	3 815,00
2 350 000	10 196,00	3 895,00
2 400 000	10 376,00	3 975,00
2 450 000	10 556,00	4 055,00
2 500 000	10 736,00	4 135,00
2 550 000	10 916,00	4 215,00
2 600 000	11 096,00	4 295,00
2 650 000	11 276,00	4 375,00
2 700 000	11 456,00	4 455,00
2 750 000	11 636,00	4 535,00
2 800 000	11 816,00	4 615,00
2 850 000	11 996,00	4 695,00
2 900 000	12 176,00	4 775,00
2 950 000	12 356,00	4 855,00
3 000 000	12 536,00	4 935,00

Stichwortverzeichnis

Die **fetten** Zahlen verweisen auf das Kapitel, die mageren auf die Randnummern.

FSC
www.fsc.org
MIX
Papier | Fördert
gute Waldnutzung
FSC® C083411

Zeitfracht Medien GmbH
Ferdinand-Jühlke-Straße 7
99095 Erfurt, Deutschland
produktsicherheit@kolibri360.de